W0049578

Immanuel Kant · Die drei Kritiken
in ihrem Zusammenhang mit dem Gesamtwerk.

Mit verbindendem Text zusammengefaßt
von Raymund Schmidt

Unveränderter Neudruck der 11. Auflage 1975
Stuttgart: Kröner 1993
(Kröners Taschenausgabe Band 104)
ISBN 3–520–10411–3

IMMANUEL KANT

DIE DREI KRITIKEN

in ihrem Zusammenhang mit dem Gesamtwerk

Mit verbindendem Text zusammengefaßt

von

RAYMUND SCHMIDT

ALFRED KRÖNER VERLAG STUTTGART

INHALTSVERZEICHNIS

VORBEMERKUNG

Der Herausgeber ist sich bewußt, daß der vorliegende Versuch Verantwortungen in sich birgt, die schwer zu tragen sind. Handelt es sich doch darum, aus Bruchstücken ein Ganzes, beziehungsweise ein Gebilde zu gestalten, das den Eindruck eines Ganzen vermittelt — und sei es auch nur vorläufig, zur ersten Einführung. Die Schwierigkeit dabei ist, daß über den „Ganzheitscharakter" der denkerischen Leistung Kants unter ihren Interpreten leider große Meinungsverschiedenheiten bestehen. Wie also auch dieses Unternehmen ausfallen mag, es wird bestimmt auf irgendeiner Seite Widerspruch erregen.

Aus Bruchstücken — das Ganze. Der Altertumsforscher bedient sich dieses Verfahrens, wenn er ein verschollenes Gerät rekonstruiert. Ihm hilft dabei sein Gefühl für Vollständigkeit und sein Wissen um den Zweck des Gerätes. Er darf die Gewißheit haben, daß der fragliche Gegenstand wirklich irgendwann einmal „ganz" gewesen ist. In unserem Falle aber handelt es sich nicht um ein Gerät, sondern um die denkerische Leistung eines Menschen, von der durchaus nicht feststeht, ob sie jemals ein „Ganzes" und in welchem Sinne sie ein „Ganzes" gewesen ist, denn der literarische Niederschlag dieser Leistung, die sämtlichen Werke Kants, bilden selbst ein gewaltiges Bruchstück, das zwar „Ganzheitszüge" hat, aber, wie gesagt, die verschiedenartigsten Deutungs- und Ergänzungsmöglichkeiten zuzulassen scheint.

Trotzdem hat es der Herausgeber gewagt, aus diesem vieldeutigen Torso Stücke herauszuschlagen und sie wieder zu einer vereinfachten Einheit zusammenzuschmelzen. Nicht nur, weil er glaubte, daß ein solches Unternehmen möglich sei (daß also Kants Leistung doch eine „eindeutige" und wenigstens der Absicht und Anlage nach „ganze" gewesen ist), sondern vor allem, weil er glaubte, daß es nötig und nützlich sei. Und zwar aus folgenden Gründen:

Das Lebenswerk Kants hat Ausmaße, die es dem Laien, der sich ihm ohne Führung nähert, ungeheuer erschweren, einen Allgemeineindruck, einen Überblick zu gewinnen. Und doch ist charakteristischerweise nur aus einem — wenn auch vorläufigen — Gesamtüberblick ein fruchtbares Eindringen in die Einzelglieder dieser denkerischen Leistung möglich. Hinzu kommt, daß der Standort, von dem aus berufene Kant-Interpreten die Blicke ihrer Schüler auf diesen geistigen Riesen zu lenken pflegen, meist viel zu nahe am Gegenstand gewählt wird. So entstehen falsche Perspektiven. Man bemüht sich also, den Laien von vornherein in das Verständnis der „transzendentalen Methode"[1] einzuführen — und es ist erschütternd zu beobachten, bei wie wenigen diese Art der Einführung fruchtet, wie schnell das Interesse der Teilnehmer an solchen Einführungskursen erlahmt. Sie haben natürlich Weltanschauung, Lebensorientierung, Weite der Problemstellung von diesem Kant erwartet, der ihnen als der größte Denker aller Zeiten gerühmt wurde, und sie finden die Enge abstrakter und lebensferner Untersuchungen über die Prinzipien einer „reinen" Erkenntnis, einer „reinen" Sittlichkeit, einer „reinen" Ästhetik u. a. m., mit denen sie im Leben nicht das Geringste anzufangen vermögen. Das aber bedeutet für sie „Steine statt Brot", und es ist nur zu natürlich, daß ihre Neigung, tiefer in die Philosophie Kants einzudringen, im Gestrüpp der „transzendentalen Deduktion"[2] elend erstickt.

Der Weg zum „ganzen" Kant, zum „Philosophen" Kant — das lehren solche Erfahrungen — führt also nicht unmittelbar durch das Tor der „Kritiken". Er beginnt vielmehr bei den weit ausladenden kosmologischen und theologischen Spekulationen der vorkritischen Periode. Er führt natürlich durch die „Kritiken" durch, endet aber nicht bei ihnen, sondern erst bei den Teilen des Opus postumum, des nachgelassenen Werkes, welche die Gesamtabsicht der Denkbemühungen Kants deutlich erkennen lassen. Dieser lange und durchaus nicht mühelose und gerade Weg kann aber schon wegen der sprachlichen Unzugänglichkeit der Kantischen Schriften und wegen der historischen Bedingtheit seiner Gedankenführung dem Laien nicht ohne weiteres zugemutet werden, und das Verständnis für den „Philosophen" Kant würde für alle Zeiten auf wenige Spezialisten eingeschränkt bleiben, wenn nicht

---

[1] das Zentralproblem der „kritischen" Schriften Kants. Man pflegt Kants Werke einzuteilen in 1. vorkritische Schriften, 2. kritische Schriften und 3. Alterswerke. Im Mittelpunkt der kritischen Periode steht die „Kritik der reinen Vernunft".

[2] ein besonders schwieriger Abschnitt der Kritik der reinen Vernunft.

endlich einmal das Wagnis unternommen würde, das Gesamtwerk in einer geeigneten Auswahl, gewissermaßen „en miniature" vorzuführen, so wie es eben hier geschieht.

Natürlich besteht bei einem solchen Unternehmen die Gefahr, daß Züge des Systems, die von diesem oder jenem Spezialisten als besonders wichtig und zentral angesehen werden, nicht in voller Breite zur Geltung kommen. Dieser Nachteil aber ist weder zu vermeiden noch zu überschätzen. Die Lektüre des vorliegenden Kant-Breviers — um ein solches handelt es sich — ist eine Einführungslektüre; sie bedarf der Ergänzung durch eingehenderes Studium einzelner Schriften Kants und seiner Kommentatoren. Nicht Kant zu ersetzen, nicht das Kantstudium zu erledigen, ist die Absicht des Herausgebers, sondern zur Beschäftigung mit ihm anzuregen, sie dem Laien überhaupt erst möglich zu machen. Das ist nicht geleistet, wenn der Leser den Eindruck gewinnt, Kant sei ausschließlich Erkenntniskritiker und Erfinder der „transzendentalen Methode" gewesen, sondern nur, wenn deutlich wird, daß Kant ein „Philosoph", ein „Weltweiser" im vollen Wortsinne war, daß es sich bei ihm nicht lediglich um eine erkenntniskritische Spezialuntersuchung gehandelt hat, sondern daß das „kritische Geschäft" nur e i n e (allerdings entscheidende) Stufe war auf dem Wege dieses weltumspannenden Geistes, daß es nur eine Etappe war im Ringen dieses Wahrheitssuchers, der, „v o n G o t t , d e r W e l t , d e r S e e l e d e s M e n s c h e n u n d a l l e n D i n g e n ü b e r - h a u p t" zu handeln und über sie zu untrüglichen Gewißheiten zu gelangen trachtete. Kants Ergebnisse stehen und fallen zwar mit seiner transzendentalen M e t h o d e , aber nicht diese Methode, sondern seine P r o b l e m e machen ihn zum Philosophen. Arzt wird man nicht dadurch, daß man die Schärfe eines Messers kritisch beurteilen lernt (obwohl diese Beurteilung dem Chirurgen unerläßlich ist), sondern dadurch, daß man das Messer richtig anwendet, wo Krankheit die Anwendung fordert. Nicht die Kritik des Erkennens macht also Kant zum Philosophen, sondern die Tatsache, daß er sein kritisch geläutertes Erkennen anwandte auf die großen Menschheitsprobleme, auf Gott, die Welt und das Ich. Um diese Probleme aber kreist auch das Denken anderer besinnlicher und nachdenkender Naturen, und nur wenn man Kants Verhältnis zu diesen Problemen darstellt, kann man dazu beitragen, daß Kant auch andern Wahrheitssuchern Wegbereiter und Führer wird.

Es muß dem, der seine Ansichten über Kant nur an gewissen Einführungsschriften des Neukantianismus[1] gebildet hat, unzulässig erscheinen, daß „verpönte" metaphysische Begriffe wie „Gott" und „Seele" von uns so in den Vordergrund gestellt werden. Es ist leider so: nur wenige Kantianer sind bis zum ganzen Kant, bis zum „Philosophen" vorgedrungen. Mit der Erfassung der „kritischen" Problemstellung und ihrer „methodischen" Skepsis gegen alles Metaphysische glauben sie, das Phänomen Kant erschöpft zu haben, und alles andere, vorher und nachher, hat für sie nur den Rang von Beiwerk, Gelegenheitsarbeit, jugendlicher Kritiklosigkeit oder senilem Rückfall in die vorkritische Geistesverfassung. So aber wird man der „Philosophie" Kants nicht gerecht. Man übersieht dabei, daß die letzten Zielpunkte der „Kritiken" über die Kritik selbst hinausliegen, daß die „Kritiken" nur Mittel sind zur Erreichung eines höheren philosophischen Zieles. Und man übersieht vor allem, daß dieses höhere Ziel eben in jenem vermeintlichen Beiwerk sich deutlich erkennbar abzeichnet, sichtbar für jeden, der diese Schriften unter dem Aspekt des Gesamtwerkes, der philosophischen Gesamtpersönlichkeit, betrachtet.

Kant war nicht „nur" Erkenntniskritiker, sondern darüber hinaus Weltdeuter und vor allem Gottsucher. Das soll in dieser Auswahl deutlich werden. Am Anfang seines Werkes steht das Ich und sein Verhältnis zur Welt und zu Gott, in der Mitte steht die Kritik des Erkennens, Wollens und Fühlens, und am Ende steht abermals das (kritisch geläuterte) Verhältnis des Ich zur Welt und zu Gott. Wer diese Tatsache übersieht, mißdeutet Kant, muß ihn mißdeuten. Es ist wahrhaft überraschend, wenn man im Opus postumum, dem nachgelassenen Werk Kants, das seit 1936 in zwei Bänden der Akademieausgabe vorbildlich ediert und in seinem gesamten Umfang vorliegt, auf die Skizzen zu einem Plan stößt, die beweisen, daß Kant in seinen letzten Lebensjahren immer und immer wieder zu dem großen Versuch angesetzt hat, sein gesamtes Lebenswerk, das ja doch allmählich, analytisch, vorwärtstastend Schritt für Schritt sich auf- und ausgebaut hat, noch einmal zusammenfassend „synthetisch" zu umreißen und zu ergänzen. Diese Synthese sollte den Titel führen „Der Transzen-

---

[1] „Neukantianer" nennt man eine Gruppe von Philosophen, die in der zweiten Hälfte des vergangenen Jahrhunderts mit dem Blick auf die erkenntniskritische Problemstellung (Kritizismus) eine Erneuerung der Kantischen Philosophie anstrebten. (Liebmann, Cohen, Natorp, Riehl, Vorländer u. a.)

dentalphilosophie höchster Standpunkt: von Gott, der Welt und (dem Menschen) dem denkenden Wesen in der Welt". Sie wurde leider nie vollendet, der Plan aber gibt doch Aufschluß darüber, wie dieses Lebenswerk selbst gedeutet sein will, wie Kant sich selbst rückwärtsblickend verstanden wissen will: nicht n u r als Methodenlehrer, sondern darüber hinaus als Schöpfer oder zumindest als Wegbereiter einer kritisch gesicherten, kritisch geläuterten Gesamtweltanschauung.

Aus dieser Auffassung, die sich im Gegensatz weiß zu landläufigen Schulmeinungen über Kant, ergab sich für den Herausgeber die Notwendigkeit, bei der Anordnung des Stoffes im wesentlichen genetisch[1] zu verfahren, was außerdem den Vorteil hat, daß bei dieser Gelegenheit die wichtigsten Daten aus dem äußeren Lebensgang Kants mitgeteilt und zu dem Werk in Beziehungen gesetzt werden können. Kants vorkritische Kosmologie und Religionsphilosophie bilden also den Auftakt zum Ganzen. Sie sind zugleich nach des Herausgebers Ansicht ein geeignetes Mittel, den philosophischen Typus „Kant" mühelos kennenzulernen und zu studieren, denn in diesen vorkritischen Schriften lebt sich der Philosoph noch verhältnismäßig frei von kritischen Einschränkungen spekulativ aus. Daran mußten sich die „Kritiken" anschließen, die bei voller Würdigung ihrer methodologischen Schlüsselstellung im System doch nur als Teilglied des Ganzen dargestellt werden konnten, gewissermaßen als neues Einfallstor zu denselben Problemen, die den vorkritischen Kant in der Hauptsache bereits beschäftigt haben. Nach Gewinnung dieses neuen kritisch gesicherten Ansatzpunktes aber mußte gezeigt werden, wie das System sich ansatzweise wieder ausgeweitet hat zu einer kritischen Religions-, Rechts-, Geschichts-, Erziehungs- und Kulturphilosophie, die ihre Krönung erfährt durch eben jenen Plan eines synthetischen Gesamtsystems, der zwar nicht zur Ausführung gelangt ist, dessen Existenz aber ein so starkes Licht auf die Gesamtabsicht der denkerischen Bemühungen Kants wirft.

---

[1] in der zeitlichen Ordnung ihres Entstehens vorgehend.

DIE VORKRITISCHEN SCHRIFTEN

Kants Leben in der vorkritischen Periode und seine Stellung zur zeitgenössischen Philosophie

Immanuel Kant wurde am 22. April 1724 zu Königsberg geboren. Seine Eltern, einfache Handwerksleute, waren dem damals herrschenden Pietismus[1] gläubig ergeben. Pietistisch fromm und ernst gestaltete sich auch die Jugend des Sohnes. „Der Vater forderte Arbeit und Ehrlichkeit, besonders Vermeidung jeder Lüge, die Mutter auch Reinheit und Heiligkeit dazu." Noch im hohen Alter erinnert sich Kant dankbar seiner Eltern und ihres Erziehungssystems[2]. Er bekennt, daß sie ihm „in Rechtschaffenheit", sittlicher Anständigkeit und Ordnung eine Erziehung gegeben hätten, „die von der moralischen Seite gar nicht besser sein konnte", und für welche er „bei jedesmaliger Erinnerung an dieselbe" sich „mit dem dankbarsten Gefühle gerührt"[3] finde. — Die pietistische Atmosphäre des Elternhauses wirkte sich natürlich entscheidend im Lebensstil und im Lebenswerk des Philosophen aus. In ihnen herrscht eine fast heroische Strenge und ein sittlicher Ernst, wie man ihn nur bei Persönlichkeiten findet, die von einem „heiligen Willen" beseelt sind. Auf „das Göttliche" blieb auch — aller „Kritik" und aller „Aufklärung" zum Trotz — Kants Denken bis an das

---

[1] „Pietismus" hier nicht die von Kant bekämpfte „Frömmelei", sondern eine ernste, gegen Ende des 17. Jahrhunderts in Deutschland entstandene religiöse Bewegung, die auf „Heiligung des Lebens" abzielt.

[2] Jachmann, einer der zeitgenössischen Biographen Kants, berichtet, daß Kant des öfteren diesen starken pietistischen Einfluß des Elternhauses auf seine Entwicklung erwähnt habe: „Er pflegte diese pietistische Erziehung als eine Schutzwehr für Herz und Sitten gegen lasterhafte Eindrücke aus seiner eigenen Erfahrung zu rühmen."

[3] Vgl. Borowski, Immanuel Kant, S. 23.

Lebensende unwandelbar gerichtet. Aber es hatte eine Feuerprobe zu bestehen, die in der Geschichte der Philosophie ohne Beispiel ist; denn die in der Jugend genährte Wahrheitsliebe steigerte sich zu einem Wahrheitsfanatismus, der vor keiner denkerischen Konsequenz zurückschreckte. Die „religiösen" Jugendeindrücke hatten einen kritischen Läuterungsprozeß durchzumachen, der hart an die Grenzen des religiösen Nihilismus heranführte. Die strenge unreflektierte Sittlichkeit, die ihm das Elternhaus gab, aber blieb davon unberührt. Sie wuchs sich aus zu einer Ethik der Pflichterfüllung, welche in der „Pflicht um ihrer selbst willen", im „kategorischen Imperativ der Pflicht"[1] ihren Höhepunkt sieht — und kein höheres Gebot kennt als den Satz „du sollst, denn du kannst". So ist Kants Philosophie letzten Endes in ihrem religiösen und moralischen Gehalt als ein mit übermenschlicher kritischer Energie dogmenfrei und schlackenrein gebrannter „Pietismus" anzusehen. — Übermenschlich, ja unmenschlich würde auch das Phänomen „Kant" auf uns moderne Weltkinder wirken, wenn nicht — wohl unter dem Einfluß der Mutter — diese strengen Züge wesentlich harmonisiert und humanisiert worden wären. Mit zärtlicher Rührung gedenkt Kant noch als Greis dieser mütterlichen Einwirkungen. „Ich werde meine Mutter nie vergessen, denn sie pflanzte und nährte den ersten Keim des Guten in mir, sie öffnete mein Herz den Eindrücken der Natur, sie weckte und erweiterte meine Begriffe, und ihre Lehren haben einen immerwährenden heilsamen Einfluß auf mein Leben gehabt[2]". Dieser Einwirkung auf das Gemüt, vor allem dieser Hinlenkung auf die Natur ist es wohl zuzuschreiben, daß nicht ein finsterer Asket, nicht ein lebensfremder Sittenapostel aus dem Knaben sich entwickelte, sondern ein bei aller Sittenstrenge weltoffener Charakter, eine harmonische Natur mit ausgesprochenem Sinn für Geselligkeit und stets wacher Aufmerksamkeit für alles, was die Welt an Interessantem und Wissenswertem bietet. So entstand jenes seltsame Gemisch aus einem Teil „Gottsucher" und einem Teil „Weltbeobachter", Weltdeuter und Weltmann, als das Kant uns heute aus einer Gesamtbeurteilung seiner Persönlichkeit und seines Lebenswerkes erscheinen muß.

---

[1] Das oberste Sittengesetz, von Kant formuliert in seiner „Kritik der praktischen Vernunft".

[2] In einem Briefe des 74jährigen Kant an den Bischof Jacob Lindblom (13. August 1797).

Der Knabe Kant war ein schwächliches Kind, für die Ausübung eines körperlich anstrengenden Handwerks kaum geeignet. Daher beschlossen die Eltern, aus ihm einen Theologen zu machen. Ausschlaggebend dabei war wohl die fromme Verehrung der Mutter für den Hofprediger Schultz, der neben seinem Predigtamt das pietistische Collegium Fridericianum in Königsberg leitete. Über die Schulzeit an dieser Anstalt (1732—1740) ist nur wenig bekannt, aber es ist anzunehmen, daß unter der Führung des F. A. Schultz, in dessen Person eine eigenartige Annäherung der pietistischen Theologie an die Wolffische Philosophie sich vollzogen hatte, die philosophischen Anlagen des Knaben wichtige erste Anregungen erfahren haben.

1740 bezog Kant die Universität und gelangte damit unter den Einfluß eines Mannes, der wohl von allen Menschen am meisten dazu beigetragen hat, daß Kant nicht in der theologischen Laufbahn hängenblieb. Martin Knutzen, a. o. Professor für Logik und Metaphysik, führte den Jüngling in das Studium der Mathematik und der Philosophie ein und fachte die Begabung zu hellen Flammen an, die in seinem Geiste für diese Fächer schlummerte. Auch Knutzen war philosophisch genommen Wolffianer, und zwar huldigte er einem ähnlichen eklektischen[1] Wolffianismus wie der theologisch freisinnige Fr. A. Schultz, so daß es ihm möglich war, auf der einen Seite für die Wahrheiten der christlichen Religion einzutreten und auf der anderen Seite eine Naturphilosophie auszubilden, für die es im Bereiche der Natur keine übersinnlichen Einflüsse, keine Wunder gab, die vielmehr alle Naturereignisse einzubetten trachtete in ein geschlossenes System wirkender Ursachen. Unter der anregenden Leitung dieses Mannes hat sich die innere Wandlung vollzogen, die ganz unmerklich aus dem Theologiestudenten einen Philosophen, Mathematiker und Naturwissenschaftler machte, ohne jedoch die religiöse Problematik in ihm völlig zu erledigen und abzutöten. Knutzen war es vor allem, der den jungen Kant für die Schriften Isaac Newtons (1642—1727) begeisterte und so seinem Denken einen Anstoß gab, der es weit hinwegführte von der theologischen Dogmatik in die Gefilde einer weltumspannenden, philosophisch unterbauten positiven Sachforschung.

Kant war ein völlig mittelloser Student. Er verdiente sich seinen Lebensunterhalt durch Privatunterricht und hat sich wohl manchen Genuß versagen müssen. Oft mußte er zu Hause bleiben oder konnte

---

[1] aus verschiedenen Systemen das richtig Scheinende „auswählend".

nur in geliehenen Kleidern das Haus verlassen, weil die seinigen gerade wieder einmal geflickt wurden. Aber es war für ihn keine unglückliche Studienzeit. Er wurde für alle Armseligkeit und Dürftigkeit entschädigt durch den Umgang mit dem gütigen Schultz und dem geistvollen Martin Knutzen. In seiner stillen Studierstube leuchtete das Gestirn: „Newton".

Unter diesen Einflüssen reifte in Kant der Entschluß, trotz aller Schwierigkeiten eine akademische Laufbahn im Sinne seines verehrten Lehrers Knutzen einzuschlagen. Über die wirtschaftlich schwierigen Jahre vom Abschluß der Studien bis zur eigenen Habilitation (1746—1755) half er sich durch die Annahme von Hauslehrerstellen hinweg. Auch aus dieser Zeit sind wenig biographische Nachrichten erhalten. Wichtig ist, daß Kant diese Jahre dazu benutzte, seine erste naturphilosophische Abhandlung zu vollenden, die deutlich zeigt, welche Richtung das Denken des Jünglings unter Knutzens Einfluß genommen hatte, und wie selbstsicher diese Richtung eingeschlagen wurde. Die Schrift trägt den Titel: „G e d a n k e n v o n d e r w a h r e n S c h ä t z u n g d e r l e b e n d i g e n K r ä f t e i n d e r N a t u r." Sie erschien im Jahre 1747 und enthält in der Vorrede das folgende bemerkenswerte Bekenntnis: „Ich stehe in der Einbildung, es sei zuweilen nicht unnütze, ein gewisses edles Vertrauen in seine eigenen Kräfte zu setzen. Eine Zuversicht von der Art belebt alle unsere Bemühungen und erteilt ihnen einen gewissen Schwung, der der Untersuchung der Wahrheit sehr beförderlich ist . . . Hierauf gründe ich mich. Ich habe mir die Bahn schon vorgezeichnet, die ich halten will. Ich werde meinen Lauf antreten, und nichts soll mich hindern ihn fortzusetzen."

Im Juni 1755 promovierte Kant mit einer „A b h a n d l u n g ü b e r d a s F e u e r". Mit einer zweiten Abhandlung über die „P r i n z i p i e n d e r m e t a p h y s i s c h e n E r k e n n t n i s" habilitierte er sich einige Monate später, um dann fünfzehn Jahre lang das arbeitsreiche und entsagungsvolle Leben eines unbesoldeten Privatdozenten zu führen, bis ihm endlich im Jahre 1770, nachdem sein schriftstellerischer Ruhm schon weit über Deutschlands Grenzen hinausgedrungen war, der Lehrstuhl für Logik und Metaphysik in Königsberg eingeräumt wurde, den er dann ohne Unterbrechung bis zu seinem Tode innehatte.

Die Zeit von 1747—1770 pflegt man als Kants „v o r k r i t i s c h e P e r i o d e" zu bezeichnen. In ihr sucht sich der junge Denker im herr-

schenden System (der Leibniz-Wolffischen Philosophie) zu orientie-
ren und darüber hinaus sich mit den Strömungen auseinanderzuset-
zen, die ihm auch sonst in der zeitgenössischen Literatur belangvoll
erscheinen mußten. Diese Auseinandersetzung hat in den vorkritischen Schriften deutliche Spuren hinterlassen.

Um verständlich zu machen, aus welchem philosophischen Milieu die
Leistung Kants hervorgegangen ist, sei hier in kurzer Skizze versucht,
die wichtigsten dieser Zeitströmungen zu schildern.

Mit dem, was man als Leibniz-Wolffische Metaphysik zu bezeichnen
pflegt, ist Kant, wie bereits angedeutet wurde, schon während seiner
Schul- und Studentenjahre in Berührung gekommen. Sowohl Fr.
A. Schultz wie auch Martin Knutzen, die geistigen Führer seiner
Jugend, waren Anhänger dieses Systems. Es beherrschte die Schulen
und Akademien jener Tage und bildet ganz natürlich den Grundstock
der philosophischen Gedankenwelt der vorkritischen Schriften.

Durch fünf Grundgedanken[1] ist das System von G o t t f r i e d W i l -
h e l m L e i b n i z (1646—1716) charakterisiert. Es lehrt: 1. die vollkommene Vernunftmäßigkeit des Universums (Vernunft = ratio,
daher Rationalismus); 2. die selbständige Bedeutung des Individuel-
len im Universum; 3. die vollkommene, gottgewollte Harmonie aller
Dinge; 4. die qualitative und quantitative Unendlichkeit der Welt und
5. die Möglichkeit einer mechanistischen Naturerklärung.

Die Metaphysik des Leibniz ist eine „Monadologie", d. h. sie betrachtet die Welt als eine Summe zahlloser, mit Vorstellungskraft begabter
Urseelen, „Monaden" genannt, deren jede auf ihre eigene individuelle
Weise das ganze All in sich abbildet. Alle diese Monaden sind um
unendlich kleine Grade (der Klarheit, mit der sie das All vorstellen)
voneinander verschieden. Es gibt keine zwei völlig gleichen Monaden,
aber es ist auch jeder mögliche Klarheitsgrad, von der dunkelsten Stufe
des minimal Bewußten bis zur hellsten Stufe der Vorstellung, in dieser
Welt vertreten. Die Welt ist also eine vernünftig geordnete Hierarchie
von Individuen, ein lückenloses Stufenreich vorstellender Kräfte.
Keines dieser vorstellenden Kraftwesen ist aus dem anderen hervorgegangen, und zwischen ihnen besteht keinerlei Verbindung (Monaden
haben keine Fenster). Sie sind ewig und unzerstörbar vor aller Zeit von
Gott geschaffen, so wie sie sind, in völliger Isoliertheit und Unabhän-

---

[1] Vgl. dazu Kabitz, Der junge Leibniz (1909).

gigkeit voneinander. Wenn trotzdem zwischen ihnen ein kausaler Zusammenhang zu bestehen scheint, der eine mechanistische Deutung zuläßt, so beruht er auf einem Trick des Schöpfers, der alle diese Monaden wie gleichgestellte Uhren in einer Uhrmacherwerkstätte schon bei der Schöpfung so harmonisch aufeinander abgestimmt hat, daß der Schein einer Wechselwirkung entstehen mußte. Nach dieser einmaligen Ingangsetzung der Welt hat sich Gott jedes weiteren Einflusses auf das Geschehen enthalten. Das Geschehen selbst beruht also nicht auf einer im Universum herrschenden, die Elemente der Welt miteinander verbindenden Kausalität, sondern auf einer „prästabilierten Harmonie".

Diese etwas gekünstelt anmutende Weltkonstruktion schien den Zeitgenossen ein plausibler Ausweg aus den unüberbrückbaren Denkschwierigkeiten, in die eine rationale Behandlung irrationaler Gegebenheiten (z. B. die kontinuierliche Bewegung, oder der Einfluß der Seele auf den Leib u. a. m.) notwendig führte.

Da im Stufenreich der vorstellenden Urkräfte (Monaden) nirgends eine Lücke ist, da also keine denkbare Nuance einer möglichen Allvorstellung in ihr fehlt, so ist die wirkliche Welt zugleich Summe und Inbegriff aller möglichen (denkbaren) Welten, also auch die denkbar beste aller möglichen Welten.

Das Streben der einzelnen Monade ist auf Erhaltung ihrer Isoliertheit, auf Zurückstoßung (Repulsion) aller anderen gerichtet. So ist Substanz nichts als die mit Repulsivkräften geladene Koexistenz (Zugleichsein) der Monaden. Physische und psychische Substanzen sind nur dem Grade der Klarheit nach voneinander unterschieden. Die Masse und der Raum sind nur Erscheinungsformen der vorstellenden Monaden.

So viel über Leibniz und seine rationalistische Metaphysik. Das Verdienst, sie in die große Öffentlichkeit getragen und zur Schulphilosophie gemacht zu haben, gebührt Christian Wolff (1679 bis 1754). Er und seine Schüler haben freilich auch den zweifelhaften Ruhm, dieses System in entscheidenden Zügen eklektizistisch verwässert zu haben, indem sie aus anderen gegensätzlichen Systemen hinzunahmen, was ihnen gut schien, und Teilzugeständnisse an die Gegner des Rationalismus machten.

Kant fand also in seiner Jugend das System des Herrn von Leibniz in aller Munde, und zwar in verderbter Form, die unter einer glatten Oberfläche ein Heer von Ungereimtheiten verbarg, das ihn zum

Widerspruch und zum Versuch neuer, selbständiger Lösungen herausforderte. Ein gut Teil der Problemstellungen der vorkritischen Periode (das unendliche All als Summe graduell verschiedener Welten, die Harmonie des Ganzen als Gottes Schöpfertat, die Einmaligkeit des Eingreifens Gottes, die Lehre von der besten aller möglichen Welten, die Überzeugung von der Unzerstörbarkeit des Individuums, die Lehre vom Raum als Anschauungsform, die Gleichsetzung von „möglich" und „wirklich" u. a. m.) ist Leibnizisches Gedankengut, aber es ist bereits innerhalb der Schriften des vorkritischen Kant in einem Assimilationsprozeß begriffen, an dem auch andere nichtleibnizische Ideen zunehmend Anteil haben.

Besonders stark macht sich dabei der Einfluß der Newtonischen Naturphilosophie geltend. Newtons Forschungsprinzipien eröffneten großartige Perspektiven auf eine einheitliche, streng wissenschaftliche Gesamterfassung des Kosmos. Seine Lehre von der durchgängigen mechanischen Wechselwirkung in der Natur stand zwar im Gegensatz zur Leibnizischen Monadologie, war aber — da jene wenigstens den Schein einer mechanistischen Erfassung des Geschehens zuließ – nicht völlig unvereinbar mit ihr. Leibnizens Lehre von den Repulsivkräften allerdings und Newtons Gravitationstheorie, in deren Mittelpunkt die Lehre von der wechselseitigen Anziehung (Attraktion) der Körper stand, schlossen sich offenbar gegenseitig aus. Als Physiker stand der junge Kant auf der Seite der Leibnizischen Monadologie. Sein auf Ausgleich und Entscheidung drängender Geist schuf darum nach einer vorbereitenden Kritik des Leibnizischen Kraftbegriffes[1] ein Weltsystem Leibnizischer Prägung aus Newtonischen Prinzipien, ein kontinuierlich aufgebautes graduell abgestuftes Weltgebäude also[2], in dem alle „möglichen" Welten vom Sternennebel bis zum Planetensystem, vom Chaos bis zum Kosmos vertreten sind, und in dessen Ursprung und Verfassung ausschließlich mechanistische Prinzipien walten. Durch dieses Unternehmen ist Kant Begründer unserer modernen Kosmogonie geworden. Ohne Ahnung von der Vorarbeit des deutschen Philosophen hat Laplace 40 Jahre später[3] ein gleiches System nach denselben Prinzipien entwickelt und den Ruhm dafür geerntet.

---

[1] „Gedanken von der wahren Schätzung der lebendigen Kräfte" (1746).
[2] „Allgemeine Naturgeschichte und Theorie des Himmels" (1755).
[3] in seiner „Exposition du système du monde" (1796).

Erst in neuester Zeit durch Helmholtz wurde Kants Priorität an dieser Kosmogonie, dieser Entwicklung unseres Planetensystems aus dem Urnebel nach rein mechanistischen Prinzipien zur Anerkennung gebracht. Seitdem kursiert die Theorie ganz allgemein unter dem Namen der Kant-Laplaceschen Hypothese[1].

So überzeugt von der Alleinherrschaft mechanistischer Prinzipien in der Welt sich Kant gibt, es ist ihm doch nicht völlig ernst damit. Wenn man den Eifer beobachtet und die Nachdrücklichkeit, mit der Kant den Schöpfergott als die Voraussetzung eben dieser mechanischen Prinzipien fordert (Gott schuf die Materie vor aller Zeit und begabte sie sinnvoll mit jenen zentrifugalen und zentripetalen Kräften, die allein zur systematischen Weltgliederung nach mechanischen Prinzipien führen konnten), dann drängt sich die Überzeugung auf, daß Kant mit dieser Weltkonstruktion nur ein Gedankenexperiment beabsichtigt habe, durch welches der Geltungsbereich des wissenschaftlich so handlichen mechanistischen Prinzips ermittelt werden sollte. (Wie später noch deutlich wird, sind derartige Gedankenexperimente für Kant durchaus charakteristisch, auch die Untersuchung der Tragweite und der Grenzen des reinen Erkennens, die Gebilde einer reinen Ethik und einer rein moralischen Religion sind nur als solche Gedankenexperimente zu verstehen.) Besonders überzeugend in dieser Richtung wirken Kants Äußerungen zum Problem der mechanistischen Erklärbarkeit des organischen Lebens. Hier deutet schon die Form seiner Sätze an, daß er sich ganz in der Haltung des Denkexperimentators fühlt. „Gebt mir eine Materie" (d. h. einen von Gott mit systembildenden Kräften ausgestatteten Stoff) „und ich will euch zeigen, wie eine Welt daraus entstehen soll"[2], so spricht der Pseudomechanist, aber — „man darf es sich nicht befremden lassen, wenn ich mich unterstehe zu sagen: daß eher die Bildung aller Himmelskörper, die Ursache ihrer Bewegungen, kurz, der Ursprung der ganzen gegenwärtigen Verfassung des Weltbaues könne eingesehen werden, ehe die Erzeugung eines einzigen Krautes oder einer Raupe aus mechanistischen Gründen deutlich und vollständig kund werden wird"[3] — so kann nur der Denkexperimentator sprechen, der bei seinem Versuch

---

[1] Kants und Laplaces Schrift unter dem Titel „Die Kant-Laplacesche Theorie" in Kröners Taschen-Ausg. Bd. 46.
[2] Vgl. S. 24.
[3] Vgl. S. 24 f.

auf die Grenzen der Tragweite des mechanistischen Prinzips gestoßen
ist. Die Natur im Zustande des Chaos grenzt unmittelbar an die
göttliche Schöpfung — die Natur als anorganisches Geschehen läßt
zwar die mechanistische Interpretation zu — als organisches Gebilde
aber entzieht sie sich bereits wieder dieser Betrachtungsweise und
fordert andere außermechanische Prinzipien.

Neben den Einflüssen Leibnizens und Newtons finden sich in den
vorkritischen Schriften starke Spuren einer Auseinandersetzung
Kants mit dem Sensualismus J o h n L o c k e s (1632—1704), dem
Skeptizismus D a v i d H u m e s (1711—1776), der Moralphilosophie
des Grafen S h a f t e s b u r y (1671—1713) und dem Idealnaturalismus
J e a n J a c q u e s R o u s s e a u s (1712—1778)[1]. Locke und Hume waren
es vor allem, welche den von Leibniz überkommenen Rationalismus,
die ungeprüfte Überzeugung von der unbegrenzten Tragweite des
Denkens und Schließens, in der Metaphysik so sehr erschütterten, daß
Kant sich zur kritischen Revision der Grundlagen dieser rationalen
Methode veranlaßt sah. In Shaftesbury und Rousseau aber haben wir
diejenigen Denker vor uns, die ihm überhaupt erst den entscheidenden
Mut zur radikalen Revision gaben; denn durch sie wußte er wenigstens im Gefühl des Menschen, in seiner moralischen Struktur die
metaphysischen Zielvorstellungen gesichert, für die es nach Beendigung dieser kritischen Revision unter Umständen eine verstandesmäßige Sicherung nicht mehr geben mochte.

Leibniz hatte einen großen Teil seines Systems in direkter Auseinandersetzung mit Locke entwickelt, und so wurden die Blicke des jungen
Kant unmittelbar durch Leibniz auf Locke hingelenkt.

Locke hatte es sich zur Aufgabe gemacht, den Ursprung, die Sicherheit und die Tragweite des menschlichen Erkennens zu untersuchen,
und war zu der Überzeugung gekommen, daß es keinerlei angeborene
Ideen gibt. Alle Ideen entspringen vielmehr der Sinnenerfahrung. Es
ist nichts im Verstande, was nicht vorher in den Sinnen war. Die Seele
des Kindes ist eine „tabula rasa", ein unbeschriebenes Blatt, auf
welches die Sinneswahrnehmung alles Wissen über die wirkliche Welt

---

[1] Sensualismus: eine Richtung, die alle Erkenntnis aus Sinneswahrnehmungen ableitet. — Skeptizismus: die Verkündigung des grundsätzlichen Zweifels an der Möglichkeit menschlicher Erkenntnis. —
Idealnaturalismus: die Ansicht, welche nicht in der Vernunft, sondern
in der Natur das höchste Ideal sieht.

schreibt. Wir erfahren durch unsere Sinne allein von der Größe, Gestalt, Lage, Bewegung oder Ruhe, d. h. von den ursprünglichen oder primären Qualitäten der wirklichen Körper — alles andere aber, was uns die Sinne über Farbe, Geruch, Geschmack usw. (also über die sog. sekundären Qualitäten) berichten, ist trügerischer Schein und berechtigt nicht zu Rückschlüssen auf die wirkliche Beschaffenheit der Dinge. Das Dasein äußerer Dinge ist strenggenommen überhaupt weder zu beweisen noch auch zu widerlegen. Beides würde die Fassungskraft unseres Verstandes übersteigen. Wir sind genötigt, diese und ähnliche Fragen offen zu lassen und uns im Hinblick auf alles, was außerhalb unserer Sinneserfahrung liegt, bei unserer Unwissenheit zu beruhigen (Agnostizismus). Nur was uns die Sinne berichten, hat praktischen Wert, Bedeutung für unser Handeln.

Die Ethik ist nach Locke Inbegriff aller derjenigen Regeln, die uns zur Erlangung eines glückseligen Lebens nützlich sind. Gut ist daher allein, was Lust erweckt. Übel nur, was Unlust verursacht.

Dieses primitive Glückseligkeitsethos konnte natürlich einen Mann von der moralischen und religiösen Erlebnistiefe eines Kant nicht gefangennehmen. Immerhin war eine Auseinandersetzung nicht nur mit dem Sensualismus Lockes, sondern vor allem mit seinem Hedonismus (Glückseligkeitslehre) auf moralischem Gebiete nicht zu umgehen, wenn es sich um die Frage der Sicherheit unseres Wissens und unseres sittlichen Verhaltens handelt.

Einschneidender als der Einfluß Lockes (der eigentlich bis auf seine Lehre von den sekundären Qualitäten, von der subjektiven trügerischen Natur gewisser Sinneswahrnehmungen nur als Diskussionsgegner für Kant in Frage kam) war der Eindruck, den Hume auf den jungen Denker machte; sagt doch Kant viel später in der Vorrede zu einer seiner wichtigsten kritischen Schriften[1]: „Ich gestehe frei: die Erinnerung des David Hume war eben dasjenige, was mir vor vielen Jahren zuerst den dogmatischen Schlummer unterbrach und meinen Untersuchungen im Felde der spekulativen Philosophie eine ganz andere Richtung gab." Humes Leitmotiv war der grundsätzliche Zweifel (Skeptizismus), der Zweifel vor allem an der Tragweite des Denkens. So ist Hume der stärkste Gegenspieler des Rationalismus, des Glaubens also an die erkenntnismäßige Durchdringbarkeit der

---

[1] „Prolegomena zu einer jeden künftigen Metaphysik", Vorrede.

Welt, den Kant durch die Beschäftigung mit Leibniz in sich aufgenommen hatte. Durch Denken, so lehrt Hume, vermögen wir nur zu verbinden, umzugruppieren, zu erweitern und zu vermindern, was uns die Sinneserfahrung an Daten liefert. Das Denken eines Gegenstandes besagt nicht das mindeste über seine Existenz. Die Ideen (die Idee z. B. von Gott) sind nur Erdichtungen unserer Einbildungskraft, nichtssagende Denkgebilde, die mit Eigenschaften ausgestattet werden, welche wir der Kenntnis unserer eigenen Natur entnehmen, und die Behauptung der realen Existenz Gottes unabhängig von unserem Denken ist daher völlig unzulässig. Das gilt auch vom Begriff der Ursache. Unsere Sinne berichten uns nur etwas über das regelmäßige Aufeinanderfolgen von Ereignissen, nichts aber über eine notwendige existierende Kausalverbindung zwischen ihnen. Die Behauptung eines in der Welt sich allgemein auswirkenden Kausalgesetzes ist demnach nur als eine abkürzende Zusammenfassung gewohnter Erfahrungen zu werten; sie ist erkenntnismäßig wertlos! — Auch die Substanz als Träger der Wahrnehmungen, die aus verschiedenen Sinnesquellen stammen, wird von Hume in der gleichen Weise abgelehnt, und dem Ich als Träger des seelischen Geschehens wird jedes substantielle Sonderdasein völlig abgesprochen. Das Ich ist vielmehr nur ein Bündel ewig wechselnder Vorstellungen und Gefühle, das ohne diesen Inhalt überhaupt nicht bestehen würde.

Die radikale Skepsis Humes verfehlte ihre Wirkung auf Kant nicht. Sie veranlaßte ihn zwar nicht, das rationale Denken in Bausch und Bogen über Bord zu werfen (dazu waren gewisse Ergebnisse des rationalen Denkens, vor allem die Schlüsse der mathematischen und physikalischen Erkenntnisse, denn doch zu sicher und zu einleuchtend); sie brachte aber in ihm den Plan zur Reife zu jener kritischen Revision des rationalen Erkennens und Schließens, die seinen Ruhm als Erkenntniskritiker für alle Zeiten begründet hat. Deutlich bemerkt man unter der Einwirkung der Humeschen Skepsis in den Schriften der vorkritischen Periode eine steigende Abneigung gegen die spekulative Erörterung metaphysischer Probleme und sich häufende Klagen über die Unsicherheit der metaphysischen Erkenntnis überhaupt, verglichen mit der Sicherheit der mathematischen Erkenntnis. Immer stärker wirkt sich die Humesche Skepsis aus und bringt die vorkritische Periode zum Abschluß.

Daß es Kant in keiner Weise nahelag, mit dem wachsenden Zweifel gegen die Sicherheit der Methoden der rationalistischen Metaphysik auch eine grundsätzliche Skepsis gegen seine eigenen metaphysischen Grundüberzeugungen (von Gott, Freiheit und Unsterblichkeit) zu verbinden, zeigen mit großer Deutlichkeit seine Bemühungen um die Beweise vom Dasein Gottes. Daß Gottes Existenz bewiesen werden müsse, stand für ihn fest. Mit großem Freimut kritisiert und erledigt er selbst die herkömmlichen Gottesbeweise der rationalistischen Theologie, um dafür um so hartnäckiger für einen „einzig möglichen Beweisgrund" eigener Erfindung einzutreten, der als Schluß aus der bloßen Denkmöglichkeit ihm selbst in seiner antirationalistischen Haltung höchst fragwürdig hätte erscheinen müssen. Er aber übersieht den Widerspruch und verläßt die Positionen der rationalistischen Metaphysik eigentlich überhaupt erst endgültig in dem Augenblick, wo er sein metaphysisches Grunderlebnis auch unabhängig von der Ratio im moralischen Gefühl gesichert weiß.

Dazu verhalf ihm die Lektüre des moralischen Enthusiasten Shaftesbury und vor allem die Lektüre Rousseauscher Schriften.

Shaftesbury hat ein unbestreitbares Verdienst um die Loslösung der Moral vom Naturmechanismus auf der einen Seite und von der Religion auf der anderen. Das Sittliche ist etwas ganz Selbständiges, Autonomes, in der Natur des Menschen Begründetes. Es ist Gegenstand der inneren Erfahrung und hat als solches eine ebenso große Evidenz (Erkenntnissicherheit, Gewißheit) wie die Mathematik. Im Mittelpunkt der Lebens- und Weltansicht Shaftesburys steht die Idee einer vollkommenen Bildung der freien Persönlichkeit, und zwar im Sinne einer Verschmelzung des Bewußtseins von der sittlichen Autonomie mit der künstlerischen Sehnsucht, welche auf Schönheit und Harmonie unseres Daseins gerichtet ist.

Noch wirkungsvoller (weil zugleich verbunden mit einer radikalen Kulturkritik) betont Rousseau die selbständige Evidenz des Moralischen und die Einheit der moralischen Menschennatur. Von den Werken Rousseaus, von dem Zauber seiner Dichtung und Sprache und von den tiefen moralischen Wahrheiten, die sich unter viel Schwärmerei verbergen, fühlte Kant sich so lebhaft ergriffen, daß er Rousseau unmittelbar neben Newton stellt. „Der erste Eindruck den ein Leser, welcher nicht bloß aus Eitelkeit und zum Zeitvertreib liest, von den Schriften des J. J. Rousseau bekommt, ist, daß er eine ungemeine Scharfsinnigkeit des Geistes, einen edlen Schwung des Genius und eine gefühlvolle Seele in einem so hohen Grade antrifft, als vielleicht niemals irgendein Schriftsteller, von welchem Zeitalter oder von welchem Volke er auch sei, vereint mag besessen haben[1]." „Newton sah zu allererst Ordnung und Regelmäßigkeit mit großer Einfachheit verbunden, wo vor ihm Unordnung und schlimm gepaarte Mannigfaltigkeit anzutreffen waren, und seitdem laufen die Planeten in geometrischen Bahnen. Rousseau entdeckte zuallererst unter der Mannigfaltigkeit der menschlichen angenommenen Gestalten die tief verborgene Natur des Menschen und das versteckte Gesetz, nach welchem die Vorsehung durch seine Beobachtungen gerechtfertigt wird[2]." (Man beachte besonders die letzte Wendung!) Von Rousseau lernte Kant die große Wahrheit, daß der sittliche Wert des Menschen etwas Ursprüngliches ist, das aus der Tiefe seines Wesens stammt und völlig unabhängig ist vom Intellekt und dem Grade seiner Ausbildung und Veredelung. „Le sentiment est plus que la raison", dieser Wahlspruch Rousseaus steht hinfort unsichtbar über allen philosophischen Untersuchungen Kants. Die Verherrlichung der „Schönheit und Würde der menschlichen Natur", in der seine vorkritische Moralphilosophie gipfelt und der „Primat der praktischen Vernunft" (Überlegenheit des Sittlichen über den Intellekt), den seine kritischen Schriften verkünden, sind Rousseausches Erbe. Vor allem aber gab Rousseau dem jungen Denker einen Ankergrund für die Sicherung seiner metaphysischen Überzeugungen (von Gott, der Freiheit und der Unsterblichkeit), der allein ihm erst die Möglichkeit verschaffte, unbekümmert um alle Folgen an seine kritische Untersuchung der Grenzen des Intellekts heranzugehen, radikal alle Konsequenzen für die rationalistische Gotteserkenntnis zu ziehen, die im Verlauf des kritischen Geschäftes notwendig wurden.

So stehen die Schriften der vorkritischen Periode unter den sich ablösenden Einflüssen von Leibniz, Locke, Hume, Shaftesbury und Rousseau, und die Nachwirkung dieser Denker erstreckt sich bis tief hinein in die eigentlich kritischen Schriften, ja bis in das Alterswerk. Niemals aber war Kant dabei Höriger, schülerhafter Nachbeter irgendeines dieser Denker. Er eignete sich aus ihnen lediglich an, was in der eigenen Denkrichtung lag, und versuchte, es von Widersprüchen zu reinigen und weiterzubilden, immer mit dem einen Ziel vor Augen, den gesamten Kosmos, das Reich der äußeren und das Reich der inneren Erfahrung umfassend zu begreifen, die natürliche und die

---

[1] Fragmente S. 240.
[2] Nachricht von der Einrichtung seiner Wintervorlesungen.

moralische Stellung des Menschen in diesem Weltganzen sowie Gottes Rolle darin aus wissenschaftlich gesicherten Prinzipien zu verstehen und zu beschreiben. Mit anderen Worten: es handelte sich ihm darum, Leibnizens Monadologie mit Newtons Mechanik zu verbinden zu einer Wissenschaft von der äußeren Natur, sie zu ergänzen durch Rousseaus Einsichten in die innere moralische Struktur des Menschen, das Ganze zu sichern gegen alle Einwürfe Humescher Skepsis und hinter dem Ganzen den Inbegriff aller Harmonie und Zweckmäßigkeit, die Ahnung von Gott aufleuchten zu lassen.

Dennoch ist Kant bei aller Selbständigkeit in dieser vorkritischen Periode doch wesentlich an den genannten Denkern orientiert. Seine Haltung ist nicht eindeutig, ist die eines Tastenden, Werdenden, der zwar sein allgemeines Ziel schon vor sich sieht, den eigenen fruchtbaren Ansatz zu einer kritischen Sicherung seiner Ergebnisse aber noch nicht gefunden hat.

Ungemein kennzeichnend für die geistige Weite des jungen Gelehrten sind schon die Themen der Arbeiten, welche er in dieser vorkritischen Periode in Angriff nimmt. „Die Frage, ob die Erde veralte", wird physikalisch erwogen; eine „Allgemeine Naturgeschichte und Theorie des Himmels" wird nach Newtonischen Prinzipien abgehandelt; das Erdbeben zu Lissabon regt zu einer Untersuchung an über die „Ursachen der Erderschütterung"; eine „Theorie der Winde" spürt den Gesetzen nach, von denen unsere Witterung abhängig ist; mit einem „Neuen Lehrbegriff der Bewegung und der Ruhe" dringt Kant in die Grundstellungen der Dynamik ein; „Die falsche Spitzfindigkeit der vier syllogistischen Figuren" in der herkömmlichen Logik wird erörtert, und es wird der interessante Versuch gemacht, „den Begriff der negativen Größen in die Weltweisheit einzuführen", um so die schulmäßig erstarrte Logik zu befruchten. „Der einzig mögliche Beweisgrund zu einer Demonstration des Daseins Gottes", „Untersuchungen über die Deutlichkeit der Grundsätze der natürlichen Theologie und Moral", eine „Abhandlung über die Evidenz der metaphysischen Wissenschaften" und die geistvollen „Beobachtungen über das Gefühl des Schönen und Erhabenen" zeugen von der Vielseitigkeit seiner theologischen, metaphysischen, moralischen und ästhetischen Interessen. Selbst zu einem „Versuch über die Krankheiten des Kopfes" und zu einer Auseinandersetzung mit dem nordischen

Theosophen Swedenborg in den satirischen „Träumen eines Gei-
stersehers" fühlte er sich berufen.

Das Weltganze in der Mannigfaltigkeit seiner Erscheinungen philosophisch zu erfassen und sich selbst als denkendes, sittlich handelndes
und ästhetisch empfindendes Wesen zu begreifen in diesem Kosmos,
in dem Bewegung ist und Ruhe, in dem Planeten um Fixsterne kreisen
und fernste Sonnensysteme einen unendlichen Raum andeuten, in der
die Erde bebt unter Gerechten und Ungerechten, in der Jugend ist und
Alter, Leben, Krankheit und Tod, andererseits aber auch mit aller
denkerischen Vorsicht das Zentrum aufzuspüren, auf das alle Zweckmäßigkeit und Schönheit in dieser Welt hinweist, dem großen Unbekannten nachzuspüren, von dem die Offenbarungsreligionen künden
und für den die Theologen nach Beweisgründen suchen — das sind die
philosophischen Tendenzen der vorkritischen Periode.

Nur wenige der vorkritischen Schriften beschränken sich auf die rein
fachliche Erörterung ihres Gegenstandes, in vielen zeigt sich deutlich,
wie das fachliche Interesse eingebettet ist in ein höheres Streben, „alles
aus Einem" zu begreifen, und Kants Gedanken kreisen dabei mehr um
das Gottesproblem, als die Titel vermuten lassen.

Es kann sich hier nicht darum handeln, in die Einzelheiten der
wissenschaftlichen Leistung dieser Periode einzudringen. Um von
ihrem Geist und ihren philosophischen Tendenzen einen Eindruck zu
vermitteln, geben wir Proben unter selbstgewählten Titeln, die für die
Problematik Kants in dieser Periode charakteristisch sind.

Weltschöpfung und Weltuntergang

Erste Bewegungsursache

Die allerersten Bewegungen in diesem Weltgebäude sind nicht
durch die Kraft einer bewegten Materie hervorgebracht worden;
denn sonst würden sie nicht die ersten sein. Sie sind aber auch
nicht durch die unmittelbare Gewalt Gottes oder irgendeiner
Intelligenz verursacht worden, solange es noch möglich ist, daß sie
durch Wirkung einer Materie, welche im Ruhestande ist, haben
entstehen können; denn Gott erspart sich so viele Wirkungen, als
er ohne den Nachteil der Weltmaschine tun kann, hingegen macht

er die Natur so tätig und wirksam, als es nur möglich ist. Ist nun die Bewegung durch die Kraft einer an sich toten und unbewegten Materie in die Welt zuallererst hineingebracht worden, so wird sie sich auch durch dieselbe erhalten und, wo sie eingebüßt hat, wiederherstellen können.

Naturwissenschaft und Religion

Das Systematische, welches die großen Glieder der Schöpfung in dem ganzen Umfange der Unendlichkeit verbindet, zu entdecken, die Bildung der Weltkörper selber und den Ursprung ihrer Bewegungen aus dem ersten Zustande der Natur durch mechanische Gesetze herzuleiten: solche Einsichten scheinen sehr weit die Kräfte der menschlichen Vernunft zu überschreiten. Von der anderen Seite droht die Religion mit einer feierlichen Anklage über die Verwegenheit, da man der sich selbst überlassenen Natur solche Folgen beizumessen sich erkühnen darf, darin man mit Recht die unmittelbare Hand des höchsten Wesens gewahr wird, und besorgt, in dem Vorwitz solcher Betrachtungen eine Schutzrede des Gottesleugners anzutreffen. Ich sehe alle diese Schwierigkeiten wohl und werde doch nicht kleinmütig. Ich empfinde die ganze Stärke der Hindernisse, die sich entgegensetzen, und verzage doch nicht. Ich habe auf eine geringe Vermutung eine gefährliche Reise gewagt und erblicke schon die Vorgebirge neuer Länder. Diejenigen, welche die Herzhaftigkeit haben, die Untersuchung fortzusetzen, werden sie betreten und das Vergnügen haben, selbige mit ihrem Namen zu bezeichnen.

Ich habe nicht eher den Anschlag auf diese Unternehmung gefaßt, als bis ich mich in Ansehung der Pflichten der Religion in Sicherheit gesehen habe. Mein Eifer ist verdoppelt worden, als ich bei jedem Schritte die Nebel sich zerstreuen sah, welche hinter ihrer Dunkelheit Ungeheuer zu verbergen schienen und nach deren Zerteilung die Herrlichkeit des höchsten Wesens mit dem lebhaftesten Glanze hervorbrach.

Zufällige oder göttliche Schöpfung

Die nach ihren allgemeinsten Gesetzen sich bestimmende Materie bringt durch ihr natürliches Betragen oder, wenn man es so nennen will, durch eine blinde Mechanik anständige Folgen hervor, die der Entwurf einer höchsten Weisheit zu sein scheinen. Luft, Wasser, Wärme erzeugen, wenn man sie sich selbst überlassen betrachtet, Winde und Wolken, Regen, Ströme, welche die Länder befeuchten, und alle die nützlichen Folgen, ohne welche die Natur traurig, öde und unfruchtbar bleiben müßte. Sie bringen aber diese Folgen nicht durch ein bloßes Ungefähr oder durch einen Zufall, der ebenso leicht nachteilig hätte ausfallen können, hervor, sondern man sieht: daß sie durch ihre natürlichen Gesetze eingeschränkt sind, auf keine andere als diese Weise zu wirken. Was soll man von dieser Übereinstimmung denn gedenken? Wie wäre es wohl möglich, daß Dinge von verschiedenen Naturen in Verbindung miteinander so vortreffliche Übereinstimmungen und Schönheiten zu bewirken trachten sollten, sogar zu Zwecken solcher Dinge, die sich gewissermaßen außer dem Umfange der toten Materie befinden, nämlich zum Nutzen der Menschen und Tiere, wenn sie nicht einen gemeinschaftlichen Ursprung erkennten, nämlich einen unendlichen Verstand, in welchem aller Dinge wesentliche Beschaffenheiten entworfen worden? Wenn ihre Naturen für sich und unabhängig notwendig wären, was für ein erstaunliches Ungefähr oder vielmehr was für eine Unmöglichkeit würde es nicht sein, daß sie mit ihren natürlichen Bestrebungen sich gerade so zusammenpassen sollten, als eine überlegte kluge Wahl sie hätte vereinbaren können.

Vom Chaos zum Kosmos[1]

Ich nehme die Materie aller Welt in einer allgemeinen Zerstreuung an und mache aus derselben ein vollkommenes Chaos. Ich sehe nach den ausgemachten Gesetzen der Attraktion[2] den Stoff sich bilden und durch die Zurückstoßung ihre Bewegung modifizieren[3]. Ich genieße das Vergnügen, ohne Beihilfe willkürlicher Erdichtungen unter der Veranlassung ausgemachter Bewegungsgesetze sich ein wohlgeordnetes Ganzes erzeugen zu sehen, welches demjenigen Weltsystem so ähnlich sieht, das wir vor Augen haben, daß ich mich nicht entbrechen kann, es für dasselbe zu halten. Diese unerwartete Auswickelung der Ordnung der Natur im großen wird mir anfänglich verdächtig, da sie auf so schlechtem und einfachem Grunde eine so zusammengesetzte Richtigkeit gründet. Ich belehre mich endlich aus der vorher angezeigten Betrachtung: daß eine solche Auswickelung der Natur nicht etwas Unerhörtes an ihr ist, sondern daß ihre wesentliche Bestrebung solche notwendig mit sich bringt, und daß dieses das herrlichste Zeugnis ihrer Abhängigkeit von demjenigen Urwesen ist, welches sogar die Quelle der Wesen selber und ihrer ersten Wirkungsgesetze in sich hat. Diese Einsicht verdoppelt mein Zutrauen auf den Entwurf, den ich gemacht habe. Die Zuversicht vermehrt sich bei jedem Schritte, den ich mit Fortgang weiter setze, und meine Kleinmütigkeit hört völlig auf.

Es ist ein Gott

Die Materie, die der Urstoff aller Dinge ist, ist also an gewisse Gesetze gebunden, welchen sie frei überlassen notwendig schöne Verbindungen hervorbringen muß. Sie hat keine Freiheit, von

---

[1] ungeordnete und geordnete Welt.
[2] Anziehung.
[3] ihrer Bewegung bestimmte Formen geben.

diesem Plane der Vollkommenheit abzuweichen. Da sie also sich einer höchst weisen Absicht unterworfen befindet, so muß sie notwendig in solche übereinstimmenden Verhältnisse durch eine über sie herrschende erste Ursache versetzt worden sein, und es ist ein Gott eben deswegen, weil die Natur auch selbst im Chaos nicht anders als regelmäßig und ordentlich verfahren kann.

An den Grenzen der mechanischen Kosmogonie[1]

Wenn es gleich wahr ist, wird man sagen, daß Gott in die Kräfte der Natur eine geheime Kunst gelegt hat, sich aus dem Chaos von selber zu einer vollkommenen Weltverfassung auszubilden, wird der Verstand des Menschen, der bei den gemeinsten Gegenständen so blöd ist, in so großem Vorwurfe[2] die verborgenen Eigenschaften zu erforschen vermögend sein? Ein solches Unterfangen heißt ebensoviel, als wenn man sagte: Gebt mir nur Materie, ich will euch eine Welt daraus bauen. Kann dich die Schwäche deiner Einsichten, die an den geringsten Dingen, welche deinen Sinnen täglich und in der Nähe vorkommen, zuschanden wird, nicht lehren: daß es vergeblich sei, das Unermeßliche und das, was in der Natur vorging, ehe noch eine Welt war, zu entdecken? Ich vernichte diese Schwierigkeit, indem ich deutlich zeige, daß eben diese Untersuchung unter allen, die in der Naturlehre aufgeworfen werden können, diejenige sei, in welcher man am leichtesten und sichersten bis zum Ursprunge gelangen kann. Ebenso wie unter allen Aufgaben der Naturforschung keine mit mehr Richtigkeit und Gewißheit aufgelöst worden als die wahre Verfassung des Weltbaues im großen, die Gesetze der Bewegungen und das innere Triebwerk der Umläufe aller Planeten, als worin die Newtonische Weltweisheit solche Einsichten gewähren kann, dergleichen man

---

[1] Naturerklärung auf Grund mechanischer Grundsätze.
[2] Entwurf, Plan.

sonst in keinem Teile der Weltweisheit antrifft: eben also, behaupte ich, sei unter allen Naturdingen, deren erster Ursache man nachforscht, der Ursprung des Weltsystems und die Erzeugung der Himmelskörper samt den Ursachen ihrer Bewegungen dasjenige, was man am ersten gründlich und zuverlässig einzusehen hoffen darf. Die Ursache hiervon ist leicht zu ersehen. Die Himmelskörper sind runde Massen, also von der einfachsten Bildung, die ein Körper, dessen Ursprung man sucht, nur immer haben kann. Ihre Bewegungen sind gleichfalls unvermischt. Sie sind nichts als eine freie Fortsetzung eines einmal eingedrückten[1] Schwunges, welcher, mit der Attraktion des Körpers im Mittelpunkte verbunden, kreisförmig wird. Überdem ist der Raum, darin sie sich bewegen, leer, die Zwischenweiten, die sie voneinander absondern, ganz ungemein groß und also alles sowohl zur unverwirrten Bewegung als auch deutlichen Bemerkung derselben auf das Deutlichste auseinandergesetzt. Mich dünkt, man könne hier in gewissem Verstande[2] ohne Vermessenheit sagen: Gebet mir Materie, ich will eine Welt daraus bauen! Das ist, gebet mir Materie, ich will euch zeigen, wie eine Welt daraus entstehen soll. Denn wenn Materie vorhanden ist, welche mit einer wesentlichen Attraktionskraft begabt ist, so ist es nicht schwer, diejenigen Ursachen zu bestimmen, die zu der Einrichtung des Weltsystems, im großen betrachtet, haben beitragen können. Man weiß, was dazu gehört, daß ein Körper eine kugelrunde Figur erlange, man begreift, was erfordert wird, daß freischwebende Kugeln eine kreisförmige Bewegung um den Mittelpunkt anstellen, gegen den sie gezogen werden. Die Stellung der Kreise gegeneinander, die Übereinstimmung der Richtung, die Exzentrizität[3], alles kann auf die einfachsten mechanischen Ursachen gebracht werden, und man darf mit Zuversicht hoffen, sie zu

---

[1] erteilten.
[2] in gewissem Sinne.
[3] Abstand der Kreismittelpunkte voneinander.

entdecken, weil sie auf die leichtesten und deutlichsten Gründe
gesetzt werden können. Kann man aber wohl von den geringsten
Pflanzen oder Insekten sich solcher Vorteile rühmen? Ist man
imstande zu sagen: Gebt mir Materie, ich will euch zeigen, wie eine Raupe erzeugt werden könne? Bleibt man
hier nicht bei dem ersten Schritte aus Unwissenheit der wahren
inneren Beschaffenheit des Objekts und der Verwickelung der in
demselben vorhandenen Mannigfaltigkeit stecken? Man darf es
sich also nicht befremden lassen, wenn ich mich unterstehe zu
sagen: daß eher die Bildung aller Himmelskörper, die Ursache
ihrer Bewegungen, kurz, der Ursprung der ganzen gegenwärtigen
Verfassung des Weltbaues werde können eingesehen werden, ehe
die Erzeugung eines einzigen Krauts oder einer Raupe aus mechanischen Gründen deutlich und vollständig kund werden wird.
Dieses sind die Ursachen, worauf ich meine Zuversicht gründe,
daß der physische Teil der Weltwissenschaft künftighin noch wohl
eben die Vollkommenheit zu hoffen habe, zu der Newton die
mathematische Hälfte derselben erhoben hat.

Räumliche und zeitliche Unendlichkeit

Das Weltgebäude setzt durch seine unermeßliche Größe und
durch die unendliche Mannigfaltigkeit und Schönheit, welche aus
ihm von allen Seiten hervorleuchtet, in ein stilles Erstaunen.
Wenn die Vorstellung aller dieser Vollkommenheit nun die Einbildungskraft rührt, so nimmt den Verstand andererseits eine
andere Art der Entzückung ein, wenn er betrachtet, wie soviel
Pracht, soviel Größe aus einer einzigen allgemeinen Regel mit
einer ewigen und richtigen Ordnung abfließt. Der planetische
Weltbau, in dem die Sonne aus dem Mittelpunkte aller Kreise mit
ihrer mächtigen Anziehung die bewohnten Kugeln ihres Systems
in ewigen Kreisen umlaufend macht, ist gänzlich, wie wir gesehen
haben, aus dem ursprünglich ausgebreiteten Grundstoff aller
Weltmaterie gebildet worden. Alle Fixsterne, die das Auge an der

hohlen Tiefe des Himmels entdeckt und die eine Art von Verschwendung anzuzeigen scheinen, sind Sonnen und Mittelpunkte von ähnlichen Systemen. Die Analogie erlaubt es also hier nicht, zu zweifeln, daß diese auf die gleiche Art wie das, darin wir uns befinden, aus den kleinsten Teilen der elementarischen Materie, die den leeren Raum, diesen unendlichen Umfang der göttlichen Gegenwart erfüllte, gebildet und erzeugt worden.

Aber welches wird denn endlich das Ende der systematischen Einrichtungen sein? Wo wird die Schöpfung selber aufhören? Man merkt wohl, daß, um sie in einem Verhältnisse mit der Macht des unendlichen Wesens zu gedenken, sie gar keine Grenzen haben müsse. Man kommt der Unendlichkeit der Schöpfungskraft Gottes nicht näher, wenn man den Raum ihrer Offenbarung in einer Sphäre[1], mit dem Radius der Milchstraße beschrieben, einschließt, als wenn man ihn in eine Kugel beschränken will, die einen Zoll Durchmesser hat. Alles, was endlich, was seine Schranken und ein bestimmtes Verhältnis zur Einheit hat, ist von dem Unendlichen gleich weit entfernt. Nun wäre es ungereimt, die Gottheit mit einem unendlich kleinen Teile ihres schöpferischen Vermögens in Wirksamkeit zu setzen und ihre unendliche Kraft, den Schatz einer wahren Unermeßlichkeit von Naturen und Welten, untätig und in einem ewigen Mangel der Ausübung verschlossen zu gedenken. Ist es nicht vielmehr anständiger, oder, besser zu sagen, ist es nicht notwendig, den Inbegriff der Schöpfung also anzustellen, als er sein muß, um ein Zeugnis von derjenigen Macht zu sein, die durch keinen Maßstab kann abgemessen werden? Aus diesem Grunde ist das Feld der Offenbarung göttlicher Eigenschaften ebenso unendlich, als diese selber sind. Die Ewigkeit ist nicht hinlänglich, die Zeugnisse des höchsten Wesens zu erfassen, wo sie nicht mit der Unendlichkeit des Raumes verbunden wird. Es ist wahr, die Ausbildung, die Form, die Schönheit und Vollkommen-

---

[1] Kugelform.

heit sind Beziehungen der Grundstücke[1] und der Substanzen, die den Stoff des Weltbaues ausmachen; und man bemerkt es an den Anstalten, die die Weisheit Gottes noch zu aller Zeit trifft; es ist ihr auch am gemäßesten, daß sie sich aus eingepflanzten allgemeinen Gesetzen durch eine ungezwungene Folge herauswickeln. Und daher kann man mit gutem Grunde setzen, daß die Anordnung und Einrichtung der Weltgebäude aus dem Vorrate des erschaffenen Naturstoffes in einer Folge der Zeit nach und nach geschehe; allein die Grundmaterie selber, deren Eigenschaften und Kräfte allen Veränderungen zum Grunde liegen, ist eine unmittelbare Folge des göttlichen Daseins: selbige muß also auf einmal so reich, so vollständig sein, daß die Entwickelung ihrer Zusammensetzungen in dem Abflusse der Ewigkeit sich über einen Plan ausbreiten könne, der alles in sich schließt, was sein kann, der kein Maß annimmt, kurz, der unendlich ist.

Ewige Schöpfung

... Ob wir gleich von dem Orte unseres Aufenthalts in dem Universo eine Aussicht in eine, wie es scheint, völlig vollendete Welt und, so zu reden, in ein unendliches Heer von Weltordnungen, die systematisch verbunden sind, haben: so befinden wir uns doch eigentlich nur in einer Nähe zum Mittelpunkte der ganzen Natur, wo diese sich schon aus dem Chaos ausgewickelt und ihre gehörige Vollkommenheit erlangt hat. Wenn wir eine gewisse Sphäre überschreiten könnten, würden wir daselbst das Chaos und die Zerstreuung der Elemente erblicken, die nach dem Maße, als sie sich diesem Mittelpunkte näher befinden, den rohen Zustand zum Teil verlassen und der Vollkommenheit der Ausbildung näher sind, mit den Graden der Entfernung aber sich nach und nach in einer völligen Zerstreuung verlieren. Wir würden sehen, wie der unendliche Raum der göttlichen Gegenwart, darin der

---

[1] Elemente.

Vorrat zu allen möglichen Naturbildungen anzutreffen ist, in einer stillen Nacht begraben liegt voll von Materie, den künftig zu erzeugenden Welten zum Stoffe zu dienen, und von Triebfedern, sie in Bewegung zu bringen, die mit einer schwachen Regung diejenigen Bewegungen anfangen, womit die Unermeßlichkeit dieser öden Räume dereinst noch soll belebt werden. Es sind vielleicht eine Reihe von Millionen Jahren und Jahrhunderten verflossen, ehe die Sphäre der gebildeten Natur, darin wir uns befinden, zu der Vollkommenheit gediehen ist, die ihr jetzt beiwohnt; und es wird vielleicht ein ebenso langer Periodus[1] vergehen, bis die Natur einen ebenso weiten Schritt in dem Chaos tut: allein die Sphäre der ausgebildeten Natur ist unaufhörlich beschäftigt, sich auszubreiten. Die Schöpfung ist nicht das Werk von einem Augenblicke. Nachdem sie mit der Hervorbringung einer Unendlichkeit von Substanzen und Materie den Anfang gemacht hat, so ist sie mit immer zunehmenden Graden der Fruchtbarkeit die ganze Folge der Ewigkeit hindurch wirksam. Es werden Millionen und ganze Gebirge von Millionen Jahrhunderten verfließen, binnen welchem immer neue Welten und Weltordnungen nacheinander in den entfernten Weiten von dem Mittelpunkte der Natur sich bilden und zur Vollkommenheit gelangen werden; sie werden ungeachtet der systematischen Verfassung, die unter ihren Teilen ist, eine allgemeine Beziehung auf den Mittelpunkt erlangen, welcher der erste Bildungspunkt und das Zentrum der Schöpfung durch das Anziehungsvermögen seiner vorzüglichen[2] Masse geworden ist. Die Unendlichkeit der künftigen Zeitfolge, womit die Ewigkeit unerschöpflich ist, wird alle Räume der Gegenwart Gottes ganz und gar beleben und in die Regelmäßigkeit, die der Trefflichkeit seines Entwurfes gemäß ist, nach und nach versetzen; und wenn man mit einer kühnen Vorstellung die ganze Ewigkeit, sozusagen, in einem Begriffe zusammenfassen könnte,

---

[1] Zeitraum.
[2] besonders von der Schöpfung bevorzugten.

so würde man auch den ganzen unendlichen Raum mit Weltordnungen angefüllt und die Schöpfung vollendet ansehen können.
Weil aber in der Tat von der Zeitfolge der Ewigkeit der rückstän-
dige[1] Teil allemal unendlich und der abgeflossene endlich ist, so ist
die Sphäre der ausgebildeten Natur allemal nur ein unendlich
kleiner Teil desjenigen Inbegriffs, der den Samen zukünftiger
Welten in sich hat und sich aus dem rohen Zustande des Chaos in
längeren oder kürzeren Perioden auszuwickeln trachtet. Die
Schöpfung ist niemals vollendet. Sie hat zwar einmal angefangen,
aber sie wird niemals aufhören. Sie ist immer geschäftig, mehr
Auftritte der Natur, neue Dinge und neue Welten hervorzubringen. Das Werk, welches sie zustande bringt, hat ein Verhältnis zu
der Zeit, die sie darauf anwendet. Sie braucht nichts weniger als
eine Ewigkeit, um die ganze grenzenlose Weite der unendlichen
Räume mit Welten ohne Zahl und ohne Ende zu beleben.

Vergänglichkeit des Endlichen

Alles, was endlich ist, was einen Anfang und Ursprung hat, hat das
Merkmal seiner eingeschränkten Natur in sich; es muß vergehen
und ein Ende haben. Die Dauer eines Weltbaues hat durch die
Vortrefflichkeit ihrer Errichtung eine Beständigkeit in sich, die
unsern Begriffen nach einer unendlichen Dauer nahekommt.
Vielleicht werden tausend, vielleicht Millionen Jahrhunderte sie
nicht vernichten; allein weil die Eitelkeit[2], die an den endlichen
Naturen haftet, beständig an ihrer Zerstörung arbeitet, so wird die
Ewigkeit alle möglichen Perioden in sich halten, um durch einen
allmählichen Verfall den Zeitpunkt ihres Unterganges doch endlich herbeizuführen.

---

[1] der noch bevorstehende.
[2] Nichtigkeit.

Weltuntergang

Wir dürfen aber den Untergang eines Weltgebäudes nicht als
einen wahren Verlust der Natur bedauern. Sie beweist ihren
Reichtum in einer Art von Verschwendung, welche, indem einige
Teile der Vergänglichkeit den Tribut bezahlen, sich durch unzählige neue Zeugungen in dem ganzen Umfange ihrer Vollkommenheit unbeschadet erhält. Welch eine unzählige Menge Blumen und
Insekten zerstört ein einziger kalter Tag; aber wie wenig vermißt
man sie, unerachtet es herrliche Kunstwerke der Natur und
Beweistümer der göttlichen Allmacht sind! An einem andern Orte
wird dieser Abgang mit Überfluß wiederum ersetzt. Der Mensch,
der das Meisterstück der Schöpfung zu sein scheint, ist selbst von
diesem Gesetz nicht ausgenommen. Die Natur beweist, daß sie
ebenso reich, ebenso unerschöpft in Hervorbringung des Treff-
lichsten unter den Kreaturen als des Geringschätzigsten ist, und
daß selbst deren Untergang eine notwendige Schattierung in der
Mannigfaltigkeit ihrer Sonnen ist, weil die Erzeugung derselben
sie nichts kostet. Die schädlichen Wirkungen der angesteckten[1]
Luft, die Erdbeben, die Überschwemmungen vertilgen ganze Völker von dem Erdboden; allein es scheint nicht, daß die Natur
dadurch einigen Nachteil erlitten habe. Auf gleiche Weise verlassen ganze Welten und Systeme den Schauplatz, nachdem sie ihre
Rolle ausgespielt haben. Die Unendlichkeit der Schöpfung ist groß
genug, um eine Welt oder eine Milchstraße von Welten gegen sie
anzusehen, wie man eine Blume oder ein Insekt in Vergleichung
gegen die Erde ansieht. Indessen, daß die Natur mit veränderlichen Auftritten die Ewigkeit ausziert, bleibt Gott in einer unauf-
hörlichen Schöpfung geschäftig, den Zeug[2] zur Bildung noch
größerer Welten zu formen.

---

[1] verpesteten.
[2] den Stoff.

Wiedergeburt

Wenn wir diesem Phönix „Natur", der sich nur darum verbrennt, um aus seiner Asche wiederum verjüngt aufzuleben, durch alle Unendlichkeit der Zeiten und Räume hindurch folgen; wenn man sieht, wie sie[1] sogar in der Gegend, da sie verfällt und veraltet, an neuen Auftritten unerschöpft[2] und auf der anderen Grenze der Schöpfung in dem Raum der ungebildeten rohen Materie mit stetigen Schritten zur Ausdehnung des Plans der göttlichen Offenbarung fortschreitet, um die Ewigkeit sowohl als alle Räume mit ihren Wundern zu füllen: so versenkt sich der Geist, der alles dieses überdenkt, in ein tiefes Erstaunen; aber noch mit diesem so großen Gegenstande unzufrieden, dessen Vergänglichkeit die Seele nicht genugsam zufriedenstellen kann, wünscht er dasjenige Wesen von nahem kennenzulernen, dessen Verstand, dessen Größe die Quelle desjenigen Lichtes ist, das sich über die gesamte Natur gleichsam als aus einem Mittelpunkte ausbreitet. Mit welcher Art der Ehrfurcht muß nicht die Seele sogar ihr eigen Wesen ansehen, wenn sie betrachtet, daß sie noch alle diese Veränderungen überleben soll.

Die unsterbliche Seele

Es ist uns nicht einmal recht bekannt, was der Mensch anjetzt wirklich ist, ob uns gleich das Bewußtsein und die Sinne hiervon belehren sollten; wieviel weniger werden wir erraten können, was er dereinst werden soll! Dennoch schnappt die Wißbegierde der menschlichen Seele sehr begierig nach diesem von ihr so entfernten Gegenstande und strebt, in solche dunkle Erkenntnis einiges Licht zu bekommen.

Sollte die unsterbliche Seele wohl in der ganzen Unendlichkeit

---

[1] die Natur.
[2] unerschöpflich.

ihrer künftigen Dauer, die das Grab selber nicht unterbricht, sondern nur verändert, an diesen Punkt des Weltraumes, an unserer Erde, jederzeit geheftet bleiben? Sollte sie niemals von den übrigen Wundern der Schöpfung eines näheren Anschauens teilhaftig werden? Wer weiß, ist es ihr nicht zugedacht, daß sie dereinst jene entfernten Kugeln des Weltgebäudes und die Trefflichkeit ihrer Anstalten, die schon von weitem ihre Neugierde so reizen, von nahem soll kennenlernen? Vielleicht bilden sich darum noch einige Kugeln des Planetensystems aus, um nach vollendetem Ablaufe der Zeit, die unserm Aufenthalte allhier vorgeschrieben ist, uns in andern Himmeln neue Wohnplätze zu bereiten. Wer weiß, laufen nicht jene Trabanten um den Jupiter, um uns dereinst zu leuchten?

Der bestirnte Himmel

... Wenn man mit solchen Betrachtungen ... sein Gemüt erfüllt hat: so gibt der Anblick eines bestirnten Himmels in einer heitern Nacht eine Art des Vergnügens, welches nur edle Seelen empfinden. Bei der allgemeinen Stille der Natur und der Ruhe der Sinne redet das verborgene Erkenntnisvermögen des unsterblichen Geistes eine unnennbare Sprache und gibt unausgewickelte[1] Begriffe, die sich wohl empfinden, aber nicht beschreiben lassen. Wenn es unter den denkenden Geschöpfen dieses Planeten niederträchtige Wesen gibt, die ungeachtet aller Reizungen, womit ein so großer Gegenstand sie anlocken kann, dennoch imstande sind, sich fest an die Dienstbarkeit der Eitelkeit zu heften: wie unglücklich ist diese Kugel, daß sie so elende Geschöpfe hat erziehen können! Wie glücklich aber ist sie andererseits, da ihr unter den allerannehmungswürdigsten Bedingungen ein Weg eröffnet ist, zu einer Glückseligkeit und Hoheit zu gelangen, welche unendlich weit über die Vorzüge erhaben

---

[1] ungeklärte.

ist, die die allervorteilhafteste Einrichtung der Natur in allen Weltkörpern erreichen kann!

Alter und Tod

Ob die Erde veralte

Die Erde wälzt sich unaufhörlich um ihre Achse mit einer freien Bewegung, die, nachdem sie ihr einmal zugleich mit ihrer Bildung eingedrückt[1] worden, fortan unverändert und mit gleicher Geschwindigkeit und Richtung in alle unendliche Zeiten fortdauern würde, wenn keine Hindernisse oder äußerliche Ursachen vorhanden wären, sie zu verzögern oder zu beschleunigen. Ich unternehme, darzutun, daß die äußerliche Ursache wirklich vorhanden sei, und zwar eine solche, die die Bewegung der Erde nach und nach verringert und ihren Umschwung in unermeßlich langen Perioden gar zu vernichten trachtet. Diese Begebenheit, die sich dereinst zutragen soll, ist so wichtig und wundersam, daß, obgleich der fatale Zeitpunkt ihrer Vollendung so weit hinausgesetzt ist, daß selber die Fähigkeit der Erdkugel bewohnt zu sein und die Dauer des menschlichen Geschlechts vielleicht nicht an den zehnten Teil dieser Zeit reicht, dennoch auch nur die Gewißheit dieses bevorstehenden Schicksals und die stetige Annäherung der Natur zu demselben ein würdiger Gegenstand der Bewunderung und Untersuchung ist ...

Wenn die Erde eine ganze feste Masse ohne alle Flüssigkeiten wäre, so würde die Anziehung weder der Sonne noch des Mondes etwas tun, ihre freie Achsendrehung zu verändern; denn sie zieht die östlichen sowohl als die westlichen Teile der Erdkugel mit gleicher Kraft und verursacht dadurch keinen Hang[2] weder nach der einen noch nach der andern Seite, folglich läßt sie die Erde in

---

[1] erteilt.
[2] kein Hängen.

völliger Freiheit, diese Umdrehung ohne allen äußerlichen Einfluß ungehindert fortzusetzen. In dem Falle aber, daß die Masse eines Planeten eine beträchtliche Quantität des flüssigen Elements in sich faßt, so werden die vereinigten Anziehungen des Mondes und der Sonne, indem sie diese flüssige Materie bewegen, der Erde einen Teil dieser Erschütterung eindrücken. Die Erde ist in solchen Umständen. Das Gewässer des Ozeans bedeckt wenigstens den dritten Teil ihrer Oberfläche und ist durch die Attraktion der gedachten Himmelskörper in unaufhörlicher Bewegung, und zwar nach einer Seite, die der Achsendrehung gerade entgegengerichtet ist ... Die Anziehung des Mondes, welche den größten Anteil an dieser Wirkung hat, hält das Gewässer des Ozeans in unaufhörlicher Aufwallung, dadurch es zu den Punkten gerade unterm Mond sowohl auf der ihm zu- als von ihm abgekehrten Seite hinzuzufließen und sich zu erheben bemüht ist; und weil diese Punkte der Aufschwellung von Morgen gegen Abend fortrücken: so teilen sie dem Weltmeere eine beständige Fortströmung nach eben dieser Gegend in seinem ganzen Inhalte mit ... Da diese Fortströmung nun der Drehung der Erde gerade entgegengesetzt ist, so haben wir eine Ursache, auf die wir sicher rechnen können, daß sie jene unaufhörlich zu schwächen und zu vermindern bemüht ist.

Es ist wahr, wenn man die Langsamkeit dieser Bewegung mit der Schnelligkeit der Erde, die Geringschätzigkeit[1] der Quantität des Gewässers mit der Größe dieser Kugel und die Leichte der ersteren zu der Schwere der letzteren zusammenhält, so könnte es scheinen: daß ihre Wirkung für nichts könne gehalten werden. Wenn man aber dagegen erwägt, daß dieser Antrieb unablässig ist, von jeher gedauert hat und immer währen wird, daß die Drehung der Erde eine freie Bewegung ist, in welcher die geringste Quantität, die ihr benommen wird, ohne Ersetzung verloren bleibt, dagegen die vermindernde Ursache unaufhörlich in gleicher Stärke wirksam bleibt, so wäre es ein einem Philosophen sehr unanständiges

---

[1] Geringfügigkeit.

Vorurteil, eine geringe Wirkung für nichtswürdig zu erklären, die durch eine beständige Summierung dennoch auch die größte Quantität endlich erschöpfen muß.

... Wenn die Erde sich dem Stillstande ihrer Umwälzung[1] mit stetigen Schritten nähert, so wird die Periode dieser Veränderung alsdann vollendet sein, wenn ihre Oberfläche in Ansehung des Mondes in respektiver[2] Ruhe sein wird, d. i. wenn sie sich in derselben Zeit um die Achse drehen wird, darin der Mond um sie läuft, folglich ihm immer dieselbe Seite zukehren wird ... Dieses legt uns auf einmal die Ursache deutlich dar, die den Mond genötigt hat, in seinem Umlaufe um die Erde ihr immer dieselbe Seite zuzukehren. Nicht ein Übergewicht der zugekehrten Teile über die abgewandten, sondern eine wirklich gleichförmige Umwendung[3] des Mondes um seine Achse gerade in der Zeit, da er um die Erde läuft, bringt diese immerwährende Darbietung derselben Hälfte zuwege. Hieraus läßt sich mit Zuverlässigkeit schließen: daß die Anziehung, welche die Erde auf den Mond ausübt, zur Zeit seiner ursprünglichen Bildung, als seine Masse noch flüssig war, die Achsendrehung, die dieser Nebenplanet damals vermutlich mit größter Geschwindigkeit gehabt haben mag, auf die angeführte Art bis zu diesem abgemessenen Überreste gebracht haben müsse. Woraus auch zu ersehen, daß der Mond ein späterer Himmelskörper sei, der der Erde hinzugegeben worden, nachdem sie schon ihre Flüssigkeit abgelegt und einen festen Zustand überkommen hatte; sonst würde die Anziehung des Mondes sie unfehlbar demselben Schicksale in kurzer Zeit unterworfen haben, das der Mond von unserer Erde erlitten hat.

---

[1] Umdrehung.
[2] in bezug auf den Mond in Ruhe.
[3] Drehung.

Relatives und absolutes Alter

Wenn man wissen will, ob ein Ding alt, ob es sehr alt oder noch jung zu nennen sei, so muß man es nicht nach der Anzahl der Jahre schätzen, die es gedauert hat, sondern nach dem Verhältnis, das diese zu derjenigen Zeit haben, die es dauern soll. Eben dieselbe Dauer, die für eine Art von Geschöpfen ein hohes Alter kann genannt werden, ist es nicht für eine andere. In derselben Zeit, da ein Hund altert, hat der Mensch kaum seine Kindheit überschritten, und die Eichen und Zedern auf dem Libanon sind noch nicht in ihrer männlichen Stärke, wenn die Linden oder Tannen alt werden und verdorren.

Vom biologischen Sinn des Alters

Das Veralten eines Wesens ist in dem Ablauf seiner Veränderungen nicht ein Abschnitt, der äußere und gewaltsame Ursachen zum Grunde hat. Eben dieselben Ursachen, durch welche ein Ding zur Vollkommenheit gelangt und darin erhalten wird, bringen es durch unmerkliche Stufen der Veränderungen seinem Untergange wiederum nahe. Es ist eine natürliche Schattierung in der Fortsetzung seines Daseins und eine Folge eben derselben Gründe, dadurch seine Ausbildung bewirkt worden, daß es endlich verfallen und untergehen muß. Alle Naturdinge sind diesem Gesetze unterworfen, daß derselbe Mechanismus, der im Anfange an ihrer Vollkommenheit arbeitete, nachdem sie den Punkt[1] derselben erreicht haben, weil er fortfährt, das Ding zu verändern, selbiges nach und nach wiederum von den Bedingungen der guten Verfassung entfernt und dem Verderben mit unvermerkten Schritten endlich überliefert. Dieses Verfahren der Natur zeigt sich deutlich an der Ökonomie des Pflanzen- und Tierreichs. Eben derselbe Trieb, der die Bäume wachsen macht, bringt ihnen den Tod, wenn

---

[1] Höhepunkt.

sie ihr Wachstum vollendet haben. Wenn die Fasern und Röhren keiner Ausdehnung mehr fähig sind, so fängt der nährende Saft, indem er fortfährt, sich den Teilen einzuverleiben, das Inwendige der Gänge an zu verstopfen und zu verdichten und das Gewächs durch die gehemmte Bewegung der Säfte endlich absterben und verdorren zu machen. Eben der Mechanismus, wodurch das Tier oder der Mensch lebt und aufwächst, bringt ihm endlich den Tod, wenn das Wachstum vollendet ist. Denn indem die Nahrungssäfte, welche zu dessen Unterhalte dienen, die Kanäle, an die sie sich ansetzen, nicht mehr zugleich erweitern und in ihrem Inhalte vergrößern, so verengen sie ihre inwendige Höhle, der Kreislauf der Flüssigkeiten wird gehemmt. Das Tier krümmt sich, altert und stirbt.

Alternde Kulturen

Wenn ich den Trieb der alten Völker zu großen Dingen, den Enthusiasmus der Ehrbegierde, der Tugend und der Freiheitsliebe, der sie mit hohen Begriffen begeisterte und sie über sich selbst erhob, mit der gemäßigten und kaltsinnigen Beschaffenheit unserer Zeiten vergleiche: so finde ich zwar Ursache, unsern Jahrhunderten zu einer solchen Veränderung Glück zu wünschen, welche der Sittenlehre sowohl als den Wissenschaften gleich einträglich ist, aber ich gerate doch in Versuchung zu vermuten: daß vielleicht dieses Merkmale einer gewissen Erkaltung desjenigen Feuers seien, welches die menschliche Natur belebte und dessen Heftigkeit ebenso fruchtbar an Ausschweifungen als schönen Wirkungen war.

Die Erde bebt

Furcht

Wir wohnen ruhig auf einem Boden, dessen Grundfeste zuweilen erschüttert wird. Wir bauen unbekümmert auf Gewölben, deren Pfeiler hin und wieder wanken und mit dem Einsturze drohen. Unbesorgt wegen des Schicksals, welches vielleicht von uns selber nicht fern ist, geben wir statt der Furcht dem Mitleiden Platz, wenn wir die Verheerung gewahr werden, die das Verderben, das sich unter unsern Füßen verbirgt, in der Nachbarschaft anrichtet. Es ist ohne Zweifel eine Wohltat der Vorsehung, von der Furcht solcher Schicksale unangefochten zu sein, zu deren Hintertreibung alle mögliche Bekümmernis nicht das Geringste beitragen kann, und unser wirkliches Leiden nicht durch die Furcht vor demjenigen zu vergrößern, was wir als möglich erkennen.

Kritik des anthropozentrischen[1] Standpunktes

Der Mensch ist von sich selbst so eingenommen, daß er sich lediglich als das einzige Ziel der Anstalten Gottes ansieht, gleich als wenn diese kein ander Augenmerk hätten als ihn allein, um die Maßregeln in der Regierung der Welt danach einzurichten. Wir wissen, daß der ganze Inbegriff der Natur ein würdiger Gegenstand der göttlichen Weisheit und seiner Anstalten sei. Wir sind ein Teil derselben und wollen das Ganze sein. Die Regeln der Vollkommenheit der Natur im großen sollen in keine Betrachtung kommen, und es soll sich alles bloß in richtiger Beziehung auf uns anschicken. Was in der Welt zur Bequemlichkeit und dem Vergnügen gereicht, das, stellt man sich vor, sei bloß um unsertwillen da, und die Natur beginne keine Veränderungen, die irgendeine

---

[1] des Standpunktes, der den Menschen als Mittelpunkt der Schöpfung ansieht.

Ursache der Ungemächlichkeit für den Menschen werden, als um sie zu züchtigen, zu drohen oder Rache an ihnen auszuüben. Gleichwohl sehen wir, daß unendlich viel Bösewichter in Ruhe entschlafen, daß die Erdbeben gewisse Länder von jeher erschüttert haben ohne Unterschied der alten oder neuen Einwohner, daß das christliche Peru so gut bewegt wird als das heidnische, und daß viele Städte von dieser Verwüstung von Anbeginn befreit geblieben, die über jene sich keines Vorzuges der Unsträflichkeit anmaßen können.

So ist der Mensch im Dunkeln, wenn er die Absichten erraten will, die Gott in der Regierung der Welt vor Augen hat. Allein wir sind in keiner Ungewißheit, wenn es auf die Anwendung ankommt, wie wir diese Wege der Vorsehung dem Zwecke derselben gemäß gebrauchen sollen. Der Mensch ist nicht geboren, um auf dieser Schaubühne der Eitelkeit ewige Hütten zu erbauen. Weil sein ganzes Leben ein weit edleres Ziel hat, wie schön stimmen dazu nicht alle die Verheerungen, die der Unbestand der Welt selbst in denjenigen Dingen blicken läßt, die uns die größten und wichtigsten zu sein scheinen, um uns zu erinnern: daß die Güter der Erde unserm Triebe zur Glückseligkeit keine Genugtuung verschaffen können!

Ist diese Welt die beste aller Welten?

Optimismus

Wenn ich durchaus unter Irrtümern wählen soll, so lobe ich mir lieber jene gütige Notwendigkeit, wobei man sich so wohl befindet und woraus nichts anders als das Beste entspringen kann. Ich bin demnach erfreut, mich als einen Bürger in einer Welt zu sehen, die nicht besser möglich war. Von dem besten unter allen Wesen zu dem vollkommensten unter allen möglichen Entwürfen als ein geringes Glied, an mir selbst unwürdig und um des Ganzen willen auserlesen, schätze ich mein Dasein desto höher, weil ich erkoren ward, in dem besten Plane eine Stelle einzunehmen. Ich rufe allem Geschöpfe zu, welches sich nicht selbst unwürdig macht so zu heißen: Heil uns, wir sind! und der Schöpfer hat an uns Wohlgefallen. Unermeßliche Räume und Ewigkeiten werden wohl nur vor dem Auge des Allwissenden die Reichtümer der Schöpfung in ihrem ganzen Umfange eröffnen, ich aber aus dem Gesichtspunkte, worin ich mich befinde, bewaffnet durch die Einsicht, die meinem schwachen Verstande verliehen ist, werde um mich schauen, so weit ich kann, und immer mehr einsehen lernen: daß das Ganze das Beste sei, und alles um des Ganzen willen gut sei.

Die Seelenfrage

Substanz der Seele

Ich gestehe, daß ich sehr geneigt sei, das Dasein immaterieller[1] Naturen in der Welt zu behaupten und meine Seele selbst in die Klasse dieser Wesen zu versetzen. Alsdann aber, wie geheimnisvoll wird nicht die Gemeinschaft zwischen Geist und Körper? Aber wie natürlich ist nicht zugleich diese Unbegreiflichkeit, da unsere Begriffe äußerer Handlungen von denen der Materie abgezogen[2] worden und jederzeit mit den Bedingungen des Druckes oder Stoßes verbunden sind, die hier nicht stattfinden? Denn wie sollte wohl eine immaterielle Substanz der Materie im Wege liegen, damit diese in ihrer Bewegung auf einen Geist stoße, und wie können körperliche Dinge Wirkungen auf ein fremdes Wesen ausüben, das ihnen nicht Undurchdringlichkeit entgegenstellt, oder welches sie auf keine Weise hindert, sich in demselben Raume, darin es gegenwärtig ist, zugleich zu befinden? Es scheint, ein geistiges Wesen sei der Materie innigst gegenwärtig, mit der es

---

[1] rein geistiger.
[2] hergenommen, abstrahiert.

verbunden ist, und wirke nicht auf diejenigen Kräfte der Elemente, womit diese untereinander in Verhältnissen sind, sondern auf das innere Prinzip[1] ihres Zustandes. Denn eine jede Substanz, selbst ein einfaches Element der Materie, muß doch irgendeine innere Tätigkeit als den Grund der äußerlichen Wirksamkeit haben, wenn ich gleich nicht anzugeben weiß, worin solche bestehe. Andererseits würde bei solchen Grundsätzen die Seele auch in diesen inneren Bestimmungen als Wirkungen den Zustand des Universum anschauend erkennen, der die Ursache derselben ist. Welche Notwendigkeit aber verursache, daß ein Geist und ein Körper zusammen Eines ausmache, und welche Gründe bei gewissen Zerstörungen diese Einheit wiederum aufheben, diese Fragen übersteigen nebst verschiedenen andern sehr weit meine Einsicht, und wie wenig ich auch sonst dreiste bin, meine Verstandesfähigkeit an den Geheimnissen der Natur zu messen, so bin ich gleichwohl zuversichtlich genug, keinen noch so fürchterlich ausgerüsteten Gegner zu scheuen (wenn ich sonst einige Neigung zum Streiten hätte), um in diesem Falle mit ihm den Versuch der Gegengründe im Widerlegen zu machen, der bei den Gelehrten eigentlich die Geschicklichkeit ist, einander das Nichtwissen zu demonstrieren.

Sitz der Seele

Gesetzt, man hätte bewiesen, die Seele des Menschen sei ein Geist (wiewohl aus dem vorigen zu sehen ist, daß ein solcher Beweis noch niemals geführt worden), so würde die nächste Frage, die man tun könnte, etwa diese sein: Wo ist der Ort dieser menschlichen Seele in der Körperwelt? Ich würde antworten: Derjenige Körper, dessen Veränderungen meine Veränderungen sind, dieser Körper ist mein Körper, und der Ort desselben ist zugleich mein Ort. Setzt man die Frage weiter fort: Wo ist denn dein Ort

---

[1] grundsätzliche Beschaffenheit.

(der Seele) in diesem Körper?, so würde ich etwas Verfängliches in dieser Frage vermuten. Denn man bemerkt leicht, daß darin etwas schon vorausgesetzt werde, was nicht durch Erfahrung bekannt ist, sondern vielleicht auf eingebildeten Schlüssen beruht: nämlich daß mein denkendes Ich in einem Orte sei, der von den Örtern anderer Teile desjenigen Körpers, der zu meinem Selbst gehört, unterschieden wäre. Niemand aber ist sich eines besonderen Orts in seinem Körper unmittelbar bewußt, sondern desjenigen, den er als Mensch in Ansehung der Welt umher einnimmt. Ich würde mich also an die gemeine Erfahrung halten und vorläufig sagen: Wo ich empfinde, da bin ich. Ich bin ebenso unmittelbar in der Fingerspitze wie in dem Kopfe. Ich bin es selbst, der in der Ferse leidet und welchem das Herz im Affekte klopft. Ich fühle den schmerzhaften Eindruck nicht an einer Gehirnnerve, wenn mich mein Leichdorn peinigt, sondern am Ende meiner Zehen. Keine Erfahrung lehrt mich einige Teile meiner Empfindung von mir für entfernt zu halten, mein unteilbares Ich in ein mikroskopisch kleines Plätzchen des Gehirnes zu versperren, um von da aus den Hebezeug meiner Körpermaschine in Bewegung zu setzen oder dadurch selbst getroffen zu werden. Daher würde ich einen strengen Beweis verlangen, um dasjenige ungereimt zu finden, was die Schullehrer[1] sagten: Meine Seele ist ganz im ganzen Körper und ganz in jedem seiner Teile.

Zur Psychologie und Charakterologie

Der Melancholiker

Der, dessen Gefühl ins Melancholische einschlägt, wird nicht darum so genannt, weil er, der Freuden des Lebens beraubt, sich in finsterer Schwermut härmt, sondern weil seine Empfindungen, wenn sie über einen gewissen Grad vergrößert wurden oder durch

---

[1] die Lehrer der philosophischen „Schulen".

einige Ursachen eine falsche Richtung bekämen, auf dieselbe leichter als auf einen andern Zustand auslaufen würden. Er hat vorzüglich ein Gefühl für das Erhabene. Selbst die Schönheit, für welche er ebensowohl Empfindung hat, muß ihn nicht allein reizen, sondern, indem sie ihm zugleich Bewunderung einflößt, rühren. Der Genuß der Vergnügen ist bei ihm ernsthafter, aber um deswillen nicht geringer. Alle Rührungen des Erhabenen haben mehr Bezauberndes an sich als die gaukelnden Reize des Schönen. Sein Wohlbefinden wird eher Zufriedenheit als Lustigkeit sein. Er ist standhaft. Um deswillen ordnet er seine Empfindungen unter Grundsätze. Sie sind desto weniger dem Unbestande und der Veränderung unterworfen, je allgemeiner diese Grundsätze sind. Der muntere und freundliche Alcest sagt: Ich liebe und schätze meine Frau, denn sie ist schön, schmeichelhaft und klug. Wie aber, wenn sie nun durch Krankheit entstellt, durch Alter mürrisch und, nachdem die erste Bezauberung verschwunden, euch nicht klüger scheinen würde wie jede andere? Wenn der Grund nicht mehr da ist, was kann aus der Neigung werden? Nehmet dagegen den wohlwollenden und gesetzten Adrast, welcher bei sich denkt: Ich werde dieser Person liebreich und mit Achtung begegnen, denn sie ist meine Frau. Diese Gesinnung ist edel und großmütig. Nunmehr mögen die zufälligen Reize sich ändern, sie ist gleichwohl noch immer seine Frau. Der edle Grund bleibt und ist nicht dem Unbestande äußerer Dinge so sehr unterworfen. Von solcher Beschaffenheit sind Grundsätze in Vergleichung der Regungen, die bloß bei einzelnen Veranlassungen aufwallen, und so ist der Mann von Grundsätzen in Gegenhalt[1] mit demjenigen, welchem gelegentlich eine gutherzige und liebreiche Bewegung anwandelt. Wie aber, wenn sogar die geheime Sprache seines Herzens also lautet: Ich muß jenem Menschen da zu Hilfe kommen, denn er leidet; nicht daß er etwa mein Freund oder Gesellschafter wäre, oder daß ich ihn fähig hielte, dereinst Wohltat

---

[1] das Gegenstück zu.

mit Dankbarkeit zu erwidern. Es ist jetzt keine Zeit zu vernünfteln und sich bei Fragen aufzuhalten: er ist ein Mensch, und was Menschen widerfährt, das trifft auch mich. Alsdann stützt sich sein Verfahren auf den höchsten Grund des Wohlwollens in der menschlichen Natur und ist äußerst erhaben, sowohl seiner Unveränderlichkeit nach als um der Allgemeinheit seiner Anwendung willen.

Der Sanguiniker

Der von s a n g u i n i s c h e r Gemütsverfassung hat ein herrschendes G e f ü h l f ü r d a s S c h ö n e. Seine Freuden sind daher lachend und lebhaft. Wenn er nicht lustig ist, so ist er mißvergnügt und kennt wenig die zufriedene Stille. Mannigfaltigkeit ist schön, und er liebt die Veränderung. Er sucht die Freude in sich und um sich, belustigt andere und ist ein guter Gesellschafter. Er hat viele moralische Sympathie[1]. Anderer Fröhlichkeit macht ihn vergnügt und ihr Leid weichherzig. Sein sittliches Gefühl ist schön, allein ohne Grundsätze und hängt jederzeit unmittelbar von dem gegenwärtigen Eindrucke ab, den die Gegenstände auf ihn machen. Er ist ein Freund von allen Menschen oder, welches einerlei sagen will, eigentlich niemals ein Freund, ob er zwar gutherzig und wohlwollend ist. Er verstellt sich nicht. Er wird auch heute mit seiner Freundlichkeit und guten Art unterhalten, morgen, wenn ihr krank oder im Unglücke seid, wahres und ungeheucheltes Beileid empfinden, aber sich sachte davonschleichen, bis sich die Umstände geändert haben. Er muß niemals Richter sein. Die Gesetze sind ihm gemeiniglich zu strenge, und er läßt sich durch Tränen bestechen. Er ist ein schlimmer Heiliger, niemals recht gut und niemals recht böse. Er schweift öfters aus und ist lasterhaft, mehr aus Gefälligkeit als aus Neigung. Er ist freigebig und wohltätig, aber ein schlechter Zahler dessen, was er schuldig ist, weil er wohl

---

[1] sittliches Mitgefühl.

viel Empfindung für Güte, aber wenig für Gerechtigkeit hat. Niemand hat eine so gute Meinung von seinem eigenen Herzen als er. Wenn ihr ihn gleich nicht hochachtet, so werdet ihr ihn doch lieben müssen. In dem größeren Verfall seines Charakters gerät er ins Läppische, er ist tändelnd und kindisch. Wenn nicht das Alter noch etwa die Lebhaftigkeit mindert oder mehr Verstand herbeibringt, so ist er in Gefahr, ein alter Geck zu werden.

Der Choleriker

Der, welchen man unter der cholerischen Gemütsbeschaffenheit meint, hat ein herrschendes Gefühl für diejenige Art des Erhabenen, welche man das Prächtige nennen kann. Sie ist eigentlich nur der Schimmer der Erhabenheit und eine stark abstechende Farbe, welche den inneren Gehalt der Sache oder Person verbirgt und durch den Schein täuscht und rührt. So wie ein Gebäude durch eine Übertünchung, welche gehauene Steine vorstellt, einen ebenso edlen Eindruck macht, als wenn es wirklich daraus bestände, und geklebte Gesimse und Pilaster die Meinung von Festigkeit geben, ob sie gleich wenig Haltung haben und nichts unterstützen: also glänzen auch tombakene Tugenden, Flittergold von Weisheit und gemaltes Verdienst.

Zur Psychologie der Frau

Das Frauenzimmer hat ein angebornes stärkeres Gefühl für alles, was schön, zierlich und geschmückt ist. Schon in der Kindheit sind sie gerne geputzt und gefallen sich, wenn sie geziert sind. Sie sind reinlich und sehr zärtlich[1] in Ansehung alles dessen, was Ekel verursacht. Sie lieben den Scherz und können durch Kleinigkeiten, wenn sie nur munter und lachend sind, unterhalten werden. Sie haben sehr früh ein sittsames Wesen an sich, wissen sich einen

---

[1] empfindlich.

feinen Anstand zu geben und besitzen sich selbst[1]; und dieses in einem Alter, wenn unsere wohlerzogene männliche Jugend noch unbändig, tölpisch und verlegen ist. Sie haben viel teilnehmende Empfindungen, Gutherzigkeit und Mitleiden, ziehen das Schöne dem Nützlichen vor und werden den Überfluß des Unterhalts gern in Sparsamkeit verwandeln, um den Aufwand auf das Schimmernde und den Putz zu unterstützen. Sie sind von sehr zärtlicher Empfindung[2] in Ansehung der mindesten Beleidigung und überaus fein, den geringsten Mangel der Aufmerksamkeit und Achtung gegen sich zu bemerken. Kurz, sie enthalten in der menschlichen Natur den Hauptgrund der Abstechung der schönen Eigenschaften von den edelen, und sie verfeinern selbst das männliche Geschlecht.

Der Inhalt der großen Wissenschaft des Frauenzimmers ist der Mensch und unter den Menschen der Mann. Ihre Weltweisheit ist nicht Vernünfteln, sondern Empfinden. Bei der Gelegenheit, die man ihnen geben will, ihre schöne Natur auszubilden, muß man dieses Verhältnis jederzeit vor Augen haben. Man wird ihr gesamtes moralisches Gefühl und nicht ihr Gedächtnis zu erweitern suchen, und zwar nicht durch allgemeine Regeln, sondern durch einiges Urteil über das Betragen, welches sie um sich sehen.

Zur Psychologie des Alters

Eine bejahrte Person, welche mit einem sittsamen und freundlichen Wesen der Gesellschaft beiwohnt, auf eine muntere und vernünftige Art gesprächig ist, die Vergnügungen der Jugend, daran sie selbst nicht Anteil nimmt, mit Anstand begünstigt und, indem sie für alles sorgt, Zufriedenheit und Wohlgefallen an der Freude, die um sie vorgeht, verrät, ist noch immer eine feinere

---

[1] sie haben Selbstbeherrschung.
[2] sind sehr empfindlich.

Person als ein Mann im gleichen Alter und vielleicht noch liebens-
würdiger als ein Mädchen, wiewohl in einem anderen Verstande[1].
Zwar möchte die platonische Liebe wohl etwas zu mystisch sein,
welche ein alter Philosoph vorgab, wenn er von dem Gegenstande
seiner Neigung sagte: Die Grazien residieren in ihren
Runzeln, und meine Seele scheint auf meinen Lippen
zu schweben, wenn ich ihren welken Mund küsse; allein
dergleichen Ansprüche müssen alsdann auch aufgegeben werden.
Ein alter Mann, der verliebt ist, ist ein Geck, und die ähnlichen
Anmaßungen des andern Geschlechts sind alsdann ekelhaft. An
der Natur liegt es niemals, wenn wir nicht mit einem guten
Anstande erscheinen, sondern daran, daß man sie verkehren will.

Vom Schicksal und vom Tode

Von der Vorsehung

Ein jeder Mensch macht sich einen eigenen Plan seiner Bestimmung auf dieser Welt. Geschicklichkeiten, die er erwerben will,
Ehre und Gemächlichkeit, die er sich davon aufs künftige verspricht, dauerhafte Glückseligkeiten im ehelichen Leben und eine
lange Reihe von Vergnügungen oder von Unternehmungen machen die Bilder der Zauberlaterne aus, die er sich sinnreich zeich-
net und lebhaft nacheinander in seinen Einbildungen spielen läßt;
der Tod, der dieses Schattenspiel schließt, zeigt sich nur in dunkler
Ferne und wird durch das Licht, das über die angenehmeren
Stellen verbreitet ist, verdunkelt und unkenntlich gemacht. Während dieser Träumereien führt uns unser wahres Schicksal ganz
andere Wege. Das Los, das uns wirklich zuteil wird, sieht demjenigen selten ähnlich, was wir uns versprachen, wir finden uns bei
jedem Schritte, den wir tun, in unseren Erwartungen getäuscht;
indessen verfolgt gleichwohl die Einbildung ihr Geschäft und

---

[1] Sinne.

ermüdet nicht, neue Entwürfe zu zeichnen, bis der Tod, der noch immer fern zu sein scheint, plötzlich dem ganzen Spiele ein Ende macht. Wenn der Mensch aus dieser Welt der Fabeln, davon er durch Einbildungen selbst Schöpfer ist und darin er sich so gerne aufhält, in diejenige durch den Verstand zurückgeführt wird, darin ihn die Vorsehung wirklich gesetzt hat, so wird er durch einen wundersamen Widerspruch in Verwirrung gesetzt, den er daselbst antrifft und der seine Pläne gänzlich zunichte macht, indem er seiner Einsicht unauflösliche Rätsel vorlegt. Aufkeimende Verdienste einer hoffnungsvollen Jugend verwelken oft frühzeitig unter der Last schwerer Krankheiten, und ein unwillkommener Tod durchstreicht den ganzen Entwurf der Hoffnung, darauf man gerechnet hatte. Der Mann von Geschicklichkeit, von Verdiensten, von Reichtum ist nicht immer derjenige, welchem die Vorsehung das weiteste Ziel des Lebens gesteckt hat, um die Früchte von allen diesen recht zu genießen. Die Freundschaften, die die zärtlichsten sind, die Ehen, die die meiste Glückseligkeit versprechen, werden oft durch den frühesten Tod unerbittlich zerrissen; indessen daß Armut und Elend gemeiniglich an dem Rocken der Parzen einen langen Faden ziehen, und viele nur scheinen sich oder andern zur Plage so lange zu leben. In diesem scheinbaren Widerspruche teilt gleichwohl der oberste Beherrscher einem jeden das Los seines Schicksals mit weiser Hand aus. Er verbirgt das Ende unserer Bestimmung auf dieser Welt in unerforschliche Dunkelheit, macht uns durch Triebe geschäftig, durch Hoffnung getrost und durch die glückselige Unwissenheit des Künftigen ebenso beflissen auf Absichten und Entwürfe zu sinnen, wenn sie bald alle sollen ein Ende haben, als wenn wir uns im Anfange derselben befänden.

Ich bin ein Mensch

Zu einer Zeit, da ein wütender Krieg die Riegel des schwarzen Abgrundes eröffnet, um alle Trübsale über das menschliche Ge-

schlecht hervorbrechen zu lassen, da sieht man wohl, wie der
gewohnte Anblick der Not und des Todes denen, die selbst mit
beiden bedroht werden, eine kaltsinnige Gleichgültigkeit einflößt,
daß sie auf das Schicksal ihrer Brüder wenig acht haben. Allein
wenn in der ruhigen Stille des bürgerlichen Lebens aus dem Zirkel
derer, die uns entweder nahe angehen oder die wir lieben, die
soviel oder mehr versprechende Hoffnungen hatten als wir, die
mit eben dem Eifer ihren Absichten und Entwürfen nachhingen,
als wir tun, wenn diese, sage ich, nach dem Ratschlusse dessen, der
allmächtig über alles gebietet, mitten in dem Laufe ihrer Bestrebungen ergriffen werden, wenn der Tod in feierlicher Stille sich
dem Siechbette des Kranken nähert, wenn dieser Riese, vor dem
die Natur schaudert, mit langsamem Tritt herankommt, um ihn in
eisernen Armen einzuschließen, alsdann erwacht wohl das Gefühl
derer, die es sonst in Zerstreuungen ersticken. Ein schwermütiges
Gefühl spricht aus dem Inwendigen des Herzens dasjenige, was in
einer Versammlung der Römer einstmals mit soviel Beifall gehört
wurde, weil es unserer allgemeinen Empfindung so gemäß ist: I c h
b i n   e i n   M e n s c h, und was Menschen widerfährt, kann
a u c h   m i c h   t r e f f e n.

Vom Schönen und Erhabenen

Lust und Unlust

Weil ein Mensch sich nur insofern glücklich findet, als er eine
Neigung befriedigt, so ist das Gefühl, welches ihn fähig macht,
große Vergnügen zu genießen, ohne dazu ausnehmende Talente
zu bedürfen, gewiß nicht eine Kleinigkeit. Wohlbeleibte Personen,
deren geistreichster Autor ihr Koch ist und deren Werke von
feinem Geschmack sich in ihrem Keller befinden, werden bei
gemeinen Zoten und einem plumpen Scherz in ebenso lebhafte
Freude geraten als diejenige ist, worauf Personen von edler Empfindung so stolz tun. Ein bequemer Mann, der die Vorlesung der

Bücher liebt, weil es sich sehr wohl dabei einschlafen läßt, der Kaufmann, dem alle Vergnügungen läppisch scheinen, dasjenige ausgenommen, was ein kluger Mann genießt, wenn er seinen Handlungsvorteil überschlägt, derjenige, der das andre Geschlecht nur insofern liebt, als er es zu den genießbaren Sachen zählt, der Liebhaber der Jagd, er mag nun Fliegen jagen wie Domitian oder wilde Tiere, alle diese haben ein Gefühl, welches sie fähig macht, Vergnügungen nach ihrer Art zu genießen, ohne daß sie andere beneiden dürfen oder auch von andern sich einen Begriff machen können ...

Die verschiedenen Empfindungen des Vergnügens oder des Verdrusses beruhen nicht so sehr auf der Beschaffenheit der äußeren Dinge, die sie erregen, als auf dem jedem Menschen eigenen Gefühle, dadurch mit Lust oder Unlust gerührt zu werden. Daher kommen die Freuden einiger Menschen, woran andere einen Ekel haben, die verliebte Leidenschaft, die öfters jedermann ein Rätsel ist, oder auch der lebhafte Widerwille, den der eine woran empfindet, was dem andern völlig gleichgültig ist.

Schön und erhaben

Das feinere Gefühl, was wir nun erwägen wollen, ist vornehmlich zwiefacher Art: das Gefühl des Erhabenen und des Schönen. Die Rührung von beiden ist angenehm, aber auf sehr verschiedene Weise. Der Anblick eines Gebirges, dessen beschneite Gipfel sich über Wolken erheben, die Beschreibung eines rasenden Sturms oder die Schilderung des höllischen Reichs von Milton erregen Wohlgefallen, aber mit Grausen; dagegen die Aussicht auf blumenreiche Wiesen, Täler mit schlängelnden Bächen, bedeckt von weidenden Herden, die Beschreibung des Elysium oder Homers Schilderung von dem Gürtel der Venus veranlassen auch eine angenehme Empfindung, die aber fröhlich und lächelnd ist. Damit jener Eindruck auf uns in gehöriger Stärke geschehen könne, so

müssen wir ein Gefühl des Erhabenen und, um die letztere recht zu
genießen, ein Gefühl für das Schöne haben. Hohe Eichen und
einsame Schatten im heiligen Haine sind erhaben, Blumenbeete,
niedrige Hecken und in Figuren geschnittene Bäume sind schön.
Die Nacht ist erhaben, der Tag ist schön. Gemütsarten, die ein
Gefühl für das Erhabene besitzen, werden durch die ruhige Stille
eines Sommerabends, wenn das zitternde Licht der Sterne durch
die braunen Schatten der Nacht hindurchbricht und der einsame
Mond im Gesichtskreise steht, allmählich in hohe Empfindungen
gezogen, von Freundschaft, von Verachtung der Welt, von Ewigkeit. Der glänzende Tag flößt geschäftigen Eifer und ein Gefühl
von Lustigkeit ein. Das Erhabene r ü h r t, das Schöne r e i z t. Die
Miene des Menschen, der im vollen Gefühl des Erhabnen sich
befindet, ist ernsthaft, bisweilen starr und erstaunt. Dagegen
kündigt sich die lebhafte Empfindung des Schönen durch glänzende Heiterkeit in den Augen, durch Züge des Lächelns und oft
durch laute Lustigkeit an. Das Erhabene ist wiederum verschiedener Art. Das Gefühl desselben ist bisweilen mit einigem Grausen
oder auch Schwermut, in einigen Fällen bloß mit ruhiger Bewunderung und in noch andern mit einer über einen erhabenen Plan
verbreiteten Schönheit begleitet. Das erstere will ich das
S c h r e c k h a f t - E r h a b e n e, das zweite das E d l e und das dritte das
P r ä c h t i g e nennen. Tiefe Einsamkeit ist erhaben, aber auf eine
schreckhafte Art. Daher große, weitgestreckte Einöden, wie die
ungeheure Wüste Schamo in der Tatarei, jederzeit Anlaß gegeben
haben, fürchterliche Schatten, Kobolde und Gespensterlarven dahin zu versetzen.

Das Erhabene muß jederzeit groß, das Schöne kann auch klein
sein. Das Erhabene muß einfältig, das Schöne kann geputzt und
geziert sein. Eine große Höhe ist ebensowohl erhaben als eine
große Tiefe; allein diese ist mit der Empfindung des Schauderns
begleitet, jene mit der Bewunderung; daher diese Empfindung
schreckhaft erhaben und jene edel sein kann. Der Anblick einer
ägyptischen Pyramide rührt weit mehr, als man sich aus aller

Beschreibung es vorstellen kann, aber ihr Bau ist einfältig und edel. Die Peterskirche in Rom ist prächtig. Weil auf diesen Entwurf, der groß und einfältig[1] ist, Schönheit, z. B. Gold, mosaische[2] Arbeit usw. usw. so verbreitet ist, daß die Empfindung des Erhabenen doch am meisten hindurch wirkt, so heißt der Gegenstand prächtig. Ein Arsenal muß edel und einfältig, ein Residenzschloß prächtig und ein Lustpalast schön und geziert sein.

Eine lange Dauer ist erhaben. Ist sie von vergangener Zeit, so ist sie edel; wird sie in einer unabsehbaren Zukunft vorausgesehen, so hat sie etwas vom Schreckhaften an sich. Ein Gebäude aus dem entferntesten Altertum ist ehrwürdig. Hallers[3] Beschreibung von der künftigen Ewigkeit flößt ein sanftes Grausen und von der vergangenen starre Bewunderung ein.

Moralische Fragen

Die Natur ist gut

Die Dinge der Natur tragen in den notwendigsten Bestimmungen ihrer innern Möglichkeit das Merkmal der Abhängigkeit von demjenigen Wesen an sich, in welchem alles mit den Eigenschaften der Weisheit und Güte zusammenstimmt. Man kann von ihnen Übereinstimmung und schöne Verknüpfung erwarten und eine notwendige Einheit in den mancherlei vorteilhaften Beziehungen, die ein einziger Grund zu viel anständigen Gesetzen hat. Es wird nicht nötig sein, daß daselbst, wo die Natur nach notwendigen Gesetzen wirkt, unmittelbare göttliche Ausbesserungen dazwischen kommen, weil, insofern die Folgen nach der Ordnung der Natur notwendig sind, nimmermehr selbst nach den allge-

---

[1] einfach.

[2] Mosaik.

[3] Albrecht v. Haller, der große Schweizer Naturforscher und Dichter (1708—1777).

meinsten Gesetzen sich was Gott Mißfälliges ereignen kann. Denn
wie sollten doch die Folgen der Dinge, deren zufällige Verknüpfung von dem Willen Gottes abhängt, ihre wesentlichen Beziehungen aber als die Gründe des Notwendigen in der Naturordnung von demjenigen in Gott herrühren, was mit seinen Eigenschaften überhaupt in der größten Harmonie steht, wie können
diese, sage ich, seinem Willen entgegen sein? Und so müssen alle
die Veränderungen der Welt, die mechanisch, mithin aus den
Bewegungsgesetzen notwendig sind, jederzeit darum gut sein,
weil sie natürlicherweise notwendig sind.

Wenn ohne größere Beschwerde der, so das Holz an einer Schnei-
demühle anlegt, es ebensowohl unmittelbar in Bretter verwandeln
könnte, so wäre alle Kunst dieser Maschine nur ein Spielwerk, weil
der ganze Wert derselben nur an ihr als einem Mittel zu diesem
Zwecke stattfinden kann. Demnach ist etwas nicht darum gut, weil
es nach dem Laufe der Natur geschieht, sondern der Lauf der
Natur ist gut, insofern das, was daraus fließt, gut ist. Und da Gott
eine Welt in seinem Ratschlusse begriff, in der alles mehrenteils
durch einen natürlichen Zusammenhang die Regel des Besten
erfüllte: so würdigte er sie seiner Wahl, nicht weil darin, daß es
natürlich zusammenhing, das Gute bestand, sondern weil durch
diesen natürlichen Zusammenhang ohne viele Wunder die vollkommenen Zwecke am richtigsten erreicht wurden.

Das Unmoralische ist das Unnatürliche

Hingegen gibt es Strafen und Belohnungen nach der Ordnung der
Natur, darum, weil das moralische Verhalten der Menschen mit
ihnen nach den Gesetzen der Ursachen und Wirkungen in Verknüpfung steht. Wilde Wollust und Unmäßigkeit endigen sich in
einem siechen und martervollen Leben. Ränke und Arglist scheitern zuletzt, und Ehrlichkeit ist doch am Ende die beste Politik. In
allen diesem geschieht die Verknüpfung der Folgen nach den
Gesetzen der Natur. Soviel aber auch immer derjenigen Strafen

oder Belohnungen oder jeder anderen Begebenheiten in der Welt sein mögen, davon die Richtung der Naturkräfte jederzeit außerordentlich auf jeden einzelnen Fall hat geschehen müssen, wenn gleich eine gewisse Einförmigkeit unter vielen derselben herrscht, so sind sie zwar einem unmittelbaren göttlichen Gesetze, nämlich demjenigen seiner Weisheit, aber keinem Naturgesetze untergeordnet.

Vom Mitleiden

In moralischen Eigenschaften ist wahre Tugend allein erhaben. Es gibt gleichwohl gute sittliche Qualitäten, die liebenswürdig und schön sind und, insofern sie mit der Tugend harmonieren, auch als edel angesehen werden, ob sie gleich eigentlich nicht zur tugendhaften Gesinnung gezählt werden können. Das Urteil hierüber ist fein und verwickelt. Man kann gewiß die Gemütsverfassung nicht tugendhaft nennen, die ein Quell solcher Handlungen ist, auf welche zwar auch die Tugend hinauslaufen würde, allein aus einem Grunde, der nur zufälligerweise damit übereinstimmt, seiner Natur nach aber den allgemeinen Regeln der Tugend auch öfters widerstreiten kann. Eine gewisse Weichmütigkeit, die leichtlich in ein warmes Gefühl des M i t l e i d e n s gesetzt wird, ist schön und liebenswürdig; denn es zeigt eine gütige Teilnehmung an dem Schicksale anderer Menschen an, worauf Grundsätze der Tugend gleichfalls hinausführen. Allein diese gutartige Leidenschaft ist gleichwohl schwach und jederzeit blind. Denn setzet, diese Empfindung bewege euch, mit eurem Aufwande einem Notleidenden aufzuhelfen, allein ihr seid einem andern schuldig und setzt euch dadurch außer Stand, die strenge Pflicht der Gerechtigkeit zu erfüllen, so kann offenbar die Handlung aus keinem tugendhaften Vorsatze entspringen, denn ein solcher könnte euch unmöglich anreizen, eine höhere Verbindlichkeit dieser blinden Bezauberung aufzuopfern. Wenn dagegen die allgemeine Wohlgewogenheit gegen das menschliche Geschlecht in euch zum Grundsatze geworden ist, welchem ihr jederzeit eure Handlungen unterordnet, alsdann bleibt die Liebe gegen den Notleidenden noch, allein sie ist jetzt aus einem höhern Standpunkte in das wahre Verhältnis gegen eure gesamte Pflicht versetzt worden. Die allgemeine Wohlgewogenheit ist ein Grund der Teilnehmung an seinem Übel, aber auch zugleich der Gerechtigkeit, nach deren Vorschrift ihr jetzt diese Handlung unterlassen müsset. Sobald nun dieses Gefühl zu seiner gehörigen Allgemeinheit gestiegen ist, so ist es erhaben, aber auch kälter. Denn es ist nicht möglich, daß unser Busen für jedes Menschen Anteil von Zärtlichkeit aufschwelle und bei jeder fremden Not in Wehmut schwimme, sonst würde der Tugendhafte, unaufhörlich in mitleidigen Tränen wie Heraklit schmelzend, bei aller dieser Gutherzigkeit gleichwohl nichts weiter als ein weichmütiger Müßiggänger werden.

Von der Schamhaftigkeit

Die Schamhaftigkeit ist ein Geheimnis der Natur, sowohl einer Neigung Schranken zu setzen, die sehr unbändig ist und, indem sie den Ruf der Natur für sich hat, sich immer mit guten, sittlichen Eigenschaften zu vertragen scheint, wenn sie gleich ausschweift. Sie ist demnach als ein Supplement[1] der Grundsätze höchst nötig; denn es gibt keinen Fall, da die Neigung so leicht zum Sophisten wird, gefällige Grundsätze zu erklügeln als hier. Sie dient aber auch zugleich, um einen geheimnisvollen Vorhang selbst vor die geziemendsten und nötigsten Zwecke der Natur zu ziehen, damit die gar zu gemeine Bekanntschaft mit denselben nicht Ekel oder zum mindesten Gleichgültigkeit veranlasse in Ansehung der Endabsichten eines Triebes, worauf die feinsten und lebhaftesten Neigungen der menschlichen Natur gepfropft sind. Diese Eigenschaft ist dem schönen Geschlecht vorzüglich eigen und ihm sehr

---

[1] eine Ergänzung.

anständig. Es ist auch eine plumpe und verächtliche Ungezogen-
heit, durch die Art pöbelhafter Scherze, welche man Zoten nennt,
die zärtliche Sittsamkeit desselben in Verlegenheit oder Unwillen
zu setzen.

Von der rechten Ehe

In dem ehelichen Leben soll das vereinigte Paar gleichsam eine
einzige moralische Person ausmachen, welche durch den Verstand
des Mannes und den Geschmack der Frauen belebt und regiert
wird. Denn nicht allein, daß man jenem mehr auf Erfahrung
gegründete Einsicht, diesen aber mehr Freiheit und Richtigkeit in
der Empfindung zutrauen kann, so ist eine Gemütsart, je erhabener sie ist, auch um desto geneigter, die größte Absicht der
Bemühungen in der Zufriedenheit eines geliebten Gegenstandes
zu setzen, und andererseits, je schöner sie ist, desto mehr sucht sie
durch Gefälligkeit diese Bemühung zu erwidern. Es ist also in
einem solchen Verhältnisse ein Vorzugsstreit läppisch und, wo er
sich ereignet, das sicherste Merkmal eines plumpen oder ungleich
gepaarten Geschmackes. Wenn es dahin kommt, daß die Rede vom
Rechte des Befehlshabers ist, so ist die Sache schon äußerst
verderbt; denn wo die ganze Verbindung eigentlich nur auf
Neigung gerichtet ist, da ist sie schon halb zerrissen, sobald sich
das Sollen anfängt hören zu lassen. Diese Anmaßung des Frauenzimmers in diesem harten Tone ist äußerst häßlich und des
Mannes im höchsten Grade unedel und verächtlich. Indessen
bringt es die weise Ordnung der Dinge so mit sich: daß alle diese
Feinigkeiten[1] und Zärtlichkeiten der Empfindung nur im Anfange
ihre ganze Stärke haben, in der Folge aber durch Gemeinschaft und
häusliche Angelegenheit allmählich stumpfer werden und dann in
vertrauliche Liebe ausarten, wo endlich die große Kunst darin
besteht, noch genugsame Reste von jenen zu erhalten, damit

---

[1] Feinheiten.

Gleichgültigkeit und Überdruß nicht den ganzen Wert des Vergnügens aufheben, um dessentwillen es einzig und allein verlohnt
hat, eine solche Verbindung einzugehen.

Schönheit und Würde

Demnach kann wahre Tugend nur auf Grundsätze gepfropft werden. Je allgemeiner sie sind, desto erhabener und edler wird sie.
Diese Grundsätze sind nicht spekulative[1] Regeln, sondern das
Bewußtsein eines Gefühls, das in jedem menschlichen Busen lebt
und sich viel weiter als auf die besonderen Gründe des Mitleidens
und der Gefälligkeit erstreckt. Ich glaube, ich fasse alles zusammen, wenn ich sage, es sei das G e f ü h l v o n d e r S c h ö n h e i t u n d
d e r W ü r d e d e r m e n s c h l i c h e n N a t u r. Das erstere ist ein
Grund der allgemeinen Wohlgewogenheit, das zweite der allgemeinen Achtung, und wenn dieses Gefühl die größte Vollkommenheit in irgendeinem menschlichen Herzen hätte, so würde
dieser Mensch sich auch selbst lieben und schätzen, aber nur,
insofern er einer von allen ist, auf die sein ausgebreitetes und edles
Gefühl sich ausdehnt. Nur indem man einer so erweiterten Neigung seine besondere unterordnet, können unsere gütigen Triebe
proportioniert angewandt werden und den edlen Anstand zuwege
bringen, der die Schönheit der Tugend ist.

Moralität

Alle Moralität der Handlungen kann nach der Ordnung der Natur
niemals ihre vollständige Wirkung in dem leiblichen Leben des
Menschen haben, wohl aber in der Geisterwelt nach pneumatischen[2] Gesetzen. Die wahren Absichten, die geheimen Beweg-
gründe vieler aus Ohnmacht fruchtloser Bestrebungen, der Sieg

---

[1] theoretische, begriffliche.
[2] geistigen (pneuma, griech. = der Hauch, der Geist).

über sich selbst oder auch bisweilen die verborgene Tücke bei scheinbar guten Handlungen sind mehrenteils für den physischen Erfolg in dem körperlichen Zustande verloren, sie würden aber auf solche Weise in der immateriellen Welt als fruchtbare Gründe angesehen werden müssen und in Ansehung ihrer nach pneumatischen Gesetzen zufolge der Verknüpfung des Privatwillens und des allgemeinen Willens, d. i. der Einheit und des Ganzen der Geisterwelt, eine der sittlichen Beschaffenheit der freien Willkür angemessene Wirkung ausüben. Denn weil das Sittliche der Tat den inneren Zusammenhang des Geistes betrifft, so kann es auch natürlicherweise nur in der unmittelbaren Gemeinschaft der Geister die der ganzen Moralität adäquate Wirkung nach sich ziehen. Dadurch würde es nun geschehen, daß die Seele des Menschen schon in diesem Leben dem sittlichen Zustande zufolge ihre Stelle unter den geistigen Substanzen des Universums einnehmen müßte, so wie nach den Gesetzen der Bewegung die Materien des Weltraumes sich in solche Ordnung gegeneinander setzen, die ihren Körperkräften gemäß ist. Wenn denn endlich durch den Tod die Gemeinschaft der Seele mit der Körperwelt aufgehoben worden, so würde das Leben in der andern Welt nur eine natürliche Fortsetzung derjenigen Verknüpfung sein, darin sie mit ihr schon in diesem Leben gestanden war, und die gesamten Folgen der hier ausgeübten Sittlichkeit würden sich dort in den Wirkungen wiederfinden, die ein mit der ganzen Geisterwelt in unaufhörlicher Gemeinschaft stehendes Wesen schon vorher daselbst nach pneumatischen Gesetzen ausgeübt hat. Die Gegenwart und die Zukunft würden also gleichsam aus einem Stücke sein und ein stetiges Ganze ausmachen, selbst nach der Ordnung der Natur.

Ordnung und Zweck in der Natur

Der zweckvolle Zusammenhang des Naturgeschehens

Wenn man in der Natur eine Anordnung entdeckt, die um eines besondern Zwecks willen scheint getroffen zu sein, indem sie sich nicht bloß nach den allgemeinen Eigenschaften der Materie würde dargeboten haben, so sehen wir diese Anstalt als zufällig und als die Folge einer Wahl an. Zeigen sich nun neue Übereinstimmung, Ordnung und Nutzen und besonders dazu abgerichtete Mittelursachen, so beurteilen wir dieselbe auf die ähnliche Art; dieser Zusammenhang ist der Natur der Sachen ganz fremd, und bloß, weil es jemand beliebt hat, sie so zu verknüpfen, stehen sie in dieser Harmonie. Man kann keine allgemeine Ursache angeben, weswegen die Klaue der Katze, des Löwen u. a. m. so gebauet sind, daß sie sporen, das ist, sich zurücklegen können, als weil irgendein Urheber sie zu dem Zwecke, um vor dem Abschleifen gesichert zu sein, so angeordnet hat, indem diese Tiere geschickte Werkzeuge haben müssen, ihren Raub zu ergreifen und zu halten. Allein wenn gewisse allgemeinere Beschaffenheiten, die der Materie beiwohnen außer einem Vorteile, den sie schaffen, und um dessentwillen man sich vorstellen kann, daß sie so geordnet worden, ohne die mindeste neue Vorkehrung gleichwohl eine besondere Tauglichkeit zu noch mehr Übereinstimmung zeigen, wenn ein einfältiges[1] Gesetz, daß jedermann um eines gewissen Guten willen allein schon nötig finden würde, gleichwohl eine ausgebreitete Fruchtbarkeit an noch viel Mehrerem zeigt, wenn Nutzen und Wohlgereimtheiten daraus ohne Kunst, sondern vielmehr notwendigerweise fließen, wenn endlich dieses sich durch die ganze materiale Natur so befindet: so liegen offenbar selbst in den Wesen der Dinge durchgängige Beziehungen zur Einheit und zum Zusammenhange, und eine allgemeine Harmonie breitet sich über

---

[1] einfaches.

das Reich der Möglichkeit selber aus. Dieses veranlaßt eine Bewunderung über soviel Schicklichkeit und natürliche Zusammenpassung, die, indem sie die peinliche und erzwungene Kunst entbehrlich macht, gleichwohl selber nimmermehr dem Ungefähr beigemessen werden kann, sondern eine in den Möglichkeiten selbst liegende Einheit und die gemeinschaftliche Abhängigkeit selbst der Wesen aller Dinge von einem einigen großen Grunde anzeigt. Ich werde diese sehr große Merkwürdigkeit durch einige leichte Beispiele deutlich zu machen suchen, indem ich die Methode sorgfältig befolge, aus dem, was durch Beobachtung unmittelbar gewiß ist, zu dem allgemeineren Urteile langsam hinaufzusteigen.

Man kann einen Nutzen unter tausend wählen, weswegen man es als nötig ansehen kann, daß ein Luftkreis sei, wenn man durchaus einen Zweck zum Grunde zu haben verlangt, wodurch eine Anstalt in der Natur zuerst veranlaßt worden. Ich räume also dieses ein und nenne etwa das Atmen der Menschen und Tiere als die Endabsicht dieser Veranstaltung. Nun gibt diese Luft durch die nämlichen Eigenschaften zugleich Anlaß zu einer Unendlichkeit von schönen Folgen, die damit notwendigerweise begleitet sind und nicht dürfen durch besondere Anlagen befördert werden. Eben dieselbe elastische Kraft und Gewicht der Luft macht das Saugen möglich, ohne welches junge Tiere der Nahrung entbehren müßten, und die Möglichkeit der Pumpwerke ist davon eine notwendige Folge. Durch sie geschieht es, daß Feuchtigkeit in Dünsten hinaufgezogen wird, welche sich oben in Wolken verdikken, die den Tag verschönern, öfters die übermäßige Hitze der Sonne mildern, vornehmlich aber dazu dienen, die trockenen Gegenden der Erdfläche durch den Raub von den Wasserbetten der niedrigen milde zu befeuchten. Die Dämmerung, die den Tag verlängert und dem Auge durch allmähliche Zwischengrade den Überschritt von der Nacht zum Tage unschädlich macht, und vornehmlich die Winde sind ganz natürliche und ungezwungene Folgen derselben.

Stellt euch vor, ein Mensch mache sich einen Entwurf, wie die Küsten der Länder des heißen Weltstrichs, die sonst heißer sein müßten als die tiefer im Lande liegenden Gegenden, eine etwas erträglichere Wärme sollten genießen können, so wird er am natürlichsten auf einen Seewind verfallen, der zu dieser Absicht in den heißesten Tagesstunden wehen müßte. Weil aber, da es zur Nachtzeit über der See viel geschwinder kalt wird als über dem Lande, nicht zuträglich sein dürfte, daß derselbe Wind immer wehte, so würde er wünschen, daß es der Vorsehung gefallen hätte, es so zu veranstalten, damit in den mittleren Stunden der Nacht der Wind vom Lande wieder zurückkehrte, welches auch viel andern Nutzen mit befördern könnte. Nun würde nur die Frage sein, durch welche Mechanik und künstliche Anordnung dieser Windeswechsel zu erhalten wäre, und hierbei würde man noch große Ursache haben zu besorgen: daß, da der Mensch nicht verlangen kann, daß alle Naturgesetze sich zu seiner Bequemlichkeit anschicken sollen, dieses Mittel zwar möglich, aber mit den übrigen nötigen Anstalten so übel zusammenpassend sein dürfte, daß die oberste Weisheit es darum nicht zu verordnen gut fände. Alles dieses Bedenken ist indessen unnötig. Was eine nach überlegter Wahl getroffene Anordnung tun würde, verrichtet hier die Luft nach den allgemeinen Bewegungsgesetzen, und eben dasselbe einfache Prinzip ihrer anderweitigen Nutzbarkeit bringt auch diese ohne neue und besondere Anstalten hervor. Die von der Tageshitze verdünnte Luft über dem brennenden Boden eines solchen Landes weicht notwendigerweise der dichtern und schwerern über dem kühlen Meere und verursacht den Seewind, der um deswillen von den heißesten Tagesstunden an bis spät in den Abend weht, und die Seeluft, die aus den nämlichen Ursachen am Tage so stark nicht erhitzt worden war als die über dem Lande, verkühlt des Nachts geschwinder, zieht sich zusammen und veranlaßt den Rückzug der Landluft zur Nachtzeit. Jedermann weiß: daß alle Küsten des heißen Weltteils diesen Wechselwind genießen.

Ich habe, um die Beziehungen, welche einfache und sehr allgemeine Bewegungsgesetze durch die Notwendigkeit ihres Wesens auf Ordnung und Wohlgereimtheit haben, zu zeigen, nur meinen Blick auf einen kleinen Teil der Natur, nämlich auf die Wirkungen der Luft, geworfen. Man wird leicht gewahr werden, daß die ganze unermeßliche Strecke der großen Naturordnung in eben demselben Betracht vor mir offen liege.

Notwendig — zufällig

Alle Dinge der Natur sind zufällig in ihrem Dasein. Die Verknüpfung verschiedener Arten von Dingen, z. E.[1] der Luft, der Erde, des Wassers, ist gleichfalls ohne Zweifel zufällig und insofern bloß der Willkür des obersten Urhebers beizumessen. Allein obgleich die Naturgesetze insofern keine Notwendigkeit zu haben scheinen, so bleibt gleichwohl eine Art der Notwendigkeit übrig, die sehr merkwürdig ist. Es gibt nämlich viele Naturgesetze, deren Einheit notwendig ist, das ist, wo eben derselbe Grund der Übereinstimmung zu einem Gesetze auch andere Gesetze notwendig macht. Z. E. eben dieselbe elastische Kraft und Schwere der Luft, die ein Grund ist der Gesetze des Atemholens, ist notwendigerweise zugleich ein Grund von der Möglichkeit der Pumpwerke, von der Möglichkeit der zu erzeugenden Wolken, der Unterhaltung des Feuers, der Winde usw. Es ist notwendig, daß zu den übrigen der Grund anzutreffen sei, sobald auch nur zu einem einzigen derselbe Grund da ist.

Die notwendige Einheit

In dem Verfahren der gereinigten Weltweisheit herrscht eine Regel, die, wenn sie gleich nicht förmlich gesagt, dennoch in der

---

[1] zum Exempel, zum Beispiel.

Ausübung jederzeit beobachtet wird: daß in aller Nachforschung der Ursachen zu gewissen Wirkungen man eine große Aufmerksamkeit bezeigen müsse, die Einheit der Natur so sehr wie möglich zu erhalten, das ist, vielerlei Wirkungen aus einem einzigen, schon bekannten Grunde herzuleiten und nicht zu verschiedenen Wirkungen wegen einiger scheinbaren größeren Unähnlichkeit sogleich neue und verschiedene wirkende Ursachen anzunehmen. Man präsumiert[1] demnach, daß in der Natur große Einheit sei in Ansehung der Zulänglichkeit eines einigen Grundes zu mancherlei Art Folgen, und glaubt Ursache zu haben, die Vereinigung einer Art Erscheinung mit denen von anderer Art mehrenteils als etwas Notwendiges und nicht als eine Wirkung einer künstlichen und zufälligen Ordnung anzusehen.

Selbst da, wo ein sehr genaues Ebenmaß eine besondere künstliche Anordnung zu erheischen scheint, ist man geneigt, sie dem notwendigen Erfolg aus allgemeinern Gesetzen beizumessen und noch immer die Regel der Einheit zu beobachten, ehe man eine künstliche Verfügung zum Grunde setze. Die Schneefiguren sind so regelmäßig und so weit über alles Plumpe, das der blinde Zufall zuwege bringen kann, zierlich, daß man fast ein Mißtrauen in die Aufrichtigkeit derer setzen sollte, die uns Abzeichnungen davon gegeben haben, wenn nicht ein jeder Winter unzählige Gelegenheit gäbe, einen jeden durch eigene Erfahrung davon zu versichern. Man wird wenig Blumen antreffen, welche, soviel man äußerlich wahrnehmen kann, mehr Nettigkeit und Proportion zeigten, und man sieht gar nichts, was die Kunst hervorbringen kann, das da mehr Richtigkeit enthielte als diese Erzeugungen, die die Natur mit soviel Verschwendung über die Erdfläche ausstreut. Und gleichwohl hat sich niemand in den Sinn kommen lassen, sie von einem besonderen Schneesamen

---

[1] setzt voraus.

herzuleiten und eine künstliche Ordnung der Natur zu ersinnen, sondern man mißt sie als eine Nebenfolge allgemeineren Gesetzen bei, welche die Bildung dieses Produkts mit notwendiger Einheit zugleich unter sich befassen.

Das Dasein Gottes

Schwierigkeit der Demonstration[1]

Die Vorsehung hat nicht gewollt, daß unsre zur Glückseligkeit höchstnötige Einsichten auf der Spitzfindigkeit feiner Schlüsse beruhen sollten, sondern sie dem natürlichen gemeinen Verstande unmittelbar überliefert, der, wenn man ihn nicht durch falsche Kunst verwirrt, nicht ermangelt, uns gerade zum Wahren und Nützlichen zu führen, insofern wir desselben äußerst bedürftig sind. Daher derjenige Gebrauch der gesunden Vernunft, der selbst noch innerhalb den Schranken gemeiner Einsichten ist, genugsam überführende Beweistümer von dem Dasein und den Eigenschaften dieses Wesens an die Hand gibt, obgleich der subtile Forscher allerwärts die Demonstration und die Abgemessenheit genau bestimmter Begriffe oder regelmäßig verknüpfter Vernunftschlüsse vermißt.

Gott — Geist

Es ist oben[2] bewiesen, daß das notwendige Wesen eine einfache Substanz sei, imgleichen daß nicht allein alle andere Realität durch

---

[1] des logischen Beweises.
[2] Dieser Abschnitt ist einem Zusammenhang entnommen, in welchem aus der Definition Gottes (als Inbegriff a l l e r möglichen Realitäten) auf seine eigene Realität geschlossen wird. (Über den Wert dieses „Beweises" vgl. S. 16 f.)

dasselbe als einen Grund gegeben sei, sondern auch die größtmögliche, die in einem Wesen als Bestimmung kann enthalten sein, ihm beiwohne. Nun können verschiedene Beweise geführt werden, daß hierzu auch die Eigenschaften des Verstandes und Willens gehören. Denn erstlich, beides ist wahre Realität, und beides kann mit der größtmöglichen in einem Dinge zusammen bestehn, welches letztere man durch ein unmittelbares Urteil des Verstandes einzuräumen sich gedrungen sieht, ob es zwar nicht füglich zu derjenigen Deutlichkeit gebracht werden kann, welche logisch vollkommene Beweise erfordern.

Zweitens sind die Eigenschaften eines Geistes, Verstand und Willen, von der Art, daß wir uns keine Realität denken können, die in Ermangelung derselben einem Wesen eine Ersetzung tun könnte, welche dem Abgang derselben gleich wäre. Und da diese Eigenschaften also diejenige sind, welche der höchsten Grade der Realität fähig sind, gleichwohl aber unter die möglichen gehören, so müßte durch das notwendige Wesen als einen Grund, Verstand und Wille und alle Realität der geistigen Natur an andern möglich sein, die gleichwohl in ihm selbst nicht als eine Bestimmung angetroffen würde. Es würde demnach die Folge größer sein als selbst der Grund. Denn es ist gewiß, daß, wenn das höchste Wesen nicht selbst Verstand und Willen hat, ein jedes andere, welches durch es mit diesen Eigenschaften gesetzt werde, unerachtend es abhängend wäre und mancherlei andere Mängel der Macht usw. hätte, gleichwohl in Ansehung dieser Eigenschaften von der höchsten Art jenem in Realität vorgehen müßte. Weil nun die Folge den Grund nicht übertreffen kann, so müssen Verstand und Wille der notwendigen einfachen Substanz als Eigenschaften beiwohnen, das ist, sie ist ein Geist.

Drittens, Ordnung, Schönheit, Vollkommenheit in allem, was möglich ist, setzen ein Wesen voraus, in dessen Eigenschaften entweder diese Beziehungen gegründet sind, oder doch wenigstens durch welches Wesen die Dinge diesen Beziehungen gemäß als einem Hauptgrunde möglich sind. Nun ist das notwendige Wesen der hinlängliche Realgrund[1] alles andern, was außer ihm möglich ist, folglich wird in ihm auch diejenige Eigenschaft, durch welche diesen Beziehungen gemäß alles außer ihm wirklich werden kann, anzutreffen sein. Es scheint aber, daß der Grund der äußeren Möglichkeit, der Ordnung, Schönheit und Vollkommenheit nicht zureichend ist, wofern nicht ein dem Verstande gemäßer Wille vorausgesetzt ist. Also werden diese Eigenschaften dem obersten Wesen müssen beigemessen werden.

Jedermann erkennt, daß ungeachtet aller Gründe der Hervorbringung von Pflanzen und Bäumen dennoch regelmäßige Blumenstücke, Alleen u. dgl. nur durch einen Verstand, der sie entwirft, und durch einen Willen, der sie ausführt, möglich sind. Alle Macht oder Hervorbringungskraft, imgleichen alle andere Data zur Möglichkeit ohne einen Verstand sind unzulänglich, die Möglichkeit solcher Ordnung vollständig zu machen.

Gottes Eigenschaften

Es existiert etwas schlechterdings notwendig. Dieses ist einig in seinem Wesen, einfach in seiner Substanz, ein Geist nach seiner Natur, ewig in seiner Dauer, unveränderlich in seiner Beschaffenheit, allgenugsam in Ansehung alles Möglichen und Wirklichen. Es ist ein Gott.

Gottes Weisheit und die Harmonie in der Welt

Daß Dinge da sind, die soviel schöne Beziehung haben, ist der weisen Wahl desjenigen, der sie um dieser Harmonie willen hervorbrachte, beizumessen, daß aber ein jedes derselben eine so ausgebreitete Schicklichkeit zu vielfältiger Übereinstimmung durch einfache Gründe enthielte und dadurch eine bewundernswürdige Einheit im ganzen konnte erhalten werden, liegt selbst in

---

[1] die Ursache ihres Daseins.

der Möglichkeit der Dinge, und da hier das Zufällige, was bei jeder Wahl vorausgesetzt werden muß, verschwindet, so kann der Grund dieser Einheit zwar in einem weisen Wesen, aber nicht vermittels seiner Weisheit gesucht werden.

Wunder und übernatürliche Begebenheiten

Es ist eine bekannte Regel der Weltweisen oder vielmehr der gesunden Vernunft überhaupt: daß man ohne die erheblichste Ursache nichts für ein Wunder oder eine übernatürliche Begebenheit halten solle. Diese Regel enthält erstlich, daß Wunder selten seien, zweitens, daß die gesamte Vollkommenheit des Universums auch ohne viele übernatürliche Einflüsse dem göttlichen Willen gemäß nach den Gesetzen der Natur erreicht werde; denn jedermann erkennt: daß, wenn ohne häufige Wunder die Welt des Zwecks ihres Daseins verfehlte, übernatürliche Begebenheiten etwas Gewöhnliches sein müßten.

Gottes Allgenugsamkeit

Gott ist allgenugsam. Was da ist, es sei möglich oder wirklich, das ist nur etwas, insofern es durch ihn gegeben ist. Eine menschliche Sprache kann den Unendlichen so zu sich selbst reden lassen: I c h b i n   v o n   E w i g k e i t   z u   E w i g k e i t ,   a u ß e r   m i r   i s t   n i c h t s ,   o h n e   i n s o f e r n   e s   d u r c h   m i c h   e t w a s   i s t . Dieser Gedanke, der erhabenste unter allen, ist noch sehr vernachlässigt oder mehrenteils gar nicht berührt worden.

Es ist dieser über alles Mögliche und Wirkliche erweiterte Begriff der göttlichen A l l g e n u g s a m k e i t ein viel richtigerer Ausdruck, die größte Vollkommenheit dieses Wesens zu bezeichnen als der des U n e n d l i c h e n , dessen man sich gemeiniglich bedient. Denn ob man diesen letztern zwar auslegen kann wie man will, so ist er seiner eigentlichen Bedeutung nach doch offenbar mathematisch.

Er bezeichnet das Verhältnis einer Größe zu einer andern als dem
Maße, welches Verhältnis größer ist als alle Zahl. Daher in dem
eigentlichen Wortverstande die göttliche Erkenntnis unendlich
heißen würde, insofern sie vergleichungsweise gegen irgendeine
angebliche andere Erkenntnis ein Verhältnis hat, welches alle
mögliche Zahl übersteigt. Da nun eine solche Vergleichung göttliche Bestimmungen mit denen der erschaffenen Dinge in eine
Gleichartigkeit, die man nicht wohl behaupten kann, versetzt und
überdem das, was man dadurch will, nämlich den unverringerten
Besitz von aller Vollkommenheit, nicht gerade zu verstehen gibt, so
findet sich dagegen alles, was man hierbei zu denken vermag, in dem
Ausdruck der Allgenugsamkeit beisammen. Die Benennung der
Unendlichkeit ist gleichwohl schön und eigentlich ästhetisch. Die
Erweiterung über alle Zahlbegriffe rührt und setzt die Seele durch
eine gewisse Verlegenheit in Erstaunen. Dagegen ist der Ausdruck,
den wir empfehlen, der logischen Richtigkeit mehr angemessen.

Die Gottesbeweise

Alle Arten, das Dasein Gottes aus den Wirkungen desselben zu
erkennen, lassen sich auf die drei folgenden bringen. Entweder man
gelangt zu dieser Erkenntnis durch die Wahrnehmung desjenigen,
was die Ordnung der Dinge unterbricht und diejenige Macht
unmittelbar bezeichnet, welcher die Natur unterworfen ist, diese
Überzeugung wird durch Wunder veranlaßt; oder die zufällige
Ordnung der Natur, von der man deutlich einsieht, daß sie auf
vielerlei andere Art möglich war, in der gleichwohl große Kunst,
Macht und Güte hervorleuchtet, führt auf den göttlichen Urheber,
oder drittens die notwendige Einheit, die in der Natur wahrgenommen wird, und die wesentliche Ordnung der Dinge, welche
großen Regeln der Vollkommenheit gemäß ist, kurz das, was in der
Regelmäßigkeit der Natur Notwendiges ist, leitet auf ein oberstes
Prinzip nicht allein dieses Daseins, sondern selbst aller Möglichkeit.

Wenn Menschen völlig verwildert sind oder eine halsstarrige Bosheit ihre Augen verschließt, alsdann scheint das erstere Mittel einzig und allein einige Gewalt an sich zu haben, sie vom Dasein des höchsten Wesens zu überführen. Dagegen findet die richtige Betrachtung einer wohlgearteten Seele an soviel zufälliger Schönheit und zweckmäßiger Verbindung, wie die Ordnung der Natur darbietet, Beweistümer genug, einen mit großer Weisheit und Macht begleiteten Willen daraus abzunehmen, und es sind zu dieser Überzeugung, sofern sie zum tugendhaften Verhalten hinlänglich, das ist, moralisch gewiß sein soll, die gemeinen Begriffe des Verstandes hinreichend. In der dritten Art zu schließen wird notwendigerweise Weltweisheit erfordert, und es ist auch einzig und allein ein höherer Grad derselben fähig, mit einer Klarheit und Überzeugung, die der Größe der Wahrheit gemäß ist, zu dem nämlichen Gegenstande zu gelangen.

Alle Beweisgründe für das Dasein Gottes können nur entweder aus den Verstandesbegriffen des bloß M ö g l i c h e n oder aus dem Erfahrungsbegriffe des E x i s t i e r e n d e n hergenommen werden. In dem ersteren Falle wird entweder von dem Möglichen als einem G r u n d e auf das Dasein Gottes als eine Folge oder aus dem Möglichen als einer F o l g e auf die göttliche Existenz als einem Grunde geschlossen. Im zweiten Fall wird wiederum entweder aus demjenigen, dessen Dasein wir erfahren, bloß auf die Existenz einer ersten und u n a b h ä n g i g e n U r s a c h e, vermittels der Zergliederung dieses Begriffs aber auf die göttlichen Eigenschaften derselben geschlossen, oder es werden aus dem, was die Erfahrung lehrt, sowohl das Dasein als auch die E i g e n s c h a f t e n desselben unmittelbar gefolgert.

Aus allen diesen Beurteilungen ist zu ersehen: daß, wenn man aus Begriffen möglicher Dinge schließen will, kein ander Argument für das Dasein Gottes möglich sei als dasjenige, wo selbst die innere Möglichkeit aller Dinge als etwas angesehen wird, was irgendein Dasein voraussetzt ... Imgleichen erhellt, daß, wenn von dem, was uns Erfahrung von existierenden Dingen lehrt, der Schluß zu eben derselben Wahrheit soll hinaufsteigen, der Beweis nur durch die in den Dingen der Welt wahrgenommenen Eigenschaften und die zufällige Anordnung des Weltganzen auf das Dasein sowohl als auch die Beschaffenheit der obersten Ursache kann geführt werden. Man erlaube mir, daß ich den ersten Beweis den ontologischen, den zweiten aber den kosmologischen nenne.

Dieser kosmologische Beweis ist, wie mich dünkt, so alt wie die menschliche Vernunft. Er ist so natürlich, so einnehmend und erweitert sein Nachdenken auch so sehr mit dem Fortgang unserer Einsichten, daß er so lange dauern muß, als es irgendein vernünftig Geschöpf geben wird, welches an der edlen Betrachtung teilzunehmen wünscht, Gott aus seinen Werken zu erkennen.

Bei aller dieser Vortrefflichkeit ist diese Beweisart doch immer der mathematischen Gewißheit und Genauigkeit unfähig. Man wird jederzeit nur auf irgendeinen unbegreiflich großen Urheber desjenigen Ganzen, was sich unsern Sinnen darbietet, schließen können, nicht aber auf das Dasein des vollkommensten unter allen möglichen Wesen. Es wird die größte Wahrscheinlichkeit von der Welt sein, daß nur ein einziger erster Urheber sei, allein dieser Überzeugung wird viel an der Ausführlichkeit, die der frechsten Zweifelsucht trotzt, ermangeln. Das macht: wir können nicht auf mehr oder größere Eigenschaften in der Ursache schließen, als wir gerade nötig finden, um den Grad und Beschaffenheit der Wirkungen daraus zu verstehen; wenn wir nämlich von dem Dasein dieser Ursache keinen andern Anlaß zu urteilen haben als den, so uns die Wirkungen geben. Nun erkennen wir viel Vollkommenheit, Größe und Ordnung in der Welt und können daraus nichts mehr mit logischer Schärfe schließen, als daß die Ursache derselben viel Verstand, Macht und Güte besitzen müsse, keinesweges aber, daß sie alles wisse, vermöge usw. usw. Es ist ein unermeßliches Ganze, in welchem wir Einheit und durchgängige Verknüpfung wahrnehmen, und wir können mit großem Grunde daraus ermessen, daß ein einiger Urheber desselben sei. Allein wir müssen uns bescheiden, daß wir nicht alles Erschaffene kennen, und daher urteilen, daß, was uns bekannt ist, nur einen Urheber blicken lasse, woraus wir vermuten, was uns auch nicht bekannt ist, werde ebenso bewandt sein; welches zwar sehr vernünftig gedacht ist, aber nicht strenge schließt.

Dagegen wofern wir uns nicht zu sehr schmeicheln, so scheint unser ontologischer Beweis derjenigen Schärfe fähig zu sein, die man in einer Demonstration fordert. Indessen wenn die Frage wäre, welcher denn überhaupt unter beiden der beste sei, so würde man antworten: sobald es auf logische Genauigkeit und Vollständigkeit ankommt, so ist es der ontologische, verlangt man aber Faßlichkeit, Lebhaftigkeit des Eindrucks, Schönheit und Bewegkraft auf die moralischen Triebfedern der menschlichen Natur, so ist dem kosmologischen Beweise der Vorzug zuzugestehen. Und da es ohne Zweifel von mehr Erheblichkeit ist, den Menschen mit hohen Empfindungen, die fruchtbar an edler Tätigkeit sind, zu beleben, indem man zugleich den gesunden Verstand überzeugt, als mit sorgfältig abgewogenen Vernunftschlüssen zu unterweisen, dadurch, daß der feineren Spekulation ein Genüge getan wird, so ist, wenn man aufrichtig verfahren will, dem bekannten kosmologischen Beweise der Vorzug der allgemeineren Nutzbarkeit nicht abzusprechen.

Es ist gezeigt worden, daß der Beweis, aus den Eigenschaften der Dinge der Welt auf das Dasein und die Eigenschaften der Gottheit zu schließen, einen tüchtigen und sehr schönen Beweisgrund enthalte, nur daß er nimmermehr der Schärfe einer Demonstration fähig ist. Nun bleibt nichts übrig, als daß entweder gar kein strenger Beweis hiervon möglich sei, oder daß er auf demjenigen Beweisgrunde beruhen müsse, den wir oben angezeigt haben[1]. Es ist nur ein Gott und ein Beweisgrund, durch welchen es möglich ist, sein Dasein mit der Wahrnehmung derjenigen Notwendigkeit

---

[1] den ontologischen Beweis.

einzusehen, die schlechterdings alles Gegenteil vernichtet: ein Urteil, darauf selbst die Beschaffenheit des Gegenstandes unmittelbar führen könnte. Alle anderen Dinge, welche irgend da sind, könnten auch nicht sein. Die Erfahrung von zufälligen Dingen kann demnach keinen tüchtigen Beweisgrund abgeben, das Dasein desjenigen daraus zu erkennen, von dem es unmöglich ist, daß er nicht sei. Nur lediglich darin, daß die Verneinung der göttlichen Existenz völlig Nichts ist, liegt der Unterschied seines Daseins von anderer Dinge ihrem. Die innere Möglichkeit, die Wesen der Dinge sind nun dasjenige, dessen Aufhebung alles Denkliche[1] vertilgt. Hierin wird also das eigene Merkmal von dem Dasein des Wesens aller Wesen bestehen. Hierin sucht den Beweistum, und wenn ihr ihn nicht daselbst anzutreffen vermeint, so schlagt euch von diesem ungebahnten Fußsteige auf die große Heeresstraße der menschlichen Vernunft. Es ist durchaus nötig, daß man sich vom Dasein Gottes überzeuge; es ist aber nicht ebenso nötig, daß man es demonstriere.

Vom Wesen und der Aufgabe der Philosophie

Wahrheit und Eigenliebe

Subtile Irrtümer sind ein Reiz für die Eigenliebe, welche die eigene Stärke gerne fühlt; offenbare Wahrheiten hingegen werden so leicht und durch einen so gemeinen Verstand eingesehen, daß es ihnen endlich so geht wie jenen Gesängen, welche man nicht mehr ertragen kann, sobald sie aus dem Munde des Pöbels erschallen. Mit einem Worte: man schätzt gewisse Erkenntnisse öfters nicht darum hoch, weil sie richtig sind, sondern weil sie uns was kosten, und man hat nicht gerne die Wahrheit guten Kaufs.

---

[1] denn „Möglichkeit" sagt nichts weiter aus als „Denkbarkeit".

Von der Metaphysik und der Mathematik

Ein finsterer Ozean ohne Ufer und ohne Leuchttürme, wo man es wie der Seefahrer auf einem unbeschifften Meere anfangen muß, welcher, sobald er irgendwo Land betritt, seine Fahrt prüft und untersucht, ob nicht etwa unbemerkte Seeströme seinen Lauf verwirrt haben, aller Behutsamkeit ungeachtet, die die Kunst zu schiffen nur immer gebieten mag.

Was die Metaphysik anlangt, so hat diese Wissenschaft, anstatt sich einige von den Begriffen oder Lehren der Mathematik zunutze zu machen, vielmehr sich öfters wider sie bewaffnet, und wo sie vielleicht sichere Grundlagen hätte entlehnen können, um ihre Betrachtungen darauf zu gründen, sieht man sie bemüht, aus den Begriffen des Mathematikers nichts als feine Erdichtungen zu machen, die außer seinem Felde wenig Wahres an sich haben. Man kann leicht erraten, auf welcher Seite der Vorteil sein werde in dem Streite zweier Wissenschaften, deren die eine alle insgesamt an Gewißheit und Deutlichkeit übertrifft, die andere aber sich allererst bestrebt dazu zu gelangen.

Ich weiß, daß es viele gibt, welche die Weltweisheit in Vergleichung mit der höhern Mathesis[1] sehr leicht finden. Allein diese nennen alles Weltweisheit, was in den Büchern steht, welche diesen Titel führen. Der Unterschied zeigt sich durch den Erfolg. Die philosophischen Erkenntnisse haben mehrenteils das Schicksal der Meinungen und sind wie die Meteore, deren Glanz nichts für ihre Dauer verspricht. Sie verschwinden, aber die Mathematik bleibt. Die Metaphysik ist ohne Zweifel die schwerste unter allen menschlichen Einsichten; allein es ist noch niemals eine geschrieben worden.

---

[1] Mathematik.

Philosophieren lernen

Der den Schulunterweisungen entlassene Jüngling war gewohnt zu le r n e n. Nunmehr denkt er, er werde P h i l o s o p h i e l e r n e n, welches aber unmöglich ist, denn er soll jetzt p h i l o s o p h i e r e n l e r n e n. Ich will mich deutlicher erklären. Alle Wissenschaften, die man im eigentlichen Verstande l e r n e n kann, lassen sich auf zwei Gattungen bringen: die h i s t o r i s c h e und die m a t h e m a t i s c h e. Zu den erstern gehören außer der eigentlichen Geschichte auch die Naturbeschreibung, Sprachkunde, das positive Recht usw. usw. Da nun in allem, was historisch ist, eigene Erfahrung oder fremdes Zeugnis, in dem aber, was mathematisch ist, die Augenscheinlichkeit der Begriffe und die Unfehlbarkeit der Demonstration etwas ausmachen, was in der Tat gegeben und mithin vorrätig und gleichsam nur aufzunehmen ist: so ist es in beiden möglich zu lernen, d. i. entweder in das Gedächtnis oder den Verstand dasjenige einzudrücken, was als eine schon fertige Disziplin uns vorgelegt werden kann. Um also auch Philosophie zu l e r n e n, müßte allererst eine wirklich vorhanden sein. Man müßte ein Buch vorzeigen und sagen können: sehet, hier ist Weisheit und zuverlässige Einsicht; lernet es verstehen und fassen, bauet künftighin darauf, so seid ihr Philosophen. Bis man mir nun ein solches Buch der Weltweisheit zeigen wird, worauf ich mich berufen kann, so erlaube man mir zu sagen: daß man das Zutrauen des gemeinen Wesens mißbrauche, wenn man, anstatt die Verstandesfähigkeit der anvertrauten Jugend zu erweitern und sie zur künftig reifern e i g e n e n Einsicht auszubilden, sie mit einer dem Vorgeben nach schon fertigen Weltweisheit hintergeht, die ihnen zugute von andern ausgedacht wäre, woraus ein Blendwerk von Wissenschaft entspringt, das nur an einem gewissen Orte und unter gewissen Leuten für echte Münze gilt, allerwärts sonst aber verrufen ist.

Zusammenfassung

Unsere Auswahl von charakteristischen Beispielen aus der philosophischen Problematik Kants in der sogenannten „vorkritischen Periode" gab einen Eindruck von der Vielseitigkeit der Kantischen Interessen, von der Intensität und Kraft seines auf das Ganze gerichteten Denkens und von der Stärke seines Selbstbewußtseins. Es wurde an ihnen deutlich, wie Kants Gedanken überall den Rahmen der astronomischen, geologischen, meteorologischen usw. Einzeluntersuchung sprengen und hinstreben zu einer allesumfassenden Welt-, Menschen- und Gotteserkenntnis, im Sinne und im Stile eines Systems der alten rationalistischen spekulativen Metaphysik (Leibniz), berichtigt durch die Ergebnisse der jüngsten Naturforschung (Newton) und erweitert durch die Einsichten der jüngsten Anthropologie und Moralphilosophie (Shaftesbury, Rousseau), dabei nach besten Kräften gesichert gegen die Einwürfe der philosophischen Skepsis (Locke, Hume).

Die philosophische Leistung des jungen Kant erhält auf diese Weise die Bedeutung eines Orientierungsversuches im naturwissenschaftlichen Weltbild der Zeit und eines Versuches, die zeitgenössische philosophische Literatur sich anzueignen. Alle Stationen vom Dogmatismus über den Rationalismus, Empirismus und Skeptizismus werden dabei unmerklich durchlaufen, ohne jedoch diese nach letzter Klarheit und Wahrheit suchende Seele einseitig gefangen zu nehmen. Sie bleibt vielmehr in ihren Grundüberzeugungen sich selbst treu und widmet ihre ganze Kraft dem Problem der verstandesmäßigen Beweisbarkeit (Demonstration) dieser grundsätzlichen Überzeugungen. Ein entscheidendes Ergebnis freilich in dieser Frage hat die vorkritische Periode nicht hervorgebracht.

Fassen wir das Weltbild des vorkritischen Kant in wenigen Sätzen zusammen:

1. Die Welt des Anorganischen ist ein unendliches System von Welten verschiedener Ausbildung. Jedes Glied dieses Systems steht mit jedem anderen Glied in kausalmechanischer Wechselwirkung.
2. Die Welt verdankt ihr Dasein und ihre gesetzliche Ordnung einem höchsten Wesen: „Gott".
3. Auf Gott deutet auch alle Zweckmäßigkeit und Schönheit in der äußeren Welt hin.

4. Gott selbst ist „allgenugsam", d. h. er greift nicht ein in das Schicksal seiner Schöpfung.
5. Das Organische entzieht sich der kausalmechanischen Betrachtungsweise.
6. Die Welt der inneren Erfahrung (des moralischen und ästhetischen Gefühls) ist kein Anwendungsgebiet für mechanistische Prinzipien, sie ist autonom (eigengesetzlich) und der Welt der äußeren Erfahrung an Beweiskraft überlegen (Primat).
7. In ihr herrscht Freiheit. Der Mensch als moralisches Wesen ist frei.
8. Die individuelle Seele ist unzerstörbar, und der leibliche Tod ist nur ein Übergang zu einem anderen Leben.

Mit anderen Worten: „Gott", „Freiheit" und „Unsterblichkeit" sind die metaphysischen Schwerpunkte des Weltbildes der vorkritischen Periode, sie bleiben es, wie sich zeigen wird, auch in allen späteren Entwicklungsstadien des Denkers.

DIE KRITISCHEN SCHRIFTEN

Biographische Bemerkungen zur kritischen Periode

Das Jahr 1770 ist entscheidend geworden für Kant und damit für die Entwicklung des abendländischen Denkens überhaupt. Im März 1770 war der 46jährige dem König von Preußen für einen Lehrstuhl der philosophischen Wissenschaften vorgeschlagen worden, und Friedrich der Große hatte an den Rand des ministeriellen Vorschlages sein „bene" geschrieben.

Mit einer lateinischen Dissertation „De mundi sensibilis atque forma et principiis" (Von den Formen und Prinzipien der Sinnen- und der Verstandeswelt) hatte Kant nach altem Brauch sein Amt am 20. August 1770 angetreten. Diese Schrift enthält im Keime bereits das ganze kritische Unternehmen. — Aus dem äußeren Leben der nächsten 30 Jahre ist nur wenig zu berichten. Es verlief ruhig, bürgerlich, ereignislos. Kants Ruhm aber als akademischer Lehrer und als philosophischer Reformer verbreitete sich wie ein Lauffeuer über die Welt. Der Scharfsinn und die unerbittliche logische Strenge, mit der er seine kritischen Untersuchungen in Angriff nahm, versetzten der rationalistischen Metaphysik der Zeit den Todesstoß und brachten Kant in den Ruf des „Alleszermalmers". — Logik, Metaphysik, Mathematik, Physik, physische Geographie, Anthropologie, Naturrecht und Morallehre waren die Fächer, in denen er sich in seinen Kollegs verbreitete[1]. Herder, der in den Jahren 1762—1764 zu Königsberg studierte,

---

[1] Eine lebensvolle Beschreibung seines Äußeren durch einen seiner Zeitgenossen mag hier ihren Platz finden:

„Kants Körper war von der Natur gewiß nicht zu einer achtzigjährigen Lebensdauer bestimmt. Er hat der Natur das Leben abgezwungen. Das ganze Gebäude seines Körpers war so schwach, daß nur ein Kant es so viele Jahre unterstützen und erhalten konnte. Es scheint, als hätte die Natur bei der Bildung dieses seltenen Erdenbürgers alles auf seinen

hat ihm als Hochschullehrer in seinen „Briefen zur Beförderung der Humanität" ein eindrucksvolles Denkmal gesetzt. „Ich habe das Glück genossen, einen Philosophen zu kennen, der mein Lehrer war. Er in seinen blühenden Jahren hatte die fröhliche Munterkeit eines Jüng-

---

geistigen Teil verwandt; ja, als hätte sie ihm die schwache Hülle zu mehrerer Stärkung seines Geistes mitgegeben. Sein Körper war kaum fünf Fuß hoch; der Kopf im Verhältnis zu dem übrigen Körper sehr groß; die Brust sehr flach und beinahe eingebogen; der rechte Schulterknochen hinterwärts etwas herausgedehnt. Die übrigen Teile des Körpers hatten untereinander ein gehöriges Ebenmaß. Sein Knochenbau war äußerst schwach, schwächer aber noch seine Muskelkraft. Der ganze Körper war mit so wenig Fleisch bedeckt, daß er seine Kleider nur durch künstliche Mittel halten konnte. Wie schwach seine Nerven waren, können Sie daraus abnehmen, daß ein Zeitungsblatt, so frisch und feucht, wie es von der Presse kommt, ihm den Schnupfen zu erregen imstande war. Ungeachtet der Schwäche seiner Brust konnte Kant seine Stimme, die gewöhnlich nicht stark war, doch ziemlich erheben. Daß seine Lungen keiner weiten Ausdehnung fähig waren, läßt sich schon aus der Form seiner Brust schließen. Kants Sinne hatten die natürliche Schärfe und Stärke. Seine Augen, von welchen ihm vor mehreren Jahren, obgleich ihm selbst und seinen Freunden unbemerkt, das eine den Dienst versagte, reichten zwar nicht in große Weite, aber sie sahen in der Nähe scharf und hielten so lange vor, daß Kant bis an sein Lebensende keiner Brille bedurfte. Er hatte schon von jeher die Gewohnheit, das eine Auge, welches nachmals erlosch, auf der Straße und überhaupt, wenn er genau wohin sehen wollte, ganz zuzuschließen und nur mit einem Auge zu sehen. Sein Gehör war scharf und fein, noch feiner aber der Geschmack seiner Zunge.
Kants Gesicht hatte eine sehr angenehme Bildung und muß in jüngeren Jahren sehr hübsch gewesen sein. Sein Haar war blond, seine Gesichtsfarbe frisch, und seine Wangen hatten noch im hohen Alter eine gesunde Röte. Aber wo nehme ich Worte her, Ihnen sein Auge zu schildern! Kants Auge war wie vom himmlischen Äther gebildet, aus welchem der tiefe Geistesblick, dessen Feuerstrahl durch ein leichtes Gewölk etwas gedämpft wurde, sichtbar hervorleuchtete. Es ist unmöglich, den bezaubernden Anblick und mein Gefühl dabei zu beschreiben, wenn Kant mir gegenüber saß, seine Augen nach unten gerichtet hatte, sie dann plötzlich in die Höhe hob und mich ansah. Mir

lings, die, wie ich glaube, ihn auch in sein greisestes Alter begleitet.
Seine offene, zum Denken gebaute Stirn war ein Sitz unzerstörbarer
Heiterkeit und Freude, die gedankenreiche Rede floß von seinen
Lippen, Scherz und Witz und Laune standen ihm zu Gebot, und sein
lehrender Vortrag war der unterhaltendste Umgang. Mit eben dem
Geist, mit dem er Leibniz, Wolff, Baumgarten, Crusius, Hume prüfte
und die Naturgesetze Newtons, Keplers, der Physiker verfolgte, nahm
er auch die damals erscheinenden Schriften Rousseaus, seinen ‚Emil‘
und seine ‚Héloise‘, sowie jede ihm bekannt gewordene Naturentdek-
kung auf, würdigte sie und kam immer zurück auf unbefangene
Kenntnis der Natur und den moralischen Wert des Menschen. Men-
schen-, Völker-, Naturgeschichte, Naturlehre und Erfahrung waren
die Quellen, aus denen er seinen Vortrag und Umgang belebte; nichts
Wissenswürdiges war ihm gleichgültig; keine Kabale, keine Sekte,
kein Vorurteil, kein Namensehrgeiz hatte je für ihn den mindesten
Reiz gegen die Erweiterung auf Aufhellung der Wahrheit. Er mun-
terte auf und zwang angenehm zum Selbstdenken; Despotismus war
seinem Gemüte fremd. Dieser Mann, den ich mit größter Dankbarkeit und Hochachtung nenne, ist Immanuel Kant.“ — — So wirkte
Kant bis ins hohe Alter auf seine Schüler. Bis zu seinem Lebensende
blieb er in Königsberg. Berufungen an andere Universitäten lehnte er
ab. Reisen unternahm er nur im Geiste. Er las Reisebeschreibungen
mit dem größten Eifer und — blieb daheim. Seine Zeit, sein Leben,
soweit es nicht dem Hörsaal und dem geselligen Umgang im engen,
vertrauten Freundeskreise galt, gehörte ungeteilt dem großen kritischen Unternehmen, dem Umbau und Neubau der gesamten Metaphysik.

Den Auftakt zu diesem genialen Unternehmen bildete, wie gesagt, die
Inauguraldissertation aus dem Jahre 1770. Sie enthielt zwar bereits
alle Ansätze zum kritischen Beginnen gewissermaßen im Keime, aber
es waren noch 10 Jahre der stillen Arbeit nötig, bis das kritische
Hauptwerk völlig ausgereift vorlag. 1781 erschien die „alleszermal-
mende“ „Kritik der reinen Vernunft“, dieses Standardwerk der
kritischen Philosophie (2. Aufl. 1787), gefolgt von den „Prolegomena

---

war es dann immer, als wenn ich durch dieses blaue ätherische Feuer in
Minervens inneres Heiligtum blickte.“
Aus: „Immanuel Kant, geschildert in Briefen an einen Freund, von
Reinhold Bernhard Jachmann.“

zu einer jeden künftigen Metaphysik, die als Wissenschaft wird auftreten können". (Die Prolegomena behandeln die gleichen Probleme wie die „Kritik der reinen Vernunft" in vereinfachter, zusammenfassender Darstellung.) 1785 erscheinen die „Grundlegung zur Metaphysik der Sitten", 1786 die „Metaphysischen Anfangsgründe der Naturwissenschaft", 1788 die „Kritik der praktischen Vernunft" und schließlich 1790 die „Kritik der Urteilskraft".

Schon eine Prüfung der bloßen Titel dieser Schriften und ein Vergleich mit den Titeln der vorkritischen Periode zeigen, daß wir es nun mit einer ganz anderen, viel grundsätzlicheren, viel elementareren Problemstellung zu tun haben. Hier handelt es sich um Kritiken, um Grundlegungen, Anfangsgründe, Prolegomenen zu ganz elementaren Dingen; zum reinen theoretischen Erkennen überhaupt, zum reinen praktischen Handeln schlechtweg — kurzum nicht um Bauten, sondern um das Legen der Fundamente zu Bauten.

Die Schriften der kritischen Periode sind also in der Hauptsache Elementarlehren vorbereitenden Charakters, es wird nicht e r k a n n t, sondern die „Möglichkeit des Erkennens" selbst wird untersucht.

Diese Einengung der gedankenreichen philosophischen Problematik der vorkritischen Periode auf bloße Voruntersuchungen bedeutet aber nicht endgültigen Verzicht auf den Lebensplan eines eigenen allumfassenden Systems, sondern nur vorläufige Beschränkung, — ein Verschieben auf später. — Das kritische Geschäft der elementaren Voruntersuchungen erwies sich freilich als zeitraubender und schwieriger als Kant selbst wohl anfänglich vorausgesehen hatte. Es hat den Denker bis an die Grenzen des Greisenalters aufgehalten und ihm nur wenig Zeit gelassen, am eigentlichen System zu bauen. So entstand wohl der Eindruck, daß in diesen Elementaruntersuchungen, die einen so breiten Raum im Gesamtwerk einnehmen, das Wesentliche der Kantischen Philosophie zu sehen sei. Kant selbst bezeichnet viel zu häufig seine kritische Leistung nur als eine Vorarbeit, als eine „Disziplin", einen „Kanon", eine „Architektonik", als daß man in ihr die volle Ausführung seines Planes einer kritisch geläuterten Metaphysik zu sehen berechtigt wäre. Die „Kritiken" geben nicht selbst schon Weltanschauung. Ihr Nutzen ist in erster Linie ein negativer (Warnung vor falschem spekulativen Gebrauch der Vernunft) und nur insofern ein positiver, als sie den Weg frei machen zu jener kritisch geläuterten Weltanschauung, welche Kant selbst als Krönung seines Lebenswerkes angesehen hätte.

Kant hat die Arbeit, welche ihm diese Elementar- und Methodenleh-
ren, diese Architektonik der reinen Vernunft, machen würde, zunächst durchaus unterschätzt. Noch am 21. Februar 1772 schreibt er
an Markus Herz: „Ich bin jetzt imstande, eine Kritik der reinen
Vernunft, welche die Natur der theoretischen sowohl als praktischen
Erkenntnis, sofern sie bloß intellektual[1] ist, enthält, vorzulegen,
wovon ich den ersten Teil, der die Quellen der Metaphysik, ihre
Methode und Grenzen enthält, zuerst und darauf die reinen Prinzipien
der Sittlichkeit ausarbeiten und, was den ersten betrifft, binnen etwa
drei Monaten herausgeben werde." Seine Hoffnungen haben sich
nicht erfüllt. Zehn volle Jahre nahmen allein die Arbeiten an der
„Kritik der reinen Vernunft" in Anspruch und hinderten ihn „an der
Ausführung aller anderen Produkte des Nachdenkens", wie es in
einem Stoßseufzer an Engel gegen Ende des Jahres 1779 heißt. Bis
1790, dem Erscheinungsjahr der „Kritik der Urteilskraft", halten ihn
die Grundlegungen und Prinzipienlehren, die als Ergänzungen des in
der „Kritik der reinen Vernunft" begonnenen „kritischen Unternehmens" zu denken sind, in Atem. Er stand an der Schwelle des
Greisenalters, als er mit dem Legen der Fundamente fertig war.
Kant hat über diese Elementarlehren hinaus, in und neben ihnen nur
noch Teile eines Gesamtsystems schaffen können. Trotzdem enthalten sie und auch die „Kritiken" genügend Hinweise, die erkennen
lassen, wie ungefähr das Gebäude seines Gesamtsystems einer Transzendentalphilosophie ausgefallen wäre, wenn es ihm vergönnt gewesen wäre, es zu vollenden.
Auch dieses kritisch geläuterte System hätte, wie die vorkritische
Philosophie vom Ich, dem Kosmos und Gott gehandelt, und Kant als
das gezeigt, was er im Grunde seiner Seele zeitlebens war: ein
Weltdeuter und Gottessucher.

---

[1] Darauf kommt es wesentlich an! Die Kritik der reinen Vernunft ist
nur eine K r i t i k d e s E r k e n n e n s , s o f e r n e s i n t e l l e k t u e l l e s ,
also begrifflich formulierbares, verstandesmäßiges Erkennen ist.

Vorbemerkung

In den Schriften der vorkritischen Periode ist unter dem Einfluß Humes ein stetig zunehmendes Mißtrauen zu bemerken gegen die herkömmliche Metaphysik, und zwar nicht so sehr gegen ihre Grundüberzeugungen als vielmehr gegen ihr spekulatives Beweisverfahren. Parallel mit diesem Verfall des Kredits der rationalen Metaphysik geht eine sich steigernde Begeisterung für die rationalen Beweismittel der mathematischen Wissenschaften.

Kant war mit den Errungenschaften der Aufklärungszeit auf mathematisch-physikalischem Gebiet (Newton) gut vertraut. Die rein mathematische Erkenntnisart galt ihm als Gipfelleistung des wissenschaftlich korrekten Erkennens. Was in den mathematischen Wissenschaften einmal als wahr erkannt ist, das muß zu allen Zeiten und an allen Orten der Welt wahr sein. Dieser Satz war ihm wissenschaftliches Glaubensbekenntnis. So lag der Gedanke nahe, für die metaphysischen Überzeugungen eine ähnliche Sicherheit anzustreben, wie sie reine Mathematik ihren Ergebnissen verleiht. Apodiktische (d. h. unwiderlegbare) Gewißheit auch in den Aussagen der Metaphysik über die Seele, die Freiheit des Willens und über Gott zu gewinnen bzw. zu ermitteln, ob und in welchem Ausmaße auf metaphysischem Gebiet eine ähnliche Sicherheit zu gewinnen sei, mußte dem Denker als lohnendes Ziel erscheinen. Um diese Aufgabe sehen wir Kant in der sogenannten kritischen Periode bemüht. Erste Voraussetzung für die Lösung dieses Problems war: der mathematischen Erkenntnis ihr „Geheimnis" abzulauschen, die Frage zu beantworten: wie kommt es, daß der Verstand in der Mathematik, ganz unabhängig von aller Erfahrung („a priori") zu unumstößlich richtigen Ergebnissen gelangt[1]? Es machte sich also eine kritische Analyse der

---

[1] Die Tatsache, daß es in der Mathematik Urteile gibt, die auch unabhängig von aller Erfahrung gewonnen werden und „gelten", hatte vor allem Kant auf den Gedanken gebracht, daß schon im Erkenntnisakt als solchem die Gründe liegen müssen, welche gewissen Erkenntnissen ihre unwiderlegliche Gewißheit verleihen. Auf die Erforschung dieses Aktes der „reinen" Erkenntnis also kommt es ihm an. Deshalb spricht er von „reiner" Vernunft und „reinem"

erfahrungsfreien Elementarvorgänge nötig, die bei der Bildung mathematischer Urteile eine Rolle spielen. Eine solche Analyse des mathematischen Erkenntnisaktes mußte den „Rechtsgrund" sichtbar machen, welcher den Urteilen des Verstandes in der Mathematik ihre unumstößliche Gewißheit verleiht. — Sodann kam es darauf an, eine ähnliche Analyse des erkennenden Bewußtseins überhaupt, und des moralischen sowie des ästhetischen Bewußtseins durchzuführen, um festzustellen, wie weit bereits nach diesem „Rezept" bisher verfahren wurde bzw. wie weit es überhaupt auf den einzelnen Erkenntnisgebieten angewandt werden kann. Erst nach Erledigung dieses Programmes konnte der Neubau einer künftigen kritisch gesicherten Metaphysik in Angriff genommen werden.

Die kritische Periode beschäftigt sich demzufolge mit drei großen Problemkreisen: 1. mit der kritischen Sichtung und Sicherung der Welt des reinen Verstandes (des theoretischen Erkennens), 2. mit der kritischen Sichtung und Sicherung der Welt des reinen Wollens (des sittlichen Handelns) und 3. mit der kritischen Sichtung und Sicherung der Welt des reinen Fühlens (des ästhetischen und des moralischen Beurteilens). Wir nennen gewisse Erkenntnisse wahr, wir bezeichnen gewisse Handlungen als gut und beurteilen gewisse Eindrücke als schön und erhaben. „Wie sind solche Stellungnahmen ohne jede Erfahrung (a priori) möglich?", das heißt, woher nehmen wir zu ihnen das Recht? Das ist das Hauptproblem der kritischen Periode, der Zeit der Einengung auf Grundlegungen und Elementarlehren.

Der philosophische Ertrag der vorkritischen Periode mußte natürlich in dem Augenblick, wo diese Problemstellung ernstlich in Angriff genommen wurde, von Kant selbst, wenigstens vorläufig, für null und nichtig erklärt werden. Handelt es sich doch um einen völlig neuen Ansatz, um die Revision aller Ergebnisse, die jemals ohne das gesuchte „Rezept" auf intellektuellem Gebiete erzielt wurden.

Dennoch bleiben die metaphysische Grundeinstellung Kants, sein positives Verhältnis zu Gott, Freiheit und Unsterblichkeit von dieser „vorläufigen" Ablehnung der spekulativen Metaphysik unberührt.

Verstand; er meint den Akt „als solchen". Kritik der reinen Vernunft bedeutet also: die Prüfung, welcher die Vernunft als solche auf ihren Erkenntniswert unterworfen wird.

Kant selbst stellt sich zwar so, als ginge er ganz voraussetzungslos an die Aufgabe der Begründung einer kritisch gesicherten Metaphysik heran, er denkt und formuliert so, als ob es diese Grundüberzeugungen in seiner Seele überhaupt nie gegeben habe, aber sie wirken unterirdisch weiter und geben der kritischen Untersuchung die Richtung und das Ziel. Ganz unabwendbar lenken seine Beweisführungen, nachdem alle kritischen Vorarbeiten geleistet sind, wieder ein in die gewohnte Richtung, ganz unabwendbar drängt sich ihm z. B. bei der Suche nach einem obersten „regulativen" Prinzip für das Erkennen die Gottesidee wieder auf. Die Frage nach Gott, Freiheit und Unsterblichkeit wird sehr auffallend am Ende jeder seiner „Kritiken" aufgeworfen, und immer von neuem wird erörtert, was nun diese „unvermeidlichen Aufgaben der Metaphysik", wie sie Kant selbst gelegentlich nennt, durch den Gang der kritischen Untersuchung an Sicherheit gewonnen bzw. verloren haben.

Dieses geistige Eingestelltsein auf Gott, Freiheit und Unsterblichkeit nimmt also Kant als unterdrückte Tendenz aus der vorkritischen in die kritische Periode hinüber, nichts aber von den positiven Zügen des vorkritischen Weltbildes. Nur einige begriffliche Unterscheidungen, Errungenschaften früherer Definitionsbemühungen werden gewissermaßen als Handwerkszeug bei der kritischen Revision der Metaphysik mitverwendet. Vor allem also die berühmte Unterscheidung zwischen Sinnlichkeit, Verstand und Vernunft: Sinnlichkeit ist die Fähigkeit, passiv, „rezeptiv" (aufnehmend) von einem „Gegebenen" einen Eindruck zu empfangen; Verstand ist die Fähigkeit, aktiv, „spontan" (aus sich selbst heraus) „Gegebenes" zu Erkenntnissen[1] zu verarbeiten; Vernunft ist die Fähigkeit, Einheit, systematische Ordnung in die Sinneswahrnehmung und in die Verstandeserkenntnis zu bringen. Weiter behält Kant bei: die Unterscheidung zwischen analytischer (ein Gegebenes zergliedernder) und synthetischer (gegebene Teile zu einem Ganzen vereinigender) Erkenntnisart; zwischen theoretischer (auf verstandesmäßiges Erkennen gerichteter) und praktischer (auf das Handeln gerichteter) Vernunft, sowie schließlich seine Entdeckung eines besonderen Organs im menschlichen Gemüt für das Schöne und das Erhabene: das ästhetische und moralische Gefühl.

Die folgenden Texte geben einen Einblick in Kants Einstellung zur

---

[1] begrifflich oder nach begrifflichen Regeln.

rationalen Metaphysik, sowie in seine Absicht, aus ihr eine Wissenschaft im Range und nach dem Vorbilde der Mathematik zu machen bzw. zu untersuchen, wie weit sie eine solche Wissenschaft sein kann. Es wird zugleich deutlich, wo nach Kants Meinung das Geheimnis des Erfolges der Mathematik zu suchen ist: in der Tatsache, daß ihre Erkenntnis sich nicht nach irgendwelchen Gegenständen der Erfahrung richtet, sondern daß sie die Gegenstände, über die sie Urteile fällt, selbst erst durch einen besonderen synthetischen[1] Akt erzeugt. Kant nennt die Einsicht in diesen Sachverhalt und ihre Anwendung auf die metaphysische Erkenntnisart die „kopernikanische Wendung" in der Metaphysik, und er verspricht sich von ihrer Klärung viel für die „unvermeidlichen Aufgaben" dieser Wissenschaft, für die Fragen nach Gott, Freiheit und Unsterblichkeit.

Die Kritik der reinen theoretischen Vernunft

Von der Metaphysik

Die kopernikanische Wendung in der Metaphysik

Der Metaphysik, einer ganz isolierten spekulativen Vernunfterkenntnis, die sich gänzlich über Erfahrungsbelehrung erhebt, und zwar durch bloße Begriffe (nicht wie Mathematik durch Anwendung derselben auf Anschauung), wo also Vernunft selbst ihr eigener Schüler sein soll, ist das Schicksal bisher nicht so günstig gewesen, daß sie den sicheren Gang einer Wissenschaft einzuschlagen vermocht hätte, ob sie gleich älter ist als alle übrigen und bleiben würde, wenngleich die übrigen insgesamt in dem Schlunde einer alles vertilgenden Barbarei gänzlich verschlungen werden sollten. Denn in ihr gerät die Vernunft kontinuierlich in Stecken[2], selbst wenn sie diejenigen Gesetze, welche die gemeinste Erfah-

---

[1] zusammenfassenden, schöpferischen.
[2] dauernd ins Stocken.

rung bestätigt (wie sie sich anmaßt), a priori[1] einsehen will. In ihr muß man unzähligemal den Weg zurücktun, weil man findet, daß er dahin nicht führt, wo man hin will, und was die Einhelligkeit ihrer Anhänger in Behauptungen betrifft, so ist sie noch so weit davon entfernt, daß sie vielmehr ein Kampfplatz ist, der ganz eigentlich dazu bestimmt zu sein scheint, seine Kräfte im Spielgefechte zu üben, auf dem noch niemals irgendein Fechter sich auch den kleinsten Platz hat erkämpfen und auf seinen Sieg einen dauerhaften Besitz gründen können. Es ist also kein Zweifel, daß ihr Verfahren bisher ein bloßes Herumtappen, und was das Schlimmste ist, unter bloßen Begriffen gewesen sei.

Woran liegt es nun, daß hier noch kein sicherer Weg der Wissenschaft hat gefunden werden können? Ist er etwa unmöglich? Woher hat denn die Natur unsere Vernunft mit der rastlosen Bestrebung heimgesucht, ihm als einer ihrer wichtigsten Angelegenheiten nachzuspüren? Noch mehr, wie wenig haben wir Ursache, Vertrauen in unsere Vernunft zu setzen, wenn sie uns in einem der wichtigsten Stücke unserer Wißbegierde nicht bloß verläßt, sondern durch Vorspiegelungen hinhält und am Ende betrügt! Oder ist er bisher nur verfehlt, welche Anzeige können wir benutzen, um bei erneuertem Nachsuchen zu hoffen, daß wir glücklicher sein werden, als andere vor uns gewesen sind?

Ich sollte meinen, die Beispiele der Mathematik und Naturwissenschaft, die durch eine auf einmal zustande gebrachte Revolution das geworden sind, was sie jetzt sind, wären merkwürdig genug, um dem wesentlichen Stücke der Umänderung der Denkart, die ihnen so vorteilhaft geworden ist, nachzusinnen und ihnen, soviel ihre Analogie[2] als Vernunfterkenntnisse, mit der Metaphysik verstattet, hierin wenigstens zum Versuche nachzuahmen. Bisher nahm man an, alle unsere Erkenntnis müsse sich nach den Gegenständen richten; aber alle Versuche über sie a priori etwas durch

---

[1] d. h. also: unabhängig von der Erfahrung.
[2] Ähnlichkeit.

Begriffe auszumachen, wodurch unsere Erkenntnis erweitert
würde, gingen unter dieser Voraussetzung zunichte. Man versuche es daher einmal, ob wir nicht in den Aufgaben der Metaphysik
damit besser fortkommen, daß wir annehmen, die Gegenstände
müssen sich nach unserer Erkenntnis richten, welches so schon
besser mit der verlangten Möglichkeit einer Erkenntnis derselben
a priori zusammenstimmt, die über Gegenstände, ehe sie uns
gegeben werden, etwas festsetzen soll. Es ist hiermit ebenso als mit
den ersten Gedanken des K o p e r n i k u s bewandt, der, nachdem es
mit der Erklärung der Himmelsbewegungen nicht gut fort wollte,
wenn man annahm, das ganze Sternheer drehe sich um den
Zuschauer, versuchte, ob es nicht besser gelingen möchte, wenn er
den Zuschauer sich drehen und dagegen die Sterne in Ruhe ließ. In
der Metaphysik kann man nun, was die Anschauung der Gegenstände betrifft, es auf ähnliche Weise versuchen. Wenn die Anschauung sich nach der Beschaffenheit der Gegenstände richten
müßte, so sehe ich nicht ein, wie man a priori von ihr etwas wissen
könne; richtet sich aber der Gegenstand (als Objekt der Sinne)
nach der Beschaffenheit unseres Anschauungsvermögens, so kann
ich mir diese Möglichkeit ganz wohl vorstellen. Weil ich aber bei
diesen Anschauungen, wenn sie Erkenntnisse werden sollen, nicht
stehen bleiben kann, sondern sie als Vorstellungen auf irgend
etwas als Gegenstand beziehen und diesen durch jene bestimmen
muß, so kann ich entweder annehmen, die Begriffe, wodurch ich
diese Bestimmung zustande bringe, richten sich auch nach dem
Gegenstande, und dann bin ich wiederum in derselben Verlegenheit wegen der Art, wie ich a priori hiervon etwas wissen könne;
oder ich nehme an, die Gegenstände oder, welches einerlei ist, die
Erfahrung, in welcher sie allein (als gegebene Gegenstände) erkannt werden, richte sich nach diesen Begriffen, so sehe ich sofort
eine leichtere Auskunft, weil Erfahrung selbst eine Erkenntnisart
ist, die Verstand erfordert, dessen Regel ich in mir, noch ehe mir
Gegenstände gegeben werden, mithin a priori voraussetzen muß,
welche in Begriffen a priori ausgedrückt wird, nach denen sich also

alle Gegenstände der Erfahrung notwendig richten und mit ihnen übereinstimmen müssen. Was Gegenstände betrifft, sofern sie bloß durch Vernunft, und zwar notwendig gedacht, die aber (so wenigstens, wie die Vernunft sie denkt) gar nicht in der Erfahrung gegeben werden können, so werden die Versuche sie zu denken (denn denken müssen sie sich doch lassen) hernach einen herrlichen Probierstein desjenigen abgeben, was wir als die veränderte Methode der Denkungsart annehmen, daß wir nämlich von den Dingen nur das a priori erkennen, was wir selbst in sie legen.

Das Vorbild der Mathematik

Die Mathematik ist von den frühesten Zeiten her, wohin die Geschichte der menschlichen Vernunft reicht, in dem bewundernswürdigen Volke der Griechen den sicheren Weg einer Wissenschaft gegangen. Allein man darf nicht denken, daß es ihr so leicht geworden wie die Logik, wo die Vernunft es nur mit sich zu tun hat, jenen königlichen Weg zu treffen oder vielmehr sich selbst zu bahnen; vielmehr glaube ich, daß es lange mit ihr beim Herumtappen geblieben ist und diese Umänderung einer Revolution zuzuschreiben sei, die der glückliche Einfall eines einzigen Mannes in einem Versuche zustande brachte, von welchem an die Bahn, die man nehmen mußte, nicht mehr zu verfehlen war und der sichere Gang einer Wissenschaft für alle Zeiten und in unendliche Weiten eingezeichnet und vorgeschlagen war. Die Geschichte dieser Revolution der Denkart, welche viel wichtiger war als die Entdeckung des Weges um das berühmte Vorgebirge, und des Glücklichen, der sie zustande brachte, ist uns nicht aufbehalten. Doch beweiset die Sage, welche Diogenes der Laertier uns überliefert, der von den kleinsten und nach dem gemeinsten Urteil gar nicht einmal eines Beweises benötigten Elementen der geometrischen Demonstrationen den angeblichen Erfinder nennt, daß das Andenken der Veränderung, die durch die erste Spur der Entdeckung dieses neuen Weges bewirkt wurde, den Mathematikern äußerst wichtig geschienen haben müsse und dadurch unvergeßlich geworden sei. Dem ersten, der den gleichschenkligen Triangel[1] demonstrierte (er mag nun Thales oder wie man will geheißen haben), dem ging ein Licht auf; denn er fand, daß er nicht dem, was er in der Figur sah, oder auch dem bloßen Begriffe derselben nachspüren und gleichsam davon ihre Eigenschaften ablernen, sondern durch das, was er nach Begriffen selbst a priori hineindachte und darstellte (durch Konstruktion), hervorbringen müsse, und daß er, um sicher etwas a priori zu wissen, der Sache nichts beilegen müsse, als was aus dem notwendig folgte, was er seinem Begriffe gemäß selbst in sie gelegt hat.

Mit der Naturwissenschaft ging es weit langsamer zu, bis sie den Heeresweg der Wissenschaft traf; denn es sind nur etwa anderthalb Jahrhunderte, daß der Vorschlag des sinnreichen Baco von Verulam diese Entdeckung teils veranlaßte, teils, da man bereits auf der Spur derselben war, mehr belebte, welche ebensowohl nur durch eine schnell vorgegangene Revolution der Denkart erklärt werden kann. Ich will hier nur die Naturwissenschaft, sofern sie auf empirische Prinzipien gegründet ist, in Erwägung ziehen.

Als Galilei seine Kugeln in die schiefe Fläche mit einer von ihm selbst gewählten Schwere herabrollen, oder Torricelli die Luft ein Gewicht, was er sich zum voraus dem einer ihm bekannten Wassersäule gleich gedacht hatte, tragen ließ oder in noch späterer Zeit Stahl, Metalle in Kalk und diesen wieder in Metall verwandelte, indem er ihnen etwas entzog und wiedergab, so ging allen Naturforschern ein Licht auf. Sie begriffen, daß die Vernunft nur das einsieht, was sie selbst nach ihrem Entwurfe hervorbringt, daß sie mit Prinzipien ihrer Urteile[2] nach beständigen Gesetzen vorangehe und die Natur nötigen müsse, auf ihre Frage zu antworten, nicht aber sich von ihr allein gleichsam am Leitbande gängeln

---

[1] Dreieck.

[2] d. h. mit grundsätzlichen Fragen, die aus der Beschaffenheit des Denkens selbst entspringen.

lassen müsse; denn sonst hängen zufällige, nach keinem vorher
entworfenen Plane gemachte Beobachtungen gar nicht in einem
notwendigen Gesetze zusammen, welches doch die Vernunft sucht
und bedarf. Die Vernunft muß mit ihren Prinzipien, nach denen
allein übereinstimmende Erscheinungen für Gesetze gelten können, in einer Hand und mit dem Experiment, das sie nach jenen
ausdachte, in der anderen an die Natur gehen, zwar um von ihr
belehrt zu werden, aber nicht in der Qualität eines Schülers, der
sich alles vorsagen läßt, was der Lehrer will, sondern eines bestall-
ten Richters, der die Zeugen nötigt, auf die Fragen zu antworten,
die er ihnen vorlegt. Und so hat sogar Physik die so vorteilhafte
Revolution ihrer Denkart lediglich dem Einfall zu verdanken,
demjenigen, was die Natur selbst in die Vernunft hineinlegt,
gemäß dasjenige in ihr zu suchen (nicht ihr anzudichten), was sie
von dieser lernen muß und wovon sie für sich selbst nichts wissen
würde. Hierdurch ist die Naturwissenschaft allererst in den sicheren Gang einer Wissenschaft gebracht worden, da sie soviel Jahrhunderte hindurch nichts weiter als ein bloßes Herumtappen
gewesen war.

In jenem Versuche, das bisherige Verfahren der Metaphysik
umzuändern, und dadurch, daß wir nach dem Beispiele der Geo-
meter und Naturforscher eine gänzliche Revolution mit derselben
vornehmen, besteht nun das Geschäft dieser Kritik der reinen
spekulativen[1] Vernunft. Sie ist ein Traktat von der Methode, nicht
ein System der Wissenschaft selbst; aber sie verzeichnet gleichwohl den ganzen Umriß derselben sowohl in Ansehung ihrer
Grenzen als auch den ganzen inneren Gliederbau derselben. Denn
das hat eine reine spekulative Vernunft Eigentümliches an sich,
daß sie ihr eigen Vermögen nach Verschiedenheit der Art, wie sie
sich Objekte zum Denken wählt, ausmessen und auch selbst die

---

[1] Eine Erkenntnis ist „spekulativ", wenn sie auf Gegenstände geht, die
durch keine Erfahrung gegeben sind.

mancherlei Arten, sich Aufgaben vorzulegen, vollständig vorzäh-
len und so den ganzen Vorriß zu einem System der Metaphysik
verzeichnen kann und soll; weil, was das erste betrifft, in der
Erkenntnis a priori den Objekten nichts beigelegt werden kann, als
was das denkende Subjekt aus sich selbst hernimmt und, was das
zweite anlangt, sie in Ansehung der Erkenntnisprinzipien eine
ganz abgesonderte, für sich bestehende Einheit ist, in welcher ein
jedes Glied wie in einem organisierten Körper um aller anderen
und alle um eines willen da sind, und kein Prinzip mit Sicherheit in
einer Beziehung genommen werden kann, ohne es zugleich in der
durchgängigen Beziehung zum ganzen reinen Vernunftgebrauch
untersucht zu haben. Dafür aber hat auch die Metaphysik das
seltene Glück, welches keiner anderen Vernunftwissenschaft, die
es mit Objekten zu tun hat (denn die Logik beschäftigt sich nur mit
der Form des Denkens überhaupt), zuteil werden kann, daß, wenn
sie durch diese Kritik in den sicheren Gang einer Wissenschaft
gebracht worden, sie das ganze Feld der für sie gehörigen Erkenntnisse völlig befassen und also ihr Werk vollenden und für die
Nachwelt als einen nie zu vermehrenden Hauptstuhl zum Gebrauche niederlegen kann, weil sie es bloß mit Prinzipien und den
Einschränkungen ihres Gebrauchs zu tun hat, welche durch jene
selbst bestimmt werden. Zu dieser Vollständigkeit ist sie daher als
Grundwissenschaft auch verbunden.

Die alte und die neue Metaphysik

Meine Absicht ist, alle diejenigen, so es wert finden, sich mit
Metaphysik zu beschäftigen, zu überzeugen, daß es unumgänglich
notwendig sei, ihre Arbeit vorderhand auszusetzen, alles bisher
Geschehene als ungeschehen anzusehen und vor allen Dingen
zuerst die Frage aufzuwerfen: ob auch so etwas als Metaphysik
überall nur möglich sei.
Ist sie Wissenschaft, wie kommt es, daß sie sich nicht wie die
andren Wissenschaften in allgemeinen und dauernden Beifall

setzen kann? Ist sie keine, wie geht es zu, daß sie doch unter dem Scheine einer Wissenschaft unaufhörlich groß tut und den menschlichen Verstand mit niemals erlöschenden, aber nie erfüllten Hoffnungen hinhält? Man mag also entweder sein Wissen oder Nichtwissen demonstrieren, so muß doch einmal über die Natur dieser angemaßten Wissenschaft etwas Sicheres ausgemacht werden; denn auf demselben Fuße kann es mit ihr unmöglich länger bleiben. Es scheint beinahe belachenswert, indessen daß jede andre Wissenschaft unaufhörlich fortrückt, sich in dieser, die doch die Weisheit selbst sein will, deren Orakel jeder Mensch befrägt, beständig auf derselben Stelle herumzudrehen, ohne einen Schritt weiterzukommen. Auch haben sich ihre Anhänger gar sehr verloren, und man sieht nicht, daß diejenigen, die sich stark genug fühlen, in andern Wissenschaften zu glänzen, ihren Ruhm in dieser wagen wollen, wo jedermann, der sonst in allen übrigen Dingen unwissend ist, sich ein entscheidendes Urteil anmaßt, weil in diesem Lande in der Tat noch kein sicheres Maß und Gewicht vorhanden ist, um Gründlichkeit von seichtem Geschwätze zu unterscheiden.

Es ist aber eben nicht so etwas Unerhörtes, daß nach langer Bearbeitung einer Wissenschaft, wenn man wunder denkt, wie weit man schon darin gekommen sei, endlich sich jemand die Frage einfallen läßt: ob und wie überhaupt eine solche Wissenschaft möglich sei. Denn die menschliche Vernunft ist so baulustig, daß sie mehrmals schon den Turm aufgeführt, hernach aber wieder abgetragen hat, um zu sehen, wie das Fundament desselben wohl beschaffen sein möchte. Es ist niemals zu spät, vernünftig und weise zu werden; es ist aber jederzeit schwerer, wenn die Einsicht spät kommt, sie in Gang zu bringen.

Zu fragen, ob eine Wissenschaft auch wohl möglich sei, setzt voraus, daß man an der Wirklichkeit derselben zweifle. Ein solcher Zweifel aber beleidigt jedermann, dessen ganze Habseligkeit vielleicht in diesem vermeinten Kleinode bestehen möchte; und daher mag sich der, so sich diesen Zweifel entfallen läßt, nur immer auf

Widerstand von allen Seiten gefaßt machen. Einige werden in stolzem Bewußtsein ihres alten und eben daher für rechtmäßig gehaltenen Besitzes mit ihren metaphysischen Kompendien in der Hand auf ihn mit Verachtung herabsehen; andere, die nirgends etwas sehen, als was mit dem einerlei ist, was sie schon sonst irgendwo gesehen haben, werden ihn nicht verstehen, und alles wird einige Zeit hindurch so bleiben, als ob gar nichts vorgefallen wäre, eine nahe Veränderung besorgen oder hoffen ließe.

Gleichwohl getraue ich mir vorauszusagen, daß der selbstdenkende Leser nicht bloß an seiner bisherigen Wissenschaft zweifeln, sondern in der Folge gänzlich überzeugt sein werde, daß es dergleichen gar nicht geben könne, ohne daß die hier geäußerten Forderungen geleistet werden, auf welchen ihre Möglichkeit beruht, und da dieses noch niemals geschehen, daß es überall noch keine Metaphysik gebe. Da sich indessen die Nachfrage nach ihr doch auch niemals verlieren kann, weil das Interesse der allgemeinen Menschenvernunft mit ihr gar zu innigst verflochten ist, so wird er gestehen, daß eine völlige Reform oder vielmehr eine neue Geburt derselben nach einem bisher ganz unbekannten Plane unausbleiblich bevorstehe, man mag sich nun eine Zeitlang dagegen sträuben, wie man wolle.

Vom negativen und positiven Nutzen der Kritik

Aber was ist denn das, wird man fragen, für ein Schatz, den wir der Nachkommenschaft mit einer solchen durch Kritik geläuterten, dadurch aber auch in einen beharrlichen Zustand gebrachten Metaphysik zu hinterlassen gedenken? Man wird bei einer flüchtigen Übersicht dieses Werkes wahrzunehmen glauben, daß der Nutzen davon doch nur n e g a t i v sei, uns nämlich mit der spekulativen Vernunft niemals über die Erfahrungsgrenze hinauszuwagen, und das ist auch in der Tat ihr erster Nutzen. Dieser aber wird alsbald positiv, wenn man inne wird, daß die Grundsätze, mit denen sich spekulative Vernunft über ihre Grenzen hinauswagt, in der Tat nicht Erweiterung, sondern, wenn man sie näher betrachtet, Verengung unseres Vernunftgebrauchs zum unausbleiblichen Erfolg haben, indem sie wirklich die Grenzen der Sinnlichkeit, zu der sie eigentlich gehören, über alles zu erweitern und so den reinen (praktischen) Vernunftgebrauch gar zu verdrängen drohen. Daher ist eine Kritik, welche die erstere einschränkt, sofern zwar negativ, aber, indem sie dadurch zugleich ein Hindernis, welches den letzteren Gebrauch einschränkt oder gar zu vernichten droht, aufhebt, in der Tat von positivem und sehr wichtigem Nutzen, sobald man überzeugt wird, daß es einen schlechterdings notwendigen praktischen Gebrauch der reinen Vernunft (den moralischen) gebe, in welchem sie sich unvermeidlich über die Grenzen der Sinnlichkeit erweitert, dazu sie zwar von der spekulativen keiner Beihilfe bedarf, dennoch aber wider ihre Gegenwirkung gesichert sein muß, um nicht in Widerspruch mit sich selbst zu geraten. Diesem Dienste der Kritik den positiven Nutzen abzusprechen, wäre ebensoviel als sagen, daß Polizei keinen positiven Nutzen schaffe, weil ihr Hauptgeschäft doch nur ist, der Gewalttätigkeit, welche Bürger von Bürgern zu besorgen haben, einen Riegel vorzuschieben, damit ein jeder seine Angelegenheit ruhig und sicher treiben könne.

Eben diese Erörterung des positiven Nutzens kritischer Grundsätze der reinen Vernunft läßt sich in Ansehung des Begriffs von Gott und der einfachen Natur unserer Seele zeigen. Ich kann also Gott, Freiheit und Unsterblichkeit zum Behuf des notwendigen praktischen Gebrauchs meiner Vernunft nicht einmal annehmen, wenn ich nicht der spekulativen Vernunft zugleich ihre Anmaßung überschwenglicher Einsichten benehme, weil sie sich, um zu diesen zu gelangen, Grundsätze bedienen muß, die, indem sie in der Tat bloß auf Gegenstände möglicher Erfahrung reichen, wenn die gleichwohl auf das angewandt werden, was nicht ein Gegenstand der Erfahrung sein kann, wirklich dieses jederzeit in Erscheinung verwandeln und so alle praktische Erweiterung der reinen Vernunft für unmöglich erklären. Ich mußte also das Wissen aufgeben, um zum Glauben Platz zu bekommen, und der Dogmatismus der Metaphysik, d. i. das Vorurteil, in ihr ohne Kritik der reinen Vernunft fortzukommen, ist die wahre Quelle alles der Moralität widerstreitenden Unglaubens, der jederzeit gar sehr dogmatisch[1] ist.

Metaphysik als Naturanlage und der „gesunde Menschenverstand"

Metaphysik als Naturanlage der Vernunft ist wirklich, aber sie ist auch für sich allein dialektisch[2] und trüglich. Aus dieser also die Grundsätze hernehmen wollen und in dem Gebrauche derselben dem zwar natürlichen, nichtsdestoweniger aber falschen Scheine folgen, kann niemals Wissenschaft, sondern nur eitle dialektische Kunst hervorbringen, darin es eine Schule der andern zuvortun, keine aber jemals einen rechtmäßigen und dauernden Beifall erwerben kann.

Damit sie nun als Wissenschaft nicht bloß auf trügliche Überredung, sondern auf Einsicht und Überzeugung Anspruch machen könne, so muß eine Kritik der Vernunft selbst den ganzen Vorrat der Begriffe a priori[3], die Einteilung derselben nach den verschiedenen Quellen, der Sinnlichkeit, dem Verstande und der Vernunft, ferner eine vollständige Tafel derselben und die Zergliederung aller dieser Begriffe mit allem, was daraus gefolgert werden kann, darauf aber vornehmlich die Möglichkeit der synthetischen Erkenntnis a priori vermittels der Deduktion[4] dieser Begriffe, die Grundsätze ihres Gebrauchs, endlich auch die Grenzen desselben, alles aber in einem vollständigen System darlegen. Also enthält Kritik und auch sie ganz allein den ganzen wohlgeprüften und

---

[1] dogmatisch, Dogmatismus = ohne Begründung verfahrend.
[2] mit dem Schein spielend.
[3] der erfahrungsfreien Begriffe.
[4] der logischen Rechtfertigung.

bewährten Plan, ja sogar alle Mittel der Vollziehung in sich, wonach Metaphysik als Wissenschaft zustande gebracht werden kann; durch andere Wege und Mittel ist sie unmöglich. Es fragt sich also hier nicht sowohl, wie dieses Geschäft möglich, sondern nur, wie es in Gang zu bringen und gute Köpfe von der bisherigen verkehrten und fruchtlosen zu einer untrüglichen Bearbeitung zu bewegen seien, und wie eine solche Vereinigung auf den gemeinschaftlichen Zweck am füglichsten gelenkt werden könne.

Soviel ist gewiß: wer einmal Kritik gekostet hat, den ekelt auf immer alles dogmatische Gewäsch, womit er vorher aus Not vorlieb nahm, weil seine Vernunft etwas bedurfte und nichts Besseres zu ihrer Unterhaltung finden konnte. Die Kritik verhält sich zur gewöhnlichen Schulmetaphysik gerade wie Chemie zur Alchimie oder wie Astronomie zur wahrsagenden Astrologie. Ich bin dafür gut, daß niemand, der die Grundsätze der Kritik durchgedacht und gefaßt hat, jemals wieder zu seiner alten und sophistischen Scheinwissenschaft zurückkehren werde; vielmehr wird er mit einem gewissen Ergötzen auf eine Metaphysik hinaussehen, die nunmehr allerdings in seiner Gewalt ist, auch keiner vorbereitenden Entdeckungen mehr bedarf, und die zuerst der Vernunft dauernde Befriedigung verschaffen kann. Denn das ist ein Vorzug, auf welchen unter allen möglichen Wissenschaften Metaphysik allein mit Zuversicht rechnen kann, nämlich daß sie zur Vollendung und in den beharrlichen Zustand gebracht werden kann, da sie sich weiter nicht verändern darf, auch keiner Vermehrung durch neue Entdeckungen fähig ist: weil die Vernunft hier die Quellen ihrer Erkenntnis nicht in den Gegenständen und ihrer Anschauung, sondern in sich selbst hat und, wenn sie die Grundgesetze ihres Vermögens vollständig und gegen alle Mißdeutung bestimmt dargestellt hat, nichts übrigbleibt, was reine Vernunft a priori erkennen, ja auch nur, was sie mit Grunde fragen könnte. Die sichere Aussicht auf ein so bestimmtes und geschlossenes Wissen hat einen besonderen Reiz bei sich, wenn man gleich allen Nutzen beiseite setzt.

Alle falsche Kunst, alle eitle Weisheit dauert ihre Zeit; denn endlich zerstört sie sich selbst, und die höchste Kultur derselben ist zugleich der Zeitpunkt ihres Unterganges. Daß in Ansehung der Metaphysik diese Zeit jetzt da sei, beweist der Zustand, in welchen sie bei allem Eifer, womit sonst Wissenschaften aller Art bearbeitet werden, unter allen gelehrten Völkern verfallen ist. Die alte Einrichtung der Universitätsstudien erhält noch ihren Schatten, eine einzige Akademie der Wissenschaften bewegt noch dann und wann durch ausgesetzte Preise, einen und den andern Versuch darin zu machen; aber unter gründliche Wissenschaften wird sie nicht mehr gezählt, und man mag selbst urteilen, wie etwa ein geistreicher Mann, den man einen großen Metaphysiker nennen wollte, diesen wohlgemeinten, aber kaum von jemandem beneideten Lobspruch aufnehmen würde.

Ob aber gleich die Zeit des Verfalls aller dogmatischen Metaphysik ungezweifelt da ist, so fehlt doch noch manches dran, um sagen zu können, daß die Zeit ihrer Wiedergeburt vermittels einer gründlichen und vollendeten Kritik der Vernunft dagegen schon erschienen sei. Alle Übergänge von einer Neigung zu der ihr entgegengesetzten gehen durch den Zustand der Gleichgültigkeit, und dieser Zeitpunkt ist der gefährlichste für einen Verfasser, aber, wie mich dünkt, doch der günstigste für die Wissenschaft. Denn wenn durch gänzliche Trennung vormaliger Verbindungen der Parteigeist erloschen ist, so sind die Gemüter in der besten Verfassung, um allmählich Vorschläge zur Verbindung nach einem andern Plane anzuhören.

Wenn ich sage, daß ich hoffe, die Nachforschungen im Felde der Kritik vielleicht rege zu machen und dem allgemeinen Geiste der Philosophie, dem es im spekulativen Teile an Nahrung zu fehlen scheint, einen neuen und vielversprechenden Gegenstand der Unterhaltung darzureichen, so kann ich mir schon zum voraus vorstellen: daß jedermann mich fragen werde, worauf ich wohl diese Hoffnung gründe. Ich antworte: auf das unwiderstehliche Gesetz der Notwendigkeit.

Daß der Geist des Menschen metaphysische Untersuchungen einmal gänzlich aufgeben werde, ist ebensowenig zu erwarten, als daß wir, um nicht immer unreine Luft zu schöpfen, das Atemholen einmal lieber ganz und gar einstellen würden. Es wird also in der Welt jederzeit und, was noch mehr, bei jedem, vornehmlich dem nachdenkenden Menschen, Metaphysik sein, die in Ermangelung eines öffentlichen Richtmaßes jeder sich nach seiner Art zuschneiden wird. Nun kann das, was bis daher Metaphysik geheißen hat, keinem prüfenden Kopf ein Genüge tun, ihr aber gänzlich zu entsagen, ist doch auch unmöglich: also muß endlich eine Kritik der reinen Vernunft selbst versucht oder, wenn eine da ist, untersucht und in allgemeine Prüfung gezogen werden, weil es sonst kein Mittel gibt, diesem dringenden Bedürfnis, welches noch etwas mehr als bloße Wißbegierde ist, abzuhelfen.

Seitdem ich Kritik kenne, habe ich am Ende des Durchlesens einer Schrift metaphysischen Inhalts, die mich durch Bestimmung ihrer Begriffe, durch Mannigfaltigkeit und Ordnung und einen leichten Vortrag sowohl unterhielt als auch kultivierte[1], mich nicht entbrechen können, zu fragen: hat dieser Autor wohl die Metaphysik um einen Schritt weitergebracht? Ich bitte die gelehrten Männer um Vergebung, deren Schriften mir in anderer Absicht genutzt und immer zur Kultur der Gemütskräfte beigetragen haben, weil ich gestehe, daß ich weder in ihren noch in meinen geringeren Versuchen habe finden können, daß dadurch die Wissenschaft im mindesten weitergebracht worden, und dieses zwar aus dem ganz natürlichen Grunde, weil die Wissenschaft noch nicht existierte und auch nicht stückweise zusammengebracht werden kann, sondern ihr Keim in der Kritik vorher völlig präformiert[2] sein muß. Man muß aber, um alle Mißdeutung zu verhüten, sich aus dem Vorigen wohl erinnern, daß durch analytische Behandlung[3] unse-

---

[1] bildete.
[2] vorgebildet.
[3] logische Zergliederung.

rer Begriffe zwar dem Verstande allerdings recht viel genutzt, die
Wissenschaft (der Metaphysik) aber dadurch nicht im mindesten
weitergebracht werde: weil jene Zergliederungen der Begriffe nur
Materialien sind, daraus allererst Wissenschaft gezimmert werden
soll. So mag man den Begriff von Substanz und Akzidenz noch so
schön zergliedern und bestimmen; das ist recht gut als Vorbereitung zu irgendeinem künftigen Gebrauche. Kann ich aber gar
nicht beweisen, daß in allem, was da ist, die Substanz beharre und
nur die Akzidenzen wechseln, so war durch alle jene Zergliederung
die Wissenschaft nicht im mindesten weitergebracht. Nun hat
Metaphysik weder diesen Satz noch den Satz des zureichenden
Grundes, viel weniger irgendeinen zusammengesetzteren, als
z. B. einen zur Seelenlehre oder Kosmologie gehörigen, und überall gar keinen synthetischen[1] Satz bisher a priori gültig beweisen
können: also ist durch alle jene Analysis nichts ausgerichtet,
nichts geschafft und gefördert worden, und die Wissenschaft ist
nach soviel Gewühl und Geräusch noch immer da, wo sie zu
Aristoteles' Zeiten war, obzwar die Veranstaltungen dazu, wenn
man nur erst den Leitfaden zu synthetischen Erkenntnissen gefunden hätte, unstreitig viel besser wie sonst getroffen worden.
Glaube jemand sich hierdurch beleidigt, so kann er diese Beschuldigung leicht zunichte machen, wenn er nur einen einzigen synthetischen, zur Metaphysik gehörigen Satz anführen will, den er
auf dogmatische Art a priori zu beweisen sich erbietet; denn nur
dann, wenn er dieses leistet, werde ich ihm einräumen, daß er
wirklich die Wissenschaft weitergebracht habe: sollte dieser Satz
auch sonst durch die gemeine Erfahrung genug bestätigt sein.
Keine Forderung kann gemäßigter und billiger sein und im (unausbleiblich gewissen) Fall der Nichtleistung kein Ausspruch ge-

---

[1] Das „synthetische Urteil" ist das Kernproblem der „Kritik der reinen
Vernunft"; denn m e t a p h y s i s c h e s   E r k e n n e n ist nicht analytisch
(zergliedert), sondern s y n t h e t i s c h (über das Gegebene hinaus durch
ein Urteil zum zusammenfassenden Wissen fortschreitend).

rechter als der: daß Metaphysik als Wissenschaft bisher noch gar nicht existiert habe.

Nur zwei Dinge muß ich im Fall, daß die Ausforderung angenommen wird, verbitten: erstlich das Spielwerk von Wahrscheinlichkeit und Mutmaßung, welches der Metaphysik ebenso schlecht ansteht als der Geometrie; zweitens die Entscheidung vermittels der Wünschelrute des sogenannten gesunden Menschenverstandes, die nicht jedermann schlägt, sondern sich nach persönlichen Eigenschaften richtet.

Denn was das erstere anlangt, so kann wohl nichts Ungereimteres gefunden werden, als in einer Metaphysik, einer Philosophie aus reiner Vernunft, seine Urteile auf Wahrscheinlichkeit und Mutmaßung gründen zu wollen. Alles, was a priori erkannt werden soll, wird es eben werden. Man könnte ebensogut eine Geometrie oder Arithmetik auf Mutmaßungen gründen wollen; denn was den calculus probabilium[1] der letzteren betrifft, so enthält er nicht wahrscheinliche, sondern ganz gewisse Urteile über den Grad der Möglichkeit gewisser Fälle unter gegebenen gleichartigen Bedingungen, die in der Summe aller möglichen Fälle ganz unfehlbar der Regel gemäß zutreffen müssen, ob diese gleich in Ansehung jedes einzelnen Zufalles nicht genug bestimmt ist. Nur in der empirischen Naturwissenschaft können Mutmaßungen (vermittels der Induktion[2] und Analogie[3]) gelitten werden, doch so, daß wenigstens die Möglichkeit dessen, was ich annehme, völlig gewiß sein muß.

Mit der Berufung auf den gesunden Menschenverstand, wenn von Begriffen und Grundsätzen, nicht sofern sie in Ansehung der Erfahrung gültig sein sollen, sondern sofern sie auch außer den Bedingungen der Erfahrung für geltend ausgegeben werden wollen, die Rede ist, ist es womöglich noch schlechter bewandt. Denn

---

[1] Wahrscheinlichkeitsrechnung.
[2] Schluß vom Besonderen aufs Allgemeine.
[3] Ähnlichkeit.

was ist der gesunde Verstand? Es ist der gemeine Verstand, sofern er richtig urteilt. Und was ist nun der gemeine Verstand? Er ist das Vermögen der Erkenntnis und des Gebrauchs der Regeln in concreto[1] zum Unterschiede des spekulativen Verstandes, welcher ein Vermögen der Erkenntnis der Regeln in abstracto[2] ist. So wird der gemeine Verstand die Regel, daß alles, was geschieht, vermittels seiner Ursache bestimmt sei, kaum verstehen, niemals aber so im allgemeinen einsehen können. Er fordert daher ein Beispiel aus Erfahrung, und wenn er hört, daß dieses nichts anders bedeute, als was er jederzeit gedacht hat, wenn ihm eine Fensterscheibe zerbrochen oder ein Hausrat verschwunden war, so versteht er den Grundsatz und räumt ihn auch ein. Gemeiner Verstand hat also weiter keinen Gebrauch, als sofern er seine Regeln (obgleich dieselben ihm wirklich a priori beiwohnen) in der Erfahrung bestätigt sehen kann; mithin sie a priori und unabhängig von der Erfahrung einzusehen, gehört vor den spekulativen Verstand und liegt ganz außer dem Gesichtskreise des gemeinen Verstandes. Metaphysik hat ja aber lediglich mit der letzteren Art Erkenntnis zu tun; und es ist gewiß ein schlechtes Zeichen eines gesunden Verstandes, sich auf jenen Gewährsmann zu berufen, der hier gar kein Urteil hat und den man sonst wohl nur über die Achsel ansieht, außer wenn man sich im Gedränge sieht und sich in seiner Spekulation weder zu raten noch zu helfen weiß.

Es ist eine gewöhnliche Ausflucht, deren sich diese falschen Freunde des gemeinen Menschenverstandes (die ihn gelegentlich hochpreisen, gemeiniglich aber verachten) zu bedienen pflegen, daß sie sagen: Es müssen doch endlich einige Sätze sein, die unmittelbar gewiß sind, und von denen man nicht allein keinen Beweis, sondern auch überall keine Rechenschaft zu geben brauche, weil man sonst mit den Gründen seiner Urteile niemals zu Ende kommen würde; aber zum Beweise dieser Befugnis können

---

[1] im Einzelfalle.
[2] im Allgemeinen.

sie niemals etwas anderes Ungezweifeltes, was sie dem gemeinen Menschenverstande unmittelbar beimessen dürfen, anführen als mathematische Sätze: z. B. daß zweimal zwei vier ausmachen, daß zwischen zwei Punkten nur eine gerade Linie sei u. a. m. Das sind aber Urteile, die von denen der Mathematik himmelweit unterschieden sind. Denn in der Mathematik kann ich alles das durch mein Denken selbst machen (konstruieren), was ich mir durch einen Begriff als möglich vorstelle: ich tue zu einer Zwei die andre Zwei nach und nach hinzu und mache selbst die Zahl vier, oder ziehe in Gedanken von einem Punkte zum andern allerlei Linien und kann nur eine einzige ziehen, die sich in allen ihren Teilen (gleichen sowohl als ungleichen) ähnlich ist. Aber ich kann aus dem Begriff eines Dinges durch meine ganze Denkkraft nicht den Begriff von etwas anderem, dessen Dasein notwendig mit dem ersteren verknüpft ist, herausbringen, sondern muß die Erfahrung zu Rate ziehen: und obgleich mir mein Verstand a priori den Begriff von einer solchen Verknüpfung (der Kausalität) an die Hand gibt, so kann ich ihn doch nicht wie die Begriffe der Mathematik a priori in der Anschauung darstellen[1] und also seine Möglichkeit a priori darlegen; sondern dieser Begriff samt den Grundsätzen seiner Anwendung bedarf immer, wenn er a priori gültig sein soll — wie es doch in der Metaphysik verlangt wird —, eine Rechtfertigung und Deduktion seiner Möglichkeit, weil man sonst nicht weiß, wie weit er gültig sei, und ob er nur in der Erfahrung oder auch außer ihr gebraucht werden könne. Also kann man sich in der Metaphysik, als einer spekulativen Wissenschaft der reinen Vernunft, niemals auf den gemeinen Menschenverstand berufen, aber wohl, wenn man genötigt ist, sie zu verlassen und auf alles reine spekulative Erkenntnis, welches jederzeit ein Wissen sein muß, mithin auch auf Metaphysik selbst und deren Belehrung (bei gewissen Angelegenheiten) Verzicht zu tun, und ein vernünftiger Glaube uns allein möglich, zu unserm

---

[1] ohne Erfahrung vorstellen.

Bedürfnis auch hinreichend (vielleicht gar heilsamer als das Wissen selbst) befunden wird. Denn alsdann ist die Gestalt der Sache ganz verändert. Metaphysik muß Wissenschaft sein, nicht allein im ganzen, sondern auch allen ihren Teilen, sonst ist sie gar nichts, weil sie als Spekulation der reinen Vernunft sonst nirgends Haltung[1] hat als an allgemeinen Einsichten. Außer ihr aber können Wahrscheinlichkeit und gesunder Menschenverstand gar wohl ihren nützlichen und rechtmäßigen Gebrauch haben, aber nach ganz eigenen Grundsätzen, deren Gewicht immer von der Beziehung aufs Praktische abhängt.

Das ist es, was ich zur Möglichkeit einer Metaphysik als Wissenschaft zu fordern mich berechtigt halte.

Kant war sich natürlich bei seiner Untersuchung der Tragfähigkeit und Tragweite des rationalen d. h. verstandesmäßigen Erkennens in Sachen der Metaphysik klar darüber, daß am vollen Erkenntnisakt alle Kräfte unseres Gemüts: Verstand und Sinnlichkeit, Phantasie, Wille und Gefühl zugleich beteiligt sind. Sein Begriff eines „reinen Verstandes" als Erzeuger aller theoretischen Erkenntnisse ist also eine logische Abstraktion. Der „reine" Verstand ist gewissermaßen der schematische Inbegriff derjenigen geistigen Regsamkeit, die völlig unabhängig von der Erfahrung mit „Begriffen" operiert und dabei zu gültigen Erkenntnissen gelangt. Kant befindet sich in der Lage des Chemikers, der, um die Wirkungsweise der Stoffe kennenzulernen, gezwungen ist, diese Stoffe erst einmal aus einer Stoffverbindung durch chemische Analyse frei von allen zufälligen Beimischungen isoliert darzustellen. Um nun zu ermitteln, was es mit dem Anteil des Verstandes am Zusammenspiel der Gemütskräfte bei der Bildung von Erkenntnissen auf sich habe, muß ihn Kant durch eine gedankliche Analyse künstlich abtrennen von den übrigen Vermögen (vor allem von der Sinnlichkeit), und da dieses künstliche Gebilde eines „reinen Verstandes" nicht selbst, sondern nur in seinen Produkten (in den Urteilen) greifbar ist, muß Umschau gehalten werden nach einem Gebiet, in welchem es möglichst erfahrungsfreie Verstandesurteile gibt. Ein solches Gebiet schien ihm die

---

[1] Halt.

reine Mathematik zu sein. Die Urteile der erfahrungsfreien Mathematik sind die reinsten Verstandesleistungen, welche wir besitzen. Aus ihnen glaubt Kant relativ leicht die Struktur und Funktionsweise des „reinen Verstandes", des „Erkennens überhaupt" ablesen zu können.

Eine Zergliederung mathematischer Urteile muß zur Entdeckung derjenigen Merkmale führen, durch welche reine Verstandeserkenntnis überhaupt ausgezeichnet ist, und welche auch nichtmathematische Urteile (wie z. B. das Kausalitätsurteil) als Gebilde kenntlich machen, in denen reine Verstandeserkenntnis verborgen liegt.

Es ist viel Streit darüber entstanden, ob die mathematischen Beispiele, welche Kant als erfahrungsfreie Verstandeserzeugnisse anführt, wirklich völlig reine Verstandeserzeugnisse sind. Dieser Streit ist müßig; denn Kant benutzt für seine Beweisführung faktisch nur ihren erfahrungsfreien Bestand: die Tatsache, daß in ihnen „S y n t h e s i s a p r i o r i" enthalten ist. Dazu folgende Erläuterung:

Kant unterscheidet ganz allgemein zwischen a n a l y t i s c h e n und s y n t h e t i s c h e n U r t e i l e n (Erläuterungs- und Erweiterungsurteilen). Nur die synthetischen Urteile kommen für seine Suche nach dem „Rezept" der reinen Verstandeserkenntnis als Gegenstand in Frage, denn nur in ihnen wird ein Subjekt A insofern „erkannt", als unser Wissen von ihm durch Hinzufügung eines Prädikates B „erweitert" wird. Um diese Erweiterung aber handelt es sich vor allem im metaphysischen Erkennen, dessen Struktur ja Kant letzten Endes im Auge hat; in der Metaphysik überschreitet (t r a n s z e n d i e r t) das synthetische Urteil den Umfang des „Gegebenen", ohne sich dabei auf Erfahrung zu stützen.

„Reiner" Verstand ist also für Kant im Grunde gleichbedeutend mit e r f a h r u n g s f r e i e r S y n t h e s i s, welche unser theoretisches Wissen in d e n k n o t w e n d i g e r und a l l g e m e i n v e r b i n d l i c h e r Weise erweitert.

Wenn es nun gelingt, nachzuweisen, daß in den Urteilen der reinen Mathematik tatsächlich eine derartige erfahrungsfreie Synthese vorliegt, daß wir in ihnen relativ reine synthetische Urteile a priori vor uns haben, und wenn es weiter gelingt, den R e c h t s g r u n d zu ermitteln, aus dem solche Urteile ihre Gültigkeit herleiten, dann ist das Rezept in unsere Hände gegeben, nach dem wir auf allen möglichen Erkenntnisgebieten (auch auf dem der Metaphysik) verfahren müssen, um gültiges Erkennen, also exakte Wissenschaft zu erzeugen;

dann ist uns aber auch zugleich die Möglichkeit gegeben, die Tragweite
solcher synthetischen Erkenntnis a priori in der Metaphysik und in
den einzelnen Erkenntnisgebieten anzugeben (die Grenzen des Verstandes abzustecken). Reiner Verstand, erfahrungsfreie Erkenntnis,
Synthesis a priori, oder, was für Kant dasselbe ist, exakte Wissen-
schaftlichkeit wird eben genau so weit tragen, wie der Rechtsgrund
reicht, auf den die reine Verstandessynthesis sich bei der Erzeugung
synthetischer Urteile a priori stützt.

Zwei Fragen sind demnach im Hinblick auf die synthetischen Urteile a
priori zu stellen und zu beantworten: erstens die Frage „quid facti?"
(gibt es faktisch solche Urteile?) und zweitens die Frage „quid juris?"
(aus welchem Recht stammt ihre Verbindlichkeit?). Dazu einige
Beispiele:

„Gelb ist eine Farbe" wäre ein analytisches Urteil, denn „Farbe" ist
schon das allgemeine Schema, der Inbegriff aller Farben, zu denen
auch die Farbe „gelb" gehört. „Gelb" überschreitet den Umfang des
Begriffs „Farbe" nicht. Es wird durch dieses Urteil das Ganze der
Farben nur zergliedert und es wird festgestellt, daß „gelb" in diesem
Ordnungsschema einen Ort hat. Die Richtigkeit (Identität) des Urteils
beruht auf der Tatsache der Zugehörigkeit von „gelb" zum Ordnungsschema „Farbe". A n a l y t i s c h e U r t e i l e bedürfen also keines besonderen Rechtsgrundes oder besser, sie tragen ihren Rechtsgrund in
sich.

Anders steht es mit den s y n t h e t i s c h e n U r t e i l e n. „5 + 7 = 12"
ist kein analytisches Urteil, denn 12 ist nicht das allgemeine Ordnungsschema, der Inbegriff aller Zahlengrößen und der Inbegriff des
Zählens, der erst den Rechtsgrund für dieses Urteil abgibt. 12 ist
vielmehr eine beliebige Zahl, wie 5 und 7 beliebige Zahlen sind. Das
Urteil wird erst verbindlich, wird erst zu einem identischen Urteil,
wenn man voraussetzt, daß diese Zahlengrößen Glieder ein- und
desselben Zahlensystems sind, wenn man den Zahlenraum von Null
bis Unendlich bzw. den Inbegriff des schrittweisen Durchlaufens
dieses Zahlenraumes, die „Zeit", schematisch bei der Verknüpfung
zum Urteil mitdenkt, mitsetzt. Bei den synthetischen Urteilen liegt
also im Gegensatz zu den analytischen der Rechtsgrund nicht im,
sondern vor dem Urteil; er geht zwar nicht zeitlich aber doch logisch
vorher.

Das Geheimnis der Verbindlichkeit der synthetischen Urteile beruht
demnach auf der Tatsache, daß b e i d e r S y n t h e s e (der Verknüpfung

der Teile des Urteils zum Urteil) dasjenige Schema von vornherein (a priori) mitgesetzt wird, dem diese Urteilsteile
zugeordnet sind (sei es ein Raumschema, wenn es sich um exten-
sive Größen, oder ein Zeitschema, wenn es sich um intensive Größen
handelt).

Der Umstand, daß solche synthetischen Urteile in der Mathematik
unabhängig von aller Erfahrung faktisch gelten, ist der Beweis dafür,
daß das mitgesetzte Raum- bzw. Zeitschema selbst nicht
aus der Erfahrung stammen kann, sondern im erkennenden
Subjekt seinen Ursprung haben muß. Das erkennende Subjekt
liefert also selbst den Rechtsgrund für die Gültigkeit der synthetischen
Urteile a priori in der Mathematik, nicht Übereinstimmung mit
irgendeiner Erfahrung macht diese mathematischen Urteile unwider-
leglich[1].

Kants Analyse der mathematischen Urteile hat zum Ergebnis: Er-

---

[1] Wir ergreifen diese Gelegenheit, um kurz Stellung zu nehmen gegen
die banalen Einwürfe, welche seit einiger Zeit von der Seite gewisser
moderner mathematischer Physiker gegen Kants Lehre von der Apriorität des Raumes und der Zeit vorgebracht werden.
Kant hat das Schema eines nichteuklidischen (mehr als dreidimensionalen) Raumes, wie ihn die moderne Theorie ausgebildet hat, nicht
gekannt und seine Möglichkeit nicht einmal geahnt. Daraus ist ihm ja
wohl kaum ein Vorwurf zu machen. Die Behauptung, daß die Einführung dieses Schemas in die moderne Wissenschaft Kants Feststellun-
gen über die Apriorität (das Mitsetzen) des euklidischen Raumschemas in den Sätzen der euklidischen Geometrie widerlege, ist ganz
unverständlich. Kants Überlegungen lassen sich ohne jede Schwierigkeit auch auf die nichteuklidischen Sätze sowie auf jedes andere
mathematisch-physikalische Raumzeitschema übertragen, das mit
dem Anspruch auf Gültigkeit auftritt. Das Ergebnis, welches besagt,
daß bei synthetischen Urteilen ein allgemeiner Rechtsgrund, ein
schematischer Oberbegriff für Subjekt und Prädikat mitgesetzt, vorausgesetzt und vorausgeschaut werden müsse, wird grundsätzlich von
einer solchen Übertragung nicht berührt. Das Ergebnis würde eben
lauten: ein Satz, der vierdimensionale Raumzeitgrößen zu einem
gültigen Urteil vereinigt, ist ohne die Voraussetzung eines allgemeinen vierdimensionalen Raumzeitschemas nicht bündig. Und wenn
nachgewiesen werden kann, daß auch die Sätze einer nichteuklidi-

kenntnis überhaupt ist ein synthetischer (schöpferischer) Akt, der Gegenstände auf Grund eines vorhergedachten Schemas zu Erkenntnissen zusammenschweißt, die unser Wissen erweitern und die deshalb denknotwendig sind, weil wir im Schema bereits in unentwickelter Weise alle Erkenntnismöglichkeiten mitgesetzt haben, die wir beim Urteilen an den Gegenständen erst entwickeln (die kopernikanische Wendung!). Das gilt natürlich nicht nur von der mathematischen Erkenntnis, sondern von aller Erkenntnis, die wie die Mathematik mit dem Anspruch auftritt, Verstandeserkenntnis zu sein.

Es erhebt sich also die Frage: wie wird die Naturwissenschaft und wie wird schließlich die Metaphysik diesem Ideal einer reinen Verstandeserkenntnis gerecht, d. h., gibt es eine „reine" Naturwissenschaft und gar eine „reine" Metaphysik (als Wissenschaft, bestehend nur aus synthetischen Urteilen a priori)?

---

schen Geometrie unabhängig von der Erfahrung faktisch gelten, so bedeutet das nur, daß auch das mehrdimensionale Raumzeitschema ein Begriffsgebilde sein muß, welches im erkennenden Subjekt und nicht in der Erfahrung seinen Ursprung hat, daß es vom Verstand erzeugt und nicht von den Gegenständen abgelesen wird.

Kant würde also die Apriorität nichteuklidischer Räume für die Sätze der ihnen zugeordneten Geometrien aus den gleichen Gründen beweisen können und müssen, mit denen er die Apriorität des euklidischen (dreidimensionalen) Raumschemas für alle zugeordneten geometrischen Größen bewies, ohne mit sich selbst in Widerspruch zu geraten.

Das Kantische Apriori steht dabei durchaus in keinem Gegensatz zur Relativität der modernen theoretischen Physik, die ja auch nichts anderes behauptet, als daß in einer nichteuklidischen Geometrie eben nichteuklidische Sätze gelten (und zwar „absolut" gelten).

Die moderne Physik würde sich selbst als Wissenschaft das Urteil sprechen, wenn sie den Boden der absoluten Geltung der „Relation zum Standort" verließe.

Was ist reine Erkenntnis?

Daß alle unsere Erkenntnis mit der Erfahrung anfange, daran ist gar kein Zweifel; denn wodurch sollte das Erkenntnisvermögen sonst zur Ausübung erweckt werden, geschähe es nicht durch Gegenstände, die unsere Sinne rühren und teils von selbst Vorstellungen bewirken, teils unsere Verstandestätigkeit in Bewegung bringen, diese zu vergleichen, sie zu verknüpfen oder zu trennen und so den rohen Stoff sinnlicher Eindrücke zu einer Erkenntnis der Gegenstände zu verarbeiten, die Erfahrung heißt? Der Zeit nach geht also keine Erkenntnis in uns vor der Erfahrung vorher, und mit dieser fängt alle an.

Wenn aber gleich alle unsere Erkenntnis mit der Erfahrung anhebt, so entspringt sie darum doch nicht eben alle aus der Erfahrung. Denn es könnte wohl sein, daß selbst unsere Erfahrungserkenntnis ein Zusammengesetztes aus dem sei, was wir durch Eindrücke empfangen, und dem, was unser eigenes Erkenntnisvermögen (durch sinnliche Eindrücke bloß veranlaßt) aus sich selber hergibt, welchen Zusatz wir von jenem Grundstoffe nicht eher unterscheiden, als bis lange Übung uns darauf aufmerksam und zur Absonderung desselben geschickt gemacht hat.

Es ist also wenigstens eine der näheren Untersuchung noch benötigte und nicht auf den ersten Anschein sogleich abzufertigende Frage: ob es ein dergleichen von der Erfahrung und selbst von allen Eindrücken der Sinne unabhängiges Erkenntnis gebe. Man nennt solche Erkenntnisse a priori und unterscheidet sie von den empirischen, die ihre Quellen a posteriori, nämlich in der Erfahrung, haben.

Jener Ausdruck ist indessen noch nicht bestimmt genug, um den ganzen Sinn der vorgelegten Frage angemessen zu bezeichnen. Denn man pflegt wohl von mancher aus Erfahrungsquellen abgeleiteten Erkenntnis zu sagen, daß wir ihrer a priori fähig oder teilhaftig sind, weil wir sie nicht unmittelbar aus der Erfahrung, sondern aus einer allgemeinen Regel, die wir gleichwohl selbst aus der Erfahrung entlehnt haben, ableiten. So sagt man von jemand, der das Fundament seines Hauses untergrub, er konnte es a priori wissen, daß es einfallen würde, d. i. er durfte nicht auf die Erfahrung, daß es wirklich einfiele, warten. Allein gänzlich a priori konnte er dieses doch auch nicht wissen. Denn daß die Körper schwer sind und daher, wenn ihnen die Stütze entzogen wird, fallen, mußte ihm doch zuvor durch Erfahrung bekannt werden.

Wir werden also im Verfolg unter Erkenntnissen a priori nicht solche verstehen, die von dieser oder jener, sondern die s c h l e c h - t e r d i n g s von aller Erfahrung unabhängig stattfinden. Ihnen sind empirische Erkenntnisse oder solche, die nur a posteriori, d. i. durch Erfahrung, möglich sind, entgegengesetzt. Von den Erkenntnissen a priori heißen aber diejenigen r e i n, denen gar nichts Empirisches beigemischt ist. So ist z. B. der Satz: eine jede Veränderung hat ihre Ursache, ein Satz a priori, allein nicht rein, weil Veränderung ein Begriff ist, der nur aus der Erfahrung gezogen werden kann.

Reine Erkenntnisse
sind allgemeinverbindlich und denknotwendig

Es kommt hier auf ein Merkmal an, woran wir sicher ein reines Erkenntnis von empirischen unterscheiden können. Erfahrung lehrt uns zwar, daß etwas so oder so beschaffen sei, aber nicht, daß es nicht anders sein könne. Findet sich also e r s t l i c h ein Satz, der zugleich mit seiner Notwendigkeit gedacht wird, so ist er ein Urteil a priori; ist er überdem auch von keinem abgeleitet, als der selbst wiederum als ein notwendiger Satz gültig ist, so ist er schlechterdings a priori. Z w e i t e n s: Erfahrung gibt niemals ihren Urteilen wahre oder strenge, sondern nur angenommene und komparative[1] Allgemeinheit (durch Induktion), so daß es eigentlich heißen

---

[1] vergleichsweise.

muß: soviel wir bisher wahrgenommen haben, findet sich von
dieser oder jener Regel keine Ausnahme. Wird also ein Urteil in
strenger Allgemeinheit gedacht, d. i. so, daß gar keine Ausnahme
als möglich verstattet wird, so ist es nicht von der Erfahrung
abgeleitet, sondern schlechterdings a priori gültig. Die empirische
Allgemeinheit ist also nur eine willkürliche Steigerung der Gültigkeit von der, welche in den meisten Fällen, zu der, die in allen gilt,
wie z. B. in dem Satze: Alle Körper sind schwer; wo dagegen
strenge Allgemeinheit zu einem Urteile wesentlich gehört, da
zeigt diese auf einen besonderen Erkenntnisquell desselben, nämlich ein Vermögen des Erkenntnisses a priori. Notwendigkeit und
strenge Allgemeinheit sind also sichere Kennzeichen einer Erkenntnis a priori und gehören auch unzertrennlich zueinander.
Weil es aber im Gebrauche derselben bisweilen leichter ist, die
empirische Beschränktheit derselben als die Zufälligkeit in den
Urteilen, oder es auch mannigmal einleuchtender ist, die unbe-
schränkte Allgemeinheit, die wir einem Urteile beilegen, als die
Notwendigkeit desselben zu zeigen, so ist es ratsam, sich gedachter
beider Kriterien, deren jedes für sich unfehlbar ist, abgesondert zu
bedienen.

Daß es nun dergleichen notwendige und im strengsten Sinne
allgemeine, mithin reine Urteile a priori im menschlichen Erkenntnis wirklich gebe, ist leicht zu zeigen. Will man ein Beispiel
aus Wissenschaften, so darf man nur auf alle Sätze der Mathematik hinaussehen; will man ein solches aus dem gemeinsten Verstandesgebrauche, so kann der Satz, daß alle Veränderung eine
Ursache haben müsse, dazu dienen; ja in dem letzteren enthält
selbst der Begriff einer Notwendigkeit der Verknüpfung mit einer
Wirkung und einer strengen Allgemeinheit der Regel, daß er
gänzlich verlorengehen würde, wenn man ihn, wie Hume tat, von
einer öfteren Beigesellung dessen, was geschieht, mit dem, was
vorhergeht, und einer daraus entspringenden Gewohnheit (mithin
bloß subjektiven Notwendigkeit), Vorstellungen zu verknüpfen,
ableiten wollte. Auch könnte man, ohne dergleichen Beispiele zum

Beweise der Wirklichkeit reiner Grundsätze a priori in unserem Erkenntnisse zu bedürfen, diese ihre Unentbehrlichkeit zur Möglichkeit der Erfahrung selbst, mithin a priori dartun. Denn wo wollte selbst Erfahrung ihre Gewißheit hernehmen, wenn alle Regeln, nach denen sie fortgeht, immer wieder empirisch, mithin zufällig wären; daher man diese schwerlich für erste Grundsätze gelten lassen kann. Allein hier können wir uns damit begnügen, den reinen Gebrauch unseres Erkenntnisvermögens als Tatsache samt den Kennzeichen derselben dargelegt zu haben. Aber nicht bloß in Urteilen, sondern selbst in Begriffen zeigt sich ein Ursprung einiger derselben a priori. Lasset von eurem Erfahrungsbegriffe eines Körpers alles, was daran empirisch ist, nach und nach weg, die Farbe, die Härte oder Weiche, die Schwere, selbst die Undurchdringlichkeit, so bleibt doch der Raum übrig, den er (welcher nun ganz verschwunden ist) einnahm, und den könnt ihr nicht weglassen. Ebenso, wenn ihr von eurem empirischen Begriffe eines jeden körperlichen oder nichtkörperlichen Objekts alle Eigenschaften weglaßt, die euch die Erfahrung lehrt: so könnt ihr ihm doch nicht diejenige nehmen, dadurch ihr es als Substanz oder einer Substanz anhängend denkt. Ihr müßt also, überführt durch die Notwendigkeit, womit sich dieser Begriff euch aufdringt, gestehen, daß er in eurem Erkenntnisvermögen a priori seinen Sitz habe.

Von den synthetischen Urteilen

In allen Urteilen, worin das Verhältnis eines Subjekts zum Prädikat gedacht wird, ist dieses Verhältnis auf zweierlei Art möglich. Entweder das Prädikat B gehört zum Subjekt A als etwas, was in diesem Begriffe A (versteckterweise) enthalten ist, oder B liegt ganz außer dem Begriff A, ob es zwar mit demselben in Verknüpfung steht. Im ersten Fall nenne ich das Urteil analytisch, in dem anderen synthetisch. Analytische Urteile sind also diejenigen, in welchen die Verknüpfung des Prädikats mit dem Subjekt durch

Identität, diejenige aber, in denen diese Verknüpfung ohne Identität gedacht wird, sollen synthetische Urteile heißen. Die ersteren könnte man auch Erläuterungs-, die anderen Erweiterungsurteile heißen, weil jene durch das Prädikat nichts zum Begriff des Subjekts hinzutun, sondern diesen nur durch Zergliederung in seine Teilbegriffe zerfällen, die in selbigem schon (obgleich verworren) gedacht waren: dahingegen die letzteren zu dem Begriffe des Subjekts ein Prädikat hinzutun, welches in jenem gar nicht gedacht war und durch keine Zergliederung desselben hätte können herausgezogen werden. Zum Beispiel wenn ich sage: alle Körper sind ausgedehnt, so ist dies ein analytisch Urteil. Denn ich darf[1] nicht über den Begriff, den ich mit dem Wort Körper verbinde, hinausgehen, um die Ausdehnung als mit demselben verknüpft zu finden, sondern jenen Begriff nur zergliedern, d. i. des Mannigfaltigen, welches ich jederzeit in ihm denke, mir nur bewußt werden, um dieses Prädikat darin anzutreffen; es ist also ein analytisches Urteil. Dagegen, wenn ich sage: alle Körper sind schwer, so ist das Prädikat etwas ganz anderes als das, was ich in dem bloßen Begriff eines Körpers überhaupt denke. Die Hinzufügung eines solchen Prädikats gibt also ein synthetisch Urteil.

Erfahrungsurteile als solche sind insgesamt synthetisch. Denn es wäre ungereimt, ein analytisches Urteil auf Erfahrung zu gründen, weil ich aus meinem Begriffe gar nicht hinausgehen darf[2], um das Urteil abzufassen, und also kein Zeugnis der Erfahrung dazu nötig habe. Daß ein Körper ausgedehnt ist, ist Satz, der a priori feststeht, und kein Erfahrungsurteil. Denn ehe ich zur Erfahrung gehe, habe ich alle Bedingungen zu meinem Urteile schon in dem Begriffe, aus welchem ich das Prädikat nach dem Satze des Widerspruchs nur herausziehen und dadurch zugleich der Notwendigkeit des Urteils bewußt werden kann, welche mir Erfahrung nicht einmal lehren würde. Dagegen ob ich schon in dem Begriff eines

---

[1] muß.
[2] muß.

Körpers überhaupt das Prädikat der Schwere gar nicht einschließe, so bezeichnet jener doch einen Gegenstand der Erfahrung durch einen Teil derselben, zu welchem ich also noch andere Teile eben derselben Erfahrung, als zu dem ersteren gehörten, hinzufügen kann. Ich kann den Begriff des Körpers vorher analytisch durch die Merkmale der Ausdehnung, der Undurchdringlichkeit, der Gestalt usw., die alle in diesem Begriffe gedacht werden, erkennen. Nun erweitere ich aber meine Erkenntnis, und indem ich auf die Erfahrung zurücksehe, von welcher ich diesen Begriff des Körpers abgezogen hatte, so finde ich mit obigen Merkmalen auch die Schwere jederzeit verknüpft und füge also diese als Prädikat zu jenem Begriffe synthetisch hinzu. Es ist also die Erfahrung, worauf sich die Möglichkeit der Synthesis des Prädikats der Schwere mit dem Begriffe des Körpers gründet, weil beide Begriffe, obzwar einer nicht in dem anderen enthalten ist, dennoch als Teile eines Ganzen, nämlich der Erfahrung, die selbst eine synthetische Verbindung der Anschauungen ist, zueinander, wiewohl nur zufälligerweise, gehören.

Aber bei synthetischen Urteilen a priori fehlt dieses Hilfsmittel ganz und gar. Wenn ich über den Begriff A hinausgehen soll, um einen anderen B als damit verbunden zu erkennen: was ist das, worauf ich mich stütze, und wodurch die Synthetis möglich wird, da ich hier den Vorteil nicht habe, mich im Felde der Erfahrung danach umzusehen? Man nehme den Satz: Alles, was geschieht, hat seine Ursache. In dem Begriff von etwas, das geschieht, denke ich zwar ein Dasein, vor welchem eine Zeit vorhergeht usw., und daraus lassen sich analytische Urteile ziehen. Aber der Begriff einer Ursache liegt ganz außer jenem Begriffe und zeigt etwas von dem, was geschieht, Verschiedenes an, ist also in dieser letzteren Vorstellung gar nicht mit enthalten. Wie komme ich denn dazu, von dem, was überhaupt geschieht, etwas davon ganz Verschiedenes zu sagen und den Begriff der Ursache, obzwar in jenem nicht enthalten, dennoch als dazu und sogar notwendig gehörig zu erkennen? Was ist hier das Unbekannte, worauf sich der Verstand stützt, wenn er außer dem Begriff von A ein demselben fremdes Prädikat B aufzufinden glaubt, welches er gleichwohl damit verknüpft zu sein erachtet? Erfahrung kann es nicht sein, weil der aufgeführte Grundsatz nicht allein mit größerer Allgemeinheit als die Erfahrung verschaffen kann, sondern auch mit dem Ausdruck der Notwendigkeit, mithin gänzlich a priori und aus bloßen Begriffen diese zweite Vorstellung zu der ersteren hinzufügt. Nun beruht auf solchen synthetischen, d. i. Erweiterungsgrundsätzen die ganze Endabsicht unserer spekulativen Erkenntnis a priori; denn die analytischen sind zwar höchst wichtig und nötig, aber nur um zu derjenigen Deutlichkeit der Begriffe zu gelangen, die zu einer sicheren und ausgebreiteten Synthesis, als zu einem wirklich neuen Erwerb erforderlich sind.

Auch die Metaphysik sollte nur synthetische Urteile a priori enthalten

In der Metaphysik, wenn man sie auch nur für eine bisher bloß versuchte, dennoch aber durch die Natur der menschlichen Vernunft unentbehrliche Wissenschaft ansieht, sollten synthetische Erkenntnisse a priori enthalten sein, und es ist ihr gar nicht darum zu tun, Begriffe, die wir uns a priori von Dingen machen, bloß zu zergliedern und dadurch analytisch zu erläutern, sondern wir wollen unsere Erkenntnis a priori erweitern, wozu wir uns solcher Grundsätze bedienen müssen, die über den gegebenen Begriff etwas hinzutun, was in ihm nicht enthalten war, und durch synthetische Urteile a priori wohl gar so weit hinausgehen, daß uns die Erfahrung selbst nicht so weit folgen kann, z. B. in dem Satze: die Welt muß einen ersten Anfang haben u. a. m.; und so besteht Metaphysik, wenigstens ihrem Zwecke nach, aus lauter synthetischen Sätzen a priori.

Wie ist Metaphysik als Wissenschaft möglich?

Man gewinnt dadurch schon sehr viel, wenn man eine Menge von Untersuchungen unter die Formel einer einzigen Aufgabe bringen kann. Denn dadurch erleichtert man sich nicht allein selbst sein eigenes Geschäft, indem man es sich genau bestimmt, sondern auch jedem anderen, der es prüfen will, das Urteil, ob wir unserem Vorhaben ein Genüge getan haben oder nicht. Die eigentliche Aufgabe der reinen Vernunft ist nun in der Frage enthalten: Wie sind synthetische Urteile a priori möglich?

Daß die Metaphysik bisher in einem so schwankenden Zustande der Ungewißheit und Widersprüche geblieben ist, ist lediglich der Ursache zuzuschreiben, daß man sich diese Aufgabe und vielleicht sogar den Unterschied der analytischen und synthetischen Urteile nicht früher in Gedanken kommen ließ. Auf der Auflösung dieser Aufgabe beruht nun das Stehen und Fallen der Metaphysik. David Hume, der dieser Aufgabe unter allen Philosophen noch am nächsten trat, sie aber sich bei weitem nicht bestimmt genug und in ihrer Allgemeinheit dachte, sondern bloß bei dem synthetischen Satze der Verknüpfung der Wirkung mit ihren Ursachen stehenblieb, glaubte es herauszubringen, daß ein solcher Satz a priori gänzlich unmöglich sei, und nach seinen Schlüssen würde alles, was wir Metaphysik nennen, auf einen bloßen Wahn von vermeinter Vernunfteinsicht dessen hinauslaufen, was in der Tat bloß aus der Erfahrung erborgt und durch Gewohnheit den Schein der Notwendigkeit überkommen hat; auf welche alle reine Philosophie zerstörende Behauptung er niemals gefallen wäre, wenn er unsere Aufgabe in ihrer Allgemeinheit vor Augen gehabt hätte, da er dann eingesehen haben würde, daß nach seinem Argumente es auch keine reine Mathematik geben könnte, weil diese gewiß synthetische Sätze a priori enthält, vor welcher Behauptung ihn alsdann sein guter Verstand wohl würde bewahrt haben.

In der Auflösung obiger Aufgabe ist zugleich die Möglichkeit des reinen Vernunftgebrauchs in Gründung und Ausführung aller Wissenschaften, die eine theoretische Erkenntnis a priori von Gegenständen enthalten, mit begriffen, d. i. die Beantwortung der Fragen:

Wie ist reine Mathematik möglich?

Wie ist reine Naturwissenschaft möglich?

Von diesen Wissenschaften, da sie wirklich gegeben sind, läßt sich nun wohl geziemend fragen: wie sie möglich sind; dann daß sie möglich sein müssen, wird durch ihre Wirklichkeit bewiesen. Was aber Metaphysik betrifft, so muß ihr bisheriger schlechter Fortgang, und weil man von keiner einzigen bisher vorgetragenen, was ihren wesentlichen Zweck angeht, sagen kann, sie sei wirklich vorhanden, einen jeden mit Grunde an ihrer Möglichkeit zweifeln lassen.

Nun ist aber diese Art von Erkenntnis in gewissem Sinne doch auch als gegeben anzusehen, und Metaphysik ist, wenngleich nicht als Wissenschaft, doch als Naturanlage wirklich. Denn die menschliche Vernunft geht unaufhaltsam, ohne daß bloße Eitelkeit des Vielwissens dazu bewegt, durch eigenes Bedürfnis getrieben, bis zu solchen Fragen fort, die durch keinen Erfahrungsgebrauch der Vernunft beantwortet werden können; und so ist wirklich in allen Menschen, sobald Vernunft sich in ihnen bis zur Spekulation erweitert, irgendeine Metaphysik zu aller Zeit gewesen und wird auch immer darin bleiben. Und nun ist auch von dieser die Frage: Wie ist Metaphysik als Naturanlage möglich? d. i. wie entspringen die Fragen, welche reine Vernunft sich aufwirft, und die sie, so gut als sie kann, zu beantworten durch ihr eigenes Bedürfnis getrieben wird, aus der Natur der allgemeinen Menschenvernunft?

Da sich aber bei allen bisherigen Versuchen, diese natürlichen Fragen, z. B. ob die Welt einen Anfang habe oder von Ewigkeit her sei usw., zu beantworten, jederzeit unvermeidliche Widersprüche gefunden haben, so kann man es nicht bei der bloßen Naturanlage zur Metaphysik, d. i. dem reinen Vernunftvermögen selbst, woraus zwar immer irgendeine Metaphysik (es sei, welche es wolle) erwächst, bewenden lassen, sondern es muß möglich sein, mit ihr es zur Gewißheit zu bringen, entweder im Wissen oder Nichtwissen der Gegenstände, d. i. entweder der Entscheidung über die Gegenstände ihrer Fragen oder über das Vermögen und Unvermögen der Vernunft in Ansehung ihrer etwas zu urteilen, also entweder unsere reine Vernunft mit Zuverlässigkeit zu erweitern oder ihr bestimmte und sichere Schranken zu setzen. Diese letzte Frage, die aus der obigen allgemeinen Aufgabe fließt, würde mit Recht diese sein: Wie ist Metaphysik als Wissenschaft möglich?

Die Kritik der Vernunft führt also zuletzt notwendig zur Wissenschaft, der dogmatische Gebrauch derselben ohne Kritik dagegen auf grundlose Behauptungen, denen man ebenso scheinbare entgegensetzen kann, mithin zum Skeptizismus.

Auch kann diese Wissenschaft nicht von großer, abschreckender Weitläufigkeit sein, weil sie es nicht mit Objekten der Vernunft, deren Mannigfaltigkeit unendlich ist, sondern es bloß mit sich selbst, mit Aufgaben, die ganz aus ihrem Schoße entspringen und ihr nicht durch die Natur der Dinge, die von ihr unterschieden sind, sondern durch ihre eigene vorgelegt sind, zu tun hat; da es denn, wenn sie zuvor ihr eigen Vermögen in Ansehung der Gegenstände, die ihr in der Erfahrung vorkommen mögen, vollständig hat kennenlernen, leicht werden muß, den Umfang und die Grenzen ihres über alle Erfahrungsgrenzen versuchten Gebrauchs vollständig und sicher zu bestimmen.

Man kann also und muß alle bisher gemachten Versuche, eine Metaphysik dogmatisch zustande zu bringen, als ungeschehen ansehen; denn was in der einen oder der anderen Analytisches, nämlich bloße Zergliederung der Begriffe ist, die unserer Vernunft a priori beiwohnen, ist noch gar nicht der Zweck, sondern nur eine Veranstaltung zu der eigentlichen Metaphysik, nämlich seine Erkenntnis a priori synthetisch zu erweitern, und ist zu diesem untauglich, weil sie bloß zeigt, was in diesen Begriffen enthalten ist, nicht aber, wie wir a priori zu solchen Begriffen gelangen, um

danach auch ihren gültigen Gebrauch in Ansehung der Gegenstände aller Erkenntnis überhaupt bestimmen zu können.

Um vollends hinter das Geheimnis der Verstandeserkenntnis überhaupt, der reinen Synthesis zu kommen, um ihre wissenschaftstif-
tende Rolle in der Naturwissenschaft und in der Metaphysik zu klären,
müssen die allgemeinen Schemata des Raumes und der Zeit, soweit sie
den Rechtsgrund erkenntnismäßiger Synthesen auf diesen Gebieten
abgeben, eingehender erörtert werden.

Das erkennende Subjekt hat es, ganz allgemein gesprochen, mit einer
Welt wissenschaftlich ungeordneter Daten zu tun. Der Weg von
diesen Daten zu ihrer systematischen, wissenschaftlichen Ordnung
geht über die wahrnehmende Anschauung. Schon diese Anschauung
ist eine Synthese, und zwar ist der R a u m das allgemeine Schema,
welches die Synthesis von Daten der ä u ß e r e n S i n n e möglich macht,
während die Z e i t den Rechtsgrund für die Synthesis der Gegebenheiten des i n n e r e n S i n n e s abgibt. Die Anschauung eines Steines zum
Beispiel, der von der Sonne erwärmt wird, ist nur möglich durch das
Mitsetzen eines Raum- und Zeitschemas, in dem Sonne und Stein
gewissermaßen wie in einem gemeinsamen Medium sich befinden. (Es
ist, wie gesagt, völlig ohne Belang, ob dazu ein dreidimensionales oder
mehrdimensionales Schema notwendig ist.) Durch die bei der Wahrnehmung mitgesetzte allgemeine formale Bedingung des gemeinsamen Raum-Zeit-Mediums allein sind Erfahrungen möglich. Raum-
und Zeitschema sind also der reale Rechtsgrund der Anschauungs-
und Erfahrungssynthese. Sie sind aber nicht selbst Erfahrungen, denn
sie gehen der Erfahrung (logisch) vorher.

Die Erörterung lehrt demnach die e m p i r i s c h e R e a l i t ä t und zugleich t r a n s z e n d e n t a l e[1] I d e a l i t ä t von R a u m und Z e i t: ihre
wirkliche Geltung im Erfahrungsbereich und ihre Unwirklichkeit
überall da, wo der Erkenntniswille den Erfahrungsbereich bzw. An-
schauungsbereich überschreitet (transzendiert).

Es wäre demnach sinnlos, Räumliches und Zeitliches von Gegenständen auszusagen, die außerhalb des Umkreises einer möglichen An-

---

[1] T r a n s z e n d e n t ist alles, was d i e E r f a h r u n g übersteigt;
t r a n s z e n d e n t a l ist, was ihr l o g i s c h v o r h e r g e h t, was von
d e r E r f a h r u n g u n a b h ä n g i g gilt.

schauung (also jenseits von Zeit und Raum) liegend angenommen werden (von den sogenannten Dingen an sich). Der Versuch, im Außerräumlichen und Außerzeitlichen, im Ansich etwas Anschauliches (also Raumzeitliches) auszusagen, ist ein Widerspruch in sich.

Vom Raume

Metaphysische Erörterung dieses Begriffs

Vermittels des äußeren Sinnes (einer Eigenschaft unseres Gemüts) stellen wir uns Gegenstände als außer uns und diese insgesamt im Raume vor. Darin ist ihre Gestalt, Größe und Verhältnis gegeneinander bestimmt oder bestimmbar. Der innere Sinn, vermittels dessen das Gemüt sich selbst oder seinen inneren Zustand anschauet, gibt zwar keine Anschauung von der Seele selbst als einem Objekt; allein es ist doch eine bestimmte Form, unter der die Anschauung ihres inneren Zustandes allein möglich ist, so daß alles, was zu den inneren Bestimmungen gehört, in Verhältnissen der Zeit vorgestellt wird. Äußerlich kann die Zeit nicht angeschauet werden, so wenig wie der Raum als etwas in uns. Was sind nun Raum und Zeit? Sind es wirkliche Wesen? Sind es zwar nur Bestimmungen oder Verhältnisse der Dinge oder doch solche, welche ihnen auch an sich zukommen würden, wenn sie auch nicht angeschaut würden, oder sind sie solche, die nur an der Form der Anschauung allein haften und mithin an der subjektiven[1] Beschaffenheit unseres Gemüts, ohne welche diese Prädikate gar keinem Ding beigelegt werden können? Um uns hierüber zu belehren, wollen wir zuerst den Begriff des Raumes erörtern. Ich verstehe aber unter E r ö r t e r u n g die deutliche (wenngleich nicht ausführliche) Vorstellung dessen, was zu einem Begriffe gehört; m e t a - p h y s i s c h aber ist die Erörterung, wenn sie dasjenige enthält, was den Begriff als a priori g e g e b e n darstellt.

---

[1] hier nicht im Sinne von „gefühlsmäßig".

1. Der Raum ist kein empirischer Begriff, der von äußeren Erfahrungen abgezogen worden. Denn damit gewisse Empfindungen auf etwas außer mir bezogen werden (d. i. auf etwas in einem anderen Orte des Raumes, als darin ich mich befinde), imgleichen damit ich sie als außer- und nebeneinander, mithin nicht bloß verschieden, sondern als in verschiedenen Orten vorstellen könne, dazu muß die Vorstellung des Raumes schon zugrunde liegen. Demnach kann die Vorstellung des Raumes nicht aus den Verhältnissen der äußeren Erscheinung durch Erfahrung erborgt sein, sondern diese äußere Erfahrung ist selbst nur durch gedachte Vorstellung allererst möglich.

2. Der Raum ist eine notwendige Vorstellung a priori, die allen äußeren Anschauungen zugrunde liegt. Man kann sich niemals eine Vorstellung davon machen, daß kein Raum sei, ob man sich gleich ganz wohl denken kann, daß keine Gegenstände darin angetroffen werden. Er wird also als die Bedingung der Möglichkeit der Erscheinungen und nicht als eine von ihnen abhängende Bestimmung angesehen und ist eine Vorstellung a priori, die notwendigerweise äußeren Erscheinungen zugrunde liegt.

3. Der Raum ist kein allgemeiner Begriff von Verhältnissen der Dinge überhaupt, sondern eine reine Anschauung, denn erstlich kann man sich nur einen einigen Raum vorstellen, und wenn man von vielen Räumen redet, so versteht man darunter nur Teile eines und desselben alleinigen Raumes. Diese Teile können auch nicht vor dem einigen allbefassenden Raume gleichsam als dessen Bestandteile (daraus seine Zusammensetzung möglich sei) vorhergehen, sondern nur in ihm gedacht werden. Er ist wesentlich einig. Das Mannigfaltige in ihm, mithin auch der allgemeine Begriff von Räumen überhaupt, beruht lediglich auf Einschränkungen. Hieraus folgt, daß in Ansehung seiner eine Anschauung a priori (die nicht empirisch ist) allen Begriffen von demselben zugrunde liegt. So werden auch alle geometrischen Grundsätze, z. E. daß in einem Triangel zusammen zwei Seiten größer sind als die dritte, niemals aus allgemeinen Begriffen von Linie und Triangel, sondern aus der

Anschauung, und zwar a priori mit apodiktischer[1] Gewißheit abgeleitet.

4. Der Raum wird als eine unendliche g e g e b e n e Größe vorgestellt. Nun muß man zwar einen jeden Begriff als eine Vorstellung denken, die in einer unendlichen Menge von verschiedenen möglichen Vorstellungen (als ihr gemeinschaftliches Merkmal) enthalten ist, mithin diese u n t e r s i c h enthält; aber kein Begriff als ein solcher kann so gedacht werden, als ob er eine unendliche Menge von Vorstellungen in sich enthielte. Gleichwohl wird der Raum so gedacht (denn alle Teile des Raumes ins Unendliche sind zugleich). Also ist die ursprüngliche Vorstellung vom Raume A n s c h a u - u n g a p r i o r i und nicht Begriff.

Transzendentale Erörterung des Begriffs vom Raume

Ich verstehe unter einer transzendentalen Erörterung die Erklärung eines Begriffs als eines Prinzips, woraus die Möglichkeit anderer synthetischer Erkenntnisse a priori eingesehen werden kann. Zu dieser Absicht wird erfordert: 1. daß wirklich dergleichen Erkenntnisse aus dem gegebenen Begriffe herfließen, 2. daß diese Erkenntnisse nur unter der Voraussetzung einer gegebenen Erklärungsart dieses Begriffs möglich sind.

Geometrie ist eine Wissenschaft, welche die Eigenschaften des Raums synthetisch und doch a priori bestimmt. Was muß die Vorstellung des Raumes denn sein, damit eine solche Erkenntnis von ihm möglich sei? Er muß ursprünglich Anschauung sein; denn aus einem bloßen Begriffe lassen sich keine Sätze, die über den Begriff hinausgehen, ziehen, welches doch in der Geometrie geschieht. Aber diese Anschauung muß a priori, d. i. vor aller Wahrnehmung eines Gegenstandes, in uns angetroffen werden, mithin reine, nicht empirische Anschauung sein. Denn die geometrischen Sätze sind insgesamt apodiktisch, d. i. mit dem Bewußt-

---

[1] unwiderleglicher.

sein ihrer Notwendigkeit verbunden, z. B. der Raum hat nur drei Abmessungen; dergleichen Sätze können nicht empirische oder Erfahrungsurteile sein, noch aus ihnen geschlossen werden. Wie kann nun eine äußere Anschauung dem Gemüte beiwohnen, die vor den Objekten selbst vorhergeht, und in welcher der Begriff der letzteren a priori bestimmt werden kann? Offenbar nicht anders, als sie bloß im Subjekte, als die normale Beschaffenheit desselben von Objekten affiziert[1] zu werden und dadurch unmittelbare Vorstellung derselben, d. i. Anschauung, zu bekommen, ihren Sitz hat, also nur als Form des äußeren Sinnes überhaupt. Also macht allein unsere Erklärung die Möglichkeit der Geometrie als einer synthetischen Erkenntnis a priori begreiflich.

Schlüsse aus obigen Begriffen

a) Der Raum stellt gar keine Eigenschaft irgend einiger Dinge an sich oder sie in ihrem Verhältnis aufeinander vor, d. i. keine Bestimmung derselben, die an Gegenständen selbst haftete, und welche bliebe, wenn man auch von allen subjektiven Bedingungen der Anschauungen abstrahierte. Denn weder absolute noch relative Bestimmungen können vor dem Dasein der Dinge, welchen sie zukommen, mithin nicht a priori angeschaut werden.

b) Der Raum ist nichts anderes als nur die Form aller Erscheinungen äußerer Sinne, d. i. die subjektive Bedingung der Sinnlichkeit, unter der allein uns äußere Anschauung möglich ist. Weil nun die Rezeptivität[2] des Subjekts, von den Gegenständen affiziert zu werden, notwendigerweise vor allen Anschauungen dieser Objekte vorhergeht, so läßt sich verstehen, wie die Form aller Erscheinungen vor allen wirklichen Wahrnehmungen, mithin a priori im Gemüte gegeben sein könne, und wie sie als eine reine Anschauung, in der alle Gegenstände bestimmt werden müssen,

---

[1] gereizt.
[2] Empfindlichkeit.

Prinzipien der Verhältnisse derselben vor aller Erfahrung enthalten könne.

Wir können demnach nur aus dem Standpunkte eines Menschen vom Raum, von ausgedehnten Wesen usw. reden. Gehen wir von der subjektiven Bedingung ab, unter welcher wir allein äußere Anschauung bekommen können, sowie wir nämlich von den Gegenständen affiziert werden mögen, so bedeutet die Vorstellung vom Raume gar nichts. Dieses Prädikat wird den Dingen nur insofern beigelegt, als sie uns erscheinen, d. i. Gegenstände der Sinnlichkeit sind. Die beständige Form dieser Rezeptivität, welche wir Sinnlichkeit nennen, ist eine notwendige Bedingung aller Verhältnisse, darin Gegenstände als außer uns angeschauet werden, und wenn man von diesen Gegenständen abstrahiert, eine reine Anschauung, welche den Namen Raum führt. Weil wir die besonderen Bedingungen der Sinnlichkeit nicht zu Bedingungen der Möglichkeit der Sachen, sondern nur ihrer Erscheinungen machen können, so können wir wohl sagen, daß der Raum alle Dinge befasse, die uns äußerlich erscheinen mögen, aber nicht alle Dinge an sich selbst, sie mögen nun angeschaut werden oder nicht, oder auch von welchem Subjekt man wolle. Denn wir können von den Anschauungen anderer denkender Wesen gar nicht urteilen, ob sie an die nämlichen Bedingungen gebunden seien, welche unsere Anschauung einschränken und für uns allgemein gültig sind. Wenn wir die Einschränkung eines Urteils zum Begriff des Subjekts hinzufügen, so gilt das Urteil alsdann unbedingt. Der Satz: Alle Dinge sind nebeneinander im Raum, gilt unter der Einschränkung, wenn diese Dinge als Gegenstände unserer sinnlichen Anschauung genommen werden. Füge ich hier die Bedingung zum Begriffe und sage: Alle Dinge als äußere Erscheinungen sind nebeneinander im Raum, so gilt diese Regel allgemein und ohne Einschränkung. Unsere Erörterungen lehren demnach die Realität des Raumes in Ansehung alles dessen, was äußerlich als Gegenstand uns vorkommen kann, aber zugleich die Idealität des Raumes in Ansehung der Dinge, wenn sie durch die Vernunft an sich selbst erwogen werden, d. i. ohne Rücksicht auf die Beschaffenheit unserer Sinnlichkeit zu nehmen. Wir behaupten also die empirische Realität des Raumes (in Ansehung aller möglichen äußeren Erfahrung), obzwar die transzendentale Idealität desselben, d. i. daß er nichts sei, sobald wir die Bedingung der Möglichkeit aller Erfahrung weglassen und ihn etwas, was den Dingen an sich selbst zugrunde liegt, annehmen.

Es gibt aber auch außer dem Raum keine andere subjektive und auf etwas Äußeres bezogene Vorstellung, die a priori objektiv heißen könnte. Denn man kann von keiner derselben synthetische Sätze a priori wie von der Anschauung im Raume herleiten. Daher ihnen, genau zu reden, gar keine Idealität zukommt, ob sie gleich darin mit der Vorstellung des Raumes übereinkommen, daß sie bloß zur subjektiven Beschaffenheit der Sinnesart gehören, z. B. des Gesichts, Gehörs, Gefühls, durch die Empfindungen der Farben, Töne und Wärme, die aber, weil sie bloß Empfindungen und nicht Anschauungen sind, an sich kein Objekt, am wenigsten a priori erkennen lassen.

Die Absicht dieser Anmerkung geht nur dahin: zu verhüten, daß man die behauptete Idealität des Raumes nicht durch bei weitem unzulängliche Beispiele zu erläutern sich einfallen lasse, da nämlich etwa Farben, Geschmack usw. mit Recht nicht als Beschaffenheiten der Dinge, sondern bloß als Veränderungen unseres Subjekts, die sogar bei verschiedenen Menschen verschieden sein können, betrachtet werden. Denn in diesem Falle gilt das, was ursprünglich selbst nur Erscheinung ist, z. B. eine Rose, im empirischen Verstande für ein Ding an sich selbst, welches doch jedem Auge in Ansehung der Farbe anders erscheinen kann. Dagegen ist der transzendentale Begriff der Erscheinungen im Raume eine kritische Erinnerung, daß überhaupt nichts, was im Raume angeschaut wird, eine Sache an sich, noch daß der Raum eine Form der Dinge sei, die ihnen etwa an sich selbst eigen wäre, sondern daß uns die Gegenstände an sich gar nicht bekannt seien, und, was wir äußere Gegenstände nennen, nichts anders als bloße Vorstellungen unserer Sinnlichkeit seien, deren Form der Raum ist, deren wahres Korrelat[1] aber, das ist das Ding an sich selbst, dadurch gar nicht erkannt wird, noch erkannt werden kann, nach welchem aber auch in der Erfahrung niemals gefragt wird.

Von der Zeit

Metaphysische Erörterung des Begriffs der Zeit

1. Die Zeit ist kein empirischer Begriff, der irgend von einer Erfahrung abgezogen worden. Denn das Zugleichsein oder Aufeinanderfolgen würde selbst nicht in die Wahrnehmung kommen, wenn die Vorstellung der Zeit nicht a priori zugrunde läge. Nur unter deren Voraussetzung kann man sich vorstellen: daß einiges zu ein und derselben Zeit (zugleich) oder in verschiedenen Zeiten (nacheinander) sei.

2. Die Zeit ist eine notwendige Vorstellung, die allen Anschauungen zugrunde liegt. Man kann in Ansehung der Erscheinungen überhaupt die Zeit selbst nicht aufheben, ob man zwar ganz wohl die Erscheinungen aus der Zeit wegnehmen kann. Die Zeit ist also a priori gegeben. In ihr allein ist alle Wirklichkeit der Erscheinungen möglich. Diese können insgesamt wegfallen, aber sie selbst (als die allgemeine Bedingung ihrer Möglichkeit) kann nicht aufgehoben werden.

3. Auf diese Notwendigkeit a priori gründet sich auch die Möglichkeit apodiktischer Grundsätze von den Verhältnissen der Zeit oder Axiomen von der Zeit überhaupt. Sie hat nur eine Dimension: verschiedene Zeiten sind nicht zugleich, sondern nacheinander (so wie verschiedene Räume nicht nacheinander, sondern zugleich sind). Diese Grundsätze können aus der Erfahrung nicht gezogen werden, denn diese würde weder strenge Allgemeinheit noch apodiktische Gewißheit geben. Wir würden nur sagen kön-

---

[1] ihre Entsprechung im Absoluten.

nen: so lehrt es die gemeine Wahrnehmung; nicht aber: so muß es sich verhalten. Diese Grundsätze gelten als Regeln, unter denen überhaupt Erfahrungen möglich sind, und belehren uns vor derselben und nicht durch dieselbe.

4. Die Zeit ist kein allgemeiner Begriff, sondern eine reine Form der sinnlichen Anschauung. Verschiedene Zeiten sind nur Teile eben derselben Zeit. Die Vorstellung, die nur durch einen einzigen Gegenstand gegeben werden kann, ist aber Anschauung. Auch würde sich der Satz, daß verschiedene Zeiten nicht zugleich sein können, aus einem allgemeinen Begriff nicht herleiten lassen. Der Satz ist synthetisch und kann aus Begriffen allein nicht entspringen. Er ist also in der Anschauung und Vorstellung der Zeit unmittelbar enthalten.

5. Die Unendlichkeit der Zeit bedeutet nichts weiter, als daß alle bestimmte Größe der Zeit nur durch Einschränkungen einer einigen zugrunde liegenden Zeit möglich sei. Daher muß die ursprüngliche Vorstellung Zeit als uneingeschränkt gegeben sein. Wovon aber die Teile selbst und jede Größe eines Gegenstandes nur durch Einschränkung bestimmt vorgestellt werden können, da muß die ganze Vorstellung nicht durch Begriffe gegeben sein (denn die enthalten nur Teilvorstellungen), sondern es muß ihnen unmittelbare Anschauung zugrunde liegen.

Transzendentale Erörterung des Begriffs der Zeit

Ich kann mich deshalb auf Nr. 3[1] berufen, wo ich, um kurz zu sein, das, was eigentlich transzendental ist, unter die Artikel der metaphysischen Erörterung gesetzt habe. Hier füge ich noch hinzu, daß der Begriff der Veränderung und mit ihm der Begriff der Bewegung (als Veränderung des Orts) nur durch und in der Zeitvorstellung möglich ist; daß, wenn diese Vorstellung nicht Anschauung (innere) a priori wäre, kein Begriff, welcher es auch sei, die

---

[1] Vgl. S. 126.

Möglichkeit einer Veränderung, d. i. einer Verbindung kontradiktorisch entgegengesetzter Prädikate[1] (z. B. das Sein an einem Orte
und das Nichtsein eben desselben Dinges an demselben Orte) in
einem und demselben Objekte, begreiflich machen könnte. Nur in
der Zeit können beide kontradiktorisch-entgegengesetzte Bestimmungen in einem Dinge, nämlich n a c h e i n a n d e r anzutreffen
sein. Also erklärt unser Zeitbegriff die Möglichkeit so vieler
synthetischer Erkenntnis a priori, als die allgemeine Bewegungs-
lehre, die nicht wenig fruchtbar ist, darlegt.

Schlüsse aus diesen Begriffen

a) Die Zeit ist nicht etwas, was für sich selbst bestände oder den
Dingen als objektive Bestimmung anhinge, mithin übrigbliebe,
wenn man von allen subjektiven Bedingungen der Anschauung
derselben abstrahiert: denn im ersten Fall würde sie etwas sein,
was ohne wirklichen Gegenstand dennoch wirklich wäre. Was aber
das zweite betrifft, so könnte sie als eine den Dingen selbst
anhängende Bestimmung oder Ordnung nicht vor den Gegenständen als ihre Bestimmung vorhergehen und a priori durch synthetische Sätze erkannt und angeschaut werden. Dieses letztere findet
dagegen sehr wohl statt, wenn die Zeit nichts als die subjektive
Bedingung ist, unter der alle Anschauungen in uns stattfinden
können. Denn da kann diese Form der inneren Anschauung vor
den Gegenständen, mithin a priori vorgestellt werden.
b) Die Zeit ist nichts anderes als die Form des inneren Sinnes, d. i.
des Anschauens unserer selbst und unseres inneren Zustandes.
Denn die Zeit kann keine Bestimmung äußerer Erscheinungen
sein: sie gehört weder zu einer Gestalt oder Lage usw.; dagegen
bestimmt sie das Verhältnis der Vorstellungen in unserem inneren
Zustande. Und eben weil diese innere Anschauung keine Gestalt

---

[1] Eigenschaften, die einander aufheben.

gibt, suchen wir auch diesen Mangel durch Analogien zu ersetzen und stellen die Zeitfolge durch eine ins Unendliche fortgehende Linie vor, in welcher das Mannigfaltige eine Reihe ausmacht, die nur von einer Dimension ist, und schließen aus den Eigenschaften dieser Linie auf alle Eigenschaften der Zeit außer dem einigen, daß die Teile der ersten zugleich, die der letzteren aber jederzeit nacheinander sind. Hieraus erhellt auch, daß die Vorstellung der Zeit selbst Anschauung sei, weil alle ihre Verhältnisse sich an einer äußeren Anschauung ausdrücken lassen.

c) Die Zeit ist die formale Bedingung a priori aller Erscheinungen überhaupt. Der Raum als die reine Form aller äußeren Anschauung ist als Bedingung a priori bloß auf äußere Erscheinungen eingeschränkt. Dagegen weil alle Vorstellungen, sie mögen nun äußere Dinge zum Gegenstande haben oder nicht, doch an sich selbst, als Bestimmungen des Gemüts, zum inneren Zustande gehören; dieser innere Zustand aber unter der formalen Bedingung der inneren Anschauung, mithin der Zeit gehört: so ist die Zeit eine Bedingung a priori von aller Erscheinung überhaupt, und zwar die unmittelbare Bedingung der inneren (unserer Seelen) und eben dadurch mittelbar auch der äußeren Erscheinungen. Wenn ich a priori sagen kann: alle äußeren Erscheinungen sind im Raume und nach den Verhältnissen des Raumes a priori bestimmt, so kann ich aus dem Prinzip des inneren Sinnes ganz allgemein sagen: alle Erscheinungen überhaupt, d. i. alle Gegenstände der Sinne, sind in der Zeit und stehen notwendigerweise in Verhältnissen der Zeit.

Wenn wir von unserer Art, uns selbst innerlich anzuschauen und vermittels dieser Anschauung auch alle äußeren Anschauungen in der Vorstellungskraft zu befassen, abstrahieren und mithin die Gegenstände nehmen, so wie sie an sich selbst sein mögen, so ist die Zeit nichts. Sie ist nur von objektiver Gültigkeit in Ansehung der Erscheinungen, weil dieses schon Dinge sind, die wir als Gegenstände unserer Sinne annehmen; aber sie ist nicht mehr objektiv, wenn man von der Sinnlichkeit unserer Anschauung, mithin derjenigen Vorstellungsart, welche uns eigentümlich ist, abstrahiert und von Dingen überhaupt redet. Die Zeit ist also lediglich eine subjektive Bedingung unserer (menschlichen) Anschauung und an sich, außer dem Subjekte, nichts. Nichtsdestoweniger ist sie in Ansehung aller Erscheinungen, mithin auch aller Dinge, die uns in der Erfahrung vorkommen können, notwendigerweise objektiv. Wir können nicht sagen: alle Dinge sind in der Zeit, weil bei dem Begriff der Dinge überhaupt von aller Art der Anschauung derselben abstrahiert wird, dieser aber die eigentliche Bedingung ist, unter der die Zeit in der Vorstellung der Gegenstände gehört. Wird nun die Bedingung zum Begriffe hinzugefügt, und es heißt: alle Dinge als Erscheinungen (Gegenstände der sinnlichen Anschauung) sind in der Zeit, so hat der Grundsatz seine gute objektive Richtigkeit und Allgemeinheit a priori.

Unsere Behauptungen lehren demnach empirische Realität der Zeit, d. i. objektive Gültigkeit in Ansehung aller Gegenstände, die jemals unseren Sinnen gegeben werden mögen. Und da unsere Anschauung jederzeit sinnlich ist, so kann uns in der Erfahrung niemals ein Gegenstand gegeben werden, der nicht unter die Bedingung der Zeit gehörte. Dagegen bestreiten wir der Zeit allen Anspruch auf absolute Realität, da sie nämlich, auch ohne auf die Form unserer sinnlichen Anschauung Rücksicht zu nehmen, schlechthin den Dingen als Bedingung oder Eigenschaft anhinge. Solche Eigenschaften, die den Dingen an sich zukommen, können uns durch die Sinne auch niemals gegeben werden. Hierin besteht also die transzendentale Idealität der Zeit, nach welcher sie, wenn man von den subjektiven Bedingungen der sinnlichen Anschauung abstrahiert, gar nichts ist und den Gegenständen an sich selbst (ohne ihr Verhältnis auf unsere Anschauung) nicht beigezählt werden kann.

Die nachfolgenden Texte zeigen, wie Kant weiter in der Aufhellung des geheimnisvollen Aktes, der Synthesis a priori und ihrer Rechtsgründe fortschreitet. Es gelingt ihm, wesentliche Stadien der Synthesis deutlich voneinander zu scheiden. Zu ihrer Charakterisierung bedient er sich psychologischer Bezeichnungen (Sinnlichkeit, Einbildungskraft usw.)[1].

Jede begriffliche Erkenntnis hebt mit der Anschauung an, d. h., alles Erkennen beginnt damit, daß wir gegebene Sinnesdaten aufnehmen und zu Anschauungen verdichten (synthetisches Stadium Nr. 1, bewerkstelligt durch die Einbildungskraft. Den Rechtsgrund zu diesem Stadium der Synthese liefert das mitgesetzte allgemeine Raum-Zeit-Schema). Sodann werden diese Anschauungen oder Vorstellungen unter Begriffe gebracht (synthetisches Stadium Nr. 2, bewerkstelligt durch den Verstand als Vermögen der Begriffe. Der Rechtsgrund zu dieser Verbegrifflichung der Vorstellungen ist in gewissen allgemeinen Begriffsschematen enthalten, die der Verstand bereitstellt, und die im Grunde nichts anderes sind, als begriffliche Sonderformen des allgemeinen Raum-Zeit-Schemas). Kant nennt sie nach dem Vorbild des Aristoteles Kategorien. Schließlich werden die schematisch verbegrifflichten Vorstellungen nach gewissen Regeln zu Urteilen verknüpft (synthetisches Stadium Nr. 3, bewerkstelligt durch den Verstand als Vermögen der Regeln).

Die Kategorien (z. B. Qualität oder Quantität), welche aus anschaulichen Vorstellungen Begriffe machen, und die schematischen Regeln, nach denen die Urteilsverknüpfungen stattfinden (z. B. Qualitäts- oder Quantitätsurteile), entstammen ein und derselben Quelle, dem Verstande. Diese „Begriffe" und diese „Regeln" sind miteinander verwandt, und es muß so viele kategorische Urteilsfunktionen geben, wie es Kategorien gibt.

Die vollständige Tafel dieser Kategorien bzw. Urteilsformen glaubt Kant von Aristoteles einfach ungeprüft übernehmen zu dürfen.

---

[1] Diese psychologische Charakterisierung geschieht nur in illustrativer Absicht. Die reine Synthesis wird als Akt vorgestellt, nicht als ein Akt, der im empirischen Bewußtsein aufweisbar ist (denn es handelt sich ja nur um das reine Schema eines solchen Aktes); aber in der Art, wie nach den Vorstellungen der damaligen Psychologie empirische Bewußtseinsakte verlaufen. So bedeuten hier „Sinnlichkeit", „Einbildungskraft" usw. auch nur die Schemata der empirischen Vermögen (z. B. transzendentale Einbildungskraft usw.).

Die Urteile zerfallen nach ihrer Quantität, d. h. dem Umfang ihrer Geltung in einzelne[1], besondere[2], allgemeine[3],

nach ihrer Qualität, d. h. nach der Beschaffenheit, der Gültigkeit oder Ungültigkeit der Beziehung überhaupt, in: bejahende[4], verneinende (negative)[5], unendliche (limitierende)[6],

nach ihrer Relation, d. h. nach der Beziehung, dem Verhältnis der verknüpften Vorstellungen, in: kategorische[7], hypothetische[8], disjunktive[9],

nach ihrer Modalität, d. h. nach der Art ihrer Gültigkeit, nach ihrem Erkenntniswerte, in: problematische[10], assertorische[11], apodiktische[12] Urteile.

Damit glaubt Kant alle Formen des Urteils erschöpft zu haben. Zugleich wird durch sie unmittelbar der Weg zu den reinen Verstandesbegriffen, den Kategorien gewiesen.

Die Formen des einzelnen, besonderen und allgemeinen Urteils geben also die Kategorien der Quantität: „Einheit, Vielheit, Allheit"; die Formen der Bejahung, Verneinung, Einschränkung geben die Kategorien der Qualität: „Realität, Negation, Limitation"; die Formen des

---

[1] Das Prädikat P gilt von einem einzelnen Subjekt S: S ist P; Bismarck ist ein großer Mann.

[2] Einige S sind P; einige Philosophen waren Dichter.

[3] Alle S sind P; alle Menschen sind sterblich.

[4] S ist P.

[5] S ist nicht P.

[6] S ist nicht P; Wilhelm ist nichtschuldig. „Unendlich" werden diese Urteile genannt, weil dem Subjekt S unendlich viele mögliche Prädikate P beigelegt werden können mit Ausnahme des einen: schuldig. „Limitierend" = einschränkend.

[7] aussagende. Urteile, die eine einfache Aussage enthalten: S ist P.

[8] bedingte. Wenn X ist, so ist S P; wenn Eisen erwärmt wird, dehnt es sich aus.

[9] ausschließende. S ist entweder P_1 oder P_2; ein Lebewesen ist entweder ein Tier oder eine Pflanze.

[10] fragliche. S kann P sein; die Rechnung kann falsch sein.

[11] schlechthin behauptende oder verneinende. S ist P oder S ist nicht P.

[12] unumstößliche, notwendige. S muß P sein. Die Winkelsumme eines ebenen Dreiecks muß 180° betragen.

kategorischen, hypothetischen und disjunktiven Urteils geben die Kategorien der Relation: „Substanz[1] und Akzidenz[2], Ursache und Wirkung, Wechselwirkung oder Gemeinschaft"; die Formen des problematischen, assertorischen, apodiktischen Urteils geben die Kategorien der Modalität: „Möglichkeit, Dasein, Notwendigkeit."

Was nicht unter diese Schemata fällt, kann nicht Gegenstand der Verstandeserkenntnis sein, gehört der Welt des Erkennens nicht an.

So glaubt Kant, indem er sich an Aristoteles anlehnt, das vollständige System der Schemata aller begrifflichen und urteilsmäßigen Synthesen aufgestellt zu haben.

Kant ist mit Recht viel wegen dieser dogmatischen Anlehnung an Aristoteles angegriffen worden. Eine Erörterung dieser Angriffe würde uns zu weit von unserer Linie abführen.

Wichtig aber ist: Da die Kategorien nur Sonderformen des Raum-Zeit-Schemas sind, gelten sie auch nur unter Voraussetzung des Raum-Zeit-Schemas. Kategoriale Urteile über etwas, was nicht in Raum und Zeit angeschaut (gegeben) wird, sind unverbindlich. Auch kommt den Kategorien außer ihrer erkenntnisformenden Funktion keinerlei selbständige objektive Realität zu.

Von der reinen Synthesis und den reinen Verstandesbegriffen oder Kategorien

Raum und Zeit enthalten ein Mannigfaltiges der reinen Anschauung a priori. Die Spontaneität[3] unseres Denkens erfordert es, daß dieses Mannigfaltige zuerst auf gewisse Weise durchgegangen, aufgenommen und verbunden werde, um daraus eine Erkenntnis zu machen. Diese Handlung nenne ich Synthesis.

Ich verstehe aber unter Synthesis in der allgemeinsten Bedeutung die Handlung, verschiedene Vorstellungen zueinander hinzuzutun und ihre Mannigfaltigkeit in einer Erkenntnis zu begrei-

---

[1] das den wechselnden Erscheinungen „Zugrundeliegende", der Träger der Eigenschaften.

[2] das wechselnde Merkmal eines Dinges, die (veränderliche) Eigenschaft der Substanz.

[3] Selbsttätigkeit.

fen. Eine solche Synthesis ist r e i n, wenn das Mannigfaltige nicht empirisch, sondern a priori gegeben ist (wie das im Raum und der Zeit). Vor aller Analysis unserer Vorstellungen müssen diese zuvor gegeben sein, und es können keine Begriffe dem Inhalte nach analytisch entspringen. Die Synthesis eines Mannigfaltigen aber (es sei empirisch oder a priori gegeben) bringt zuerst eine Erkenntnis hervor, die zwar anfänglich noch roh und verworren sein kann und also der Analysis bedarf; allein die Synthesis ist doch dasjenige, was eigentlich die Elemente zu Erkenntnissen sammelt und zu einem gewissen Inhalte vereinigt; sie ist also das erste, worauf wir acht zu geben haben, wenn wir über den ersten Ursprung unserer Erkenntnis urteilen wollen.

Die Synthesis überhaupt ist die bloße Wirkung der Einbildungskraft, einer blinden, obgleich unentbehrlichen Funktion der Seele, ohne die wir überall gar keine Erkenntnis haben würden, der wir uns aber selten einmal bewußt sind. Allein diese Synthesis auf B e g r i f f e zu bringen, das ist eine Funktion, die dem Verstande zukommt und wodurch er uns allererst die Erkenntnis in eigentlicher Bedeutung verschafft.

Die reine Synthesis, allgemein vorgestellt, gibt nun den reinen Verstandesbegriff. Ich verstehe aber unter dieser Synthesis diejenige, welche auf einem Grunde der synthetischen Einheit a priori beruht: so ist unser Zählen eine S y n t h e s i s   n a c h   B e g r i f f e n, weil sie nach einem gemeinschaftlichen Grunde der Einheit geschieht (z. E. der Dekadik)[1]. Unter diesem Begriffe wird also die Einheit in der Synthesis des Mannigfaltigen notwendig.

Analytisch werden verschiedene Vorstellungen u n t e r einen Begriff gebracht (ein Geschäft, wovon die allgemeine Logik handelt). Aber nicht die Vorstellungen, sondern die reine Synthesis der Vorstellungen a u f Begriffe zu bringen, lehrt die transzendentale

---

[1] das dekadische (Zehner-)Zahlensystem.

Logik[1]. Das erste, was uns zum Behuf der Erkenntnis aller Gegenstände a priori gegeben sein muß, ist das Mannigfaltige der reinen Anschauung; die Synthesis dieses Mannigfaltigen durch die Einbildungskraft ist das zweite, gibt aber noch keine Erkenntnis. Die Begriffe, welche dieser reinen Synthesis Einheit geben und lediglich in der Vorstellung dieser notwendigen synthetischen Einheit bestehen, tun das dritte zum Erkenntnisse eines vorkommenden Gegenstandes und beruhen auf dem Verstande.

Dieselbe Funktion, welche den verschiedenen Vorstellungen in einem Urteile Einheit gibt, die gibt auch der bloßen Synthesis verschiedener Vorstellungen in einer Anschauung Einheit, welche, allgemein ausgedrückt, der reine Verstandesbegriff heißt. Derselbe Verstand also, und zwar durch eben dieselben Handlungen, wodurch er in Begriffen vermittels der analytischen Einheit die logische Form eines Urteils zustande brachte, bringt auch vermittels der synthetischen Einheit des Mannigfaltigen in der Anschauung überhaupt in seine Vorstellungen einen transzendentalen Inhalt, weswegen sie reine Verstandesbegriffe heißen, die a priori auf Objekte gehen, welches die allgemeine Logik nicht leisten kann.

Auf solche Weise entspringen gerade so viel reine Verstandesbegriffe, welche a priori auf Gegenstände der Anschauung überhaupt gehen, als es logische Funktionen in allen möglichen Urteilen gibt: denn der Verstand ist durch gedachte Funktionen völlig erschöpft und sein Vermögen dadurch völlig ausgemessen. Wir wollen diese Begriffe nach dem Aristoteles Kategorien nennen, indem unsere Absicht uranfänglich mit der seinigen zwar einerlei ist, ob sie sich gleich davon in der Ausführung gar sehr entfernt.

Daher haben auch die reinen Verstandesbegriffe ganz und gar keine Bedeutung, wenn sie von Gegenständen der Erfahrung

---

[1] d. i. die Wissenschaft, welche vom Ursprung, Umfang und der objektiven Gültigkeit unseres Erkennens handelt.

abgehen und auf Dinge an sich selbst (noumena) bezogen werden wollen. Sie dienen gleichsam nur, Erscheinungen zu buchstabieren, um sie als Erfahrung lesen zu können; die Grundsätze, die aus der Beziehung derselben auf die Sinnenwelt entspringen, dienen nur unserem Verstande zum Erfahrungsgebrauch; weiter hinaus sind es willkürliche Verbindungen ohne objektive Realität, deren Möglichkeit man weder a priori erkennen, noch ihre Beziehung auf Gegenstände durch irgendein Beispiel bestätigen oder nur verständlich machen kann, weil alle Beispiele nur aus irgendeiner möglichen Erfahrung entlehnt, mithin auch die Gegenstände jener Begriffe nirgends anders als in einer möglichen Erfahrung angetroffen werden können.

Mit seiner Auffassung von der transzendentalen Idealität des Raumes und der Zeit (Einschränkung der Gültigkeit des Raumes und der Zeit nur auf die Anschauung) und seiner davon abhängigen Kategorienlehre setzt sich Kant dem Vorwurfe aus, daß er die Unwirklichkeit (Idealität) alles Räumlichen und Zeitlichen behaupte. Gegen diesen Vorwurf legt er im folgenden wirksam Verwahrung ein. Er lehnt für sich selbst die dogmatische Form des Idealismus ab und bekennt sich zu einem kritischen Realismus, der zwar Dinge „unabhängig" vom erkennenden Subjekt anerkennt, aber sich weigert, räumliche, zeitliche und kategoriale Aussagen über diese „Dinge an sich" zu machen oder solche Aussagen als „Erkenntnis" anzusprechen.

Vom Idealismus

Was ist Idealismus?

Der Idealismus besteht in der Behauptung, daß es keine andere als denkende Wesen gebe, die übrigen Dinge, die wir in der Anschauung wahrzunehmen glauben, wären nur Vorstellungen in den denkenden Wesen, denen in der Tat kein außerhalb diesen befind-

licher Gegenstand korrespondiere[1]. Ich dagegen sage: es sind uns
Dinge als außer uns befindliche Gegenstände unserer Sinne gegeben, allein von dem, was sie an sich selbst sein mögen, wissen wir
nichts, sondern kennen nur ihre Erscheinungen, d. h. die Vorstellungen, die sie in uns wirken, indem sie unsere Sinne affizieren.
Demnach gestehe ich allerdings, daß es außer uns Körper gebe,
d. i. Dinge, die, obzwar nach dem, was sie an sich selbst sein
mögen, uns gänzlich unbekannt, wir durch die Vorstellungen
kennen, welche ihr Einfluß aus unsrer Sinnlichkeit uns verschafft,
und denen wir die Benennung eines Körpers geben; welches Wort
also bloß die Erscheinung jenes uns unbekannten, aber nichtsdestoweniger wirklichen Gegenstandes bedeutet. Kann man dieses
wohl Idealismus nennen? Es ist ja gerade das Gegenteil davon.
Daß man unbeschadet der wirklichen Existenz äußerer Dinge von
einer Menge ihrer Prädikate sagen könne: sie gehörten nicht zu
diesen Dingen an sich selbst, sondern nur zu ihren Erscheinungen
und hätten außer unserer Vorstellung keine eigene Existenz, ist etwas, was schon lange vor Lockes Zeiten, am meisten aber nach diesen allgemein angenommen und zugestanden ist. Dahin gehören
die Wärme, die Farbe, der Geschmack usw. Daß ich aber noch über
diese aus wichtigen Ursachen die übrigen Qualitäten der Körper, die
man primarias[2] nennt, die Ausdehnung, den Ort und überhaupt
den Raum mit allem, was ihm anhängig ist (Undurchdringlichkeit
oder Materialität, Gestalt usw.), auch mit zu bloßen Erscheinungen zähle, dawider kann man nicht den mindesten Grund der
Unzulässigkeit anführen; und so wenig wie der, so die Farben
nicht als Eigenschaften, die dem Objekt an sich selbst, sondern nur
dem Sinn des Sehens als Modifikationen[3] anhängen, will gelten
lassen, darum ein Idealist heißen kann: so wenig kann mein
Lehrbegriff idealistisch heißen, bloß deshalb, weil ich finde, daß

---

[1] entspreche.
[2] Locke unterscheidet die primären von den sekundären Qualitäten.
[3] Abänderungen.

noch mehr, ja alle Eigenschaften, die die Anschauung eines Körpers ausmachen, bloß zu seiner Erscheinung gehören; denn die Existenz des Dinges, was erscheint, wird dadurch nicht wie beim wirklichen Idealism aufgehoben, sondern nur gezeigt, daß wir es, wie es an sich selbst sei, durch Sinne gar nicht erkennen können.

Widerlegung des Idealismus

Der Idealism ist die Theorie, welche das Dasein der Gegenstände im Raum außer uns entweder bloß für zweifelhaft und unerweislich oder für falsch und unmöglich erklärt; der erstere ist der problematische des Cartesius, der nur Eine empirische Behauptung, nämlich: Ich bin, für ungezweifelt erklärt; der zweite ist der dogmatische des Berkeley, der den Raum mit allen den Dingen, welchen er als unabtrennliche Bedingung anhängt, für etwas, was an sich selbst unmöglich sei, und darum auch die Dinge im Raum für bloße Einbildungen erklärt. Der dogmatische Idealism ist unvermeidlich, wenn man den Raum als Eigenschaft, die den Dingen an sich selbst zukommen soll, ansieht; denn da ist er mit allem, dem er zur Bedingung dient, ein Unding. Der Grund zu diesem Idealism aber ist von uns in der transzendentalen Ästhetik[1] gehoben[2]. Der problematische, der nichts hierüber behauptet, sondern nur das Unvermögen, ein Dasein außer dem unsrigen durch unmittelbare Erfahrung zu beweisen, vorgibt, ist vernünftig und einer gründlichen philosophischen Denkungsart gemäß: nämlich, bevor ein hinreichender Beweis gefunden worden, kein entscheidendes Urteil zu erlauben. Der verlangte Beweis muß also dartun, daß wir von äußeren Dingen auch Erfahrung und nicht bloß Einbildung haben; welches wohl nicht anders wird geschehen können, als wenn man beweisen kann, daß selbst unsere innere dem Cartesius unbe-

[1] ein Kapitel der „Kritik der reinen Vernunft".
[2] widerlegt.

zweifelte Erfahrung nur unter Voraussetzung äußerer Erfahrung möglich sei.

Lehrsatz

Das bloße, aber empirisch bestimmte Bewußtsein meines eigenen Daseins beweiset das Dasein der Gegenstände im Raum außer mir.

Beweis

Ich bin mir meines Daseins als in der Zeit bestimmt bewußt. Alle Zeitbestimmung setzt etwas Beharrliches in der Wahrnehmung voraus. Dieses Beharrliche aber kann nicht etwas in mir sein, weil eben mein Dasein in der Zeit durch dieses Beharrliche allererst bestimmt werden kann. Also ist die Wahrnehmung dieses Beharrlichen nur durch ein Ding außer mir und nicht durch die bloße Vorstellung eines Dinges außer mir möglich. Folglich ist die Bestimmung meines Daseins in der Zeit mit dem Bewußtsein der Möglichkeit dieser Zeitbestimmung notwendig verbunden: also ist es auch mit der Existenz der Dinge außer mir, als Bedingung der Zeitbestimmung, notwendig verbunden; d. i. das Bewußtsein meines eigenen Daseins ist zugleich ein unmittelbares Bewußtsein des Daseins anderer Dinge außer mir.

Synthesis ist Einheit. —
Das Raum-Zeit-Schema verbürgt die Anschauungssynthese des Sinnes. Seine Derivate[1], die Kategorien, verbürgen die Begriffs- und Urteilssynthesen des Verstandes. Woher aber stammt die übergeordnete systematische Einheit, welche aus Einzelerkenntnissen, aus Urteilen „Wissenschaft" macht? Kant antwortet: über Sinn und Verstand, über Anschauen und Denken muß es noch eine Syn-

---

[1] abgeleiteten Begriffe.

thesis nach Prinzipien geben, welche die größeren Er-
kenntniszusammenhänge erzeugt, und deren innere Geschlossenheit und Bündigkeit garantiert. Während der Verstand zum Beispiel nur das einzelne Kausalitätsurteil (die Verbindung von Subjekt
und Prädikat nach dem Ursache-Wirkung-Schema) bewirkt, muß ein
umfassenderes Vermögen als der Verstand, die Vernunft, das
einheitsstiftende Prinzip hervorbringen, welches macht, daß alle Kau-
salitätsurteile sich widerspruchsfrei zusammenschließen zur Totalität,
zur Idee eines durchgängig kausalverbundenen Weltzusammenhan-
ges. Die Vernunft als Vermögen derartiger Ideen ist die oberste
einheitsstiftende Instanz aller systematischen Erkenntnis. Sie gewinnt
ihre Leitideen durch Verallgemeinerung der Kategorien (bis zur Totalität).
Es gibt also ein aus der Kategorientafel ablesbares System von Leitideen, reinen Schöpfungen der Vernunft, welche den obersten Rechtsgrund abgeben für die systematische Einheit aller Erkenntnis, die
Anspruch auf Allgemeinheit und Denknotwendigkeit erhebt. Über
ihnen steht als alles verbindendes Prinzip das Ideal der Wahrheit.
So enthüllt sich vor uns das ganze Geheimnis der synthetischen
Erkenntnis a priori. Sie verläuft in den Etappen 1. Anschauungssynthese, 2. Verstandessynthese, 3. Vernunftsynthese, und erhält ihren
Rechtsgrund 1. nicht nur aus dem mitgesetzten Raum-Zeit-Schema,
2. auch nicht nur durch die kategoriale Verbegrifflichung und Verknüpfung zu Urteilen, sondern auch 3. aus der einheitsstiftenden
Wirkung gewisser Vernunftprinzipien oder transzendentaler Ideen,
deren höchste das Ideal der Wahrheit ist. Raum, Zeit und Kategorien,
sowie die Ideen der reinen Vernunft bilden auf diese Weise ein
geschlossenes System von formgebenden, einheitsstiftenden Momen-
ten; denn die Kategorien sind schematische Derivate (Ableitungen)
aus dem Raum-Zeit-Schema und die transzendentalen Ideen bis zur
Totalität verallgemeinerte kategoriale Schemata.
Wo nach diesem Schema verfahren wird, wo solche systematische
Synthesis a priori, solche raumzeitliche und kategoriale Formung des
Gegebenen unter der Leitidee einer kategorialen Totalitätsidee einem
Erkenntnisprozeß zugrunde liegt, da ist Allgemeingültigkeit und
Denknotwendigkeit; wo das nicht der Fall ist oder wo gegen die
Geschlossenheit dieses systematischen Elementarzusammenhanges
der Erkenntnis verstoßen wird, gibt es nur Ungewißheit und Wider-
sprüche.

Die Synthesis a priori ist also nichts als das bloße Schema einer exakten Erkenntnis überhaupt, Muster und Vorbild für alle Erkenntnisgebiete, die mit dem Anspruch auftreten, „wahr" zu sein.

Aus den folgenden Textproben wird ersichtlich, wie Kant Verstand und Vernunft voneinander abgrenzt, was er ganz allgemein unter einer Idee (im Gegensatz etwa zu Plato) verstanden wissen will, und warum er auf die Ermittlung des vollständigen Systems der r e i n e n transzendentalen Ideen so viel Wert legt. (Er verspricht sich davon nicht nur ein zielbewußteres Handhaben des Verstandes im theoretischen Gebrauch, sondern ein vollständiges System aller möglichen erfahrungsfreien Wissenschaften und auch Aufklärung der Rolle, die diese Ideen etwa auf dem Gebiete des Moralischen oder des Religiösen spielen.) Vor allem wird deutlich, daß nach Kant d i e I d e e n a u ß e r i h r e r e i n h e i t s s t i f t e n d e n W i r k u n g i m E r k e n n t n i s b e r e i c h k e i n e r l e i R e a l i t ä t haben. Wer die Leitideen des systematischen Erkenntniszusammenhanges, diese bloß einheitsstiftenden Totalitätsschemata verräumlicht oder verzeitlicht, wer sie mit Prädikaten ausstattet, die nur den Gegenständen der Erfahrung zukommen, überschreitet ohne zureichenden Rechtsgrund die Grenzen der Vernunft, verfällt in „dialektischen Schein" und verrennt sich in Denkwidersprüche (Antinomien), die unauflösbar sind.

Ideen sind nicht Dinge an sich, nicht Gegenstände der Erkenntnis, sondern Aufgaben, die im allmählichen Vollzug des Erkenntnisprozesses in unendlicher Annäherung verwirklicht werden.

In dem Worte „Aufgabe" wird ein charakteristisches Merkmal der Kantischen Lehre vom Erkennen überhaupt angedeutet. Systematisches Erkennen, Wissenschaft nach dem Schema der Synthesis a priori ist Aufgabe für das erkennende Bewußtsein. Es ist eine Aufgabe für den Sinn, gegebene Wahrnehmungsdaten in das Raum-Zeit-Schema einzugliedern, es ist eine Aufgabe für den Verstand, das Wahrgenommene unter Begriffe zu bringen, es ist eine Aufgabe für den Verstand, diese Begriffe kategorisch zu Urteilen zu verknüpfen, und es ist eine Aufgabe für die Vernunft, die kategorialen Urteile zur systematischen Gesamterkenntnis zusammenzuschweißen. Diese Aufgabe oder dieses System von Aufgaben ist unendlich, sie ist nie vollendet. Wissenschaft ist stets im Werden.

Eine natürliche Anlage unseres Gemütes verführt uns nun dazu, auch außerhalb der legitimen Bildung systematischer Leitideen zu Erkenntniszwecken noch illegitime Ideen zu schaffen und sie als Realitäten

jenseits aller Erfahrung und unabhängig von irgendeiner erkenntnis-
formenden Funktion zu denken. Erkenntniswert aber hat ein solches
Schwärmen in Ideen und ein solches unbefugtes Überschreiten der
Vernunftgrenzen nicht.

Von der Vernunft

Verstand und Vernunft

Alle unsere Erkenntnis hebt von den Sinnen an, geht von da zum
Verstande und endigt bei der Vernunft, über welche nichts Höheres in uns angetroffen wird, den Stoff der Anschauung zu bearbeiten und unter die höchste Einheit des Denkens zu bringen. Da ich
jetzt von dieser obersten Erkenntniskraft eine Erklärung geben
soll, so finde ich mich in einiger Verlegenheit. Es gibt von ihr wie
von dem Verstande einen bloß formalen, d. i. logischen Gebrauch,
da die Vernunft von allem Inhalt der Erkenntnis abstrahiert, aber
auch einen realen, da sie selbst den Ursprung gewisser Begriffe
und Grundsätze enthält, die sie weder von den Sinnen noch vom
Verstande entlehnt. Das erstere Vermögen ist nun freilich vorlängst von den Logikern durch das Vermögen mittelbar zu schließen (zum Unterschiede von den unmittelbaren Schlüssen) erklärt
worden; das zweite aber, welches selbst Begriffe erzeugt, wird
dadurch noch nicht eingesehen.
Wir erklärten im ersten Teile unserer transzendentalen Logik den
Verstand durch das Vermögen der Regeln; hier unterscheiden wir
die Vernunft von demselben dadurch, daß wir sie das Vermögen
der Prinzipien nennen wollen.
Der Ausdruck eines Prinzips ist zweideutig und bedeutet gemeiniglich nur eine Erkenntnis, die als Prinzip gebraucht werden
kann, ob es zwar an sich selbst und seinem eigenen Ursprunge
nach kein Prinzip ist. Ein jeder allgemeine Satz, er mag auch sogar
aus Erfahrung hergenommen sein, kann zum Obersatz in einem
Vernunftschlusse dienen; er ist darum aber nicht selbst ein Prin-

zip. Die mathematischen Axiome[1] (z. B. zwischen zwei Punkten kann nur eine gerade Linie sein) sind sogar allgemeine Erkenntnisse a priori und werden daher mit Recht relativisch[2] auf die Fälle, die unter ihnen subsumiert[3] werden können, Prinzipien genannt. Aber ich kann darum doch nicht sagen, daß ich diese Eigenschaft der geraden Linien überhaupt und an sich aus Prinzipien erkenne, sondern nur in der reinen Anschauung.

Ich würde daher Erkenntnis aus Prinzipien diejenigen nennen, da ich das Besondre im allgemeinen durch Begriffe erkenne. So ist denn ein jeder Vernunftschluß eine Ableitung einer Erkenntnis aus dem Prinzip. Denn der Obersatz gibt jederzeit einen Begriff, der da macht, daß alles, was unter der Bedingung desselben subsumiert wird, aus ihm nach einem Prinzip erkannt wird. Da nun jede allgemeine Erkenntnis zum Obersatze in einem Vernunftschlusse dienen kann und der Verstand dergleichen allgemeine Sätze a priori darbietet, so können diese denn auch in Ansehung ihres möglichen Gebrauchs Prinzipien genannt werden.

Betrachten wir aber diese Grundsätze des reinen Verstandes an sich selbst ihrem Ursprunge nach, so sind sie nichts weniger als Erkenntnisse aus Begriffen. Denn sie würden auch nicht einmal a priori möglich sein, wenn wir nicht die reine Anschauung (in der Mathematik) oder Bedingungen einer möglichen Erfahrung überhaupt herbeizögen. Daß alles, was geschieht, eine Ursache habe, kann gar nicht aus dem Begriffe dessen, was überhaupt geschieht, geschlossen werden; vielmehr zeigt der Grundsatz, wie man allererst von dem, was geschieht, einen bestimmten Erfahrungsbegriff bekommen könne.

Synthetische Erkenntnisse aus Begriffen kann der Verstand also gar nicht verschaffen, und diese sind es eigentlich, welche ich

---

[1] Grundsätze.
[2] im Verhältnis zu den Fällen.
[3] ihnen untergeordnet.

schlechthin Prinzipien nenne: indessen daß alle allgemeinen Sätze überhaupt komparative[1] Prinzipien heißen können.

Es ist ein alter Wunsch, der, wer weiß wie spät, vielleicht einmal in Erfüllung gehen wird: daß man doch einmal statt der endlosen Mannigfaltigkeit bürgerlicher Gesetze ihre Prinzipien aufsuchen möge; denn darin kann allein das Geheimnis bestehen, die Gesetzgebung, wie man sagt, zu simplifizieren[2]. Aber die Gesetze sind hier auch nur Einschränkungen unserer Freiheit auf Bedingungen, unter denen sie durchgängig mit sich selbst zusammenstimmt; mithin gehen sie auf etwas, was gänzlich unser eigen Werk ist und wovon wir durch jene Begriffe selbst die Ursache sein können. Wie aber Gegenstände an sich selbst, wie die Natur der Dinge unter Prinzipien stehe und nach bloßen Begriffen bestimmt werden solle, ist, wo nicht etwas Unmögliches, wenigstens doch sehr Widersinniges in seiner Forderung. Es mag aber hiermit bewandt sein, wie es wolle, so erhellt wenigstens daraus: daß Erkenntnis aus Prinzipien (an sich selbst) ganz etwas andres sei als bloße Verstandeserkenntnis, die zwar auch anderen Erkenntnissen in der Form eines Prinzips vorgehen kann, an sich selbst aber (sofern sie synthetisch ist) nicht auf bloßem Denken beruht, noch ein Allgemeines nach Begriffen in sich enthält.

Der Verstand mag ein Vermögen der Einheit der Erscheinungen vermittels der Regeln sein, so ist die Vernunft das Vermögen der Einheit der Verstandesregeln unter Prinzipien. Sie geht also niemals zunächst auf Erfahrung oder auf irgendeinen Gegenstand, sondern auf den Verstand, um den mannigfaltigen Erkenntnissen desselben Einheit a priori durch Begriffe zu geben, welche Vernunfteinheit heißen mag und von ganz anderer Art ist, als sie von dem Verstande geleistet werden kann.

Das ist der allgemeine Begriff von dem Vernunftvermögen.

---

[1] gesteigerte.
[2] einfach zu machen.

Von den Ideen überhaupt

Plato bediente sich des Ausdrucks I d e e so, daß man wohl sieht, er habe darunter etwas verstanden, was nicht allein niemals von den Sinnen entlehnt wird, sondern welches sogar die Begriffe des Verstandes, mit denen sich A r i s t o t e l e s beschäftigte, weit über- steigt, indem in der Erfahrung niemals etwas damit Kongruieren- des[1] angetroffen wird. Die Ideen sind bei ihm Urbilder der Dinge selbst und nicht bloß Schlüssel zu möglichen Erfahrungen wie die Kategorien. Nach seiner Meinung flossen sie aus der höchsten Vernunft aus, von da sie der menschlichen zuteil geworden, die sich aber jetzt nicht mehr in ihrem ursprünglichen Zustande befindet, sondern mit Mühe die alten, jetzt sehr verdunkelten Ideen durch Erinnerung (die Philosophie heißt) zurückrufen muß. Ich will mich hier in keine literarische Untersuchung einlassen, um den Sinn auszumachen, den der erhabene Philosoph mit seinem Ausdrucke verband. Ich merke nur an, daß es gar nichts Ungewöhnliches sei, sowohl im gemeinen Gespräche als in Schrif- ten durch die Vergleichung der Gedanken, welche ein Verfasser über seinen Gegenstand äußert, ihn sogar besser zu verstehen, als er sich selbst verstand, indem er seinen Begriff nicht genugsam bestimmte und dadurch bisweilen seiner eigenen Absicht entge- genredete oder auch dachte.

Plato bemerkte sehr wohl, daß unsere Erkenntniskraft ein weit höheres Bedürfnis fühle, als bloß Erscheinungen nach syntheti- scher Einheit buchstabieren, um sie als Erfahrung lesen zu kön- nen, und daß unsere Vernunft natürlicherweise sich zu Erkennt- nissen aufschwinge, die viel weiter gehen, als daß irgendein Gegenstand, den Erfahrung geben kann, jemals mit ihnen kongru- ieren könne, die aber nichtsdestoweniger ihre Realität haben und keineswegs bloße Hirngespinste sind.

Plato fand seine Ideen vorzüglich in allem, was praktisch ist, d. i.

---

[1] Übereinstimmendes.

auf Freiheit beruht, welche ihrerseits unter Erkenntnissen steht,
die ein eigentümliches Produkt der Vernunft sind. Wer die Begriffe der Tugend aus Erfahrung schöpfen wollte, wer das, was nur
allenfalls als Beispiel zur unvollkommenen Erläuterung dienen
kann, als Muster zum Erkenntnisquell machen wollte (wie es
wirklich viele getan haben), der würde aus der Tugend ein nach
Zeit und Umständen wandelbares, zu keiner Regel brauchbares,
zweideutiges Unding machen. Dagegen wird ein jeder inne, daß,
wenn ihm jemand als Muster der Tugend vorgestellt wird, er doch
immer das wahre Original bloß in seinem eigenen Kopfe habe,
womit er dieses angebliche Muster vergleicht und es bloß danach
schätzt. Dieses ist aber die Idee der Tugend, in Ansehung deren
alle möglichen Gegenstände der Erfahrung zwar als Beispiele
(Beweise der Tunlichkeit desjenigen im gewissen Grade, was der
Begriff der Vernunft heischt), aber nicht als Urbilder Dienste tun.
Daß niemals ein Mensch demjenigen adäquat[1] handeln werde, was
die reine Idee der Tugend enthält, beweist gar nicht was Chimäres[2]
in diesem Gedanken. Denn es ist gleichwohl alles Urteil über den
moralischen Wert oder Unwert nur vermittels dieser Idee möglich; mithin liegt sie jeder Annäherung zur moralischen Vollkommenheit notwendig zugrunde, soweit auch die ihrem Grade nach
nicht zu bestimmenden Hindernisse in der menschlichen Natur
uns davon entfernt halten mögen.
Die Platonische Republik ist als ein vermeintlich auffallendes
Beispiel von erträumter Vollkommenheit, die nur im Gehirn des
müßigen Denkers ihren Sitz haben kann, zum Sprichwort geworden, und Brucker[3] findet es lächerlich, daß der Philosoph behauptete, niemals würde ein Fürst wohl regieren, wenn er nicht
der Ideen teilhaftig wäre. Allein man würde besser tun, diesem
Gedanken mehr nachzugehen und ihn (wo der vortreffliche Mann

---

[1] entsprechend.
[2] Trügerisches.
[3] Geschichtsschreiber der Philosophie im 18. Jahrhundert.

uns ohne Hilfe läßt) durch neue Bemühungen ins Licht zu stellen, als ihn unter dem sehr elenden und schädlichen Vorwande der Untunlichkeit als unnütz beiseite zu setzen. Eine Verfassung von der größten menschlichen Freiheit nach Gesetzen, welche machen, daß jede Freiheit mit der anderen ihrer zusammen bestehen kann (nicht von der größten Glückseligkeit, denn diese wird schon von selbst folgen), ist doch wenigstens eine notwendige Idee, die man nicht bloß im ersten Entwurfe einer Staatsverfassung, sondern auch bei allen Gesetzen zugrunde legen muß, und wobei man anfänglich von den gegenwärtigen Hindernissen abstrahieren muß, die vielleicht nicht sowohl unvermeidlich entspringen mögen als vielmehr aus der Vernachlässigung der echten Ideen bei der Gesetzgebung. Denn nichts kann Schädlicheres und eines Philosophen Unwürdigeres gefunden werden als die pöbelhafte Berufung auf vorgeblich widerstreitende Erfahrung, die doch gar nicht existieren würde, wenn jene Anstalten zu rechter Zeit nach den Ideen getroffen würden, und an deren Statt nicht rohe Begriffe eben darum, weil sie aus Erfahrung geschöpft worden, alle gute Absicht vereitelt hätten. Je übereinstimmender die Gesetzgebung und Regierung mit dieser Idee eingerichtet wären, desto seltener würden allerdings die Strafen werden, und da ist es denn ganz vernünftig (wie Plato behauptet), daß bei einer vollkommenen Anordnung derselben gar keine dergleichen nötig sein würden. Ob nun gleich das letztere niemals zustande kommen mag, so ist die Idee doch ganz richtig, welches dieses Maximum[1] zum Urbilde aufstellt, um nach demselben die gesetzliche Verfassung der Menschen der möglich größten Vollkommenheit immer näher zu bringen. Denn welches der höchste Grad sein mag, bei welchem die Menschheit stehenbleiben müsse, und wie groß also die Kluft, die zwischen der Idee und ihrer Ausführung notwendig übrigbleibt, sein möge, das kann und soll niemand bestimmen, eben darum weil es Freiheit ist, welche jede angegebene Grenze übersteigen kann.

---

[1] diesen höchsten Grad.

Aber nicht bloß in demjenigen, wobei die menschliche Vernunft wahrhafte Kausalität zeigt, und wo Ideen wirkende Ursachen (der Handlungen und ihrer Gegenstände) werden, nämlich im Sittlichen, sondern auch in Ansehung der Natur selbst sieht Plato mit Recht deutliche Beweise ihres Ursprungs aus Ideen. Ein Gewächs, ein Tier, die regelmäßige Anordnung des Weltbaues (vermutlich also auch die ganze Naturordnung) zeigen deutlich, daß sie nur nach Ideen möglich sind; daß zwar kein einzelnes Geschöpf unter den einzelnen Bedingungen seines Daseins mit der Idee des vollkommensten seiner Art kongruiere[1] (so wenig wie der Mensch mit der Idee der Menschheit, die er sogar selbst als das Urbild seiner Handlungen in seiner Seele trägt), daß gleichwohl jene Ideen im höchsten Verstande einzeln, unveränderlich, durchgängig bestimmt und die ursprünglichen Ursachen der Dinge sind, und nur das Ganze ihrer Verbindung im Weltall einzig und allein jeder Idee völlig adäquat sei. Wenn man das Übertriebene des Ausdrucks absondert, so ist der Geistesschwung des Philosophen, von der kopeilichen[2] Betrachtung des Physischen der Weltordnung zu der architektonischen Verknüpfung derselben nach Zwecken, d. i. nach Ideen, hinaufzusteigen, eine Bemühung, die Achtung und Nachfolge verdient; in Ansehung desjenigen aber, was die Prinzipien der Sittlichkeit, der Gesetzgebung und der Religion betrifft, wo die Ideen die Erfahrung selbst (des Guten) allererst möglich machen, obzwar niemals darin ausgedrückt werden können, ein ganz eigentümliches Verdienst, welches man nur darum nicht erkennt, weil man es durch eben die empirischen Regeln beurteilt, deren Gültigkeit als Prinzipien eben durch sie hat aufgehoben werden sollen. Denn in Betracht der Natur gibt uns Erfahrung die Regel an die Hand und ist der Quell der Wahrheit; in Ansehung der sittlichen Gesetze aber ist die Erfahrung (leider!) die Natur des Scheins, und es ist höchst verwerflich, die Gesetze über das, was

---

[1] übereinstimme.
[2] von Kopie, also „abbildlichen".

ich tun soll, von demjenigen herzunehmen oder dadurch einschränken zu wollen, was getan wird.

Statt aller dieser Betrachtungen, deren gehörige Ausführung in der Tat die eigentümliche Würde der Philosophie ausmacht, beschäftigen wir uns jetzt mit einer nicht so glänzenden, aber doch auch nicht verdienstlosen Arbeit, nämlich: den Boden zu jenen majestätischen sittlichen Gebäuden eben und baufest zu machen, in welchem sich allerlei Maulwurfsgänge einer vergeblich, aber mit guter Zuversicht auf Schätze grabenden Vernunft vorfanden, und die jenes Bauwerk unsicher machen. Der transzendentale Gebrauch der reinen Vernunft, ihre Prinzipien und Ideen sind es also, welche genau zu kennen uns jetzt obliegt, um den Einfluß der reinen Vernunft und den Wert derselben gehörig bestimmen und schätzen zu können.

Von den transzendentalen Ideen

Nun geht der transzendentale Vernunftbegriff jederzeit nur auf die absolute Totalität in der Synthesis der Bedingungen und endigt niemals als bei dem schlechthin, d. i. in jeder Beziehung Unbedingten. Denn die reine Vernunft überläßt alles dem Verstande, der sich zunächst auf die Gegenstände der Anschauung oder vielmehr deren Synthesis in der Einbildungskraft bezieht. Jene[1] behält sich allein die absolute Totalität im Gebrauche der Verstandesbegriffe vor und sucht die synthetische Einheit, welche in der Kategorie gedacht wird, bis zum Schlechthinunbedingten hinauszuführen[2]. Man kann daher diese die Vernunfteinheit der Erscheinungen, sowie jene, welche die Kategorie ausdrückt, Verstandeseinheit nennen. So bezieht sich demnach die Vernunft nur

---

[1] die Vernunft.
[2] z. B. aus dem Begriff der Kausalität (als Urteilsform) macht sie die Idee einer vollkommenen Kausalverbundenheit aller Erscheinungen usw.

auf den Verstandesgebrauch, und zwar nicht, sofern dieser den Grund möglicher Erfahrung enthält (denn die absolute Totalität der Bedingungen ist kein in einer Erfahrung brauchbarer Begriff, weil keine Erfahrung unbedingt ist), sondern um ihm die Richtung auf eine gewisse Einheit vorzuschreiben, von der der Verstand keinen Begriff hat und die darauf hinausgeht, alle Verstandeshandlungen, in Ansehung eines jeden Gegenstandes, in ein absolutes Ganze zusammenzufassen. Daher ist der objektive Gebrauch der reinen Vernunftbegriffe jederzeit transzendent[1], indessen, daß der, von den reinen Verstandesbegriffen, seiner Natur nach jederzeit immanent[2] sein muß, indem er sich bloß auf mögliche Erfahrungen einschränkt.

Ich verstehe unter der Idee einen notwendigen Vernunftbegriff, dem kein kongruierender Gegenstand in den Sinnen gegeben werden kann. Also sind unsere jetzt erwogenen reinen Vernunftbegriffe transzendentale Ideen. Sie sind Begriffe der reinen Vernunft; denn sie betrachten alle Erfahrungserkenntnis als bestimmt durch eine absolute Totalität der Bedingungen. Sie sind nicht willkürlich erdichtet, sondern durch die Natur der Vernunft selbst aufgegeben und beziehen sich daher notwendigerweise auf den ganzen Verstandesgebrauch. Sie sind endlich transzendent und übersteigen die Grenze aller Erfahrung, in welcher also niemals ein Gegenstand vorkommen kann, der der transzendentalen Idee adäquat wäre. Wenn man eine Idee nennt, so sagt man, dem Objekt nach (als von einem Gegenstand des reinen Verstandes) sehr viel, dem Subjekte nach aber (d. i. in Ansehung seiner Wirklichkeit unter empirischer Bedingung) eben darum s e h r w e n i g, weil sie, als der Begriff eines Maximums[3], in concreto niemals kongruent[4] kann gegeben werden. Weil nun das letztere im bloß

---

[1] über den Umkreis der Erfahrung hinausgehend.
[2] im Umkreis der Erfahrung allein verharrend.
[3] Höchstgrades.
[4] d. h. es gibt keine Entsprechung in der Wirklichkeit.

spekulativen Gebrauch der Vernunft[1] eigentlich die ganze Absicht ist, und die Annäherung zu einem Begriffe, der aber in der Ausübung doch niemals erreicht wird, ebensoviel ist, als ob der Begriff ganz und gar verfehlt würde, so heißt es von einem dergleichen Begriffe: er ist nur eine Idee. So würde man sagen können: das absolute Ganze aller Erscheinungen ist nur eine Idee, denn, da wir dergleichen niemals im Bilde entwerfen können, so bleibt es ein Problem ohne alle Auflösung. Dagegen, weil es im praktischen Gebrauch des Verstandes ganz allein um die Ausübung nach Regeln zu tun ist, so kann die Idee der praktischen Vernunft jederzeit wirklich, obzwar nur zum Teil, in concreto gegeben werden, ja sie ist die unentbehrliche Bedingung jedes praktischen Gebrauchs der Vernunft. Ihre Ausübung ist jederzeit begrenzt und mangelhaft, aber unter nicht bestimmbaren Grenzen, also jederzeit unter dem Einflusse des Begriffs einer absoluten Vollständigkeit. Demnach ist die praktische Idee jederzeit höchst fruchtbar und in Ansehung der wirklichen Handlungen unumgänglich notwendig. In ihr hat die reine Vernunft sogar Kausalität, das wirklich hervorzubringen, was ihr Begriff enthält, daher kann man von der Weisheit nicht gleichsam geringschätzig sagen: sie ist nur eine Idee; sondern eben darum, weil sie die Idee von der notwendigen Einheit aller möglichen Zwecke ist, so muß sie allem Praktischen als ursprüngliche, zum wenigsten einschränkende Bedingung zur Regel dienen.

Ob wir nun gleich von den transzendentalen Vernunftbegriffen sagen müssen: sie sind nur Ideen, so werden wir sie doch keineswegs für überflüssig und nichtig anzusehen haben. Denn wenn schon dadurch kein Objekt bestimmt werden kann, so können sie doch im Grunde und unbemerkt dem Verstande zum Kanon[2] seines ausgebreiteten und einhelligen Gebrauchs dienen, dadurch er zwar keinen Gegenstand mehr erkennt, als er nach seinen

---

[1] d. h. im erfahrungsfreien metaphysischen Denken.
[2] als Richtlinie.

Begriffen erkennen würde, aber doch in dieser Erkenntnis besser und weiter geleitet wird.

Von den Grenzen der Vernunft

Nach den allerklarsten Beweisen, die wir gegeben haben, würde es Ungereimtheit sein, wenn wir von irgendeinem Gegenstande mehr zu erkennen hofften, als zur möglichen Erfahrung desselben gehört, oder auch von irgendeinem Dinge, wovon wir annehmen, es sei nicht ein Gegenstand möglicher Erfahrung, nur auf das mindeste Erkenntnis Anspruch machten, es nach seiner Beschaffenheit, wie es an sich selbst ist, zu bestimmen; denn wodurch wollen wir diese Bestimmung verrichten, da Zeit, Raum und alle Verstandesbegriffe, vielmehr aber noch die durch empirische Anschauung oder Wahrnehmung in der Sinnenwelt gezogenen Begriffe keinen andern Gebrauch haben, noch haben können, als bloß Erfahrung möglich machen, und lassen wir selbst von den reinen Verstandesbegriffen diese Bedingung weg, sie alsdann ganz und gar kein Objekt bestimmen und überall keine Bedeutung haben. Es würde aber andererseits eine noch größere Ungereimtheit sein, wenn wir gar keine Dinge an sich selbst einräumen, oder unsere Erfahrung für die einzig mögliche Erkenntnisart der Dinge, mithin unsre Anschauung in Raum und Zeit für die allein mögliche Anschauung unsern diskursiven[1] Verstand aber für das Urbild von jedem möglichen Verstande ausgeben wollten, mithin Prinzipien der Möglichkeit der Erfahrung für allgemeine Bedingungen der Dinge an sich selbst wollten gehalten wissen.

Unsere Prinzipien, welche den Gebrauch der Vernunft bloß auf mögliche Erfahrung einschränken, könnten demnach selbst transzendent werden und die Schranken unserer Vernunft für Schranken der Möglichkeit der Dinge selbst ausgeben, wie davon Humes Dialoge zum Beispiel dienen können, wenn nicht eine sorgfältige Kritik die Grenzen unserer Vernunft auch in Ansehung ihres

---

[1] schließenden.

empirischen Gebrauchs bewachte und ihren Anmaßungen ihr Ziel setzte. Der Skeptizismus ist uranfänglich aus der Metaphysik und ihrer polizeilosen Dialektik[1] entsprungen. Anfangs mochte er wohl bloß zugunsten des Erfahrungsgebrauchs der Vernunft alles, was diesen übersteigt, für nichtig und betrüglich ausgeben; nach und nach aber, da man inne ward, daß es doch eben dieselben Grundsätze a priori sind, denen man sich bei der Erfahrung bedient, die unvermerkt und, wie es schien, mit eben demselben Rechte noch weiter führten, als Erfahrung reicht, so fing man an, selbst in Erfahrungsgrundsätze einen Zweifel zu setzen. Hiermit hat es nun wohl keine Not; denn der gesunde Verstand wird hierin wohl jederzeit seine Rechte behaupten; allein es entsprang doch eine besondere Verwirrung in der Wissenschaft, die nicht bestimmen kann, wie weit und warum nur bis dahin und nicht weiter der Vernunft zu trauen sei; dieser Verwirrung aber kann nur durch förmliche und aus Grundsätzen gezogene Grenzbestimmung unseres Vernunftgebrauchs abgeholfen und allem Rückfall auf künftige Zeit vorgebeugt werden. Es ist wahr; wir können über alle mögliche Erfahrung hinaus von dem, was Dinge an sich selbst sein mögen, keinen bestimmten Begriff geben. Wir sind aber dennoch nicht frei vor der Nachfrage nach diesen, uns gänzlich derselben zu enthalten; denn Erfahrung tut der Vernunft niemals völlig Genüge; sie weist uns in Beantwortung der Fragen immer weiter zurück und läßt uns in Ansehung des völligen Aufschlusses derselben unbefriedigt. Wer kann es wohl ertragen, daß wir von der Natur unserer Seele bis zum klaren Bewußtsein des Subjekts und zugleich der Überzeugung gelangen, daß seine Erscheinungen nicht materialistisch können erklärt werden, ohne zu fragen, was denn die Seele eigentlich sei, und wenn kein Erfahrungsbegriff hierzu zureicht, allenfalls einen Vernunftbegriff (eines einfachen immateriellen Wesens) bloß zu diesem Behuf anzunehmen, ob wir gleich seine objektive Realität gar nicht dartun können? Wer kann

---

[1] Scheinlogik.

sich bei der bloßen Erfahrungserkenntnis in allen kosmologischen Fragen von der Weltdauer und Größe, der Freiheit oder Naturnotwendigkeit befriedigen, da, wir mögen es anfangen, wie wir wollen, eine jede nach Erfahrungsgrundsätzen gegebene Antwort immer eine neue Frage gebiert, die ebensowohl beantwortet sein will und dadurch die Unzulänglichkeit aller physischen Erklärungsarten zur Befriedigung der Vernunft deutlich dartut? Endlich, wer sieht nicht bei der durchgängigen Zufälligkeit und Abhängigkeit alles dessen, was er nur nach Erfahrungsprinzipien denken und annehmen mag, die Unmöglichkeit, bei diesen stehenzubleiben, und fühlt sich nicht notgedrungen, unerachtet alles Verbots, sich nicht in transzendente Ideen zu verlieren, dennoch über alle Begriffe, die er durch Erfahrung rechtfertigen kann, noch in dem Begriffe eines Wesens[1] Ruhe und Befriedigung zu suchen, davon die Idee zwar an sich selbst der Möglichkeit nach nicht eingesehen, obgleich auch nicht widerlegt werden kann, weil sie ein bloßes Verstandeswesen betrifft, ohne die[2] aber die Vernunft auf immer unbefriedigt bleiben müßte.

Grenzen (bei ausgedehnten Wesen) setzen immer einen Raum voraus, der außerhalb einem gewissen bestimmten Platze angetroffen wird und ihn einschließt; Schranken bedürfen dergleichen nicht, sondern sind bloße Verneinungen, die eine Größe affizieren[3], sofern sie nicht absolute Vollständigkeit hat. Unsere Vernunft aber sieht gleichsam um sich einen Raum für die Erkenntnis der Dinge an sich selbst, ob sie gleich von ihnen niemals bestimmte Begriffe haben kann und nur auf Erscheinungen eingeschränkt ist. Solange die Erkenntnis der Vernunft gleichartig ist, lassen sich von ihr keine bestimmten Grenzen denken. In der Mathematik und Naturwissenschaft erkennt die menschliche Vernunft zwar Schranken, aber keine Grenzen, d. i. zwar, daß etwas außer ihr

---

[1] eines an sich Seienden.
[2] Idee eines Wesens an sich.
[3] einschränken.

liege, wohin sie niemals gelangen kann, aber nicht, daß sie selbst in
ihrem innern Fortgange irgendwo vollendet sein werde. Die Erweiterung der Einsichten in der Mathematik und die Möglichkeit
immer neuer Erfindungen geht ins Unendliche; ebenso die Entdeckung neuer Natureigenschaften, neuer Kräfte und Gesetze
durch fortgesetzte Erfahrung und Vereinigung derselben durch
die Vernunft. Aber Schranken sind hier gleichwohl nicht zu
verkennen, denn Mathematik geht nur auf Erscheinungen, und
was nicht ein Gegenstand der sinnlichen Anschauung sein kann,
als die Begriffe der Metaphysik und Moral, das liegt ganz außerhalb ihrer Sphäre, und dahin kann sie niemals führen; sie bedarf
aber derselben auch gar nicht. Naturwissenschaft wird uns niemals das Innere der Dinge, d. i. dasjenige, was nicht Erscheinung
ist, aber doch zum obersten Erklärungsgrunde der Erscheinungen
dienen kann, entdecken; aber sie braucht dieses auch nicht zu
ihren physischen Erklärungen; ja wenn ihr auch dergleichen
anderweitig angeboten würde (z. B. Einfluß immaterieller Wesen), so soll sie es doch ausschlagen und gar nicht in den Fortgang
ihrer Erklärungen bringen, sondern diese jederzeit nur auf das
gründen, was als Gegenstand der Sinne zu Erfahrung gehören und
mit unsern wirklichen Wahrnehmungen nach Erfahrungsgesetzen in Zusammenhang gebracht werden kann.

Allein Metaphysik führt uns in den dialektischen Versuchen der
reinen Vernunft (die nicht willkürlich oder mutwilligerweise angefangen werden, sondern dazu die Natur der Vernunft selbst
treibt) auf Grenzen; und die transzendentalen Ideen dienen dazu,
nicht allein uns wirklich die Grenzen des reinen Vernunftgebrauchs zu zeigen, sondern auch die Art, solche zu bestimmen;
und das ist auch der Zweck und Nutzen dieser Naturanlage unserer
Vernunft, welche Metaphysik als ihr Lieblingskind ausgeboren
hat, dessen Erzeugung sowie jede andere in der Welt nicht dem
ungefähren Zufalle, sondern einem ursprünglichen Keime zuzuschreiben ist, welcher zu großen Zwecken weislich organisiert ist.
Denn Metaphysik ist vielleicht mehr wie irgendeine andere Wis-

senschaft durch die Natur selbst ihren Grundzügen nach in uns
gelegt und kann gar nicht als das Produkt einer beliebigen Wahl
oder als zufällige Erweiterung beim Fortgange der Erfahrungen
(von denen sie sich gänzlich abtrennt) angesehen werden.

Die Vernunft, durch alle ihre Begriffe und Gesetze des Verstandes,
die ihr zum empirischen Gebrauche, mithin innerhalb der Sinnenwelt hinreichend sind, findet doch von sich keine Befriedigung;
denn durch ins Unendliche immer wiederkommende Fragen wird
ihr alle Hoffnung zur vollendeten Auflösung derselben benommen. Die transzendentalen Ideen, welche diese Vollendung zur
Absicht haben, sind solche Probleme der Vernunft. Nun sieht sie
klärlich, daß die Sinnenwelt diese Vollendung nicht enthalten
könne, mithin ebensowenig auch alle jene Begriffe, die lediglich
zum Verständnisse derselben dienen: Raum und Zeit und alles,
was wir unter dem Namen der reinen Verstandesbegriffe angeführt haben. Die Sinnenwelt ist nichts als eine Kette nach allgemeinen Gesetzen verknüpfter Erscheinungen, sie hat also kein
Bestehen für sich, sie ist eigentlich nicht das Ding an sich selbst
und bezieht sich also notwendig auf das, was den Grund dieser
Erscheinung enthält, auf Wesen, die nicht bloß als Erscheinung,
sondern als Dinge an sich selbst erkannt werden können. In der
Erkenntnis derselben kann Vernunft allein hoffen, ihr Verlangen
nach Vollständigkeit im Fortgange vom Bedingten zu dessen
Bedingungen einmal befriedigt zu sehen.

Mit der Entdeckung der regulativen Prinzipien (der Ideen) der Synthesis ist das Problem vollends gelöst, welches Kant sich bei Beginn seines
kritischen Unternehmens gestellt hatte. Die Frage ist beantwortet: wie
muß Erkenntnis beschaffen sein, um Anspruch auf Allgemeingültigkeit und Denknotwendigkeit erheben zu können? Die Lösung lautet:
Eine solche Erkenntnis muß nach dem Schema der Synthesis a priori gebaut sein, d. h., sie muß eine gegebene
Mannigfaltigkeit auf Grund des a priori gesetzten Raum-
Zeit-Schemas zu Anschauungen verdichten; sie muß
diese Anschauungen auf Grund der Kategorien und Ur-

teilsformen verbegrifflichen und zu Urteilen verknüpfen; dabei müssen diese Etappen der Synthesis unter der Ägide eines legitimen transzendentalen Prinzips stehen, das den Anschauungen, Begriffen und Urteilen letzte systematische Einheit verleiht.

Nun gibt es nach Kant, ganz allgemein gesprochen, nur drei Gegenstandsbereiche, in denen uns ein Mannigfaltiges „gegeben", und dessen systematische Ordnung „aufgegeben" ist. 1. Das Daseiende in uns (das Mannigfaltige der inneren Erscheinung), 2. das Daseiende außer uns (das Mannigfaltige der äußeren Erscheinung) und 3. das mögliche Daseiende überhaupt. Auf diesen drei Gebieten ist verstandesmäßige Synthesis (also Wissenschaft) unter der Ägide einer transzendentalen Idee (d. h. nach einem von der Vernunft entworfenen Einheitsplan) möglich. Die dazu notwendigen Leitideen wären 1. die Einheit des Subjekts, 2. die Einheit des Objekts in der Erscheinung und 3. die Einheit aller Gegenstände überhaupt. Drei Idealwissenschaften würden sich auf diese Weise ergeben: 1. die Synthesis aller inneren Erscheinungen unter der Leitidee der Einheit des Subjektes (Seele), 2. die Synthesis aller äußeren Erscheinung unter der Leitidee der Einheit des Kosmos und 3. die Synthesis aller möglichen Gegenstände überhaupt unter der Leitidee eines Wesens aller Wesen (Gott). Psychologie, Kosmologie und Theologie sind also mögliche Wissenschaften.

Freilich darf in diesen Idealwissenschaften nicht der Fehler begangen werden, das Leitprinzip der Erkenntnis für einen Gegenstand der Erkenntnis zu nehmen. Das Leitprinzip ist vielmehr nur eine Idee, welche einheitsstiftende Funktion im Erkennen hat, niemals aber Objekt des Erkennens ist. Bei Nichtbeachtung dieses Umstandes ergeben sich statt echter Wissenschaften drei Pseudowissenschaften: 1. die rationale[1] Psychologie, welche fälschlicherweise glaubt, etwas über die Substanz und die Attribute des denkenden Subjekts, also über die Seele, ihren Ort, ihre Unzerstörbarkeit usw. ausmachen zu können, 2. die rationale Kosmologie, welche glaubt, etwas über die Größe der Welt, ihr Sein in der Zeit usw. ausmachen zu können und 3. die rationale Theologie, welche in dem Irrtum befangen ist, die Existenz Gottes so beweisen zu können, wie man die Existenz eines physikalischen Gegenstandes beweisen kann.

---

[1] vernünftelnde.

Vor diesen Irrwissenschaften warnt Kant ausdrücklich. Er beschäftigt sich eingehend mit der systematischen Widerlegung aller Trugschlüsse („Paralogismen" bzw. „Antinomien") in ihnen und betont immer von neuem, daß der Seelenbegriff eben nur ein regulatives Prinzip sei, durch das wir zwar Ordnung in die Erscheinungen unseres inneren Sinnes bringen, niemals aber unser psychologisches Wissen erweitern. Auch die kosmologische Idee eines „Weltalls" sei nur „eine Regel zum Fortschritt der erfahrungsmäßigen Wissenschaft", also nur regulatives Prinzip, niemals aber Erkenntnisgegenstand, durch den unser Wissen von den äußeren Dingen vermehrt werde. Die Existenz Gottes, das Kernproblem der rationalen Theologie, schließlich sei auf keine Weise beweisbar. Alle Versuche eines Beweises vom Dasein Gottes seien notwendig zum Scheitern verurteilt.

Auf diese Zusammenhänge beziehen sich die folgenden Texte. Von der Widerlegung der Paralogismen und der Auflösung der Antinomien bringen wir nur je ein Beispiel.

System der transzendentalen Ideen bzw. der durch sie möglichen Wissenschaften

Wir haben aus der natürlichen Beziehung, die der transzendentale Gebrauch unserer Erkenntnis, sowohl in Schlüssen als Urteilen, auf den logischen haben muß, abgenommen: daß es nur drei Arten von dialektischen Schlüssen geben werde, die sich auf die dreierlei Schlußarten beziehen, durch welche Vernunft aus Prinzipien zu Erkenntnissen gelangen kann, und daß in allem ihr Geschäft sei, von der bedingten Synthesis, an die der Verstand jederzeit gebunden bleibt, zur unbedingten aufzusteigen, die er niemals erreichen kann.

Nun ist das Allgemeine aller Beziehung, die unsere Vorstellungen haben können, 1. die Beziehung aufs Subjekt, 2. die Beziehung auf Objekte, und zwar entweder erstlich als Erscheinungen oder als Gegenstände des Denkens überhaupt. Wenn man diese Untereinteilung mit der oberen verbindet, so ist alles Verhältnis der Vorstellungen, davon wir uns entweder einen Begriff oder Idee machen können, dreifach: 1. das Verhältnis zum Subjekt, 2. zum

Mannigfaltigen des Objekts in der Erscheinung, 3. zu allen Dingen überhaupt.

Nun haben es alle reinen Begriffe überhaupt mit der synthetischen Einheit der Vorstellungen, Begriffe der reinen Vernunft (transzendentale Ideen) aber mit der unbedingten synthetischen Einheit aller Bedingungen überhaupt zu tun. Folglich werden alle transzendentalen Ideen sich unter drei Klassen bringen lassen, davon die erste die absolute (unbedingte) Einheit des denkenden Subjekts, die zweite die absolute Einheit der Reihe der Bedingungen der Erscheinung, die dritte die absolute Einheit der Bedingung aller Gegenstände des Denkens überhaupt enthält.

Das denkende Subjekt ist der Gegenstand der Psychologie, der Inbegriff aller Erscheinungen (die Welt), der Gegenstand der Kosmologie und das Ding, welches die oberste Bedingung der Möglichkeit von allem, was gedacht werden kann, enthält (das Wesen aller Wesen), der Gegenstand der Theologie. Also gibt die reine Vernunft die Idee zu einer transzendentalen Seelenlehre (psychologia rationalis), zu einer transzendentalen Weltwissenschaft (cosmologia rationalis), endlich auch zu einer transzendentalen Gotteserkenntnis (theologia transcendentalis) an die Hand. Der bloße Entwurf sogar zu einer sowohl als der andern dieser Wissenschaften schreibt sich gar nicht von dem Verstande her, selbst, wenn er gleich mit dem höchsten logischen Gebrauche der Vernunft, d. i. allen erdenklichen Schlüssen verbunden wäre, um von einem Gegenstande desselben (Erscheinung) zu allen anderen bis in die entlegensten Glieder der empirischen Synthesis fortzuschreiten, sondern ist lediglich ein reines und echtes Produkt oder Problem der reinen Vernunft.

Von diesen transzendentalen Ideen ist eigentlich keine objektive Deduktion[1] möglich. Denn in der Tat haben sie keine Beziehung auf irgendein Objekt, was ihnen kongruent gegeben werden könnte, eben darum weil sie nur Ideen sind. Aber eine subjektive

---

[1] Rechtfertigung durch objektiv Gegebenes.

Anleitung derselben aus der Natur unserer Vernunft konnten wir unternehmen.

Man sieht leicht: daß die reine Vernunft nichts anders zur Absicht habe als die absolute Totalität der Synthesis auf der Seite der Bedingungen, und daß sie mit der absoluten Vollständigkeit von seiten des Bedingten nichts zu schaffen habe. Denn nur allein jener bedarf sie, um die ganze Reihe der Bedingungen vorauszusetzen und sie dadurch dem Verstande a priori zu geben. Auf solche Weise dienen die transzendentalen Ideen nur zum Aufsteigen in der Reihe der Bedingungen bis zum Unbedingten, d. i. zu den Prinzipien. In Ansehung des Hinangehens zum Bedingten aber gibt es zwar einen weit erstreckten logischen Gebrauch, den unsere Vernunft von den Verstandesgesetzen macht, aber gar keinen transzendentalen[1], und wenn wir uns von der absoluten Totalität einer solchen Synthesis eine Idee machen, z. B. von der ganzen Reihe aller künftigen Weltveränderungen, so ist dieses ein Gedankending, welches nur willkürlich gedacht und nicht durch die Vernunft notwendig vorausgesetzt wird. Denn zur Möglichkeit des Bedingten wird zwar die Totalität seiner Bedingungen, aber nicht seiner Folgen vorausgesetzt. Folglich ist ein solcher Begriff keine transzendentale Idee, mit der wir es doch hier lediglich zu tun haben.

Zuletzt wird man auch gewahr: daß unter den transzendentalen Ideen selbst ein gewisser Zusammenhang und Einheit hervorleuchte, und daß die reine Vernunft, vermittels ihrer, alle ihre Erkenntnisse in ein System bringe. Von der Erkenntnis seiner selbst (der Seele) zur Welterkenntnis und, vermittels dieser, zum Urwesen fortzugehen, ist ein so natürlicher Fortschritt, daß er dem logischen Fortgange der Vernunft, von den Prämissen[2] zum Schlußsatze ähnlich scheint. Die Metaphysik hat zum eigentlichen Zwecke ihrer Nachforschung nur drei Ideen: Gott, Freiheit und

---

[1] keinen, der über die Erfahrungsgrenze hinausführt.
[2] Voraussetzungen.

Unsterblichkeit, so daß der zweite Begriff, mit dem ersten verbunden, auf den dritten, als einen notwendigen Schlußsatz, führen soll. Alles, womit sich diese Wissenschaft sonst beschäftigt, dient ihr bloß zum Mittel, um zu diesen Ideen und ihrer Realität zu gelangen. Sie bedarf sie nicht zum Behufe der Naturwissenschaft, sondern um über die Natur hinauszukommen. Die Einsicht in dieselbe würde Theologie, Moral und, durch beider Verbindung, Religion, mithin die höchsten Zwecke unseres Daseins, bloß vom spekulativen Vernunftvermögen und sonst von nichts anderem abhängig machen. In einer systematischen Vorstellung jener Ideen würde die angeführte Ordnung, als die synthetische, die schicklichste sein; aber in der Bearbeitung, die vor ihr notwendig vorhergehen muß, wird die analytische, welche die Ordnung umkehrt, dem Zwecke angemessener sein, um, indem wir von demjenigen, was uns Erfahrung unmittelbar an die Hand gibt, der Seelenlehre, zur Weltlehre und von da bis zur Erkenntnis Gottes fortgehen, unseren großen Entwurf zu vollziehen. Wir haben vorläufig unseren Zweck schon erreicht: da wir die transzendentalen Begriffe der Vernunft, die sich sonst gewöhnlich in der Theorie der Philosophie unter andere mischen, ohne daß diese sie einmal von Verstandesbegriffen gehörig unterscheiden, aus dieser zweideutigen Lage haben herausziehen, ihren Ursprung und dadurch zugleich ihre bestimmte Zahl, über die es gar keine mehr geben kann, angeben und sie in einem systematischen Zusammenhange haben vorstellen können, wodurch ein besonderes Feld für die reine Vernunft abgesteckt und eingeschränkt wird.

Von den Paralogismen[1] der reinen Vernunft

Der logische Paralogismus besteht in der Falschheit eines Vernunftschlusses der Form nach, sein Inhalt mag übrigens sein, welcher er wolle. Ein transzendentaler Paralogismus aber hat

---

[1] Fehlschlüssen aus formalen Gründen.

einen transzendentalen Grund: der Form nach falsch zu schließen. Auf solche Weise wird ein dergleichen Fehlschluß in der Natur der Menschenvernunft seinen Grund haben und eine unvermeidliche, obzwar nicht unauflösliche Illusion bei sich führen.

Jetzt kommen wir auf einen Begriff, der oben, in der allgemeinen Liste der transzendentalen Begriffe, nicht verzeichnet worden und dennoch dazu gezählt werden muß, ohne doch darum jene Tafel im mindesten zu verändern und für mangelhaft zu erklären. Dieses ist der Begriff oder, wenn man lieber will, das Urteil: Ich denke. Man sieht aber leicht: daß er das Vehikel[1] aller Begriffe überhaupt und mithin auch der transzendentalen sei und also unter diesen jederzeit mit begriffen werde und daher ebensowohl transzendental sei, aber keinen besonderen Titel haben könne, weil er nur dazu dient, alles Denken, als zum Bewußtsein gehörig, aufzuführen. Indessen, so rein er auch vom Empirischen (dem Eindrucke der Sinne) ist, so dient er doch dazu, zweierlei Gegenstände aus der Natur unserer Vorstellungskraft zu unterscheiden. Ich, als denkend, bin ein Gegenstand des inneren Sinnes und heiße Seele. Dasjenige, was ein Gegenstand äußerer Sinne ist, heißt Körper. Demnach bedeutet der Ausdruck: Ich, als ein denkend Wesen, schon den Gegenstand der Psychologie, welche die rationale Seelenlehre heißen kann, wenn ich von der Seele nichts weiter zu wissen verlange, als was unabhängig von aller Erfahrung aus diesem Begriffe Ich, sofern er bei allem Denken vorkommt, geschlossen werden kann.

Die rationale Seelenlehre ist nun wirklich ein Unterfangen von dieser Art, denn wenn das mindeste Empirische meines Denkens, irgendeine besondere Wahrnehmung meines inneren Zustandes noch unter die Erkenntnisgründe dieser Wissenschaft gemischt würde, so wäre sie nicht mehr rationale, sondern empirische Seelenlehre. Wir haben also schon eine angebliche Wissenschaft vor uns, welche auf dem einzigen Satze: Ich denke, erbaut worden

---

[1] eigentlich das „Fahrzeug", also das „bewegende Prinzip".

und deren Grund oder Ungrund wir hier ganz schicklich und der Natur einer Transzendentalphilosophie gemäß untersuchen können. Man darf sich daran nicht stoßen: daß ich doch an diesem Satze, der die Wahrnehmung seiner selbst ausdrückt, eine innere Erfahrung habe, und mithin die rationale Seelenlehre, welche darauf erbaut wird, niemals rein, sondern zum Teil auf ein empirisches Prinzip gegründet sei. Denn diese innere Wahrnehmung ist nichts weiter als die bloße Apperzeption[1]: Ich denke, welche sogar alle transzendentalen Begriffe möglich macht, in welchen es heißt: Ich denke die Substanz, die Ursache usw. Denn innere Erfahrung überhaupt und deren Möglichkeit, oder Wahrnehmung überhaupt und deren Verhältnis zu anderer Wahrnehmung, ohne daß irgendein besonderer Unterschied derselben und Bestimmung empirisch gegeben ist, kann nicht als empirische Erkenntnis, sondern muß als Erkenntnis des Empirischen überhaupt angesehen werden und gehört zur Untersuchung der Möglichkeit einer jeden Erfahrung, welche allerdings transzendental ist. Das mindeste Objekt der Wahrnehmung (z. B. nur Lust oder Unlust), welche zu der allgemeinen Vorstellung des Selbstbewußtseins hinzukäme, würde die rationale Psychologie sogleich in eine empirische verwandeln.

Ich denke, ist also der alleinige Text der rationalen Psychologie, aus welchem sie ihre ganze Weisheit auswickeln soll. Man sieht leicht: daß dieser Gedanke, wenn er auf einen Gegenstand (mich selbst) bezogen werden soll, nichts anderes als transzendentale Prädikate desselben enthalten könne, weil das mindeste empirische Prädikat die rationale Reinigkeit und Unabhängigkeit der Wissenschaft von aller Erfahrung verderben würde.

Wir werden aber hier bloß dem Leitfaden der Kategorien zu folgen haben, nur, da hier zuerst ein Ding, Ich, als denkend Wesen, gegeben worden, so werden wir zwar die obige Ordnung der Kategorien untereinander, wie sie in ihrer Tafel vorgestellt ist,

---

[1] das Bewußtsein seiner selbst.

nicht verändern, aber doch hier von der Kategorie der Substanz anfangen, dadurch ein Ding an sich selbst vorgestellt wird, und so ihrer Reihe rückwärts nachgehen. Die Topik[1] der rationalen Seelenlehre, woraus alles übrige, was sie nur enthalten mag, abgeleitet werden muß, ist demnach folgende:

1. Die Seele ist Substanz;
2. ihrer Qualität nach einfach;
3. den verschiedenen Zeiten nach, in welchen sie da ist, numerisch-identisch, d. i. Einheit (nicht Vielheit);
4. im Verhältnisse zu möglichen Gegenständen im Raume.

Aus diesen Elementen entspringen alle Begriffe der reinen Seelenlehre, lediglich durch die Zusammensetzung, ohne im mindesten ein anderes Prinzip zu erkennen. Diese Substanz, bloß als Gegenstand des inneren Sinnes, gibt den Begriff der Immaterialität[2]; als einfache Substanz, der Inkorruptibilität[3]; die Identität derselben, als intellektueller Substanz, gibt die Personalität[4]; alle diese drei Stücke zusammen die Spiritualität[5]; das Verhältnis zu den Gegenständen im Raume gibt das Kommerzium[6] mit Körpern; mithin stellt sie die denkende Substanz, als das Prinzip des Lebens in der Materie, d. i. sie als Seele (anima) und als den Grund der Animalität[7] vor; diese durch die Spiritualität eingeschränkt, Immortalität[8].

Hierauf beziehen sich nun vier Paralogismen einer transzendentalen Seelenlehre, welche fälschlich für eine Wissenschaft der reinen Vernunft, von der Natur unseres denkenden Wesens, gehalten

---

[1] eigentlich „Ortsbestimmung".
[2] Unstofflichkeit.
[3] Unzerstörbarkeit.
[4] Persönlichkeit.
[5] Geistigkeit.
[6] Verkehr.
[7] Beseelung.
[8] Unsterblichkeit.

wird. Zugrunde derselben können wir aber nichts anderes legen als die einfache und für sich selbst an Inhalt gänzlich leere Vorstellung: Ich, von der man nicht einmal sagen kann: daß sie ein Begriff sei, sondern ein bloßes Bewußtsein, das alle Begriffe begleitet. Durch dieses Ich, oder Er, oder Es (das Ding), welches denkt, wird nun nichts weiter als ein transzendentales Subjekt der Gedanken vorgestellt = X, welches nur durch die Gedanken, die seine Prädikate sind, erkannt wird und wovon wir, abgesondert, niemals den mindesten Begriff haben können, um welches wir uns daher in einem beständigen Zirkel herumdrehen, indem wir uns seiner Vorstellung jederzeit schon bedienen müssen, um irgend etwas von ihm zu urteilen; eine Unbequemlichkeit, die davon nicht zu trennen ist, weil das Bewußtsein an sich nicht sowohl eine Vorstellung ist, die ein besonderes Objekt unterscheidet, sondern eine Form derselben überhaupt, sofern sie Erkenntnis genannt werden soll; denn von der allein kann ich sagen, daß ich dadurch irgend etwas denke.

Läge unserer reinen Vernunfterkenntnis von denkenden Wesen überhaupt mehr als das cogito[1] zugrunde, würden wir die Beobachtungen über das Spiel unserer Gedanken und die daraus zu schöpfenden Naturgesetze des denkenden Selbst auch zu Hilfe nehmen: so würde eine empirische Psychologie entspringen, welche eine Art der Physiologie des inneren Sinnes sein würde und vielleicht die Erscheinungen desselben zu erklären, niemals aber dazu dienen könnte, solche Eigenschaften, die gar nicht zur möglichen Erfahrung gehören, zu eröffnen, noch von denkenden Wesen überhaupt etwas, das ihre Natur betrifft, apodiktisch[2] zu lehren; sie wäre also keine rationale Psychologie.

---

[1] ich denke.
[2] d. h. allgemeinverbindlich und notwendig.

Die erste Antinomie[1]

Der Antinomie der reinen Vernunft erster Widerstreit der transzendentalen Ideen

Thesis[2]

Die Welt hat einen Anfang in der Zeit und ist dem Raum nach auch in Grenzen eingeschlossen.

Beweis

Denn man nehme an, die Welt habe der Zeit nach keinen Anfang: so ist bis zu jedem gegebenen Zeitpunkte eine Ewigkeit abgelaufen und mithin eine unendliche Reihe aufeinanderfolgender Zustände der Dinge in der Welt verflossen. Nun besteht aber eben darin die Unendlichkeit einer Reihe: daß sie durch sukzessive Synthesis[3] niemals vollendet sein kann. Also ist eine unendliche verflossene Weltreihe unmöglich, mithin ein Anfang der Welt eine notwendige Bedingung ihres Daseins, welches zuerst zu beweisen war.

In Ansehung des zweiten nehme man wiederum das Gegenteil an: so wird die Welt ein unendlich gegebenes Ganze von zugleich existierenden Dingen sein. Nun können wir die Größe eines Quantums, welches nicht innerhalb gewissen Grenzen der Anschauung gegeben wird, auf keine andere Art als nur durch die Synthesis der Teile und die Totalität eines solchen Quantums nur durch die vollendete Synthesis oder durch wiederholte Hinzusetzung der Einheit zu sich selbst gedenken. Demnach um sich die Welt, die alle Räume erfüllt, als ein Ganzes zu denken, müßte die sukzessive Synthesis der Teile einer unendlichen Welt als vollen-

---

[1] Widerstreit zweier Sätze.
[2] Behauptung.
[3] schrittweise Erzeugung.

det angesehen, d. i. eine unendliche Zeit müßte in der Durchzählung aller koexistierender[1] Dinge als abgelaufen angesehen werden, welches unmöglich ist. Demnach kann ein unendliches Aggregat[2] wirklicher Dinge nicht als ein gegebenes Ganze, mithin auch nicht als zugleich gegeben, angesehen werden. Eine Welt ist folglich der Ausdehnung im Raume nach nicht unendlich, sondern in ihren Grenzen eingeschlossen; welches das zweite war.

Antithesis[3]

Die Welt hat keinen Anfang und keine Grenzen im Raume, sondern ist, sowohl in Ansehung der Zeit als des Raumes, unendlich.

Beweis

Denn man setze: sie habe einen Anfang. Da der Anfang ein Dasein ist, wovor eine Zeit vorhergeht, darin das Ding nicht ist, so muß eine Zeit vorhergegangen sein, darin die Welt nicht war, d. i. eine leere Zeit. Nun ist aber in einer leeren Zeit kein Entstehen irgendeines Dinges möglich, weil kein Teil einer solchen Zeit vor einem anderen irgendeine unterscheidende Bedingung des Daseins, für die[4] des Nichtseins an sich hat (man mag annehmen, daß sie von sich selbst oder durch eine andere Ursache entstehe). Also kann zwar in der Welt manche Reihe der Dinge anfangen, die Welt selber aber kann keinen Anfang haben und ist also in Ansehung der vergangenen Zeit unendlich.

Was das zweite betrifft, so nehme man zuvörderst das Gegenteil an: daß nämlich die Welt dem Raume nach endlich und begrenzt

---

[1] zugleich seiender.
[2] Beieinander.
[3] Gegenbehauptung.
[4] vor der.

ist, so befindet sie sich in einem leeren Raum, der nicht begrenzt ist. Es würde also nicht allein ein Verhältnis der Dinge im Raum, sondern auch der Dinge zum Raume angetroffen werden. Da nun die Welt ein absolutes Ganze ist, außer welchem kein Gegenstand der Anschauung angetroffen wird, womit dieselbe im Verhältnis stehe, so würde das Verhältnis der Welt zum leeren Raum ein Verhältnis derselben zu keinem Gegenstande sein. Ein dergleichen Verhältnis aber, mithin auch die Begrenzung der Welt durch den leeren Raum, ist nichts; also ist die Welt, dem Raume nach, gar nicht begrenzt, d. i. sie ist in Ansehung der Ausdehnung unendlich.

Anmerkung zur ersten Antinomie

I. Zur Thesis

Ich habe bei diesen einander widerstreitenden Argumenten nicht Blendwerke gesucht, um etwa (wie man sagt) einen Advokatenbeweis zu führen, welcher sich der Unbehutsamkeit des Gegners zu seinem Vorteile bedient und seine Berufung auf ein mißverstandenes Gesetz gern gelten läßt, um seine eigenen unrechtmäßigen Ansprüche auf die Widerlegung desselben zu bauen. Jeder dieser Beweise ist aus der Sache Natur[1] gezogen und der Vorteil beiseite gesetzt worden, den uns die Fehlschlüsse der Dogmatiker von den beiden Teilen geben könnten.

Ich hätte die Thesis auch dadurch dem Scheine nach beweisen können: daß ich von der Unendlichkeit einer gegebenen Größe, nach der Gewohnheit der Dogmatiker, einen fehlerhaften Begriff vorangeschickt hätte. Unendlich ist eine Größe, über die keine größere (d. i. über die darin enthaltene Menge einer gegebenen Einheit) möglich ist. Nun ist keine Menge die größte, weil noch immer eine oder mehrere Einheiten hinzugetan werden können.

---

[1] Natur der Sache.

Also ist eine unendliche gegebene Größe, mithin auch eine (der verflossenen Reihe sowohl als der Ausdehnung nach) unendliche Welt unmöglich: sie ist also beiderseitig begrenzt. So hätte ich meinen Beweis führen können: allein dieser Begriff stimmt nicht mit dem, was man unter einem unendlichen Ganzen versteht. Es wird dadurch nicht vorgestellt, wie groß es sei, mithin ist sein Begriff auch nicht der Begriff eines Maximums, sondern es wird dadurch nur sein Verhältnis zu einer beliebig anzunehmenden Einheit, in Ansehung deren dasselbe größer ist als die Zahl, gedacht. Nachdem die Einheit nun größer oder kleiner angenommen wird, würde das Unendliche größer oder kleiner sein, allein die Unendlichkeit, da sie bloß in dem Verhältnisse zu dieser gegebenen Einheit besteht, würde immer dieselbe bleiben, obgleich freilich die absolute Größe des Ganzen dadurch gar nicht erkannt würde, davon auch hier nicht die Rede ist.

Der wahre Begriff der Unendlichkeit ist: daß die sukzessive Synthesis der Einheit in Durchmessung eines Quantums niemals vollendet sein kann. Hieraus folgt ganz sicher: daß eine Ewigkeit wirklicher aufeinanderfolgenden Zustände bis zu einem gegebenen (dem gegenwärtigen) Zeitpunkte nicht verflossen sein kann, die Welt also einen Anfang haben müsse.

In Ansehung des zweiten Teils der Thesis fällt die Schwierigkeit, von einer unendlichen und doch abgelaufenen Reihe, zwar weg; denn das Mannigfaltige einer der Ausdehnung nach unendlichen Welt ist zugleich gegeben. Allein, um die Totalität einer solchen Menge zu denken, da wir uns nicht auf Grenzen berufen können, welche diese Totalität von selbst in der Anschauung ausmachen, müssen wir von unserem Begriffe Rechenschaft geben, der in solchem Falle nicht vom Ganzen zu der bestimmten Menge der Teile gehen kann, sondern die Möglichkeit eines Ganzen durch die sukzessive Synthesis der Teile dartun muß. Da diese Synthesis nun eine nie zu vollendende Reihe ausmachen müßte: so kann man sich nicht vor ihr, und mithin auch nicht durch sie, eine Totalität denken. Denn der Begriff der Totalität selbst ist in diesem

Falle die Vorstellung einer vollendeten Synthesis der Teile, und diese Vollendung, mithin auch der Begriff derselben, ist unmöglich.

II. Zur Antithesis

Der Beweis für die Unendlichkeit der gegebenen Weltreihe und des Weltinbegriffs beruht darauf: daß im entgegengesetzten Falle eine leere Zeit, im gleichen ein leerer Raum die Weltgrenze ausmachen müßte. Nun ist mir nicht unbekannt, daß wider diese Konsequenz Ausflüchte gesucht werden, indem man vorgibt: es sei eine Grenze der Welt der Zeit und dem Raume nach ganz wohl möglich, ohne daß man eben eine absolute Zeit vor der Welt Anfang oder einen absoluten, außer der wirklichen Welt ausgebreiteten Raum annehmen dürfe, welches unmöglich ist. Ich bin mit dem letzteren Teile dieser Meinung der Philosophen aus der Leibnizischen Schule ganz wohl zufrieden. Der Raum ist bloß die Form der äußeren Anschauung, aber kein wirklicher Gegenstand, der äußerlich angeschaut werden kann, und kein Korrelatum der Erscheinungen[1], sondern die Form der Erscheinungen selbst. Der Raum also kann absolut (für sich allein) nicht als etwas Bestimmendes in dem Dasein der Dinge vorkommen, weil er gar kein Gegenstand ist, sondern nur die Form möglicher Gegenstände. Dinge also, als Erscheinungen, bestimmen wohl den Raum, d. i. unter allen möglichen Prädikaten desselben (Größe und Verhältnis) machen sie es, daß diese oder jene zur Wirklichkeit gehören; aber umgekehrt kann der Raum als etwas, welches für sich besteht, die Wirklichkeit der Dinge in Ansehung der Größe oder Gestalt nicht bestimmen, weil er an sich selbst nichts Wirkliches ist. Es kann also wohl ein Raum (er sei voll oder leer) durch Erscheinungen begrenzt, Erscheinungen aber können nicht durch einen leeren Raum außer denselben begrenzt werden. Eben dieses gilt

---

[1] also nicht das, was erscheint.

auch von der Zeit. Alles dieses nun zugegeben, so ist gleichwohl unstreitig: daß man diese zwei Undinge, den leeren Raum außer und die leere Zeit vor der Welt durchaus annehmen müsse, wenn man eine Weltgrenze, es sei dem Raume oder der Zeit nach, annimmt.

Denn was den Ausweg betrifft, durch den man der Konsequenz auszuweichen sucht, nach welcher wir sagen: daß, wenn die Welt (der Zeit und dem Raum nach) Grenzen hat, das unendliche Leere das Dasein wirklicher Dinge ihrer Größe nach bestimmen müsse, so besteht er insgeheim nur darin: daß man statt einer Sinnenwelt sich, wer weiß welche, intelligible[1] Welt gedenkt und, statt des ersten Anfanges (ein Dasein, vor welchem eine Zeit des Nichtseins vorhergeht), sich überhaupt ein Dasein denkt, welches keine andere Bedingung in der Welt voraussetzt, statt der Grenze der Ausdehnung, Schranken des Weltganzen denkt, und dadurch der Zeit und dem Raume aus dem Wege geht. Es ist aber hier nur von dem Mundus phaenomenon[2] die Rede und von dessen Größe, bei dem man von gedachten Bedingungen der Sinnlichkeit keineswegs abstrahieren kann, ohne das Wesen desselben aufzuheben. Die Sinnenwelt, wenn sie begrenzt ist, liegt notwendig in dem unendlichen Leeren. Will man dieses und mithin den Raum überhaupt als Bedingung der Möglichkeit der Erscheinungen a priori weglassen, so fällt die ganze Sinnenwelt weg. In unserer Aufgabe ist uns diese allein gegeben. Der Mundus intelligibilis[3] ist nichts als der allgemeine Begriff einer Welt überhaupt, in welchem man von allen Bedingungen der Anschauung derselben abstrahiert, und in Ansehung dessen folglich gar kein synthetischer Satz, weder bejahend noch verneinend, möglich ist.

---

[1] nicht empirische.
[2] Welt der Erscheinungen.
[3] Welt an sich.

Wie aber steht es nun nach Erledigung der spekulativen Scheinlogik
mit der Metaphysik? Die Metaphysik hat es mit drei Ideen: mit Gott,
Freiheit und Unsterblichkeit, zu tun. Als „Naturwissenschaft", welche
in diesen Ideen Objekte eines verstandesmäßigen Erkennens sieht, ist
die Metaphysik abgetan und erledigt, nicht aber sind damit auch diese
Ideen selbst als Leitideen der Synthesis unseres Erkennens und unseres Handelns abgetan. Die Berechtigung eines Eingestelltseins auf
diese „unvermeidbaren Aufgaben der Vernunft" wird durch die Kritik
in keiner Weise angetastet, sie wird vielmehr durch ihr Ergebnis erst
recht bestätigt.

Aus den Texten, welche sich diesen Ausführungen anschließen, wird
deutlich, wie die positive Einstellung zu den „Ideen", die uns bereits
am vorkritischen Kant auffiel, trotz aller erkenntniskritischen Einengung und trotz aller Ablehnung der alten rationalen (vernünftelnden)
Metaphysik am Ende der Kritik doch wieder zum Durchbruch gelangt,
wie dem Denker die Erleuchtung kommt, daß die Idee der Freiheit
dieselbe Bedeutung eines regulativen Prinzips für das autonome (selbständige) Gebiet des sittlichen Handelns hat, wie sie der Idee der
Kausalität auf dem autonomen Gebiet des Erkennens zukommt,
und daß die Gottesidee als umfassendstes regulatives Prinzip, das
Vernunft ersinnen kann, Kausalerkennen und Freiheitshandeln in
eins verbindet.

Die angeführten Texte geben Auskunft darüber, was unter Freiheit zu
verstehen sei, und wie sich Kausalität und Freiheit von einem überge-
ordneten Gesichtspunkte aus durchaus nicht widersprechen. Wir lesen
von der Entstehung und dem Sinn der Gottesidee und vor allem davon,
daß sie nicht ein Gegenstand in Raum und Zeit (der Domäne gültiger
Verstandeserkenntnis), sondern ein Idealgebilde, ein heuristisches
Prinzip sei, dessen wir zwar bedürfen, um letzte synthetische Einheit
in alle unsere theoretischen und praktischen Stellungnahmen zu
bringen, dessen Existenz aber keine rationale Metaphysik und keine
rationale Theologie beweisen kann.

Es gibt keine Physik von Gott, nur eine Einsicht in die einheitsstiftende
Rolle der Gottesidee im Theoretischen und im Praktischen. Dieses
Eingeständnis der „Kritik der reinen Vernunft" führt hart an die
Grenze des Atheismus, aber es ist nicht Atheismus, sondern Agnosti-
zismus[1] und bezieht sich nur auf die rationale Beweisbarkeit, nicht

---

[1] Nichtwissenkönnen.

aber auf andere Quellen der Erlebbarkeit Gottes. Gibt es doch außer der verstandesmäßigen Orientierung in der Welt der Erscheinungen mit ihren logischen Gewißheiten auch noch die moralische Orientierung mit ihren Gewißheiten des Glaubens.

Kant sagt von sich, daß er das Wissen von Gott zerstört habe, um für den Glauben an Gott Platz zu machen.

Von der Idee der Freiheit

Man kann sich nur zweierlei Kausalität in Ansehung dessen, was geschieht, denken, entweder nach der N a t u r oder aus F r e i h e i t. Die erste ist die Verknüpfung eines Zustandes mit einem vorigen in der Sinnenwelt, worauf jener nach einer Regel folgt. Da nun die Kausalität der Erscheinungen auf Zeitbedingungen beruht, und der vorige Zustand, wenn er jederzeit gewesen wäre, auch keine Wirkung, die allererst in der Zeit entspringt, hervorgebracht hätte: so ist die Kausalität die Ursache dessen, was geschieht oder entsteht, auch e n t s t a n d e n und bedarf nach dem Verstandesgrundsatze selbst wiederum einer Ursache.

Dagegen verstehe ich unter Freiheit im kosmologischen Verstande[1] das Vermögen, einen Zustand v o n s e l b s t anzufangen, deren Kausalität also nicht nach dem Naturgesetze wiederum unter einer anderen Ursache steht, welche sie der Zeit nach bestimmte. Die Freiheit ist in dieser Bedeutung eine reine transzendentale Idee, die erstlich nichts von der Erfahrung Entlehntes enthält, zweitens deren Gegenstand auch in keiner Erfahrung bestimmt gegeben werden kann, weil es ein allgemeines Gesetz selbst der Möglichkeit aller Erfahrung ist, daß alles, was geschieht, eine Ursache, mithin auch die Kausalität der Ursache, die s e l b s t g e s c h e h e n oder entstanden, wiederum eine Ursache haben müsse; wodurch denn das ganze Feld der Erfahrung, so weit es sich

---

[1] Sinne.

erstrecken mag, in einen Inbegriff bloßer Natur verwandelt wird. Da aber auf solche Weise keine absolute Totalität der Bedingungen im Kausalverhältnisse herauszubekommen ist, so schafft sich die Vernunft die Idee von einer Spontaneität[1], die von selbst anheben könne zu handeln, ohne daß eine andere Ursache vorangeschickt werden dürfe, sie wiederum nach dem Gesetze der Kausalverknüpfung zur Handlung zu bestimmen.

Es ist überaus merkwürdig, daß auf diese transzendentale Idee der Freiheit sich der praktische Begriff derselben gründe, und jene in dieser das eigentliche Moment der Schwierigkeiten ausmache, welche die Frage ihrer Möglichkeit von jeher umgeben haben. Die Freiheit im praktischen Verstande[2] ist die Unabhängigkeit der Willkür von der Nötigung durch Antriebe der Sinnlichkeit. Denn eine Willkür ist sinnlich, sofern sie pathologisch (durch Bewegungsursachen der Sinnlichkeit) affiziert[3] ist; sie heißt tierisch, wenn sie pathologisch nezessitiert[4] werden kann. Die menschliche Willkür ist zwar ein Arbitrium sensitivum, aber nicht brutum, sondern liberum[5], weil Sinnlichkeit ihre Handlung nicht notwendig macht, sondern dem Menschen ein Vermögen beiwohnt, sich unabhängig von der Nötigung durch sinnliche Antriebe von selbst zu bestimmen.

Man sieht leicht, daß, wenn alle Kausalität in der Sinnenwelt bloß Natur wäre, so würde jede Begebenheit durch eine andere in der Zeit nach notwendigen Gesetzen bestimmt sein; und mithin, da die Erscheinungen, sofern sie die Willkür bestimmen, jede Handlung als ihren natürlichen Erfolg notwendig machen müßten, so würde die Aufhebung der transzendentalen Freiheit zugleich alle

---

[1] Selbsttätigkeit.

[2] Sinne.

[3] Bei Kant bedeutet „pathologisch" nicht „krankhaft", sondern „sinnlich" triebhaft; affiziert = erregt.

[4] triebhaft notwendig bedingt.

[5] eine „sinnliche Willkür", aber keine „tierisch triebhafte", sondern eine „freie".

praktische Freiheit vertilgen. Denn diese setzt voraus, daß, obgleich etwas nicht geschehen ist, es doch habe geschehen s o l l e n, und seine Ursache in der Erscheinung also nicht so bestimmend war, daß nicht in unserer Willkür eine Kausalität liege, unabhängig von jenen Naturursachen und selbst wider ihre Gewalt und Einfluß etwas hervorzubringen, was in der Zeitordnung nach empirischen Gesetzen bestimmt ist, mithin eine Reihe von Begebenheiten g a n z v o n s e l b s t anzufangen.

Es geschieht also hier, was überhaupt in dem Widerstreit einer sich über die Grenzen möglicher Erfahrungen hinauswagenden Vernunft angetroffen wird, daß die Aufgabe eigentlich nicht physiologisch, sondern transzendental ist, daher die Frage von der Möglichkeit der Freiheit die Psychologie zwar anficht[1], aber, da sie auf dialektischen Argumenten[2] der bloß reinen Vernunft beruht, samt ihrer Auflösung lediglich die Transzendentalphilosophie beschäftigen muß. Um nun diese, welche eine befriedigende Antwort hierüber nicht ablehnen kann, dazu instandzusetzen, muß ich zuvörderst ihr Verfahren bei der Aufgabe durch eine Bemerkung näher zu bestimmen versuchen.

Wenn Erscheinungen Dinge an sich selbst wären, mithin Raum und Zeit Formen des Daseins der Dinge an sich selbst: so würden die Bedingungen mit dem Bedingten jederzeit als Glieder zu einer und derselben Reihe gehören und daraus in gegenwärtigem Falle die Antinomie entspringen, die allen transzendentalen Ideen gemein ist, daß diese Reihe unvermeidlich für den Verstand zu groß oder zu klein ausfallen müßte. Die dynamischen[3] Vernunftbegriffe aber, mit denen wir uns beschäftigen, haben dieses Beson-

---

[1] angeht.
[2] Scheinbeweisen.
[3] Kant unterscheidet die mathemathischen von den dynamischen Kategorien; die mathematischen beziehen sich auf die Gegenstände der Anschauung, die dynamischen auf die Existenz dieser Gegenstände.

dere: daß, da sie es nicht mit einem Gegenstande, als Größe
betrachtet, sondern nur mit seinem Dasein zu tun haben, man
auch von der Größe der Reihe der Bedingungen abstrahieren kann,
und es bei ihnen bloß auf das dynamische Verhältnis der Bedingung zum Bedingten ankommt, so daß wir in der Frage über Natur
und Freiheit schon die Schwierigkeit antreffen, ob Freiheit überall
nur[1] möglich sei, und ob, wenn sie es ist, sie mit der Allgemeinheit
des Naturgesetzes der Kausalität zusammen bestehen könne;
mithin ob es ein richtig disjunktiver[2] Satz sei, daß eine jede
Wirkung in der Welt entweder aus Natur oder aus Freiheit
entspringen müsse, oder ob nicht vielmehr beides in verschiedener
Beziehung bei einer und derselben Begebenheit zugleich stattfinden könne. Die Richtigkeit jenes Grundsatzes von dem durchgängigen Zusammenhange aller Begebenheiten der Sinnenwelt nach
unwandelbaren Naturgesetzen steht schon als ein Grundsatz der
transzendentalen Analytik[3] fest und leidet keinen Abbruch. Es ist
also nur die Frage: ob dem ungeachtet in Ansehung derselben
Wirkung, die nach der Natur bestimmt ist, auch Freiheit stattfinden könne oder diese durch jene unverletzliche Regel völlig ausgeschlossen sei. Und hier zeigt die zwar gemeine, aber betrügliche
Voraussetzung der absoluten Realität der Erscheinung sogleich ihren nachteiligen Einfluß, die Vernunft zu verwirren.
Denn sind Erscheinungen Dinge an sich selbst, so ist Freiheit nicht
zu retten. Alsdann ist Natur die vollständige und an sich hinreichende Ursache jeder Begebenheit, und die Bedingung derselben
ist jederzeit nur in der Reihe der Erscheinungen enthalten, die

---

[1] überhaupt.

[2] Disjunktive Urteile sind Sätze von der Form: A ist entweder B oder
C.

[3] D. h. Kant hatte in dem transz. Anal. genannten Kapitel der „Kritik
der reinen Vernunft" diejenigen Regeln herausgearbeitet, ohne deren
Vorausetzung Erscheinungen niemals Erkenntnis werden können,
dazu gehört auch der Satz: „Alles, was geschieht, setzt etwas voraus,
worauf es nach einer Regel folgt."

samt ihrer Wirkung unter dem Naturgesetze notwendig sind. Wenn dagegen Erscheinungen für nichts mehr gelten, als sie in der Tat sind, nämlich nicht für Dinge an sich, sondern bloße Vorstellungen, die nach empirischen Gesetzen zusammenhängen, so müssen sie selbst noch Gründe haben, die nicht Erscheinungen sind. Eine solche intelligibele[1] Ursache aber wird in Ansehung ihrer Kausalität nicht durch Erscheinungen bestimmt, obzwar ihre Wirkungen erscheinen und sie durch andere Erscheinungen bestimmt werden können. Die Wirkung kann also in Ansehung ihrer intelligibelen Ursache als frei und doch zugleich in Ansehung der Erscheinungen als Erfolg aus denselben nach der Notwendigkeit der Natur angesehen werden; eine Unterscheidung, die, wenn sie im allgemeinen und ganz abstrakt vorgetragen wird, äußerst subtil und dunkel scheinen muß, die sich aber in der Anwendung aufklären wird. Hier habe ich nur die Anmerkung machen wollen: daß, da der durchgängige Zusammenhang aller Erscheinungen in einem Kontext[2] der Natur ein unnachläßliches Gesetz ist, dieses alle Freiheit notwendig umstürzen müßte, wenn man der Realität der Erscheinungen hartnäckig anhängen wollte. Daher auch diejenigen, welche hierin der gemeinen Meinung folgen, niemals dahin haben gelangen können, Natur und Freiheit miteinander zu vereinigen.

Von der Gottesidee

Ungeachtet des dringenden Bedürfnisses der Vernunft, etwas vorauszusetzen, was dem Verstande zu der durchgängigen Bestimmung seiner Begriffe vollständig zugrunde liegen könne, so bemerkt sie doch das Idealische und bloß Gedichtete einer solchen Voraussetzung viel zu leicht, als daß sie dadurch allein überredet werden sollte, ein bloßes Selbstgeschöpf ihres Denkens sofort für

---

[1] dem Verstand allein und gar nicht den Sinnen zugängliche.
[2] Zusammenhang.

ein wirkliches Wesen anzunehmen, wenn sie nicht wodurch anders gedrungen würde, irgendwo einen Ruhestand in dem Regres-
sus[1] vom Bedingten, das gegeben ist, zum Unbedingten zu suchen,
das zwar an sich und seinem bloßen Begriff nach nicht als wirklich
gegeben ist, welches aber allein die Reihe der zu ihren Gründen
hinausgeführten Bedingungen vollenden kann. Dieses ist nun der
natürliche Gang, den jede menschliche Vernunft, selbst die gemeinste, nimmt, obgleich nicht eine jede in demselben aushält. Sie
fängt nicht von Begriffen, sondern von der gemeinen Erfahrung an
und legt also etwas Existierendes zugrunde. Dieser Boden aber
sinkt, wenn er nicht auf dem unbeweglichen Felsen des Absolut-
notwendigen ruht. Dieser selber aber schwebt ohne Stütze, wenn
noch außer und unter ihm leerer Raum ist, und er nicht selbst als
erfüllt und dadurch keinen Platz zum Warum mehr übrigläßt,
d. i. der Realität nach unendlich ist.

Wenn etwas, was es auch sei, existiert, so muß auch eingeräumt
werden, daß irgend etwas notwendigerweise existiere. Denn das
Zufällige existiert nur unter der Bedingung eines andern als seiner
Ursache, und von dieser gilt der Schluß fernerhin bis zu einer
Ursache, die nicht zufällig und darum ohne Bedingung notwendi-
gerweise da ist. Das ist das Argument, worauf die Vernunft ihren
Fortschritt zum Urwesen gründet.

Nun sieht sich die Vernunft nach dem Begriffe eines Wesens um,
das sich zu einem Vorzuge der Existenz als die unbedingte Notwendigkeit schicke, nicht sowohl, um alsdann von dem Begriffe
desselben a priori auf sein Dasein zu schließen (denn getraute sie
sich dieses, so dürfte sie überhaupt nur unter bloßen Begriffen
forschen und hätte nicht nötig, ein gegebenes Dasein zugrunde zu
legen), sondern nur, um unter allen Begriffen möglicher Dinge
denjenigen zu finden, der nichts der absoluten Notwendigkeit
Widerstreitendes in sich hat. Denn daß doch irgend etwas
schlechthin existieren müsse, hält sie nach dem ersteren Schlusse

---

[1] Rückschluß.

schon für ausgemacht. Wenn sie nun alles wegschaffen kann, was sich mit dieser Notwendigkeit nicht verträgt, außer einem: so ist dieses das schlechthin notwendige Wesen, man mag nun die Notwendigkeit desselben begreifen, d. i. aus seinem Begriffe allein ableiten können, oder nicht.

Nun scheint dasjenige, dessen Begriffe zu allem Warum das Darum in sich enthält, das in keinem Stück und in keiner Absicht defekt[1] ist, welches allerwärts als Bedingung hinreicht, eben darum das zur absoluten Notwendigkeit schickliche Wesen zu sein, weil es bei dem Selbstbesitz aller Bedingungen zu allem Möglichen selbst keiner Bedingung bedarf, ja derselben nicht einmal fähig ist, folglich wenigstens in einem Stücke dem Begriffe der unbedingten Notwendigkeit ein Genüge tut, darin es kein anderer Begriff ihm gleichtun kann, der, weil er mangelhaft und der Ergänzung bedürftig ist, kein solches Merkmal der Unabhängigkeit von allen ferneren Bedingungen an sich zeigt. Es ist wahr, daß hieraus noch nicht sicher gefolgert werden könne, daß, was nicht die höchste und in aller Absicht vollständige Bedingung in sich enthält, darum selbst seiner Existenz nach bedingt sein müsse; aber es hat denn doch das einzige Merkzeichen des unbedingten Daseins nicht an sich, dessen die Vernunft mächtig ist, um durch einen Begriff a priori irgendein Wesen als unbedingt zu erkennen. Der Begriff eines Wesens von der höchsten Realität würde sich also unter allen Begriffen möglicher Dinge zu dem Begriffe eines unbedingt notwendigen Wesens am besten schicken, und wenn er diesem auch nicht völlig genugtut, so haben wir doch keine Wahl, sondern sehen uns genötigt, uns an ihn zu halten, weil wir die Existenz eines notwendigen Wesens nicht in den Wind schlagen dürfen, geben wir sie aber zu, doch in dem ganzen Felde der Möglichkeit nichts finden können, was auf einen solchen Vorzug im Dasein einen gegründeteren Anspruch machen könnte.

So ist also der natürliche Gang der menschlichen Vernunft be-

---

[1] fehlerhaft.

schaffen. Zuerst überzeugt sie sich vom Dasein irgendeines notwendigen Wesens. In diesem erkennt sie eine unbedingte Existenz. Nun sucht sie den Begriff des Unabhängigen von aller Bedingung und findet ihn in dem, was selbst die zureichende Bedingung zu allem andern ist, d. i. in demjenigen, was alle Realität enthält. Das All aber ohne Schranken ist absolute Einheit und führt den Begriff eines einigen, nämlich des höchsten Wesens bei sich; und so schließt sie, daß das höchste Wesen als Urgrund aller Dinge schlechthin notwendigerweise da sei.

Diesem Begriffe kann eine gewisse Gründlichkeit nicht bestritten werden, wenn von Entschließungen die Rede ist, nämlich wenn einmal das Dasein irgendeines notwendigen Wesens zugegeben wird, und man darin übereinkommt, daß man seine Partei ergreifen müsse, worin man dasselbe setzen wolle; denn alsdann kann man nicht schicklicher wählen, oder man hat vielmehr keine Wahl, sondern ist genötigt, der absoluten Einheit der vollständigen Realität als dem Urquelle der Möglichkeit seine Stimme zu geben. Wenn uns aber nichts treibt, uns zu entschließen, und wir lieber diese ganze Sache dahingestellt sein ließen, bis wir durch das volle Gewicht der Beweisgründe zum Beifalle gezwungen würden, d. i. wenn es bloß um Beurteilung zu tun ist, wieviel wir von dieser Aufgabe wissen, und was wir uns nur zu wissen schmeicheln: dann erscheint obiger Schluß bei weitem nicht in so vorteilhafter Gestalt und bedarf Gunst, um den Mangel seiner Rechtsansprüche zu ersetzen.

Denn wenn wir alles so gut sein lassen, wie es hier vor uns liegt: daß nämlich erstlich von irgendeiner gegebenen Existenz (allenfalls auch bloß meiner eigenen) ein richtiger Schluß auf die Existenz eines unbedingt notwendigen Wesens stattfinde; zweitens daß ich ein Wesen, welches alle Realität, mithin auch alle Bedingungen enthält, als schlechthin unbedingt ansehen müsse, folglich den Begriff des Dinges, welches sich zur absoluten Notwendigkeit schickt, hierdurch gefunden sei: so kann daraus doch gar nicht geschlossen werden, daß der Begriff eines eingeschränk-

ten Wesens, das nicht die höchste Realität hat, darum der absoluten Notwendigkeit widerspreche. Denn ob ich gleich in seinem
Begriffe nicht das Unbedingte antreffe, was das All der Bedingungen schon bei sich führt, so kann daraus doch gar nicht gefolgert
werden, daß sein Dasein eben darum bedingt sein müsse; so wie
ich in einem hypothetischen Vernunftschlusse nicht sagen kann:
wo eine gewisse Bedingung (nämlich hier der Vollständigkeit nach
Begriffen) nicht ist, da ist auch das Bedingte nicht. Es wird uns
vielmehr unbenommen bleiben, alle übrigen eingeschränkten Wesen ebensowohl für unbedingt notwendig gelten zu lassen, ob wir
gleich ihre Notwendigkeit aus dem allgemeinen Begriffe, den wir
von ihnen haben, nicht schließen können. Auf diese Weise aber
hätte dieses Argument uns nicht den mindesten Begriff von
Eigenschaften eines notwendigen Wesens verschafft und überall
gar nichts geleistet.

Gleichwohl bleibt diesem Argumente eine gewisse Wichtigkeit
und ein Ansehen, das ihm wegen dieser objektiven Unzulänglichkeit noch nicht sofort genommen werden kann. Denn setzet, es
gebe Verbindlichkeiten, die in der Idee der Vernunft ganz richtig,
aber ohne alle Realität der Anwendung auf uns selbst, d. i. ohne
Triebfedern, sein würden, wo nicht ein höchstes Wesen vorausgesetzt würde, das den praktischen Gesetzen Wirkung und Nachdruck geben könnte: so würden wir auch eine Verbindlichkeit
haben, den Begriffen zu folgen, die, wenn sie gleich nicht objektiv
zulänglich sein möchten, doch nach dem Maße unserer Vernunft
überwiegend sind, und in Vergleichung mit denen wir doch nichts
Besseres und Überführenderes erkennen. Die Pflicht zu wählen
würde hier die Unschlüssigkeit der Spekulation durch einen praktischen Zusatz aus dem Gleichgewichte bringen, ja die Vernunft
würde bei sich selbst, als dem nachsehendsten[1] Richter, keine
Rechtfertigung finden, wenn sie unter dringenden Bewegursa-
chen, obzwar nur mangelhafter Einsicht, diesen Gründen ihres

---

[1] nachsichtigsten.

Urteils, über die wir doch wenigstens keine bessere kennen, nicht gefolgt wäre.

Dieses Argument, ob es gleich in der Tat transzendental ist, indem es auf der inneren Unzulänglichkeit des Zufälligen beruht, ist doch so einfältig[1] und natürlich, daß es dem gemeinsten Menschensinne angemessen ist, sobald dieser nur einmal darauf geführt wird. Man sieht Dinge sich verändern, entstehen und vergehen; sie müssen also, oder wenigstens ihr Zustand, eine Ursache haben. Von jeder Ursache aber, die jemals in der Erfahrung gegeben werden mag, läßt sich eben dieses wiederum fragen. Wohin sollen wir nun die oberste Kausalität billiger verlegen als dahin, wo auch die höchste Kausalität ist, d. i. in dasjenige Wesen, was zu jeder möglichen Wirkung die Zulänglichkeit in sich selbst ursprünglich enthält, dessen Begriff auch durch den einzigen Zug einer allbefassenden Vollkommenheit sehr leicht zustande kommt. Diese höchste Ursache halten wir denn für schlechthin notwendig, weil wir es schlechterdings notwendig finden, bis zu ihr hinaufzusteigen, und keinen Grund, über sie noch weiter hinauszugehen. Daher sehen wir bei allen Völkern durch ihre blindeste Vielgötterei doch einige Funken des Monotheismus durchschimmern, wozu nicht Nachdenken und tiefe Spekulation, sondern nur ein nach und nach verständlich gewordener natürlicher Gang des gemeinen Verstandes geführt hat.

Es sind nur drei Beweisarten vom Dasein Gottes aus spekulativer Vernunft möglich.

Alle Wege, die man in dieser Absicht einschlagen mag, fangen entweder von der bestimmten Erfahrung und der dadurch erkannten besonderen Beschaffenheit unserer Sinnenwelt an und steigen von ihr nach Gesetzen der Kausalität bis zur höchsten Ursache außer der Welt hinauf; oder sie legen nur unbestimmte Erfahrung, d. i. irgendein Dasein, empirisch zugrunde; oder sie abstrahieren endlich von aller Erfahrung und schließen gänzlich a priori

---

[1] einfach einleuchtend.

aus bloßen Begriffen auf das Dasein einer höchsten Ursache. Der erste Beweis ist der physikotheologische, der zweite der kosmologische, der dritte der ontologische Beweis. Mehr gibt es ihrer nicht, und mehr kann es auch nicht geben.

Ich werde dartun: daß die Vernunft auf dem einen Wege (dem empirischen) so wenig als auf dem anderen (dem transzendentalen) etwas ausrichte, und daß sie vergeblich ihre Flügel ausspanne, um über die Sinnenwelt durch die bloße Macht der Spekulation hinauszukommen.

Das Ideal des höchsten Wesens ein bloßes heuristisches[1] Prinzip

Es ist etwas überaus Merkwürdiges, daß, wenn man voraussetzt, etwas existiere, man der Folgerung nicht Umgang haben kann[2], daß auch irgend etwas notwendigerweise existiere. Auf diesem ganz natürlichen (obzwar darum noch nicht sicheren) Schlusse beruhte das kosmologische Argument[3]. Dagegen mag ich einen Begriff von einem Dinge annehmen, welchen ich will, so finde ich, daß sein Dasein niemals von mir als schlechterdings notwendig vorgestellt werden könne, und daß mich nichts hindere, es mag existieren, was da wolle, das Nichtsein desselben zu denken; mithin ich zwar zu dem Existierenden überhaupt etwas Notwendiges annehmen müsse, kein einziges Ding aber selbst als an sich notwendig denken könne. Das heißt: ich kann das Zurückgehen zu den Bedingungen des Existierens niemals vollenden, ohne ein notwendiges Wesen anzunehmen; ich kann aber von demselben niemals anfangen.

Wenn ich zu existierenden Dingen überhaupt etwas Notwendiges denken muß, kein Ding aber an sich selbst als notwendig zu

---

[1] ein Hilfsprinzip.
[2] die Folgerung nicht umgehen kann.
[3] der kosmologische Beweis vom Dasein Gottes.

denken befugt bin, so folgt daraus unvermeidlich, daß Notwendigkeit und Zufälligkeit nicht die Dinge selbst angehen und treffen
müsse, weil sonst ein Widerspruch vorgehen würde; mithin keiner dieser beiden Grundsätze objektiv sei, sondern sie allenfalls
nur subjektive Prinzipien der Vernunft sein können, nämlich
einerseits zu allem, was als existierend gegeben ist, etwas zu
suchen, das notwendig ist, d. i. niemals anderswo als bei einer a
priori vollendeten Erklärung aufzuhören, andererseits aber auch
diese Vollendung niemals zu hoffen, d. i. nichts Empirisches als
unbedingt anzunehmen, und sich dadurch fernerer Ableitung zu
überheben. In solcher Bedeutung können beide Grundsätze als
bloß heuristisch und regulativ[1], die nichts als das formale
Interesse der Vernunft besorgen, ganz wohl beieinander bestehen.
Denn der eine sagt: ihr sollt so über die Natur philosophieren, als
ob es zu allem, was zur Existenz gehört, einen notwendigen ersten
Grund gebe, lediglich um systematische Einheit in eure Erkenntnis zu bringen, indem ihr einer solchen Idee, nämlich einem
gebildeten obersten Grunde, nachgeht; der andere aber warnt
euch, keine einzige Bestimmung, die die Existenz der Dinge
betrifft, für einen solchen obersten Grund, d. i. als absolut notwendig, anzunehmen, sondern euch noch immer den Weg zur
ferneren Ableitung offen zu erhalten und sie daher jederzeit noch
als bedingt zu behandeln. Wenn aber von uns alles, was an den
Dingen wahrgenommen wird, als bedingt notwendig betrachtet
werden muß: so kann auch kein Ding (das empirisch gegeben sein
mag) als absolut notwendig angesehen werden.
Es folgt aber hieraus, daß ihr das Absolutnotwendige außerhalb
der Welt annehmen müßt: weil es nur zu einem Prinzip der
größtmöglichen Einheit der Erscheinungen als deren oberster
Grund dienen soll und ihr in der Welt niemals dahin gelangen
könnt, weil die zweite Regel euch gebietet, alle empirischen
Ursachen der Einheit jederzeit als abgeleitet anzusehen.

---

[1] das Denken regelnd.

Die Philosophen des Altertums sahen alle Form der Natur als zufällig, die Materie aber nach dem Urteile der gemeinen Vernunft als ursprünglich und notwendig an. Würden sie aber die Materie nicht als Substratum[1] der Erscheinungen, sondern an sich selbst ihrem Dasein nach betrachtet haben, so wäre die Idee der absoluten Notwendigkeit sogleich verschwunden. Denn es ist nichts, was die Vernunft an dieses Dasein schlechthin bindet, sondern sie kann solches jederzeit und ohne Widerstreit in Gedanken aufheben; in Gedanken aber lag auch allein die absolute Notwendigkeit. Es mußte also bei dieser Überredung ein gewisses regulatives Prinzip zugrunde liegen. In der Tat ist auch Ausdehnung und Undurchdringlichkeit (die zusammen den Begriff von Materie ausmachen) das oberste empirische Prinzip der Einheit der Erscheinungen und hat, sofern als es empirisch unbedingt ist, eine Eigenschaft des regulativen Prinzips an sich. Gleichwohl, da jede Bestimmung der Materie, welche das Reale derselben ausmacht, mithin auch die Undurchdringlichkeit, eine Wirkung (Handlung) ist, die ihre Ursache haben muß und daher immer noch abgeleitet ist, so schickt sich die Materie doch nicht zur Idee eines notwendigen Wesens als eines Prinzips aller abgeleiteten Einheit: weil jede ihrer realen Eigenschaften, als abgeleitet, nur bedingt notwendig ist und also an sich aufgehoben werden kann, hiermit aber das ganze Dasein der Materie aufgehoben werden würde, wenn dieses aber nicht geschehe, wir den höchsten Grund der Einheit empirisch erreicht haben würden, welches durch das zweite regulative Prinzip verboten wird. So folgt, daß die Materie und überhaupt, was zur Welt gehörig ist, zu der Idee eines notwendigen Urwesens als eines bloßen Prinzips der größten empirischen Einheit nicht schicklich sei, sondern daß es außerhalb der Welt gesetzt werden müsse; da wir denn die Erscheinungen der Welt und ihr Dasein immer getrost von anderen ableiten können, als ob es kein notwendiges Wesen gäbe, und dennoch zu der Vollständigkeit der Ableitung

---

[1] als Träger.

unaufhörlich streben können, als ob ein solches als ein oberster Grund vorausgesetzt wäre.

Das Ideal des höchsten Wesens ist nach diesen Betrachtungen nichts anderes als ein **regulatives Prinzip** der Vernunft, alle Verbindung in der Welt so anzusehen, **als ob** sie aus einer allgenugsamen notwendigen Ursache entspränge, um darauf die Regel einer systematischen und nach allgemeinen Gesetzen notwendigen Einheit in der Erklärung derselben zu gründen, und ist nicht eine Behauptung einer an sich notwendigen Existenz. Es ist aber zugleich unvermeidlich, sich vermittels einer transzendentalen Subreption[1] dieses formale Prinzip als konstitutiv[2] vorzustellen und sich diese Einheit hypostatisch[3] zu denken. Denn so wie der Raum, weil er alle Gestalten, die lediglich verschiedene Einschränkungen desselben sind, ursprünglich möglich macht, ob er gleich nur ein Prinzip der Sinnlichkeit ist, dennoch eben darum für ein schlechterdings notwendiges für sich bestehendes Etwas und für einen a priori an sich selbst gegebenen Gegenstand gehalten wird: so geht es auch ganz natürlich zu, daß, da die systematische Einheit der Natur auf keinerlei Weise zum Prinzip des empirischen Gebrauchs unserer Vernunft aufgestellt werden kann, als sofern wir die Idee eines allerrealsten Wesens als der obersten Ursache zugrunde legen, diese Idee dadurch als ein wirklicher Gegenstand, und dieser wiederum, weil er die oberste Bedingung ist, als notwendig vorgestellt, mithin ein regulatives Prinzip in ein konstitutives verwandelt werde.

Theologie, die Wissenschaft von Gott?

Wenn ich unter Theologie die Erkenntnis des Urwesens verstehe, so ist sie entweder die aus bloßer Vernunft oder aus Offenbarung.

---

[1] Erschleichung.
[2] ein Objekt der Erfahrung bedingend.
[3] verdinglicht.

Die erstere denkt sich nun ihren Gegenstand entweder bloß durch
reine Vernunft vermittels lauter transzendentaler Begriffe und
heißt die transzendentale Theologie, oder durch einen Begriff,
den sie aus der Natur (unserer Seele) entlehnt, als die höchste
Intelligenz und müßte die natürliche Theologie heißen. Der, so
allein eine transzendentale Theologie einräumt, wird Deist, der, so
auch eine natürliche Theologie annimmt, Theist genannt. Der
erstere gibt zu, daß wir allenfalls das Dasein eines Urwesens durch
bloße Vernunft erkennen können, wovon aber unser Begriff bloß
transzendental sei, nämlich nur als von einem Wesen, das alle
Realität hat, die man aber nicht näher bestimmen kann. Der zweite
behauptet, die Vernunft sei imstande, den Gegenstand nach der
Analogie mit der Natur näher zu bestimmen, nämlich als ein
Wesen, das durch Verstand und Freiheit den Urgrund aller anderen Dinge in sich enthalte. Jener stellt sich also unter demselben
bloß eine Welturscache (ob durch die Notwendigkeit seiner
Natur oder durch Freiheit, bleibt unentschieden), dieser einen
Welturheber vor.
Die transzendentale Theologie ist entweder diejenige, welche das
Dasein des Urwesens von einer Erfahrung überhaupt (ohne über
die Welt, wozu sie gehört, etwas näher zu bestimmen) abzuleiten
gedenkt, und heißt Kosmotheologie, oder glaubt durch bloße
Begriffe ohne Beihilfe der mindesten Erfahrung sein Dasein zu
erkennen und wird Ontotheologie genannt.
Die natürliche Theologie schließt auf die Eigenschaften und
das Dasein eines Welturhebers aus der Beschaffenheit, der Ordnung und Einheit, die in dieser Welt angetroffen wird, in welcher
zweierlei Kausalität und deren Regel angenommen werden muß,
nämlich Natur und Freiheit. Daher steigt sie von dieser Welt zur
höchsten Intelligenz auf, entweder als dem Prinzip aller natürlichen oder aller sittlichen Ordnung und Vollkommenheit. Im
ersteren Falle heißt sie Physikotheologie, im letzten Moraltheologie.
Da man unter dem Begriffe von Gott nicht etwa bloß eine blind-

wirkende ewige Natur als die Wurzel der Dinge, sondern ein
höchstes Wesen, das durch Verstand und Freiheit der Urheber der
Dinge sein soll, zu verstehen gewohnt ist, und auch dieser Begriff
allein uns interessiert, so könnte man nach der Strenge dem
Deisten allen Glauben an Gott absprechen und ihm lediglich die
Behauptung eines Urwesens oder obersten Ursache übriglassen.
Indessen da niemand darum, weil er etwas sich nicht zu behaupten
getraut, beschuldigt werden darf, er wolle es gar leugnen, so ist es
gelinder und billiger, zu sagen: der Deist glaube einen Gott, der
Theist aber einen lebendigen Gott. Jetzt wollen wir die möglichen
Quellen aller dieser Versuche der Vernunft aufsuchen.
Ich begnüge mich hier, die theoretische Erkenntnis durch eine
solche zu erklären, wodurch ich erkenne, was da ist, die praktische aber, dadurch ich mir vorstelle, was da sein soll. Diesem
nach ist der theoretische Gebrauch der Vernunft derjenige, durch
den ich a priori (als notwendig) erkenne, daß etwas sei; der
praktische aber, durch den a priori erkannt wird, was geschehen
solle. Wenn nun entweder, daß etwas sei oder geschehen solle,
ungezweifelt gewiß, aber doch nur bedingt ist: so kann doch
entweder eine gewisse bestimmte Bedingung dazu schlechthin
notwendig sein, oder sie kann nur als beliebig und zufällig vorausgesetzt werden. Im ersteren Falle wird die Bedingung postuliert[1],
im zweiten supponiert[2]. Da es praktische Gesetze gibt, die
schlechthin notwendig sind (die moralischen), so muß, wenn diese
irgendein Dasein als die Bedingung der Möglichkeit ihrer verbindenden Kraft notwendig voraussetzen, dieses Dasein postuliert werden, darum weil das Bedingte, von welchem der Schluß
auf diese bestimmte Bedingung geht, selbst a priori schlechterdings notwendig erkannt wird. Wir werden künftig von den
moralischen Gesetzen zeigen, daß sie das Dasein eines höchsten
Wesens nicht bloß voraussetzen, sondern auch, da sie in anderwei-

---

[1] in der Form des „so ist es" behauptet.
[2] in der Form „so sollte es sein" behauptet.

tiger Betrachtung schlechterdings notwendig sind, es mit Recht, aber freilich nur praktisch postulieren.

Da, wenn bloß von dem, was da ist (nicht, was sein soll), die Rede ist, das Bedingte, welches uns in der Erfahrung gegeben wird, jederzeit auch als zufällig gedacht wird, so kann die zu ihm gehörige Bedingung daraus nicht als schlechthin notwendig erkannt werden, sondern dient nur als eine respektiv notwendige oder vielmehr nötige, an sich selbst aber und a priori willkürliche Voraussetzung zum Vernunfterkenntnis des Bedingten. Soll also die absolute Notwendigkeit eines Dinges im theoretischen Erkenntnisse erkannt werden, so könnte dieses allein aus Begriffen a priori geschehen, niemals aber als eine Ursache in Beziehung auf ein Dasein, das durch Erfahrung gegeben ist.

Eine theoretische Erkenntnis ist spekulativ, wenn sie auf einen Gegenstand oder solche Begriffe von einem Gegenstand geht, wozu man in keiner Erfahrung gelangen kann. Sie wird der Naturerkenntnis entgegengesetzt, welche auf keine anderen Gegenstände oder Prädikate derselben geht, als die in einer möglichen Erfahrung gegeben werden können.

Der Grundsatz, von dem, was geschieht (dem empirisch Zufälligen), als Wirkung auf eine Ursache zu schließen, ist ein Prinzip der Naturerkenntnis, aber nicht der spekulativen. Denn wenn man von ihm als einem Grundsatze, der die Bedingung möglicher Erfahrung überhaupt enthält, abstrahiert und, indem man alles Empirische wegläßt, ihn vom Zufälligen überhaupt aussagen will, so bleibt nicht die mindeste Rechtfertigung eines solchen synthetischen Satzes übrig, um daraus zu ersehen, wie ich von etwas, was da ist, zu etwas davon ganz Verschiedenem (genannt Ursache) übergehen könne; ja der Begriff einer Ursache verliert ebenso wie des Zufälligen in solchem bloß spekulativen Gebrauche alle Bedeutung, deren objektive Realität sich in concreto begreiflich machen lasse.

Wenn man nun von dem Dasein der Dinge in der Welt auf ihre Ursache schließt, so gehört dieses nicht zum natürlichen, son-

dern zum s p e k u l a t i v e n Vernunftgebrauch: weil jener nicht die
Dinge selbst (Substanzen), sondern nur das, was g e s c h i e h t, also
ihre Z u s t ä n d e, als empirisch zufällig auf irgendeine Ursache
bezieht; daß die Substanz selbst (die Materie) dem Dasein nach
zufällig sei, würde bloß spekulative Vernunfterkenntnis sein müssen. Wenn aber auch nur von der Form der Welt, der Art ihrer
Verbindung und dem Wechsel derselben die Rede wäre, ich wollte
aber daraus auf eine Ursache schließen, die von der Welt gänzlich
unterschieden ist: so würde dieses wiederum ein Urteil der bloß
spekulativen Vernunft sein, weil der Gegenstand hier gar kein
Objekt einer möglichen Erfahrung ist. Aber alsdann würde der
Grundsatz der Kausalität, der nur innerhalb der Felder der Erfahrungen gilt und außer demselben ohne Gebrauch, ja selbst ohne
Bedeutung ist, von seiner Bestimmung gänzlich abgebracht.

Ich behaupte nun, daß alle Versuche eines bloß spekulativen
Gebrauchs der Vernunft in Ansehung der Theologie gänzlich
fruchtlos und ihrer inneren Beschaffenheit nach null und nichtig
sind, daß aber die Prinzipien ihres Naturgebrauchs ganz und gar
auf keine Theologie führen; folglich, wenn man nicht moralische
Gesetze zugrunde legt oder zum Leitfaden braucht, es überall
keine Theologie der Vernunft geben könne. Denn alle synthetischen Grundsätze des Verstandes sind von immanentem[1] Gebrauch; zu der Erkenntnis eines höchsten Wesens wird aber ein
transzendenter Gebrauch derselben erfordert, wozu unser Verstand gar nicht ausgerüstet ist. Soll das empirisch gültige Gesetz
der Kausalität zu dem Urwesen führen, so müßte dieses in die
Kette der Gegenstände der Erfahrung mit gehören; alsdann wäre
es aber wie alle Erscheinungen selbst wiederum bedingt. Erlaubte
man aber auch den Sprung über die Grenze der Erfahrung hinaus
vermittels des Gesetzes der Beziehung der Wirkungen auf ihre
Ursachen: welchen Begriff kann uns dieses Verfahren verschaffen? Bei weitem keinen Begriff von einem höchsten Wesen, weil

---

[1] nur innerhalb der Erfahrungswelt gültig.

uns Erfahrung niemals die größte aller möglichen Wirkungen darreicht. Soll es uns erlaubt sein, bloß um in unserer Vernunft nichts Leeres übrigzulassen, diesen Mangel der völligen Bestimmung durch eine bloße Idee der höchsten Vollkommenheit und ursprünglichen Notwendigkeit auszufüllen: so kann dieses zwar aus Gunst eingeräumt, aber nicht aus dem Rechte eines unwiderstehlichen Beweises gefordert werden. Der physikotheologische Beweis könnte also vielleicht wohl anderen Beweisen (wenn solche zu haben sind) Nachdruck geben, indem er Spekulation mit Anschauung verknüpft: für sich selbst aber bereitet er mehr den Verstand zur theologischen Erkenntnis vor und gibt ihm dazu eine gerade und natürliche Richtung, als daß er allein das Geschäft vollenden könnte.

Man sieht also hieraus wohl, daß transzendentale Fragen nur transzendentale Antworten, d. i. aus lauter Begriffen a priori ohne die mindeste empirische Beimischung, erlauben. Die Frage ist hier aber offenbar synthetisch[1] und verlangt eine Erweiterung unserer Erkenntnis über alle Grenzen der Erfahrung hinaus, nämlich zu dem Dasein eines Wesens, das unserer bloßen Idee entsprechen soll, der niemals irgendeine Erfahrung gleichkommen kann. Nun ist nach unseren obigen Beweisen alle synthetische Erkenntnis a priori nur dadurch möglich, daß sie die formalen Bedingungen einer möglichen Erfahrung ausdrückt, und alle Grundsätze sind also nur von immanenter Gültigkeit, d. i. sie beziehen sich lediglich auf Gegenstände empirischer Erkenntnis oder Erscheinungen. Also wird auch durch transzendentales Verfahren in Absicht auf die Theologie einer bloß spekulativen Vernunft nichts ausgerichtet.

Wollte man aber lieber alle obigen Beweise in Zweifel ziehen, als sich die Überredung von dem Gewichte der lange gebrauchten Beweisgründe rauben lassen: so kann man sich doch nicht weigern, der Aufforderung eine Genüge zu tun, wenn ich verlange,

---

[1] nicht analytisch = „konstatierend", sondern „erweiternd".

man sollte sich wenigstens darüber rechtfertigen, wie und vermittels welcher Erleuchtung man sich denn getraue, alle mögliche
Erfahrung durch die Macht bloßer Ideen zu überfliegen. Mit
neuen Beweisen oder ausgebesserter Arbeit alter Beweise würde
ich bitten mich zu verschonen. Denn ob man zwar hierin viel zu
wählen hat, indem endlich doch alle bloß spekulative Beweise auf
einen einzigen, nämlich den ontologischen, hinauslaufen, und ich
also eben nicht fürchten darf, sonderlich durch die Fruchtbarkeit
der dogmatischen Verfechter jener sinnenfreien Vernunft belä-
stigt zu werden; obgleich ich überdem auch, ohne mich darum
sehr streitbar zu dünken, die Ausforderung nicht ausschlagen will,
in jedem Versuche dieser Art den Fehlschluß aufzudecken und
dadurch seine Anmaßung zu vereiteln: so wird daher doch die
Hoffnung besseren Glücks bei denen, welche einmal dogmatischer
Überredungen gewohnt sind, niemals völlig aufgehoben; und ich
halte mich daher an der einzigen billigen Forderung, daß man sich
allgemein und aus der Natur des menschlichen Verstandes samt
allen übrigen Erkenntnisquellen darüber rechtfertige, wie man es
anfangen wolle, sein Erkenntnis ganz und gar a priori zu erweitern
und bis dahin zu erstrecken, wo keine mögliche Erfahrung und
mithin kein Mittel hinreicht, irgendeinem von uns selbst ausge-
dachten Begriffe seine objektive Realität zu versichern. Wie der
Verstand auch zu diesem Begriffe gelangt sein mag, so kann doch
das Dasein des Gegenstandes desselben nicht analytisch in demselben gefunden werden, weil eben darin die Erkenntnis der Existenz des Objekts besteht, daß dieses außer dem Gedanken an sich
selbst gesetzt ist. Es ist aber gänzlich unmöglich, aus einem
Begriffe von selbst hinauszugehen und, ohne daß man der empirischen Verknüpfung folgt (wodurch aber jederzeit nur Erscheinungen gegeben werden), zu Entdeckung neuer Gegenstände und
überschwenglicher Wesen zu gelangen.
Ob aber gleich die Vernunft in ihrem bloß spekulativen Gebrauche
zu dieser so großen Absicht bei weitem nicht zulänglich ist,
nämlich zum Dasein eines obersten Wesens zu gelangen: so hat sie

doch darin sehr großen Nutzen, die Erkenntnis desselben, im Falle sie anderswoher geschöpft werden könnte, zu berichtigen, und von allem, was dem Begriffe eines Urwesens zuwider sein möchte, und aller Beimischung empirischer Einschränkungen zu reinigen.

Die transzendentale Theologie bleibt demnach aller ihrer Unzulänglichkeit ungeachtet dennoch von wichtigem negativem Gebrauche und ist eine beständige Zensur unserer Vernunft, wenn sie bloß mit reinen Ideen zu tun hat, die eben darum kein anderes als transzendentales Richtmaß zulassen. Denn wenn einmal in anderweitiger, vielleicht praktischer Beziehung die Voraussetzung eines höchsten und allgenugsamen Wesens als oberster Intelligenz ihre Gültigkeit ohne Widerrede behauptete: so wäre es von der größten Wichtigkeit, diesen Begriff auf seiner transzendentalen Seite als den Begriff eines notwendigen und allerrealsten Wesens genau zu bestimmen und, was der höchsten Realität zuwider ist, was zur bloßen Erscheinung (dem Antropomorphism im weiteren Verstande) gehört, wegzuschaffen und zugleich alle entgegengesetzten Behauptungen, sie mögen nun atheistisch oder deistisch oder anthropomorphistisch sein, aus dem Wege zu räumen; welches in einer solchen kritischen Behandlung sehr leicht ist, indem dieselben Gründe, durch welche das Unvermögen der menschlichen Vernunft in Ansehung der Behauptung des Daseins eines dergleichen Wesens vor Augen gelegt wird, notwendig auch zureichen, um die Untauglichkeit einer jeden Gegenbehauptung zu beweisen. Denn wo will jemand durch reine Spekulation der Vernunft die Einsicht hernehmen, daß es kein höchstes Wesen als Urgrund von allem gebe, oder daß ihm keine von den Eigenschaften zukomme, welche wir ihren Folgen nach als analogisch mit den dynamischen Realitäten eines denkenden Wesens uns vorstellen, oder daß sie in dem letzteren Falle auch allen Einschränkungen unterworfen sein müßten, welche die Sinnlichkeit den Intelligenzen, die wir durch Erfahrung kennen, unvermeidlich auferlegt.

Das höchste Wesen bleibt also für den bloß spekulativen Gebrauch der Vernunft ein bloßes, aber doch fehlerfreies Ideal, ein Begriff, welcher die ganze menschliche Erkenntnis schließt und krönt, dessen objektive Realität auf diesem Wege zwar nicht bewiesen, aber auch nicht widerlegt werden kann; und wenn es eine Moraltheologie geben sollte, die diesen Mangel ergänzen kann, so beweist alsdann die vorher nur problematische transzendentale Theologie ihre Unentbehrlichkeit durch Bestimmung ihres Begriffs und unaufhörliche Zensur einer durch Sinnlichkeit oft genug getäuschten und mit ihren eigenen Ideen nicht immer einstimmigen Vernunft. Die Notwendigkeit, die Unendlichkeit, die Einheit, das Dasein außer der Welt (nicht als Weltseele), die Ewigkeit ohne Bedingungen der Zeit, die Allgegenwart ohne Bedingungen des Raumes, die Allmacht usw. sind lauter transzendentale Prädikate, und daher kann der gereinigte Begriff derselben, den eine jede Theologie so nötig hat, bloß aus der transzendentalen gezogen werden.

Ich — Welt — Gott

Die Vernunfteinheit[1] ist die Einheit des Systems, und diese systematische Einheit dient der Vernunft nicht objektiv zu einem Grundsatze, um sie über die Gegenstände, sondern subjektiv als Maxime[2], um sie über alles mögliche empirische Erkenntnis der Gegenstände zu verbreiten. Gleichwohl befördert der systematische Zusammenhang, den die Vernunft dem empirischen Verstandesgebrauche geben kann, nicht allein dessen Ausbreitung, sondern bewährt auch zugleich die Richtigkeit desselben, und das Prinzip einer solchen systematischen Einheit ist auch objektiv, aber auf unbestimmte Art, nicht als konstitutives Prinzip, um etwas in Ansehung seines direkten Gegenstandes zu bestimmen,

---

[1] die durch die regulativen Prinzipien erzeugte Einheit.
[2] praktisches Gesetz.

sondern um, als bloß regulativer Grundsatz und Maxime, den empirischen Gebrauch der Vernunft durch Eröffnung neuer Wege, die der Verstand nicht kennt, ins Unendliche (Unbestimmte) zu befördern und zu befestigen, ohne dabei jemals den Gesetzen des empirischen Gebrauchs im mindesten zuwider zu sein.

Die Vernunft kann aber diese systematische Einheit nicht anders denken, als daß sie ihrer Idee zugleich einen Gegenstand gibt, der aber durch keine Erfahrung gegeben werden kann, denn Erfahrung gibt niemals ein Beispiel vollkommener systematischer Einheit. Dieses Vernunftwesen ist nun zwar eine bloße Idee und wird also nicht schlechthin und an sich selbst als etwas Wirkliches angenommen, sondern nur problematisch zugrunde gelegt (weil wir es durch keine Verstandesbegriffe erreichen können), um alle Verknüpfung der Dinge der Sinnenwelt so anzusehen, als ob sie in diesem Vernunftwesen ihren Grund hätten, lediglich aber in der Absicht, um darauf die systematische Einheit zu gründen, die der Vernunft unentbehrlich, der empirischen Verstandeserkenntnis aber auf alle Weise beförderlich und ihr gleichwohl niemals hinderlich sein kann.

Man verkennt sogleich die Bedeutung dieser Idee, wenn man sie für die Behauptung oder auch nur die Voraussetzung einer wirklichen Sache hält, welche man den Grund der systematischen Weltverfassung zuzuschreiben gedächte; vielmehr läßt man es gänzlich unausgemacht, was der unsern Begriffen sich entziehende Grund derselben an sich für Beschaffenheit habe und setzt sich nur eine Idee zum Gesichtspunkte, aus welchem einzig und allein man jene der Vernunft so wesentliche und dem Verstande so heilsame Einheit verbreiten kann; mit einem Worte: dieses transzendentale Ding ist bloß das Schema[1] jenes regulativen Prinzips, wodurch die Vernunft, so viel an ihr ist, systematische Einheit über alle Erfahrung verbreitet.

---

[1] Veranschaulichung.

Das erste Objekt einer solchen Idee bin ich selbst, bloß als denkende Natur (Seele) betrachtet. Will ich die Eigenschaften, mit
denen ein denkend Wesen an sich existiert, aufsuchen, so muß ich
die Erfahrung befragen, und selbst von allen Kategorien kann ich
keine auf diesen Gegenstand anwenden, als insofern das Schema
derselben in der sinnlichen Anschauung gegeben ist. Hiermit
gelange ich aber niemals zu einer systematischen Einheit aller
Erscheinungen des inneren Sinnes. Statt des Erfahrungsbegriffs
also (von dem, was die Seele wirklich ist), der uns nicht weit führen
kann, nimmt die Vernunft den Begriff der empirischen Einheit
alles Denkens und macht dadurch, daß sie diese Einheit unbedingt
und ursprünglich denkt, aus demselben einen Vernunftbegriff
(Idee) von einer einfachen Substanz, die an sich selbst unwandelbar (persönlich identisch), mit andern wirklichen Dingen außer ihr
in Gemeinschaft stehe, mit einem Worte: von einer einfachen
selbständigen Intelligenz. Hierbei aber hat sie nichts anderes vor
Augen als Prinzipien der systematischen Einheit in Erklärung der
Erscheinungen der Seele, nämlich: alle Bestimmungen, als in
einem einzigen Subjekte, alle Kräfte, soviel als möglich, als abgeleitet von einer einigen Grundkraft, allen Wechsel, als gehörig zu
den Zuständen eines und desselben beharrlichen Wesens zu betrachten, und aller Erscheinungen im Raume, als von den Handlungen des Denkens ganz unterschieden vorzustellen. Jene Einfachheit der Substanz usw. sollte nur das Schema zu diesem
regulativen Prinzip sein und wird nicht vorausgesetzt, als sei sie
der wirkliche Grund der Seeleneigenschaften. Denn diese können
auch auf ganz anderen Gründen beruhen, die wir gar nicht kennen,
wie wir denn die Seele auch durch diese angenommenen Prädikate
eigentlich nicht an sich selbst erkennen könnten, wenn wir sie
gleich von ihr schlechthin wollten gelten lassen, indem sie eine
bloße Idee ausmachen, die in concreto gar nicht vorgestellt werden
kann. Aus einer solchen psychologischen Idee kann nun nichts
anderes als Vorteil entspringen, wenn man sich nur hütet, sie für
etwas mehr als bloße Idee, d. i. bloß relativisch auf den systemati-

schen Vernunftgebrauch in Ansehung der Erscheinungen unserer
Seele gelten zu lassen. Denn da mengen sich keine empirischen
Gesetze körperlicher Erscheinungen, die ganz von anderer Art
sind, in die Erklärung dessen, was bloß für den inneren Sinn
gehört; da werden keine windigen Hypothesen von Erzeugung,
Zerstörung und Palingenesie[1] der Seelen usw. zugelassen; also
wird die Betrachtung dieses Gegenstandes des inneren Sinnes ganz
rein und unvermengt mit ungleichartigen Eigenschaften angestellt, überdem die Vernunftuntersuchung darauf gerichtet, die
Erklärungsgründe in diesem Subjekte, soweit es möglich ist, auf
ein einziges Prinzip hinauszuführen; welches alles durch ein
solches Schema, als ob es ein wirkliches Wesen wäre, am besten, ja
sogar einzig und allein, bewirkt wird. Die psychologische Idee
kann auch nicht anders als das Schema eines regulativen Begriffs
bedeuten. Denn wollte ich auch nur fragen: ob die Seele nicht an
sich geistiger Natur sei, so hätte diese Frage gar keinen Sinn. Denn
durch einen solchen Begriff nehme ich nicht bloß die körperliche
Natur, sondern überhaupt alle Natur weg, d. i. alle Prädikate
irgendeiner möglichen Erfahrung, mithin alle Bedingungen zu
einem solchen Begriffe einen Gegenstand zu denken, als welches
doch einzig und allein es macht, daß man sagt, er habe einen
Sinn.

Die zweite regulative Idee der bloß spekulativen Vernunft ist der
Weltbegriff überhaupt. Denn Natur ist eigentlich nur das einzige
gegebene Objekt, in Ansehung dessen die Vernunft regulativer
Prinzipien bedarf. Diese Natur ist zwiefach, entweder die denkende oder die körperliche Natur. Allein zu der letzteren, um sie
ihrer inneren Möglichkeit nach zu denken, d. i. die Anwendung
der Kategorien auf dieselbe zu bestimmen, bedürfen wir keiner
Idee, d. i. einer die Erfahrung übersteigenden Vorstellung; es ist
auch keine in Ansehung derselben möglich, weil wir darin bloß
durch sinnliche Anschauung geleitet werden. Also bleibt uns für

---

[1] Wiedergeburt.

die reine Vernunft nichts übrig als Natur überhaupt und die
Vollständigkeit der Bedingungen in derselben nach irgendeinem
Prinzip. Die absolute Totalität der Reihen dieser Bedingungen und
der Ableitung ihrer Glieder ist eine Idee, die zwar im empirischen
Gebrauche der Vernunft niemals völlig zustande kommen kann,
aber doch zur Regel dient, wie wir in Ansehung derselben verfahren sollen, nämlich in der Erklärung gegebener Erscheinungen (im
Zurückgehen oder Aufsteigen) so, als ob die Reihe an sich unendlich wäre, aber wo die Vernunft selbst als bestimmende Ursache
betrachtet wird (in der Freiheit), also bei praktischen Prinzipien,
als ob wir nicht ein Objekt der Sinne, sondern des reinen Verstandes vor uns hätten, wo die Bedingungen nicht mehr in der Reihe
der Erscheinungen, sondern außer derselben gesetzt werden können und die Reihe der Zustände angesehen werden kann, als ob sie
schlechthin (durch eine intelligible Ursache) angefangen würde;
welches alles beweist: daß die kosmologischen Ideen nichts als
regulative Prinzipien und weit davon entfernt sind, gleichsam
konstitutiv eine wirkliche Totalität solcher Reihen zu setzen.

Die dritte Idee der reinen Vernunft, welche eine bloß relative
Supposition[1] eines Wesens enthält, als der einigen und allgenugsamen Ursache aller kosmologischen Reihen, ist der Vernunftbegriff
von Gott. Den Gegenstand dieser Idee haben wir nicht den mindesten Grund schlechthin anzunehmen (an sich zu supponieren);
denn was kann uns wohl dazu vermögen oder auch nur berechtigen, ein Wesen von der höchsten Vollkommenheit, und als seiner
Natur nach schlechthin notwendig, aus dessen bloßem Begriffe zu
glauben oder zu behaupten, wäre es nicht die Welt, in Beziehung
auf welche diese Supposition allein notwendig sein kann; und da
zeigt es sich klar: daß die Idee desselben sowie alle spekulativen
Ideen nichts weiter sagen wolle, als daß die Vernunft gebiete, alle
Verknüpfung der Welt nach Prinzipien einer systematischen Einheit zu betrachten, mithin als ob sie insgesamt aus einem einzigen

---

[1] Annahme.

allbefassenden Wesen, als oberster und allgenugsamer Ursache, entsprungen wären. Hieraus ist klar: daß die Vernunft hierbei nichts als ihre eigene formale Regel in Erweiterung ihres empirischen Gebrauchs zur Absicht haben könne, niemals aber eine Erweiterung über alle Grenzen des empirischen Gebrauchs, folglich unter dieser Idee kein konstitutives Prinzip ihres auf mögliche Erfahrung gerichteten Gebrauchs verborgen liege.

Die höchste formale Einheit, welche allein auf Vernunftbegriffen beruht, ist die zweckmäßige Einheit der Dinge, und das spekulative Interesse der Vernunft macht es notwendig, alle Anordnung in der Welt so anzusehen, als ob sie aus der Absicht einer allerhöchsten Vernunft entsprossen wäre. Ein solches Prinzip eröffnet nämlich unserer auf das Feld der Erfahrungen angewandten Vernunft ganz neue Aussichten, nach teleologischen Gesetzen[1] die Dinge der Welt zu verknüpfen und dadurch zu der größten systematischen Einheit derselben zu gelangen. Die Voraussetzung einer obersten Intelligenz als der alleinigen Ursache des Weltganzen, aber freilich bloß in der Idee, kann also jederzeit der Vernunft nutzen und dabei doch niemals schaden. Denn wenn wir in Ansehung der Figur der Erde (der runden, doch etwas abgeplatteten), der Gebirge und Meere usw. lauter weise Absichten eines Urhebers zum voraus annehmen, so können wir auf diesem Wege eine Menge von Entdeckungen machen. Bleiben wir nur bei dieser Voraussetzung als einem bloß regulativen Prinzip, so kann selbst der Irrtum uns nicht schaden. Denn es kann allenfalls daraus nichts weiter folgen als daß, wo wir einen teleologischen Zusammenhang erwarteten, ein bloß mechanischer oder physischer angetroffen werde, wodurch wir, in einem solchen Falle, nur eine Einheit mehr vermissen, aber nicht die Vernunfteinheit in ihrem empirischen Gebrauche verderben. Aber sogar dieser Querstrich kann das Gesetz selbst in allgemeiner und teleologischer Absicht überhaupt nicht treffen. Denn obzwar ein Zergliederer eines Irrtums überführt

---

[1] nach Zwecken.

werden kann, wenn er irgendein Glied eines tierischen Körpers auf einen Zweck bezieht, von welchem man deutlich zeigen kann, daß er daraus nicht erfolge: so ist es doch gänzlich unmöglich, in einem Falle zu beweisen, daß eine Natureinrichtung, es mag sein welche da wolle, ganz und gar keinen Zweck habe. Daher erweitert auch die Physiologie (der Ärzte) ihre sehr eingeschränkte empirische Kenntnis von den Zwecken des Gliederbaues eines organischen Körpers durch einen Grundsatz, welchen bloß reine Vernunft eingab, so weit, daß man darin ganz dreist und zugleich mit aller Verständigen Einstimmung annimmt, es habe alles an dem Tiere seinen Nutzen und gute Absicht; welche Voraussetzung, wenn sie konstitutiv sein sollte, viel weiter geht, als uns bisherige Beobachtung berechtigen kann; woraus denn zu ersehen ist: daß sie nichts als ein regulatives Prinzip der Vernunft sei, um zur höchsten systematischen Einheit, vermittels der Idee der zweckmäßigen Kausalität der obersten Welturrsache, und, als ob diese als höchste Intelligenz nach der weisesten Absicht die Ursache von allem sei, zu gelangen.

Gehen wir aber von dieser Restriktion[1] der Idee auf den bloß regulativen Gebrauch ab, so wird die Vernunft auf so mancherlei Weise irregeführt, indem sie alsdann den Boden der Erfahrung, der doch die Merkzeichen ihres Ganges enthalten muß, verläßt und sich über denselben zu dem Unbegreiflichen und Unerforschlichen hinwagt, über dessen Höhe sie notwendig schwindlig wird, weil sie sich aus dem Standpunkte desselben von allem mit der Erfahrung stimmigen Gebrauch gänzlich abgeschnitten sieht.

Der erste Fehler, der daraus entspringt, daß man die Idee eines höchsten Wesens nicht bloß regulativ, sondern (welches der Natur einer Idee zuwider ist) konstitutiv braucht, ist die faule Vernunft. Man kann jeden Grundsatz so nennen, welcher macht, daß man seine Naturuntersuchung, wo es auch sei, für schlechthin vollendet ansieht, und die Vernunft sich also zur Ruhe begibt, als ob sie

---

[1] Einschränkung.

ihr Geschäft völlig ausgerichtet habe. Daher selbst die psychologische Idee, wenn sie als ein konstitutives Prinzip für die Erklärung
der Erscheinungen unserer Seele und hernach gar zur Erweiterung
unserer Erkenntnis dieses Subjekts noch über alle Erfahrung
hinaus (ihren Zustand nach dem Tode) gebraucht wird, es der
Vernunft zwar sehr bequem macht, aber auch allen Naturgebrauch derselben nach der Leitung der Erfahrung ganz verdirbt
und zugrunde richtet. So erklärt der dogmatische Spiritualist die
durch allen Wechsel der Zustände unverändert bestehende Einheit
der Person aus der Einheit der denkenden Substanz, die er in dem
Ich unmittelbar wahrzunehmen glaubt, das Interesse, was wir an
Dingen nehmen, die sich allererst nach unserem Tode zutragen
sollen, aus dem Bewußtsein der immateriellen Natur unseres
denkenden Subjekts usw. und überhebt sich aller Naturuntersuchung der Ursache dieser unserer inneren Erscheinungen aus
physischen Erklärungsgründen, indem er gleichsam durch den
Machtspruch einer transzendenten Vernunft die immanenten
Erkenntnisquellen der Erfahrung, zum Behuf seiner Gemächlichkeit, aber mit Einbuße aller Einsicht, vorbeigeht. Noch deutlicher
fällt diese nachteilige Folge bei dem Dogmatism unserer Idee von
einer höchsten Intelligenz und dem darauf fälschlich gegründeten
theologischen System der Natur (Physikotheologie) in die Augen.
Denn da dienen alle sich in der Natur zeigenden, oft nur von uns
selbst dazu gemachten Zwecke dazu, es uns in der Erforschung der
Ursachen recht bequem zu machen, nämlich, anstatt sie in den
allgemeinen Gesetzen des Mechanismus der Materie zu suchen,
sich geradezu auf den unerforschlichen Ratschluß der höchsten
Weisheit zu berufen und die Vernunftbemühung alsdann für
vollendet anzusehen, wenn man sich ihres Gebrauchs überhebt,
der doch nirgends einen Leitfaden findet, als wo ihn uns die
Ordnung der Natur und die Reihe der Veränderungen nach ihren
inneren und allgemeineren Gesetzen an die Hand gibt. Dieser
Fehler kann vermieden werden, wenn wir nicht bloß einige Naturstücke, als z. B. die Verteilung des festen Landes, das Bauwerk

desselben und die Beschaffenheit und Lage der Gebirge oder wohl
gar nur die Organisation im Gewächs- und Tierreiche aus dem
Gesichtspunkte der Zwecke betrachten, sondern diese systematische Einheit der Natur, in Beziehung auf die Idee einer höchsten
Intelligenz, ganz allgemein machen. Denn alsdann legen wir eine
Zweckmäßigkeit nach allgemeinen Gesetzen der Natur zugrunde,
von denen keine besondere Einrichtung ausgenommen, sondern
nur mehr oder weniger kenntlich für uns ausgezeichnet worden
und haben ein regulatives Prinzip der systematischen Einheit einer
teleologischen Verknüpfung, die wir aber nicht zum voraus bestimmen, sondern nur in Erwartung derselben die physisch-
mechanische Verknüpfung nach allgemeinen Gesetzen verfolgen
dürfen. Denn so allein kann das Prinzip der zweckmäßigen Einheit
den Vernunftgebrauch in Ansehung der Erfahrung jederzeit erweitern, ohne ihm in irgendeinem Falle Abbruch zu tun.
Der zweite Fehler, der aus der Mißdeutung des gedachten Prinzips
der systematischen Einheit entspringt, ist der der verkehrten
Vernunft. Die Idee der systematischen Einheit sollte nur dazu
dienen, um als regulatives Prinzip sie in der Verbindung der Dinge
nach allgemeinen Naturgesetzen zu suchen und, soweit sich etwas
davon auf dem empirischen Wege antreffen läßt, um so viel auch
zu glauben, daß man sich der Vollständigkeit ihres Gebrauchs
genähert habe, ob man sie freilich niemals erreichen wird. Anstatt
dessen kehrt man die Sache um und fängt davon an, daß man die
Wirklichkeit eines Prinzips der zweckmäßigen Einheit als hypostatisch[1] zugrunde legt, den Begriff einer solchen höchsten
Intelligenz, weil er an sich gänzlich unerforschlich ist, anthropo-
morphisch bestimmt und dann der Natur Zwecke, gewaltsam und
diktatorisch, aufdringt, anstatt sie, wie billig, auf dem Wege der
physischen Nachforschung zu suchen, so daß nicht allein Teleologie[2], die bloß dazu dienen sollte, um die Natureinheit nach allge-

---

[1] verdinglicht.
[2] Zweckmäßigkeitsbetrachtung.

meinen Gesetzen zu ergänzen, nun vielmehr dahin wirkt, sie aufzuheben, sondern die Vernunft sich noch dazu selbst um ihren Zweck bringt, nämlich das Dasein einer solchen intelligenten obersten Ursache, nach diesem, aus der Natur zu beweisen. Denn, wenn man nicht die höchste Zweckmäßigkeit in der Natur a priori, d. i. als zum Wesen derselben gehörig, voraussetzen kann, wie will man denn angewiesen sein, sie zu suchen und auf der Stufenleiter derselben sich der höchsten Vollkommenheit eines Urhebers als einer schlechterdings notwendigen, mithin a priori erkennbaren Vollkommenheit zu nähern? Das regulative Prinzip verlangt die systematische Einheit als Natureinheit, welche nicht bloß empirisch erkannt, sondern a priori, obzwar noch unbestimmt, vorausgesetzt wird, schlechterdings, mithin als aus dem Wesen der Dinge folgend, vorauszusetzen. Lege ich aber zuvor ein höchstes ordnendes Wesen zugrunde, so wird die Natureinheit in der Tat aufgehoben. Denn sie ist der Natur der Dinge ganz fremd und zufällig und kann auch nicht aus allgemeinen Gesetzen derselben erkannt werden. Daher entspringt ein fehlerhafter Zirkel im Beweisen, da man voraussetzt, was eigentlich hat bewiesen werden sollen.

Das regulative Prinzip der systematischen Einheit der Natur für ein konstitutives zu nehmen und, was nur in der Idee zugrunde des einhelligen Gebrauchs der Vernunft gelegt wird, als Ursache hypostatisch voraussetzen, heißt nur die Vernunft verwirren. Die Naturforschung geht ihren Gang ganz allein an der Kette der Naturursachen nach allgemeinen Gesetzen derselben, zwar nach der Idee eines Urhebers, aber nicht um die Zweckmäßigkeit, der sie allerwärts nachgeht, von demselben abzuleiten, sondern sein Dasein aus dieser Zweckmäßigkeit, die in den Wesen der Naturdinge gesucht wird, womöglich auch in den Wesen der Dinge überhaupt, mithin als schlechthin notwendig zu erkennen. Das letztere mag nun gelingen oder nicht, so bleibt die Idee immer richtig und ebensowohl auch deren Gebrauch, wenn er auf die

Bedingungen eines bloß regulativen Prinzips restringiert[1] worden.

Vollständige zweckmäßige Einheit ist Vollkommenheit schlechthin betrachtet. Wenn wir diese nicht in dem Wesen der Dinge, welche den ganzen Gegenstand der Erfahrung, d. i. aller unserer objektiv gültigen Erkenntnis ausmachen, mithin in allgemeinen und notwendigen Naturgesetzen finden, wie wollen wir daraus gerade auf die Idee einer höchsten und schlechthin notwendigen Vollkommenheit eines Urwesens schließen, welches der Ursprung aller Kausalität ist? Die größte systematische, folglich auch die zweckmäßige Einheit ist die Schule[2] und selbst die Grundlage der Möglichkeit des größten Gebrauchs der Menschenvernunft. Die Idee derselben ist also mit dem Wesen unserer Vernunft unzertrennbar verbunden. Eben dieselbe Idee ist also für uns gesetzgebend, und so ist es sehr natürlich, eine ihr korrespondierende gesetzgebende Vernunft anzunehmen, von der alle systematische Einheit der Natur, als dem Gegenstande unserer Vernunft, abzuleiten sei.

Wir haben bei Gelegenheit der Antinomie der reinen Vernunft gesagt: daß alle Fragen, welche die reine Vernunft aufwirft, schlechterdings beantwortlich sein müssen, und daß die Entschuldigung mit den Schranken unserer Erkenntnis, die in vielen Naturfragen ebenso unvermeidlich als billig ist, hier nicht gestattet werden könne, weil uns hier nicht von der Natur der Dinge, sondern allein durch die Natur der Vernunft und lediglich über ihre innere Einrichtung die Fragen vorgelegt werden. Jetzt können wir diese dem ersten Anscheine nach kühne Behauptung in Ansehung der zwei Fragen, wobei die reine Vernunft ihr größtes Interesse hat, bestätigen und dadurch unsere Betrachtung zur gänzlichen Vollendung bringen.

---

[1] eingeschränkt.
[2] Schulung.

Was wissen wir von Gott?

Fragt man denn also (in Absicht auf eine transzendentale Theologie) e r s t l i c h : ob es etwas von der Welt Unterschiedenes gäbe, was den Grund der Weltordnung und ihres Zusammenhanges nach allgemeinen Gesetzen enthalte, so ist die Antwort: O h n e Z w e i f e l . Denn die Welt ist eine Summe von Erscheinungen, es muß also irgendein transzendentaler, d. i. bloß dem reinen Verstande denkbarer Grund derselben sein. Ist z w e i t e n s die Frage, ob dieses Wesen Substanz, von der größten Realität, notwendig usw. sei: so antworte ich, d a ß d i e s e F r a g e g a r k e i n e B e d e u - t u n g h a b e . Denn alle Kategorien, durch welche ich mir einen Begriff von solch einem Gegenstande zu machen versuche, sind von keinem anderen als empirischen Gebrauche und haben gar keinen Sinn, wenn sie nicht auf Objekte möglicher Erfahrung, d. i. auf die Sinnenwelt, angewandt werden. Außer diesem Felde sind sie bloß Titel zu Begriffen, die man einräumen, dadurch man aber auch nichts verstehen kann. Ist endlich d r i t t e n s die Frage, ob wir nicht wenigstens dieses von der Welt unterschiedene Wesen nach einer A n a l o g i e mit den Gegenständen der Erfahrung denken dürfen: so ist die Antwort: a l l e r d i n g s , aber nur als Gegenstand in der Idee und nicht in der Realität, nämlich nur sofern er ein uns unbekanntes Substratum[1] der systematischen Einheit, Ordnung und Zweckmäßigkeit der Welteinrichtung ist, welche sich die Vernunft zum regulativen Prinzip ihrer Naturforschung machen muß. Noch mehr, wir können in dieser Idee gewisse Anthropomorphismen, die dem gedachten regulativen Prinzip beförderlich sind, ungescheut und ungetadelt erlauben. Denn es ist immer nur eine Idee, die gar nicht direkt auf ein von der Welt unterschiedenes Wesen, sondern auf das regulative Prinzip der systematischen Einheit der Welt, aber nur vermitels eines Schemas derselben, nämlich einer obersten Intelligenz, die nach weisen Absichten

---

[1] ein Träger.

Urheber derselben sei, bezogen wird. Was dieser Urgrund der
Welteinheit an sich selbst sei, hat dadurch nicht gedacht werden
sollen, sondern wie wir ihn oder vielmehr seine Idee relativ auf den
systematischen Gebrauch der Vernunft in Ansehung der Dinge
der Welt brauchen sollen.

Auf solche Weise aber können wir doch (wird man fortfahren zu
fragen) einen einzigen, weisen und allgewaltigen Welturheber
annehmen? Ohne allen Zweifel; und nicht allein dies, sondern
wir müssen einen solchen voraussetzen. Aber alsdann erweitern
wir doch unsere Erkenntnis über das Feld möglicher Erfahrung?
Keineswegs. Denn wir haben nur ein Etwas vorausgesetzt,
wovon wir gar keinen Begriff haben, was es an sich selbst sei (einen
bloß transzendentalen Gegenstand); aber in Beziehung auf die
systematische und zweckmäßige Ordnung des Weltbaues, welche
wir, wenn wir die Natur studieren, voraussetzen müssen, haben
wir jenes uns unbekannte Wesen nur nach der Analogie mit
einer Intelligenz (ein empirischer Begriff) gedacht, d. i. es in
Ansehung der Zwecke und der Vollkommenheit, die sich auf
demselben gründen, gerade mit den Eigenschaften begabt, die
nach den Bedingungen unserer Vernunft den Grund einer solchen
systematischen Einheit enthalten können. Diese Idee ist also
respektiv[1] auf den Weltgebrauch unserer Vernunft ganz
gegründet. Wollten wir ihr aber schlechthin objektive Gültigkeit
erteilen, so würden wir vergessen, daß es lediglich ein Wesen in
der Idee sei, das wir denken, und indem wir alsdann von einem
durch die Weltbetrachtung gar nicht bestimmbaren Grunde anfin-
gen, würden wir dadurch außer Stand gesetzt, dieses Prinzip dem
empirischen Vernunftgebrauch angemessen anzuwenden.

Aber (wird man ferner fragen) auf solche Weise kann ich doch von
dem Begriffe und der Voraussetzung eines höchsten Wesens in der
vernünftigen Weltbetrachtung Gebrauch machen? Ja, dazu war
auch eigentlich diese Idee von der Vernunft zugrunde gelegt.

---

[1] mit Bezug auf.

Allein darf ich nun zweckähnliche Anordnungen als Absichten ansehen, indem ich sie vom göttlichen Willen, obzwar vermittels besonderer dazu in der Welt daraufgestellter Anlagen, ableite? Ja, das könnt ihr auch tun, aber so, daß es euch gleichviel gelten muß, ob jemand sage, die göttliche Weisheit hat alles so zu ihren obersten Zwecken geordnet, oder die Idee der höchsten Weisheit ist ein Regulativ in der Nachforschung der Natur und ein Prinzip der systematischen und zweckmäßigen Einheit derselben nach allgemeinen Naturgesetzen, auch selbst da, wo wir jene nicht gewahr werden, d. i. es muß auch da, wo ihr sie wahrnehmt, völlig einerlei sein, zu sagen: Gott hat es weislich so gewollt, oder die Natur hat es so weislich geordnet. Denn die größte systematische und zweckmäßige Einheit, welche eure Vernunft aller Naturforschung als regulatives Prinzip zugrunde zu legen verlangte, war eben das, was euch berechtigte, die Idee einer höchsten Intelligenz als ein Schema[1] des regulativen Prinzips zugrunde zu legen; und soviel ihr nun nach demselben Zweckmäßigkeit in der Welt antrefft, soviel habt ihr Bestätigung der Regelmäßigkeit eurer Idee; da aber gedachtes Prinzip nichts anderes zur Absicht hatte, als notwendige und größtmögliche Natureinheit zu suchen, so werden wir diese zwar, soweit als wir sie erreichen, der Idee eines höchsten Wesens zu danken haben, können aber die allgemeinen Gesetze der Natur, als in Absicht auf welche die Idee nur zugrunde gelegt wurde, ohne mit uns selbst in Widerspruch zu geraten, nicht vorbeigehen, um die Zweckmäßigkeit der Natur als zufällig und hyperphysisch[2] ihrem Ursprunge nach anzusehen, weil wir nicht berechtigt waren, ein Wesen über die Natur von den gedachten Eigenschaften anzunehmen, sondern nur die Idee desselben zugrunde zu legen, um nach der Analogie einer Kausalbestimmung die Erscheinungen als systematisch untereinander verknüpft anzusehen.

---

[1] veranschaulichter Begriff.
[2] übernatürlich.

Eben daher sind wir auch berechtigt, die Weltursache in der Idee nicht allein nach einem subtileren Anthropomorphism (ohne welchen sich gar nichts von ihm denken lassen würde), nämlich als ein Wesen, das Verstand, Wohlgefallen und Mißfallen, imgleichen eine demselben gemäße Begierde und Willen hat usw., zu denken, sondern demselben unendliche Vollkommenheit beizulegen, die also diejenige weit übersteigt, dazu wir durch empirische Kenntnis der Weltordnung berechtigt sein können. Denn das regulative Gesetz der systematischen Einheit will, daß wir die Natur so studieren sollen, als ob allenthalben ins Unendliche systematische und zweckmäßige Einheit bei der größtmöglichen Mannigfaltigkeit angetroffen würde. Denn wiewohl wir nur wenig von dieser Weltvollkommenheit ausspähen oder erreichen werden, so gehört es doch zur Gesetzgebung unserer Vernunft, sie allerwärts zu suchen und zu vermuten; und es muß uns jederzeit vorteilhaft sein, niemals aber kann es nachteilig werden, nach diesem Prinzip die Naturbetrachtung anzustellen. Es ist aber unter dieser Vorstellung der zugrunde gelegten Idee eines höchsten Urhebers auch klar: daß ich nicht das Dasein und die Kenntnis eines solchen Wesens, sondern nur die Idee desselben zugrunde lege und also eigentlich nichts von diesem Wesen, sondern bloß von der Idee desselben ableite. Auch scheint ein gewisses, obzwar unentwickeltes Bewußtsein des echten Gebrauchs dieses unseres Vernunftbegriffs die bescheidene und billige Sprache der Philosophen aller Zeiten veranlaßt zu haben, da sie von der Weisheit und Vorsorge der Natur und der göttlichen Weisheit als gleichbedeutenden Ausdrücken reden, ja den ersten Ausdruck, solange es um bloß spekulative Vernunft zu tun ist, vorziehen, weil er die Anmaßung einer größeren Behauptung, als die ist, wozu wir befugt sind, zurückhält und zugleich die Vernunft auf ihr eigentümliches Feld, die Natur, zurückweist.

Nutzen der regulativen Ideen

So enthält die reine Vernunft, die uns anfangs nichts Geringeres als Erweiterung der Kenntnisse über alle Grenzen der Erfahrung zu versprechen schien, wenn wir sie recht verstehen, nichts als regulative Prinzipien, die zwar größere Einheit gebieten, als der empirische Verstandesgebrauch erreichen kann, aber eben dadurch, daß sie das Ziel der Annäherung desselben so weit hinausrücken, die Zusammenstimmung desselben mit sich selbst durch systematische Einheit zum höchsten Grade bringen, wenn man sie aber mißversteht und sie für konstitutive Prinzipien transzendenter Erkenntnisse hält, durch einen zwar glänzenden, aber trüglichen Schein Überredung und eingebildetes Wissen, hiermit aber ewige Widersprüche und Streitigkeiten hervorbringen.

So fängt denn alle menschliche Erkenntnis mit Anschauungen an, geht von da zu Begriffen und endigt mit Ideen. Ob sie zwar in Ansehung aller drei Elemente Erkenntnisquellen a priori hat, die beim ersten Anblicke die Grenzen aller Erfahrung zu verschmähen scheinen, so überzeugt doch eine vollendete Kritik, daß alle Vernunft im spekulativen Gebrauche mit diesen Elementen niemals über das Feld möglicher Erfahrung hinauskommen könne, und daß die eigentliche Bestimmung dieses obersten Erkenntnisvermögens sei, sich aller Methoden und der Grundsätze derselben nur zu bedienen, um der Natur nach allen möglichen Prinzipien der Einheit, worunter die der Zwecke die vornehmste ist, bis in ihr Innerstes nachzugehen, niemals aber ihre Grenze zu überfliegen, außerhalb welcher für u n s nichts als leerer Raum ist. Zwar hat uns die kritische Untersuchung aller Sätze, welche unsere Erkenntnis über die wirkliche Erfahrung hinaus erweitern können, hinreichend überzeugt, daß sie niemals zu etwas mehr als einer möglichen Erfahrung leiten können; und wenn man nicht selbst gegen die klarsten abstrakten und allgemeinen Lehrsätze mißtrauisch wäre, wenn nicht reizende und scheinbare Aussichten uns lockten, den Zwang der ersteren abzuwerfen, so hätten wir allerdings der mühsamen Abhörung aller dialektischen Zeugen, die eine transzendente Vernunft zum Behuf ihrer Anmaßungen auftreten läßt, überhoben sein können; denn wir wußten es schon zum voraus mit völliger Gewißheit, daß alles Vorgeben derselben zwar vielleicht ehrlich gemeint, aber schlechterdings nichtig sein müsse, weil es eine Kundschaft[1] betraf, die kein Mensch jemals bekommen kann. Allein weil doch des Redens kein Ende wird, wenn man nicht hinter die wahre Ursache des Scheins kommt, wodurch selbst der Vernünftigste hintergangen werden kann, und die Auflösung aller unserer transzendenten Erkenntnis in ihre Elemente (als ein Studium unserer inneren Natur) an sich selbst keinen geringen Wert hat, dem Philosophen aber sogar Pflicht ist, so war es nicht allein nötig, diese ganze, obzwar eitle Bearbeitung der spekulativen Vernunft bis zu ihren ersten Quellen ausführlich nachzusuchen; sondern da der dialektische Schein hier nicht allein dem Urteile nach täuschend, sondern auch dem Interesse nach, das man hier am Urteile nimmt, anlockend und jederzeit natürlich ist und so in alle Zukunft bleiben wird, so war es ratsam, gleichsam die Akten dieses Prozesses ausführlich abzufassen und sie im Archive der menschlichen Vernunft zur Verhütung künftiger Irrungen ähnlicher Art niederzulegen.

Wissen und Glauben

Das Fürwahrhalten ist eine Begebenheit in unserem Verstande, die auf objektiven Gründen beruhen mag, aber auch subjektive Ursachen im Gemüte dessen, der da urteilt, erfordert. Wenn es für jedermann gültig ist, sofern er nur Vernunft hat, so ist der Grund desselben objektiv hinreichend, und das Fürwahrhalten heißt alsdann Überzeugung. Hat es nur in der besonderen

---

[1] eine Kunde.

Beschaffenheit des Subjekts seinen Grund, so wird es Überredung genannt.

Überredung ist ein bloßer Schein, weil der Grund des Urteils,
welcher lediglich im Subjekte liegt, für objektiv gehalten wird.
Daher hat ein solches Urteil auch nur Privatgültigkeit, und das
Fürwahrhalten läßt sich nicht mitteilen. Wahrheit aber beruht auf
der Übereinstimmung mit dem Objekte, in Ansehung dessen
folglich die Urteile eines jeden Verstandes einstimmig sein müssen. Der Probierstein des Fürwahrhaltens, ob es Überzeugung
oder bloße Überredung sei, ist also äußerlich die Möglichkeit,
dasselbe mitzuteilen und das Fürwahrhalten für jedes Menschen
Vernunft gültig zu befinden; denn alsdann ist wenigstens eine
Vermutung, der Grund der Einstimmung aller Urteile ungeachtet
der Verschiedenheit der Subjekte untereinander werde auf dem
gemeinschaftlichen Grunde, nämlich dem Objekte, beruhen, mit
welchem sie daher alle zusammenstimmen und dadurch die Wahrheit des Urteils beweisen werden.

Überredung demnach kann von der Überzeugung subjektiv zwar
nicht unterschieden werden, wenn das Subjekt das Fürwahrhalten
bloß als Erscheinung seines eigenen Gemüts vor Augen hat; der
Versuch aber, den man mit den Gründen desselben, die für uns
gültig sind, an anderer Verstand[1] macht, ob sie auf fremde Vernunft eben dieselbe Wirkung tun als auf die unsrige, ist doch ein,
obzwar nur subjektives Mittel, zwar nicht Überzeugung zu bewirken, aber doch die bloße Privatgültigkeit des Urteils, d. i. etwas in
ihm, was bloße Überredung ist, zu entdecken.

Kann man überdem die subjektiven Ursachen des Urteils, welche wir für objektive Gründe desselben nehmen, entwickeln und
mithin das trügliche Fürwahrhalten als eine Begebenheit in unserem Gemüte erklären, ohne dazu die Beschaffenheit des Objekts
nötig zu haben: so entblößen wir den Schein und werden dadurch

---

[1] am Verständnis anderer.

nicht mehr hintergangen, obgleich immer noch in gewissem Grade versucht, wenn die subjektive Ursache des Scheins unserer Natur anhängt.

Ich kann nichts behaupten, d. i. als ein für jedermann notwendig gültiges Urteil aussprechen, als was Überzeugung wirkt. Überredung kann ich für mich behalten, wenn ich mich dabei wohlbefinde, kann sie aber und soll sie außer mir nicht geltendmachen wollen.

Das Fürwahrhalten oder die subjektive Gültigkeit des Urteils in Beziehung auf die Überzeugung (welche zugleich objektiv gilt), hat folgende drei Stufen: Meinen, Glauben und Wissen. Meinen ist ein mit Bewußtsein sowohl subjektiv als objektiv unzureichendes Fürwahrhalten. Ist das letztere nur subjektiv zureichend und wird zugleich für objektiv unzureichend gehalten, so heißt es Glauben. Endlich heißt das sowohl subjektiv als objektiv zureichende Fürwahrhalten das Wissen. Die subjektive Zulänglichkeit heißt Überzeugung (für mich selbst), die objektive Gewißheit (für jedermann).

Ich darf mich niemals unterwinden, zu meinen, ohne wenigstens etwas zu wissen, vermittels dessen das an sich bloß problematische Urteil eine Verknüpfung mit Wahrheit bekommt, die, ob sie gleich nicht vollständig, doch mehr als willkürliche Erdichtung ist. Das Gesetz einer solchen Verknüpfung muß überdem gewiß sein. Denn wenn ich in Ansehung dessen auch nichts als Meinung habe, so ist alles nur Spiel der Einbildung ohne die mindeste Beziehung auf Wahrheit. In Urteilen aus reiner Vernunft ist es gar nicht erlaubt, zu meinen. Denn weil sie nicht auf Erfahrungsgründe gestützt werden, sondern alles a priori erkannt werden soll, wo alles notwendig ist, so erfordert das Prinzip der Verknüpfung Allgemeinheit und Notwendigkeit, mithin völlige Gewißheit, widrigenfalls gar keine Leitung auf Wahrheit angetroffen wird. Daher ist es ungereimt, in der reinen Mathematik zu meinen; man muß wissen oder sich allen Urteilens enthalten. Ebenso ist es mit den Grundsätzen der Sittlichkeit bewandt, da man nicht auf bloße Meinung, daß etwas erlaubt sei, eine Handlung wagen darf, sondern dieses wissen muß.

Im transzendentalen Gebrauche der Vernunft ist dagegen Meinen freilich zu wenig, aber Wissen auch zuviel. In bloß spekulativer Absicht können wir also hier gar nicht urteilen: weil subjektive Gründe des Fürwahrhaltens wie die, so das Glauben bewirken können, bei spekulativen Fragen keinen Beifall verdienen, da sie sich frei von aller empirischen Beihilfe nicht halten, noch in gleichem Maße andern mitteilen lassen.

Es kann aber überall bloß in praktischer Beziehung das theoretisch unzureichende Fürwahrhalten Glauben genannt werden. Diese praktische Absicht ist nun entweder die der Geschicklichkeit oder der Sittlichkeit, die erste zu beliebigen und zufälligen, die zweite aber zu schlechthin notwendigen Zwecken.

Wenn einmal ein Zweck vorgesetzt ist, so sind die Bedingungen der Erreichung desselben hypothetisch notwendig. Diese Notwendigkeit ist subjektiv, aber doch nur komparativ[1] zureichend, wenn ich gar keine andere Bedingungen weiß, unter denen der Zweck zu erreichen wäre; aber sie sind schlechthin und für jedermann zureichend, wenn ich gewiß weiß, daß niemand andere Bedingungen kennen könne, die auf den vorgesetzten Zweck führen. Im ersten Falle ist meine Voraussetzung und das Fürwahrhalten gewisser Bedingungen ein bloß zufälliger, im zweiten Falle aber ein notwendiger Glaube. Der Arzt muß bei einem Kranken, der in Gefahr ist, etwas tun, kennt aber die Krankheit nicht. Er sieht auf die Erscheinungen und urteilt, weil er nichts Besseres weiß, es sei die Schwindsucht. Sein Glaube ist selbst in einem eigenen Urteile bloß zufällig, ein anderer möchte es vielleicht besser treffen. Ich nenne dergleichen zufälligen Glauben, der aber dem wirklichen

---

[1] annäherungsweise.

Gebrauche der Mittel zu gewissen Handlungen zugrunde liegt, den pragmatischen[1] Glauben.

Der gewöhnliche Probierstein, ob etwas bloße Überredung oder wenigstens subjektive Überzeugung, d. i. festes Glauben, sei, was jemand behauptet, ist das Wetten. Öfters spricht jemand seine Sätze mit so zuversichtlichem und unlenkbarem Trotze aus, daß er alle Besorgnis des Irrtums gänzlich abgelegt zu haben scheint. Eine Wette macht ihn stutzig. Bisweilen zeigt sich, daß er zwar Überredung genug, die auf einen Dukaten an Wert geschätzt werden kann, aber nicht auf zehn, besitze. Denn den ersten wagt er noch wohl, aber bei zehnen wird er allererst inne, was er vorher nicht bemerkte, daß es nämlich doch wohl möglich sei, er habe sich geirrt. Wenn man sich in Gedanken vorstellt, man solle darauf das Glück des ganzen Lebens verwetten, so schwindet unser triumphierendes Urteil gar sehr, wir werden überaus schüchtern und entdecken so allererst, daß unser Glaube so weit nicht zulange. So hat der pragmatische Glaube nur einen Grad, der nach Verschiedenheit des Interesses, das dabei im Spiele ist, groß oder auch klein sein kann.

Weil aber, ob wir gleich in Beziehung auf ein Objekt gar nichts unternehmen können, also das Fürwahrhalten bloß theoretisch ist, wir doch in vielen Fällen eine Unternehmung in Gedanken fassen und uns einbilden können, zu welcher wir hinreichende Gründe zu haben vermeinen, wenn es ein Mittel gäbe, die Gewißheit der Sache auszumachen, so gibt es in bloß theoretischen Urteilen ein Analogon[2] von praktischen Urteilen, auf deren Fürwahrhaltung das Wort Glauben paßt, und den wir den doktrinalen Glauben nennen können. Wenn es möglich wäre durch irgendeine Erfahrung auszumachen, so möchte ich wohl alles das Meinige darauf verwetten, daß es wenigstens in irgendeinem von den Planeten, die wir sehen, Einwohner gebe. Daher sage ich, ist es

---

[1] aufs Praktische gerichteten.
[2] Ähnlichsein.

nicht bloß Meinung, sondern ein starker Glaube (auf dessen Richtigkeit ich schon viele Vorteile des Lebens wagen würde), daß es auch Bewohner anderer Welten gebe.

Nun müssen wir gestehen, daß die Lehre vom Dasein Gottes zum doktrinalen Glauben gehöre. Denn ob ich gleich in Ansehung der theoretischen Weltkenntnis nichts zu v e r f ü g e n habe, was diesen Gedanken als Bedingung meiner Erklärungen der Erscheinungen der Welt notwendig voraussetze, sondern vielmehr verbunden bin, meiner Vernunft mich so zu bedienen, als ob alles bloß Natur sei: so ist doch die zweckmäßige Einheit eine so große Bedingung der Anwendung der Vernunft auf Natur, daß ich, da mir überdem Erfahrung reichlich davon Beispiele darbietet, sie gar nicht vorbeigehen kann. Zu dieser Einheit aber kenne ich keine andere Bedingung, die sie mir zum Leitfaden der Naturforschung machte, als wenn ich voraussetze, daß eine höchste Intelligenz alles nach den weisesten Zwecken so geordnet habe. Folglich ist es eine Bedingung einer zwar zufälligen, aber doch nicht unerheblichen Absicht, nämlich um eine Leitung in der Nachforschung der Natur zu haben, einen weisen Welturheber vorauszusetzen. Der Ausgang meiner Versuche bestätigt auch so oft die Brauchbarkeit dieser Voraussetzung, und nichts kann auf entscheidende Art dawider angeführt werden, daß ich viel zu wenig sage, wenn ich mein Fürwahrhalten bloß ein Meinen nennen wollte; sondern es kann selbst in diesem theoretischen Verhältnisse[1] gesagt werden, daß ich festiglich einen Gott glaube; aber alsdann ist dieser Glaube in strenger Bedeutung dennoch nicht praktisch, sondern muß ein doktrinaler Glaube genannt werden. In Ansehung eben derselben Weisheit, in Rücksicht auf die vortreffliche Ausstattung der menschlichen Natur und die derselben so schlecht angemessene Kürze des Lebens kann ebensowohl genugsamer Grund zu einem doktrinalen Glauben des künftigen Lebens der menschlichen Seele angetroffen werden.

---

[1] Zusammenhang.

Der Ausdruck des Glaubens ist in solchen Fällen ein Ausdruck der Bescheidenheit in objektiver Absicht, aber doch zugleich der Festigkeit des Zutrauens in subjektiver. Wenn ich das bloß theoretische Fürwahrhalten hier auch nur Hypothese nennen wollte, die ich anzunehmen berechtigt wäre, so würde ich mich dadurch schon anheischig machen, mehr von der Beschaffenheit einer Weltursache und einer anderen Welt Begriff zu haben, als ich wirklich aufzeigen kann; denn was ich auch nur als Hypothese annehme, davon muß ich wenigstens seinen Eigenschaften nach so viel kennen, daß ich nicht seinen Begriff, sondern nur sein Dasein erdichten darf. Das Wort Glauben aber geht nur auf die Leitung, die mir eine Idee gibt, und den subjektiven Einfluß auf die Beförderung meiner Vernunfthandlungen, die mich an derselben festhält, ob ich gleich von ihr nicht imstande bin, in spekulativer Absicht Rechenschaft zu geben.

Aber der bloß doktrinale Glaube hat etwas Wankendes in sich; man wird oft durch Schwierigkeiten, die sich in der Spekulation vorfinden, aus demselben gesetzt, ob man zwar unausbleiblich dazu immer wiederum zurückkehrt.

Ganz anders ist es mit dem moralischen Glauben bewandt. Denn da ist es schlechterdings notwendig, daß etwas geschehen muß, nämlich daß ich dem sittlichen Gesetze in allen Stücken Folge leiste. Der Zweck ist hier unumgänglich festgestellt, und es ist nur eine einzige Bedingung nach aller meiner Einsicht möglich, unter welcher dieser Zweck mit allen gesamten Zwecken zusammenhängt und dadurch praktische Gültigkeit habe, nämlich daß ein Gott und eine künftige Welt sei; ich weiß auch ganz gewiß, daß niemand andere Bedingungen kenne, die auf dieselbe Einheit der Zwecke unter dem moralischen Gesetze führen. Da aber also die sittliche Vorschrift zugleich meine Maxime ist (wie denn die Vernunft gebietet, daß sie es sein soll), so werde ich unausbleiblich ein Dasein Gottes und ein künftiges Leben glauben und bin sicher, daß diesen Glauben nichts wankend machen könne, weil dadurch meine sittlichen Grundsätze selbst umgestürzt werden würden, denen ich nicht entsagen kann, ohne in meinen eigenen Augen verabscheuungswürdig zu sein.

Auf solche Weise bleibt uns nach Vereitelung aller ehrsüchtigen Absichten einer über die Grenzen aller Erfahrung hinaus herumschweifenden Vernunft noch genug übrig, daß wir damit in praktischer Absicht zufrieden zu sein Ursache haben. Zwar wird freilich sich niemand rühmen können: e r   w i s s e, daß ein Gott und daß ein künftig Leben sei, denn wenn er das weiß, so ist er gerade der Mann, den ich längst gesucht habe. Alles Wissen (wenn es einen Gegenstand der bloßen Vernunft betrifft) kann man mitteilen, und ich würde also auch hoffen können, durch seine Belehrung mein Wissen in so bewunderungswürdigem Maße ausgedehnt zu sehen. Nein, die Überzeugung ist nicht logische, sondern m o r a l i s c h e Gewißheit, und da sie auf subjektiven Gründen (der moralischen Gesinnung) beruht, so muß ich nicht einmal sagen: e s ist moralisch gewiß, daß ein Gott sei usw., sondern: ich b i n moralisch gewiß usw. Das heißt: der Glaube an einen Gott und eine andere Welt ist mit einer moralischen Gesinnung so verwebt, daß, so wenig ich Gefahr laufe, die letztere einzubüßen, ebensowenig besorge ich, daß mir die erste jemals entrissen werden könne.

Das einzige Bedenkliche, das sich hierbei findet, ist, daß sich dieser Vernunftglaube auf die Voraussetzung moralischer Gesinnungen gründet. Gehen wir davon ab und nehmen einen, der in Ansehung sittlicher Gesetze gänzlich gleichgültig wäre, so wird die Frage, welche die Vernunft aufwirft, bloß eine Aufgabe für die Spekulation und kann alsdann zwar noch mit starken Gründen aus der Analogie, aber nicht mit solchen, denen sich die hartnäckigste Zweifelsucht ergeben müßte, unterstützt werden. Es ist aber kein Mensch bei diesen Fragen frei von allem Interesse. Denn ob er gleich von dem moralischen durch den Mangel guter Gesinnungen getrennt sein möchte: so bleibt doch auch in diesem Falle genug übrig, um zu machen, daß er ein göttliches Dasein und eine Zukunft f ü r c h t e. Denn hierzu wird nichts mehr erfordert, als daß er wenigstens keine Gewißheit vorschützen könne, daß kein solches Wesen und kein künftig Leben anzutreffen sei, wozu, weil es durch bloße Vernunft, mithin apodiktisch[1] bewiesen werden müßte, er die Unmöglichkeit von beiden dazutun haben würde, welches gewiß kein vernünftiger Mensch übernehmen kann. Das würde ein negativer Glaube sein, der zwar nicht Moralität und gute Gesinnungen, aber doch das Analogon derselben bewirken, nämlich den Ausbruch der bösen mächtig zurückhalten könnte.

Ist das aber alles, wird man sagen, was reine Vernunft ausrichtet, indem sie über die Grenzen der Erfahrung hinaus Aussichten eröffnet? Nichts mehr als zwei Glaubensartikel? Soviel hätte auch wohl der gemeine Verstand, ohne darüber die Philosophen zu Rate zu ziehen, ausrichten können!

Ich will hier nicht das Verdienst rühmen, das Philosophie durch die mühsame Bestrebung ihrer Kritik um die menschliche Vernunft habe; gesetzt, es sollte auch beim Ausgange bloß negativ befunden werden. Aber verlangt ihr denn, daß ein Erkenntnis, welches alle Menschen angeht, den gemeinen Verstand übersteigen und euch nur von Philosophen entdeckt werden solle? Eben das, was ihr tadelt, ist die beste Bestätigung von der Richtigkeit der bisherigen Behauptungen, da es das, was man anfangs nicht vorhersehen konnte, entdeckt, nämlich daß die Natur in dem, was Menschen ohne Unterschied angelegen ist, keiner parteiischen Austeilung ihrer Gaben zu beschuldigen sei, und die höchste Philosophie in Ansehung der wesentlichen Zwecke der menschlichen Natur es nicht weiterbringen könne als die Leitung, welche sie auch dem gemeinsten Verstande hat angedeihen lassen.

---

[1] allgemeinverbindlich und notwendig.

Zusammenfassung und Schluß

Eine große Reinigungsaktion hat Kant vorgenommen. Er hat das Schema der reinen Erkenntnis als Muster und Vorbild für alle echte Wissenschaft etappenweise herausgearbeitet und hat gezeigt, daß seine Anwendbarkeit nur so weit reicht, wie Raum und Zeit, die Urformen unserer Sinnlichkeit, reichen. Jedes Überschreiten der so abgesteckten Grenzen der Erkenntnis mit Hilfe des Verstandes ist für alle Zukunft unmöglich gemacht.

Das reine Schema der Verstandessynthese hat folgende Struktur:

1. Es muß dem inneren oder äußeren Sinn etwas g e g e b e n sein, ein Mannigfaltiges als Stoff der systematischen wissenschaftlichen Bearbeitung.

2. Dieses Gegebene wird von der Einbildungskraft mit Hilfe des Raum-Zeit-Schemas in Anschauungen (Erscheinungen) verwandelt, und diese Erscheinungen sind Problem für den Verstand. Es ist Aufgabe des Verstandes, sie zu bearbeiten.

3. Der Verstand löst seine Aufgabe, indem er die Erscheinungen unter schematische Begriffe bringt und alsdann diese Begriffe nach schematischen Regeln zu Urteilen (Erfahrungen) verknüpft. Diese Erfahrungen sind Probleme für die Vernunft. Es ist Aufgabe der Vernunft, aus ihnen ein systematisches Ganze zu machen.

Das Geschäft der Synthesis ist also ein System von Problemen, eine Aufgabe, die unaufhörlich fortschreitet und doch niemals ganz vollendet ist — Wissenschaft ist eine unendliche Aufgabe.

Sinnliche Eindrücke können nur zu Erscheinungen verknüpft werden durch Raum und Zeit; Erscheinungen können nur zu Erfahrungen verknüpft werden durch die Kategorien; Erfahrungen erhalten ihr systematisches Gepräge nur durch die Ideen. Was nicht diesem Schema entspricht, ist nicht Wissenschaft im strengen Sinne.

Die alte rationale Metaphysik, welche mit dem Anspruch auftrat, die Grenzen der Erfahrung überschreiten zu können, ist damit abgetan. Gott, Freiheit und Unsterblichkeit haben ihren Charakter als Objekte einer möglichen Erkenntnis verloren.

Vom Standpunkte des verstandesmäßigen Wissens aus ist Gott nichts als eine heuristische Fiktion, eine regulative Idee, ein Als-Ob. Mehr vermag der Verstand über Gott Positives nicht auszusagen, und wir sind im Hinblick auf Gott völlig auf die Gewißheiten angewiesen, die in unserem moralischen Bewußtsein ihren Ursprung haben.

Gott — ein regulatives Prinzip, eine Fiktion, wohlbemerkt für das Wissen, nicht für den Glauben, daß ist die erste Etappe auf dem Wege des kritischen Gottsuchers Kant.

Kritik der reinen praktischen Vernunft

Vorbemerkung

Ob Kant ein Metaphysiker gewesen sei, ist ein müßiger Streit um Worte. Kant hat durch seine Kritik des Erkennens die alte spekulative Metaphysik als Wissenschaft aus dem Sattel geworfen. Wenn er trotzdem den Namen „Metaphysik" für seine „Transzendentalphilosophie", d. h. für seine Wissenschaft von den Elementen, Methoden und obersten Prinzipien der Vernunft (im Erkennen und im Handeln), beibehält, so gießt er damit völlig neuen Wein in die alten Schläuche. Diese Metaphysik hat mit der vorkritischen metaphysischen Spekulation nur noch den Namen gemein.

So gesehen, kann die „Kritik der reinen Vernunft" als eine Grundlegung für eine Metaphysik des Erkennens (der Natur) gelten, wie seine „Kritik der praktischen Vernunft" als eine Grundlegung für eine Metaphysik des Handelns (der Sitten) anzusehen ist.

Auch diese neue Metaphysik ist gerichtet auf die Lösung der drei „unvermeidlichen Aufgaben" der Vernunft: auf Gott, Freiheit und Unsterblichkeit, aber nicht in der Absicht, über sie als „Gegenstände" einer Erkenntnis etwas Raumzeitliches auszusagen, sondern in der Absicht, ihre Funktion im Erkenntniszusammenhang und im Zusammenhang eines etwaigen vollkommen sittlichen Handelns zu verstehen, und jeden spekulativen Mißbrauch mit ihnen zu verhindern.

Kant hat den Versuch, das von der „Kritik der reinen Vernunft" in ihren Schlußteilen bereits angerührte Problem der Möglichkeit eines konsequenten sittlichen Handelns zu klären, zweimal in Angriff genommen. Einmal unter dem Titel einer „Grundlegung zur Metaphysik der Sitten" (1785) und das andere Mal unter dem Titel einer „Kritik der praktischen Vernunft" (1788). Über das Verhältnis dieser beiden Schriften zueinander gibt folgende

Stelle aus dem Vorwort der „Grundlegung zur Metaphysik der Sitten"
Auskunft:

„Im Vorsatze nun, eine Metaphysik der Sitten dereinst zu liefern,
lasse ich diese Grundlegung vorangehen. Zwar gibt es keine andere
Grundlegung derselben als die Kritik einer reinen praktischen Vernunft, so wie zur Metaphysik die schon gelieferte Kritik der reinen
spekulativen Vernunft. Allein teils ist jene nicht von so äußerster
Notwendigkeit als diese, weil die menschliche Vernunft im Moralischen selbst beim gemeinsten Verstande leicht zu großer Richtigkeit
und Ausführlichkeit gebracht werden kann, da sie hingegen im
theoretischen, aber reinen Gebrauch ganz und gar dialektisch ist: teils
erfordere ich zur Kritik einer reinen praktischen Vernunft, daß, wenn
sie vollendet sein soll, ihre Einheit mit der spekulativen in einem
gemeinschaftlichen Prinzip zugleich müsse dargestellt werden können, weil es doch am Ende nur ein und dieselbe Vernunft sein kann, die
bloß in der Anwendung verschieden sein muß. Zu einer solchen
Vollständigkeit konnte ich es aber hier noch nicht bringen, ohne
Betrachtungen von ganz anderer Art herbeizuziehen und den Leser zu
verwirren. Um deswillen habe ich mich statt der Benennung einer
Kritik der reinen praktischen Vernunft der von einer Grundlegung zur
Metaphysik der Sitten bedient."

Die „Kritik der praktischen Vernunft" ist also nur eine
umfassendere und subtilere Behandlung des gleichen Gegenstandes. Es scheint daher gerechtfertigt, daß wir unsere Auswahl charakteristischer Texte beiden Schriften entnehmen und sie so
anordnen, daß sie sich gegenseitig ergänzen.

Die Kritik der reinen (theoretischen) Vernunft und die Kritik der
(reinen) praktischen Vernunft sind in der Absicht und in der Anlage
völlig parallele Unternehmen. Sucht die eine durch eine kritische
Analyse des erkennenden Bewußtseins zu dem reinen Schema derjenigen Synthesis vorzudringen, welche aller streng systematischen Wissenschaft zugrunde gelegt werden muß, so sucht die andere aus
einer kritischen Analyse des moralischen Bewußtseins
das reine Schema der Moralität zu gewinnen, welches
einem vollkommenen konsequenten (systematischen) sittlichen Verhalten zugrunde liegen würde. Galt es in dem einen
Falle, durch ein abstraktes Denkexperiment die reine Form der Synthesis vom zufälligen Erfahrungsinhalt zu isolieren, so gilt es in dem
anderen Falle, das bloße formale Schema der Moralität von den

222 KONZEPTION EINER REINEN VERNUNFTETHIK

Beimischungen frei darzustellen, welche von der Seite der Lust- und Unlustgefühle herkommend die reine Struktur des Sittlichen verwischen.

Auch hier liegt also, wie in der „Kritik der reinen Vernunft", ein Denkexperiment vor. Kant ist sich durchaus im klaren darüber, daß es weder so etwas wie strenges, völlig erfahrungsfreies, gegenstandsloses systematisches Erkennen noch so etwas wie rigoroses konsequentes Handeln nach völlig inhaltlosen, rein formalen Prinzipien in der Praxis gibt. Wenn er also im Verlaufe der „Kritik der praktischen Vernunft" sich darum bemüht, das bloße Schema einer Sittlichkeit überhaupt herauszuschälen, so ist er sich darüber klar, daß er damit nur ein formales Fundament zu einer „künftigen" Ethik gelegt hat. Sein kritisches Unternehmen revidiert ja nur die Fundamente und überläßt das Bauen auf diesen Fundamenten nach diesem strengen Bauplan der Zukunft.

Dieser Umstand ist viel verkannt worden und wird noch heute verkannt. Schiller war einer der ersten, die unsern Philosophen so mißverstanden und ihm den Vorwurf machten, daß er eine rein formale Moral gefordert habe, deren rigorose Strenge und Inhaltsleere „übermenschliche" Anforderungen an ihre Vertreter stelle. Seitdem ist dieser Vorwurf nicht mehr zum Schweigen gekommen. Er ist verständlich, denn was nützt ein „kategorischer Imperativ der Pflicht", wenn man nicht weiß, was diese Pflicht so kategorisch befiehlt, und was nützt das „Du sollst", wenn der Hinweis fehlt auf das, was man soll bzw. nicht soll. Berechtigt aber ist der Vorwurf nicht. Einem Denker, der sich die Aufgabe gestellt hat, die Bedingungen zu untersuchen, unter denen strenge Moralität möglich ist, kann man doch nicht einen Vorwurf daraus machen, wenn ihm die theoretische Lösung dieser theoretischen Aufgabe gelingt. Daß Kant sein kritisches Denkexperiment über die Aufzeigung der Struktur des Sittlichen überhaupt hinauszuführen bestrebt ist zu einer „menschlichen" Ethik, wird sich im Verlaufe unserer Darstellung zeigen.

Worauf es Kant hier ankommt, sind die formalen Elemente einer reinen Vernunftethik, einer Musterethik also, die eigentlich nur für reine Vernunftwesen verbindlich ist. Kant weiß, daß der Mensch kein reines Vernunftwesen ist, sondern ein sinnliches, begehrendes, nach Glückseligkeit trachtendes Tier mit etwas „gutem Willen", d. h. mit einer Anlage zum Guten um des Guten willen begabt, die ihn vom Tier unterscheidet und in die Nähe dieser Idealwesen rückt. Kants reine Ethik gilt für den Menschen nur insofern, als er reines Vernunftwesen ist, bzw. nur insofern, als er danach strebt, reines Vernunftwesen zu werden. Reine Vernunftethik ist demnach bestenfalls eine Aufgabe für den Menschen, nicht eine Beschreibung eines aktuellen moralischen Bewußtseins; sie ist ein Muster und Vorbild, dessen Einzelzüge zwar unserem aktuellen moralischen Bewußtsein entnommen, aber bis zur konzessionslosen Strenge gesteigert wurden.

Die ersten Texte, welche sich hier anschließen, führen ein in die Problemlage, mit der die „Kritik der reinen Vernunft" abschloß. Die kritische Revision der Grundlagen zu einer künftigen Metaphysik der Natur (des Erkennens) ist beendet, und es handelt sich nun darum, ein Gleiches für die Grundlage einer künftigen Metaphysik der Sitten (des Handelns) durchzuführen.

Sittlich handeln heißt das Gute wollen und das Böse nicht wollen. Im guten Willen also, dieser sonderbaren und selten vollkommen reinen Anlage des Menschen zum Guten muß das Schema der reinen Sittlichkeit, das Prinzip der strengen sittlichen Konsequenz verborgen liegen. Durch eine Analyse des guten Willens, als relativ reinster Äußerung einer faktischen Moralität, werden sich auch die Bedingungen aufweisen lassen, unter denen strenge Moralität idealiter möglich ist. Die Tatsache, daß es so etwas wie guten Willen faktisch gibt, spielt also in der „Kritik der praktischen Vernunft" dieselbe Rolle, wie in der „Kritik der reinen Vernunft" die Tatsache, daß es faktisch die relativ erfahrungsfreien mathematischen Urteile gibt.

Der streng sittliche Wille nun entscheidet sich für das Gute, nicht, um Lust zu gewinnen oder um Schmerz zu vermeiden; er entscheidet sich frei von jeder Selbstsucht und von jedem Streben nach Glückseligkeit. Ihn bestimmen weder Furcht noch Liebe, sondern lediglich die Achtung für das moralische Gesetz. Seine Triebfeder ist nicht Interesse, er handelt nicht aus Neigung, sondern aus purem Pflichtbewußtsein. Pflicht aber ist die Notwendigkeit einer Handlung aus Achtung vor dem Gesetz. Da, wie wir noch sehen werden, der gute Wille selbst dieses Gesetz gibt bzw. selbst dieses Gesetz repräsentiert, so ist Pflicht eine Sache der Selbstachtung.

Im Mittelpunkt der Kantischen reinen Vernunftethik steht demnach der Begriff der Pflicht in engster Verbindung mit dem Begriff der Selbstachtung. Kants Apotheose dieses Begriffs gehört zum Schönsten, was je über die Pflicht Menschenmund zu formulieren verstand.

Metaphysik der Natur und Metaphysik der Sitten

Man kann alle Philosophie, sofern sie sich auf Gründe der Erfahrung fußt, empirische, die aber, die lediglich aus Prinzipien a priori ihre Lehren vorträgt, reine Philosophie nennen. Die letztere, wenn sie bloß formal ist, heißt Logik; ist sie aber auf bestimmte Gegenstände des Verstandes eingeschränkt, so heißt sie Metaphysik.

Auf solche Weise entspringt die Idee einer zwiefachen Metaphysik, einer Metaphysik der Natur und einer Metaphysik der Sitten. Die Physik wird also ihren empirischen, aber auch einen rationalen Teil haben; die Ethik gleichfalls, wiewohl hier der empirische Teil besonders praktische Anthropologie, der rationale aber eigentlich Moral heißen könnte.

Alle Gewerbe, Handwerke und Künste haben durch die Verteilung der Arbeiten gewonnen, da nämlich nicht einer alles macht, sondern jeder sich auf gewisse Arbeit, die sich ihrer Behandlungsweise nach von andern merklich unterscheidet, einschränkt, um sie in der größten Vollkommenheit und mit mehrerer Leichtigkeit leisten zu können. Wo die Arbeiten so nicht unterschieden und verteilt werden, wo jeder ein Tausendkünstler ist, da liegen die Gewerbe noch in der größten Barbarei. Aber ob dieses zwar für sich ein der Erwägung nicht unwürdiges Objekt wäre, zu fragen: ob die reine Philosophie in allen ihren Teilen nicht ihren besonderen Mann erheische, und es um das Ganze des gelehrten Gewerbes nicht besser stehen würde, wenn die, so das Empirische mit dem Rationalen dem Geschmacke des Publikums gemäß nach allerlei ihnen selbst unbekannten Verhältnissen gemischt zu verkaufen gewohnt sind, die sich Selbstdenker, andere aber, die den bloß rationalen Teil zubereiten, Grübler nennen, gewarnt würden, nicht zwei Geschäfte zugleich zu treiben, die in der Art, sie zu behandeln, gar sehr verschieden sind, zu deren jedem vielleicht ein besonderes Talent erfordert wird, und deren Verbindung in einer Person nur Stümper hervorbringt: so frage ich hier doch nur, ob nicht die Natur der Wissenschaft es erfordere, den empirischen von dem rationalen Teil jederzeit sorgfältig abzusondern und vor der eigentlichen (empirischen) Physik eine Metaphysik der Natur, vor der praktischen Anthropologie aber eine Metaphysik der Sitten voranzuschicken, die von allem Empirischen sorgfältig gesäubert sein müßten, um zu wissen, wieviel reine Vernunft in beiden Fällen leisten könne, und aus welchen Quellen sie selbst diese ihre Belehrung a priori schöpfe, es mag übrigens das letztere Geschäft von allen Sittenlehrern oder nur von einigen, die Beruf dazu fühlen getrieben werden.

Da meine Absicht hier eigentlich auf die sittliche Weltweisheit gerichtet ist, so schränke ich die vorgelegte Frage nur darauf ein: ob man nicht meine, daß es von der äußersten Notwendigkeit sei, einmal eine reine Moralphilosophie zu bearbeiten, die von allem, was nur empirisch sein mag und zur Anthropologie gehört, völlig gesäubert werde; denn daß es eine solche geben müsse, leuchtet von selbst aus der gemeinen Idee der Pflicht und der sittlichen Gesetze ein. Jedermann muß eingestehen, daß ein Gesetz, wenn es moralisch, d. i. als Grund einer Verbindlichkeit, gelten soll, absolute Notwendigkeit bei sich führen müsse; daß das Gebot: du sollst nicht lügen, nicht etwa bloß für Menschen gelte, andere vernünftige Wesen sich aber daran nicht zu kehren hätten, und so alle übrigen eigentlichen Sittengesetze; daß mithin der Grund der Verbindlichkeit hier nicht in der Natur des Menschen oder den Umständen in der Welt, darin er gesetzt ist, gesucht werden müsse, sondern a priori lediglich in Begriffen der reinen Vernunft, und daß jede andere Vorschrift, die sich auf Prinzipien der bloßen Erfahrung gründet, und sogar eine in gewissem Betracht allgemeine Vorschrift, sofern sie sich dem mindesten Teile, vielleicht nur einem Bewegungsgrunde nach auf empirische Gründe stützt, zwar eine praktische Regel, niemals aber ein moralisches Gesetz heißen kann.

Also unterscheiden sich die moralischen Gesetze samt ihren Prinzipien unter allem praktischen Erkenntnisse von allem übrigen, darin irgend etwas Empirisches ist, nicht allein wesentlich, sondern alle Moralphilosophie beruht gänzlich auf ihrem reinen Teil, und auf den Menschen angewandt, entlehnt sie nicht das mindeste von der Kenntnis desselben (Anthropologie), sondern gibt ihm, als vernünftigem Wesen, Gesetze a priori, die freilich noch durch Erfahrung geschärfte Urteilskraft erfordern, um teils zu unterscheiden, in welchen Fällen sie ihre Anwendung haben, teils ihnen Eingang in den Willen des Menschen und Nachdruck zur Ausübung zu verschaffen, da dieser der Idee einer praktischen reinen Vernunft zwar fähig, aber nicht so leicht vermögend ist, sie in seinem Lebenswandel in concreto wirksam zu machen.

Eine Metaphysik der Sitten ist also unentbehrlich notwendig, nicht bloß aus einem Beweggrunde der Spekulation, um die Quelle der a priori in unserer Vernunft liegenden praktischen Grundsätze zu erforschen, sondern weil die Sitten selber allerlei Verderbnis unterworfen bleiben, solange jener Leitfaden und oberste Norm ihrer richtigen Beurteilung fehlt. Denn bei dem, was moralisch gut sein soll, ist es nicht genug, daß es dem sittlichen Gesetze gemäß sei, sondern es muß auch um desselben willen geschehen; widrigenfalls ist jene Gemäßheit nur sehr zufällig und mißlich, weil der unsittliche Grund zwar dann und wann gesetzmäßige, mehrmals aber gesetzwidrige Handlungen hervorbringen wird. Nun ist aber das sittliche Gesetz in seiner Reinigkeit[1] und Echtheit (woran eben im Praktischen am meisten gelegen ist) nirgend anders als in einer reinen Philosophie zu suchen, also muß diese (Metaphysik) vorangehen, und ohne sie kann es überall keine Moralphilosophie geben; selbst verdient diejenige, welche jene reinen Prinzipien unter die empirischen mischt, den Namen einer Philosophie nicht

---

[1] Reinheit.

(denn dadurch unterscheidet diese sich eben von der gemeinen Vernunfterkenntnis, daß sie, was diese nur vermengt begreift, in abgesonderter Wissenschaft vorträgt), viel weniger einer Moralphilosophie, weil sie eben durch diese Vermengung sogar der Reinigkeit der Sitten selbst Abbruch tut und ihrem eigenen Zwecke zuwider verfährt.

Vom Guten und vom Bösen

Die alleinigen Objekte einer praktischen Vernunft sind also die Begriffe vom Guten und Bösen. Denn durch das erstere[1] versteht man einen notwendigen Gegenstand des Begehrungs-, durch das zweite des Verabscheuungsvermögens, beides aber nach einem Prinzip der Vernunft.

Wenn der Begriff des Guten nicht von einem vorhergehenden praktischen Gesetze abgeleitet werden, sondern diesem vielmehr zum Grunde dienen soll, so kann er nur der Begriff von etwas sein, dessen Existenz Lust verheißt und so die Kausalität des Subjekts zur Hervorbringung desselben, d. i. das Begehrungsvermögen, bestimmt. Weil es nun unmöglich ist, a priori einzusehen, welche Vorstellung mit Lust, welche hingegen mit Unlust werde begleitet sein, so käme es lediglich auf Erfahrung an, es auszumachen, was unmittelbar gut oder böse sei. Die Eigenschaft des Subjekts, worauf in Beziehung diese Erfahrung allein angestellt werden kann, ist das Gefühl der Lust und der Unlust als eine dem inneren Sinne angehörige Rezeptivität[2], und so würde der Begriff von dem, was unmittelbar gut ist, nur auf das gehen, womit die Empfindung des Vergnügens unmittelbar verbunden ist, und der von dem schlechthin Bösen auf das, was unmittelbar Schmerz erregt, allein bezogen werden müssen. Weil aber das dem Sprachgebrauche schon zuwider ist, der das Angenehme vom Guten, das Unange-

---

[1] unter dem ersteren.
[2] Empfänglichkeit.

nehme vom Bösen unterscheidet und verlangt, daß Gutes und
Böses jederzeit durch Vernunft, mithin durch Begriffe, die sich
allgemein mitteilen lassen, und nicht durch bloße Empfindung,
welche sich auf einzelne Subjekte und deren Empfänglichkeit
einschränkt, beurteilt werde, gleichwohl aber für sich selbst mit
keiner Vorstellung eines Objekts a priori eine Lust oder Unlust
unmittelbar verbunden werden kann, so würde der Philosoph, der
sich genötigt glaubte, ein Gefühl der Lust seiner praktischen
Beurteilung zugrunde zu legen, gut nennen, was ein Mittel zum
Angenehmen, und böse, was Ursache der Unannehmlichkeit und
des Schmerzes ist; denn die Beurteilung des Verhältnisses der
Mittel zu Zwecken gehört allerdings zur Vernunft. Obgleich eine
Vernunft allein vermögend ist, die Verknüpfung der Mittel mit
ihren Absichten einzusehen (so daß man auch den Willen durch
das Vermögen der Zwecke definieren könnte, indem sie jederzeit
Bestimmungsgründe des Begehrungsvermögens nach Prinzipien
sind), so würden doch die praktischen Maximen[1], die aus dem
obigen Begriffe des Guten bloß als Mittel folgten, nie etwas für
sich selbst, sondern nur immer irgend wozu Gutes zum Gegenstande des Willens enthalten: das Gute würde jederzeit bloß das
Nützliche sein, und das, wozu es nutzt, müßte allemal außerhalb
dem Willen in der Empfindung liegen. Wenn diese nun, als
angenehme Empfindung, vom Begriffe des Guten unterschieden
werden müßte, so würde es überall nichts unmittelbar Gutes
geben, sondern das Gute nur in den Mitteln zu etwas anderem,
nämlich irgendeiner Annehmlichkeit, gesucht werden müssen.

Vom guten Willen

Es ist überall nichts in der Welt, ja überhaupt auch außer derselben
zu denken möglich, was ohne Einschränkung für gut könnte
gehalten werden als allein ein g u t e r   W i l l e. Verstand, Witz,

---

[1] Regeln für das Verhalten.

Urteilskraft und wie die Talente des Geistes sonst heißen mögen, oder Mut, Entschlossenheit, Beharrlichkeit im Vorsatze als Eigenschaften des Temperaments sind ohne Zweifel in mancher Absicht gut und wünschenswert; aber sie können auch äußerst böse und schädlich werden, wenn der Wille, der von diesen Naturgaben Gebrauch machen soll und dessen eigentümliche Beschaffenheit darum Charakter heißt, nicht gut ist. Mit den Glücksgaben ist es ebenso bewandt. Macht, Reichtum, Ehre, selbst Gesundheit und das ganze Wohlbefinden und Zufriedenheit mit seinem Zustande unter dem Namen der Glückseligkeit machen Mut und hierdurch öfters auch Übermut, wo nicht ein guter Wille da ist, der den Einfluß derselben aufs Gemüt und hiermit auch das ganze Prinzip zu handeln berichtige und allgemein-zweckmäßig mache; ohne zu erwähnen, daß ein vernünftiger unparteiischer Zuschauer sogar am Anblicke eines ununterbrochenen Wohlergehens eines Wesens, das kein Zug eines reinen und guten Willens ziert, nimmermehr ein Wohlgefallen haben kann, und so der gute Wille die unerläßliche Bedingung selbst der Würdigkeit glücklich zu sein auszumachen scheint.

Einige Eigenschaften sind sogar diesem guten Willen selbst beförderlich und können sein Werk sehr erleichtern, haben aber demungeachtet keinen innern unbedingten Wert, sondern setzen immer noch einen guten Willen voraus, der die Hochschätzung, die man übrigens mit Recht für sie trägt, einschränkt und es nicht erlaubt, sie für schlechthin gut zu halten. Mäßigung in Affekten und Leidenschaften, Selbstbeherrschung und nüchterne Überlegung sind nicht allein in vielerlei Absicht gut, sondern scheinen sogar einen Teil vom innern Werte der Person auszumachen; allein es fehlt viel daran, um sie ohne Einschränkung für gut zu erklären. Denn ohne Grundsätze eines guten Willens können sie höchst böse werden, und das kalte Blut eines Bösewichts macht ihn nicht allein weit gefährlicher, sondern auch unmittelbar in unsern Augen noch verabscheuungswürdiger, als er ohne dieses dafür würde gehalten werden.

Der gute Wille ist nicht durch das, was er bewirkt oder ausrichtet, nicht durch seine Tauglichkeit zur Erreichung irgendeines vorgesetzten Zweckes, sondern allein durch das Wollen, d. i. an sich, gut und, für sich selbst betrachtet, ohne Vergleich weit höher zu schätzen als alles, was durch ihn zugunsten irgendeiner Neigung, ja wenn man will, der Summe aller Neigungen nur immer zustande gebracht werden könnte. Wenngleich durch eine besondere Ungunst des Schicksals oder durch kärgliche Ausstattung einer stiefmütterlichen Natur es diesem Willen gänzlich an Vermögen fehlte, seine Absicht durchzusetzen; wenn bei seiner größten Bestrebung dennoch nichts von ihm ausgerichtet würde und nur der gute Wille (freilich nicht etwa als ein bloßer Wunsch, sondern als die Aufbietung aller Mittel, soweit sie in unserer Gewalt sind) übrigbliebe: so würde er wie ein Juwel doch für sich selbst glänzen, als etwas, das seinen vollen Wert in sich selbst hat. Die Nützlichkeit oder Fruchtlosigkeit kann diesem Werte weder etwas zusetzen noch abnehmen. Sie würde gleichsam nur die Einfassung sein, um ihn im gemeinen Verkehr besser handhaben zu können oder die Aufmerksamkeit derer, die noch nicht genug Kenner sind, auf sich zu ziehen, nicht aber um ihn Kennern zu empfehlen und seinen Wert zu bestimmen.

Vom Streben nach Glückseligkeit

Es kommt allerdings auf unser Wohl und Weh in der Beurteilung unserer praktischen Vernunft gar sehr viel und, was unsere Natur als sinnliches Wesen betrifft, alles auf unsere Glückseligkeit an, wenn diese, wie Vernunft es vorzüglich fordert, nicht nach der vorübergehenden Empfindung, sondern nach dem Einflusse, den diese Zufälligkeit auf unsere ganze Existenz und die Zufriedenheit mit derselben hat, beurteilt wird; aber alles überhaupt kommt darauf doch nicht an. Der Mensch ist ein bedürftiges[1] Wesen,

---

[1] ein Wesen mit Bedürfnissen.

sofern er zur Sinnenwelt gehört, und sofern hat seine Vernunft allerdings einen nicht abzulehnenden Auftrag von seiten der Sinnlichkeit, sich um das Interesse derselben zu bekümmern und sich praktische Maximen, auch in Absicht auf die Glückseligkeit dieses und womöglich auch eines zukünftigen Lebens, zu machen. Aber er ist doch nicht so ganz Tier, um gegen alles, was Vernunft für sich selbst sagt, gleichgültig zu sein und diese bloß zum Werkzeuge der Befriedigung seiner Bedürfnisse als Sinnenwesens zu gebrauchen. Denn im Werte über die bloße Tierheit erhebt ihn das gar nicht, daß er Vernunft hat, wenn sie ihm nur zum Behuf desjenigen dienen soll, was bei Tieren der Instinkt verrichtet; sie wäre alsdann nur eine besondere Manier, deren sich die Natur bedient hätte, um den Menschen zu demselben Zwecke, dazu sie Tiere bestimmt hat, auszurüsten, ohne ihn zu einem höheren Zwecke zu bestimmen. Er bedarf also freilich nach dieser einmal mit ihm getroffenen Naturanstalt[1] Vernunft, um sein Wohl und Weh jederzeit in Betrachtung zu ziehen, aber er hat sie überdem noch zu einem höheren Behuf, nämlich auch das, was an sich gut oder böse ist, und worüber reine, sinnlich gar nicht interessierte Vernunft nur allein urteilen kann, nicht allein mit in Überlegung zu nehmen, sondern diese Beurteilung von jener gänzlich zu unterscheiden und sie zur obersten Bedingung der letzteren zu machen.

In dieser Beurteilung des an sich Guten und Bösen, zum Unterschiede von dem, was nur beziehungsweise auf Wohl oder Übel so genannt werden kann, kommt es auf folgende Punkte an. Entweder ein Vernunftprinzip wird schon an sich als der Bestimmungsgrund des Willens gedacht, ohne Rücksicht auf mögliche Objekte des Begehrungsvermögens, alsdann ist jenes Prinzip praktisches Gesetz a priori, und reine Vernunft wird für sich praktisch zu sein angenommen. Das Gesetz bestimmt alsdann unmittelbar den Willen, die ihm gemäße Handlung ist an sich selbst gut, ein Wille,

---

[1] Veranstaltung der Natur.

dessen Maxime jederzeit diesem Gesetze gemäß ist, ist schlechterdings, in aller Absicht, gut und die oberste Bedingung alles Guten:
oder es geht ein Bestimmungsgrund des Begehrungsvermögens
vor der Maxime des Willens vorher, der ein Objekt der Lust oder
Unlust voraussetzt, mithin etwas, das vergnügt oder schmerzt,
und die Maxime der Vernunft, jene zu befördern, diese zu vermeiden, bestimmt die Handlungen, wie sie beziehungsweise auf
unsere Neigung, mithin nur mittelbar gut sind, und diese Maximen können alsdann niemals Gesetze, dennoch aber vernünftige
praktische Vorschriften heißen. Der Zweck selbst, das Vergnügen,
das wir suchen, ist im letzteren Falle nicht ein Gutes, sondern ein
Wohl, nicht ein Begriff der Vernunft, sondern ein empirischer
Begriff von einem Gegenstande der Empfindung; allein der Gebrauch des Mittels dazu, d. i. die Handlung (weil dazu vernünftige
Überlegung erfordert wird), heißt dennoch gut, aber nicht
schlechthin, sondern nur in Beziehung auf unsere Sinnlichkeit, in
Ansehung ihres Gefühls der Lust und Unlust; der Wille aber,
dessen Maxime dadurch affiziert wird, ist nicht ein reiner Wille,
der nur auf das geht, wobei reine Vernunft für sich selbst praktisch
sein kann.

Von der Selbstsucht

Das Wesentliche aller Bestimmung des Willens durchs sittliche
Gesetz ist: daß er als freier Wille, mithin nicht bloß ohne Mitwirkung sinnlicher Antriebe, sondern selbst mit Abweisung aller
derselben und mit Abbruch aller Neigungen, sofern sie jenem
Gesetz zuwider sein könnten, bloß durchs Gesetz bestimmt werde.
Soweit ist also die Wirkung des moralischen Gesetzes als Triebfeder nur negativ, und als solche kann diese Triebfeder a priori
erkannt werden. Denn alle Neigung und jeder sinnliche Antrieb ist
auf Gefühl gegründet, und die negative Wirkung aufs Gefühl
(durch den Abbruch, der den Neigungen geschieht) ist selbst
Gefühl. Folglich können wir a priori einsehen, daß das moralische

Gesetz als Bestimmungsgrund des Willens dadurch, daß es allen unseren Neigungen Eintrag tut, ein Gefühl bewirken müsse, welches Schmerz genannt werden kann, und hier haben wir nun den ersten, vielleicht auch einzigen Fall, da wir aus Begriffen a priori das Verhältnis eines Erkenntnisses zum Gefühl der Lust oder Unlust bestimmen konnten. Alle Neigungen zusammen (die auch wohl in ein erträgliches System gebracht werden können, und deren Befriedigung alsdann eigene Glückseligkeit heißt) machen die Selbstsucht aus. Diese ist entweder die der Selbstliebe, eines über alles gehenden Wohlwollens gegen sich selbst, oder die des Wohlgefallens an sich selbst. Jene heißt besonders Eigenliebe, diese Eigendünkel. Die reine praktische Vernunft tut der Eigenliebe bloß Abbruch, indem sie solche, als natürlich und noch vor dem moralischen Gesetze in uns rege, nur auf die Bedingung der Einstimmung mit diesem Gesetze einschränkt; da sie alsdann vernünftige Selbstliebe genannt wird. Aber den Eigendünkel schlägt sie gar nieder, indem alle Ansprüche der Selbstschätzung, die vor der Übereinstimmung mit dem sittlichen Gesetze vorhergehen, nichtig und ohne alle Befugnis sind, indem eben die Gewißheit einer Gesinnung, die mit diesem Gesetze übereinstimmt, die erste Bedingung alles Werts der Person ist und alle Anmaßung vor derselben falsch und gesetzwidrig ist. Nun gehört der Hang zur Selbstschätzung mit zu den Neigungen, denen das moralische Gesetz Abbruch tut, sofern jene bloß auf der Sinnlichkeit beruht. Also schlägt das moralische Gesetz den Eigendünkel nieder. Da dieses Gesetz aber doch etwas an sich Positives hat, nämlich die Form der Freiheit, so ist es, indem es im Gegensatze mit dem subjektiven Widerspiele, nämlich den Neigungen in uns, den Eigendünkel schwächt, zugleich ein Gegenstand der Achtung und, indem es ihn sogar niederschlägt, d. i. demütigt, ein Gegenstand der größten Achtung, mithin auch der Grund eines positiven Gefühls, das nicht empirischen Ursprungs ist und a priori erkannt wird, welches durch einen intellektuellen Grund gewirkt wird, und dieses Gefühl der Achtung fürs moralische Gesetz ist das einzige, welches wir völlig a priori erkennen und dessen Notwendigkeit wir einsehen können.

Was ist Achtung?

Achtung geht jederzeit nur auf Personen, niemals auf Sachen. Die letzteren können Neigung und, wenn es Tiere sind (z. B. Pferde, Hunde usw.), sogar Liebe, oder auch Furcht, wie das Meer, ein Vulkan, ein Raubtier, niemals aber Achtung in uns erwecken. Etwas, was diesem Gefühl schon nähertritt, ist Bewunderung, und diese als Affekt, als Erstaunen, kann auch auf Sachen gehen, z. B. himmelhohe Berge, die Größe, Menge und Weite der Weltkörper, die Stärke und Geschwindigkeit mancher Tiere usw. Aber alles dieses ist nicht Achtung. Ein Mensch kann mir auch ein Gegenstand der Liebe, der Furcht oder der Bewunderung, sogar bis zum Erstaunen, und doch darum kein Gegenstand der Achtung sein. Seine scherzhafte Laune, sein Mut und seine Stärke, seine Macht, durch seinen Rang, den er unter anderen hat, können mir dergleichen Empfindungen einflößen, es fehlt aber immer noch an innerer Achtung gegen ihn. Fontenelle sagt: Vor einem Vornehmen bücke ich mich, aber mein Geist bückt sich nicht. Ich kann hinzusetzen: Vor einem niedrigen, bürgerlich gemeinen Mann, an dem ich eine Rechtschaffenheit des Charakters in einem gewissen Maße, als ich mir von mir selbst nicht bewußt bin, wahrnehme, bückt sich mein Geist, ich mag wollen oder nicht und den Kopf noch so hoch tragen, um ihn meinen Vorrang nicht übersehen zu lassen. Warum das? Sein Beispiel hält mir ein Gesetz vor, das meinen Eigendünkel niederschlägt, wenn ich es mit meinem Verhalten vergleiche, und dessen Befolgung, mithin die Tunlichkeit desselben, ich durch die Tat bewiesen sehe. Nun mag ich mir sogar eines gleichen Grades der Rechtschaffenheit bewußt sein, und die Achtung bleibt doch. Denn da beim Menschen immer alles Gute mangelhaft ist, so schlägt das Gesetz, durch ein Beispiel anschaulich gemacht, doch immer meinen Stolz nieder, wozu der

Mann, den ich vor mir sehe, dessen Unlauterkeit, die ihm immer noch anhängen mag, mir nicht so wie mir die meinige bekannt ist, der mir also in reinerem Lichte erscheint, einen Maßstab abgibt. Achtung ist ein Tribut, den wir dem Verdienste nicht verweigern können, wir mögen wollen oder nicht; wir mögen allenfalls äußerlich damit zurückhalten, so können wir doch nicht verhüten, sie innerlich zu empfinden.

Triebfeder — Interesse — Maxime

Achtung fürs moralische Gesetz ist also die einzige und zugleich unbezweifelte moralische Triebfeder, so wie dieses Gefühl auch auf kein Objekt anders als lediglich aus diesem Grunde gerichtet ist. Zuerst bestimmt das moralische Gesetz objektiv und unmittelbar den Willen im Urteile der Vernunft; Freiheit, deren Kausalität bloß durchs Gesetz bestimmbar ist, besteht aber eben darin, daß sie alle Neigungen, mithin die Schätzung der Person selbst auf die Bedingung der Befolgung ihres reinen Gesetzes einschränkt. Diese Einschränkung tut nun eine Wirkung aufs Gefühl und bringt Empfindung der Unlust hervor, die aus dem moralischen Gesetze a priori erkannt werden kann. Da sie aber bloß sofern eine negative Wirkung ist, die, als aus dem Einflusse einer reinen praktischen Vernunft entsprungen, vornehmlich die Tätigkeit des Subjekts, sofern Neigungen die Bestimmungsgründe desselben sind, mithin der Meinung seines persönlichen Werts Abbruch tut (der ohne Einstimmung mit dem moralischen Gesetze auf nichts herabgesetzt wird), so ist die Wirkung dieses Gesetzes aufs Gefühl bloß Demütigung, welche wir also zwar a priori einsehen, aber an ihr nicht die Kraft des reinen praktischen Gesetzes als Triebfeder, sondern nur den Widerstand gegen Triebfedern der Sinnlichkeit erkennen können. Weil aber dasselbe Gesetz doch objektiv, d. i. in der Vorstellung der reinen Vernunft, ein unmittelbarer Bestimmungsgrund des Willens ist, folglich diese Demütigung nur relativ auf die Reinigkeit des Gesetzes stattfindet, so ist die Herabsetzung der Ansprüche der moralischen Selbstschätzung, d. i. die Demütigung auf der sinnlichen Seite, eine Erhebung der moralischen, d. i. praktischen Schätzung des Gesetzes selbst, auf der intellektuellen, mit einem Worte Achtung fürs Gesetz, also auch ein seiner intellektuellen Ursache nach positives Gefühl, das a priori erkannt wird. Denn eine jede Verminderung der Hindernisse einer Tätigkeit ist Beförderung dieser Tätigkeit selbst. Die Anerkennung des moralischen Gesetzes aber ist das Bewußtsein einer Tätigkeit der praktischen Vernunft aus objektiven Gründen, die bloß darum nicht ihre Wirkung in Handlungen äußert, weil subjektive Ursachen sie hindern. Also muß die Achtung fürs moralische Gesetz auch als positive, aber indirekte Wirkung desselben aufs Gefühl, sofern jenes den hindernden Einfluß der Neigungen durch Demütigung des Eigendünkels schwächt, mithin als subjektiver Grund der Tätigkeit, d. i. als Triebfeder zur Befolgung desselben, und als Grund zu Maximen eines ihm gemäßen Lebenswandels angesehen werden. Aus dem Begriffe einer Triebfeder entspringt der eines Interesses, welches niemals einem Wesen, als was Vernunft hat, beigelegt wird und eine Triebfeder des Willens bedeutet, sofern sie durch Vernunft vorgestellt wird. Da das Gesetz selbst in einem moralisch guten Willen die Triebfeder sein muß, so ist das moralische Interesse ein reines sinnenfreies Interesse der bloßen praktischen Vernunft. Auf dem Begriffe eines Interesse gründet sich auch der einer Maxime. Diese ist also nur alsdann moralisch echt, wenn sie auf dem bloßen Interesse, das man an der Befolgung des Gesetzes nimmt, beruht. Alle drei Begriffe aber, der einer Triebfeder, eines Interesse und einer Maxime, können nur auf endliche Wesen angewandt werden. Denn sie setzen insgesamt eine Eingeschränktheit der Natur eines Wesens voraus (da die subjektive Beschaffenheit seiner Willkür mit dem objektiven Gesetze einer praktischen Vernunft nicht von selbst übereinstimmt), ein Bedürfnis, irgend wodurch zur Tätigkeit angetrieben zu werden, weil ein inneres Hindernis derselben entgegensteht. Auf den göttlichen Willen können sie also nicht angewandt werden.

Von der Pflicht

Pflicht ist die Notwendigkeit einer Handlung aus Achtung fürs Gesetz. Zum Objekte als Wirkung meiner vorhabenden[1] Handlung kann ich zwar Neigung haben, aber niemals Achtung, eben darum, weil sie bloß eine Wirkung und nicht Tätigkeit eines Willens ist. Ebenso kann ich für Neigung überhaupt, sie mag nun meine oder eines andern seine sein, nicht Achtung haben, ich kann sie höchstens im ersten Falle billigen, im zweiten bisweilen selbst lieben, d. i. sie als meinem eigenen Vorteile günstig ansehen. Nur das, was bloß als Grund, niemals aber als Wirkung mit meinem Willen verknüpft ist, was nicht meiner Neigung dient, sondern sie überwiegt, wenigstens diese von deren Überschlage[2] bei der Wahl ganz ausschließt, mithin das bloße Gesetz für sich kann ein Gegenstand der Achtung und hiermit ein Gebot sein. Nun soll eine Handlung aus Pflicht den Einfluß der Neigung und mit ihr jeden Gegenstand des Willens ganz absondern, also bleibt nichts für den Willen übrig, was ihn bestimmen könne, als objektiv das Gesetz und subjektiv reine Achtung für dieses praktische Gesetz, mithin die Maxime, einem solchen Gesetze selbst mit Abbruch aller meiner Neigungen Folge zu leisten.

Es liegt also der moralische Wert der Handlung nicht in der Wirkung, die daraus erwartet wird, also auch nicht in irgendeinem Prinzip der Handlung, welches seinen Bewegungsgrund von dieser erwarteten Wirkung zu entlehnen bedarf. Denn alle diese Wirkungen (Annehmlichkeit seines Zustandes, ja gar Beförderung fremder Glückseligkeit) könnten auch durch andere Ursachen zustande gebracht werden, und es brauchte also dazu nicht des Willens eines vernünftigen Wesens, worin gleichwohl das höchste und unbedingte Gute allein angetroffen werden kann. Es kann daher nichts anderes als die Vorstellung des Gesetzes an sich

---

[1] beabsichtigten.
[2] Überlegung, Berücksichtigung.

selbst, die freilich nur im vernünftigen Wesen stattfindet, sofern sie, nicht aber die verhoffte Wirkung der Bestimmungsgrund des Willens ist, das so vorzügliche Gute, welches wir sittlich nennen, ausmachen, welches in der Person selbst schon gegenwärtig ist, die danach handelt, nicht aber allererst aus der Wirkung erwartet werden darf.

Der Begriff der Pflicht fordert also an der Handlung objektiv Übereinstimmung mit dem Gesetze, an der Maxime derselben aber subjektiv Achtung fürs Gesetz, als die alleinige Bestimmungsart des Willens durch dasselbe. Und darauf beruht der Unterschied zwischen dem Bewußtsein, pflichtmäßig und aus Pflicht, d. i. aus Achtung fürs Gesetz, gehandelt zu haben, davon das erstere (die Legalität) auch möglich ist, wenn Neigungen bloß die Bestimmungsgründe des Willens gewesen wären, das zweite aber (die Moralität), der moralische Wert, lediglich darin gesetzt werden muß, daß die Handlung aus Pflicht, d. i. bloß um des Gesetzes willen, geschehe.

Es ist von der größten Wichtigkeit, in allen moralischen Beurteilungen auf das subjektive Prinzip aller Maximen mit der äußersten Genauigkeit achtzuhaben, damit alle Moralität der Handlungen in der Notwendigkeit derselben aus Pflicht und aus Achtung fürs Gesetz, nicht aus Liebe und Zuneigung zu dem, was die Handlungen hervorbringen sollen, gesetzt werde. Für Menschen und alle erschaffenen vernünftigen Wesen ist die moralische Notwendigkeit Nötigung, d. i. Verbindlichkeit, und jede darauf gegründete Handlung als Pflicht, nicht aber als eine uns von selbst schon beliebte oder beliebt werden könnende Verfahrungsart vorzustellen.

Um aber den Begriff eines an sich selbst hochzuschätzenden und ohne weitere Absicht guten Willens, so wie er schon dem natürlichen gesunden Verstande beiwohnt und nicht sowohl gelehrt als vielmehr nur aufgeklärt zu werden bedarf, diesen Begriff, der in der Schätzung des ganzen Werts unserer Handlungen immer obenan steht und die Bedingung alles übrigen ausmacht, zu entwickeln, wollen wir den Begriff der Pflicht vor uns nehmen, der den eines guten Willens, obzwar unter gewissen subjektiven Einschränkungen und Hindernissen, enthält, die aber doch, weit gefehlt, daß sie ihn verstecken und unkenntlich machen sollten, ihn vielmehr durch Abstechung[1] heben und desto heller hervorscheinen lassen.

Ich übergehe hier alle Handlungen, die schon als pflichtwidrig erkannt werden, ob sie gleich in dieser oder jener Absicht nützlich sein mögen; denn bei denen ist gar nicht einmal die Frage, ob sie aus Pflicht geschehen sein mögen, da sie dieser sogar widerstreiten. Ich setze auch die Handlungen beiseite, die wirklich pflichtmäßig sind, zu denen aber Menschen unmittelbar keine Neigung haben, sie aber dennoch ausüben, weil sie durch eine andere Neigung dazu getrieben werden. Denn da läßt sich leicht unterscheiden, ob die pflichtmäßige Handlung aus Pflicht oder aus selbstsüchtiger Absicht geschehen sei. Weit schwerer ist dieser Unterschied zu bemerken, wo die Handlung pflichtmäßig ist und das Subjekt noch überdem unmittelbare Neigung zu ihr hat. Zum Beispiel ist es allerdings pflichtmäßig, daß der Krämer seinen unerfahrenen Käufer nicht übertevre, und, wo viel Verkehr ist, tut dieses auch der kluge Kaufmann nicht, sondern hält einen festgesetzten allgemeinen Preis für jedermann, so daß ein Kind ebensogut bei ihm kauft als jeder andere. Man wird also ehrlich bedient; allein das ist lange nicht genug, um deswegen zu glauben, der Kaufmann habe aus Pflicht und Grundsätzen der Ehrlichkeit so verfahren; sein Vorteil erforderte es; daß er aber überdem noch eine unmittelbare Neigung zu den Käufern haben sollte, um gleichsam aus Liebe keinem vor dem andern im Preise den Vorzug zu geben, läßt sich hier nicht annehmen. Also war die Handlung weder aus Pflicht noch aus unmittelbarer Neigung, sondern bloß in eigennütziger Absicht geschehen.

Dagegen sein Leben zu erhalten, ist Pflicht, und überdem hat

---

[1] durch den Gegensatz.

jedermann dazu noch eine unmittelbare Neigung. Aber um deswillen hat die oft ängstliche Sorgfalt, die der größte Teil der Menschen dafür trägt, doch keinen innern Wert und die Maxime derselben keinen moralischen Gehalt. Sie bewahren ihr Leben zwar pflichtmäßig, aber nicht aus Pflicht. Dagegen wenn Widerwärtigkeiten und hoffnungsloser Gram den Geschmack am Leben gänzlich weggenommen haben; wenn der Unglückliche, stark an Seele, über sein Schicksal mehr entrüstet als kleinmütig oder niedergeschlagen, den Tod wünscht und das Leben doch erhält, ohne es zu lieben, nicht aus Neigung oder Furcht, sondern aus Pflicht: alsdann hat seine Maxime einen moralischen Gehalt. Wohltätig sein, wo man kann, ist Pflicht, und überdem gibt es manche so teilnehmend gestimmte Seelen, daß sie auch ohne einen andern Bewegungsgrund der Eitelkeit oder des Eigennutzes ein inneres Vergnügen daran finden, Freude um sich zu verbreiten, und die sich an der Zufriedenheit anderer, sofern sie ihr Werk ist, ergötzen können. Aber ich behaupte, daß in solchem Falle dergleichen Handlung, so pflichtmäßig, so liebenswürdig sie auch ist, dennoch keinen wahren sittlichen Wert habe, sondern mit andern Neigungen zu gleichen Paaren gehe, z. B. der Neigung nach Ehre, die, wenn sie glücklicherweise auf das trifft, was in der Tat gemeinnützig und pflichtmäßig, mithin ehrenwert ist, Lob und Aufmunterung, aber nicht Hochschätzung verdient; denn der Maxime fehlt der sittliche Gehalt, nämlich solche Handlungen nicht aus Neigung, sondern aus Pflicht zu tun. Gesetzt also, das Gemüt jenes Menschenfreundes wäre vom eigenen Gram umwölkt, der alle Teilnehmung an anderer Schicksal auslöscht, er hätte immer noch Vermögen, andern Notleidenden wohlzutun, aber fremde Not rührte ihn nicht, weil er mit seiner eigenen genug beschäftigt ist, und nun, da keine Neigung ihn mehr dazu anreizt, risse er sich doch aus dieser tödlichen Unempfindlichkeit heraus und täte die Handlung ohne alle Neigung, lediglich aus Pflicht, alsdann hat sie allererst ihren echten moralischen Wert. Noch mehr: wenn die Natur diesem oder jenem überhaupt wenig

Sympathie ins Herz gelegt hätte, wenn er (übrigens ein ehrlicher Mann) von Temperament kalt und gleichgültig gegen die Leiden anderer wäre, vielleicht weil er, selbst gegen seine eigene mit der besonderen Gabe der Geduld und aushaltender Stärke versehen, dergleichen bei jedem andern auch voraussetzt oder gar fordert; wenn die Natur einen solchen Mann (welcher wahrlich nicht ihr schlechtestes Produkt sein würde) nicht eigentlich zum Menschenfreunde gebildet hätte, würde er denn nicht noch in sich einen Quell finden, sich selbst einen weit höheren Wert zu geben, als der eines gutartigen Temperaments sein mag? Allerdings! gerade da hebt der Wert des Charakters an, der moralisch und ohne alle Vergleichung der höchste ist, nämlich daß er wohltue, nicht aus Neigung, sondern aus Pflicht.

Seine eigene Glückseligkeit sichern, ist Pflicht, denn der Mangel der Zufriedenheit mit seinem Zustande in einem Gedränge von vielen Sorgen und mitten unter unbefriedigten Bedürfnissen könnte leicht eine große Versuchung zu Übertretung der Pflichten werden. Aber auch ohne hier auf Pflicht zu sehen, haben alle Menschen schon von selbst die mächtigste und innigste Neigung zur Glückseligkeit, weil sich gerade in dieser Idee alle Neigungen zu einer Summe vereinigen. Nur ist die Vorschrift der Glückseligkeit mehrenteils so beschaffen, daß sie einigen Neigungen großen Abbruch tut und doch der Mensch sich von der Summe der Befriedigung aller unter dem Namen der Glückseligkeit keinen bestimmten und sicheren Begriff machen kann; daher nicht zu verwundern ist, wie eine einzige in Ansehung dessen, was sie verheißt, und der Zeit, worin ihre Befriedigung erhalten werden kann, bestimmte Neigung eine schwankende Idee überwiegen könne, und der Mensch, z. B. ein Podagrist, wählen könne, zu genießen, was ihm schmeckt, und zu leiden, was er kann, weil er nach seinem Überschlage hier wenigstens sich nicht durch vielleicht grundlose Erwartungen eines Glücks, das in der Gesundheit stecken soll, um den Genuß des gegenwärtigen Augenblicks gebracht hat. Aber auch in diesem Falle, wenn die allgemeine

Neigung zur Glückseligkeit seinen Willen nicht bestimmte, wenn
Gesundheit für ihn wenigstens nicht so notwendig in diesen
Überschlag gehörte, so bleibt noch hier wie in allen andern Fällen
ein Gesetz übrig, nämlich seine Glückseligkeit zu befördern, nicht
aus Neigung, sondern aus Pflicht, und da hat sein Verhalten
allererst den eigentlichen moralischen Wert.

So sind ohne Zweifel auch die Schriftstellen zu verstehen, darin
geboten wird, seinen Nächsten, selbst unsern Feind zu lieben.
Denn Liebe als Neigung kann nicht geboten werden, aber Wohltun
aus Pflicht selbst, wenn dazu gleich gar keine Neigung treibt, ja gar
natürliche und unbezwingliche Abneigung widersteht, ist praktische und nicht pathologische[1] Liebe, die im Willen liegt und nicht
im Hange der Empfindung, in Grundsätzen der Handlung und
nicht schmelzender Teilnehmung; jene aber allein kann geboten
werden.

Der Satz: eine Handlung aus Pflicht hat ihren moralischen Wert
nicht in der Absicht, welche dadurch erreicht werden soll, sondern
in der Maxime, nach der sie beschlossen wird, hängt also nicht von
der Wirklichkeit des Gegenstandes der Handlung ab, sondern bloß
von dem Prinzip des Wollens, nach welchem die Handlung unangesehen aller Gegenstände des Begehrungsvermögens geschehen
ist. Daß die Absichten, die wir bei Handlungen haben mögen, und
ihre Wirkungen, als Zwecke und Triebfedern des Willens, den
Handlungen einen unbedingten und moralischen Wert erteilen
können, ist aus dem Vorigen klar. Worin kann also dieser Wert
liegen, wenn er nicht im Willen in Beziehung auf deren verhoffte
Wirkung bestehen soll? Er kann nirgends anders liegen als im
Prinzip des Willens unangesehen der Zwecke, die durch solche
Handlung bewirkt werden können; denn der Wille ist mitten inne
zwischen seinem Prinzip a priori, welches formell[2] ist, und zwi-

---

[1] sinnliche.

[2] nur der Form nach verbindlich.

schen seiner Triebfeder a posteriori, welche materiell[1] ist, gleichsam auf einem Scheidewege, und da er doch nirgends wodurch muß bestimmt werden, so wird er durch das formelle Prinzip des Wollens überhaupt bestimmt werden müssen, wenn eine Handlung aus Pflicht geschieht, da ihm alles materielle Prinzip entzogen worden.

Apotheose der Pflicht

Das moralische Gesetz ist für den Willen eines allervollkommensten Wesens ein Gesetz der Heiligkeit, für den Willen jedes endlichen vernünftigen Wesens aber ein Gesetz der Pflicht, der moralischen Nötigung, und der Bestimmung der Handlungen desselben durch Achtung für dieses Gesetz und aus Ehrfurcht für seine Pflicht. Ein anderes subjektives Prinzip muß zur Triebfeder nicht angenommen werden, denn sonst kann zwar die Handlung, wie das Gesetz sie vorschreibt, ausfallen, aber da sie zwar pflichtmäßig ist, aber nicht aus Pflicht geschieht, so ist die Gesinnung dazu nicht moralisch, auf die es doch in dieser Gesetzgebung eigentlich ankommt.

Pflicht! du erhabener, großer Name, der du nichts Beliebtes, was Einschmeichelung bei sich führt, in dir fassest, sondern Unterwerfung verlangst, doch auch nichts drohest, was natürliche Abneigung im Gemüte erregte und schreckte, um den Willen zu bewegen, sondern bloß ein Gesetz aufstellst, welches von selbst im Gemüte Eingang findet und durch sich selbst wider Willen Verehrung (wenn gleich nicht immer Befolgung) erwirbt, vor dem alle Neigungen verstummen, wenn sie gleich insgeheim ihm entgegenwirken: welches ist der deiner würdige Ursprung, und wo findet man die Wurzel deiner edlen Abkunft, welche alle Verwandtschaft mit Neigungen stolz ausschlägt, und von welcher Wurzel abzustammen, die unnachläßliche Bedingung desjenigen Werts ist, den sich Menschen allein selbst geben können?

---

[1] dem Inhalt nach verbindlich.

Zwei Dinge erfüllen das Gemüt mit immer neuer und zunehmender Bewunderung und Ehrfurcht, je öfter und anhaltender sich das Nachdenken damit beschäftigt: der bestirnte Himmel über mir und das moralische Gesetz in mir. Beide darf ich nicht als in Dunkelheiten verhüllt, oder im Überschwänglichen, außer meinem Gesichtskreise suchen und bloß vermuten; ich sehe sie vor mir und verknüpfe sie unmittelbar mit dem Bewußtsein meiner Existenz. Das erste fängt von dem Platze an, den ich in der äußeren Sinnenwelt einnehme, und erweitert die Verknüpfung, darin ich stehe, ins unabsehlich Große mit Welten über Welten und Systemen von Systemen überdem noch in grenzenlose Zeiten ihrer periodischen Bewegung, deren Anfang und Fortdauer. Das zweite fängt von meinem unsichtbaren Selbst, meiner Persönlichkeit an, und stellt mich in einer Welt dar, die wahre Unendlichkeit hat, aber nur dem Verstande spürbar[1] ist, und mit welcher (dadurch aber auch zugleich mit allen jenen sichtbaren Welten) ich mich nicht wie dort in bloß zufälliger, sondern allgemeiner und notwendiger Verknüpfung erkenne. Der erstere Anblick einer zahllosen Weltenmenge vernichtet gleichsam meine Wichtigkeit als eines tierischen Geschöpfs, das die Materie, daraus es ward, dem Planeten (einem bloßen Punkt im Weltall) wieder zurückgeben muß, nachdem es eine kurze Zeit (man weiß nicht wie) mit Lebenskraft versehen gewesen. Der zweite erhebt dagegen meinen Wert als einer Intelligenz, unendlich durch meine Persönlichkeit, in welcher das moralische Gesetz mir ein von der Tierwelt und selbst von der ganzen Sinnenwelt unabhängiges Leben offenbart, wenigstens so viel sich aus der zweckmäßigen Bestimmung meines Daseins durch dieses Gesetz, welche nicht auf Bedingungen und Grenzen dieses Lebens eingeschränkt ist, sondern ins Unendliche geht, abnehmen läßt.

---

[1] daher „intelligibel".

Sittengesetze sind geschriebene oder ungeschriebene Pflichten. Sie treten in der Form auf: „Du sollst" oder „Du sollst nicht" und sind an den Willen gerichtet. Jedes Sittengesetz ist ein auf einen bestimmten Inhalt bezogener Imperativ. Aber nicht auf diesen empirischen, wechselvollen Inhalt kommt es Kant an, sondern auf das allgemeine Schema der moralischen Konsequenz überhaupt, so wie er in der „Kritik der reinen Vernunft" das allgemeine Schema der wissenschaftlichen Systematik überhaupt herausarbeiten wollte.

Kant ist sich zwar dessen bewußt, daß ein vollkommen „guter" Wille, der keines formulierten Sittengesetzes bedarf, um jederzeit sittlich konsequent zu handeln, etwas Übermenschliches ist. Dennoch bedient er sich der Vorstellung einer Gemeinschaft reiner Vernunftwesen, die durch den vollkommen „guten" Willen ausgezeichnet sind, um zu einer greifbaren Formel für das reine Schema der sittlichen Konsequenz zu gelangen. Wollte man den Grundsatz, nach dem derartige reine Vernunftwesen ganz selbstverständlich handeln, in Worte fassen, so würde er die Form eines kategorischen[1] Imperativs haben und etwa lauten: Handle als einzelnes Vernunftwesen immer nur nach derjenigen Maxime, durch die du zugleich wollen kannst, daß sie Gesetz für alle Vernunftwesen werde. (Menschlich näher formuliert: Handle so, daß du die Menschheit sowohl in deiner Person als in der Person eines jeden anderen jederzeit zugleich als Zweck, niemals bloß als Mittel brauchst.)

Wie man Wissenschaft ganz allgemein als System theoretischer Sätze a priori ansehen kann, so kann man auch Moralität ganz allgemein als System praktischer Imperative auffassen, deren höchster und allgemeinster der schon gekennzeichnete kategorische Imperativ ist. Wissenschaft ist Erkennen auf Grund einer systematischen Synthesis a priori, Moralität ist Handeln gleichfalls auf Grund einer systematischen Synthesis a priori. Aus dem kategorischen Imperativ läßt sich Form, Rechtsgrund und Tragweite der Moralität genau so ablesen, wie sich aus dem Schema des synthetischen Urteils a priori Form, Rechtsgrund und Tragweite der Verstandeserkenntnis ablesen ließ.

Die kritische Grundfrage: quid juris (nach den Bedingungen der Möglichkeit, nach dem Rechtsgrunde) ist dahin zu beantworten: vollkommene Sittlichkeit ist nur möglich unter der Vor-

---

[1] unbedingt verbindlichen.

aussetzung einer Gemeinschaft reiner Vernunftwesen, welche prinzipiell dem kategorischen Imperativ gemäß handeln, welche also in der Gemeinschaft der reinen Vernunftwesen ihr oberstes Ziel sehen.

Da die Menschen nun keineswegs absolut reine Vernunftwesen sind und bestenfalls eine bloße Anlage zum Guten haben, erscheint Sittlichkeit unter Menschen nur insofern als möglich, als sie in den reinen Vernunftwesen Muster und Vorbilder sehen und der Bildung und Erhaltung einer vernünftigen Menschengemeinschaft alle ihre eigensüchtigen Zwecke unterordnen.

Die Menschheit, die vernünftige Menschengemeinschaft nicht als Tatsache, sondern als Idee, als eine durch sittliches Handeln zu verwirklichende Aufgabe, ist das regulative Prinzip, welches den einzelnen Handlungen innere Konsequenz verleiht, so wie die transzendentalen Ideen im Erkenntniszusammenhange als diejenigen Prinzipien erkannt werden, welche die systematische Einheit aller Einzelurteile hervorbringen.

Natürlich lebt der kategorische Imperativ mit seiner Zielvorstellung einer Gemeinschaft der reinen Vernunftwesen nicht als Satz in den moralisch angelegten Wesen. Er lebt in ihnen als der gute Wille, als das moralische Gefühl, als das Gewissen. Das Gewissen ist der Anwalt der sittlichen Idee der Gemeinschaft im Einzelwesen.

Das Gewissen aber ist genau so wenig ein Gut, das man erwerben kann, wie der Verstand. Er ist eine Anlage vernünftiger Wesen zum Guten, ihr eigenstes innerstes Selbst. Man kann es kultivieren und zu einem sehr empfindlichen Instrument der sittlichen Entscheidung machen, man kann es aber auch vernachlässigen und korrumpieren, je nach der Einschätzung, die man für sich selbst als sittliche Persönlichkeit hat. Es ist Sache der freien Entscheidung der sittlichen Persönlichkeit, ob sie sich zu ihrem besseren Selbst, zu ihrem Gewissen bekennen, sich mit ihm identifizieren, oder ob sie ihr Gewissen und damit sich selbst verleugnen will. Gewissensentscheidungen sind Akte der Selbsteinschätzung. Der gewissenhafte Mensch, der das moralische Gesetz in sich (repräsentiert durch das Gewissen) achtet, weiß um den eigenen inneren Wert, d. h. um Würde.

Der kategorische Imperativ der Pflicht

Ein jegliches Ding der Natur wirkt nach Gesetzen. Nur ein vernünftiges Wesen hat das Vermögen, nach der Vorstellung der Gesetze, d. i. nach Prinzipien zu handeln, oder einen Willen. Da zur Ableitung der Handlung von Gesetzen Vernunft erfordert wird, so ist der Wille nichts anders als praktische Vernunft. Wenn die Vernunft den Willen unausbleiblich bestimmt, so sind die Handlungen eines solchen Wesens, die als objektiv notwendig erkannt werden, auch subjektiv notwendig, d. i. der Wille ist ein Vermögen, nur dasjenige zu wählen, was die Vernunft unabhängig von der Neigung als praktisch notwendig, d. i. als gut, erkennt. Bestimmt aber die Vernunft für sich allein den Willen nicht hinlänglich, ist dieser noch subjektiven Bedingungen (gewissen Triebfedern) unterworfen, die nicht immer mit den objektiven übereinstimmen; mit einem Worte, ist der Wille nicht an sich völlig der Vernunft gemäß (wie es bei Menschen wirklich ist): so sind die Handlungen, die objektiv als notwendig erkannt werden, subjektiv zufällig, und die Bestimmung eines solchen Willens objektiven Gesetzen gemäß ist Nötigung; d. i. das Verhältnis der objektiven Gesetze zu einem nicht durchaus guten Willen wird vorgestellt als die Bestimmung des Willens eines vernünftigen Wesens zwar durch Gründe der Vernunft, denen aber dieser Wille seiner Natur nach nicht notwendig folgsam ist.

Die Vorstellung eines objektiven Prinzips, sofern es für einen Willen nötigend ist, heißt ein Gebot (der Vernunft), und die Formel des Gebots heißt Imperativ.

Alle Imperative werden durch ein Sollen ausgedrückt und zeigen dadurch das Verhältnis eines objektiven Gesetzes der Vernunft zu einem Willen an, der seiner subjektiven Beschaffenheit nach dadurch nicht notwendig bestimmt wird (eine Nötigung). Sie sagen, daß etwas zu tun oder zu unterlassen gut sein würde, allein sie sagen es einem Willen, der nicht immer darum etwas tut, weil ihm vorgestellt wird, daß es zu tun gut sei. Praktisch gut ist aber, was vermittels der Vorstellungen, mithin nicht aus subjektiven Ursachen, sondern objektiv, d. i. aus Gründen, die für jedes vernünftige Wesen als ein solches gültig sind, den Willen bestimmt. Es wird vom Angenehmen unterschieden als demjenigen, was nur vermittels der Empfindung aus bloß subjektiven Ursachen, die nur für dieses oder jenes seinen Sinn gelten, und nicht als Prinzip der Vernunft, das für jedermann gilt, auf den Willen Einfluß hat.

Ein vollkommen guter Wille würde also ebensowohl unter objektiven Gesetzen (des Guten) stehen, aber nicht dadurch als zu gesetzmäßigen Handlungen genötigt vorgestellt werden können, weil er von selbst nach seiner subjektiven Beschaffenheit nur durch die Vorstellung des Guten bestimmt werden kann. Daher gelten für den göttlichen und überhaupt für einen heiligen Willen keine Imperative; das Sollen ist hier am unrechten Orte, weil das Wollen schon von selbst mit dem Gesetz notwendig einstimmig ist. Daher sind Imperative nur Formeln, das Verhältnis objektiver Gesetze des Wollens überhaupt zu der subjektiven Unvollkommenheit des Willens dieses oder jenes vernünftigen Wesens, z. B. des menschlichen Willens, auszudrücken.

Alle Imperative nun gebieten entweder hypothetisch oder kategorisch. Jene stellen die praktische Notwendigkeit einer möglichen Handlung als Mittel zu etwas anderem, was man will (oder doch möglich ist, daß man es wolle), zu gelangen vor. Der kategorische Imperativ würde der sein, welcher eine Handlung als für sich selbst, ohne Beziehung auf einen andern Zweck, als objektiv-notwendig vorstellte.

Weil jedes praktische Gesetz eine mögliche Handlung als gut und darum für ein durch Vernunft praktisch bestimmbares Subjekt als notwendig vorstellt, so sind alle Imperative Formeln der Bestimmung der Handlung, die nach dem Prinzip eines in irgendeiner Art guten Willens notwendig ist. Wenn nun die Handlung bloß wozu anders[1] als Mittel gut sein würde, so ist der Imperativ hypothe-

---

[1] zu etwas anderem.

tisch; wird sie als an sich gut vorgestellt, mithin als notwendig in einem an sich der Vernunft gemäßen Willen, als Prinzip desselben, so ist er kategorisch.

Der kategorische Imperativ ist also nur ein einziger, und zwar dieser: handle nur nach derjenigen Maxime, durch die du zugleich wollen kannst, daß sie allgemeines Gesetz werde.

Wenn nun aus diesem einigen Imperativ alle Imperativen der Pflicht als aus ihrem Prinzip abgeleitet werden können, so werden wir, ob wir es gleich unausgemacht lassen, ob nicht überhaupt das, was man Pflicht nennt, ein leerer Begriff sei, doch wenigstens anzeigen können, was wir dadurch denken und was dieser Begriff sagen wolle.

Weil die Allgemeinheit des Gesetzes, wonach Wirkungen geschehen, dasjenige ausmacht, was eigentlich Natur im allgemeinsten Verstande (der Form nach), d. i. das Dasein der Dinge, heißt, sofern es nach allgemeinen Gesetzen bestimmt ist, so könnte der allgemeine Imperativ der Pflicht auch so lauten: Handle so, als ob die Maxime deiner Handlung durch deinen Willen zum allgemeinen Naturgesetze werden sollte.

Nun wollen wir einige Pflichten herzählen nach der gewöhnlichen Einteilung derselben in Pflichten gegen uns selbst und gegen andre Menschen, in vollkommene und unvollkommene Pflichten.

1. Einer, der durch eine Reihe von Übeln, die bis zur Hoffnungslosigkeit angewachsen ist, einen Überdruß am Leben empfindet, ist noch so weit im Besitze seiner Vernunft, daß er sich selbst fragen kann, ob es auch nicht etwa der Pflicht gegen sich selbst zuwider sei, sich das Leben zu nehmen. Nun versucht er: ob die Maxime seiner Handlung wohl ein allgemeines Naturgesetz werden könne. Seine Maxime aber ist: ich mache es mir aus Selbstliebe zum Prinzip, wenn das Leben bei seiner längeren Frist mehr Übel droht, als es Annehmlichkeit verspricht, es mir abzukürzen. Es frägt sich nur noch, ob dieses Prinzip der Selbstliebe ein allgemeines Naturgesetz werden könne. Da sieht man aber bald, daß eine Natur, deren Gesetz es wäre, durch dieselbe Empfindung,

deren Bestimmung es ist, zur Beförderung des Lebens anzutreiben, das Leben selbst zu zerstören, ihr selbst widersprechen und
also nicht als Natur bestehen würde, mithin jene Maxime unmöglich als allgemeines Naturgesetz stattfinden könne und folglich
dem obersten Prinzip aller Pflicht gänzlich widerstreite.

2. Ein anderer sieht sich durch Not gedrungen, Geld zu borgen. Er
weiß wohl, daß er nicht wird bezahlen können, sieht aber auch, daß
ihm nichts geliehen werden wird, wenn er nicht festiglich verspricht, es zu einer bestimmten Zeit zu bezahlen. Er hat Lust, ein
solches Versprechen zu tun; noch aber hat er so viel Gewissen, sich
zu fragen: ist es nicht unerlaubt und pflichtwidrig, sich auf solche
Art aus der Not zu helfen? Gesetzt, er beschlösse es doch, so würde
seine Maxime der Handlung so lauten: wenn ich mich in Geldnot
zu sein glaube, so will ich Geld borgen und versprechen, es zu
bezahlen, ob ich gleich weiß, es werde niemals geschehen. Nun ist
dieses Prinzip der Selbstliebe oder der eigenen Zuträglichkeit mit
meinem ganzen künftigen Wohlbefinden vielleicht wohl zu vereinigen, allein jetzt ist die Frage: ob es recht sei. Ich verwandle also
die Zumutung der Selbstliebe in ein allgemeines Gesetz und richte
die Frage so ein: wie es dann stehen würde, wenn meine Maxime
ein allgemeines Gesetz würde. Da sehe ich nun zugleich, daß sie
niemals als allgemeines Naturgesetz gelten und mit sich selbst
zusammenstimmen könne, sondern sich notwendig widersprechen müsse. Denn die Allgemeinheit eines Gesetzes, daß jeder,
nachdem er in Not zu sein glaubt, versprechen könne, was ihm
einfällt, mit dem Vorsatz, es nicht zu halten, würde das Versprechen und den Zweck, den man damit haben mag, selbst unmöglich
machen, indem niemand glauben würde, daß ihm was versprochen
sei, sondern über alle solche Äußerung als eitles Vorgeben lachen
würde.

3. Ein dritter findet in sich ein Talent, welches vermittels einiger
Kultur ihn zu einem in allerlei Absicht brauchbaren Menschen
machen könnte. Er sieht sich aber in bequemen Umständen und
zieht vor, lieber dem Vergnügen nachzuhängen, als sich mit

Erweiterung und Verbesserung seiner glücklichen Naturanlagen zu bemühen. Noch frägt er aber: ob außer der Übereinstimmung, die seine Maxime der Verwahrlosung seiner Naturgaben mit seinem Hange zur Ergötzlichkeit an sich hat, sie auch mit dem, was man Pflicht nennt, übereinstimme. Da sieht er nun, daß zwar eine Natur nach einem solchen allgemeinen Gesetze immer noch bestehen könne, obgleich der Mensch (so wie die Südsee-Einwohner) sein Talent rosten ließe und sein Leben bloß auf Müßiggang, Ergötzlichkeit, Fortpflanzung, mit einem Wort auf Genuß zu verwenden bedacht wäre; allein er kann unmöglich wollen, daß dieses ein allgemeines Naturgesetz werde oder als ein solches in uns durch Naturinstinkt gelegt sei. Denn als ein vernünftiges Wesen will er notwendig, daß alle Vermögen in ihm entwickelt werden, weil sie ihm doch zu allerlei möglichen Absichten dienlich und gegeben sind.

Noch denkt ein vierter, dem es wohl geht, indessen er sieht, daß andere mit großen Mühseligkeiten zu kämpfen haben (denen er auch wohl helfen könnte): was geht's mich an? Mag doch ein jeder so glücklich sein, als es der Himmel will, oder er sich selbst machen kann, ich werde ihm nichts entziehen, ja ihn nicht einmal beneiden; nur zu seinem Wohlbefinden oder seinem Beistande in der Not habe ich nicht Lust etwas beizutragen! Nun könnte allerdings, wenn eine solche Denkungsart ein allgemeines Naturgesetz würde, das menschliche Geschlecht gar wohl bestehen und ohne Zweifel noch besser, als wenn jedermann von Teilnehmung und Wohlwollen schwatzt, auch sich beeifert, gelegentlich dergleichen auszuüben, dagegen aber auch, wo er nur kann, betrügt, das Recht der Menschen verkauft oder ihm sonst Abbruch tut. Aber obgleich es möglich ist, daß nach jener Maxime ein allgemeines Naturgesetz wohl bestehen könnte: so ist es doch unmöglich, zu wollen, daß ein solches Prinzip als Naturgesetz allenthalben gelte. Denn ein Wille, der dieses beschlösse, würde sich selbst widerstreiten, indem der Fälle sich doch manche ereignen können, wo er anderer Liebe und Teilnehmung bedarf, und wo er durch ein solches aus

seinem eigenen Willen entsprungenes Naturgesetz sich selbst alle
Hoffnung des Beistandes, den er sich wünscht, rauben würde.

Gesetzt aber, es gäbe etwas, dessen Dasein an sich selbst einen
absoluten Wert hat, was als Zweck an sich selbst ein Grund
bestimmter Gesetze sein könnte, so würde in ihm und nur in ihm
allein der Grund eines möglichen kategorischen Imperativs, d. i.
praktischen Gesetzes, liegen.

Nun sage ich: der Mensch und überhaupt jedes vernünftige Wesen
existiert als Zweck an sich selbst, nicht bloß als Mittel zum
beliebigen Gebrauche für diesen oder jenen Willen, sondern muß
in allen seinen sowohl auf sich selbst als auch auf andere vernünftige Wesen gerichteten Handlungen jederzeit zugleich als Zweck
betrachtet werden. Alle Gegenstände der Neigungen haben nur
einen bedingten Wert; denn wenn die Neigungen und darauf
gegründete Bedürfnisse nicht wären, so würde ihr Gegenstand
ohne Wert sein. Die Neigungen selber aber als Quellen des
Bedürfnisses haben so wenig einen absoluten Wert, um sie selbst
zu wünschen, daß vielmehr, gänzlich frei davon zu sein, der
allgemeine Wunsch eines jeden vernünftigen Wesens sein muß.
Also ist der Wert aller durch unsere Handlung zu erwerbenden
Gegenstände jederzeit bedingt. Die Wesen, deren Dasein zwar
nicht auf unserm Willen, sondern der Natur beruht, haben dennoch, wenn sie vernunftlose Wesen sind, nur einen relativen Wert
als Mittel und heißen daher Sachen, dagegen vernünftige Wesen
Personen genannt werden, weil ihre Natur sie schon als Zwecke an
sich selbst, d. i. als etwas, das nicht bloß als Mittel gebraucht
werden darf, auszeichnet, mithin sofern alle Willkür einschränkt
(und ein Gegenstand der Achtung ist). Dies sind also nicht bloß
subjektive Zwecke, deren Existenz als Wirkung unserer Handlung
für uns einen Wert hat; sondern objektive Zwecke, d. i. Dinge,
deren Dasein an sich selbst Zweck ist, und zwar ein solcher, an
dessen Statt kein anderer Zweck gesetzt werden kann, dem sie bloß
als Mittel zu Diensten stehen sollten, weil ohne dieses überall gar

nichts vom absoluten Werte würde angetroffen werden; wenn aber aller Wert bedingt, mithin zufällig wäre, so könnte für die Vernunft überall kein oberstes praktisches Prinzip angetroffen werden.

Wenn es denn also ein oberstes praktisches Prinzip und in Ansehung des menschlichen Willens einen kategorischen Imperativ geben soll, so muß es ein solches sein, das aus der Vorstellung dessen, was notwendig für jedermann Zweck ist, weil es Zweck an sich selbst ist, ein objektives Prinzip des Willens ausmacht, mithin zum allgemeinen praktischen Gesetz dienen kann. Der Grund dieses Prinzips ist: die vernünftige Natur existiert als Zweck an sich selbst. So stellt sich notwendig der Mensch sein eignes Dasein vor; sofern ist es also ein subjektives Prinzip menschlicher Handlungen. So stellt sich aber auch jedes andere vernünftige Wesen sein Dasein zufolge eben desselben Vernunftgrundes, der auch für mich gilt, vor; also ist es zugleich ein objektives Prinzip, woraus als einem obersten praktischen Grunde alle Gesetze des Willens müssen abgeleitet werden können. Der praktische Imperativ wird also folgender sein: Handle so, daß du die Menschheit sowohl in deiner Person als in der Person eines jeden andern jederzeit zugleich als Zweck, niemals bloß als Mittel brauchst.

Vom Gewissen als Bewußtsein der Pflicht

Es ist hier nicht die Frage: wie das Gewissen geleitet werden solle (denn das will keinen Leiter: es ist genug eines zu haben); sondern wie dieses selbst zum Leitfaden in den bedenklichsten moralischen Entschließungen dienen könne. —

Das Gewissen ist ein Bewußtsein, das für sich selbst Pflicht ist. Wie ist es aber möglich, sich ein solches zu denken, da das Bewußtsein aller unserer Vorstellungen nur in logischer Absicht, mithin bloß bedingterweise, wenn wir unsere Vorstellung klarmachen wollen, notwendig zu sein scheint, mithin nicht unbedingt Pflicht sein kann?

Es ist ein moralischer Grundsatz, der keines Beweises bedarf: man soll nichts auf die Gefahr wagen, daß es unrecht sei. Das Bewußtsein also, daß eine Handlung, die ich unternehmen will, recht sei, ist unbedingte Pflicht. Ob eine Handlung überhaupt recht oder unrecht sei, darüber urteilt der Verstand, nicht das Gewissen. Es ist auch nicht schlechthin notwendig, von allen möglichen Handlungen zu wissen, ob sie recht oder unrecht sind. Aber von der, die ich unternehmen will, muß ich nicht allein urteilen und meinen, sondern auch gewiß sein, daß sie nicht unrecht sei, und diese Forderung ist ein Postulat des Gewissens, welchem der Probabilismus[1], d. i. der Grundsatz, entgegengesetzt ist: daß die bloße Meinung, eine Handlung könne wohl recht sein, schon hinreichend sei, sie zu unternehmen. — Man könnte das Gewissen auch so definieren: es ist die sich selbst richtende moralische Urteilskraft; nur würde diese Definition noch einer vorhergehenden Erklärung der darin enthaltenen Begriffe gar sehr bedürfen. Das Gewissen richtet nicht die Handlungen als Kasus[2], die unter dem Gesetz stehen; denn das tut die Vernunft, sofern sie subjektiv-praktisch ist: sondern hier richtet die Vernunft sich selbst, ob sie auch wirklich jene Beurteilung der Handlungen mit aller Behutsamkeit (ob sie recht oder unrecht sind) übernommen habe, und stellt den Menschen wider oder für sich selbst zum Zeugen auf, daß dieses geschehen oder nicht geschehen sei.

---

[1] Wahrscheinlichkeitsstandpunkt.
[2] Fälle.

Von der sittlichen Würde

Das vernünftige Wesen muß sich jederzeit als gesetzgebend in einem durch Freiheit des Willens möglichen Reiche der Zwecke betrachten, es mag nun sein als Glied oder als Oberhaupt. Den Platz des letztern kann es aber nicht bloß durch die Maxime seines Willens, sondern nur alsdann, wenn es ein völlig unabhängiges Wesen ohne Bedürfnis und Einschränkung seines dem Willen adäquaten Vermögens ist, behaupten.

Moralität besteht also in der Beziehung aller Handlung auf die Gesetzgebung, dadurch allein ein Reich der Zwecke möglich ist. Diese Gesetzgebung muß aber in jedem vernünftigen Wesen selbst angetroffen werden und aus seinem Willen entspringen können, dessen Prinzip also ist: keine Handlung nach einer anderen Maxime zu tun als so, daß es auch mit ihr bestehen könne, daß sie ein allgemeines Gesetz sei, und also nur so, daß der Wille durch seine Maxime sich selbst zugleich als allgemein gesetzgebend betrachten könne. Sind nun diese Maximen mit diesem objektiven Prinzip der vernünftigen Wesen, als allgemein gesetzgebend, nicht durch ihre Natur schon notwendig einstimmig, so heißt die Notwendigkeit der Handlung nach jenem Prinzip praktische Nötigung, d. i. Pflicht. Pflicht kommt nicht dem Oberhaupte im Reiche der Zwecke, wohl aber jedem Gliede, und zwar allein in gleichem Maße zu.

Die praktische Notwendigkeit, nach diesem Prinzip zu handeln, d. i. die Pflicht, beruht gar nicht auf Gefühlen, Antrieben und Neigungen, sondern bloß auf dem Verhältnisse vernünftiger Wesen zueinander, in welchem der Wille eines vernünftigen Wesens jederzeit zugleich als gesetzgebend betrachtet werden muß, weil es sie sonst nicht als Zweck an sich selbst denken könnte. Die Vernunft bezieht also jede Maxime des Willens als allgemein gesetzgebend auf jeden anderen Willen und auch auf jede Handlung gegen sich selbst und dies zwar nicht um irgendeines anderen praktischen Beweggrundes oder künftigen Vorteils willen, sondern aus der Idee der Würde eines vernünftigen Wesens, das keinem Gesetze gehorcht als dem, das es zugleich selbst gibt.

Im Reiche der Zwecke hat alles entweder einen Preis oder eine Würde. Was einen Preis hat, an dessen Stelle kann auch etwas anderes als Äquivalent gesetzt werden; was dagegen über allen Preis erhaben ist, mithin kein Äquivalent verstattet, das hat eine Würde.

Was sich auf die allgemeinen menschlichen Neigungen und Bedürfnisse bezieht, hat einen Marktpreis; das, was, auch ohne ein Bedürfnis vorauszusetzen, einem gewissen Geschmacke, d. i. einem Wohlgefallen am bloßen zwecklosen Spiel unserer Gemütskräfte, gemäß ist, einen Affektionspreis; das aber, was die Bedingung ausmacht, unter der allein etwas Zweck an sich selbst sein kann, hat nicht bloß einen relativen Wert, d. i. einen Preis, sondern einen inneren Wert, d. i. Würde.

Von der sittlichen Persönlichkeit

Das moralische Gesetz ist heilig (unverletzlich). Der Mensch ist zwar unheilig genug, aber die Menschheit in seiner Person muß ihm heilig sein. In der ganzen Schöpfung kann alles, was man will und worüber man etwas vermag, auch bloß als Mittel gebraucht werden; nur der Mensch und mit ihm jedes vernünftige Geschöpf ist Zweck an sich selbst. Er ist nämlich das Subjekt des moralischen Gesetzes, welches heilig ist, vermöge der Autonomie[1] seiner Freiheit. Eben um dieser willen ist jeder Wille, selbst jeder Person ihr eigener, auf sie selbst gerichteter Wille auf die Bedingung der Einstimmung mit der Autonomie des vernünftigen Wesens eingeschränkt, es nämlich keiner Absicht zu unterwerfen, die nicht nach einem Gesetze, welches aus dem Willen des leidenden Subjekts selbst entspringen könnte, möglich ist; also dieses niemals bloß als

---

[1] Selbstgesetzgebung.

Mittel, sondern zugleich selbst als Zweck zu gebrauchen. Diese Bedingung legen wir mit Recht sogar dem göttlichen Willen in Ansehung der vernünftigen Wesen in der Welt als seiner Geschöpfe bei, indem sie auf der Persönlichkeit derselben beruht, dadurch allein sie Zwecke an sich selbst sind.

Diese Achtung erweckende Idee der Persönlichkeit, welche uns die Erhabenheit unserer Natur (ihrer Bestimmung nach) vor Augen stellt, indem sie uns zugleich den Mangel der Angemessenheit unseres Verhaltens in Ansehung derselben bemerken läßt und dadurch den Eigendünkel niederschlägt, ist selbst der gemeinsten Menschenvernunft natürlich und leicht bemerklich. Hat nicht jeder auch nur mittelmäßig ehrliche Mann bisweilen gefunden, daß er eine sonst unschädliche Lüge, dadurch er sich entweder selbst aus einem verdrießlichen Handel ziehen oder wohl gar einem geliebten und verdienstvollen Freunde Nutzen schaffen konnte, bloß darum unterließ, um sich insgeheim in seinen eigenen Augen nicht verachten zu dürfen? Hält nicht einen rechtschaffenen Mann im größten Unglück des Lebens, das er vermeiden konnte, wenn er sich nur hätte über die Pflicht wegsetzen können, noch das Bewußtsein aufrecht, daß er die Menschheit in seiner Person doch in ihrer Würde erhalten und geehrt habe, daß er sich nicht vor sich selbst zu schämen und den inneren Anblick der Selbstprüfung zu scheuen Ursache habe? Dieser Trost ist nicht Glückseligkeit, auch nicht der mindeste Teil derselben. Denn niemand wird sich die Gelegenheit dazu, auch vielleicht nicht einmal ein Leben in solchen Umständen wünschen. Aber er lebt und kann es nicht erdulden, in seinen eigenen Augen des Lebens unwürdig zu sein. Diese innere Beruhigung ist also bloß negativ in Ansehung alles dessen, was das Leben angenehm machen mag; nämlich sie ist die Abhaltung der Gefahr, im persönlichen Werte zu sinken. Sie ist die Wirkung von einer Achtung für etwas ganz anderes als das Leben, womit in Vergleichung und Entgegensetzung das Leben vielmehr mit aller seiner Annehmlichkeit gar keinen Wert hat. Er lebt nur noch aus Pflicht, nicht weil er am Leben den mindesten Geschmack findet.

Erkenntnisobjekte sind „gegeben", Willensobjekte sind gefordert, „aufgegeben". Von den Gegenständen der reinen theoretischen Vernunft darf man sagen „sie sind", von den Gegenständen der praktischen Vernunft muß man sagen „sie sollen sein". Ihre Verwirklichung ist eine notwendige von der Vernunft unabwendbare „Aufgabe".

Welches aber sind diese Gegenstände, deren Verwirklichung durch praktische Vernunft aufgegeben ist? Der kategorische Imperativ gibt Auskunft darüber: gefordert ist die Verwirklichung eines Reiches der reinen Vernunftwesen, die sich gegenseitig als Zweck achten, und deren keines das andere zu seinem Mittel herabwürdigt. Ein Idealreich „der Zwecke an sich selbst" ist also das „höchste Gut", die oberste Leitidee jener sittlichen Konsequenz, deren Struktur Kant zu ermitteln trachtet.

Mit der Auffindung dieser Leitidee hat Kant die Absicht seines kritischen Denkexperimentes für das Gebiet des Wollens restlos durchgeführt. Das gesuchte Schema eines konsequenten sittlichen Verhaltens überhaupt, als Muster und Vorbild für jede Ethik ist gewonnen:

Sittlichkeit ist, ganz allgemein genommen, ein Sollen, das unter der regulativen Idee eines höchsten Gutes, eines Reiches der Zwecke steht.

Die Anwendung dieses für reine Vernunftwesen verbindlichen Schemas auf die Menschen macht keine besondere Schwierigkeit. Der Mensch handelt sittlich, wenn er sich wie ein reines Vernunftwesen benimmt, d. h., wenn er sein Handeln so einrichtet, als ob er nicht nur der Anlage nach, sondern im vollen Umfange reines Vernunftwesen sei, und als ob ihm auch die Natur, in der er lebt, gestatte, sich als reines Vernunftwesen zu betätigen.

Das höchste Gut

Übrigens bleibt die Idee einer reinen Verstandeswelt als eines Ganzen aller Intelligenzen, wozu wir selbst als vernünftige Wesen (obgleich anderseits zugleich Glieder der Sinnenwelt) gehören, immer eine brauchbare und erlaubte Idee zum Behufe eines vernünftigen Glaubens, wenngleich alles Wissen an der Grenze derselben ein Ende hat, um durch das herrliche Ideal eines allgemeinen Reichs der Zwecke an sich selbst (vernünftiger Wesen), zu welchem wir nur alsdann als Glieder gehören können, wenn wir uns nach Maximen der Freiheit, als ob sie Gesetze der Natur wären, sorgfältig verhalten, ein lebhaftes Interesse an dem moralischen Gesetze in uns zu bewirken.

Eine unerläßliche Bedingung für die Ermöglichung eines strengen und konsequenten moralischen Verhaltens ist die Freiheit des Willens. Sittlichkeit ohne Freiheit ist nicht denkbar. Das Faktum echter Sittlichkeit würde die Freiheit des Willens beweisen und umgekehrt würde die Freiheit des Willens den Beweis liefern für die Möglichkeit einer konsequenten Moral.

Nun gibt es im Zusammenhang des Naturgeschehens, der Naturphänomene, nur Notwendigkeit, und auch der Mensch als Naturwesen, als Gegenstand des Erkennens, ist Glied des allgemeinen Kausalzusammenhanges alles Raumzeitlichen.

Der Mensch aber ist nicht nur Naturwesen, sondern auch moralische Person, er ist nicht nur Phänomen (Erscheinung), sondern auch Noumenon (an sich Seiendes), nicht nur Objekt des Kausalerkennens, sondern auch wollendes Subjekt und als solches selbst freier Urheber von Kausalzusammenhängen (sittlichen Taten).

Kausalität und Freiheit sind demnach in der Anwendung auf daseiende moralische Vernunftwesen durchaus nicht so miteinander unvereinbar, wie es auf den ersten Blick scheinen mag.

Der folgende Text erörtert die Schwierigkeiten des Gegensatzes zwischen Notwendigkeit und Freiheit und deutet den Weg an, der aus dem Dilemma hinausführt.

Zu verstehen ist dabei unter Freiheit nicht absolute Inkonsequenz, nicht chaotische Willkür, sondern lediglich die Möglichkeit sich von dem Interesse an den Gegenständen der Raum-Zeit-Welt (der Sinnlichkeit) frei zu machen und sich selbst das Gesetz seines Handelns vorzuschreiben, und zwar das einzige Gesetz, durch welches strenge und konsequente Sittlichkeit möglich ist, das Gesetz des kategorischen Imperativs. Diese Unabhängigkeit von allen Konzessionen an die Naturverbundenheit, an Furcht und Neigung, Lust und Schmerz freilich ist nichts, was man irgendwo in der Welt vollkommen verwirklicht vorfinden könnte. Es ist vielmehr der Idealzustand, in dem jene reinen Vernunftwesen

leben, die Kant deswegen konstruiert hat, um an ihnen das Ideal-
schema einer konsequenten Moralität zu demonstrieren und um an
ihnen dem erdgebundenen Menschen den Weg zur moralischen Konsequenz zu zeigen. Diese Art Freiheit ist eine ideale Forderung, ein
sittliches Postulat, und der Mensch ist nur insofern in diesem Sinne
frei, als er den Versuch macht, es den reinen Vernunftwesen gleich zu
tun. Daß er die Anlagen dazu hat, beweist er durch die gelegentlichen
Anwandlungen seines guten Willens, durch die Reaktionen seines
Gewissens, durch seinen Sinn für Würde. Sittlichkeit also ist ohne
Freiheit nicht denkbar, aber der Mensch ist nicht deshalb in der Lage,
sittlich zu handeln, weil er frei ist, sondern er ist nur frei, insofern und
in dem Grade, wie er sittlich handelt.

Die Freiheit subjektiv notwendig

Freiheit ist aber auch die einzige unter allen Ideen der spekulativen
Vernunft, wovon wir die Möglichkeit a priori wissen, ohne sie
doch einzusehen, weil sie die Bedingung des moralischen Gesetzes
ist, welches wir wissen. Die Ideen von Gott und Unsterblichkeit
sind aber nicht Bedingungen des moralischen Gesetzes, sondern
nur Bedingungen des notwendigen Objekts eines durch dieses
Gesetz bestimmten Willens, d. i. des bloß praktischen Gebrauchs
unserer reinen Vernunft; also können wir von jenen Ideen auch,
ich will nicht bloß sagen, nicht die Wirklichkeit, sondern auch
nicht einmal die Möglichkeit zu erkennen und einzusehen behaupten. Gleichwohl aber sind sie Bedingungen der Anwendung des
moralisch bestimmten Willens auf sein ihm a priori gegebenes
Objekt (das höchste Gut). Folglich kann und muß ihre Möglichkeit
in dieser praktischen Beziehung angenommen werden, ohne sie
doch theoretisch zu erkennen und einzusehen. Für die letztere
Forderung ist in praktischer Absicht genug, daß sie keine innere
Unmöglichkeit (Widerspruch) enthalten. Hier ist nun ein in Vergleichung mit der spekulativen Vernunft bloß subjektiver Grund
des Fürwahrhaltens, der doch einer ebenso reinen, aber praktischen Vernunft objektiv gültig ist, dadurch den Ideen von Gott

und Unsterblichkeit vermittels des Begriffs der Freiheit objektive
Realität und Befugnis, ja subjektive Notwendigkeit (Bedürfnis der
reinen Vernunft) sie anzunehmen verschafft wird, ohne daß
dadurch doch die Vernunft im theoretischen Erkenntnisse erweitert, sondern nur die Möglichkeit, die vorher nur Problem war,
hier Assertion[1] wird, gegeben und so der praktische Gebrauch der
Vernunft mit den Elementen des theoretischen verknüpft wird.
Und dieses Bedürfnis ist nicht etwa ein hypothetisches einer
beliebigen Absicht der Spekulation, daß man etwas annehmen
müsse, wenn man zur Vollendung des Vernunftgebrauchs in der
Spekulation hinaufsteigen will, sondern ein gesetzliches, etwas
anzunehmen, ohne welches nicht geschehen kann, was man sich
zur Absicht seines Tuns und Lassens unnachläßlich setzen soll.

Freiheit und Notwendigkeit

Der Wille ist eine Art von Kausalität lebender Wesen, sofern sie
vernünftig sind, und Freiheit würde diejenige Eigenschaft dieser
Kausalität sein, da sie unabhängig von fremden sie bestimmenden
Ursachen wirkend sein kann: so wie Naturnotwendigkeit die
Eigenschaften der Kausalität aller vernunftlosen Wesen, durch
den Einfluß fremder Ursachen zur Tätigkeit bestimmt zu werden.
Die angeführte Erklärung der Freiheit ist negativ und daher, um
ihr Wesen einzusehen, unfruchtbar; allein es fließt aus ihr ein
positiver Begriff derselben, der desto reichhaltiger und fruchtbarer
ist. Da der Begriff einer Kausalität den von Gesetzen bei sich führt,
nach welchen durch etwas, was wir Ursache nennen, etwas anderes, nämlich die Folge, gesetzt werden muß: so ist die Freiheit, ob
sie zwar nicht eine Eigenschaft des Willens nach Naturgesetzen ist,
darum doch nicht gar gesetzlos, sondern muß vielmehr eine
Kausalität nach unwandelbaren Gesetzen, aber von besonderer Art

---

[1] Behauptung.

sein; denn sonst wäre ein freier Wille ein Unding. Die Naturnotwendigkeit war eine Heteronomie[1] der wirkenden Ursachen; denn
jede Wirkung war nur nach dem Gesetze möglich, daß etwas
anderes die wirkende Ursache zur Kausalität bestimmte; was kann
denn wohl die Freiheit des Willens sonst sein als Autonomie, d. i.
die Eigenschaft des Willens, sich selbst ein Gesetz zu sein? Der
Satz aber: der Wille ist in allen Handlungen sich selbst ein Gesetz,
bezeichnet nur das Prinzip, nach keiner anderen Maxime zu
handeln, als die sich selbst auch als ein allgemeines Gesetz zum
Gegenstande haben kann. Dies ist aber gerade die Formel des
kategorischen Imperativs und das Prinzip der Sittlichkeit: also ist
ein freier Wille und ein Wille unter sittlichen Gesetzen einerlei.
Wenn also Freiheit des Willens vorausgesetzt wird, so folgt die
Sittlichkeit samt ihrem Prinzip daraus durch bloße Zergliederung
ihres Begriffs.
Der Begriff der Kausalität, als Naturnotwendigkeit, zum Unterschiede derselben, als Freiheit, betrifft nur die Existenz der Dinge,
sofern sie in der Zeit bestimmbar ist, folglich als Erscheinungen,
im Gegensatze ihrer Kausalität, als Dinge an sich selbst. Nimmt
man nun die Bestimmungen der Existenz der Dinge in der Zeit für
Bestimmungen der Dinge an sich selbst (welches die gewöhnlich-
ste Vorstellungsart ist), so läßt sich die Notwendigkeit in Kausalverhältnisse mit der Freiheit auf keinerlei Weise vereinigen;
sondern sie sind einander kontradiktorisch[2] entgegengesetzt.
Denn aus der ersten folgt: daß eine jede Begebenheit, folglich auch
jede Handlung, die in einem Zeitpunkte vorgeht, unter der Bedingung dessen, was in der vorhergehenden Zeit war, notwendig sei.
Da nun die vergangene Zeit nicht mehr in meiner Gewalt ist, so
muß jede Handlung, die ich ausübe, durch bestimmende Gründe,
die nicht in meiner Gewalt sind, notwendig sein, d. i. ich bin in
dem Zeitpunkte, darin ich handle, niemals frei. Ja, wenn ich gleich

---

[1] Bestimmung durch fremde Autorität, im Gegensatz zur Autonomie.
[2] widersprechend.

mein ganzes Dasein als unabhängig von irgendeiner fremden Ursache (etwa von Gott) annähme, so daß die Bestimmungsgründe meiner Kausalität, sogar meiner ganzen Existenz, gar nicht außer mir wären: so würde dieses jene Naturnotwendigkeit doch nicht im mindesten in Freiheit verwandeln. Denn in jedem Zeitpunkte stehe ich doch immer unter der Notwendigkeit, durch das zum Handeln bestimmt zu sein, was nicht in meiner Gewalt ist, und die a parte priori[1] unendliche Reihe der Begebenheiten, die ich immer nur, nach einer schon vorherbestimmten Ordnung, fortsetzen, nirgend von selbst anfangen würde, wäre eine stetige Naturkette, meine Kausalität also niemals Freiheit.

Will man also einem Wesen, dessen Dasein in der Zeit bestimmt ist, Freiheit beilegen, so kann man es vom Gesetze der Naturnotwendigkeit aller Begebenheiten in seiner Existenz, mithin auch seiner Handlungen, nicht ausnehmen; denn das wäre soviel, als es dem blinden Ungefähr übergeben. Da dieses Gesetz aber unvermeidlich alle Kausalität der Dinge, sofern ihr Dasein in der Zeit bestimmbar ist, betrifft, so würde, wenn dieses die Art wäre, wonach man sich auch das Dasein dieser Dinge an sich selbst vorzustellen hätte, die Freiheit, als ein nichtiger und unmöglicher Begriff verworfen werden müssen. Folglich, wenn man sie noch retten will, so bleibt kein Weg übrig, als das Dasein eines Dinges, sofern es in der Zeit bestimmbar ist, folglich auch die Kausalität nach dem Gesetze der Naturnotwendigkeit, bloß der Erscheinung, die Freiheit aber eben demselben Wesen, als Dinge an sich selbst, beizulegen. So ist es allerdings unvermeidlich, wenn man beide einander widerwärtige[2] Begriffe zugleich erhalten will; allein in der Anwendung, wenn man sie als in einer und derselben Handlung vereinigt, und also diese Vereinigung selbst erklären will, tun sich doch große Schwierigkeiten hervor, die eine solche Vereinigung untunlich zu machen scheinen.

---

[1] vorangegangene.
[2] miteinander nicht verträgliche.

Wenn ich von einem Menschen, der einen Diebstahl verübt, sage: diese Tat sei nach dem Naturgesetze der Kausalität aus den Bestimmungsgründen der vorhergehenden Zeit ein notwendiger Erfolg, so war es unmöglich, daß sie hat unterbleiben können; wie kann denn die Beurteilung nach dem moralischen Gesetze hierin eine Änderung machen, und voraussetzen, daß sie doch habe unterlassen werden können, weil das Gesetz sagt, sie hätte unterlassen werden sollen, d. i. wie kann derjenige, in demselben Zeitpunkte, in Absicht auf dieselbe Handlung, ganz frei heißen, in welchem er doch unter einer unvermeidlichen Naturnotwendigkeit steht? Eine Ausflucht darin suchen, daß man bloß die Art der Bestimmungsgründe seiner Kausalität nach dem Naturgesetze einem komparativen[1] Begriffe von Freiheit anpaßt, ist ein elender Behelf, womit sich noch immer einige hinhalten lassen, und so jenes schwere Problem mit einer kleinen Wortklauberei aufgelöst zu haben meinen, an dessen Auflösung Jahrtausende vergeblich gearbeitet haben, die daher wohl schwerlich so ganz auf der Oberfläche gefunden werden dürfte. Es kommt nämlich bei der Frage nach derjenigen Freiheit, die allen moralischen Gesetzen und der ihnen gemäßen Zurechnung zugrunde gelegt werden, darauf gar nicht an, ob die nach einem Naturgesetze bestimmte Kausalität, durch Bestimmungsgründe, die im Subjekte oder außer ihm liegen, und im ersteren Fall, ob sie durch Instinkt oder mit Vernunft gedachte Bestimmungsgründe notwendig sei, wenn diese bestimmende Vorstellungen nach dem Geständnisse eben dieser Männer selbst, den Grund ihrer Existenz doch in der Zeit und zwar dem vorigen Zustande haben, dieser aber wieder in einem vorhergehenden usw., so mögen diese Bestimmungen immer innerlich sein, sie mögen psychologische und nicht mechanische Kausalität haben, d. i. durch Vorstellungen, und nicht durch körperliche Bewegung, Handlung hervorbringen, so sind es immer Bestimmungsgründe der Kausalität eines Wesens, sofern sein

---

[1] angenäherten.

Dasein in der Zeit bestimmbar ist, mithin unter notwendig machenden Bedingungen der vergangenen Zeit, die also, wenn das Subjekt handeln soll, nicht mehr in seiner Gewalt sind, die also zwar psychologische Freiheit, aber doch Naturnotwendigkeit bei sich führen, mithin keine transzendentale Freiheit übrig lassen, welche als Unabhängigkeit von allem Empirischen und also von der Natur überhaupt gedacht werden muß, sie mag nun Gegenstand des inneren Sinnes, bloß in der Zeit, oder auch äußeren Sinnes, im Raume und der Zeit zugleich betrachtet werden, ohne welche Freiheit, die allein a priori praktisch ist, kein moralisch Gesetz, keine Zurechnung nach demselben, möglich ist. Eben um deswillen kann man auch alle Notwendigkeit der Begebenheiten in der Zeit nach dem Naturgesetze der Kausalität, den Mechanismus der Natur nennen, ob man gleich darunter nicht versteht, daß Dinge, die ihm unterworfen sind, wirkliche materielle Maschinen sein müßten. Hier wird nur auf die Notwendigkeit der Verknüpfung der Begebenheiten in einer Zeitreihe, so wie sie sich nach dem Naturgesetz entwickelt, gesehen, man mag nun das Subjekt, nach welchem dieser Ablauf geschieht, Automaton materiale[1], da das Maschinenwesen durch Materie, oder mit Leibnizen spirituale[2], da es durch Vorstellungen betrieben wird, nennen, und wenn die Freiheit unseres Willens keine andere als die letztere wäre, so würde sie im Grunde nichts besser als die Freiheit eines Bratenwenders sein, der auch, wenn er einmal aufgezogen worden, von selbst seine Bewegungen verrichtet.

Um nun den scheinbaren Widerspruch zwischen Naturmechanismus und Freiheit in ein und derselben Handlung an dem vorgelegten Falle aufzuheben, muß man sich an das erinnern, was in der Kritik der reinen Vernunft gesagt war, oder daraus folgt: daß die Naturnotwendigkeit, welche mit der Freiheit des Subjekts nicht zusammen bestehen kann, bloß den Bestimmungen desjenigen

---

[1] einen leiblichen Automaten.
[2] einen geistigen Automaten.

Dinges anhängt, das unter Zeitbedingungen steht, sich selbst aber nur als bestimmbar durch Gesetze, die es sich durch Vernunft selbst gibt, und in diesem seinem Dasein ist ihm nichts vorhergehend vor seiner Willensbestimmung, sondern jede Handlung, und überhaupt jede dem innern Sinne gemäß wechselnde Bestimmung seines Daseins, selbst die ganze Reihenfolge seiner Existenz, als Sinnenwesen, ist im Bewußtsein seiner intelligibelen Existenz nichts als Folge, niemals aber als Bestimmungsgrund seiner Kausalität, als eines Noumenons[1], anzusehen. In diesem Betracht nun kann das vernünftige Wesen, von einer jeden gesetzwidrigen Handlung, die es verübt, ob sie gleich, als Erscheinung, in dem Vergangenen hinreichend bestimmt, und sofern unausbleiblich notwendig ist, mit Recht sagen, daß er sie hätte unterlassen können; denn sie, mit allem Vergangenen, das sie bestimmt, gehört zu einem einzigen Phänomen seines Charakters, den er sich selbst verschafft, und nach welchem er sich als einer von aller Sinnlichkeit unabhängigen Ursache, die Kausalität jener Erscheinungen selbst zurechnet.

Hiermit stimmen auch die Richteraussprüche desjenigen wundersamen Vermögens in uns, welches wir Gewissen nennen, vollkommen überein. Ein Mensch mag künsteln, so viel er will, um ein gesetzwidriges Betragen, dessen er sich erinnert, sich als unvorsätzliches Versehen, als bloße Unbehutsamkeit, die man niemals gänzlich vermeiden kann, folglich als etwas, worin er vom Strom der Naturnotwendigkeit fortgerissen wäre, vorzumalen und sich drüber für schuldfrei zu erklären, so findet er doch, daß der Advokat, der zu seinem Vorteil spricht, den Ankläger in ihm keinesweges zum Verstummen bringen könne, wenn er sich bewußt ist, daß er zu der Zeit, als er das Unrecht verübte, bei Sinnen, d. i. im Gebrauche seiner Freiheit war, und gleichwohl erklärt er sich sein Vergehen, aus gewisser übeln, durch allmähliche Vernachlässigung der Achtsamkeit auf sich selbst zugezogener

---

[1] eines Dinges an sich.

Gewohnheit, bis auf den Grad, daß er es als eine natürliche Folge derselben ansehen kann, ohne daß dieses ihn gleichwohl wider den Selbsttadel und den Verweis sichern kann, den er sich selbst macht. Darauf gründet sich denn auch die Reue über eine längst begangene Tat bei jeder Erinnerung derselben; eine schmerzhafte, durch moralische Gesinnung gewirkte Empfindung, die sofern praktisch leer ist, als sie nicht dazu dienen kann, das Geschehene ungeschehen zu machen, und sogar ungereimt sein würde, aber, als Schmerz, doch ganz rechtmäßig ist, weil die Vernunft, wenn es auf das Gesetz unserer intelligibelen Existenz (das Moralische) ankommt, keinen Zeitunterschied anerkennt, und nur frägt, ob die Begebenheit mir als Tat angehöre, alsdann aber immer dieselbe Empfindung damit moralisch verknüpft, sie mag jetzt geschehen oder vorlängst geschehen sein. Man kann also einräumen, daß, wenn es für uns möglich wäre, in eines Menschen Denkungsart, sowie sie sich durch innere sowohl als äußere Handlungen zeigt, so tiefe Einsicht zu haben, daß jede, auch die mindeste Triebfeder dazu uns bekannt würde, imgleichen alle auf diese wirkenden äußeren Veranlassungen, man eines Menschen Verhalten auf die Zukunft mit Gewißheit, so wie eine Mond- oder Sonnenfinsternis, ausrechnen könnte, und dennoch dabei behaupten, daß der Mensch frei sei. Wenn wir nämlich noch eines andern Blicks (der uns freilich aber gar nicht verliehen ist, sondern an dessen Statt wir nur den Vernunftbegriff haben), nämlich einer intellektuellen Anschauung[1] desselben Subjekts fähig wären, so würden wir doch innewerden, daß diese ganze Kette von Erscheinungen in Ansehung dessen, was nur immer das moralische Gesetz angehen kann, von der Spontaneität[2] des Subjekts, als Dinges an sich selbst, abhängt, von deren Bestimmung sich gar keine physische Erklärung geben läßt. In Ermangelung dieser Anschauung versichert uns das moralische Gesetz diesen Unterschied der Beziehung

---

[1] eine nicht sinnliche Anschauung.
[2] Selbsttätigkeit.

unserer Handlungen, als Erscheinungen, auf das Sinnenwesen unseres Subjekts, von derjenigen, dadurch dieses Sinnenwesen selbst auf das intelligibele Substrat[1] in uns bezogen wird. — In dieser Rücksicht, die unserer Vernunft natürlich, obgleich unerklärlich ist, lassen sich auch Beurteilungen rechtfertigen, die mit aller Gewissenhaftigkeit gefället, dennoch dem ersten Anscheine nach aller Billigkeit ganz zu widerstreiten scheinen. Es gibt Fälle, wo Menschen von Kindheit auf, selbst unter einer Erziehung, die, mit der ihrigen zugleich, andern ersprießlich war, dennoch so frühe Bosheit zeigen, und sie bis in ihre Mannesjahre zu steigern fortfahren, daß man sie für geborene Bösewichter, und gänzlich, was die Denkungsart betrifft, für unbesserlich hält, gleichwohl aber sie wegen ihres Tuns und Lassens ebenso richtet, ihnen ihre Verbrechen ebenso als Schuld verweiset, ja sie (die Kinder) selbst diese Verweise so ganz gegründet finden, als ob sie, ungeachtet der ihnen beigemessenen hoffnungslosen Naturbeschaffenheit ihres Gemüts, ebenso verantwortlich blieben als jeder andere Mensch. Dieses würde nicht geschehen können, wenn wir nicht voraussetzten, daß alles, was aus seiner Willkür entspringt (wie ohne Zweifel jede vorsätzlich verübte Handlung), eine freie Kausalität zum Grunde habe, welche von der frühen Jugend an ihren Charakter in ihren Erscheinungen (den Handlungen) ausdrückt, die wegen der Gleichförmigkeit des Verhaltens einen Naturzusammenhang kenntlich macht, sondern vielmehr die Folge der freiwillig angenommenen bösen und unwandelbaren Grundsätze ist, welche ihn nur noch desto verwerflicher und strafwürdiger machen.

Aber noch steht eine Schwierigkeit der Freiheit bevor, sofern sie mit dem Naturmechanismus, in einem Wesen, das zur Sinnenwelt gehört, vereinigt werden soll. Eine Schwierigkeit, die, selbst nachdem alles Bisherige eingewilligt worden, die Freiheit dennoch mit ihrem gänzlichen Untergange droht. Aber bei dieser Gefahr gibt ein Umstand doch zugleich Hoffnung zu einem für die Behaup-

---

[1] den an sich seienden Träger unserer Existenz.

tung der Freiheit noch glücklichen Ausgange, nämlich daß dieselbe Schwierigkeit viel stärker das System drückt, in welchem die in Zeit und Raum bestimmbare Existenz für die Existenz der Dinge an sich selbst gehalten wird, sie uns also nicht nötigt, unsere vornehmste Voraussetzung von der Idealität der Zeit, als bloßer Form sinnlicher Anschauung, folglich als bloßer Vorstellungsart, die dem Subjekte als zur Sinnenwelt gehörig eigen ist, abzugehen, und also nur erfordert, sie mit dieser Idee zu vereinigen.

Wenn man uns nämlich auch einräumt, daß das intelligibele Subjekt in Ansehung einer gegebenen Handlung noch frei sein kann, obgleich es als Subjekt, das auch zur Sinnenwelt gehörig, in Ansehung derselben mechanisch bedingt ist, so scheint es doch, man müsse, sobald man annimmt, Gott, als allgemeines Urwesen, sei die Ursache auch der Existenz der Substanz, diese auch einräumen. Die Handlungen des Menschen haben in demjenigen ihren bestimmenden Grund, was gänzlich außer ihrer Gewalt ist, nämlich in der Kausalität eines von ihm unterschiedenen höchsten Wesens, von welchem das Dasein des erstern, und die ganze Bestimmung seiner Kausalität ganz und gar abhängt. In der Tat: wären die Handlungen des Menschen, so wie sie zu seinen Bestimmungen in der Zeit gehören, nicht bloße Bestimmungen desselben als Erscheinung, sondern als Dinges an sich selbst, so würde die Freiheit nicht zu retten sein. Der Mensch wäre Marionette, oder ein Automat, gezimmert und aufgezogen von dem obersten Meister aller Kunstwerke, und das Selbstbewußtsein würde es zwar zu einem denkenden Automaten machen, in welchem aber das Bewußtsein seiner Spontaneität, wenn sie für Freiheit gehalten wird, bloße Täuschung wäre, indem sie nur komparativ[1] so genannt zu werden verdient, weil die nächsten bestimmenden Ursachen seiner Bewegung, und eine lange Reihe derselben zu ihren bestimmenden Ursachen hinauf, zwar innerlich sind, die letzte und höchste aber doch gänzlich in einer fremden Hand angetroffen wird. Daher

---

[1] annäherungsweise.

sehe ich nicht ab, wie diejenigen, welche noch immer dabei
beharren, Raum und Zeit für zum Dasein der Dinge an sich selbst
gehörige Bestimmungen anzusehen, hier die Fatalität[1] der Handlungen vermeiden wollen, oder, wenn sie so geradezu, beide nur
als zur Existenz endlicher und abgeleiteter Wesen, aber nicht zu
der des unendlichen Urwesens notwendig gehörige Bedingungen
einräumen, sich rechtfertigen wollen, woher sie diese Befugnis
nehmen, einen solchen Unterschied zu machen, sogar wie sie auch
nur dem Widerspruche ausweichen wollen, den sie begehen, wenn
sie das Dasein in der Zeit als den endlichen Dingen an sich
notwendig anhängende Bestimmung ansehen, da Gott die Ursache
dieses Daseins ist, er aber doch nicht die Ursache der Zeit (oder des
Raums) selbst sein kann (weil diese als notwendige Bedingung a
priori dem Dasein der Dinge vorausgesetzt sein muß), seine
Kausalität folglich in Ansehung der Existenz dieser Dinge, selbst
der Zeit nach, bedingt sein muß, wobei nun alle die Widersprüche
gegen die Begriffe seiner Unendlichkeit und Unabhängigkeit unvermeidlich eintreten müssen. Hingegen ist es uns ganz leicht, die
Bestimmung der göttlichen Existenz, als unabhängig von allen
Zeitbedingungen, zum Unterschiede von der eines Wesens der
Sinnenwelt, als die Existenz eines Wesens an sich selbst, von der
eines Dinges in der Erscheinung zu unterscheiden. Daher, wenn
man jene Idealität der Zeit und des Raumes nicht annimmt, nur
allein der Spinozismus übrigbleibt, in welchem Raum und Zeit
wesentliche Bestimmungen des Urwesens selbst sind, die von ihm
abhängigen Dinge aber (also auch wir selbst) nicht Substanzen,
sondern bloß ihm inhärierende Akzidenzen[2] sind; weil, wenn diese
Dinge bloß, als seine Wirkungen, in der Zeit existieren, welche die
Bedingung ihrer Existenz an sich wäre, auch die Handlungen
dieser Wesen bloß seine Handlungen sein müßten, die er irgendwo
und irgendwann ausübte. Daher schließt der Spinozismus, un-

---

[1] Schicksalshaftigkeit, Abhängigkeit vom Fatum.
[2] Eigenschaften.

erachtet der Ungereimtheit seiner Grundidee, doch weit bündiger, als es nach der Schöpfungstheorie geschehen kann, wenn die für Substanzen angenommenen und an sich in der Zeit existierenden Wesen Wirkungen einer obersten Ursache, und doch nicht zugleich zu ihm und seiner Handlung, sondern für sich als Substanzen angesehen werden.

Die Auflösung obgedachter Schwierigkeit geschieht kurz und einleuchtend auf folgende Art: Wenn die Existenz in der Zeit eine bloße sinnliche Vorstellungsart der denkenden Wesen in der Welt ist, folglich sie, als Dinge an sich selbst, nicht angeht: so ist die Schöpfung dieser Wesen eine Schöpfung der Dinge an sich selbst; weil der Begriff einer Schöpfung nicht zu der sinnlichen Vorstellungsart der Existenz und der Kausalität gehört, sondern nur auf Noumenen[1] bezogen werden kann. Folglich, wenn ich von Wesen in der Sinnenwelt sage: sie sind erschaffen, so betrachte ich sie sofern als Noumenen. So, wie es also ein Widerspruch wäre, zu sagen, Gott sei ein Schöpfer von Erscheinungen, so ist es auch ein Widerspruch, zu sagen, er sei, als Schöpfer, Ursache der Handlungen in der Sinnenwelt, mithin als Erscheinungen, wenn er zugleich Ursache des Daseins der handelnden Wesen (als Noumenen) ist. Ist es nun möglich (wenn wir nur das Dasein in der Zeit für etwas, was bloß von Erscheinungen, nicht von Dingen an sich selbst gilt, annehmen), die Freiheit, unbeschadet dem Naturmechanismus der Handlungen als Erscheinung, zu behaupten, so kann, daß[2] die handelnden Wesen Geschöpfe sind, nicht die mindeste Änderung hierin machen, weil die Schöpfung ihre intelligibele, aber nicht sensibele Existenz[3] betrifft, und also nicht als Bestimmungsgrund der Erscheinungen angesehen werden kann; welches aber ganz anders ausfallen würde, wenn die Weltwesen als

---

[1] Dinge an sich.
[2] die Tatsache, daß.
[3] ihre Existenz als Dinge an sich und nicht als Gegenstände der Sinnlichkeit.

Dinge an sich selbst in der Zeit existierten, da der Schöpfer der Substanz zugleich der Urheber des ganzen Maschinenwesens an dieser Substanz sein würde.

Vernunft und Freiheit

Es ist nicht genug, daß wir unserem Willen, es sei aus welchem Grunde, Freiheit zuschreiben, wenn wir nicht ebendieselbe auch allen vernünftigen Wesen beizulegen hinreichenden Grund haben. Denn da Sittlichkeit für uns bloß als für vernünftige Wesen zum Gesetze dient, so muß sie auch für alle vernünftige Wesen gelten, und da sie lediglich aus der Eigenschaft der Freiheit abgeleitet werden muß, so muß auch Freiheit als Eigenschaft des Willens aller vernünftigen Wesen bewiesen werden, und es ist nicht genug, sie aus gewissen vermeintlichen Erfahrungen von der menschlichen Natur darzutun, sondern man muß sie als Tätigkeit vernünftiger und mit einem Willen begabter Wesen überhaupt gehörig beweisen. Ich sage nun: Ein jedes Wesen, das nicht anders als unter der Idee der Freiheit handeln kann, ist eben darum in praktischer Rücksicht wirklich frei, d. i. es gelten für dasselbe alle Gesetze, die mit der Freiheit unzertrennlich verbunden sind, ebenso als ob sein Wille auch an sich selbst und in der theoretischen Philosophie gültig für frei erklärt würde. Nun behaupte ich: daß wir jedem vernünftigen Wesen, das einen Willen hat, notwendig auch die Idee der Freiheit leihen müssen, unter der es allein handle. Denn in einem solchen Wesen denken wir uns eine Vernunft, die praktisch ist, d. i. Kausalität[1] in Ansehung ihrer Objekte hat. Nun kann man sich unmöglich eine Vernunft denken, die mit ihrem eigenen Bewußtsein in Ansehung ihrer Urteile anderwärts her eine Lenkung empfinge, denn alsdann würde das Subjekt nicht seiner Vernunft, sondern einem Antriebe die Bestimmung der Urteilskraft zuschreiben. Sie muß sich selbst als

---

[1] die Möglichkeit, kausal einzuwirken.

Urheberin ihrer Prinzipien ansehen, unabhängig von fremden Einflüssen, folglich muß sie als praktische Vernunft oder als Wille eines vernünftigen Wesens von ihr selbst als frei angesehen werden; d. i. der Wille desselben kann nur unter der Idee der Freiheit ein eigener Wille sein und muß also in praktischer Absicht allen vernünftigen Wesen beigelegt werden.

Eng verbunden mit dem Freiheitsproblem sind auf sittlichem Gebiete das Unsterblichkeits- und das Gottesproblem. Wohlbemerkt: es handelt sich nicht um den Nachweis der faktischen Unsterblichkeit der Menschenseele und nicht um eine Demonstration des Daseins Gottes, sondern um eine Überlegung, welche der Funktion dieser „Ideen" im moralischen Zusammenhang nachspürt, und zwar auch wiederum nicht ihrer Funktion in einer wirklichen existenten Moral, sondern in einer Idealmoral, die nur deshalb etwas mehr ist als ein müßiges Denkexperiment, weil sie zugleich die faktischen Ansätze zu einer moralischen Konsequenz beim Menschen ausdeutet.

Kant meint, die Verwirklichung des höchsten Gutes, des sittlichen Ideals einer Gemeinschaft reiner Vernunftwesen im Zustande der vollendeten Glückseligkeit, sei eine unendliche Aufgabe, deren Erfüllung selbstverständlich nicht endlichen Wesen zugemutet werden kann. Unerläßliche Bedingung für die Erreichung dieses Idealzustandes sei die unendliche Existenz derjenigen Subjekte, denen diese Aufgabe zufällt. Nur in diesem Sinne ist die Unsterblichkeit ein notwendiges Postulat der praktischen Vernunft. Ohne Unsterblichkeit keine Verwirklichung des höchsten Gutes in der unendlichen Annäherung. Der Beweis für die faktische Unsterblichkeit der Menschenseele, der Kant vollständig fernliegt, wäre erst in dem Augenblicke erbracht, wo die erstrebte moralische Vollkommenheit Wirklichkeit geworden ist. Solange dieser Zustand nicht eingetreten ist, handelt der moralisch Gesonnene nur nach dem Schema dieser Idealmoral, d. h. nicht als unsterbliches Wesen, sondern als ob er ein unsterbliches Wesen auf dem Wege zum höchsten Gute sei.

Zwischen der natürlichen Weltordnung und der sittlichen Forderung besteht eine Spannung, die uns erdgebundene Menschen daran hindert, jene rein moralischen Idealwesen zu sein, die wir sein sollten. Zur Verwirklichung des Idealzustandes einer vollendeten Sittlichkeit würde also auch die volle Aufhebung dieses Spannungszustandes zwischen unserem Wollen und unserem Können, zwischen der natürlichen und der sittlichen Weltordnung gehören. Die Bedingung nun, unter der allein eine solche Aufhebung der gegensätzlichen Spannung möglich ist, wäre, daß das Weltganze letzten Endes doch nicht disharmonisch, sondern nach einem Plane angelegt ist, der eine allmähliche Aufhebung des Gegensatzes vorsieht. Notwendige Bedingung für die Verwirklichung des höchsten Gutes, für die Erreichung des Zustandes der Glückseligkeit in einer Gemeinschaft idealer reiner Vernunftwesen also wäre die Existenz eines moralischen Welturhebers. Ohne Freiheit des Willens, ohne Unsterblichkeit der Seele und ohne Gott ist konsequentes moralisches Handeln nicht möglich. Wer moralisch handelt, handelt also unter der regulativen Wirkung dieser Ideen und gibt durch sein Handeln zu erkennen, daß er an sie glaubt, d. h. zu ihrer Verwirklichung beizutragen gesonnen ist, auch wenn er sie theoretisch vielleicht verleugnet. Sittlich Handeln ist also praktische Gottesbejahung.

Unsterblichkeit, Freiheit, Gott

Unsterblichkeit ein sittliches Postulat

Die Bewirkung des höchsten Gutes in der Welt ist das notwendige Objekt eines durchs moralische Gesetz bestimmbaren Willens. In diesem aber ist die völlige Angemessenheit der Gesinnungen zum moralischen Gesetze die oberste Bedingung des höchsten Gutes. Sie muß also ebensowohl möglich sein als ihr Objekt, weil sie in demselben Gebote dieses[1] zu befördern enthalten ist. Die völlige Angemessenheit des Willens aber zum moralischen Gesetze ist Heiligkeit, eine Vollkommenheit, deren kein vernünftiges Wesen der Sinnenwelt in keinem Zeitpunkt seines Daseins fähig ist. Da sie indessen gleichwohl als praktisch notwendig gefordert wird, so

---

[1] dieses Objekt.

kann sie nur in einem ins Unendliche gehenden Progressus[1] zu jener völligen Angemessenheit angetroffen werden, und es ist nach Prinzipien der reinen praktischen Vernunft notwendig, ein solches praktisches Fortschreiten als das reale Objekt unseres Willens anzunehmen.

Dieser unendliche Progressus ist aber nur unter Voraussetzung einer ins Unendliche fortdauernden Existenz und Persönlichkeit desselben vernünftigen Wesens (welche man die Unsterblichkeit der Seele nennt) möglich. Also ist das höchste Gut praktisch nur unter der Voraussetzung der Unsterblichkeit der Seele möglich, mithin diese, als unzertrennlich mit dem moralischen Gesetz verbunden, ein Postulat der reinen praktischen Vernunft (worunter ich einen theoretischen, als solchen aber nicht erweislichen Satz verstehe, sofern er einem a priori unbedingt geltenden praktischen Gesetze unzertrennlich abhängt).

Vom Dasein Gottes

Das moralische Gesetz führte zur praktischen Aufgabe, welche ohne allen Beitritt sinnlicher Triebfedern, bloß durch reine Vernunft vorgeschrieben wird, nämlich der notwendigen Vollständigkeit des ersten und vornehmsten Teils des höchsten Guts, der Sittlichkeit, und, da diese nur in einer Ewigkeit völlig aufgelöst werden kann, zum Postulat der Unsterblichkeit. Eben dieses Gesetz muß auch zur Möglichkeit des zweiten Elements des höchsten Gutes, nämlich der jener Sittlichkeit angemessenen Glückseligkeit, ebenso uneigennützig wie vorher, aus bloßer unparteiischer Vernunft, nämlich auf die Voraussetzung des Daseins einer dieser Wirkung adäquaten Ursache führen, d. i. die Existenz Gottes, als zur Möglichkeit des höchsten Guts notwendig gehörig, postulieren.

Glückseligkeit ist der Zustand eines vernünftigen Wesens in der

---

[1] Fortschreiten.

Welt, dem im Ganzen seiner Existenz alles nach Wunsch und Willen geht, und beruht also auf der Übereinstimmung der Natur zu seinem ganzen Zwecke, im gleichen zum wesentlichen Bestimmungsgrunde seines Willens. Nun gebietet das moralische Gesetz als ein Gesetz der Freiheit durch Bestimmungsgründe, die von der Natur und der Übereinstimmung derselben zu unserem Begehrungsvermögen ganz unabhängig sein sollen; das handelnde vernünftige Wesen in der Welt aber ist doch nicht zugleich Ursache der Welt und der Natur selbst. Also ist in dem moralischen Gesetze nicht der mindeste Grund zu einem notwendigen Zusammenhang zwischen Sittlichkeit und der ihr proportionierten[1] Glückseligkeit eines zur Welt als Teil gehörigen und daher von ihr abhängigen Wesens, welches eben darum durch seinen Willen nicht Ursache dieser Natur sein und, was seine Glückseligkeit betrifft, mit seinen praktischen Grundsätzen aus eigenen Kräften nicht durchgängig einstimmig machen kann. Gleichwohl wird in der praktischen Aufgabe der reinen Vernunft ein solcher Zusammenhang als notwendig postuliert: wir sollen das höchste Gut (welches also doch möglich sein muß) zu befördern suchen. Also wird auch das Dasein einer von der Natur unterschiedenen Ursache der gesamten Natur, welche den Grund dieses Zusammenhanges, nämlich der genauen Übereinstimmung der Glückseligkeit mit der Sittlichkeit, enthalte, postuliert. Diese oberste Ursache aber soll den Grund der Übereinstimmung der Natur nicht bloß mit einem Gesetze des Willens der vernünftigen Wesen, sondern mit der Vorstellung dieses Gesetzes, sofern diese es sich zum obersten Bestimmungsgrunde des Willens setzen, also nicht bloß mit den Sitten der Form nach, sondern auch ihrer Sittlichkeit als dem Bewegungsgrunde derselben, d. i. mit ihrer moralischen Gesinnung, enthalten. Also ist das höchste Gut in der Welt nur möglich, sofern eine oberste Ursache der Natur angenommen

---

[1] entsprechenden.

wird, die eine der moralischen Gesinnung gemäße Kausalität[1] hat. Nun ist ein Wesen, das der Handlungen nach der Vorstellung von Gesetzen fähig ist, eine Intelligenz (vernünftig Wesen) und die Kausalität eines solchen Wesens nach dieser Vorstellung der Gesetze ein Wille desselben. Also ist die oberste Ursache der Natur, sofern sie zum höchsten Gute vorausgesetzt werden muß, ein Wesen, das durch Verstand und Willen die Ursache (folglich der Urheber) der Natur ist, d. i. Gott. Folglich ist das Postulat der Möglichkeit des höchsten abgeleiteten Guts (der besten Welt) zugleich das Postulat der Wirklichkeit eines höchsten ursprünglichen Guts, nämlich der Existenz Gottes. Nun war es Pflicht für uns, das höchste Gut zu befördern, mithin nicht allein Befugnis, sondern auch mit der Pflicht als Bedürfnis verbundene Notwendigkeit, die Möglichkeit dieses höchsten Guts vorauszusetzen, welches, da es nur unter der Bedingung des Daseins Gottes stattfindet, die Voraussetzung desselben mit der Pflicht unzertrennlich verbindet, d. i. es ist moralisch notwendig, das Dasein Gottes anzunehmen.

Die theoretische und die praktische Gotteserkenntnis

Wenn die Ideen von Gott, einer intelligiblen Welt (dem Reiche Gottes) und der Unsterblichkeit durch Prädikate bestimmt werden, die von unserer eigenen Natur hergenommen sind, so darf man diese Bestimmung weder als Versinnlichung jener reinen Vernunftideen (Anthropomorphismen) noch als überschwängliches Erkenntnis übersinnlicher Gegenstände ansehen; denn diese Prädikate sind keine anderen als Verstand und Wille, und zwar so im Verhältnisse gegeneinander betrachtet, als sie im moralischen Gesetze gedacht werden müssen, also nur, soweit von ihnen ein reiner praktischer Gebrauch gemacht wird. Von allem übrigen, was diesen Begriffen psychologisch anhängt, d. i. sofern wir diese

---

[1] Möglichkeit zu wirken.

unsere Vermögen in ihrer Ausübung empirisch beobachten, wird alsdann abstrahiert, und so bleibt von den Begriffen, durch die wir uns ein reines Verstandeswesen denken, nichts mehr übrig, als gerade zur Möglichkeit erforderlich ist, sich ein moralisches Gesetz zu denken, mithin zwar eine Erkenntnis Gottes, aber nur in praktischer Beziehung, wodurch, wenn wir den Versuch machen, es zu einem theoretischen zu erweitern, wir einen Verstand desselben bekommen, der nicht denkt, sondern anschaut, einen Willen, der auf Gegenstände gerichtet ist, von deren Existenz seine Zufriedenheit nicht im mindesten abhängt, lauter Eigenschaften, von denen wir uns gar keinen Begriff, zum Erkenntnisse des Gegenstandes tauglich, machen können, und dadurch belehrt werden, daß sie niemals zu einer Theorie vom übersinnlichen Wesen gebraucht werden können, und also, auf dieser Stelle, ein spekulatives Erkenntnis zu gründen gar nicht vermögen, sondern ihren Gebrauch lediglich auf die Ausübung des moralischen Gesetzes einschränken.

Dieses letztere ist so augenscheinlich und kann so klar durch die Tat bewiesen werden, daß man getrost alle vermeinte natürliche Gottesgelehrte (ein wunderlicher Name) auffordern kann, auch nur eine diesen ihren Gegenstand bestimmende Eigenschaft, etwa des Verstandes, oder des Willens, zu nennen, an der man nicht unwidersprechlich dartun könnte, daß, wenn man alles Anthropomorphistische davon absondert, uns nur das bloße Wort übrigbleibe, ohne damit den mindesten Begriff verbinden zu können, dadurch eine Erweiterung der theoretischen Erkenntnis gehofft werden dürfte. In Ansehung des Praktischen aber bleibt uns von den Eigenschaften eines Verstandes und Willens doch noch der Begriff eines Verhältnisses übrig, welchem das praktische Gesetz (das gerade dieses Verhältnis des Verstandes zum Willen a priori bestimmt) objektive Realität verschafft. Ist dieses nun einmal geschehen, so wird dem Begriffe des Objekts eines moralisch bestimmten Willens (dem des höchsten Guts) und mit ihm den Bedingungen seiner Möglichkeit, den Ideen von Gott Freiheit und

Unsterblichkeit, auch Realität, aber immer nur in Beziehung auf die Ausübung des moralischen Gesetzes (zu keinem spekulativen Behuf), gegeben.

Nach diesen Erinnerungen ist nun auch die Beantwortung der wichtigen Frage leicht zu finden: ob der Begriff von Gott ein zur Physik (mithin auch zur Metaphysik, als die nur die reinen Prinzipien a priori der ersteren in allgemeiner Bedeutung enthält) oder ein zur Moral gehöriger Begriff sei. Natureinrichtungen oder deren Veränderung zu erklären, wenn man da zu Gott als zu dem Urheber aller Dinge seine Zuflucht nimmt, ist wenigstens keine physische Erklärung und überall ein Geständnis, man sei mit einer Philosophie zu Ende: weil man genötigt ist, etwas, wovon man sonst für sich keinen Begriff hat, anzunehmen, um sich von der Möglichkeit dessen, was man vor Augen sieht, einen Begriff machen zu können. Durch Metaphysik aber von der Kenntnis dieser Welt zum Begriffe von Gott und dem Beweise seiner Existenz durch sichere Schlüsse zu gelangen, ist darum unmöglich, weil wir diese Welt als das vollkommenste mögliche Ganze, mithin zu diesem Behuf alle mögliche Welten (um sie mit dieser vergleichen zu können) erkennen, mithin allwissend sein müßten, um zu sagen, daß sie nur durch einen Gott (wie wir uns diesen Begriff denken müssen) möglich war. Vollends aber die Existenz dieses Wesens aus bloßen Begriffen zu erkennen, ist schlechterdings unmöglich, weil ein jeder Existenzialsatz, d. i. der, so von einem Wesen, von dem ich mir einen Begriff mache, sagt, daß es existiere, ein synthetischer Satz ist, d. i. ein solcher, dadurch ich über jenen Begriff hinausgehe und mehr von ihm sage, als im Begriffe gedacht war: nämlich daß diesem Begriffe im Verstande noch ein Gegenstand außer dem Verstande korrespondierend gesetzt sei, welches offenbar unmöglich ist durch irgendeinen Schluß herauszubringen. Also bleibt nur ein einziges Verfahren für die Vernunft übrig, zu diesem Erkenntnisse zu gelangen, da sie nämlich als reine Vernunft, von dem obersten Prinzip ihres reinen praktischen Gebrauchs ausgehend (indem dieser ohnedem bloß auf die Existenz von etwas, als Folge der Vernunft, gerichtet ist), ihr Objekt bestimmt. Und da zeigt sich nicht allein in ihrer unvermeidlichen Aufgabe, nämlich der notwendigen Richtung des Willens auf das höchste Gut, die Notwendigkeit, ein solches Urwesen in Beziehung auf die Möglichkeit dieses Guten in der Welt anzunehmen, sondern, was das Merkwürdigste ist, etwas, was dem Fortgange der Vernunft auf dem Naturwege ganz mangelte, nämlich ein genau bestimmter Begriff dieses Urwesens. Da wir diese Welt nur zu einem kleinen Teil kennen, noch weniger sie mit allen möglichen Welten vergleichen können, so können wir von ihrer Ordnung, Zweckmäßigkeit und Größe wohl auf einen weisen, mächtigen usw. Urheber derselben schließen, aber nicht auf seine Allwissenheit, Allgütigkeit, Allmacht usw. Man kann auch gar wohl einräumen: daß man diesen unvermeidlichen Mangel durch eine erlaubte, ganz vernünftige Hypothese zu ergänzen wohl befugt sei: daß nämlich, wenn in soviel Stücken, als sich unserer näheren Kenntnis darbieten, Weisheit, Gütigkeit usw. hervorleuchtet, in allen übrigen es ebenso sein werde, und es also vernünftig sei, dem Welturheber alle mögliche Vollkommenheit beizulegen; aber das sind keine Schlüsse, wodurch wir uns auf unsere Einsicht etwas dünken, sondern nur Befugnisse, die man uns nachsehen kann, und doch noch einer anderweitigen Empfehlung bedürfen, um davon Gebrauch zu machen. Der Begriff von Gott bleibt also auf dem empirischen Wege (der Physik) immer ein nicht genau bestimmter Begriff von der Vollkommenheit des ersten Wesens, um ihn dem Begriffe einer Gottheit für angemessen zu halten (mit der Metaphysik aber in ihrem transzendentalen Teile ist gar nichts auszurichten).

Zusammenfassung

Der Weg der kritischen Sichtung der Welt des Willens mit der Absicht, das allgemeine Schema der strengen moralischen Konsequenz herauszuarbeiten, begann mit einer Analyse unseres sittlichen Bewußtseins.

Es wurden die verschiedenen Triebfedern unseres Handelns vom Lust-
und Unlustgefühl bis zum Glückseligkeitsverlangen auf ihre Fähigkeit
hin geprüft, Träger einer völlig konsequenten Sittlichkeit zu sein. Alle
diese Triebfedern wurden als untauglich abgelehnt. Als einzig mögli-
ches Fundament eines konsequenten sittlichen Verhaltens wurde der
kategorische Imperativ der Pflicht erkannt, der im wesentlichen nichts anderes ist als das in Worte gefaßte Prinzip des vollkommenen guten (auf das höchste Gut gerichteten) Willens. Nur Achtung
vor dem kategorischen Imperativ und Läuterung des Willens von allen
Schlacken der sinnlichen Interessen könnte zur Verwirklichung einer
strengen Moral führen. Ein Denkexperiment, das sich das höchste
Gut, die sittliche Vervollkommnung der Welt als vollendet vorstellt,
führt auf die Bedingungen der Möglichkeit einer solchen
idealen Weltordnung. Die wichtigsten dieser Bedingungen sind:

1. reine Vernunftwesen, die ausschließlich nach dem kategorischen
   Imperativ der Pflicht handeln,
2. also Wesen, die auch über die Freiheit verfügen, sich selbst in
   diesem Imperativ ein Gesetz zu geben, die
3. rein zeitlich der unendlichen Aufgabe angepaßt, also unsterblich
   sind und
4. einen vernünftigen Plan in der Anlage des Weltganzen annehmen,
   der den Sieg (das Primat) des Sittlichen über die Natur vorsieht.

Am Ende auch dieses Denkexperiments begegnen wir wieder dem
Gottsucher Kant. Die Kritik der reinen theoretischen Vernunft hatte
mit dem Ergebnis geendet, daß die Frage nach Gottes raumzeitlicher
Existenz und nach Aussagen kategorialer Art über seine Eigenschaften
unzulässig seien, daß die Gottesidee im Bereich der wissenschaftlichen
Erkenntnis nur die Stellung eines Regulativs, einer heuristischen
Fiktion habe.
Die „Kritik der praktischen Vernunft" ändert an diesem Ergebnis
nichts. Sie ergänzt es nur insofern, als sie nachweist, daß für den
sittlich handelnden Menschen Gott, Freiheit und Unsterblichkeit Postulate sind von subjektiver Notwendigkeit, Forderungen, ohne die ein konsequentes sittliches
Handeln nicht möglich ist. Die „Kritik der praktischen Vernunft" vermag zwar gleichfalls nicht auszusagen, daß Gott wirklich im
Sinne der Naturgegenstände sei, aber sie weiß, daß jede sittliche Tat
ein Stück Verwirklichung der Gottesidee ist.

Das ist die zweite Etappe auf dem Wege des kritischen Gottsuchers
Kant.

Die Kritik der Urteilskraft

Vorbemerkung

Die „Kritik der praktischen Vernunft" schließt mit der tiefen Einsicht,
daß vollkommene Sittlichkeit im strengen Sinne eine unendliche
Aufgabe sei, deren Verwirklichung abhängig ist von der Aufhebung
der Spannung zwischen der natürlichen und der sittlichen Weltordnung (der Welt des Erkennens und der Welt des Handelns). Nur in
einer veredelten Natur, die sich zu einem harmonischen Reich der
Zwecke hinaufentwickelt hat, könnten geläuterte reine Vernunftwesen das Musterschema der strengen sittlichen Konsequenz verwirklichen, welches die „Kritik der praktischen Vernunft" aufzustellen
bemüht ist.

Mit dieser Einsicht ist zugleich der Ansatz gegeben für eine neue
kritische Erörterung, die sich nun in der „Kritik der Urteilskraft" nach
zwei Seiten hin entfaltet: für die Erörterung des P r o b l e m s   d e s
Z w e c k e s als subjektives und als objektives Phänomen.

Erkennen und Handeln (Wissenschaft und Sittlichkeit) sind nicht die
einzigen systematischen Stellungnahmen der Vernunft zum Gegebenen. Wir haben nicht nur einen Sinn für das Wahre und für das Gute
(welcher systematische Einheit in unser theoretisches bzw. Konsequenz in unser praktisches Verhalten bringt), sondern auch einen
systematischen Sinn für das Z w e c k m ä ß i g e. Wir beurteilen Gegebenes nach seiner Z w e c k m ä ß i g k e i t   f ü r   u n s (subjektive Zweckmäßigkeit) und nach seiner Z w e c k m ä ß i g k e i t   a n   s i c h (objektive
Zweckmäßigkeit).

Diese besondere Stellungnahme zum Gegebenen nennt Kant die
U r t e i l s k r a f t. Er unterscheidet zwischen einer ä s t h e t i s c h e n   U r -
t e i l s k r a f t, welche in den Geschmacksurteilen sich auf die s u b j e k -
t i v e Zweckmäßigkeit eines Gegebenen bezieht, und einer t e l e o l o g i -
s c h e n   U r t e i l s k r a f t, welche o b j e k t i v e Zweckmäßigkeit im Gegebenen feststellt.

In beiden Fällen ist das „Beurteilen" gleich dem Erkennen und dem
Handeln eine a priori gesetzgebende Funktion der Vernunft; denn in

der gefühlsmäßigen Beurteilung, im Geschmacksurteil ordnen wir gegebene Formen einem Reich des Schönen zu, das nicht im Gegebenen, sondern nur in unserer Einbildungskraft existiert, und in der verstandesmäßigen Beurteilung eines Gegenstandes der Natur als objektiv zweckmäßig machen wir ihn zum Gliede eines idealen „Reiches der Zwecke", das als solches nicht wirklich gegeben, sondern dessen Verwirklichung uns als Vernunftwesen (bzw. der Natur) im besten Falle „aufgegeben" ist.

Kant beabsichtigt nun nicht, „sein" System des Schönen, also „seine" Ästhetik und „sein" System einer Teleologie neben andere Ästhetiken und Teleologien zu stellen — er befindet sich ja noch immer in der Voruntersuchung beim „Legen der Fundamente" —, ihm kommt es vielmehr auch hier lediglich darauf an, die reinen Schemata einer Ästhetik überhaupt und einer Teleologie überhaupt als Muster für jede künftige, kritisch geläuterte Ästhetik bzw. Teleologie herauszuarbeiten. (In der Vorrede zur „Kritik der Urteilskraft" heißt es ausdrücklich, daß die Untersuchung des Geschmacksvermögens „nicht zur Bildung und Kultur des Geschmacks, sondern bloß in transzendentaler[1] Absicht angestellt wird", daß überhaupt die drei „Kritiken" nicht selbst schon das System, sondern nur Vorarbeiten sind, „denn wenn ein solches System einmal zustande kommen soll, welches ganz vollständig zu bewerkstelligen möglich und für den Gebrauch der Vernunft in aller Beziehung höchst wichtig ist, so muß die Kritik den Boden zu diesem Gebäude vorher so tief, als die erste Grundlage des Vermögens von der Erfahrung unabhängiger Prinzipien liegt erforscht haben, damit es nicht an irgendeinem Teile sinke, welches den Einsturz des Ganzen unvermeidlich nach sich ziehen würde".)

Die „Kritik der Urteilskraft" zerfällt somit in zwei Teile, und in beiden Teilen wird die kritische Grundfrage gestellt: wie ist die Gefühlsbeurteilung eines Gegenstandes als subjektiv zweckmäßig möglich, d. h. wie ist Geschmack überhaupt möglich bzw. wie ist die Verstandesbeurteilung eines Gegenstandes als objektiv zweckmäßig möglich, d. h. wie ist Teleologie überhaupt möglich? In der Erledigung dieser Fragestellung sieht der nunmehr 66jährige die Vollendung seiner erkennt-

---

[1] auf die Bedingungen gehend, welche Geschmacksurteile erst möglich machen.

niskritischen Vorarbeiten, den Abschluß jener Jahrzehnte anhalten-
den Einengung seines philosophischen Tatendranges auf die erkenntniskritische Erörterung. „Hiermit endige ich", so heißt es mit einer
gewissen Genugtuung in der Vorrede zur „Kritik der Urteilskraft",
„mein ganzes kritisches Geschäft. Ich werde ungesäumt zum doktrinalen[1] schreiten, um, wo möglich, meinem zunehmenden Alter die
dazu einigermaßen günstige Zeit noch abzugewinnen."

Kritik der ästhetischen Urteilskraft

Die Kritik der reinen (theoretischen) Vernunft geht aus von einer
Analyse des erkennenden Bewußtseins (Gegenstand der Analyse sind
Verstandesurteile, und ihr Resultat ist das bloße Schema einer syste-
matischen Erkenntnissynthesis), die Kritik der (reinen) praktischen
Vernunft geht aus von einer Analyse des wollenden Bewußtseins
(Gegenstand der Analyse sind moralische Stellungnahmen, und ihr
Resultat ist das bloße Schema der konsequenten, auf den kategori-
schen Imperativ gegründeten Sittlichkeit), die Kritik der (reinen)
reflektierenden Vernunft, in ihrem ersten Teile „ästhetische Urteilskraft" genannt, geht aus von einer Analyse des fühlenden
Bewußtseins. — Mit dem Gegenstand dieser Analyse: den ästhetischen Stellungnahmen und ihrem Resultat (dem bloßen Schema
der reinen Geschmacksbeurteilung) werden wir uns nun zu
beschäftigen haben.
Das ästhetische Beurteilen ist ein Stellungnehmen zur Form. Die
Urteilskraft reflektiert über die Zweckmäßigkeit bzw. Unzweckmä-
ßigkeit der Form eines Gegebenen und nennt sie „schön", wenn
diese Form den Akt der Wahrnehmung erleichtert. Es gibt
also offenbar auch unabhängig von der Formung durch die Schemata
des Raumes, der Zeit, der Kategorien und der Ideen irgendwie im
Gegebenen eine unendliche Mannigfaltigkeit von Formen, und unter
ihnen begreiflicherweise einige, die sich für die Wahrnehmung besonders eignen. Die ästhetische Beurteilung eines Gegenstandes geht nämlich von der gleichen Wahrnehmungssyn-
thesis aus, von der die begriffliche Verarbeitung zu Er-

---

[1] das heißt: zur systematischen Darstellung der eigenen kritisch
geläuterten Lehre.

kenntnissen ausgehen muß, aber sie verweilt kontempla-
tiv bei dieser vorbegrifflichen Wahrnehmung (ohne Verstandeserkenntnis oder gar deren Vernunftsystematik daran anzuschließen). Sie reflektiert nur über die Gefühle, welche in
Begleitung der Wahrnehmungssynthese sich einstellen
und anzeigen, bis zu welchem Grade die Form eines Gegebenen die Wahrnehmungssynthese begünstigt und erleichtert.

Es hat natürlich Einfluß auf die Art dieser Gefühle, ob die Form des
Gegebenen nur das erste synthetische Stadium, die Raum-Zeit-Syn-
thesis, oder ob sie auch (der Möglichkeit nach) das zweite synthetische
Stadium, die ideenmäßige Synthesis begünstigt. So ruft eine sin-
nen-gemäße Form des Gegebenen das Gefühl des Angenehmen,
eine verstandes-gemäße Form das Gefühl des Schönen und
eine vernunft-gemäße Form das Gefühl des Erhabenen hervor.
In jeder dieser drei Gefühls-Stellungnahmen registrieren wir die
Gemäßheit der bloßen Form eines Gegenstandes zu einem unserer
Erkenntnisvermögen.

Die eigentliche Ästhetik ist nun die Lehre vom Schönen,
sie hat es also nicht mit angenehmen und nützlichen Gegenständen,
sondern in erster Linie mit Gegenständen zu tun, die der Form nach
dem zweiten synthetischen Stadium, der Verstandessynthesis,
gemäß sind.

Die folgenden Texte sondern deshalb das Gefühl für das Schöne vom
Wohlgefallen am Angenehmen ab und führen hin zu einer Definition
des reinen Geschmacksurteils. Schön ist, was ohne Begriff als
Gegenstand eines notwendigen Wohlgefallens erkannt
wird. Das reine Geschmacksurteil ist ein reflektierendes Urteil, welches lediglich die Zweckmäßigkeit der Form eines Gegebenen zum
Bestimmungsgrund hat.

Das Wohlgefallen am Angenehmen ist mit Interesse verbunden

Angenehm ist das, was den Sinnen in der Empfindung gefällt.
Hier zeigt sich nun sofort die Gelegenheit, eine ganz gewöhnliche
Verwechselung der doppelten Bedeutung, die das Wort Empfin-
dung haben kann, zu rügen und darauf aufmerksam zu machen.

Alles Wohlgefallen (sagt oder denkt man) ist selbst Empfindung (einer Lust). Mithin ist alles, was gefällt, eben hierin, daß es gefällt, angenehm (und nach den verschiedenen Graden oder auch Verhältnissen zu andern angenehmen Empfindungen anmutig, lieblich, ergötzend, erfreulich usw.). Wird aber das eingeräumt, so sind Eindrücke der Sinne, welche die Neigung, oder Grundsätze der Vernunft, welche den Willen, oder bloße reflektierte Formen der Anschauung, welche die Urteilskraft bestimmen, was die Wirkung auf das Gefühl der Lust betrifft, gänzlich einerlei. Denn diese wäre die Annehmlichkeit in der Empfindung seines Zustandes, und da doch endlich alle Bearbeitung unserer Vermögen aufs Praktische ausgehen und sich darin als in ihrem Ziele vereinigen muß, so könnte man ihnen keine andere Schätzung der Dinge und ihres Werts zumuten, als die in dem Vergnügen besteht, welches sie versprechen. Auf die Art, wie sie dazu gelangen, kommt es am Ende gar nicht an; und da die Wahl der Mittel hierin allein einen Unterschied machen kann, so könnten Menschen einander wohl der Torheit und des Unverstandes, niemals aber der Niederträchtigkeit und Bosheit beschuldigen: weil sie doch alle, ein jeder nach seiner Art die Sachen zu sehen, nach einem Ziele laufen, welches für jedermann das Vergnügen ist.

Wenn eine Bestimmung des Gefühls der Lust oder Unlust Empfindung genannt wird, so bedeutet dieser Ausdruck etwas ganz anderes, als wenn ich die Vorstellung einer Sache (durch Sinne, als eine zum Erkenntnisvermögen gehörige Rezeptivität[1]) Empfindung nenne. Denn im letzteren Falle wird die Vorstellung auf das Objekt, im ersteren aber lediglich auf das Subjekt bezogen und dient zu gar keinem Erkenntnisse, auch nicht zu demjenigen, wodurch sich das Subjekt selbst erkennt.

Wir verstehen aber in der obigen Erklärung unter dem Worte Empfindung eine objektive Vorstellung der Sinne, und um nicht immer Gefahr zu laufen, mißgedeutet zu werden, wollen wir das,

---

[1] Empfänglichkeit.

was jederzeit bloß subjektiv bleiben muß und schlechterdings keine Vorstellung eines Gegenstandes ausmachen kann, mit dem sonst üblichen Namen des Gefühls benennen. Die grüne Farbe der Wiesen gehört zur objektiven Empfindung als Wahrnehmung eines Gegenstandes des Sinnes; die Annehmlichkeit derselben aber zur subjektiven Empfindung, wodurch kein Gegenstand vorgestellt wird: d. i. zum Gefühl, wodurch der Gegenstand als Objekt des Wohlgefallens (welches kein Erkenntnis desselben ist) betrachtet wird.

Daß nun mein Urteil über einen Gegenstand, wodurch ich ihn für angenehm erkläre, ein Interesse an demselben ausdrücke, ist daraus schon klar, daß es durch Empfindung eine Begierde nach dergleichen Gegenstande rege macht, mithin das Wohlgefallen nicht das bloße Urteil über ihn, sondern die Beziehung seiner Existenz auf meinen Zustand, sofern er durch ein solches Objekt affiziert[1] wird, voraussetzt. Daher man von dem Angenehmen nicht bloß sagt: es gefällt, sondern: es vergnügt. Es ist nicht ein bloßer Beifall, den ich ihm widme, sondern Neigung wird dadurch erzeugt; und zu dem, was auf die lebhafteste Art angenehm ist, gehört so gar kein Urteil über die Beschaffenheit des Objekts, daß diejenigen, welche immer nur auf das Genießen ausgehen (denn das ist das Wort, womit man das Innige des Vergnügens bezeichnet), sich gerne alles Urteilens überheben.

Das Wohlgefallen am Guten ist mit Interesse verbunden

Gut ist das, was vermittels der Vernunft durch den bloßen Begriff gefällt. Wir nennen einiges wozu gut (das Nützliche), was nur als Mittel gefällt; ein anderes aber an sich gut, was für sich selbst gefällt. In beiden ist immer der Begriff eines Zwecks, mithin das Verhältnis der Vernunft zum (wenigstens möglichen) Wollen,

---

[1] erregt.

folglich ein Wohlgefallen am Dasein eines Objekts oder einer Handlung, d. i. irgendein Interesse, enthalten.

Um etwas gut zu finden, muß ich jederzeit wissen, was der Gegenstand für ein Ding sein solle, d. i. einen Begriff von demselben haben. Um Schönheit woran zu finden, habe ich das nicht nötig. Blumen, freie Zeichnungen, ohne Absicht ineinander geschlungene Züge, unter den Namen des Laubwerks, bedeuten nichts, hängen von keinem bestimmten Begriffe ab und gefallen doch. Das Wohlgefallen am Schönen muß von der Reflexion über einen Gegenstand, die zu irgendeinem Begriffe (unbestimmt welchem) führt, abhängen und unterscheidet sich dadurch auch vom Angenehmen, welches ganz auf der Empfindung beruht.

Zwar scheint das Angenehme mit dem Guten in vielen Fällen einerlei zu sein. So wird man gemeiniglich sagen: alles (vornehmlich dauerhafte) Vergnügen ist an sich selbst gut; welches ungefähr soviel heißt, als: dauerhaft-angenehm oder gut sein, ist einerlei. Allein man kann bald bemerken, daß dieses bloß eine fehlerhafte Wortvertauschung sei, da die Begriffe, welche diesen Ausdrücken eigentümlich anhängen, keineswegs gegeneinander ausgetauscht werden können. Das Angenehme, das als ein solches den Gegenstand lediglich in Beziehung auf den Sinn vorstellt, muß allererst durch den Begriff eines Zwecks unter Prinzipien der Vernunft gebracht werden, um es als Gegenstand des Willens gut zu nennen. Daß dieses aber alsdann eine ganz andere Beziehung auf das Wohlgefallen sei, wenn ich das, was vergnügt, zugleich gut nenne, ist daraus zu ersehen, daß beim Guten immer die Frage ist, ob es bloß mittelbar gut oder unmittelbar gut (ob nützlich oder an sich gut) sei; dahingegen beim Angenehmen hierüber gar nicht die Frage sein kann, indem das Wort jederzeit etwas bedeutet, was unmittelbar gefällt. (Ebenso ist es auch mit dem, was ich schön nenne, bewandt.)

Selbst in den gemeinsten Reden unterscheidet man das Angenehme vom Guten. Von einem durch Gewürze und andre Zusätze den Geschmack erhebenden Gericht sagt man ohne Bedenken, es sei angenehm, und gesteht zugleich, daß es nicht gut sei: weil es zwar unmittelbar den Sinnen behagt, mittelbar aber, d. i. durch die Vernunft, die auf die Folgen hinaussieht, betrachtet, mißfällt. Selbst in der Beurteilung der Gesundheit kann man noch diesen Unterschied bemerken. Sie ist jedem, der sie besitzt, unmittelbar angenehm (wenigstens negativ, d. i. als Entfernung aller körperlichen Schmerzen). Aber um zu sagen, daß sie gut sei, muß man sie noch durch die Vernunft auf Zwecke richten, nämlich daß sie ein Zustand ist, der uns zu allen unsern Geschäften aufgelegt macht. In Absicht der Glückseligkeit glaubt endlich doch jedermann, die größte Summe (der Menge sowohl als Dauer nach) der Annehmlichkeiten des Lebens ein wahres, ja sogar das höchste Gut nennen zu können. Allein auch dawider sträubt sich die Vernunft. Annehmlichkeit ist Genuß. Ist es aber auf diesen allein angelegt, so wäre es töricht, skrupellos in Ansehung der Mittel zu sein, die ihn uns verschaffen, ob er leidend[1], von der Freigebigkeit der Natur, oder durch Selbsttätigkeit[2] und unser eignes Wirken erlangt wäre. Daß aber eines Menschen Existenz an sich einen Wert habe, welcher bloß lebt (und in dieser Absicht noch so sehr geschäftig ist), um zu genießen, sogar wenn er dabei andern, die alle ebensowohl nur aufs Genießen ausgehen, als Mittel dazu aufs beste beförderlich wäre, und zwar darum, weil er durch Sympathie alles Vergnügen mitgenösse: das wird sich die Vernunft nie überreden lassen. Nur durch das, was er tut ohne Rücksicht auf Genuß, in voller Freiheit und unabhängig von dem, was ihm die Natur auch leidend verschaffen könnte, gibt er seinem Dasein als der Existenz einer Person einen absoluten Wert; und die Glückseligkeit ist mit der ganzen Fülle ihrer Annehmlichkeit bei weitem nicht ein unbedingtes Gut.

---

[1] passiv.
[2] aktiv.

Das Schöne ist das, was ohne Begriffe als Objekt eines allgemeinen Wohlgefallens vorgestellt wird

Diese Erklärung des Schönen kann aus der vorigen Erklärung desselben, als eines Gegenstandes des Wohlgefallens ohne alles Interesse, gefolgert werden. Denn das, wovon jemand sich bewußt ist, daß das Wohlgefallen an demselben bei ihm selbst ohne alles Interesse sei, das kann derselbe nicht anders als so beurteilen, daß es einen Grund des Wohlgefallens für jedermann enthalten müsse. Denn da es sich nicht auf irgendeine Neigung des Subjekts (noch auf irgendein anderes überlegtes Interesse) gründet, sondern da der Urteilende sich in Ansehung des Wohlgefallens, welches er dem Gegenstande widmet, völlig frei fühlt: so kann er keine Privatbedingungen als Gründe des Wohlgefallens auffinden, an die sich sein Subjekt allein hinge, und muß es daher als in demjenigen begründet ansehen, was er auch bei jedem andern voraussetzen kann; folglich muß er glauben Grund zu haben, jedermann ein ähnliches Wohlgefallen zuzumuten. Er wird daher vom Schönen so sprechen, als ob Schönheit eine Beschaffenheit des Gegenstandes und das Urteil logisch (durch Begriffe vom Objekte eine Erkenntnis desselben ausmachend) wäre; ob es gleich nur ästhetisch ist und bloß eine Beziehung der Vorstellung des Gegenstandes auf das Subjekt enthält: darum weil es doch mit dem logischen die Ähnlichkeit hat, daß man die Gültigkeit desselben für jedermann daran voraussetzen kann. Aber aus Begriffen kann diese Allgemeinheit[1] auch nicht entspringen. Denn von Begriffen gibt es keinen Übergang zum Gefühle der Lust oder Unlust. Folglich muß dem Geschmacksurteile mit dem Bewußtsein der Absonderung in demselben von allem Interesse ein Anspruch auf Gültigkeit für jedermann ohne auf Objekte gestellte Allgemeinheit anhängen, d. i. es muß damit ein Anspruch auf subjektive Allgemeinheit verbunden sein.

---

[1] Verbindlichkeit für alle.

Das reine Geschmacksurteil ist von Reiz und Rührung unabhängig

Alles Interesse verdirbt das Geschmacksurteil und nimmt ihm seine Unparteilichkeit, vornehmlich wenn es nicht so wie das Interesse der Vernunft die Zweckmäßigkeit vor dem Gefühle der Lust voranschickt, sondern sie auf diese gründet; welches letztere allemal im ästhetischen Urteile über etwas, sofern es vergnügt oder schmerzt, geschieht. Daher Urteile, die so affiziert[1] sind, auf allgemeingültiges Wohlgefallen entweder gar keinen, oder soviel weniger Anspruch machen können, als sich von der gedachten Art Empfindungen unter den Bestimmungsgründen des Geschmacks befinden. Der Geschmack ist jederzeit noch barbarisch, wo er die Beimischung der Reize und Rührungen zum Wohlgefallen bedarf, ja wohl gar diese zum Maßstabe seines Beifalls macht.

Indessen werden Reize doch öfter nicht allein zur Schönheit (die doch eigentlich bloß die Form betreffen sollte) als Beitrag zum ästhetischen allgemeinen Wohlgefallen gezählt, sondern sie werden wohl gar an sich selbst für Schönheiten, mithin die Materie des Wohlgefallens für die Form ausgegeben: ein Mißverstand, der sich so wie mancher andere, welcher doch noch immer etwas Wahres zum Grunde hat, durch sorgfältige Bestimmung dieser Begriffe beheben läßt.

Ein Geschmacksurteil, auf welches Reiz und Rührung keinen Einfluß haben (ob sie sich gleich mit dem Wohlgefallen am Schönen verbinden lassen), welches also bloß die Zweckmäßigkeit der Form zum Bestimmungsgrunde hat, ist ein reines Geschmacksurteil.

Mit der Abgrenzung des Gefühls für das Schöne von den niederen Formen des Begehrungsvermögens ist die ästhetische Urteilskraft keineswegs erschöpft. Es gibt vielmehr noch eine zweite Form des

---

[1] die auf diese Weise hervorgerufen sind.

uninteressierten Wohlgefallens: die gefühlsmäßige Beurteilung eines
Gegebenen als „erhaben". (Weder das Prädikat „schön" noch das
Prädikat „erhaben" sagen etwas über den Gegenstand als solchen aus,
sondern sie charakterisieren einzig und allein eine Beziehung der Form
des Gegenstandes zu unserem Erkenntnisvermögen. Streng genommen ist also nicht der Gegenstand schön oder erhaben, sondern die
Gemütsstimmung, die seine Wahrnehmung auslöst.)
Der Unterschied zwischen dem Schönen und dem Erhabenen beruht
ganz offenbar auf dem Umstand, daß der schön zu nennende
Gegenstand in abgeschlossener Form vor uns steht und
deshalb ganz mühelos unter die kategorialen Schemata fällt, mit denen
unser Erkenntnisvermögen bei der ästhetischen Betrachtung ihn um-
spielt. Anders steht es mit dem „erhaben" zu nennenden Gegenstand. Er ist formlos, unbegrenzt.
Ihn auf sich wirken zu lassen, bereitet Qual und Lust zugleich. Unsere
Einbildungskraft, deren Aufgabe es ist, die Teile eines Gegebenen zu
„einem Bilde", zu einer geschlossenen Anschauung zu vereinigen,
fühlt, daß sie dem „erhabenen" Gegenstand gegenüber unvermögend
ist. In ihrer Ohnmacht kommt uns unsere eigene Kleinheit und
Nichtigkeit als bloßen Sinnenwesen zum Bewußtsein. Das ist aber nur
möglich, weil wir in unserer Vernunft, dem Vermögen, Unendliches
wenigstens ideenmäßig zu erfassen, einen Vergleichsmaßstab haben.
Es kommt uns also gleichzeitig durch die Ohnmacht unserer
Einbildungskraft die übersinnliche (den Sinnen überle-
gene) Natur unserer Vernunft lustvoll zum Bewußtsein.
Während wir als bloße Sinnenwesen im Staube liegen, fühlen wir uns
groß als rein moralische Wesen, die ihre Handlungen auf unendliche
Aufgaben einstellen. Die Unangemessenheit der Form eines Gegenstandes für die Einbildungskraft ist Vernunftgemäßheit und erweckt
in uns jene seltsame Mischung von Spannung und Erhebung, die sich
im Gefühl des Erhabenen angesichts schlechthin großer und gewalti-
ger Gegenstände kundtut. So beschreibt auch Faust das Erlebnis des
Erdgeistes: „In jenem selgen Augenblicke, ich fühlte mich so klein, so
groß!"

Vom Schönen und vom Erhabenen

Das Schöne kommt darin mit dem Erhabenen überein, daß beides für sich selbst gefällt. Ferner darin, daß beides kein Sinnes- noch ein logisch-bestimmendes, sondern ein Reflexionsurteil voraussetzt: folglich das Wohlgefallen nicht an einer Empfindung wie die des Angenehmen, noch an einem bestimmten Begriffe wie das Wohlgefallen am Guten hängt, gleichwohl aber doch auf Begriffe, obzwar unbestimmt welche, bezogen wird; mithin das Wohlgefallen an der bloßen Darstellung oder dem Vermögen derselben geknüpft ist, wodurch das Vermögen der Darstellung oder die Einbildungskraft bei einer gegebenen Anschauung mit dem Vermögen der Begriffe des Verstandes oder der Vernunft, als Beförderung der letzteren, in Einstimmung betrachtet wird. Daher sind auch beiderlei Urteile einzelne und doch für sich allgemeingültig in Ansehung jedes Subjekts ankündigende Urteile, ob sie zwar bloß auf das Gefühl der Lust und auf kein Erkenntnis des Gegenstandes Anspruch machen.

Allein es sind auch namhafte Unterschiede zwischen beiden in die Augen fallend. Das Schöne der Natur betrifft die Form des Gegenstandes, die in der Begrenzung besteht; das Erhabene ist dagegen auch an einem formlosen Gegenstande zu finden, sofern Unbegrenztheit an ihm oder durch dessen Veranlassung vorgestellt oder doch Totalität derselben hinzugedacht wird: so daß das Schöne für die Darstellung eines unbestimmten Verstandesbegriffs genommen zu werden scheint. Also ist das Wohlgefallen dort mit der Vorstellung der Qualität, hier aber der Quantität verbunden. Auch ist das letztere der Art nach von dem ersteren Wohlgefallen gar sehr unterschieden: indem dieses (das Schöne) direkt ein Gefühl der Beförderung des Lebens bei sich führt und daher mit Reizen und einer spielenden Einbildungskraft vereinbar ist; jenes aber (das Gefühl des Erhabenen) eine Lust ist, welche nur indirekt entspringt, nämlich so, daß sie durch das Gefühl einer augenblicklichen Hemmung der Lebenskräfte und darauf sogleich folgenden desto stärkeren Ergießung derselben erzeugt wird, mithin als Rührung kein Spiel, sondern Ernst in der Beschäftigung der Einbildungskraft zu sein scheint. Daher es auch mit Reizen unvereinbar ist, und, indem das Gemüt von dem Gegenstande nicht bloß angezogen, sondern wechselweise auch immer wieder abgestoßen wird, das Wohlgefallen am Erhabenen nicht sowohl positive Lust als vielmehr Bewunderung oder Achtung enthält, d. h. negative Lust genannt zu werden verdient.

Der wichtigste und innere Unterschied aber des Erhabenen vom Schönen ist wohl dieser: daß, wenn wir wie billig hier zuvörderst nur das Erhabene an Naturobjekten in Betrachtung ziehen (das der Kunst wird nämlich immer auf die Bedingungen der Übereinstimmung mit der Natur eingeschränkt), die Naturschönheit (die selbständige) eine Zweckmäßigkeit in ihrer Form, wodurch der Gegenstand für unsere Urteilskraft gleichsam vorherbestimmt zu sein scheint, bei sich führt und so an sich einen Gegenstand des Wohlgefallens ausmacht; hingegen das, was in uns, ohne zu vernünfteln, bloß in der Auffassung, das Gefühl des Erhabenen erregt, der Form nach zwar zweckwidrig für unsere Urteilskraft, unangemessen unserm Darstellungsvermögen und gleichsam gewalttätig für die Einbildungskraft erscheinen mag, aber dennoch nur desto erhabener zu sein geurteilt wird.

Man sieht aber hieraus sofort, daß wir uns überhaupt unrichtig ausdrücken, wenn wir irgendeinen Gegenstand der Natur erhaben nennen, ob wir zwar ganz richtig sehr viele derselben schön nennen können: denn wie kann das mit einem Ausdrucke des Beifalls bezeichnet werden, was an sich als zweckwidrig aufgefaßt wird? Wir können nicht mehr sagen, als daß der Gegenstand zur Darstellung einer Erhabenheit tauglich sei, die im Gemüte angetroffen werden kann; denn das eigentliche Erhabene kann in keiner sinnlichen Form enthalten sein, sondern trifft nur Ideen der Vernunft; welche, obgleich keine ihnen angemessene Darstellung möglich ist, eben durch diese Unangemessenheit, welche sich sinnlich darstellen läßt, rege gemacht und ins Gemüt gerufen

werden. So kann der weite, durch Stürme empörte Ozean nicht
erhaben genannt werden. Sein Anblick ist gräßlich; und man muß
das Gemüt schon mit mancherlei Ideen angefüllt haben, wenn es
durch eine solche Anschauung zu einem Gefühl gestimmt werden
soll, welches selbst erhaben ist, indem das Gemüt die Sinnlichkeit
zu verlassen und sich mit Ideen, die höhere Zweckmäßigkeit
enthalten, zu beschäftigen angereizt wird.

Erhaben ist das, mit welchem in Vergleichung alles andere klein
ist. Hier sieht man leicht: daß nichts in der Natur gegeben werden
könne, so groß als es auch von uns beurteilt werde, was nicht, in
einem andern Verhältnisse betrachtet, bis zum Unendlich-Kleinen
abgewürdigt werden könnte; und umgekehrt nichts so klein, was
sich nicht in Vergleichung mit noch kleineren Maßstäben für
unsere Einbildungskraft bis zu einer Weltgröße erweitern ließe.
Die Teleskope haben uns die erstere, die Mikroskope die letztere
Bemerkung zu machen reichlichen Stoff an die Hand gegeben.
Nichts also, was Gegenstand der Sinne sein kann, ist, auf diesen
Fuß betrachtet[1], erhaben zu nennen. Aber eben darum, daß in
unserer Einbildungskraft ein Bestreben zum Fortschritte ins
Unendliche, in unserer Vernunft aber ein Anspruch auf absolute
Totalität liegt: ist selbst jene Unangemessenheit unseres Vermögens der Größenschätzung der Dinge der Sinnenwelt für diese Idee
die Erweckung des Gefühls eines übersinnlichen Vermögens in
uns; und der Gebrauch, den die Urteilskraft von gewissen Gegenständen zum Behuf des letzteren (Gefühls) natürlicherweise
macht, nicht aber der Gegenstand der Sinne ist schlechthin groß,
gegen ihn aber jeder andere Gebrauch klein. Mithin ist die Geistes-
stimmung durch eine gewisse die reflektierende Urteilskraft be-
schäftigende Vorstellung, nicht aber das Objekt erhaben zu nennen.

Wir können also zu den vorigen Formeln der Erklärung des
Erhabenen noch diese hinzutun: Erhaben ist, was auch nur denken

---

[1] unter diesem Gesichtspunkt.

zu können ein Vermögen des Gemüts beweist, das jeden Maßstab der Sinne übertrifft.

Gleichwie die ästhetische Urteilskraft in Beurteilung des Schönen die Einbildungskraft in ihrem freien Spiele auf den Verstand bezieht, um mit dessen Begriffen überhaupt (ohne Bestimmung derselben) zusammenzustimmen: so bezieht sie dasselbe Vermögen in Beurteilung eines Dinges als erhabenen auf die Vernunft, um zu deren Ideen (unbestimmt welchen) subjektiv übereinzustimmen, d. i. eine Gemütsstimmung hervorzubringen, welche derjenigen gemäß und mit ihr verträglich ist, die der Einfluß bestimmter Ideen (praktischer) auf das Gefühl bewirken würde.

Man sieht hieraus auch, daß die wahre Erhabenheit nur im Gemüte des Urteilenden, nicht in dem Naturobjekte, dessen Beurteilung diese Stimmung veranlaßt, müsse gesucht werden. Wer wollte auch ungestalte Gebirgsmassen, in wilder Unordnung übereinandergetürmt, mit ihren Eispyramiden, oder die düstere tobende See usw. erhaben nennen? Aber das Gemüt fühlt sich in seiner eigenen Beurteilung gehoben, wenn es, indem es sich einer bloß erweiternden Vernunft überläßt, die ganze Macht der Einbildungskraft dennoch ihren Ideen unangemessen findet.

Also ist die Erhabenheit in keinem Dinge der Natur, sondern nur in unserm Gemüte enthalten, sofern wir der Natur in uns und dadurch auch der Natur (sofern sie auf uns einfließt) außer uns überlegen zu sein uns bewußt werden können. Alles, was dieses Gefühl in uns erregt, wozu die Macht der Natur gehört, welche unsere Kräfte auffordert[1], heißt alsdann (obzwar uneigentlich) erhaben; und nur unter der Voraussetzung dieser Idee in uns und in Beziehung auf sie sind wir fähig, zur Idee der Erhabenheit desjenigen Wesens zu gelangen, welches nicht bloß durch seine Macht, die es in der Natur beweist, innige Achtung in uns wirkt, sondern noch mehr durch das Vermögen, welches in uns gelegt ist,

---

[1] herausfordert.

jene ohne Furcht zu beurteilen und unsere Bestimmung als über dieselbe erhaben zu denken.

Man kann das Erhabene so beschreiben: es ist ein Gegenstand (der Natur), dessen Vorstellung das Gemüt bestimmt, sich die Unerreichbarkeit der Natur als Darstellung von Ideen zu denken. Buchstäblich genommen und logisch betrachtet, können Ideen nicht dargestellt werden. Aber wenn wir unser empirisches Vorstellungsvermögen für die Anschauung der Natur erweitern: so tritt unausbleiblich die Vernunft hinzu und bringt die, obzwar vergebliche, Bestrebung des Gemüts hervor, die Vorstellung der Sinne dieser angemessen zu machen. Diese Bestrebung und das Gefühl der Unerreichbarkeit der Idee durch die Einbildungskraft ist selbst eine Darstellung der subjektiven Zweckmäßigkeit unseres Gemüts im Gebrauche der Einbildungskraft für dessen übersinnliche Bestimmung und nötigt uns, subjektiv die Natur selbst in ihrer Totalität, als Darstellung von etwas Übersinnlichem, zu denken, ohne diese Darstellung objektiv zustande bringen zu können.

Denn das werden wir bald inne, daß der Natur im Raume und der Zeit das Unbedingte, mithin auch die absolute Größe ganz abgehe, die doch von der gemeinsten Vernunft verlangt wird. Eben dadurch werden wir auch erinnert, daß wir es nur mit einer Natur als Erscheinung zu tun haben, und diese selbst noch als bloße Darstellung einer Natur an sich müsse angesehen werden. Diese Idee des Übersinnlichen aber, die wir zwar nicht weiter bestimmen, mithin die Natur der Darstellung derselben nicht erkennen, sondern nur denken können, wird in uns durch einen Gegenstand erweckt, dessen ästhetische Beurteilung die Einbildungskraft bis zu ihrer Grenze, es sei der Erweiterung (mathematisch), oder ihrer Macht über das Gemüt (dynamisch), anspannt, indem sie sich auf dem Gefühle einer Bestimmung desselben gründet, welche das Gebiet der ersteren gänzlich überschreitet (dem moralischen Gefühl), in Ansehung dessen die Vorstellung des Gegenstandes als subjektivzweckmäßig beurteilt wird.

In der Tat läßt sich ein Gefühl für das Erhabene in der Natur nicht wohl denken, ohne eine Stimmung des Gemüts, die der zum Moralischen ähnlich ist, damit zu verbinden; und obgleich die unmittelbare Lust am Schönen der Natur gleichfalls eine gewisse Unabhängigkeit des Wohlgefallens vom bloßen Sinnengenusse, voraussetzt und kultiviert, so wird dadurch noch mehr die Freiheit im Spiele als unter einem gesetzlichen Geschäfte vorgestellt: welches die echte Beschaffenheit der Sittlichkeit des Menschen ist, wo die Vernunft der Sinnlichkeit Gewalt antun muß, nur daß im ästhetischen Urteile über das Erhabene diese Gewalt durch die Einbildungskraft selbst, als durch ein Werkzeug der Vernunft, ausgeübt vorgestellt wird.

Das Objekt gefällt durch seine Form. In dieser geschmacklichen Beurteilung der subjektiven Zweckmäßigkeit der Form eines Gegenstandes herrscht unter den Menschen eine gewisse Übereinstimmung kraft eines „tief verborgenen gemeinsamen Grundes der Einhelligkeit in der Beurteilung der Formen, unter denen ihnen Gegenstände gegeben werden können", d. h.: erregt die Form eines Gegebenen in mir das lustvolle Gefühl der erleichterten Wahrnehmungssynthese, so wird sie auch in gleichstrukturierten Subjekten das gleiche Gefühl erregen.

Die Stärke des ästhetischen Gefühls variiert nun mit dem Grade der Formvollkommenheit des gegebenen Gegenstandes. So liegt der Versuch nahe, ein Maximum exemplarischer (vorbildlicher) Vollkommenheit zu suchen oder wenigstens „einzubilden". Auch in diesen Dingen strebt die Vernunft jene Totalität an, welche im Erkenntnisprozeß aus Kategorien Ideen schafft. Dieses i d e e l l e M a x i m u m d e r F o r m v o l l e n d u n g i s t d a s I d e a l d e r S c h ö n h e i t.

Das Ideal der Schönheit ist in Raum und Zeit nicht gegeben. Es zu verwirklichen ist Aufgabe der Kunst, wie es Aufgabe des Erkennens ist, das Ideal des Wahren, und Aufgabe der Sittlichkeit, die ideale Vorstellung des höchsten Gutes (des Guten) in der Wirklichkeit umzusetzen. Daß die Kunst dabei verstandes„gemäß" und vernunft„gemäß" verfahren muß, ergibt sich aus der dargestellten Theorie des Schönen und des Erhabenen. D i e K u n s t s t e l l t a l s o

formvollendete Gegenstände her, gleich als ob es Naturprodukte wären, aus denen höchste Vernunftideen sprechen.

Das Kunstwerk ist ein Produkt des Genies. Genie ist die Macht, der
Kunst die Regel vorzuschreiben. Die Einbildungskraft des genialen
Künstlers schafft gleichsam eine andere Natur aus dem Stoffe, den ihr
die wirkliche Natur gibt, aber es ist nicht ein Chaos, was die Einbil-
dungskraft willkürlich fabulierend erzeugt, sondern ein verstandesge-
mäß gegliederter Kosmos, ein vernunftgemäßes Reich der Schönheit.
Deshalb sind Einbildungskraft und Verstand des Genies wichtigste
Vermögen.

Vom Ideale der Schönheit

Es kann keine objektive Geschmacksregel, welche durch Begriffe
bestimmte, was schön sei, geben. Denn alles Urteil aus dieser
Quelle ist ästhetisch; d. i. das Gefühl des Subjekts, und kein
Begriff eines Objekts ist sein Bestimmungsgrund. Ein Prinzip des
Geschmacks, welches das allgemeine Kriterium des Schönen durch
bestimmte Begriffe angäbe, zu suchen, ist eine fruchtlose Bemühung, weil, was gesucht wird, unmöglich und an sich selbst
widersprechend ist. Die allgemeine Mitteilbarkeit der Empfindung
(des Wohlgefallens oder Mißfallens), und zwar eine solche, die
ohne Begriff stattfindet, die Einhelligkeit, soviel möglich[1], aller
Zeiten und Völker in Ansehung dieses Gefühls in der Vorstellung
gewisser Gegenstände, ist das empirische, wiewohl schwache und
kaum zur Vermutung zureichende Kriterium der Abstammung
eines so durch Beispiele bewährten Geschmacks von dem tief
verborgenen, allen Menschen gemeinschaftlichen Grunde der Einhelligkeit in Beurteilung der Formen, unter denen ihnen Gegenstände gegeben werden.
Daher sieht man einige Produkte des Geschmacks als exemplarisch

---

[1] soweit eine solche möglich ist.

an[1]: nicht als ob Geschmack könne erworben werden, indem er andere nachahmt. Denn der Geschmack muß ein selbsteigenes Vermögen sein; wer aber ein Muster nachahmt, zeigt, sofern als er es trifft, zwar Geschicklichkeit, aber nur Geschmack, sofern er dieses Muster selbst beurteilen kann. Hieraus folgt aber, daß das höchste Muster, das Urbild des Geschmacks, eine bloße Idee sei, die jeder in sich selbst hervorbringen muß, und wonach er alles, was Objekt des Geschmacks, was Beispiel der Beurteilung durch Geschmack sei, und selbst den Geschmack von jedermann beurteilen muß. Idee bedeutet eigentlich einen Vernunftbegriff und Ideal die Vorstellung eines einzelnen als einer Idee adäquaten Wesens. Daher kann jenes Urbild des Geschmacks, welches freilich auf der unbestimmten Idee der Vernunft von einem Maximum beruht, aber doch nicht durch Begriffe, sondern nur in einzelner Darstellung kann vorgestellt werden, besser das Ideal des Schönen genannt werden, dergleichen wir, wenn wir gleich nicht im Besitze desselben sind, doch in uns hervorzubringen streben. Es wird aber bloß ein Ideal der Einbildungskraft sein, eben darum, weil es nicht auf Begriffen, sondern auf der Darstellung beruht; das Vermögen der Darstellung aber ist die Einbildungskraft.

Von der Kunst

1. Kunst wird von der Natur, wie Tun vom Handeln oder Wirken überhaupt und das Produkt, oder die Folge der erstern, als Werk von der letztern als Wirkung unterschieden.
Von Rechts wegen sollte man nur die Hervorbringung durch Freiheit, d. i. durch eine Willkür, die ihren Handlungen Vernunft zugrunde legt, Kunst nennen. Denn ob man gleich das Produkt der Bienen (die regelmäßig gebauten Wachsscheiben) ein Kunstwerk zu nennen beliebt, so geschieht dieses doch nur wegen der Analogie mit der letzteren. Sobald man sich nämlich besinnt, daß sie ihre

---

[1] als Musterbeispiele.

Arbeit auf keine eigene Vernunftüberlegung gründen, so sagt man alsbald, es ist ein Produkt ihrer Natur (des Instinkts), und als Kunst wird es nur ihrem Schöpfer zugeschrieben.

Wenn man bei Durchsuchung eines Moorbruches, wie es bisweilen geschehen ist, ein Stück behauenes Holz antrifft, so sagt man nicht, es ist ein Produkt der Natur, sondern der Kunst; die hervorbringende Ursache desselben hat sich einen Zweck gedacht, dem dieses seine Form zu danken hat. Sonst sieht man wohl auch an allem eine Kunst, was so beschaffen ist, daß eine Vorstellung desselben in seiner Ursache vor seiner Wirklichkeit vorhergegangen sein muß (wie selbst bei Bienen), ohne daß doch die Wirkung von ihr eben gedacht sein dürfe; wenn man aber etwas schlechthin ein Kunstwerk nennt, um es von einer Naturwirkung zu unterscheiden, so versteht man allemal darunter ein Werk der Menschen.

2. Kunst als Geschicklichkeit des Menschen wird auch von der Wissenschaft unterschieden (Können vom Wissen), als praktisches vom theoretischen Vermögen, als Technik von der Theorie. Und da wird auch das, was man kann, sobald man nur weiß, was getan werden soll, und also nur die begehrte Wirkung genugsam kennt, nicht eben Kunst genannt. Nur das, was man, wenn man es auch auf das vollständigste kennt, dennoch darum zu machen noch nicht sofort die Geschicklichkeit hat, gehört insoweit zur Kunst.

Es gibt weder eine Wissenschaft des Schönen, sondern nur Kritik, noch schöne Wissenschaft, sondern nur schöne Kunst. Denn was die erstere betrifft, so würde in ihr wissenschaftlich, d. i. durch Beweisgründe ausgemacht werden sollen, ob etwas für schön zu halten sei oder nicht; das Urteil über Schönheit würde also, wenn es zur Wissenschaft gehörte, kein Geschmacksurteil sein. Was das zweite anlangt, so ist eine Wissenschaft, die, als solche, schön sein soll, ein Unding. Denn wenn man in ihr als Wissenschaft nach Gründen und Beweisen früge, so würde man uns durch geschmackvolle Aussprüche (Bonmots) abfertigen. — Was den gewöhnlichen Ausdruck schöne Wissenschaften veranlaßt hat, ist ohne Zweifel nichts anderes, als daß man ganz richtig bemerkt hat, es werde zur schönen Kunst in ihrer ganzen Vollkommenheit viel Wissenschaft, als z. B. Kenntnis alter Sprachen, Belesenheit der Autoren, die für Klassiker gelten, Geschichte, Kenntnis der Altertümer usw. erfordert, und deshalb diese historischen Wissenschaften, weil sie zur schönen Kunst die notwendige Vorbereitung und Grundlage ausmachen, zum Teil auch weil darunter selbst die Kenntnis der Produkte der schönen Kunst (Beredsamkeit und Dichtkunst) begriffen worden, durch eine Wortverwechselung selbst schöne Wissenschaften genannt hat.

Wenn die Kunst, dem Erkenntnisse eines möglichen Gegenstandes angemessen, bloß ihn wirklich zu machen die dazu erforderlichen Handlungen verrichtet, so ist sie mechanische, hat sie aber das Gefühl der Lust zur unmittelbaren Absicht, so heißt sie ästhetische Kunst. Diese ist entweder angenehme oder schöne Kunst. Das erste ist sie, wenn der Zweck derselben ist, daß die Lust die Vorstellungen als bloße Empfindungen, das zweite, daß sie dieselben als Erkenntnisarten begleite.

Angenehme Künste sind die, welche bloß zum Genusse abgezweckt werden; dergleichen alle die Reize sind, welche die Gesellschaft an einer Tafel vergnügen können: als unterhaltend zu erzählen, die Gesellschaft in freimütige und lebhafte Gesprächigkeit zu versetzen, durch Scherz und Lachen sie zu einem gewissen Tone der Lustigkeit zu stimmen, wo, wie man sagt, manches ins Gelag hineingeschwatzt werden kann, und niemand über[1] das, was man spricht, verantwortlich sein will, weil es nur auf die augenblickliche Unterhaltung, nicht auf einen bleibenden Stoff zum Nachdenken oder Nachsagen, angelegt ist. (Hierzu gehört denn auch die Art, wie der Tisch zum Genusse ausgerüstet ist, oder wohl gar bei großen Gelagen die Tafelmusik, ein wunderlich Ding, welches nur als ein angenehmes Geräusch die Stimmung der Gemüter zur Fröhlichkeit unterhalten soll, und, ohne daß jemand

---

[1] für.

auf die Komposition derselben die mindeste Aufmerksamkeit verwendet, die freie Gesprächigkeit eines Nachbars mit dem andern begünstigt.) Dazu gehören ferner alle Spiele, die weiter kein Interesse bei sich führen, als die Zeit unvermerkt verlaufen zu machen.

Schöne Kunst dagegen ist eine Vorstellungsart, die für sich selbst zweckmäßig ist und, obgleich ohne Zweck, dennoch die Kultur der Gemütskräfte zur geselligen Mitteilung befördert.

Die allgemeine Mitteilbarkeit einer Lust führt es schon in ihrem Begriffe mit sich, daß diese nicht eine Lust des Genusses, aus bloßer Empfindung, sondern der Reflexion sein müsse; und so ist ästhetische Kunst, als schöne Kunst, eine solche, die die reflektierende Urteilskraft und nicht die Sinnenempfindung zum Richtmaße hat.

Kunst und Natur

An einem Produkte der schönen Kunst muß man sich bewußt werden, daß es Kunst sei und nicht Natur, aber doch muß die Zweckmäßigkeit in der Form derselben von allem Zwange willkürlicher Regeln so frei scheinen, als ob es ein Produkt der bloßen Natur sei. Auf diesem Gefühle der Freiheit im Spiele unserer Erkenntnisvermögen, welches doch zugleich zweckmäßig sein muß, beruht diejenige Lust, welche darin allgemein mitteilbar ist, ohne sich doch auf Begriffe zu gründen. Die Natur war schön, wenn sie zugleich als[1] Kunst aussah; und die Kunst kann nur schön genannt werden, wenn wir uns bewußt sind, sie sei Kunst, und sie uns doch als Natur aussieht.

Denn wir können allgemein sagen, es mag die Natur- oder die Kunstschönheit betreffen, schön ist das, was in der bloßen Beurteilung (nicht in der Sinnenempfindung, noch durch einen Begriff) gefällt. Nun hat Kunst jederzeit eine bestimmte Absicht, etwas

---

[1] wie.

hervorzubringen. Wenn dieses aber bloße Empfindung (etwas
bloß Subjektives) wäre, die mit Lust begleitet sein sollte, so würde
dies Produkt, in der Beurteilung, nur vermittels des Sinnengefühls
gefallen. Wäre die Absicht auf die Hervorbringung eines bestimmten Objekts gerichtet, so würde, wenn sie durch die Kunst
erreicht wird, das Objekt nur durch Begriffe gefallen. In beiden
Fällen aber würde die Kunst nicht in der bloßen Beurteilung, d. i.
nicht als schöne, sondern mechanische Kunst gefallen.

Also muß die Zweckmäßigkeit im Produkte der schönen Kunst, ob
sie zwar absichtlich ist, doch nicht absichtlich scheinen, d. i. schöne
Kunst muß als Natur anzusehen sein, ob man sich ihrer zwar als
Kunst bewußt ist. Als Natur aber erscheint ein Produkt der Kunst
dadurch, daß zwar alle Pünktlichkeit in der Übereinkunft mit
Regeln, nach denen allein das Produkt das werden kann, was es
sein soll, angetroffen wird, aber ohne Peinlichkeit (ohne daß die
Schulform durchblickt), d. i. ohne eine Spur zu zeigen, daß die
Regel dem Künstler vor Augen geschwebt und seinen Gemüts-
kräften Fesseln angelegt habe.

Vom Genie

Genie ist das Talent (Naturgabe), welches der Kunst die Regel gibt.
Da das Talent als angebornes produktives[1] Vermögen des Künstlers selbst zur Natur gehört, so könnte man sich auch so ausdrük-
ken: Genie ist die angeborne Gemütsanlage, durch welche die
Natur der Kunst die Regel gibt.

Was es auch mit dieser Definition für eine Bewandtnis habe, und
ob sie bloß willkürlich oder dem Begriffe, welchen man mit dem
Worte Genie zu verbinden gewohnt ist, angemessen sei oder
nicht: so kann man doch schon zum voraus beweisen, daß nach der
hier angenommenen Bedeutung des Wortes schöne Künste notwendig als Künste des Genies betrachtet werden müssen.

---

[1] schöpferisches.

Denn eine jede Kunst setzt Regeln voraus, durch deren Grundlegung allererst ein Produkt, wenn es künstlich[1] heißen soll, als möglich vorgestellt wird. Der Begriff der schönen Kunst aber verstattet nicht, daß das Urteil über die Schönheit ihres Produkts von irgendeiner Regel abgeleitet werde, die einen Begriff zum Bestimmungsgrunde habe, mithin einen Begriff von der Art, wie es möglich sei, zugrunde lege. Also kann die schöne Kunst sich selbst nicht die Regel ausdenken, nach der sie ihr Produkt zustande bringen soll. Da nun gleichwohl ohne vorhergehende Regel ein Produkt niemals Kunst heißen kann, so muß die Natur im Subjekte (und durch die Stimmung der Vermögen derselben) der Kunst die Regel geben, d. i. die schöne Kunst ist nur als Produkt des Genies möglich.

Man sieht hieraus, daß Genie 1. ein Talent sei, dasjenige, wozu sich keine bestimmte Regel geben läßt, hervorzubringen: nicht Geschicklichkeitsanlage zu dem, was nach irgendeiner Regel gelernt werden kann; folglich daß Originalität seine erste Eigenschaft sein müsse. 2. Daß, da es auch originalen Unsinn geben kann, seine Produkte zugleich Muster, d. i. exemplarisch, sein müssen; mithin, selbst nicht durch Nachahmung entsprungen, anderen doch dazu, d. i. zum Richtmaße oder Regel der Beurteilung, dienen müssen. 3. Daß es, wie es sein Produkt zustande bringe, selbst nicht beschreiben oder wissenschaftlich anzeigen könne, sondern daß es als Natur die Regel gebe; und daher der Urheber eines Produkts, welches er seinem Genie verdankt, selbst nicht weiß, wie sich in ihm die Ideen dazu herbeifinden, auch es nicht in seiner Gewalt hat, dergleichen nach Belieben oder planmäßig auszudenken und anderen in solchen Vorschriften mitzuteilen, die sie instand setzen, gleichmäßige Produkte hervorzubringen. (Daher denn auch vermutlich das Wort Genie von Genius, dem eigentümlichen, einem Menschen bei der Geburt mitgegebenen, schützenden und leitenden Geist, von dessen Eingebung jene

---

[1] künstlerisch.

originalen Ideen herrührten, abgeleitet ist.) 4. Daß die Natur durch das Genie nicht der Wissenschaft, sondern der Kunst die Regel vorschreibe und auch dieses nur, insofern diese letztere schöne Kunst sein soll.

Von dem Vermögen des Genies

Man sagt von gewissen Produkten, von welchen man erwartet, daß sie sich, zum Teil wenigstens, als schöne Kunst zeigen sollten: sie sind ohne Geist; ob man gleich an ihnen, was den Geschmack betrifft, nichts zu tadeln findet. Ein Gedicht kann recht nett und elegant sein, aber es ist ohne Geist. Eine Geschichte ist genau und ordentlich, aber ohne Geist. Eine feierliche Rede ist gründlich und zugleich zierlich, aber ohne Geist. Manche Konversation ist nicht ohne Unterhaltung, aber doch ohne Geist; selbst von einem Frauenzimmer sagt man wohl, sie ist hübsch, gesprächig und artig, aber ohne Geist. Was ist das denn, was man hier unter Geist versteht?

Geist in ästhetischer Bedeutung heißt das belebende Prinzip im Gemüte. Dasjenige aber, wodurch dieses Prinzip die Seele belebt, der Stoff, den es dazu anwendet, ist das, was die Gemütskräfte zweckmäßig in Schwung versetzt, d. i. in ein solches Spiel, welches sich von selbst erhält und selbst die Kräfte dazu stärkt.

Nun behaupte ich, dieses Prinzip sei nichts anderes, als das Vermögen der Darstellung ästhetischer Ideen; unter einer ästhetischen Idee aber verstehe ich diejenige Vorstellung der Einbildungskraft, die viel zu denken veranlaßt, ohne daß ihr doch irgendein bestimmter Gedanke, d. i. Begriff adäquat sein kann, den folglich keine Sprache völlig erreicht und verständlich machen kann. — Man sieht leicht, daß sie das Gegenstück von einer Vernunftidee ist, dem keine Anschauung (Vorstellung der Einbildungskraft) adäquat sein kann.

Die Einbildungskraft (als produktives Erkenntnisvermögen) ist nämlich sehr mächtig in Schaffung gleichsam einer andern Natur, aus dem Stoffe, den ihr die wirkliche gibt. Wir unterhalten uns mit ihr, wo uns die Erfahrung zu alltägig vorkommt, bilden diese auch wohl um, zwar noch immer nach analogischen Gesetzen, aber doch auch nach Prinzipien, die höher hinauf in der Vernunft liegen und die uns ebensowohl natürlich sind als die, nach welchen der Verstand die empirische Natur auffaßt, wobei wir unsere Freiheit vom Gesetze der Assoziation[1] fühlen, nach welchem uns von der Natur zwar Stoff geliehen, der von uns aber zu etwas ganz anderem und was die Natur übertrifft verarbeitet werden kann.

Man kann dergleichen Vorstellungen der Einbildungskraft Ideen nennen, einesteils darum, weil sie zu etwas über die Erfahrungs-grenze hinaus Liegenden wenigstens streben und so einer Darstellung der Vernunftbegriffe (der intellektuellen Ideen) nahezukommen suchen, welches ihnen den Anschein einer objektiven Realität gibt, andrerseits, und zwar hauptsächlich, weil ihnen, als inneren Anschauungen kein Begriff völlig adäquat sein kann. Der Dichter wagt es, Vernunftideen von unsichtbaren Wesen, das Reich der Seligen, das Höllenreich, die Ewigkeit, die Schöpfung u. dgl. zu versinnlichen, oder auch das, was zwar Beispiele in der Erfahrung findet, z. B. den Tod, den Neid und alle Laster, imgleichen die Liebe, den Ruhm u. dgl. über die Schranken der Erfahrung hinaus, vermittels einer Einbildungskraft, die dem Vernunftvorspiele[2] in Erreichung eines Größten nacheifert, in einer Vollständigkeit sinnlich zu machen, für die sich in der Natur kein Beispiel findet, und es ist eigentlich die Dichtkunst, in welcher sich das Vermögen ästhetischer Ideen in seinem ganzen Maße zeigen kann. Dieses Vermögen aber, für sich allein betrachtet, ist eigentlich nur ein Talent (der Einbildungskraft).

Wenn nun einem Begriffe eine Vorstellung der Einbildungskraft untergelegt wird, die zu seiner Darstellung gehört, aber für sich allein soviel zu denken veranlaßt, als sich niemals in einem

---

[1] Vorstellungsverknüpfung.

[2] vorbildlichen Beispiel.

bestimmten Begriff zusammenfassen läßt, mithin den Begriff selbst auf unbegrenzte Art ästhetisch erweitert, so ist die Einbildungskraft hierbei schöpferisch und bringt das Vermögen intellektueller Ideen (die Vernunft) in Bewegung, mehr bei Veranlassung einer Vorstellung zu denken (was zwar zu dem Begriffe des Gegenstandes gehört), als in ihr aufgefaßt und deutlich gedacht werden kann.

Man nennt diejenigen Formen, welche nicht die Darstellung eines gegebenen Begriffs selber ausmachen, sondern nur, als Nebenvorstellungen der Einbildungskraft, die damit verknüpften Folgen und die Verwandtschaft desselben mit andern ausdrücken, Attribute (ästhetische) eines Gegenstandes, dessen Begriff, als Vernunftidee, nicht adäquat dargestellt werden kann. So ist der Adler des Jupiters, mit dem Blitze in den Klauen, ein Attribut des mächtigen Himmelskönig, und der Pfau der prächtigen Himmelskönigin. Sie stellen nicht, wie die logischen Attribute, das was in unsern Begriffen von der Erhabenheit und Majestät der Schöpfung liegt, sondern etwas anderes vor, was der Einbildungskraft Anlaß gibt, sich über eine Menge von verwandten Vorstellungen zu verbreiten, die mehr denken lassen, als man in einem durch Worte bestimmten Begriff ausdrücken kann, und geben eine ästhetische Idee, die jener Vernunftidee statt logischer Darstellung dient, eigentlich aber um das Gemüt zu beleben, indem sie ihm die Aussicht in ein unabsehliches Feld verwandter Vorstellungen eröffnet. Die schöne Kunst aber tut dieses nicht allein in der Malerei oder Bildhauerkunst (wo der Name Attribute gewöhnlich gebraucht wird), sondern die Dichtkunst und Beredsamkeit nehmen den Geist, der ihre Werke belebt, auch lediglich von den ästhetischen Attributen der Gegenstände her, welche den logischen zur Seite gehen, und der Einbildungskraft einen Schwung geben, mehr dabei, obzwar auf unentwickelte Art, zu denken, als sich in einem Begriffe, mithin in einem bestimmten Sprachausdrucke, zusammenfassen läßt. — Ich muß mich der Kürze wegen nur auf wenige Beispiele einschränken.

Wenn der große König[1] sich in einem seiner Gedichte so ausdrückt: „Laßt uns aus dem Leben ohne Murren weichen und
ohne etwas zu bedauern, indem wir die Welt noch alsdann mit
Wohltaten überhäuft zurücklassen. So verbreitet die Sonne,
nachdem sie ihren Tageslauf vollendet hat, noch ein mildes Licht
am Himmel, und die letzten Strahlen, die sie in die Lüfte schickt,
sind ihre letzten Seufzer für das Wohl der Welt", so belebt er
seine Vernunftidee, von weltbürgerlicher Gesinnung noch am
Ende des Lebens, durch ein Attribut, welches die Einbildungskraft (in der Erinnerung an alle Annehmlichkeiten eines voll-
brachten schönen Sommertages, die uns ein heiterer Abend ins
Gemüt ruft) jener Vorstellung beigesellt, und welches eine
Menge von Empfindungen und Nebenvorstellungen rege macht,
für die sich kein Ausdruck findet. Andererseits kann sogar ein
intellektueller Begriff umgekehrt zum Attribut einer Vorstellung
der Sinne dienen, und so die letzteren durch die Idee des Übersinnlichen beleben, aber nur indem das Ästhetische, was dem
Bewußtsein des letzteren subjektiv anhänglich ist, hierzu gebraucht wird. So sagt z. B. ein gewisser Dichter in der Beschreibung eines schönen Morgens: „Die Sonne quoll hervor, wie Ruh
aus Tugend quillt." Das Bewußtsein der Tugend, wenn man sich
auch nur in Gedanken in die Stelle eines Tugendhaften versetzt,
verbreitet im Gemüte eine Menge erhabener und beruhigender
Gefühle und eine grenzenlose Aussicht in eine frohe Zukunft, die
kein Ausdruck, welcher einem bestimmten Begriffe angemessen
ist, völlig erreicht.

Mit einem Worte, die ästhetische Idee ist eine einem gegebenen
Begriffe beigesellte Vorstellung der Einbildungskraft, welche mit
einer solchen Mannigfaltigkeit der Teilvorstellungen in dem
freien Gebrauche derselben verbunden ist, daß für sie kein Ausdruck, der einen bestimmten Begriff bezeichnet, gefunden werden kann, der also viel Unnennbares zu einem Begriffe hinzu-

---

[1] Friedrich der Große.

denken läßt, davon das Gefühl die Erkenntnisvermögen belebt und mit der Sprache, aus bloßem Buchstaben, Geist verbindet.

Die Gemütskräfte also, deren Vereinigung (in gewissem Verhältnisse) das Genie ausmachen, sind Einbildungskraft und Verstand. Nur, da im Gebrauch der Einbildungskraft zum Erkenntnisse, die Einbildungskraft unter dem Zwange des Verstandes steht und der Beschränkung unterworfen ist, dem Begriffe desselben angemessen zu sein, in ästhetischer Absicht aber die Einbildungskraft frei ist, um noch über jene Einstimmung zum Begriffe noch ungesucht reichhaltigen unentwickelten Stoff für den Verstand, worauf dieser in seinem Begriffe nicht Rücksicht nahm, zu liefern, welchen dieser aber, nicht sowohl objektiv zum Erkenntnisse, als subjektiv zur Belebung der Erkenntniskräfte, indirekt also doch auch zu Erkenntnissen anwendet: so besteht das Genie eigentlich in dem glücklichen Verhältnisse, welches keine Wissenschaft lehren und kein Fleiß erlernen kann, zu einem gegebenen Begriffe Ideen aufzufinden, und andererseits zu diesen den Ausdruck zu treffen, durch die die dadurch bewirkte subjektive Gemütsstimmung, als Begleitung eines Begriffs, anderen mitgeteilt werden kann. Des letzteren Talent ist eigentlich dasjenige, was man Geist nennt; denn das Unnennbare in dem Gemützustande bei einer gewissen Vorstellung auszudrücken und allgemein mitteilbar zu machen, der Ausdruck mag nun in Sprache, oder Malerei, oder Plastik bestehen, das erfordert ein Vermögen, das schnell vorübergehende Spiel der Einbildungskraft aufzufassen und in einen Begriff (der eben darum original ist und zugleich eine neue Regel eröffnet, die aus keinen vorhergehenden Prinzipien oder Beispielen hat gefolgert werden können) zu vereinigen, der sich ohne Zwang (der Regeln) mitteilen läßt.

Zum Schluß der „Kritik der ästhetischen Urteilskraft" stellt Kant die Frage nach dem Erkenntniswert des Symbolisierens, das ja in der Kunst eine so erhebliche Rolle spielt. — Wenn ich die Reflexion über einen Gegenstand der Anschauung auf einen ganz anderen Begriff übertrage, dem die gleiche Anschauung nicht direkt korrespondiert, so sage ich damit ganz zweifellos nichts aus über das, was dieser Begriff an sich, unabhängig von mir, ist, sondern nur über das, was er für mich bedeutet, etwas über seine subjektive Zweckmäßigkeit (er wirkt auf mich so wie jener, erweckt in mir die gleichen Gefühle wie jener). Ich kann dabei voraussetzen, daß er auf andere, gleichstrukturierte Wesen denselben Eindruck macht (das symbolische Erkennen erhebt also zu Recht den Anspruch auf eine gewisse Allgemeinverbindlichkeit).

Meine Reaktionsbasis aber und die aller gleichstrukturierten Wesen ist eine moralische, wie sich besonders deutlich in dem Gefühl der moralischen Erhebung durch den erhabenen Gegenstand zeigt, der mir meine moralische Bestimmung als reines Vernunftwesen zum Bewußtsein bringt. Es zeigt sich also, daß eine enge Verbindung besteht zwischen dem Kunstschönen und den moralischen Werten. Das Schöne ist, ganz allgemein gesprochen, Symbol des Guten. Erkenntniswert hat das Symbolische nur in Hinblick auf die moralische Struktur desjenigen, der auf das Symbol gefühlsmäßig reagiert.

Von diesem Gesichtswinkel aus gewinnen nun auch die Anschauungen, mit denen wir uns die Gottesidee versinnbildlichen, einen gewissen allgemeinverbindlichen Erkenntnischarakter. Sie sagen zwar nichts aus über die Beschaffenheit eines an sich seienden Gottes, aber doch etwas über unser Verhältnis zu dieser moralischen Leitidee.

Vom symbolischen Erkennen und von Gott als Symbol

Die Realität unserer Begriffe darzutun, werden immer Anschauungen erfordert. Sind es empirische Begriffe, so heißen die letzteren Beispiele. Sind jene reine Verstandesbegriffe, so werden die letzteren Schemata[1] genannt. Verlangt man gar, daß die objektive Realität der Vernunftbegriffe, d. i. der Ideen, und zwar zum Behuf des theoretischen Erkenntnisses derselben dargetan werde, so begehrt man etwas Unmögliches, weil ihnen schlechterdings keine Anschauung angemessen gegeben werden kann.

Alle Anschauungen, die man Begriffen a priori unterlegt, sind also

---

[1] Schema ist eine stellvertretende Vorstellung, welche den Inhalt eines Begriffs anschaulich macht.

entweder Schemata oder Symbole, wovon die ersteren direkte, die zweiten indirekte Darstellungen des Begriffs enthalten. Die ersten tun dieses demonstrativ[1], die zweiten vermittels einer Analogie (zu welcher man sich auch empirischer Anschauungen bedient), in welcher die Urteilskraft ein doppeltes Geschäft verrichtet, erstlich den Begriff auf den Gegenstand einer sinnlichen Anschauung, und dann zweitens die bloße Regel der Reflexion über jene Anschauung auf einen ganz andern Gegenstand, von dem der erstere nur das Symbol ist, anzuwenden. So wird ein monarchischer Staat durch einen beseelten Körper, wenn er nach inneren Volksgesetzen, durch eine bloße Maschine aber (wie etwa eine Handmühle), wenn er durch einen einzelnen absoluten Willen beherrscht wird, in beiden Fällen aber nur symbolisch vorgestellt. Denn zwischen einem despotischen Staate und einer Handmühle ist zwar keine Ähnlichkeit, wohl aber zwischen der Regel über beide und ihre Kausalität[2] zu reflektieren. Dies Geschäft ist bis jetzt noch wenig auseinandergesetzt worden, so sehr es auch eine tiefere Untersuchung verdient; allein hier ist nicht der Ort, sich dabei aufzuhalten. Unsere Sprache ist voll von dergleichen indirekten Darstellungen, nach einer Analogie, wodurch der Ausdruck nicht das eigentliche Schema für den Begriff, sondern bloß ein Symbol für die Reflexion enthält.

Wenn man eine bloße Vorstellungsart schon Erkenntnis nennen darf, so ist alle unsere Erkenntnis von Gott bloß symbolisch; und der, welcher sie mit den Eigenschaften Verstand, Wille usw., die allein an Weltwesen ihre objektive Realität beweisen, für schematisch nimmt, gerät in den Anthropomorphismus sowie, wenn er alles Intuitive[3] wegläßt, in den Deismus, wodurch überall nichts, auch nicht in praktischer Absicht, erkannt wird.

---

[1] unmittelbar aufweisend.
[2] ihr Vermögen zu wirken.
[3] Anschauliche.

Das Schöne Symbol des Guten

Nun sage ich: das Schöne ist das Symbol des Sittlich-Guten; und auch nur in dieser Rücksicht (einer Beziehung, die jedermann natürlich ist, und die auch jedermann andern als Pflicht zumutet) gefällt es mit einem Anspruche auf jedes andern Beistimmung, wobei sich das Gemüt zugleich einer gewissen Veredlung und Erhebung über die bloße Empfänglichkeit einer Lust durch Sinneneindrücke bewußt ist und anderer Wert auch nach einer ähnlichen Maxime ihrer Urteilskraft schätzt. Das ist das Intelligible[1], worauf der Geschmack hinaussieht, wozu nämlich selbst unsere oberen Erkenntnisvermögen[2] zusammenstimmen, und ohne welches zwischen ihrer Natur, verglichen mit den Ansprüchen, die der Geschmack macht, lauter Widersprüche erwachsen würden. In diesen Vermögen sieht sich die Urteilskraft nicht wie sonst in empirischer Beurteilung einer Heteronomie[3] der Erfahrungsgesetze unterworfen: sie gibt in Ansehung der Gegenstände eines so reinen Wohlgefallens ihr[4] selbst das Gesetz, sowie die Vernunft es in Ansehung des Begehrungsvermögens tut: und sieht sich sowohl wegen dieser innern Möglichkeit im Subjekte, als wegen der äußern Möglichkeit einer damit übereinstimmenden Natur, auf etwas im Subjekte selbst und außer ihm, was nicht Natur, auch nicht Freiheit, doch aber mit dem Grunde der letzteren, nämlich dem Übersinnlichen, verknüpft ist, bezogen, in welchem das theoretische Vermögen mit dem praktischen auf gemeinschaftliche und unbekannte Art zur Einheit verbunden

---

[1] Der Mensch gehört als Erscheinung zur räumlich-zeitlichen Welt, als sittliches Wesen zur Welt des an sich Seienden, zur intelligiblen Welt.

[2] Die oberen Erkenntnisvermögen sind Verstand, Urteilskraft, Vernunft.

[3] Bestimmung durch die fremde Autorität der Erfahrungsgesetze.

[4] sich.

wird. Wir wollen einige Stücke dieser Analogie anführen, indem wir zugleich die Verschiedenheit derselben nicht unbemerkt lassen.

1. Das Schöne gefällt unmittelbar (aber nur in der reflektierenden Anschauung, nicht wie Sittlichkeit im Begriffe). 2. Es gefällt ohne alles Interesse (das Sittlich-Gute ist zwar notwendig mit einem Interesse, aber nicht einem solchen, was vor dem Urteile über das Wohlgefallen vorhergeht, verbunden, sondern was dadurch allererst bewirkt wird). 3. Die Freiheit der Einbildungskraft (also der Sinnlichkeit unseres Vermögens[1]) wird in der Beurteilung des Schönen mit der Gesetzmäßigkeit des Verstandes als einstimmig vorgestellt (im moralischen Urteile wird die Freiheit des Willens als Zusammenstimmung des letzteren mit sich selbst nach allgemeinen Vernunftgesetzen gedacht). 4. Das subjektive Prinzip der Beurteilung des Schönen wird als allgemein, d. i. für jedermann gültig, aber durch keinen allgemeinen Begriff kenntlich vorgestellt (das objektive Prinzip der Moralität wird auch für allgemein, d. i. für alle Subjekte, zugleich auch für alle Handlungen desselben Subjekts, und dabei durch einen allgemeinen Begriff kenntlich erklärt). Daher ist das moralische Urteil nicht allein bestimmter konstitutiver Prinzipien[2] fähig, sondern ist nur durch Gründung der Maximen auf dieselben und ihre Allgemeinheit möglich.

Die Rücksicht auf diese Analogie ist auch dem gemeinen Verstande gewöhnlich; und wir benennen schöne Gegenstände der Natur oder der Kunst oft mit Namen, die eine sittliche Beurteilung zugrunde zu legen scheinen. Wir nennen Gebäude oder Bäume majestätisch und prächtig, oder Gefilde lachend und fröhlich; selbst Farben werden unschuldig, bescheiden, zärtlich genannt, weil sie Empfindungen erregen, die etwas mit dem Bewußtsein eines durch moralische Urteile bewirkten Gemütszustandes Analogisches enthalten. Der Geschmack macht gleichsam den Über-

---

[1] unseres sinnlichen Vermögens.
[2] Grundsätze, welche ein objektives Geschehen möglich machen.

gang vom Sinnenreiz zum habituellen[1] moralischen Interesse
ohne einen zu gewaltsamen Sprung möglich, indem er die Einbildungskraft auch in ihrer Freiheit als zweckmäßig für den Verstand
bestimmbar vorstellt und sogar an Gegenständen der Sinne auch
ohne Sinnenreiz ein freies Wohlgefallen finden lehrt.

Geschmack und Sittlichkeit

Da aber der Geschmack im Grunde ein Beurteilungsvermögen der
Versinnlichung sittlicher Ideen ist, davon auch und von der darauf
zu gründenden größeren Empfänglichkeit für das Gefühl aus den
letzteren (welches das moralische heißt) diejenige Lust sich ableitet, welche der Geschmack als für die Menschheit überhaupt, nicht
bloß für eines jeden Privatgefühl, gültig erklärt: so leuchtet ein,
daß die wahre Propädeutik[2] zur Gründung des Geschmacks die
Entwicklung sittlicher Ideen und die Kultur des moralischen Gefühls sei; da, nur wenn mit diesem die Sinnlichkeit in Einstimmung gebracht wird, der echte Geschmack eine bestimmte unver-
änderliche Form annehmen kann.

Zusammenfassung

Der erste Teil der Kritik der reflektierenden Urteilskraft sucht durch
eine Analyse des ästhetischen Bewußtseins bis zu dem reinen Schema
der ästhetischen Stellungnahme überhaupt vorzudringen. Sie ermittelt als schematische Grundform das reine Geschmacksurteil. Die
Frage nach der Möglichkeit (Allgemeinverbindlichkeit) wird durch
den Hinweis auf die enge Beziehung des Geschmacksurteils zur
kategorialen Synthesis der Wahrnehmungserkenntnis und die Frage
nach der systematischen Konsequenz wird durch den Hinweis auf die
enge Beziehung des Geschmacksurteils zur ideenmäßigen Vernunft-
synthesis beantwortet.

---

[1] gewohnheitsmäßigen.
[2] Vorbereitung, Vorschule.

Das Wohlgefallen am Schönen und das Gefühl des Erhabenen sind (für alle reinen Vernunftwesen) allgemeinverbindliche Reaktionen auf die subjektive Zweckmäßigkeit der Form eines Gegebenen.

Die Kunst also — die Verwirklichung des Schönen durch das Genie — ist ein Zwischenreich zwischen dem Praktischen und dem Theoretischen, zwischen Wissenschaft und Moral. Die Kunst schafft eine neue Welt im Raum-Zeitlichen, gleich als ob sie Natur wäre, und versinnbildlicht in ihr die höchsten sittlichen Ideen. Das Schöne ist Symbol des Guten, und die Kunst ist also der eine Weg, die in der „Kritik der praktischen Vernunft" beklagte Spannung zwischen der natürlichen und der geforderten sittlichen Weltordnung zu überbrücken.

In diesem Zusammenhang treffen wir, wie überall am Schluß der einzelnen „Kritiken", wiederum auf den Gottsucher Kant, der sich die Frage vorlegt: was bedeutet diese Kritik für die Gotteserkenntnis. Er kommt zu dem Ergebnis: die Symbolik, durch welche der Religiöse die Gottesidee sich zu veranschaulichen sucht, obwohl ihr keine Anschauung direkt korrespondiert, ist ohne Erkenntniswert in Hinblick auf die Beschaffenheit Gottes an sich, sie hat jedoch erheblichen Erkenntniswert in Hinblick auf uns selbst, da uns in ihr unsere eigene moralische Struktur anschaulich zum Bewußtsein kommt.

Gott ein erlaubtes, ja ein berechtigtes Symbol: das ist die dritte Etappe auf dem Wege des kritischen Gottsuchers Kant.

Die Kritik der teleologischen Urteilskraft[1]

Der zweite Teil der „Kritik der (reflektierenden) Urteilskraft" ist diejenige unter Kants kritischen Schriften, welche den Kantinterpreten die meisten Schwierigkeiten verursacht hat. Das ist nur zu natürlich; denn sobald man übersieht, daß Kants Kampfstellung in den „Kritiken" nur gegen die Unzuverlässigkeit und Unsauberkeit der Methoden der alten spekulativen Metaphysik gerichtet ist und nicht gegen ihr Ziel (Aufklärung der „unvermeidlichen" Aufgaben der Vernunft, als da sind „Gott", „Freiheit" und „Unsterblichkeit"), und sobald man die Tatsache aus den Augen verliert, daß es Kant in den

---

[1] Beurteilung nach Zweckmäßigkeitsgesichtspunkten.

„Kritiken" nicht so sehr auf Darstellung einer eigenen metaphysischen Doktrin ankommt, sondern nur darauf, das Musterschema eines
reinen Erkennens überhaupt, einer strengen Sittlichkeit überhaupt
und einer konsequenten „Beurteilung" nach Zweckmäßigkeitsgesichtspunkten überhaupt auszubilden, kann es geschehen, daß man
von dem Ergebnis gerade dieser Kritik überrascht wird. Dieses Ergebnis kommt nämlich, wenn man von einer gewissen kritischen Zurück-
haltung absieht, den Resultaten der vorkritischen Periode auffallend
nahe. Dieser Umstand hat denn auch dazu geführt, daß Äußerungen
wie: Kant habe in der „Kritik der reinen Vernunft" die alte Metaphysik zertrümmert, um sie in der „Kritik der teleologischen Urteilskraft"
wieder aufzurichten, oder er sei in der „Kritik der Urteilskraft"
„umgefallen", oder gar in der „Kritik der Urteilskraft" machen sich bei
ihm die ersten Spuren einer senilen Geistesverfassung geltend u.a.m.,
in der Kant-Literatur nicht selten sind.

Wer aber mit uns in den drei (bzw. vier) „Kritiken" eine in sich
geschlossene Gruppe von Voruntersuchungen über die entscheidenden Stellungnahmen der Vernunft zu den möglichen Gegenständen
des Erkennens, Handelns und Beurteilens (Ich, Welt, Gott) sieht, wird
die Planmäßigkeit des Aufstieges von der ersten bis zur letzten
bewundern. Er wird also zum Beispiel in der Auffassung der „Kritik
der reinen Vernunft", daß Gott (wenigstens für das reine Erkennen),
nichts sei als eine Fiktion, und in der Auffassung der „Kritik der
Urteilskraft", daß Gott (für die systematische Beurteilung der Zweckmäßigkeit in der organischen Natur) die Bedeutung des einzig möglichen Erklärungsgrundes habe, keinen Widerspruch sehen, sondern
eine Steigerung und planmäßige Zuspitzung, die in der philosophischen Literatur nicht ihresgleichen hat.

Wenn wir mit dieser Auffassung auf dem rechten Wege sind, dann
muß auch diese letzte der „Kritiken", von einer Analyse der
teleologischen Stellungnahmen in Wissenschaft und Leben ausgehend, versuchen, das reine Schema einer teleologischen Beurteilung überhaupt herauszustellen, um alsdann auf dem Umwege über ein Denkexperiment, welches dieses
Schema zu Ende denkt (d. h. ein harmonisches Reich der Zwecke sich
in der Natur als vollendet vorstellt), zu den Bedingungen vorzudringen, welche ein systematisches teleologisches Beurteilen überhaupt möglich machen.

Wir hatten gesehen: reines Erkennen erschien nur möglich unter der einheitsstiftenden Wirkung der transzendentalen Ideen[1]; konsequentes sittliches Handeln erschien nur möglich unter der einheitsstiftenden Wirkung der sittlichen Postulate[2]; die reine gefühlsmäßige Beurteilung der Form eines Gegebenen als „schön" (subjektiv zweckmäßig) erschien nur möglich unter der Leitvorstellung einer Verwirklichung moralischer Ideen in der Kunst durch das schaffende Genie[3] — jetzt nun stehen wir vor der Frage: was ist teleologisches Beurteilen überhaupt? Und welches sind die Bedingungen, unter denen ein systematisches Beurteilen des Gegebenen als objektiv zweckmäßig möglich ist?

Es läßt sich fast erraten, in welcher Richtung das Ergebnis dieser Erörterung liegen wird — vorausgesetzt, daß unsere Deutung des Zusammenhanges der „Kritiken" untereinander richtig ist. Dieser Abschluß des kritischen Geschäftes muß die durch die „Kritik der reinen Vernunft" und durch die „Kritik der praktischen Vernunft" aufgedeckte aktuelle Spannung zwischen Kausalität und Freiheit, zwischen der natürlichen und der moralischen Welt, die der erste Teil der „Kritik der Urteilskraft" von der Seite des schöpferischen Subjektes her aufhob, nun auch von der Seite des Objektes her aufzuheben trachten (zwar nicht aktuell, aber doch als unendliche Aufgabe), d. h. Kant muß noch einen Schritt weiter gehen und etwas aussagen über die Verwirklichung moralischer Ideen in der Natur durch einen in ihr schlummernden vernünftigen Schöpfungsplan, der eine schließliche Aufhebung der Spannung zwischen Natur und Moral entwicklungsmäßig vorsieht.

Tatsächlich verfährt nun Kant in der „Kritik der teleologischen Urteilskraft" in dieser Weise, und wir dürfen darin eine Bestätigung unserer Kant-Interpretation sehen.

In den anschließenden Texten wird also zunächst erörtert, was ein teleologisches Urteil überhaupt sei. Wir erfahren, daß auch das teleologische Urteil wie das Geschmacksurteil eine Stellungnahme zur bloßen Form eines Gegenstandes ist, d. h., daß wir mit der Beurteilung eines Gegebenen als objektiv zweckmäßig nicht Stellung nehmen zum Dasein dieses Gegebenen an sich, daß wir

---

[1] Vgl. S. 149.
[2] Vgl. S. 245 f.
[3] Vgl. S. 298 f.

dabei unser Wissen über die objektiven Eigenschaften dieses Gegenstandes nicht erweitern, sondern zunächst einmal nur eingestehen, daß für eine systematische Erfassung dieser und
ähnlicher Formen der Verstand (die Kausalitätskatego-
rie) nicht ausreicht. In dieser Lage befinden wir uns allen Formen
der organischen Natur gegenüber. Nur mit Hilfe einer Analogie
gelingt es uns, solche Erscheinungen zu einem System (Biologie) zu
verknüpfen. Wir wissen aus eigenem schöpferischen Erleben (in
Kunst und Technik), was es heißt: nach Zwecken zu „formen" und zu
„gestalten". Dieses Erlebnis übertragen wir auf die Natur, indem wir
sie als Urheberin zweckmäßiger Formen, als Künstlerin und Technike-
rin vorstellen. Eine solche Analogie erweist sich offenbar praktisch als
möglich, sie steht nicht mit der Erfahrung im Widerspruch und hilft
uns, eine besondere Art von Ordnung in das Gegebene bringen, deren
wir nicht entraten können. Diese Möglichkeit darf uns jedoch
nicht dazu verleiten, selbständige Zwecke als in der Natur wirksam anzunehmen.
Teleologisch urteilen heißt also nichts weiter als: die
organischen Formen als „bewirkt" nach Analogie unseres
eigenen technischen und künstlerischen „Bewirkens" ansehen.
Kant unterscheidet drei Arten der objektiven Zweckmäßigkeit: die
formale der mathematischen Figuren, die materiale äußere
des nützlichen Gebrauches und die materiale innere
Zweckmäßigkeit eines Dinges als Selbstzweck. Nur um
diese innere Zweckmäßigkeit der Naturprodukte handelt es sich im
„reinen" teleologischen Urteil. Am Beispiel des Baumes, der in der
Frucht nur immer wieder sich selbst erzeugt, der in der Erhaltung
seiner Teile nur sich selbst erhält, erläutert Kant seine Auffassung
vom Naturprodukt als Naturzweck.

Von der objektiven Zweckmäßigkeit der Natur

Man hat guten Grund, eine subjektive Zweckmäßigkeit der Natur
in ihren besonderen Gesetzen zu der Faßlichkeit für die menschliche Urteilskraft und der Möglichkeit der Verknüpfung der besonderen Erfahrungen in einem System derselben anzunehmen; wo
dann unter den vielen Produkten derselben auch solche möglich

erwartet werden können, die, als ob sie ganz eigentlich für unsere
Urteilskraft angelegt wären, eine solche spezifische ihr angemes-
sene Form enthalten, welche durch ihre Mannigfaltigkeit und
Einheit die Gemütskräfte (die im Gebrauche dieses Vermögens im
Spiele[1] sind) gleichsam zu stärken und zu unterhalten dienen und
denen man daher den Namen schöner Formen beilegt.

Daß aber Dinge der Natur einander als Mittel zu Zwecken dienen
und ihre Möglichkeit selbst nur durch diese Art von Kausalität
hinreichend verständlich sei, dazu haben wir gar keinen Grund in
der allgemeinen Idee der Natur als Inbegriffs der Gegenstände der
Sinne. Denn im obigen Falle konnte die Vorstellung der Dinge,
weil sie etwas in uns ist, als zu der innerlich zweckmäßigen
Stimmung unserer Erkenntnisvermögen geschickt und tauglich,
ganz wohl auch a priori gedacht werden; wie aber Zwecke, die
nicht die unsrigen sind und die auch der Natur (welche wir nicht
als intelligentes Wesen annehmen) nicht zukommen, doch eine
besondere Art der Kausalität, wenigstens eine ganz eigene Gesetzmäßigkeit derselben ausmachen können oder sollen, läßt sich a
priori gar nicht mit einigem Grund präsumieren[2]. Was aber noch
mehr ist, so kann uns selbst die Erfahrung die Wirklichkeit
derselben nicht beweisen; es müßte denn eine Vernünftelei vorhergegangen sein, die nur den Begriff des Zwecks in die Natur der
Dinge hineinspielt, aber ihn nicht von den Objekten und ihrer
Erfahrungserkenntnis hernimmt, denselben also mehr dazu
braucht, die Natur nach der Analogie mit einem subjektiven
Grunde der Verknüpfung der Vorstellungen in uns begreiflich zu
machen, als sie aus objektiven Gründen zu erkennen. Überdem ist
die objektive Zweckmäßigkeit, als Prinzip der Möglichkeit der
Dinge der Natur, so weit davon entfernt, mit dem Begriffe derselben notwendig zusammenzuhängen, daß sie vielmehr gerade das

---

[1] Verstand und Einbildungskraft, bzw. Vernunft und Einbildungskraft.
[2] annehmen.

ist, worauf man sich vorzüglich beruft, um die Zufälligkeit derselben (der Natur) und ihrer Form daraus zu beweisen. Denn wenn man z. B. den Bau eines Vogels, die Höhlung in seinen Knochen, die Lage seiner Flügel zur Bewegung und des Schwanzes zum Steuern usw. anführt, so sagt man, daß dieses alles nach dem bloßen Nexus effectivus[1] in der Natur, ohne noch eine besondere Art der Kausalität, nämlich die der Zwecke (nexus finalis) zu Hilfe zu nehmen, im höchsten Grade zufällig sei, d. i. daß sich die Natur, als bloßer Mechanismus betrachtet, auf tausendfache Art habe anders bilden können, ohne gerade auf die Einheit nach einem solchen Prinzip zu stoßen, und man also außer dem Begriffe der Natur, nicht in demselben, den mindesten Grund dazu a priori allein anzutreffen hoffen dürfe. Gleichwohl wird die teleologische Beurteilung, wenigstens problematisch[2], mit Recht zur Naturforschung gezogen, aber nur, um sie[3] nach der Analogie mit der Kausalität nach Zwecken unter Prinzipien der Beobachtung und Nachforschung zu bringen, ohne sich anzumaßen, sie danach zu erklären. Sie gehört also zur reflektierenden, nicht der bestimmenden Urteilskraft. Der Begriff von Verbindungen und Formen der Natur nach Zwecken ist doch wenigstens ein Prinzip mehr, die Erscheinungen derselben unter Regeln zu bringen, wo die Gesetze der Kausalität nach dem bloßen Mechanismus derselben nicht zulangen. Denn wir führen einen teleologischen Grund an, wo wir einem Begriffe vom Objekte, als ob er in der Natur (nicht in uns) belegen wäre, Kausalität in Ansehung eines Objekts zueignen, oder vielmehr nach der Analogie einer solchen Kausalität (dergleichen wir in uns antreffen) uns die Möglichkeit des Gegenstandes vorstellen, mithin die Natur als durch eigenes Vermögen technisch[4] denken; dagegen, wenn wir ihr nicht eine solche Wirkungs-

---

[1] Wirkungszusammenhang.
[2] als unentschiedenes Problem.
[3] die Natur.
[4] planmäßig wirkend.

art beilegen, ihre Kausalität als blinder Mechanismus vorgestellt werden müßte. Würden wir dagegen der Natur absichtlich-wirkende Ursachen unterlegen, mithin der Teleologie nicht bloß ein regulatives Prinzip für die bloße Beurteilung der Erscheinungen, denen die Natur nach ihren besonderen Gesetzen als unterworfen gedacht werden könne, sondern dadurch auch ein konstitutives[1] Prinzip der Ableitung ihrer Produkte von ihren Ursachen zugrunde legen, so würde der Begriff eines Naturzwecks nicht mehr für die reflektierende, sondern die bestimmende Urteilskraft gehören; alsdann aber in der Tat gar nicht der Urteilskraft eigentümlich angehören (wie der Begriff der Schönheit als formaler subjektiver Zweckmäßigkeit), sondern, als Vernunftbegriff, eine neue Kausalität in der Naturwissenschaft einführen, die wir doch nur von uns selbst entlehnen und andern Wesen beilegen, ohne sie gleichwohl mit uns als gleichartig annehmen zu wollen.

Von der materialen[2] inneren Zweckmäßigkeit

Die Erfahrung leitet unsere Urteilskraft auf den Begriff einer objektiven und materialen Zweckmäßigkeit, d. i. auf den Begriff eines Zwecks der Natur nur alsdann, wenn ein Verhältnis der Ursache zur Wirkung zu beurteilen ist, welches wir als gesetzlich einzusehen uns nur dadurch vermögend finden, daß wir die Idee der Wirkung der Kausalität ihrer Ursache, als die dieser selbst zugrunde liegende Bedingung der Möglichkeit der ersteren, unterlegen. Dieses kann aber auf zweifache Weise geschehen: entweder, indem wir die Wirkung unmittelbar als Kunstprodukt oder nur als Material für die Kunst anderer möglicher Naturwesen, also entweder als Zweck oder als Mittel zum zweckmäßigen Gebrauche anderer Ursachen ansehen. Die letztere Zweckmäßigkeit heißt die Nutzbarkeit (für Menschen) oder auch Zuträglichkeit (für jedes

---

[1] Erkenntnis bewirkendes.
[2] im Gegensatz zur bloß formalen.

andere Geschöpf) und ist bloß relativ, indessen daß die erstere eine innere Zweckmäßigkeit des Naturwesens ist.

Die Flüsse führen z. B. allerlei zum Wachstum der Pflanzen dienliche Erde mit sich fort, die sie bisweilen mitten im Lande, oft auch an ihren Mündungen absetzen. Die Flut führt diesen Schlick an manchen Küsten über das Land oder setzt ihn an dessen Ufer ab, und, wenn vornehmlich Menschen dazu helfen, damit die Ebbe ihn nicht wieder wegführe, so nimmt das fruchtbare Land zu, und das Gewächsreich nimmt da Platz, wo vorher Fische und Schaltiere ihren Aufenthalt gehabt haben. Die meisten Landeserweiterungen auf diese Art hat wohl die Natur selbst verrichtet und fährt damit auch noch, obzwar langsam, fort.

Nun frägt sich, ob dies als ein Zweck der Natur zu beurteilen sei, weil es eine Nutzbarkeit für Menschen enthält; denn die für das Gewächsreich selber kann man nicht in Anschlag bringen, weil dagegen ebensoviel den Meergeschöpfen entzogen wird, als dem Lande Vorteil zuwächst. Oder, um ein Beispiel von der Zuträglichkeit gewisser Naturdinge als Mittel für andere Geschöpfe (wenn man sie als Zwecke voraussetzt) zu geben: so ist kein Boden den Fichten gedeihlicher als ein Sandboden. Nun hat das alte Meer, ehe es sich vom Lande zurückzog, so viele Sandstriche in unseren nördlichen Gegenden zurückgelassen, daß auf diesen für alle Kultur sonst so unbrauchbaren Boden weitläufige Fichtenwälder haben aufschlagen[1] können, wegen deren unvernünftiger Ausrottung wir häufig unsere Vorfahren anklagen, und da kann man fragen, ob diese uralte Absetzung der Sandschichten ein Zweck der Natur war, zum Behuf der darauf möglichen Fichtenwälder. Soviel ist klar: daß, wenn man diese als Zweck der Natur annimmt, man jenen Sand auch, aber nur als relativen Zweck einräumen müsse, wozu wiederum der alte Meeresstrand und dessen Zurückziehen das Mittel war, denn in der Reihe der einander subordinierten[2]

---

[1] entstehen.
[2] voneinander abhängigen.

Glieder einer Zweckverbindung muß ein jedes Mittelglied als Zweck (obgleich eben nicht als Endzweck) betrachtet werden, wozu seine nächste Ursache das Mittel ist. Ebenso, wenn einmal Rindvieh, Schafe, Pferde usw. in der Welt sein sollten, so mußte Gras auf Erden, aber es mußten auch Salzkräuter in Sandwüsten wachsen, wenn Kamele gedeihen sollten, oder auch diese und andere grasfressende Tierarten in Menge anzutreffen sein, wenn es Wölfe, Tiger und Löwen geben sollte. Mithin ist die objektive Zweckmäßigkeit, die sich auf Zuträglichkeit gründet, nicht eine objektive Zweckmäßigkeit der Dinge an sich selbst, als ob der Sand für sich, als Wirkung aus seiner Ursache, dem Meere, nicht könnte begriffen werden, ohne dem letzteren einen Zweck unterzulegen und ohne die Wirkung, nämlich den Sand als Kunstwerk zu betrachten. Sie ist eine bloß relative, dem Dinge selbst, dem sie beigelegt wird, bloß zufällige Zweckmäßigkeit; und obgleich unter den angeführten Beispielen die Grasarten für sich, als organisierte Produkte der Natur, mithin als Kunstreich zu beurteilen sind, so werden sie doch in Beziehung auf Tiere, die sich davon nähren, als bloße rohe Materie angesehen.

Wenn aber vollends der Mensch durch Freiheit seiner Kausalität die Naturdinge seinen oft törichten Absichten (die bunten Vogelfedern zum Putzwerk seiner Bekleidung, farbige Erden oder Pflanzensäfte zur Schminke), manchmal auch aus vernünftiger Absicht, das Pferd zum Reiten, den Stier und in Minorka sogar den Esel und das Schwein zum Pflügen zuträglich findet, so kann man hier auch nicht einmal einen relativen Naturzweck annehmen. Denn seine Vernunft weiß den Dingen eine Übereinstimmung mit seinen willkürlichen Einfällen, dazu er selbst nicht einmal von der Natur prädestiniert[1] war, zu geben. Nur wenn man annimmt, Menschen haben auf Erden leben sollen, so müssen doch wenigstens die Mittel, ohne die sie als Tiere und selbst als vernünftige Tiere (in wie niedrigem Grade es auch sei) nicht bestehen könnten, auch

---

[1] vorherbestimmt.

nicht fehlen; alsdann aber würden diejenigen Naturdinge, die zu diesem Behuf unentbehrlich sind, auch als Naturzwecke angesehen werden müssen.

Man sieht hieraus leicht ein, daß die äußere Zweckmäßigkeit (Zuträglichkeit eines Dinges für andere) nur unter der Bedingung, daß die Existenz desjenigen, dem es zunächst oder auf entfernte Weise zuträglich ist, für sich selbst Zweck der Natur sei, für einen äußeren Naturzweck angesehen werden könne. Da jenes aber durch bloße Naturbetrachtung nimmermehr auszumachen ist, so folgt, daß die relative Zweckmäßigkeit, ob sie gleich hypothetisch auf Naturzwecke Anzeige[1] gibt, dennoch zu keinem absoluten teleologischen Urteile berechtige.

Der Schnee sichert die Saaten in kalten Ländern wider den Frost, er erleichtert die Gemeinschaft[2] der Menschen (durch Schlitten), der Lappländer findet dort Tiere, die diese Gemeinschaft bewirken (Renntiere) und die an einem dürren Moose, welches sie sich selbst unter dem Schnee hervorscharren müssen, hinreichende Nahrung finden und gleichwohl sich leicht zähmen und der Freiheit, in der sie sich gar wohl erhalten könnten, willig berauben lassen. Für andere Völker in derselben Eiszone enthält das Meer reichen Vorrat an Tieren, die, außer der Nahrung und Kleidung, die sie liefern, und dem Holze, welches ihnen das Meer zu Wohnungen gleichsam hinflößt, ihnen noch Brennmaterialien zur Erwärmung ihrer Hütten liefern. Hier ist nun eine bewundernswürdige Zusammenkunft von soviel Beziehungen der Natur auf einen Zweck; und dieser ist der Grönländer, der Lappe, der Samojede oder Jakute usw. Aber man sieht nicht, warum überhaupt Menschen dort leben müssen. Also sagen: daß darum Dünste aus der Luft in der Form des Schnees herunterfallen, das Meer seine Ströme habe, welche das in wärmeren Ländern gewachsene Holz dahinschwemmen und große mit Öl gefüllte Seetiere da sind: weil der Ursache,

---

[1] zur hypothetischen Annahme solcher Naturzwecke berechtigt.

[2] den Verkehr zwischen den Menschen.

die alle die Naturprodukte herbeischafft, die Idee eines Vorteils für gewisse armselige Geschöpfe zugrunde liege, wäre ein sehr gewagtes und willkürliches Urteil. Denn wenn alle diese Naturnützlichkeit auch nicht wäre, so würden wir nichts an der Zulänglichkeit der Naturursachen zu dieser Beschaffenheit vermissen, vielmehr eine solche Anlage auch nur zu verlangen und der Natur einen solchen Zweck zuzumuten (da ohnedem nur die größte Unverträglichkeit der Menschen untereinander sie bis in so unwirtbare Gegenden hat versprengen können) würde uns selbst vermessen und unüberlegt zu sein dünken.

Dinge als Naturzwecke

Um einzusehen, daß ein Ding nur als Zweck möglich sei, d. i. die Kausalität seines Ursprungs nicht im Mechanismus der Natur, sondern in einer Ursache, deren Vermögen zu wirken durch Begriffe bestimmt wird, suchen zu müssen, dazu wird erfordert: daß seine Form nicht nach bloßen Naturgesetzen möglich sei, d. i. solchen, welche von uns durch den Verstand allein, auf Gegenstände der Sinne angewandt, erkannt werden können, sondern daß selbst ihr empirisches Erkenntnis, ihrer Ursache und Wirkung nach, Begriffe der Vernunft voraussetze. Diese Zufälligkeit seiner Form bei allen empirischen Naturgesetzen in Beziehung auf die Vernunft, da die Vernunft, welche an einer jeden Form eines Naturprodukts auch die Notwendigkeit derselben erkennen muß, wenn sie auch nur die mit seiner Erzeugung verknüpften Bedingungen einsehen will, gleichwohl aber an jener gegebenen Form diese Notwendigkeit nicht annehmen kann, ist selbst ein Grund, die Kausalität desselben so anzunehmen, als ob sie eben darum nur durch Vernunft möglich sei; diese aber ist alsdann das Vermögen, nach Zwecken zu handeln (ein Wille), und das Objekt, welches nur als aus diesem möglich vorgestellt wird, würde nur als Zweck für möglich vorgestellt werden.

Wenn jemand in einem ihm unbewohnt scheinenden Lande eine

geometrische Figur allenfalls vom regulären Sechsecke im Sande gezeichnet wahrnähme, so würde seine Reflexion, indem sie an einem Begriffe derselben[1] arbeitet, der Einheit des Prinzips der Erzeugung desselben, wenngleich dunkel vermittels der Vernunft innewerden und so, dieser gemäß, den Sand, das benachbarte Meer, die Winde oder auch Tiere mit ihren Fußtritten, die er kennt, oder jene andere vernunftlose Ursache nicht als einen Grund der Möglichkeit einer solchen Gestalt beurteilen; weil ihm die Zufälligkeit, mit einem solchen Begriffe, der nur in der Vernunft möglich ist, zusammenzutreffen, so unendlich groß scheinen würde, daß es ebensogut wäre, als ob es dazu gar kein Naturgesetz gebe, folglich daß auch keine Ursache in der bloß mechanisch wirkenden Natur, sondern nur der Begriff von einem solchen Objekt, als Begriff, den nur Vernunft geben und mit demselben den Gegenstand vergleichen kann, auch die Kausalität zu einer solchen Wirkung enthalten, folglich diese durchaus als Zweck, aber nicht Naturzweck, d. i. als Produkt der Kunst angesehen werden könne.

Um aber etwas, was man als Naturprodukt erkennt, gleichwohl doch auch als Zweck, mithin als Naturzweck zu beurteilen, dazu, wenn nicht etwa hierin gar ein Widerspruch liegt, wird schon mehr erfordert. Ich würde vorläufig sagen: ein Ding existiert als Naturzweck, wenn es von sich selbst (obgleich in zweifachem Sinne) Ursache und Wirkung ist, denn hierin liegt eine Kausalität, dergleichen mit dem bloßen Begriffe einer Natur, ohne ihr einen Zweck unterzulegen, nicht verbunden, aber auch alsdann, zwar ohne Widerspruch gedacht, aber nicht begriffen werden kann. Wir wollen die Bestimmung dieser Idee von einem Naturzwecke zuvörderst durch ein Beispiel erläutern, ehe wir sie völlig auseinandersetzen.

Ein Baum zeugt erstlich einen andern Baum nach einem bekannten Naturgesetze. Der Baum aber, den er erzeugt, ist von dersel-

---

[1] der Figur.

ben Gattung, und so erzeugt er sich selbst der Gattung nach, in der er einerseits als Wirkung, andrerseits als Ursache von sich selbst unaufhörlich hervorgebracht und ebenso, sich selbst oft hervorbringend, sich, als Gattung, beständig erhält.

Zweitens erzeugt ein Baum sich auch selbst als Individuum. Diese Art von Wirkung nennen wir zwar nur das Wachstum; aber dieses ist in solchem Sinne zu nehmen, daß es von jeder andern Größenzunahme nach mechanischen Gesetzen gänzlich unterschieden und einer Zeugung, wiewohl unter einem andern Namen, gleich zu achten ist. Die Materie, die er zu sich hinzusetzt, verarbeitet dieses Gewächs vorher zu spezifisch-eigentümlicher Qualität, die der Naturmechanismus außer ihr nicht liefern kann und bildet sich selbst weiter aus vermittels eines Stoffes, der seiner Mischung nach sein eigenes Produkt ist. Denn ob er zwar, was die Bestandteile betrifft, die er von der Natur außer ihm[1] erhält, nur als Edukt[2] angesehen werden muß, so ist doch in der Scheidung und neuen Zusammensetzung dieses rohen Stoffs eine solche Originalität des Scheidungs- und Bildungsvermögens dieser Art Naturwesen anzutreffen, von der alle Kunst unendlich weit entfernt bleibt, wenn sie es versucht aus den Elementen, die sie durch Zergliederung derselben oder auch dem Stoff, den die Natur zur Nahrung derselben liefert, jene Produkte des Gewächsreichs wiederherzustellen.

Drittens erzeugt ein Teil dieses Geschöpfs auch sich selbst so: daß die Erhaltung des einen von der Erhaltung des anderen wechselweise abhängt. Das Auge an einem Baumblatt, dem Zweige eines anderen eingeimpft, bringt an einem fremdartigen Stocke ein Gewächs von seiner eigenen Art hervor und ebenso der Pfropfreis auf einem anderen Stamme. Daher kann man auch an demselben Baume jeden Zweig oder Blatt also bloß auf diesen gepfropft oder

---

[1] dem Baum.
[2] Kant unterscheidet „Edukt" und „Produkt". Edukt ist Entfaltung, Produkt Erzeugung.

okuliert, mithin als einen für sich selbst bestehenden Baum, der sich nur an einen anderen anhängt und parasitisch nährt, ansehen. Zugleich sind die Blätter zwar Produkte des Baums, erhalten aber diesen doch auch gegenseitig; denn die wiederholte Entblätterung würde ihn töten, und sein Wachstum hängt von dieser ihrer Wirkung auf den Stamm ab. Der Selbsthilfe der Natur in diesen Geschöpfen bei ihrer Verletzung, wie[1] der Mangel eines Teils, der zur Erhaltung der benachbarten gehörte, von den übrigen ergänzt wird; der Mißgeburten oder Mißgestalten im Wachstum, da gewisse Teile, wegen vorkommender Mängel oder Hindernisse, sich auf ganz neue Art formen, um das, was da ist, zu erhalten und ein anomalisches[2] Geschöpf hervorzubringen, will ich hier nur im Vorbeigehen erwähnen, unerachtet sie unter die wundersamsten Eigenschaften organisierter[3] Geschöpfe gehören.

Einen Gegenstand kausal beurteilen heißt: auf sein Dasein die Kategorien der Kausalität anwenden, seine Existenz als Wirkung einer außer ihm liegenden Ursache oder als Ursache einer außer ihm liegenden Wirkung ansehen. Einen Gegenstand der Natur aber teleologisch beurteilen heißt: nach einem ganz anderen Prinzip verfahren: Die teleologische Beurteilung bezieht sich niemals auf das Dasein des Gegenstandes, sondern nur auf seine Form, sie sucht auch die Ursache für die Besonderheit der Form nicht außerhalb des Gegenstandes, sondern in ihm, und zwar würde das Prinzip, nach dem in solchen Fällen die Beurteilung erfolgt, etwa so zu formulieren sein: „Ein organisiertes Produkt der Natur ist das, in welchem alles Zweck und wechselseitig auch Mittel ist." In dieser Formel verbirgt sich das reine Schema der teleologischen Beurteilung überhaupt. Dieses Prinzip leiten wir nicht aus der Erfahrung ab, sondern wir gewinnen dieses schematische Wissen über das Wesen der organischen Form aus unserem schöpferischen Erleben und tragen es an diejenigen Erfahrungen heran,

---

[1] wobei.

[2] von der Norm abweichendes.

[3] organischer.

welche für eine kausal mechanische Erklärung nicht zugänglich sind.
Somit ist das Prinzip der teleologischen Beurteilung ein
Prinzip a priori, ein ideales Gebilde, und seine Allgemeinverbindlichkeit beruht auf der Gleichheit der geistigen Struktur aller Beurteilenden sowie auf einer „Gunst"
der Natur, daß sie mit ihren Formen unserer Betrach-
tungsart entgegenkommt.
Eine konsequente Anwendung dieses Schemas auf die Gegenstände
der organischen Natur müßte, zu Ende gedacht, zu einem System des
Organischen führen (Kant hat mit der Andeutung dieser Möglichkeit
die moderne vitalistische Biologie vorweggenommen), welches natürlich nur ein wissenschaftliches Ordnungsprinzip wäre und keineswegs
zu metaphysischen Schlüssen auf die Existenz eines Urhebers dieser
inneren Zweckmäßigkeit der Natur berechtigte.

Teleologie als System

Ein organisiertes Produkt der Natur ist das, in welchem alles
Zweck und wechselseitig auch Mittel ist. Nichts in ihm ist umsonst, zwecklos oder einem blinden Naturmechanismus zuzuschreiben.

Dieses Prinzip ist zwar seiner Veranlassung nach, von Erfahrung
abzuleiten, nämlich derjenigen, welche methodisch angestellt wird
und Beobachtung heißt; der Allgemeinheit und Notwendigkeit
wegen aber, die es von einer solchen Zweckmäßigkeit aussagt,
kann es nicht bloß auf Erfahrungsgründen beruhen, sondern muß
irgendein Prinzip a priori, wenn es gleich bloß regulativ wäre, und
jene Zwecke allein in der Idee des Beurteilenden und nirgend in
einer wirkenden Ursache lägen, zum Grunde haben. Man kann
daher obgenanntes Prinzip eine Maxime der Beurteilung der
inneren Zweckmäßigkeit organisierter Wesen nennen.

Daß die Zergliederer der Gewächse und Tiere, um ihre Struktur zu
erforschen und die Gründe einsehen zu können, warum und zu
welchem Ende solche Teile, warum eine solche Lage und Verbindung der Teile und gerade diese innere Form ihnen gegeben

worden, jene Maxime: daß nichts in einem solchen Geschöpf
umsonst sei, als unumgänglich notwendig annehmen und sie
ebenso als den Grundsatz der allgemeinen Naturlehre: daß nichts
von ungefähr geschehe, geltend machen, ist bekannt. In der Tat
können sie sich auch von diesem teleologischen Grundsatz ebensowenig lossagen als von dem allgemeinen physischen, weil, so wie
bei Veranlassung des letzteren gar keine Erfahrung überhaupt, so
bei der des ersteren Grundsatzes kein Leitfaden für die Beobachtung einer Art von Naturdingen, die wir einmal teleologisch unter
dem Begriffe der Naturzwecke gedacht haben, übrigbleiben
würde.

Denn dieser Begriff führt die Vernunft in eine ganz andere
Ordnung der Dinge als die eines bloßen Mechanismus der Natur,
der uns hier nicht mehr genug tun will. Eine Idee soll der
Möglichkeit des Naturprodukts zugrunde liegen. Weil diese aber
eine absolute Einheit der Vorstellung ist, statt dessen die Materie
eine Vielheit der Dinge ist, die für sich keine bestimmte Einheit der
Zusammensetzung an die Hand geben kann, so muß, wenn jene
Einheit der Idee, sogar als Bestimmungsgrund a priori eines
Naturgesetzes der Kausalität einer solchen Form des Zusammen-
gesetzten dienen soll, der Zweck der Natur auf alles, was in ihrem
Produkte liegt, erstreckt werden, weil, wenn wir einmal dergleichen Wirkung im ganzen auf einen übersinnlichen Bestimmungsgrund über den blinden Mechanismus der Natur hinaus beziehen,
wir sie auch ganz nach diesem Prinzip beurteilen müssen und kein
Grund da ist, die Form eines solchen Dinges noch zum Teil vom
letzteren als abhängig anzunehmen, da alsdann bei der Vermischung ungleichartiger Prinzipien gar keine sichere Regel der
Beurteilung übrigbleiben würde.

Es mag immer sein, daß z. B. in einem tierischen Körper manche
Teile nach bloß mechanischen Gesetzen begriffen werden könnten
(als Häute, Knochen, Haare), so muß doch die Ursache, welche die
dazu schickliche Materie herbeischafft, diese so modifiziert, formt
und an ihren gehörigen Stellen absetzt, immer teleologisch beur-

teilt werden, so, daß alles in ihm als organisiert betrachtet werden muß und alles auch in gewisser Beziehung auf das Ding selbst wiederum Organ ist.

Von der organischen Natur

Ein Ding seiner innern Form halber als Naturzweck beurteilen, ist etwas ganz anderes, als die Existenz dieses Dinges für Zweck der Natur halten. Zu der letztern Behauptung bedürfen wir nicht bloß den Begriff von einem möglichen Zweck, sondern die Erkenntnis des Endzwecks der Natur, welches eine Beziehung derselben[1] auf etwas Übersinnliches bedarf, die alle unsere teleologische Naturerkenntnis weit übersteigt; denn der Zweck der Existenz der Natur selbst muß über die Natur hinausgesucht werden. Die innere Form eines bloßen Grashalms kann seinen bloß nach der Regel der Zwecke möglichen Ursprung für unser menschliches Beurteilungsvermögen hinreichend beweisen. Geht man aber davon ab und sieht nur auf den Gebrauch, den andere Naturwesen davon machen, verläßt man also die Betrachtung der innern Organisation und sieht nur auf äußere zweckmäßige Beziehungen, wie das Gras dem Vieh, wie dieses dem Menschen als Mittel zu seiner Existenz nötig sei, und man sieht nicht, warum es denn nötig sei, daß Menschen existieren (welches, wenn man etwa die Neuholländer oder Feuerländer in Gedanken hat, so leicht nicht zu beantworten sein möchte), so gelangt man zu keinem kategorischen[2] Zwecke, sondern alle diese zweckmäßige Beziehung beruht auf einer immer weiter hinauszusetzenden Bedingung, die als unbedingt (das Dasein eines Dinges als Endzweck) ganz außerhalb der physisch-teleologischen Weltbetrachtung[3] liegt. Alsdann aber ist ein solches

---

[1] der Erkenntnis.
[2] unbedingten.
[3] die das Physische teleologisch betrachtet.

Ding auch nicht Naturzweck; denn es ist (oder seine ganze Gattung) nicht als Naturprodukt anzusehen.

Es ist also nur die Materie, sofern sie organisiert ist, welche den Begriff von ihr[1] als einem Naturzwecke notwendig bei sich führt, weil diese ohne spezifische[2] Form zugleich Produkt der Natur ist. Aber dieser Begriff führt nun notwendig auf die Idee der gesamten Natur als eines Systems nach der Regel der Zwecke, welcher Idee nun aller Mechanismus der Natur nach Prinzipien der Vernunft untergeordnet werden muß. Das Prinzip der Vernunft ist ihr also nur subjektiv, d. i. als Maxime zuständig: alles in der Welt ist irgend wozu gut; nichts ist in ihr umsonst; und man ist durch das Beispiel, das die Natur an ihren organischen Produkten gibt, berechtigt, ja berufen, von ihr und ihren Gesetzen nichts, als was im ganzen zweckmäßig ist, zu erwarten.

Es versteht sich, daß dieses nicht ein Prinzip für die bestimmende, sondern nur für die reflektierende Urteilskraft sei, daß es regulativ und nicht konstitutiv sei und wir dadurch nur einen Leitfaden bekommen, die Naturdinge in Beziehung auf einen Bestimmungsgrund, der schon gegeben ist, nach einer neuen gesetzlichen Ordnung zu betrachten und die Naturkunde nach einem andern Prinzip, nämlich dem der Endursachen, doch unbeschadet den des Mechanismus ihrer Kausalität, zu erweitern. Übrigens wird dadurch keineswegs ausgemacht, ob irgend etwas, was wir nach diesem Prinzip beurteilen, absichtlich Zweck der Natur sei: ob die Gräser für das Rind oder Schaf, und ob dieses und die übrigen Naturdinge für den Menschen da sind. Es ist gut, selbst die uns unangenehmen und in besondern Beziehungen zweckwidrigen Dinge auch von dieser Seite zu betrachten. So könnte man z. B. sagen: das Ungeziefer, welches die Menschen in ihren Kleidern, Haaren oder Bettstellen plagt, sei nach einer weisen Naturanstalt[3]

---

[1] von sich.

[2] ausgeprägte.

[3] Einrichtung der Natur.

ein Antrieb zur Reinlichkeit, die für sich schon ein wichtiges
Mittel zur Erhaltung der Gesundheit ist. Oder die Moskitomücken
und andere stechende Insekten, welche die Wüsten von Amerika
den Wilden so beschwerlich machen, sind so viel Stacheln der
Tätigkeit für diese angehenden Menschen, um die Moräste abzuleiten und die dichten, den Luftzug abhaltenden Wälder licht zu
machen und dadurch, im gleichen durch den Anbau des Bodens,
ihren Aufenthalt zugleich gesunder zu machen. Selbst was dem
Menschen in seiner innern Organisation widernatürlich zu sein
scheint, wenn es auf diese Weise behandelt wird, gibt eine unter-
haltende, bisweilen auch belehrende Aussicht in eine teleologische
Ordnung der Dinge, auf die uns, ohne ein solches Prinzip, die bloß
physische Betrachtung allein nicht führen würde.

Auch Schönheit der Natur, d. i. ihre Zusammenstimmung mit
dem freien Spiele unserer Erkenntnisvermögen in der Auffassung
und Beurteilung ihrer Erscheinung, kann auf die Art als objektive
Zweckmäßigkeit der Natur in ihrem Ganzen, als System, worin
der Mensch ein Glied ist, betrachtet werden; wenn einmal die
teleologische Beurteilung derselben durch die Naturzwecke, welche uns die organisierten Wesen an die Hand geben, zu der Idee
eines großen Systems der Zwecke der Natur uns berechtigt hat.
Wir können sie als eine Gunst, die die Natur für uns gehabt hat,
betrachten, daß sie über das Nützliche noch Schönheit und Reize
so reichlich austeilte, und sie deshalb lieben, so wie, ihrer Unermeßlichkeit wegen, mit Achtung betrachten und uns selbst in
dieser Betrachtung veredelt fühlen, gerade als ob die Natur ganz
eigentlich in dieser Absicht ihre herrliche Bühne aufgeschlagen
und ausgeschmückt habe.

Wir wollen nichts anders sagen; als daß, wenn wir einmal an der
Natur ein Vermögen entdeckt haben, Produkte hervorzubringen,
die nur nach dem Begriffe der Endursachen von uns gedacht
werden können, wir weitergehen und auch die, welche es eben
nicht notwendig machen, über den Mechanismus der blind wirkenden Ursachen hinaus ein ander Prinzip für ihre Möglichkeit

aufzusuchen, dennoch als zu einem System der Zwecke gehörig beurteilen dürfen; weil uns die erstere Idee schon, was ihren Grund betrifft, über die Sinnenwelt hinausführt, da denn die Einheit des übersinnlichen Prinzips nicht bloß für gewisse Spezies der Naturwesen, sondern für das Naturganze, als System, auf dieselbe Art als gültig betrachtet werden muß.

Vom Prinzip der Teleologie als innerem Prinzip der Naturwissenschaft

Eine jede Wissenschaft ist für sich ein System, und es ist nicht genug in ihr nach Prinzipien zu bauen und also technisch zu verfahren, sondern man muß mit ihr, als einem für sich bestehenden Gebäude, auch architektonisch zu Werke gehen und sie nicht wie einen Anbau und als einen Teil eines andern Gebäudes, sondern als ein Ganzes für sich behandeln, ob man gleich nachher einen Übergang aus diesem in jenes oder wechselseitig errichten kann.

Wenn man also für die Naturwissenschaft und in ihren Kontext[1] den Begriff von Gott hineinbringt, um sich die Zweckmäßigkeit in der Natur erklärlich zu machen und hernach diese Zweckmäßigkeit wiederum braucht, um zu beweisen, daß ein Gott sei: so ist in keiner von beiden Wissenschaften innerer Bestand, und ein täuschendes Diallele[2] bringt jede in Unsicherheit dadurch, daß sie ihre Grenzen ineinanderlaufen lassen.

Der Ausdruck eines Zwecks der Natur beugt dieser Verwirrung schon genugsam vor, um Naturwissenschaft und die Veranlassung, die sie zur teleologischen Beurteilung ihrer Gegenstände gibt, nicht mit der Gottesbetrachtung und also einer theologischen Ableitung zu vermengen, und man muß es nicht als unbedeutend ansehen: ob man jenen Ausdruck mit dem eines göttlichen Zwecks

---

[1] Zusammenhang.

[2] „Durcheinander" = ein Zirkelschluß.

in der Anordnung der Natur verwechsle, oder wohl gar den letztern für schicklicher und einer frommen Seele angemessener ausgebe, weil es doch am Ende dahin kommen müsse, keine zweckmäßigen Formen in der Natur von einem weisen Welturheber abzuleiten, sondern sich sorgfältig und bescheiden auf den Ausdruck, der gerade nur so viel sagt, als wir wissen, nämlich eines Zwecks der Natur einschränken. Denn ehe wir noch nach der Ursache der Natur selbst fragen, finden wir in der Natur und dem Laufe ihrer Erzeugung dergleichen Produkte, die nach bekannten Erfahrungsgesetzen in ihr erzeugt werden, nach welchen die Naturwissenschaft ihre Gegenstände beurteilen, mithin auch deren Kausalität nach der Regel der Zwecke in ihr selbst suchen muß. Daher muß sie ihre Grenze nicht überspringen, um das, dessen Begriffe gar keine Erfahrung angemessen sein kann und woran man sich allererst nach Vollendung der Naturwissenschaft zu wagen befugt ist, in sie selbst als einheimisches Prinzip hineinzuziehen.

Damit nun Physik sich genau in ihren Grenzen halte, so abstrahiert sie von der Frage, ob die Naturzwecke es absichtlich oder unabsichtlich sind, gänzlich; denn das würde Einmengung in ein fremdes Geschäft (nämlich das der Metaphysik) sein. Genug es sind nach Naturgesetzen, die wir uns nur unter der Idee der Zwecke als Prinzip denken können, einzig und allein erklärbare und bloß auf diese Weise ihrer innern Form nach, sogar auch nur innerlich erkennbare Gegenstände. Um sich also auch nicht der mindesten Anmaßung, als wolle man etwas, was gar nicht in die Physik gehört, nämlich eine übernatürliche Ursache, unter unsere Erkenntnisgründe mischen, verdächtig zu machen, spricht man in der Teleologie zwar von der Natur, als ob die Zweckmäßigkeit in ihr absichtlich sei, aber doch zugleich so, daß man der Natur, d. i. der Materie, diese Absicht beilegt; wodurch man (weil hierüber kein Mißverstand stattfinden kann, indem von selbst schon keiner einem leblosen Stoffe Absicht in eigentlicher Bedeutung des Wortes beilegen wird) anzeigen will, daß dieses Wort hier nur ein

Prinzip der reflektierenden, nicht der bestimmenden Urteilskraft
bedeute und also keinen besondern Grund der Kausalität einführen solle, sondern auch nur zum Gebrauche der Vernunft eine
andere Art der Nachforschung als die nach mechanischen Gesetzen ist, hinzufüge, um die Unzulänglichkeit der letzteren, selbst
zur empirischen Aufsuchung aller besonderen Gesetze der Natur
zu ergänzen. Daher spricht man in der Teleologie, sofern sie zur
Physik gezogen wird, ganz recht von der Weisheit, der Sparsamkeit, der Vorsorge, der Wohltätigkeit der Natur, ohne dadurch aus
ihr ein verständiges Wesen zu machen (weil das ungereimt wäre),
aber auch ohne sich zu erkühnen, ein anderes verständiges Wesen
über sie als Werkmeister setzen zu wollen, weil dieses vermessen
sein würde: sondern es soll dadurch nur eine Art der Kausalität der
Natur, nach einer Analogie mit der unsrigen im technischen
Gebrauche der Vernunft, bezeichnet werden, um die Regel, danach gewissen Produkten der Natur nachgeforscht werden muß,
vor Augen zu haben.

Trotzdem wir über die Natur als solche und die in ihr schlummernden
Absichten erkenntnismäßig nichts ausmachen, wenn wir versuchen,
sie nach Analogie des schöpferischen Genies zu begreifen, so können
wir doch auch wiederum auf diese Beurteilung nach dem teleologischen Schema nicht verzichten, wollen wir nicht auf die Beurteilung
organischer Formen überhaupt Verzicht leisten. Die teleologische
Beurteilung ist also ihrem Ursprung und ihrer Geltung
nach zwar bloß subjektiv, aber doch notwendig. Sie verhält
sich den organischen Körpern gegenüber „leitend", d. h. sie dient
unserer Erfahrung als Richtschnur, um auf dem Gebiete der organischen Natur den Zusammenhang der Erscheinungen „nach einer
anderen Regel als der des bloßen Mechanismus" zu denken.
Nun ist es eine Eigentümlichkeit unseres Verstandes, daß er einen
zweckmäßigen Zusammenhang nur als von einem Verstande bewirkt
vorstellen kann, der ihm selbst ähnlich, ja ihm insofern überlegen ist,
als er nicht nur diskursiv (eines aus dem anderen folgernd), sondern
intuitiv (alles zugleich durchschauend) verfährt.
Die Unvermeidlichkeit der teleologischen Beurteilungsart angesichts

des Organischen führt uns Menschen also, wenn wir uns das Reich des Organischen vollendet denken, zur Annahme eines ursprünglichen Verstandes als oberster Weltursache. Wenn wir jedenfalls teleologisch beurteilen, ist ein solcher Verstand das oberste Leitprinzip unserer Beurteilung. Durch dieses Prinzip allein erhält unsere Beurteilung systematische Konsequenz.

Die Teleologie,
ein subjektives aber notwendiges Erklärungsprinzip

Es ist doch etwas ganz anderes, ob ich sage: die Erzeugung gewisser Dinge der Natur, oder auch der gesamten Natur, ist nur durch eine Ursache, die sich nach Absichten zum Handeln bestimmt, möglich, oder: ich kann nach der eigentümlichen Beschaffenheit meiner Erkenntnisvermögen über die Möglichkeit jener Dinge und ihre Erzeugung nicht anders urteilen, als wenn ich mir zu dieser eine Ursache, die nach Absichten wirkt, mithin ein Wesen denke, welches nach der Analogie mit der Kausalität eines Verstandes produktiv[1] ist. Im ersteren Falle will ich etwas über das Objekt ausmachen und bin verbunden, die objektive Realität eines angenommenen Begriffs darzutun; im zweiten bestimmt die Vernunft nur den Gebrauch meiner Erkenntnisvermögen angemessen ihrer Eigentümlichkeit und den wesentlichen Bedingungen ihres Umfanges sowohl als ihrer Schranken. Also ist das erste Prinzip ein objektiver Grundsatz für die bestimmende, das zweite ein subjektiver Grundsatz bloß für die reflektierende Urteilskraft, mithin eine Maxime derselben, die ihr die Vernunft auferlegt.
Wir haben nämlich unentbehrlich nötig, der Natur den Begriff einer Absicht unterzulegen, wenn wir ihr auch nur in ihren organisierten Produkten durch fortgesetzte Beobachtung nachforschen wollen, und dieser Begriff ist also schon für den Erfahrungsgebrauch unserer Vernunft eine schlechterdings notwendige Ma-

---

[1] schöpferisch.

xime. Es ist offenbar: daß, da einmal ein solcher Leitfaden, die Natur zu studieren, aufgenommen und bewährt gefunden ist, wir die gedachte Maxime der Urteilskraft auch am Ganzen der Natur wenigstens versuchen müssen, weil sich nach derselben[1] noch manche Gesetze derselben[2] dürften auffinden lassen, die uns, nach der Beschränkung unserer Einsichten in das Innere des Mechanismus derselben, sonst verborgen bleiben würden. Aber in Ansehung des letztern Gebrauchs ist jene Maxime der Urteilskraft zwar nützlich, aber nicht unentbehrlich, weil uns die Natur im ganzen als organisiert nicht gegeben ist; dagegen in Ansehung der Produkte derselben, welche nur als absichtlich so und nicht anders geformt müssen beurteilt werden, um auch nur eine Erfahrungserkenntnis ihrer innern Beschaffenheit zu bekommen, ist jene Maxime der reflektierenden Urteilskraft wesentlich notwendig: weil selbst der Gedanke von ihnen als organisierten Dingen, ohne die einer Erzeugung mit Absicht damit zu verbinden, unmöglich ist.

Nun ist der Begriff eines Dinges, dessen Existenz oder Form wir uns unter der Bedingung eines Zwecks möglich zu sein vorstellen, mit dem Begriffe einer Zufälligkeit desselben (nach Naturgesetzen) unzertrennlich verbunden. Daher machen auch die Naturdinge, welche wir nur als Zwecke möglich finden, den vornehmsten Beweis für die Zufälligkeit des Weltganzen aus und sind der einzige für den gemeinen Verstand ebensowohl als den Philosophen geltende Beweisgrund der Abhängigkeit und Ursprungs desselben von einem außer der Welt existierenden, und zwar (um jener zweckmäßigen Form willen) verständigen Wesen, und die Teleologie findet keine Vollendung des Aufschlusses für ihre Nachforschungen als in einer Theologie.

Was beweist nun aber am Ende auch die allervollständigste Teleologie? Beweist sie etwa, daß ein solches verständiges Wesen da sei?

---

[1] der Maxime.
[2] der Natur.

Nein; nichts weiter, als daß wir nach der Beschaffenheit unserer Erkenntnisvermögen, also in Verbindung der Erfahrung mit den obersten Prinzipien der Vernunft, uns schlechterdings keinen Begriff von der Möglichkeit einer solchen Welt machen können als so, daß wir uns eine absichtlich-wirkende oberste Ursache derselben denken. Objektiv können wir also nicht den Satz dartun: es ist ein verständiges Urwesen, sondern nur subjetiv für den Gebrauch unserer Urteilskraft in ihrer Reflexion über die Zwecke in der Natur, die nach keinem anderen Prinzip als dem einer absichtlichen Kausalität einer höchsten Ursache gedacht werden können.

Wollten wir den obersten Satz dogmatisch, aus teleologischen Gründen dartun, so würden wir unter Schwierigkeiten befangen werden, aus denen wir uns nicht herauswickeln könnten. Denn da würde diesen Schlüssen der Satz zugrunde gelegt werden müssen: die organisierten Wesen in der Welt sind nicht anders als durch eine absichtlich-wirkende Ursache möglich. Daß aber, weil wir diese Dinge nur unter der Idee der Zwecke in ihrer Kausalverbindung verfolgen und diese nach ihrer Gesetzmäßigkeit erkennen können, wir auch berechtigt wären, eben dieses auch für jedes denkende und erkennende Wesen als notwendige, mithin dem Objekte und nicht bloß unserm Subjekte anhängende Bedingung vorauszusetzen, das müßten wir hierbei unvermeidlich behaupten wollen. Aber mit einer solchen Behauptung kommen wir nicht durch. Denn da wir die Zwecke in der Natur als absichtliche eigentlich nicht beobachten, sondern nur, in der Reflexion über ihre Produkte, diesen Begriff als einen Leitfaden der Urteilskraft hinzudenken, so sind sie uns nicht durchs Objekt gegeben. A priori ist es sogar für uns unmöglich, einen solchen Begriff, seiner objektiven Realität nach, als annehmungsfähig zu rechtfertigen. Es bleibt also schlechterdings nur ein auf subjektiven Bedingungen beruhender Satz, der, wenn man ihn als objektiv-dogmatisch geltend ausdrückte, heißen würde: Es ist ein Gott: nun aber, für uns als Menschen, nur die eingeschränkte Formel erlaubt: Wir können uns die Zweckmäßigkeit, die selbst unserer Erkenntnis der inneren Möglichkeit vieler Naturdinge zugrunde gelegt werden muß, gar nicht anders denken und begreiflich machen, als indem wir sie und überhaupt die Welt uns als ein Produkt einer verständigen Ursache (eines Gottes) vorstellen.

Wenn nun dieser auf einer unumgänglich notwendigen Maxime unserer Urteilskraft gegründete Satz allem sowohl spekulativen als praktischen Gebrauche unserer Vernunft in jeder menschlichen Absicht vollkommen genugtuend ist, so möchte ich wohl wissen, was uns dann darunter abgehe, daß wir ihn nicht auch für höhere Wesen gültig, nämlich aus reinen objektiven Gründen (die leider unser Vermögen übersteigen) beweisen können. Es ist nämlich ganz gewiß, daß wir die organisierten Wesen und deren innere Möglichkeit nach bloß mechanischen Prinzipien der Natur nicht einmal zureichend kennenlernen, viel weniger uns erklären können, und zwar so gewiß, daß man dreist sagen kann, es ist für Menschen ungereimt, auch nur einen solchen Anschlag[1] zu fassen oder zu hoffen, daß nicht etwa dereinst ein Newton aufstehen könne, der auch nur die Erzeugung eines Grashalms nach Naturgesetzen, die keine Absicht geordnet hat, begreiflich machen werde; sondern man muß diese Einsicht den Menschen schlechterdings absprechen. Daß dann aber auch in der Natur ein hinreichender Grund der Möglichkeit organisierter Wesen (also im bloßen Mechanismus derselben) gar nicht verborgen liegen könne, das wäre wiederum von uns zu vermessen geurteilt; denn woher wollen wir das wissen? — Wahrscheinlichkeiten fallen hier ganz weg, wo es auf Urteile der reinen Vernunft ankommt. — Also können wir über den Satz: ob ein nach Absichten handelndes Wesen als Welturschaft (mithin als Urheber) dem, was wir mit Recht Naturzwecke nennen, zugrunde liege, objektiv gar nicht, weder bejahend noch verneinend, urteilen. Nur so viel ist sicher, daß, wenn wir doch wenigstens nach dem, was uns einzusehen

---

[1] Vorsatz.

durch unsere eigene Natur vergönnt ist (nach den Bedingungen und Schranken unserer Vernunft), urteilen sollen, wir schlechterdings nichts anders als ein verständiges Wesen der Möglichkeit jener Naturzwecke zugrunde legen können, welches der Maxime unserer reflektierenden Urteilskraft, folglich einem subjektiven, aber dem menschlichen Geschlecht unnachläßlich anhängenden Grunde, allein gemäß ist.

Ein intuitiver, ursprünglicher Verstand als oberste Weltursache

Unser Verstand nämlich hat die Eigenschaft, daß er in seinem Erkenntnisse, z. B. der Ursache eines Produkts, vom Analytisch-Allgemeinen[1] (von Begriffen) zum Besonderen (der gegebenen empirischen Anschauung) gehen muß, dabei er also in Ansehung der Mannigfaltigkeit des letzteren nichts bestimmt, sondern diese Bestimmung für die Urteilskraft von der Subsumtion[2] der empirischen Anschauung (wenn der Gegenstand ein Naturprodukt ist) unter dem Begriff erwarten muß. Nun können wir uns aber auch einen Verstand denken, der, weil er nicht wie der unsrige diskursiv, sondern intuitiv ist, vom Synthetisch-Allgemeinen (der Anschauung eines Ganzen als eines solchen) zum Besonderen geht, d. i. vom Ganzen zu den Teilen, der also und dessen Vorstellung des Ganzen die Zufälligkeit der Verbindung der Teile nicht in sich enthält, um eine bestimmte Form des Ganzen möglich zu machen, die unser Verstand bedarf, welcher von den Teilen, als allgemein gedachten Gründen, zu verschiedenen darunter zu subsumierenden möglichen Formen, als Folgen, fortgehen muß. Nach der Beschaffenheit unseres Verstandes ist hingegen ein reales Ganze der Natur nur als Wirkung der konkurrierenden bewegenden

---

[1] das Analytisch-Allgemeine ist der durch Abstraktion (Absehen von den Verschiedenheiten) gewonnene Begriff.
[2] dem Unter-einen-Begriff-Bringen.

Kräfte der Teile anzusehen. Wollen wir uns also nicht die Möglichkeit des Ganzen als von den Teilen, wie es unserm diskursiven Verstande gemäß ist, sondern, nach Maßgabe des intuitiven (urbildlichen), die Möglichkeit der Teile (ihrer Beschaffenheit und Verbindung nach) als vom Ganzen abhängend vorstellen, so kann dieses, nach eben derselben Eigentümlichkeit unseres Verstandes, nicht so geschehen, daß das Ganze den Grund der Möglichkeit der Verknüpfung der Teile (welches in der diskursiven Erkenntnisart Widerspruch sein würde), sondern nur, daß die Vorstellung eines Ganzen den Grund der Möglichkeit der Form desselben und der dazugehörigen Verknüpfung der Teile enthalte. Da das Ganze nun aber alsdann eine Wirkung (Produkt) sein würde, dessen Vorstellung als die Ursache seiner Möglichkeit angesehen wird, das Produkt aber einer Ursache, deren Bestimmungsgrund bloß die Vorstellung seiner Wirkung ist, ein Zweck heißt, so folgt daraus: daß es bloß eine Folge aus der besonderen Beschaffenheit unseres Verstandes sei, wenn wir Produkte der Natur, nach einer andern Art der Kausalität, als der der Naturgesetze der Materie, nämlich nur nach der der Zwecke und der Endursachen uns als möglich vorstellen, und daß dieses Prinzip nicht die Möglichkeit solcher Dinge selbst (selbst als Phänomene betrachtet) nach dieser Erzeugungsart, sondern nur der unserem Verstande möglichen Beurteilung derselben angehe; wobei wir zugleich einsehen, warum wir in der Naturkunde mit einer Erklärung der Produkte der Natur durch Kausalität nach Zwecken lange nicht zufrieden sind, weil wir nämlich in derselben die Naturerzeugung bloß unserm Vermögen sie zu beurteilen, d. i. der reflektierenden Urteilskraft angemessen zu beurteilen verlangen.

Wenn wir nun ein Ganzes der Materie, seiner Form nach, als ein Produkt der Teile und ihrer Kräfte und Vermögen sich von selbst zu verbinden betrachten, so stellen wir uns eine mechanische Erzeugungsart desselben vor. Aber es kommt auf solche Art kein Begriff von einem Ganzen als Zweck heraus, dessen innere Möglichkeit durchaus die Idee von einem Ganzen voraussetzt, von der

selbst die Beschaffenheit und Wirkungsart der Teile abhängt, wie
wir uns doch einen organisierten Körper vorstellen müssen. Hieraus folgt aber, wie eben bewiesen worden, nicht, daß die mechanische Erzeugung eines solchen Körpers unmöglich sei; denn das
würde soviel sagen, als, es sei eine solche Einheit in der Verknüpfung des Mannigfaltigen für jeden Verstand unmöglich (d. i.
widersprechend) sich vorzustellen, ohne daß die Idee derselben
zugleich die erzeugende Ursache derselben sei, d. i. ohne absichtliche Hervorbringung. Gleichwohl würde dieses in der Tat folgen,
wenn wir materielle Wesen als Dinge an sich selbst anzusehen
berechtigt wären. Denn alsdann würde die Einheit, welche den
Grund der Möglichkeit der Naturbildungen ausmacht, lediglich
die Einheit des Raumes sein, welcher aber kein Realgrund der
Erzeugungen, sondern nur die formale Bedingung derselben ist,
obwohl er mit dem Realgrunde, welchen wir suchen, darin einige
Ähnlichkeit hat, daß in ihm kein Teil ohne in Verhältnis auf das
Ganze (dessen Vorstellung also mit der Möglichkeit der Teile
zugrunde liegt) bestimmt werden kann. Da es aber doch wenigstens möglich ist, die materielle Welt als bloße Erscheinung zu
betrachten und etwas als Ding an sich selbst (welches nicht
Erscheinung ist) als Substrat[1] zu denken, diesem aber eine korrespondierende intellektuelle Anschauung (wenn sie gleich nicht die
unsrige ist) unterzulegen, so würde ein, obzwar für uns unerkenn-
barer, übersinnlicher Realgrund für die Natur stattfinden, zu der
wir selbst mit gehören, in welcher wir also das, was in ihr als
Gegenstand der Sinne notwendig ist, nach mechanischen Gesetzen, die Zusammenstimmung und Einheit aber der besonderen
Gesetze und der Formen nach denselben, die wir in Ansehung
jener als zufällig beurteilen müssen, in ihr als Gegenstände der
Vernunft (ja das Naturganze als System) zugleich nach teleologischen Gesetzen betrachten und sie nach zweierlei Prinzipien beurteilen würden, ohne daß die mechanische Erklärungsart durch die

---

[1] Träger der Erscheinung.

teleologische, als ob sie einander widersprächen, ausgeschlossen wird.

Hieraus läßt sich auch das, was man sonst zwar leicht vermuten, aber schwerlich mit Gewißheit behaupten und beweisen konnte, einsehen, daß zwar das Prinzip einer mechanischen Ableitung zweckmäßiger Naturprodukte neben dem teleologischen bestehen, dieses letztere aber keineswegs entbehrlich machen könnte; d. i. man kann an einem Dinge, welches wir als Naturzweck beurteilen müssen (einem organisierten Wesen), zwar alle bekannten und noch zu entdeckenden Gesetze der mechanischen Erzeugung versuchen und auch hoffen dürfen, damit guten Fortgang zu haben, niemals aber der Berufung auf einen davon ganz unterschiedenen Erzeugungsgrund, nämlich der Kausalität durch Zwecke, für die Möglichkeit eines solchen Produkts überhoben sein, und schlechterdings kann keine menschliche Vernunft (auch keine endliche, die der Qualität nach der unsrigen ähnlich wäre, sie aber dem Grade nach noch so sehr überstiege) die Erzeugung auch nur eines Gräschens aus bloß mechanischen Ursachen zu verstehen hoffen. Denn wenn die teleologische Verknüpfung der Ursachen und Wirkungen zur Möglichkeit eines solchen Gegenstandes für die Urteilskraft ganz unentbehrlich ist, selbst um diese nur am Leitfaden der Erfahrung zu studieren; wenn für äußere Gegenstände, als Erscheinungen, ein sich auf Zwecke beziehender hinreichender Grund gar nicht angetroffen werden kann, sondern dieser, der auch in der Natur liegt, doch nur im übersinnlichen Substrat derselben gesucht werden muß, von welchem uns aber alle mögliche Einsicht abgeschnitten ist, so ist es uns schlechterdings unmöglich, aus der Natur selbst herausgenommene Erklärungsgründe für Zweckverbindungen zu schöpfen, und es ist nach der Beschaffenheit des menschlichen Erkenntnisvermögens notwendig, den obersten Grund dazu in einem ursprünglichen Verstande als Welturssache zu suchen.

Die aktuelle Welt gibt uns kein Recht, sie als ein geordnetes Zwecksystem anzusehen. Wir beobachten zwar Ansätze zu einer relativen zweckhaften Ordnung, nicht aber das Reich der Zwecke in seiner absoluten Vollendung, obwohl wir in der Naturbeurteilung um der systematischen Geschlossenheit willen notwendig so verfahren müssen, als ob ein solches Reich der Zwecke, bewirkt durch einen ursprünglichen Verstand, garantiert sei. — Die Vorstellung eines Reiches der Zwecke entstammt also unserer Vernunft (ist a priori) und nicht der Erfahrung. Bei dem Versuch, es verwirklicht zu denken, stoßen wir auf das Problem des Endzweckes (des absolut letzten Zweckes).

Absoluter Zweck einer harmonisch geordneten Schöpfung könnten nur Wesen sein, deren Dasein nicht Mittel für andere, sondern nur ihr eigener Zweck ist. — Sich selbst zu seinem Zwecke machen kann nur ein Wesen, welches fähig ist, Zwecke zu setzen und nach Zwecken zu handeln. Ein solches Wesen suchen wir in der empirischen Welt vergeblich. Es gehört ein Vermögen der Vernunft und der Freiheit dazu, das den materiellen Erscheinungen fehlt. Nur das „reine Vernunftwesen", welches die „Kritik der praktischen Vernunft" postuliert, könnte in dieser Weise Endzweck der Schöpfung sein (vorausgesetzt, daß die Schöpfung wirklich auf ein Reich der Zwecke hinzielt). Der Mensch darf sich also nur insofern als Krone der Schöpfung, als Endzweck der Natur, und die Natur nur insofern als Mittel zu seinen Zwecken ansehen, als er fähig und gewillt ist, das Ideal des reinen Vernunftwesens in sich selbst und das Ideal einer vernünftigen Zweckordnung in der Welt zu verwirklichen. Das aber bedeutet: planmäßige moralische Läuterung des Menschen und planmäßige vernünftige Ordnung der menschlichen Kultur.

Kultur ist also der Weg des Menschen, sofern er reines Vernunftwesen ist, zur Verwirklichung des Reiches der Zwecke.

Vom Menschen als Endzweck der Schöpfung

Wir haben gezeigt, daß wir den Menschen nicht bloß, wie alle organisierten Wesen, als Naturzweck, sondern auch hier auf Erden als den letzten Zweck der Natur in Beziehung auf den alle übrige Naturdinge ein System von Zwecken ausmachen, nach Grundsätzen der Vernunft, zwar nicht für die bestimmende, doch für die reflektierende Urteilskraft, zu beurteilen hinreichende Ursache haben. Wenn nun dasjenige im Menschen selbst angetroffen werden muß, was als Zweck durch seine Verknüpfung mit der Natur befördert werden soll: so muß entweder der Zweck von der Art sein, daß er selbst durch die Natur in ihrer Wohltätigkeit befriedigt werden kann, oder es ist die Tauglichkeit und Geschicklichkeit zu allerlei Zwecken, dazu die Natur (äußerlich und innerlich) von ihm gebraucht werden könne. Der erste Zweck der Natur würde die Glückseligkeit, der zweite die Kultur des Menschen sein.

Der Begriff der Glückseligkeit ist nicht ein solcher, den der Mensch etwa von seinen Instinkten abstrahiert und so aus der Tierheit in ihm[1] selbst hernimmt, sondern ist eine bloße Idee eines Zustandes, den er den letzteren[2] unter bloß empirischen Bedingungen (welches unmöglich ist) adäquat machen will[3]. Er entwirft sie[4] sich selbst, und zwar auf so verschiedene Art, durch seinen mit der Einbildungskraft und den Sinnen verwickelten Verstand, er ändert sogar diesen[5] so oft, daß die Natur, wenn sie auch seiner Willkür gänzlich unterworfen wäre, doch schlechterdings kein bestimmtes allgemeines und festes Gesetz annehmen könnte, um mit diesem schwankenden Begriff, und so mit dem Zweck, den jeder sich willkürlicherweise vorsetzt, übereinzustimmen. Aber selbst wenn wir entweder diesen auf das wahrhafte Naturbedürfnis, worin unsere Gattung durchgängig mit sich übereinstimmt, herabzusetzen oder, andrerseits, die Geschicklichkeit sich eingebildete Zwecke zu verschaffen noch so hoch steigern wollten, so würde doch, was der Mensch unter Glückseligkeit versteht und was in der

---

[1] sich.

[2] seinen Zustand.

[3] das heißt: er will seinen Zustand in der empirischen Welt mit seiner Idee der Glückseligkeit in Einklang bringen.

[4] die Idee der Glückseligkeit.

[5] diesen Entwurf.

Tat sein eigener letzter Naturzweck ist, von ihm nie erreicht werden; denn seine Natur ist nicht von der Art, irgendwo im Besitze und Genusse aufzuhören und befriedigt zu werden. Andrerseits ist so weit gefehlt: daß die Natur ihn zu ihrem besondern Liebling aufgenommen und vor allen Tieren mit Wohltun begünstigt habe, daß sie ihn vielmehr in ihren verderblichen Wirkungen, in Pest, Hunger, Wassergefahr, Frost, Anfall von andern großen und kleinen Tieren u. dgl. ebensowenig verschont wie jedes andere Tier: noch aber mehr, daß das Widersinnliche der Naturanlagen ihn selbst in selbstersonnenen Plagen und noch andere von seiner eigenen Gattung, durch den Druck der Herrschaft, die Barbarei der Kriege usw., in solche Not versetzt, und er selbst, soviel an ihm ist, an der Zerstörung seiner eigenen Gattung arbeitet, daß selbst bei der wohltätigsten Natur außer uns, der Zweck derselben, wenn er auf die Glückseligkeit unsrer Spezies gestellt wäre, in einem System derselben auf Erden nicht erreicht werden würde, weil die Natur in uns derselben[1] nicht empfänglich ist. Er[2] ist also immer nur Glied in der Kette der Naturzwecke, zwar Prinzip in Ansehung manches Zwecks, dazu die Natur ihn in ihrer Anlage bestimmt zu haben scheint, indem er sich selbst dazu macht, aber doch auch Mittel zur Erhaltung der Zweckmäßigkeit im Mechanismus der übrigen Glieder. Als das einzige Wesen auf Erden, das Verstand, mithin ein Vermögen hat, sich selbst willkürlich Zwecke zu setzen, ist er zwar betitelter Herr der Natur und, wenn man diese als ein teleologisches System ansieht, seiner Bestimmung nach der letzte Zweck der Natur, aber immer nur bedingt, nämlich daß er es verstehe und den Willen habe, dieser und ihm selbst eine solche Zweckbeziehung zu geben, die unabhängig von der Natur sich selbst genugsam, mithin Endzweck sein könne, der aber in der Natur gar nicht gesucht werden muß.

Um aber auszufinden, worin wir am Menschen wenigstens jenen

---

[1] für dieselbe.
[2] der Mensch.

letzten Zweck der Natur zu setzen haben, müssen wir dasjenige, was die Natur zu leisten vermag, um ihn dazu vorzubereiten, was er selbst tun muß, um Endzweck zu sein, heraussuchen und es von allen den Zwecken absondern, deren Möglichkeit auf Bedingungen beruht, die man allein von der Natur erwarten darf. Von der letztern Art ist die Glückseligkeit auf Erden, worunter der Inbegriff aller durch die Natur außer und in dem Menschen möglichen Zwecke desselben verstanden wird; das ist die Materie aller seiner Zwecke auf Erden, die, wenn er sie zu seinem ganzen Zwecke macht, ihn unfähig macht, seiner eigenen Existenz einen Endzweck zu setzen und dazu zusammenzustimmen. Es bleibt also von allen seinen Zwecken in der Natur nur die formale, subjektive Bedingung, nämlich der Tauglichkeit: sich selbst überhaupt Zwecke zu setzen und (unabhängig von der Natur in seiner Zweckbestimmung) die Natur den Maximen seiner freien Zwecke überhaupt angemessen, als Mittel zu gebrauchen, übrig, was die Natur, in Absicht auf den Endzweck, der außer ihr liegt, ausrichten und welches also als ihr letzter Zweck angesehen werden kann. Die Hervorbringung der Tauglichkeit eines vernünftigen Wesens zu beliebigen Zwecken überhaupt (folglich in seiner Freiheit) ist die Kultur. Also kann nur die Kultur der letzte Zweck sein, den man der Natur in Ansehung der Menschengattung beizulegen Ursache hat: nicht seine eigene Glückseligkeit auf Erden oder wohl gar bloß das vornehmste Werkzeug zu sein, Ordnung und Einhelligkeit in der vernunftlosen Natur außer ihm zu stiften.

Aber nicht jede Kultur ist zu diesem letzten Zwecke der Natur hinlänglich. Die der Geschicklichkeit ist freilich die vornehmste subjektive Bedingung der Tauglichkeit zur Beförderung der Zwecke überhaupt, aber doch nicht hinreichend, die Freiheit, in der Bestimmung und Wahl seiner Zwecke, zu befördern, welche doch zum ganzen Umfange einer Tauglichkeit zu Zwecken wesentlich gehört. Die letztere Bedingung der Tauglichkeit, welche man die Kultur der Zucht (Disziplin) nennen könnte, ist negativ und besteht in der Befreiung des Willens von dem Despotismus der Begierden, wodurch wir, an gewisse Naturdinge geheftet, unfähig gemacht werden selbst zu wählen, indem wir uns die Triebe zu Fesseln dienen lassen, die uns die Natur statt Leitfäden beigegeben hat, um die Bestimmung der Tierheit nicht in uns zu vernachlässigen oder gar zu verletzen, indessen daß wir doch frei genug sind sie anzuziehen oder nachzulassen, zu verlängern oder zu verkürzen, nachdem es die Zwecke der Vernunft erfordern.

Die Geschicklichkeit kann in der Menschengattung nicht wohl entwickelt werden als vermittels der Ungleichheit unter Menschen, da die größte Zahl die Notwendigkeiten des Lebens gleichsam mechanisch, ohne dazu besonders Kunst zu bedürfen, zur Gemächlichkeit und Muße anderer, besorgt, welche die minder notwendigen Stücke der Kultur, Wissenschaft und Kunst, bearbeitet und von diesen in einem Stande des Drucks, saurer Arbeit und wenig Genusses gehalten wird, auf welche Klasse sich denn doch manches von der Kultur der höheren nach und nach verbreitet. Die Plagen aber wachsen im Fortschritte derselben (dessen Höhe, wenn der Hang zum Entbehrlichen schon dem Unentbehrlichen Abbruch zu tun anfängt, Luxus heißt) auf beiden Seiten gleich mächtig, auf der einen durch fremde Gewalttätigkeit, auf der andern durch innere Ungenügsamkeit; aber das glänzende Elend ist doch mit der Entwicklung der Naturanlagen in der Menschengattung verbunden, und der Zweck der Natur selbst, wenn es gleich nicht unser Zweck ist, wird doch hierbei erreicht. Die formale Bedingung, unter welcher die Natur diese ihre Endabsicht allein erreichen kann, ist diejenige Verfassung im Verhältnisse der Menschen untereinander, da dem Abbruche[1] der einander wechselseitig widerstreitenden Freiheit gesetzmäßige Gewalt in einem Ganzen, welches bürgerliche Gesellschaft heißt, entgegengesetzt wird; denn nur in ihr kann die größte Entwicklung der Naturanlage geschehen, zu welcher aber doch, wenn gleich Menschen sie auszufinden klug und sich ihrem Zwange willig zu unterwerfen

---

[1] der Einschränkung.

weise genug wären, noch ein weltbürgerliches Ganze, d. i. ein
System aller Staaten, die aufeinander nachteilig zu wirken in
Gefahr sind, erforderlich wäre. In dessen Ermangelung und bei
dem Hindernis, welches Ehrsucht, Herrschsucht und Habsucht
selbst der Möglichkeit eines solchen Entwurfs entgegensetzen, ist
der Krieg unvermeidlich, der so, wie er ein unabsichtlicher (durch
zügellose Leidenschaften angeregter) Versuch der Menschen,
doch ein tief verborgener (vielleicht) absichtlicher Versuch der
obersten Weisheit ist, Gesetzmäßigkeit mit der Freiheit der Staaten und dadurch Einheit eines moralisch begründeten Systems
derselben, wo nicht zu stiften, dennoch[1] vorzubereiten, unerachtet
der schrecklichsten Drangsale, womit er das menschliche Geschlecht belegt, und der vielleicht noch größern[2], womit die beständige Bereitschaft dazu im Frieden drückt.

Was die Disziplin der Neigungen betrifft, zu denen die Naturanlage in Absicht auf unsere Bestimmung, als einer Tiergattung,
ganz zweckmäßig ist, die aber die Entwicklung der Menschheit
sehr erschweren, so zeigt sich doch auch in Ansehung dieses
zweiten Erfordernisses zur Kultur ein zweckmäßiges Streben der
Natur zu einer Ausbildung, welche uns höhere Zwecke, als die
Natur selbst liefern kann, empfänglich macht. Das Übergewicht
der Übel, welche die Verfeinerung des Geschmacks bis zur Ideali-
sierung desselben, selbst der Luxus in Wissenschaften, als einer
Nahrung für die Eitelkeit, durch die unzubefriedigende Menge der
dadurch erzeugten Neigungen über uns ausschüttet, ist nicht zu
bestreiten; dagegen aber der Zweck der Natur auch nicht zu
verkennen, der Rohigkeit und dem Ungestüm derjenigen Neigungen, welche mehr der Tierheit in uns angehören und der Ausbildung zu unserer höheren Bestimmung am meisten entgegen sind
(denen des Genusses), immer mehr abzugewinnen[3] und der Ent-

---

[1] so doch.
[2] Drangsale.
[3] Boden abzugewinnen.

wicklung der Menschheit Platz zu machen. Schöne Kunst und Wissenschaften, die durch eine Lust, die sich allgemein mitteilen läßt, und durch Geschliffenheit und Verfeinerung für die Gesellschaft wenngleich den Menschen nicht sittlich besser doch gesittet machen, gewinnen der Tyrannei des Sinnenhanges sehr viel ab und bereiten dadurch den Menschen zu einer Herrschaft vor, in der die Vernunft allein Gewalt haben soll, indessen daß die Übel, womit uns teils die Natur, teils die unvertragsame Selbstsucht der Menschen heimsucht, zugleich die Kräfte der Seele aufbieten, steigern und stählen, um jenen nicht unterzuliegen und uns so eine Tauglichkeit zu höheren Zwecken, die in uns verborgen liegt, fühlen lassen.

Von dem Menschen nun (und so jedem vernünftigen Wesen in der Welt) als einem moralischen Wesen kann nicht weiter gefragt werden: wozu er existiere. Sein Dasein hat den höchsten Zweck selbst in sich, dem, soviel er vermag, er die ganze Natur unterwerfen kann, wenigstens welchem zuwider er sich keinem Einflusse der Natur unterworfen halten darf. — Wenn nun Dinge der Welt, als ihrer Existenz nach, abhängige Wesen, einer nach Zwecken handelnden obersten Ursache bedürfen, so ist der Mensch der Schöpfung Endzweck; denn ohne diesen wäre die Kette der einander untergeordneten Zwecke nicht vollständig gegründet und nur im Menschen, aber auch in diesem nur als Subjekte der Moralität, ist die unbedingte Gesetzgebung in Ansehung der Zwecke anzutreffen, welche ihn also allein fähig macht, ein Endzweck zu sein, dem die ganze Natur teleologisch untergeordnet ist.

Auch am Ende dieser „Kritik" stoßen wir wieder auf den Gottsucher Kant, der sich fragt, welches Licht nun diese Erörterungen auf die „unvermeidliche" Aufgabe der Vernunft, auf die Gottesvorstellung werfen. Bedeutet die Notwendigkeit der Annahme einer obersten Ursache, durch die allein Teleologie überhaupt (als System) möglich ist, etwas für die Wirklichkeit dieser obersten Ursache? Enthält die Tatsache, daß wir nicht nur teleologisch beurteilen können, sondern müssen, wenn wir es mit organischen Strukturen zu tun haben, versteckt einen Beweis für die objektive Existenz Gottes?

Kant beantwortet diese Frage zwar mit Nein: Ein objektiv-gültiger Beweis für das Dasein Gottes ist nicht darin enthalten. Von Gott als Seiendem zu reden, hat nach wie vor keinen Sinn. Dennoch bleibt die subjektive Nötigung zur Bildung der Gottesvorstellung unverändert bestehen, als einzig möglicher Erklärungsgrund für die Zweckmäßigkeit in der Natur, als regulatives Prinzip für die systematische Teleologie und auch als Richtschnur für konsequentes moralisches Handeln.

Gott, der einzig mögliche Erklärungsgrund

Nun ist es ein Grundgesetz, dem selbst die gemeinste Menschenvernunft unmittelbar Beifall zu geben genötigt ist: daß, wenn überall ein Endzweck, den die Vernunft a priori angeben muß, stattfinden soll, dieser kein anderer als der Mensch (ein jedes vernünftige Weltwesen) unter moralischen Gesetzen sein könne[1].

---

[1] Ich sage mit Fleiß: unter moralischen Gesetzen, nicht der Mensch nach moralischen Gesetzen, d. i. ein solcher, der sich ihnen gemäß verhält, ist der Endzweck der Schöpfung. Denn mit dem letzteren Ausdrucke würden wir mehr sagen, als wir wissen: nämlich, daß es in der Gewalt eines Welturhebers stehe, zu machen, daß der Mensch den moralischen Gesetzen jederzeit sich angemessen verhält, welches einen Begriff von Freiheit und der Natur (von welcher letzteren man allein einen äußeren Urheber denken kann) voraussetzt, der eine Einsicht in das übersinnliche Substrat der Natur, und dessen Einerleiheit, mit dem, was die Kausalität durch Freiheit in der Welt möglich macht, enthalten mußte, die weit über unsere Vernunfteinsicht hinausgeht. Nur vom Menschen unter moralischen Gesetzen können wir, ohne die Schranken unserer Einsicht zu überschreiten, sagen: sein Dasein mache der Welt Endzweck aus. Dieses stimmt auch vollkommen mit dem Urteil der moralisch über den Weltlauf reflektierenden Menschenvernunft. Wir glauben die Spuren einer weisen Zweckbeziehung auch am Bösen wahrzunehmen, wenn wir nur sehen, daß der

Denn (so urteilt ein jeder): bestände die Welt aus lauter leblosen oder zum Teil zwar aus lebenden, aber vernunftlosen Wesen, so werde das Dasein einer solchen Welt gar keinen Wert haben, weil in ihr kein Wesen existierte, was von einem Werte den mindesten Begriff hat; wären dagegen auch vernünftige Wesen, deren Vernunft aber den Wert des Daseins der Dinge nur im Verhältnisse der Natur zu ihnen (ihrem Wohlbefinden) zu setzen, nicht aber sich einen solchen ursprünglich (in der Freiheit) selbst zu verschaffen imstande wäre, so wären zwar relative Zwecke in der Welt, aber kein (absoluter) Endzweck; weil das Dasein solcher vernünftigen Wesen doch immer zwecklos sein würde. Die moralischen Gesetze aber sind von der eigentümlichen Beschaffenheit, daß sie etwas als Zweck ohne Bedingung, mithin gerade so, wie der Begriff eines Endzwecks es bedarf, für die Vernunft vorschreiben, und die Existenz einer solchen Vernunft, die in der Zweckbeziehung ihr[1] selbst das oberste Gesetz sein kann, mit andern Worten die Existenz vernünftiger Wesen unter moralischen Gesetzen, kann also allein als Endzweck vom Dasein einer Welt gedacht werden. Ist dagegen dieses nicht so bewandt, so liegt dem Dasein derselben

---

frevelhafte Bösewicht nicht eher stirbt, als bis er die wohlverdiente Strafe seiner Untaten erlitten hat. Nach unseren Begriffen von freier Kausalität beruht das Wohl- oder Übelverhalten auf uns; die höchste Weisheit aber der Weltregierung setzen wir darin, daß zu dem ersteren die Veranlassung, für beides aber der Erfolg nach moralischen Gesetzen verhängt sei. In dem letzteren besteht eigentlich die Ehre Gottes, welche daher von Theologen nicht unschicklich der letzte Zweck der Schöpfung genannt wird. — Noch ist anzumerken, daß wir unter dem Wort Schöpfung, wenn wir uns dessen bedienen, nichts anders, als was hier gesagt worden ist, nämlich die Ursache vom Dasein einer Welt, oder der Dinge in ihr (der Substanzen), verstehen; wie das auch der eigentliche Begriff dieses Wortes mit sich bringt, welches mithin nicht schon die Voraussetzung einer freiwirkenden, folglich verständigen Ursache (deren Dasein wir allererst beweisen wollen) bei sich führt.

[1] sich.

entweder gar kein Zweck in der Ursache, oder es liegen ihm Zwecke ohne Endzweck zugrunde.

Das moralische Gesetz, als formale Vernunftbedingung des Gebrauchs unserer Freiheit, verbindet uns für sich allein, ohne von irgendeinem Zwecke, als materialer Bedingung, abzuhängen; aber es bestimmt uns doch auch, und zwar a priori einen Endzweck, welchem nachzustreben es uns verbindlich macht, und dieser ist das höchste durch Freiheit mögliche Gut in der Welt.

Die subjektive Bedingung, unter welcher der Mensch (und nach allen unsern Begriffen auch jedes vernünftige endliche Wesen) sich, unter dem obigen Gesetze, einen Endzweck setzen kann, ist die Glückseligkeit, folglich das höchste in der Welt mögliche und, soviel an uns ist, als Endzweck zu befördernde physische Gut ist Glückseligkeit, unter der objektiven Bedingung der Einstimmung des Menschen mit dem Gesetze der Sittlichkeit, als der Würdigkeit glücklich zu sein.

Diese zwei Erfordernisse des uns durch das moralische Gesetz aufgegebenen Endzwecks können wir aber, nach allen unsern Vernunftvermögen, als durch bloße Naturursachen verknüpft und der Idee des gedachten Endzwecks angemessen, unmöglich uns vorstellen. Also stimmt der Begriff von der praktischen Notwendigkeit eines solchen Zwecks durch die Anwendung unserer Kräfte, nicht mit dem theoretischen Begriffe, von der physischen Möglichkeit der Bewirkung desselben, zusammen, wenn wir mit unserer Freiheit keine andere Kausalität (eines Mittels) als die der Natur verknüpfen.

Folglich müssen wir eine moralische Welturstache (einen Welturheber) annehmen, um uns, gemäß dem moralischen Gesetze, einen Endzweck vorzusetzen und, soweit als das letztere notwendig ist, soweit (d. i. in demselben Grad und aus demselben Grunde) ist auch das erstere notwendig anzunehmen: nämlich es sei ein Gott[1].

---

[1] Dieses moralische Argument soll keinen objektiv-gültigen Beweis

Dieser Beweis will nicht sagen: es ist ebenso notwendig das Dasein Gottes anzunehmen, als die Gültigkeit des moralischen Gesetzes anzuerkennen, mithin der, welcher sich vom letzteren nicht überzeugen kann, könne sich von den Verbindlichkeiten nach dem ersteren los zu sein urteilen. Nein! Nur die Beabsichtigung des durch die Befolgung des ersteren zu bewirkenden Endzwecks in der Welt (einer mit der Befolgung moralischer Gesetze harmonisch zusammentreffenden Glückseligkeit vernünftiger Wesen als das höchste Weltbeste) müßte alsdann aufgegeben werden. Ein jeder Vernünftige würde sich an der Vorschrift der Sitten immer noch als strenge gebunden erkennen müssen; denn die Gesetze derselben sind formal und gebieten unbedingt, unangesehen aller Zwecke (als der Materie des Wollens). Aber das eine Erfordernis des Endzwecks, wie ihn die praktische Vernunft den Weltwesen vorschreibt, ist ein in sie durch ihre Natur (als endliche Wesen) gelegter unwiderstehlicher Zweck, den die Vernunft nur dem moralischen Gesetze als unverletzlicher Bedingung unterworfen oder auch nach demselben allgemein gemacht wissen will und so die Beförderung der Glückseligkeit, in Einstimmung mit der Sittlichkeit, zum Endzweck macht. Diesen nun, soviel (was die ersteren betrifft) in unserem Vermögen ist, zu befördern, wird uns durch das moralische Gesetz geboten; der Ausschlag[1], den diese Bemühung hat, mag sein welcher er wolle, die Erfüllung der Pflicht besteht in der Form des ernstlichen Willens, nicht in den Mittelursachen des Gelingens.

---

vom Dasein Gottes an die Hand geben, nicht dem Zweifelgläubigen beweisen, daß ein Gott sei; sondern daß, wenn er moralisch konsequent denken will, er die Annehmung dieses Satzes unter die Maximen seiner praktischen Vernunft aufnehmen müsse. — Es soll damit auch nicht gesagt werden: es ist zur Sittlichkeit notwendig, die Glückseligkeit aller vernünftigen Weltwesen gemäß ihrer Moralität anzunehmen; sondern: es ist durch sie notwendig. Mithin ist es ein subjektiv, für moralische Wesen hinreichendes Argument.

[1] das Ergebnis.

Gesetzt also: ein Mensch überredete sich, teils durch die Schwäche aller sehr gepriesenen spekulativen Argumente, teils durch manche in der Natur und Sinnenwelt ihm vorkommende Unregelmäßigkeiten bewogen, von dem Satze: es sei kein Gott; so würde er doch in seinen eigenen Augen ein Nichtswürdiger sein, wenn er darum die Gesetze der Pflicht für bloß eingebildet, ungültig, unverbindlich halten und ohngescheut zu übertreten beschließen wollte. Ein solcher würde auch alsdann noch, wenn er sich in der Folge von dem, was er anfangs bezweifelt hatte, überzeugen könnte, mit jener Denkungsart doch immer ein Nichtswürdiger bleiben, ob er gleich seine Pflicht, aber aus Furcht oder aus lohnsüchtiger Absicht, ohne pflichtverehrende Gesinnung, der Wirkung nach so pünktlich, wie es immer verlangt werden mag, erfüllte; und umgekehrt, wenn er sie als Gläubiger seinem Bewußtsein noch aufrichtig und uneigennützig befolgt und gleichwohl, sooft er zum Versuche den Fall setzt, er könnte einmal überzeugt werden, es sei kein Gott, sich sogleich von aller sittlichen Verbindlichkeit frei glaubte, müßte es doch mit der innern moralischen Gesinnung in ihm nur schlecht bestellt sein.

Wir können also einen rechtschaffenen Mann annehmen, der sich festiglich überredet hält: es sei kein Gott und (weil es in Ansehung des Objekts der Moralität auf einerlei Folge hinausläuft) auch kein künftiges Leben; wie wird er seine eigene innere Zweckbestimmung durch das moralische Gesetz, welches er tätig verehrt, beurteilen? Er verlangt von Befolgung desselben für sich keinen Vorteil, weder in dieser noch in einer anderen Welt; uneigennützig will er vielmehr nur das Gute stiften, wozu jenes heilige Gesetz allen seinen Kräften die Richtung gibt. Aber sein Bestreben ist begrenzt, und von der Natur kann er zwar hin und wieder einen zufälligen Beitritt[1], niemals aber eine gesetzmäßige und nach beständigen Regeln eintreffende Zusammenstimmung der Natur zu dem Zwecke erwarten, welchen zu bewirken er sich doch

---

[1] ein zufälliges Entgegenkommen.

verbunden und angetrieben fühlt. Betrug, Gewalttätigkeit und Neid werden immer um ihn im Schwange gehen, ob er gleich selbst redlich, friedfertig und wohlwollend ist und die Rechtschaffenen, die er außer sich noch antrifft, werden, unangesehen aller ihrer Würdigkeit glücklich zu sein, dennoch durch die Natur, die darauf nicht achtet, allen Übeln, des Mangels, der Krankheiten und des unzeitigen Todes, gleich den übrigen Tieren der Erde, unterworfen sein und es auch immer bleiben, bis ein weites Grab sie insgesamt (redlich oder unredlich, das gilt hier gleich viel) verschlingt und sie, die da glauben konnten, Endzweck der Schöpfung zu sein, in den Schlund des zwecklosen Chaos der Materie zurückwirft, aus dem sie gezogen waren. — Den Zweck also, den dieser Wohlgesinnte in Befolgung der moralischen Gesetze vor Augen hatte und haben sollte, müßte er allerdings als unmöglich aufgeben; oder will er auch hierin dem Rufe seiner sittlichen inneren Bestimmung anhänglich bleiben und die Achtung, welche das sittliche Gesetz ihm unmittelbar zum Gehorchen einflößt, nicht durch die Nichtigkeit des einzigen ihrer hohen Forderung angemessenen idealischen Endzwecks schwächen, so muß er, welches er auch gar wohl tun kann, indem es an sich wenigstens nicht widersprechend ist, in praktischer Absicht, d. i. um sich wenigstens von der Möglichkeit des ihm moralisch vorgeschriebenen Endzwecks einen Begriff zu machen, das Dasein eines moralischen Welturhebers, d. i. Gottes, annehmen.

Zusammenfassung

Damit stehen wir am Ende auch dieser kritischen Voruntersuchung Kants über das Wesen, die Möglichkeit und die Tragweite der teleologischen Beurteilung überhaupt.
Teleologisches Beurteilen ist also kein Erkennen — wir sagen dabei nichts objektiv Gültiges über Gegenstände unserer Erfahrungswelt aus — es ist eine Stellungnahme moralischer Art. Wir tragen dabei an das Gegebene systematisch eine Vorstellungsart

heran, deren oberstes Prinzip eine zweckmäßig wirkende Weltvernunft ist (als Vorbild für diese Weltvernunft dient uns unsere eigene Vernunft) und ordnen auf diese Weise das Gegebene ein in ein ideales Reich der Zwecke, dessen Verwirklichung uns „aufgegeben" ist (wenigstens wenn wir den Stimmen Glauben schenken, die in unserem moralischen Bewußtsein laut werden und uns dazu bewegen wollen, als „reine Vernunftwesen" zu handeln und darauf hinzuwirken, daß die aktuelle Spannung zwischen der natürlichen und der moralischen Welt überwunden werde).

Kant sagt also nicht, daß in der Welt ein teleologisches System bereits vollkommen verwirklicht sei, welches uns zu einem gültigen Schluß auf die Existenz einer obersten Weltvernunft berechtigt, sondern lediglich, daß wir zu unserem Teil (unter der Leitvorstellung einer solchen Weltvernunft) dazu beitragen sollen, das ideale Reich der Zwecke (symbolisch in der Kunst und praktisch durch planvolle Erziehung und vernünftigen Kulturausbau) in unendlicher Annäherung zu errichten. Die Vorstellung einer obersten Weltvernunft als Urheber aller Zweckmäßigkeit in der Natur (auch unserer eigenen in Hinblick auf unsere Bestimmung als reine Vernunftwesen) ist also nicht nur der einzig mögliche (subjektive) Erklärungsgrund für bereits vorhandene aktuelle Zweckmäßigkeit, sondern auch die notwendige Leitidee aller planmäßigen kulturellen Bemühungen.

Gott — der einzig mögliche Erklärungsgrund für die Zweckmäßigkeit in der Natur und die notwendige Leitvorstellung bei allen planmäßigen vernünftigen Kulturbestrebungen — das ist die vierte Etappe auf dem Wege des kritischen Gottsuchers Kant.

Schlußwort zu den Kritiken

Wir hatten den vorkritischen Kant einen „Weltdeuter" und „Gottsucher" genannt. Die „Kritiken selbst" waren uns als Voruntersuchungen erschienen, angestellt in der Absicht, den Boden zu ebnen für eine widerspruchsfreie zukünftige Deutung der Welt, für ein kritisch geläutertes Suchen nach Gott, und natürlich in der Absicht, Warnungstafeln überall da aufzurichten, wo die Gefahr besteht, in die Denkfehler und Trugschlüsse der alten spekulativen Metaphysik zu verfallen.

Diese kritischen Voruntersuchungen erstrecken sich nun nicht auf alle möglichen Stellungnahmen der Vernunft, sondern nur auf diejenigen, welche für die Weltdeutung und Gottessuche entscheidend sind, also auf das theoretische Erkennen, auf das praktische (sittliche) Handeln und auf die Zweckmäßigkeitsbeurteilung. Kants Bestreben dabei ist, diese Stellungnahme „im Inbegriff", d. h. als „reine" Musterschemata zu zeichnen. In dieser abstrakten Form sollen sie zukünftigen konkreten Stellungnahmen als Muster und Richtschnur dienen.

Während seiner kritischen Erörterungen zeigt sich Kant natürlich nur wenig an weltanschaulichen Fragen interessiert. Die Tatsache also, daß es so etwas wie Welt gibt („der bestirnte Himmel über mir"), daß diese Welt einer Vernunft „erscheint", und daß dieser Vernunft Orientierung innerhalb der Erscheinungen theoretisch und praktisch „aufgegeben" ist („der kategorische Imperativ in mir"), wird zwar von Kant mit ehrfürchtigem Erstaunen konstatiert, aber in den „Kritiken" selbst nicht zum Ausgangspunkt metaphysischer Deutungen gemacht. Denn die Möglichkeit und Zulässigkeit solcher Deutungen selbst steht zur Debatte.

Dennoch überdauert Kants Interesse an den „unvermeidlichen Aufgaben der Vernunft" (Gott, Freiheit, Unsterblichkeit) die kritische Vorarbeit. Die „Kritiken" erweisen sich nicht nur als grundsätzlich auf die zukünftige Lösung dieser Aufgaben abgestimmt, sondern suchen selbst schon im allgemeinen auszumachen, welchen Wert und welche Tragweite jene Stellungnahmen für die Lösung solcher Aufgaben haben, und ihrer Natur nach haben können.

Um nun einen Überblick über den Gang und den Zusammenhang der Kritiken zu ermöglichen, geben wir im folgenden noch einmal die Hauptproblemstellungen und die Hauptergebnisse in schematischer Darstellung.

A. Voraussetzungen der Kritiken

1. Daß es so etwas wie „Vernunft" (als vernünftige, moralische Anlage des Menschen) überhaupt gibt.
2. Daß dieser Vernunft Welt als Erscheinung „gegeben" ist.
3. Daß ihr systematische bzw. konsequente Stellungnahme zum Gegebenen „aufgegeben" ist.
4. Daß (neben der bloßen passiven wahrnehmenden Registrierung

des Gegebenen) Erkennen, Sittlich-Handeln und Beurteilen (theoretische, praktische und reflektierende Vernunft) die entscheidenden aktiven Stellungnahmen der Vernunft zum Gegebenen sind.

B. Problematik der Kritiken

1. Die „Kritik der reinen Vernunft" sucht den Inbegriff des reinen systematischen Erkennens herauszustellen und die Frage nach der Geltung (dem Rechtsgrund) dieser Stellungnahme zu klären.
2. Die „Kritik der praktischen Vernunft" sucht den Inbegriff des konsequenten sittlichen Handelns herauszustellen und die Frage nach den Bedingungen der Verwirklichung einer reinen Sittlichkeit zu lösen.
3. Die „Kritik der Urteilskraft" sucht das Prinzip der teleologischen Beurteilung (der gefühlsmäßigen und verstandesmäßigen Bewertung des Gegebenen) zu ermitteln und bemüht sich um die Frage nach dem theoretischen und dem praktischen Sinn dieser Stellungnahme.
In jeder der drei „Kritiken" handelt es sich wesentlich um die Feststellung des Anteils der Vernunft (um das Apriori) an der Struktur dessen, was diese Stellungnahme erzeugt (Erkenntnis, Kunst, Kultur usw.).

C. Ergebnisse der Kritiken

Zu B 1: Erkennen überhaupt ist Synthesis a priori, d. h.
a) ein Zusammenfassen von Teilen des Gegebenen zur Wahrnehmung (unter der einheitsstiftenden Wirkung der Anschauungsformen des Raumes und der Zeit) und darüber hinaus;
b) ein Bringen von Wahrnehmungen unter Begriffe und ein Verschmelzen dieser Begriffe zu Urteilen (unter der einheitsstiftenden Wirkung der Verstandesbegriffe bzw. der ihnen entsprechenden Urteilsformen) und schließlich
c) ein Zusammenfassen von zusammengehörigen Urteilen zum System (unter der einheitsstiftenden Wirkung regulativer Prinzipien).
Der Anteil der Vernunft an dieser Art der Stellungnahme ist einmal die Tendenz zur Zusammenfassung (Spontaneität) und dazu das in sich geschlossene System der Anschauungsformen, Kategorien und Ideen, durch welche die Synthesis erzielt wird. Auf der logischen

Geschlossenheit dieses Systems beruht zugleich die Geltung des Verfahrens.

Zu B 2: Konsequentes sittliches Handeln ist ein Verhalten, das grundsätzlich dem kategorischen Imperativ der Pflicht entspricht. Die Bedingungen der Verwirklichung einer strengen Sittlichkeit sind:

1. der Handelnde muß sich (in unendlicher Annäherung) zum „reinen Vernunftwesen", d. h. zur völligen Freiheit seines Handelns, emporentwickeln. Dazu bedarf er

2. der Gewißheit, daß ihm ewige Dauer (für die Verwirklichung dieser unendlichen Aufgabe) garantiert sei, sowie

3. der Gewißheit, daß der aktuellen Wirklichkeit ein vernünftiger Schöpfungsplan zugrunde liegt, der die schließliche Überwindung der Spannung zwischen der Welt „wie sie ist" und der Welt „wie sie sein sollte" vorsieht.

Der Anteil der Vernunft an dieser Stellungnahme ist die sittliche Tendenz und deren Leitidee eines vernünftig (harmonisch) geordneten Reiches der Zwecke, als zu verwirklichende Aufgabe.

Zu B 3: „Beurteilen" ist entweder eine Stellungnahme in Gefühlen (Geschmacksurteil) oder eine Stellungnahme nach Analogie der theoretischen Erkenntnis, und zwar eine Stellungnahme zur bloßen Form des Gegebenen.

1. Das gefühlsmäßige Beurteilen der Form eines Gegebenen ist ein unterbrochener Erkenntnisprozeß ohne Erkenntniswert für den Gegenstand, d. h. wir nehmen das Gegebene wahr, schreiten aber nicht zu seiner Verbegrifflichung und systematischen Verarbeitung nach Erkenntnisprinzipien, sondern verharren in der bloßen Betrachtung (ästhetischen Kontemplation) und prüfen spielend seine Formen auf ihre Eignung für den synthetischen Verstandes- bzw. Vernunfttakt. Liegt eine solche Eignung vor (subjektive Zweckmäßigkeit), so kommt sie uns lustvoll im erleichterten Spiel unserer Gemütskräfte zum Bewußtsein. Wir übertragen alsdann unser subjektives Gefühl auf den Gegenstand und nennen ihn „schön". — „Erhaben" aber nennen wir einen Gegenstand dann, wenn die ungeheure Größe seiner Dimensionen jeden Versuch einer Erkenntnissynthese vereitelt. Bei dieser Gelegenheit kommt uns unsere Bedeutungslosigkeit als Sinnenwesen und im Gegensatz dazu die Erhabenheit unserer moralischen Bestimmung als reine Vernunftwesen in einer Stimmung zum Bewußtsein, die zwischen Niedergeschlagenheit und Erhebung hin und her

schwankt. Wir übertragen dieses subjektive Erlebnis auf den Gegenstand und nennen ihn „erhaben".

Der Anteil der Vernunft an dieser Stellungnahme ist die Fähigkeit,
auf eine Wahrnehmung mit Gefühlen zu reagieren, d. h. in der
Erleichterung oder Erschwerung der ästhetischen Auffassung des
Gegebenen (durch dessen formale Beschaffenheit) sich die eigene
moralische Bestimmung zum Bewußtsein zu bringen.

2. Die Beurteilung der Form eines Gegebenen als objektiv zweckmäßig ist eine Stellungnahme, die gleichfalls keinen eigentlichen
Erkenntniswert für das Gegebene hat. Sie ist trotzdem eine notwendige Stellungnahme, zu der wir durch die Tatsache des Gegebenseins
organischer Gebilde in der Welt gezwungen sind. Das Prinzip dieser
Stellungnahme ist die systematische Anwendung der Vorstellung
einer obersten Weltvernunft (nach dem Vorbilde unserer eigenen
Vernunft) auf solche Gebilde.

Der Anteil der Vernunft an dieser Stellungnahme besteht in der
Bereitstellung ihres eigenen Bildes für die Vorstellung einer obersten
Weltvernunft. In dieser Analogie übertragen wir auch das Bewußtsein
unserer Bestimmung als moralische Vernunftwesen und unsere Leit-
vorstellung einer Welt wie sie sein sollte (harmonisches Reich der
Zwecke) auf das Gegebene und schaffen uns so die objektive praktische
Möglichkeit, die Welt im Sinne der moralischen Forderung umzuge-
stalten, d. h. durch planmäßigen Kulturaufbau die aktuelle Spannung
zwischen der natürlichen und der sittlichen Weltordnung zu unserem
Teile allmählich aufzuheben.

Forderungen

Speziell auf die Gottesidee werfen die „Kritiken" folgendes Licht:

1. Die „Kritik der reinen Vernunft" lehrt, daß eine Erkennbarkeit
Gottes an sich im Sinne der naturwissenschaftlichen Erkenntnis nicht
möglich ist. Der Gottesbegriff ist in diesem Zusammenhang nichts als
eine heuristische Fiktion.

2. Die „Kritik der praktischen Vernunft" lehrt, daß sich auch aus der
Rolle, welche die Gottesidee im moralischen Leben spielt, kein Exi-
stenzialbeweis ableiten lasse. Gott sei lediglich ein Postulat für die
praktische Vernunft.

3. Die „Kritik der ästhetischen Urteilskraft" lehrt, daß auch die Rolle, welche die Gottesvorstellung im ästhetischen Erleben spielt, keinen Beweisgrund für das Dasein Gottes abgebe. Dennoch sei sie als Symbol des Guten möglich und erlaubt.

4. Die „Kritik der teleologischen Urteilskraft" lehrt, daß auch die Leitvorstellung einer obersten Weltvernunft als regulatives Prinzip unserer teleologischen Beurteilung nicht das Geringste über die objektive Existenz einer solchen Weltvernunft aussage, und daß trotzdem diese Vorstellung als der einzige uns mögliche Erklärungsgrund für die Tatsache des Vorhandenseins organischer Bildungen in der Welt angesehen werden müsse.

DIE KULTURPHILOSOPHIE

Die Religion innerhalb der Grenzen der bloßen Vernunft

Mit dem Abschluß der kritischen Vorarbeiten und Grundlegungen war für Kant die Zeit der freiwilligen Selbstbeschränkung vorüber. Er konnte nun seine geistige Energie im vollen Umfange den Problemen wieder zuwenden, die ihn in der Jugend beschäftigt hatten, soweit sich diese Probleme selbst nicht im Läuterungsfeuer der Kritik als leere Hirngespinste, als Kompetenzüberschreitungen des spekulativen Denkens, erwiesen hatten. Im Brennpunkt der vorkritischen Denkbemühungen Kants stand — wie wir gezeigt haben — sein Interesse am Gottesproblem. Kant hat dieses Interesse auch während seiner kritischen Arbeiten niemals ganz aus dem Auge verloren.

Im ganzen kann man aber doch feststellen, daß die originale Frömmigkeit Kants, die sich in der Jugend mehrfach zu dem Bekenntnis steigerte: „es ist ein Gott", für die Zeit der kritischen Grundlegungen mit bewußter Absicht beiseitegeschoben wurde, nicht aus Religionsfeindschaft, sondern um der intellektuellen Redlichkeit willen, mit der Kant diese Untersuchungen zu führen gesonnen war. Es ist darum auch völlig unzulässig, aus Kants Äußerungen im Rahmen der „Kritiken" irgendwelche Schlüsse auf die Art seiner eigentlichen Religiosität zu ziehen. In den „Kritiken" selbst steht gar nicht das Verhältnis des religiösen Menschen zu seinem Gott, sondern die streng wissenschaftliche Erkennbarkeit Gottes, nicht „Gott qua Gott", sondern die Bedeutung des Gottesbegriffes, der Gottesvorstellung und der Gottesidee für das systematische Erkennen, Handeln und Beurteilen zur Debatte, und die Tendenz dabei ist, unter Beachtung aller kritischen Vorsichtsmaßregeln im Sinne des Wissens so viel Positives wie möglich darüber auszusagen.

Mit einer gewissen Zuversicht hatte der jugendliche Denker sich in das kritische Abenteuer gestürzt, überzeugt, daß trotz aller vorläufigen Zurückstellung der persönlichen religiösen Haltung die Religion um so strahlender aus diesem Läuterungsprozeß hervorgehen würde. Das Resultat mag für den Dogmatiker, der so gern seinen Glauben an Gott durch einen wissenschaftlichen Daseinsbeweis gestützt sieht, entmutigend sein, für Kant war das in keiner Weise der Fall. Ihm war die Religion nicht Sache eines Dogmas, sondern Gesinnungstatsache, und so bedeutet sein Nachweis, daß der Gottesbegriff, die Gottesvorstellung, die Gottesidee zwar erlaubte und nützliche, ja notwendige Fiktionen — aber eben doch für das Wissen nur Fiktionen seien, ihm nicht eine Auflösung der Religionen vom Wissen her, sondern eine Grundlegung vom Handeln her. Dem Wissen wird im vollen Umfange belassen, was des Wissens ist, um keinen Deut mehr; der entscheidende Schritt von der Notwendigkeit der Annahme eines Gottes zum Wissen vom Dasein Gottes (welcher Gott zu einem Naturgegenstand gemacht hätte) wird nicht vollzogen, sondern ausdrücklich als unzulässig untersagt. Dafür wird Wissen und Glauben streng voneinander geschieden. Wissen bezieht sich nur auf das, was räumlich und zeitlich da ist, während Glauben ausschließlich gerichtet ist auf das, was da sein sollte, dessen Verwirklichung uns durch unsere Anlage zum reinen Vernunftwesen aufgegeben ist. Die Religion bedarf des Wissens vom Daseienden nicht, und die Einsicht der Unbeweisbarkeit Gottes, trotz aller Nötigung, ihn auch für die Systematik des Erkennens zu fingieren, ist für das Religiöse belanglos.

Es ergab sich also für Kant nach Beendigung der kritisch propädeutischen Vorarbeiten die zwingende Notwendigkeit einer zusammenfassenden Darstellung seiner Religionslehre auf Grund dieser Einsichten. „Innerhalb der Grenzen der bloßen Vernunft" — d. h. unter Beachtung aller Warnungstafeln vor unzulässigen Spekulationen, welche die „Kritiken" errichtet haben — mußte diese Religionslehre dargestellt werden. Sie war zu entwickeln nicht aus einem religiösen Dogma, sondern aus einer sinnvollen natürlichen Einstellung des Menschen, aus seiner Anlage zum „reinen Vernunftwesen", aus der Spannung zwischen diesen Ansätzen und dem „radikal Bösen" im Menschen, aus seiner Zwischenstellung zwischen physischer Kausalität und moralischer Freiheit — kurzum aus seinem Erlösungsbedürfnis, und Gott hatte nicht als Dogma am Anfang dieser Religionslehre zu stehen, sondern bestenfalls am Ende, als Zielvorstellung, als Ergebnis der religiösen Entwicklung.

Glauben ist Erlösungsbedürfnis, ist Ahnen einer Bestimmung des Menschen, ist Gerichtetsein auf eine höhere moralische Kultur.

In diesem Sinne schrieb Kant im Jahre 1791 eine Abhandlung „Über das Mißlingen aller philosophischen Versuche in der Theodizee", in der noch einmal die Unabhängigkeit des Glaubens vom Wissen ausdrücklich proklamiert wird, und im Jahre 1793 seine berühmte „Religion innerhalb der Grenzen der bloßen Vernunft".

Einen Teil dieses Werkes, den Aufsatz „Über das radikale Böse in der menschlichen Natur", hatte Kant schon ein Jahr vorher in der „Berlinischen Monatsschrift" erscheinen lassen. Dieser Aufsatz und ein zweiter „Von dem Kampf des guten Prinzips mit dem bösen um die Herrschaft über den Menschen", erregten bereits das Mißfallen der theologisch-dogmatisch gebundenen Berliner Zensur. Als die Königsberger theologische Fakultät auf Kants Anfrage ihre Kompetenz zur Zensur verneinte, bat der die philosophische Fakultät in Jena um das Imprimatur. Diese erteilte es ihm, worauf er die beiden genannten samt zwei weiteren Abhandlungen in Jena drucken und danach in Königsberg erscheinen ließ. Die vier Aufsätze erschienen unter dem Titel „Die Religion innerhalb der Grenzen der bloßen Vernunft", und der in ihnen vertretene Standpunkt einer kritisch geläuterten, undogmatischen, in der sittlichen Anlage des Menschen (als Vernunftwesen) begründeten Religiosität entfesselte ein solches Für und Wider, daß die Berliner Zensur beschloß, gegen Kants Arbeiten auf diesem Gebiete energisch einzuschreiten. So erhielt Kant am 12. Oktober 1794 eine königliche Kabinettsorder, welche mit scharfen Worten tadelt, daß er seine Philosophie „zur Entstellung und Herabwürdigung mancher Haupt- und Grundlehren der Heiligen Schrift und des Christentums mißbraucht" habe, und welche ihn ermahnt, sich „künftighin nichts dergleichen mehr zuschulden kommen zu lassen", widrigenfalls „unangenehme Verfügungen" angedroht würden. — Kant verpflichtete sich in einer Rechtfertigung willig zum Schweigen, wohl weil er bereits klar und deutlich gesagt hatte, was in diesen Dingen von seinem Standpunkte aus zu sagen war, und weil es ihm ferne lag, sich seinen Lebensplan durch unerquicklichen theologischen Streitereien durchkreuzen und verwirren zu lassen. Auf einem kleinen Zettel seines Nachlasses aber finden sich die Worte: „Widerruf und Verleugnung seiner inneren Überzeugung ist niederträchtig, aber Schweigen in einem Fall wie der gegenwärtige ist Untertanenpflicht; und wenn alles, was man sagt, wahr sein muß, so ist darum nicht auch Pflicht, alle Wahrheit öffentlich zu sagen." — Mit dem Ableben des regierenden Monarchen (Friedrich Wilhelms II.) hielt sich der „getreue Untertan" auch der gelobten Schweigepflicht für ledig.

Wir bringen nun Texte, welche den Gedankengang und die Denkungsart Kants in dieser seiner religionsphilosophischen Hauptschrift (der Darstellung seiner rein moralischen Vernunftreligion) erkennen lassen, und welche vor allen Dingen zeigen, daß Kant weit davon entfernt war, Religion durch aufklärerische, „gottlose" Ethik ersetzen zu wollen.

Moral führt zur Religion

Die Moral, sofern sie auf dem Begriffe des Menschen als eines freien, eben darum aber auch sich selbst durch seine Vernunft an unbedingte Gesetze bindenden Wesens gegründet ist, bedarf weder der Idee eines andern Wesens über ihm, um seine Pflicht zu erkennen, noch einer andern Triebfeder als des Gesetzes selbst, um sie zu beobachten. Wenigstens ist es seine eigene Schuld, wenn sich ein solches Bedürfnis an ihm vorfindet, dem aber alsdann auch durch nichts anders abgeholfen werden kann, weil, was nicht aus ihm selbst und seiner Freiheit entspringt, keinen Ersatz für den Mangel seiner Moralität abgibt. — Sie bedarf also zum Behuf ihrer selbst (sowohl objektiv, was das Wollen, als subjektiv, was das Können betrifft) keineswegs der Religion, sondern vermöge der reinen praktischen Vernunft ist sie sich selbst genug. — Denn da ihre Gesetze durch die bloße Form der allgemeinen Gesetzmäßigkeit der danach zu nehmenden Maximen, als oberster (selbst unbedingter) Bedingung aller Zwecke, verbinden: so bedarf sie überhaupt gar keines materialen[1] Bestimmungsgrundes der freien Willkür, das ist keines Zwecks, weder um, was Pflicht sei, zu erkennen, noch dazu, daß sie ausgeübt werde, anzutreiben: sondern sie kann gar wohl und soll, wenn es auf Pflicht ankommt, von allen Zwecken abstrahieren. So bedarf es zum Beispiel, um zu wissen: ob ich vor Gericht in meinem Zeugnisse wahrhaft oder bei

---

[1] „inhaltlich" im Gegensatz zu „formal".

Abforderung eines mir anvertrauten fremden Guts treu sein soll (oder auch kann), gar nicht der Nachfrage nach einem Zweck, den ich mir bei meiner Erklärung zu bewirken etwa vorsetzen möchte, denn das ist gleichviel, was für einer es sei: vielmehr ist der, welcher, indem ihm sein Geständnis rechtmäßig abgefordert wird, noch nötig findet, sich nach irgendeinem Zwecke umzusehen, hierin schon ein Nichtswürdiger.

Obzwar aber die Moral zu ihrem eigenen Bedarf keiner Zweckvorstellung bedarf, die vor der Willensbestimmung vorhergehen müßte, so kann es doch wohl sein, daß sie auf einen solchen Zweck eine notwendige Beziehung habe, nämlich nicht als auf den Grund, sondern als auf die notwendigen Folgen der Maximen, die jenen gemäß genommen werden. — Denn ohne alle Zweckbeziehung kann gar keine Willensbestimmung im Menschen stattfinden, weil sie nicht ohne alle Wirkung sein kann, deren Vorstellung, wenngleich nicht als Bestimmungsgrund der Willkür und als ein in der Absicht vorhergehender Zweck, doch als Folge von ihrer Bestimmung durch Gesetz zu einem Zweck muß aufgenommen werden können, ohne welchen eine Willkür, die sich keinen weder objektiv noch subjektiv bestimmten Gegenstand (den sie hat oder haben sollte) zur vorhabenden Handlung hinzudenkt, zwar wie sie, aber nicht wohin sie zu wirken habe, angewiesen, sich selbst nicht Genüge tun kann. So bedarf es zwar für die Moral zum Rechthandeln keines Zwecks, sondern das Gesetz, welches die formale Bedingung des Gebrauchs der Freiheit überhaupt enthält, ist ihr genug. Aber aus der Moral geht doch ein Zweck hervor; denn es kann der Vernunft doch unmöglich gleichgültig sein, wie die Beantwortung der Frage ausfallen möge: was dann aus diesem unserm Rechthandeln herauskomme, und worauf wir, gesetzt auch, wir hätten dies nicht völlig in unserer Gewalt, doch als auf einen Zweck unser Tun und Lassen richten könnten, um damit wenigstens zusammenzustimmen. So ist es zwar nur eine Idee von einem Objekte, welches die formale Bedingung aller Zwecke, wie wir sie haben sollen (die

Pflicht), und zugleich alles damit zusammenstimmende Bedingte aller derjenigen Zwecke, die wir haben (die jener ihrer Beobachtung angemeßne Glückseligkeit), zusammen vereinigt in sich enthält, das ist die Idee eines höchsten Guts in der Welt, zu dessen Möglichkeit wir ein höheres, moralisches, heiligstes und allvermögendes Wesen annehmen müssen, das allein beide Elemente desselben vereinigen kann; aber diese Idee ist (praktisch betrachtet) doch nicht leer: weil sie unserm natürlichen Bedürfnisse zu allem unserm Tun und Lassen im ganzen genommen irgendeinen Endzweck, der von der Vernunft gerechtfertigt werden kann, zu denken abhilft, welches sonst ein Hindernis der moralischen Entschließung sein würde. Aber, was hier das Vornehmste ist, diese Idee geht aus der Moral hervor und ist nicht die Grundlage derselben; ein Zweck, welchen sich zu machen schon sittliche Grundsätze voraussetzt. Es kann also der Moral nicht gleichgültig sein, ob sie sich den Begriff von einem Endzweck aller Dinge (wozu zusammenzustimmen, zwar die Zahl ihrer Pflichten nicht vermehrt, aber doch ihnen einen besonderen Beziehungspunkt der Vereinigung aller Zwecke verschafft) mache oder nicht: weil dadurch allein der Verbindung der Zweckmäßigkeit aus Freiheit mit der Zweckmäßigkeit der Natur, deren wir gar nicht entbehren können, objektiv praktische Realität verschafft werden kann. Setzt einen Menschen, der das moralische Gesetz verehrt und sich den Gedanken beifallen läßt (welches er schwerlich vermeiden kann), welche Welt er wohl, durch die praktische Vernunft geleitet, erschaffen würde, wenn es in seinem Vermögen wäre, und zwar so, daß er sich selbst als Glied in dieselbe hineinsetzte, so würde er sie nicht allein gerade so wählen, als es jene moralische Idee vom höchsten Gut mit sich bringt, wenn ihm bloß die Wahl überlassen wäre, sondern er würde auch wollen, daß eine Welt überhaupt existiere, weil das moralische Gesetz will, daß das höchste durch uns mögliche Gut bewirkt werde, ob er sich gleich nach dieser Idee selbst in Gefahr sieht, für seine Person an Glückseligkeit sehr einzubüßen, weil es möglich ist, daß er vielleicht der Forderung

der letztern[1], welche die Vernunft zur Bedingung macht, nicht adäquat sein dürfte; mithin würde er dieses Urteil ganz parteilos,
gleich als von einem Fremden gefällt, doch zugleich für das seine
anzuerkennen sich durch die Vernunft genötigt fühlen, wodurch
der Mensch das in ihm moralisch gewirkte Bedürfnis beweist, zu
seinen Pflichten sich noch einen Endzweck, als den Erfolg derselben, zu denken.

Moral also führt unumgänglich zur Religion, wodurch sie sich zur
Idee eines machthabenden moralischen Gesetzgebers außer dem
Menschen erweitert, in dessen Willen dasjenige Endzweck (der
Weltschöpfung) ist, was zugleich der Endzweck des Menschen sein
kann und soll.

Angeborene Moral?

Daß die Welt im argen liege, ist eine Klage, die so alt ist als die
Geschichte, selbst als die noch ältere Dichtkunst, ja gleich alt mit
der ältesten unter allen Dichtungen, der Priesterreligion. Alle
lassen gleichwohl die Welt vom Guten anfangen: vom goldenen
Zeitalter, vom Leben im Paradiese oder von einem noch glückli-
chern in Gemeinschaft mit himmlischen Wesen. Aber dieses
Glück lassen sie bald wie einen Traum verschwinden und nun den
Verfall ins Böse mit akzeleriertem[2] Falle eilen: so daß wir jetzt
(dieses Jetzt aber ist so alt als die Geschichte) in der letzten Zeit
leben, der Jüngste Tag und der Welt Untergang vor der Tür ist.
Neuer, aber weit weniger ausgebreitet ist die entgegengesetzte
heroische[3] Meinung, die wohl allein unter Philosophen und in
unsern Zeiten vornehmlich unter Pädagogen Platz gefunden hat:
daß die Welt gerade in umgekehrter Richtung, nämlich vom
Schlechten zum Bessern, unaufhörlich (obgleich kaum merklich)

---

[1] der Idee des höchsten Gutes.
[2] beschleunigtem.
[3] „heroisch" im Gegensatz zur vorher beschriebenen „tragischen".

fortrücke, wenigstens die Anlage dazu in der menschlichen Natur anzutreffen sei. Diese Meinung aber haben sie sicherlich nicht aus der Erfahrung geschöpft, wenn vom Moralisch-Guten oder Bösen (nicht von der Zivilisierung) die Rede ist: denn da spricht die Geschichte aller Zeiten gar zu mächtig gegen sie; sondern es ist vermutlich bloß eine gutmütige[1] Voraussetzung der Moralisten von Seneca bis zu Rousseau, um zum unverdrossenen Anbau des vielleicht in uns liegenden Keimes zum Guten anzutreiben, wenn man nur auf eine natürliche Grundlage dazu im Menschen rechnen könne. Hierzu kommt noch: daß, da man doch den Menschen von Natur (d. i. wie er gewöhnlich geboren wird) als dem Körper nach gesund annehmen muß, keine Ursache sei, ihn nicht auch der Seele nach ebensowohl von Natur für gesund und gut anzunehmen. Diese sittliche Anlage zum Guten in uns auszubilden, sei uns also die Natur selbst beförderlich.

Weil es aber doch wohl geschehen sein könnte, daß man sich in beider angeblichen Erfahrung geirrt hätte, so ist die Frage: ob nicht ein Mittleres wenigstens möglich sei, nämlich, daß der Mensch in seiner Gattung weder gut noch böse, oder allenfalls auch eines sowohl als das andere, zum Teil gut, zum Teil böse sein könne. — Man nennt aber einen Menschen böse, nicht darum, weil er Handlungen ausübt, welche böse (gesetzwidrig) sind; sondern weil diese so beschaffen sind, daß sie auf böse Maximen in ihm schließen lassen. Nun kann man zwar gesetzwidrige Handlungen durch Erfahrung bemerken, auch (wenigstens an sich selbst) daß sie mit Bewußtsein gesetzwidrig sind; aber die Maximen kann man nicht beobachten, sogar nicht allemal in sich selbst, mithin das Urteil, daß der Täter ein böser Mensch sei, nicht mit Sicherheit auf Erfahrung gründen. Also müßte sich aus einigen, ja aus einer einzigen mit Bewußtsein bösen Handlung a priori auf eine böse zugrunde liegende Maxime und aus dieser auf einen in dem Subjekt allgemein liegenden Grund aller besondern moralisch-

---

[1] gutgemeinte.

bösen Maximen, der selbst wiederum Maxime ist, schließen lassen, um einen Menschen böse zu nennen.

Damit man sich aber nicht sofort am Ausdrucke Natur stoße, welcher, wenn er (wie gewöhnlich) das Gegenteil des Grundes der Handlungen aus Freiheit bedeuten sollte, mit den Prädikaten moralisch gut oder böse in geradem Widerspruch stehen würde, so ist zu merken: daß hier unter der Natur des Menschen nur der subjektive Grund des Gebrauchs seiner Freiheit überhaupt (unter objektiven moralischen Gesetzen), der vor aller in die Sinne fallenden Tat vorhergeht, verstanden werde; dieser Grund mag nun liegen, worin er wolle. Dieser subjektive Grund muß aber immer wiederum selbst ein Akt der Freiheit sein (denn sonst könnte der Gebrauch oder Mißbrauch der Willkür des Menschen in Ansehung des sittlichen Gesetzes ihm nicht zugerechnet werden und das Gute oder Böse in ihm nicht moralisch heißen). Mithin kann in keinem die Willkür durch Neigung bestimmenden Objekte, in keinem Naturtriebe, sondern nur in einer Regel, die die Willkür sich selbst für den Gebrauch ihrer Freiheit macht, d. i. in einer Maxime, der Grund des Bösen liegen. Von dieser muß nun nicht weiter gefragt werden können, was der subjektive Grund ihrer Annehmung und nicht vielmehr der entgegengesetzten Maxime im Menschen sei. Denn wenn dieser Grund zuletzt selbst keine Maxime mehr, sondern ein bloßer Naturtrieb wäre, so würde der Gebrauch der Freiheit ganz auf Bestimmung durch Naturursachen zurückgeführt werden können: welches ihr aber widerspricht. Wenn wir also sagen: der Mensch ist von Natur gut, oder: er ist von Natur böse, so bedeutet dieses nur so viel als: er enthält einen (uns unerforschlichen) ersten Grund der Annehmung guter oder der Annehmung böser (gesetzwidriger) Maximen; und zwar allgemein als Mensch, mithin so, daß er durch dieselbe zugleich den Charakter seiner Gattung ausdrückt.

Wir werden also von einem dieser Charaktere sagen: er ist ihm angeboren, und doch dabei uns immer bescheiden, daß nicht die Natur die Schuld desselben (wenn er böse ist) oder das Verdienst (wenn er gut ist) trage, sondern daß der Mensch selbst Urheber desselben sei. Weil aber der erste Grund der Annehmung unsrer Maximen, der selbst immer wiederum in der freien Willkür liegen muß, kein Faktum sein kann, das in der Erfahrung gegeben werden könnte: so heißt das Gute oder Böse im Menschen (als der subjektive erste Grund der Annehmung dieser oder jener Maxime in Ansehung des moralischen Gesetzes) bloß in dem Sinne angeboren, als es vor allem in der Erfahrung gegebenen Gebrauche der Freiheit (in der frühesten Jugend bis zur Geburt zurück) zugrunde gelegt wird und so als mit der Geburt zugleich im Menschen vorhanden vorgestellt wird: nicht daß die Geburt eben die Ursache davon sei.

Tierheit, Menschheit, Persönlichkeit

1. Die Anlage für die Tierheit[1] im Menschen kann man unter den allgemeinen Titel der physischen und bloß mechanischen Selbstliebe, d. i. einer solchen bringen, wozu nicht Vernunft erfordert wird. Sie ist dreifach: erstlich zur Erhaltung seiner selbst; zweitens zur Fortpflanzung seiner Art durch den Trieb zum Geschlecht und zur Erhaltung dessen, was durch Vermischung mit demselben erzeugt wird; drittens zur Gemeinschaft mit andern Menschen, d. i. der Trieb zur Gesellschaft. Auf sie können allerlei Laster gepfropft werden (die aber nicht aus jener Anlage als Wurzel von selbst entsprießen). Sie können Laster der Rohigkeit der Natur heißen und werden in ihrer höchsten Abweichung vom Naturzwecke viehische Laster der Völlerei, der Wollust und der wilden Gesetzlosigkeit (im Verhältnisse zu andern Menschen) genannt.

2. Die Anlagen für die Menschheit[2] können auf den allgemeinen Titel der zwar physischen, aber doch vergleichenden Selbstliebe

---

[1] das Tierische.
[2] das Menschliche.

(wozu Vernunft erfordert wird) gebracht werden: sich nämlich nur in Vergleichung mit andern als glücklich oder unglücklich zu beurteilen. Von ihr rührt die Neigung her, sich in der Meinung anderer einen Wert zu verschaffen; und zwar ursprünglich bloß den der Gleichheit: keinem über sich Überlegenheit zu verstatten, mit einer beständigen Besorgnis verbunden, daß andere danach streben möchten; woraus nachgerade eine ungerechte Begierde entspringt, sie sich über andere zu erwerben. — Hierauf, nämlich auf Eifersucht und Nebenbuhlerei, können die größten Laster geheimer und offenbarer Feindseligkeiten gegen alle, die wir als für uns fremde ansehen, gepfropft werden: die eigentlich doch nicht aus der Natur als ihrer Wurzel von selbst entsprießen; sondern bei der besorgten Bewerbung anderer zu einer uns verhaßten Überlegenheit über uns Neigungen sind, sich der Sicherheit halber diese über andere als Vorbauungsmittel[1] selbst zu verschaffen: da die Natur doch die Idee eines solchen Wetteifers (der an sich die Wechselliebe nicht ausschließt) nur als Triebfeder zur Kultur brauchen wollte. Die Laster, die auf diese Neigung gepfropft werden, können daher auch Laster der Kultur heißen und werden im höchsten Grade ihrer Bösartigkeit, z. B. im Neide, in der Undankbarkeit, der Schadenfreude usw. teuflische Laster genannt.

3. Die Anlage für die Persönlichkeit ist die Empfänglichkeit der Achtung für das moralische Gesetz als einer für sich hinreichenden Triebfeder der Willkür. Die Empfänglichkeit der bloßen Achtung für das moralische Gesetz in uns wäre das moralische Gefühl, welches für sich noch nicht einen Zweck der Naturanlage ausmacht, sondern nur sofern es Triebfeder der Willkür ist. Da dieses nun lediglich dadurch möglich wird, daß die freie Willkür es in ihre Maxime aufnimmt: so ist Beschaffenheit einer solchen Willkür der gute Charakter, welcher wie überhaupt jeder Charakter der freien Willkür etwas ist, was nur erworben werden kann, zu

---

[1] Vorbeugungsmittel.

dessen Möglichkeit aber dennoch eine Anlage in unserer Natur vorhanden sein muß, worauf schlechterdings nichts Böses gepfropft werden kann. Die Idee des moralischen Gesetzes allein mit der davon unzertrennlichen Achtung kann man nicht füglich eine Anlage für die Persönlichkeit nennen; sie ist die Persönlichkeit selbst. Aber daß wir diese Achtung zur Triebfeder in unsere Maximen aufnehmen, der subjektive Grund hierzu scheint ein Zusatz zur Persönlichkeit zu sein und daher den Namen einer Anlage zu verdienen.

Wenn wir die genannten drei Anlagen nach den Bedingungen ihrer Möglichkeit betrachten, so finden wir, daß die erste keine Vernunft, die zweite zwar praktische, aber nur andern Triebfedern dienstbare, die dritte aber allein für sich selbst praktische, d. i. unbedingt gesetzgebende Vernunft zur Wurzel habe: Alle diese Anlagen im Menschen sind nicht allein (negativ) gut (sie widerstreiten nicht dem moralischen Gesetze), sondern sind auch Anlagen zum Guten (sie befördern die Befolgung desselben). Sie sind ursprünglich: denn sie gehören zur Möglichkeit der menschlichen Natur. Der Mensch kann die zwei ersteren zwar zweckwidrig brauchen, aber keine derselben vertilgen. Unter Anlagen eines Wesens verstehen wir sowohl die Bestandstücke, die dazu erforderlich sind, als auch die Formen ihrer Verbindung, um ein solches Wesen zu sein. Sie sind ursprünglich, wenn sie zu der Möglichkeit eines solchen Wesens notwendig gehören; zufällig aber, wenn das Wesen auch ohne dieselben an sich möglich wäre.

Revolution der Gesinnung

Was der Mensch im moralischen Sinne ist oder werden soll, gut oder böse, dazu muß er sich selbst machen oder gemacht haben. Beides muß eine Wirkung seiner freien Willkür sein; denn sonst könnte es ihm nicht zugerechnet werden, folglich er weder moralisch gut noch böse sein. Wenn es heißt: er ist gut geschaffen, so kann das nichts mehr bedeuten als: er ist zum Guten erschaffen,

und die ursprüngliche Anlage im Menschen ist gut: der Mensch ist
es selber dadurch noch nicht, sondern nachdem[1] er die Triebfedern,
die diese Anlage enthält, in seine Maxime aufnimmt oder nicht
(welches seiner freien Wahl gänzlich überlassen sein muß), macht
er, daß er gut oder böse wird. Gesetzt, zum Gut- oder Besserwer-
den sei noch eine übernatürliche Mitwirkung nötig, so mag diese
nur in der Verminderung der Hindernisse bestehen oder auch
positiver Beistand sein, der Mensch muß sich doch vorher würdig
machen, sie zu empfangen und diese Beihilfe annehmen (welches
nichts Geringes ist), d. i. die positive Kraftvermehrung in seine
Maxime aufnehmen, wodurch es allein möglich wird, daß ihm das
Gute zugerechnet und er für einen guten Menschen erkannt
werde.

Wie es nun möglich sei, daß ein natürlicherweise böser Mensch
sich selbst zum guten Menschen mache, das übersteigt alle unsere
Begriffe; denn wie kann ein böser Baum gute Früchte bringen? Da
aber doch nach dem vorher abgelegten Geständnisse ein ursprünglich (der Anlage nach) guter Baum arge Früchte hervorgebracht
hat und der Verfall vom Guten ins Böse (wenn man wohl bedenkt,
daß dieses aus der Freiheit entspringt) nicht begreiflicher ist als das
Wiederaufstehen aus dem Bösen zum Guten: so kann die Möglichkeit des letzteren nicht bestritten werden. Denn ungeachtet
jenes Abfalls erschallt doch das Gebot: wir sollen bessere Menschen werden, unvermindert in unserer Seele; folglich müssen wir
es auch können, sollte auch das, was wir tun können, für sich allein
unzureichend sein und wir uns dadurch nur eines für uns unerforschlichen höheren Beistandes empfänglich machen. — Freilich
muß hierbei vorausgesetzt werden, daß ein Keim des Guten in
seiner ganzen Reinigkeit übriggeblieben, nicht vertilgt oder verderbt werden konnte, welcher gewiß nicht die Selbstliebe sein
kann, die, als Prinzip aller unserer Maximen angenommen, gerade
die Quelle alles Bösen ist.

---

[1] in dem Maße wie.

Die Wiederherstellung der ursprünglichen Anlage zum Guten in uns ist also nicht Erwerbung einer verlorenen Triebfeder zum Guten; denn diese, die in der Achtung fürs moralische Gesetz besteht, haben wir nie verlieren können, und wäre das letztere möglich, so würden wir sie auch nie wieder erwerben. Sie ist also nur die Herstellung der Reinigkeit desselben als obersten Grundes aller unserer Maximen, nach welcher dasselbe nicht bloß mit andern Triebfedern verbunden oder wohl gar diesen (den Neigungen) als Bedingungen untergeordnet, sondern in seiner ganzen Reinigkeit als für sich zureichende Triebfeder der Bestimmung der Willkür in dieselbe aufgenommen werden soll. Das ursprünglich Gute ist die Heiligung der Maximen in Befolgung seiner Pflicht, mithin bloß aus Pflicht, wodurch der Mensch, der diese Reinigkeit in seine Maxime aufnimmt, obzwar darum noch nicht selbst heilig (denn zwischen der Maxime und der Tat ist noch ein großer Zwischenraum), dennoch auf dem Wege dazu ist, sich ihr in unendlichem Fortschritt zu nähern. Der zur Fertigkeit gewordene feste Vorsatz in Befolgung seiner Pflicht heißt auch Tugend der Legalität nach[1] als ihrem empirischen Charakter (virtus phaenomenon)[2]. Sie hat also die beharrliche Maxime gesetzmäßiger Handlungen; die Triebfeder, deren die Willkür hierzu bedarf, mag man nehmen, woher man wolle. Daher wird Tugend in diesem Sinne nach und nach erworben und heißt einigen[3] eine lange Gewohnheit (in Beobachtung des Gesetzes), durch die der Mensch vom Hange zum Laster durch allmähliche Reformen seines Verhaltens und Befestigung seiner Maximen in einen entgegengesetzten Hang übergekommen[4] ist. Dazu ist nun nicht eben eine Herzensänderung nötig, sondern nur eine Änderung der Sitten. Der Mensch findet sich tugendhaft, wenn er sich in Maximen,

---

[1] gesetzlich formale Tugend.
[2] Tugend der bloßen Erscheinung nach.
[3] bedeutet für einige.
[4] sich umgebildet hat.

seine Pflicht zu beobachten, befestigt fühlt: obgleich nicht aus dem obersten Grunde aller Maximen, nämlich aus Pflicht; sondern der Unmäßige z. B. kehrt zur Mäßigkeit um der Gesundheit, der Lügenhafte zur Wahrheit um der Ehre, der Ungerechte zur bürgerlichen Ehrlichkeit um der Ruhe oder des Erwerbs willen usw. zurück; alle nach dem gepriesenen Prinzip der Glückseligkeit. Daß aber jemand nicht bloß ein gesetzlich, sondern ein moralisch guter (Gott wohlgefälliger) Mensch, d. i. tugendhaft nach dem intelligibelen Charakter (virtus noumenon)[1], werde, welcher, wenn er etwas als Pflicht erkennt, keiner anderen Triebfeder weiter bedarf als dieser Vorstellung der Pflicht selbst: das kann nicht durch allmähliche Reform, solange die Grundlage der Maximen unlauter bleibt, sondern muß durch eine Revolution in der Gesinnung im Menschen (einen Übergang zur Maxime der Heiligkeit derselben) bewirkt werden; und er kann ein neuer Mensch nur durch eine Art von Wiedergeburt gleich als durch eine neue Schöpfung (Ev. Joh. III,5; verglichen mit 1. Mos. I,2) und Änderung des Herzens werden.

Wenn der Mensch aber im Grunde seiner Maximen verderbt ist, wie ist es möglich, daß er durch eigene Kräfte diese Revolution zustande bringe und von selbst ein guter Mensch werde? Und doch gebietet die Pflicht es zu sein, sie gebietet uns aber nichts, als was uns tunlich ist. Dieses ist nicht anders zu vereinigen[2], als daß die Revolution für die Denkungsart, die allmähliche Reform aber für die Sinnenart (welche jener Hindernisse entgegenstellt) notwendig und daher auch dem Menschen möglich sein muß. Das ist: wenn er den obersten Grund seiner Maximen, wodurch er ein böser Mensch war, durch eine einzige unwandelbare Entschließung umkehrt (und hiermit einen neuen Menschen anzieht): so ist er dem Prinzip und der Denkungsart nach ein fürs Gute

---

[1] der Tugend an sich.
[2] miteinander in Einklang zu bringen.

empfängliches Subjekt, aber nur in kontinuierlichem[1] Wirken und
Werden ein guter Mensch: d. i. er kann hoffen, daß er bei einer
solchen Reinigkeit des Prinzips, welches er sich zur obersten
Maxime seiner Willkür genommen hat, und der Festigkeit desselben sich auf dem guten (obwohl schmalen) Wege eines beständigen Fortschreitens vom Schlechten zum Besseren befinde. Dies ist
für denjenigen, der den intelligibelen Grund des Herzens[2] durch-
schaut, für den also diese Unendlichkeit des Fortschritts Einheit
ist, d. i. für Gott, so viel, als wirklich ein guter Mensch sein; und
insofern kann diese Veränderung als Revolution betrachtet werden; für die Beurteilung der Menschen aber, die sich und die
Stärke ihrer Maximen nur nach der Oberhand, die sie über
Sinnlichkeit in der Zeit gewinnen, schätzen können, ist sie nur als
ein immer fortdauerndes Streben zum Bessern, mithin als allmähliche Reform des Hanges zum Bösen als einer verkehrten Denkungsart anzusehen.

Hieraus folgt, daß die moralische Bildung des Menschen nicht von
der Besserung der Sitten, sondern von der Umwandlung der Denkungsart und von Gründung eines Charakters anfangen müsse; ob
man zwar gewöhnlicherweise anders verfährt und wider Laster
einzeln kämpft, die allgemeine Wurzel derselben aber unberührt
läßt. Nun ist selbst der eingeschränkteste[3] Mensch des Eindrucks
einer desto größeren Achtung für eine pflichtmäßige Handlung
fähig, je mehr er ihr in Gedanken andere Triebfedern, die durch die
Selbstliebe auf die Maxime der Handlung Einfluß haben könnten,
entzieht; und selbst Kinder sind fähig, auch die kleinste Spur von
Beimischung unechter Triebfedern aufzufinden: da denn die
Handlung bei ihnen augenblicklich allen moralischen Wert verliert. Diese Anlage zum Guten wird dadurch, daß man das Beispiel selbst von guten Menschen anführt und seine moralischen

---

[1] allmähligem.
[2] der ins Herz, wie es an sich ist, schaut.
[3] beschränkteste.

Lehrlinge die Unlauterkeit mancher Maximen aus den wirklichen Triebfedern ihrer Handlungen beurteilen läßt, unvergleichlich kultiviert und geht allmählich in die Denkungsart über: so daß Pflicht bloß für sich selbst in ihren Herzen ein merkliches Gewicht zu bekommen anhebt. Allein tugendhafte Handlungen, soviel Aufopferung sie auch gekostet haben mögen, bewundern zu lehren, ist noch nicht die rechte Stimmung, die das Gemüt des Lehrlings fürs moralisch Gute erhalten soll. Denn so tugendhaft jemand auch sei, so ist doch alles, was er immer Gutes tun kann, bloß Pflicht; seine Pflicht aber tun, ist nichts mehr als das tun, was in der gewöhnlichen sittlichen Ordnung ist, mithin nicht bewundert zu werden verdient. Vielmehr ist diese Bewunderung eine Abstimmung[1] unsers Gefühls für Pflicht, gleich als ob es etwas Außerordentliches und Verdienstliches wäre, ihr Gehorsam zu leisten.

Aber eines ist in unserer Seele, welches, wenn wir es gehörig ins Auge fassen, wir nicht aufhören können, mit der höchsten Bewunderung zu betrachten, und wo die Bewunderung rechtmäßig, zugleich auch seelenerhebend ist; und das ist: die ursprüngliche moralische Anlage in uns überhaupt. — Was ist das (kann man sich selbst fragen) in uns, wodurch wir von der Natur durch so viel Bedürfnisse beständig abhängige Wesen doch zugleich über diese in der Idee einer ursprünglichen Anlage (in uns) so weit erhoben werden, daß wir sie insgesamt für nichts und uns selbst des Daseins für unwürdig halten, wenn wir ihrem Genusse, der uns doch das Leben allein wünschenswert machen kann, einem Gesetze zuwider nachhängen sollten, durch welches unsere Vernunft mächtig gebietet, ohne doch dabei weder etwas zu verheißen noch zu drohen? Das Gewicht dieser Frage muß ein jeder Mensch von der gemeinsten Fähigkeit, der vorher von der Heiligkeit, die in der Idee der Pflicht liegt, belehrt worden, der sich aber nicht bis zur Nachforschung des Begriffes der Freiheit, welcher allererst aus

---

[1] Herabstimmung.

diesem Gesetze hervorgeht, versteigt, innigst fühlen; und selbst
die Unbegreiflichkeit dieser eine göttliche Abkunft verkündigen-
den Anlage muß auf das Gemüt bis zur Begeisterung wirken und
es zu den Aufopferungen stärken, welche ihm die Achtung für
seine Pflicht nur auferlegen mag. Dieses Gefühl der Erhabenheit
seiner moralischen Bestimmung öfter rege zu machen, ist als
Mittel der Erweckung sittlicher Gesinnungen vorzüglich anzu-
preisen, weil es dem angebornen Hange zur Verkehrung der
Triebfedern in den Maximen unserer Willkür gerade entgegenwirkt, um in der unbedingten Achtung fürs Gesetz, als der höchsten Bedingung aller zu nehmenden Maximen, die ursprüngliche
sittliche Ordnung unter den Triebfedern und hiermit die Anlage
zum Guten im menschlichen Herzen in ihrer Reinigkeit wiederherzustellen.

Vom Kirchenglauben

Es ist nur eine wahre Religion; aber es kann vielerlei Arten des
Glaubens geben. — Man kann hinzusetzen, daß in den mancherlei
sich der Verschiedenheit ihrer Glaubensarten wegen voneinander
absondernden Kirchen dennoch eine und dieselbe wahre Religion
anzutreffen sein kann.

Es ist daher schicklicher (wie es auch wirklich mehr im Gebrauche
ist), zu sagen: dieser Mensch ist von diesem oder jenem (jüdi-
schem, mohammedanischem, christlichem, katholischem, lutheri-
schem) Glauben als: er ist von dieser oder jener Religion. Der
letztere Ausdruck sollte billig nicht einmal in der Anrede an das
große Publikum (in Katechismen und Predigten) gebraucht werden; denn er ist diesem zu gelehrt und unverständlich, wie denn
auch die neueren Sprachen für ihn kein gleichbedeutendes Wort
liefern. Der gemeine Mann versteht darunter jederzeit seinen
Kirchenglauben, der ihm in die Sinne fällt, anstatt daß Religion
innerlich verborgen ist und es auf moralische Gesinnungen ankommt. Man tut den meisten zuviel Ehre an, von ihnen zu sagen:

sie bekennen sich zu dieser oder jener Religion; denn sie kennen und verlangen keine; der statutarische[1] Kirchenglauben ist alles, was sie unter diesem Worte verstehen. Auch sind die sogenannten Religionsstreitigkeiten, welche die Welt so oft erschüttert und mit Blut bespritzt haben, nie etwas anderes als Zänkereien um den Kirchenglauben gewesen, und der Unterdrückte klagte nicht eigentlich darüber, daß man ihn hinderte, seiner Religion anzuhängen (denn das kann keine äußere Gewalt), sondern daß man ihm seinen Kirchenglauben öffentlich zu befolgen nicht erlaubte.

Vom Vernunftglauben

In allen Glaubensarten, die sich auf Religion beziehen, stößt das Nachforschen hinter ihre innere Beschaffenheit unvermeidlich auf ein Geheimnis, d. i. auf etwas Heiliges, was zwar von jedem Einzelnen gekannt, aber doch nicht öffentlich bekannt, d. i. allgemein mitgeteilt werden kann. — Als etwas Heiliges muß es ein moralischer, mithin ein Gegenstand der Vernunft sein und innerlich für den praktischen Gebrauch hinreichend erkannt werden können, aber als etwas Geheimes doch nicht für den theoretischen: weil es alsdann auch jedermann müßte mitteilbar sein und also auch äußerlich und öffentlich bekannt werden können.

Der Glaube an etwas, was wir doch zugleich als heiliges Geheimnis betrachten sollen, kann nun entweder für einen göttlich eingegebenen oder einen reinen Vernunftglauben gehalten werden. Ohne durch die größte Not zur Annahme des ersten gedrungen zu sein, werden wir es uns zur Maxime machen, es mit dem letztern zu halten. — Gefühle sind nicht Erkenntnisse und bezeichnen also auch kein Geheimnis, und da das letztere auf Vernunft Beziehung hat, aber doch nicht allgemein mitgeteilt werden kann, so wird (wenn je ein solches ist) jeder es nur in seiner eigenen Vernunft aufzusuchen haben.

---

[1] satzungsmäßige.

Es ist unmöglich, a priori und objektiv auszumachen, ob es
dergleichen Geheimnisse gäbe oder nicht. Wir werden also in dem
Innern, dem Subjektiven unserer moralischen Anlage, unmittelbar nachsuchen müssen, um zu sehen, ob sich dergleichen in uns
finde. Doch werden wir nicht die uns unerforschlichen Gründe zu
dem Moralischen, was sich zwar öffentlich mitteilen läßt, wozu
uns aber die Ursache nicht gegeben ist, sondern das allein, was uns
fürs Erkenntnis gegeben, aber doch einer öffentlichen Mitteilung
unfähig ist, zu den heiligen Geheimnissen zählen dürfen. So ist die
Freiheit, eine Eigenschaft, die dem Menschen aus der Bestimmbar-
keit seiner Willkür durch das unbedingt moralische Gesetz kund
wird, kein Geheimnis, weil ihr Erkenntnis jedermann mitgeteilt
werden kann; der uns unerforschliche Grund dieser Eigenschaft
aber ist ein Geheimnis, weil er uns zur Erkenntnis nicht gegeben
ist. Aber eben diese Freiheit ist auch allein dasjenige, was, wenn sie
auf das letzte Objekt der praktischen Vernunft, die Realisierung[1]
der Idee des moralischen Endzwecks, angewandt wird, uns unvermeidlich auf heilige Geheimnisse führt.

Weil der Mensch die mit der reinen moralischen Gesinnung
unzertrennlich verbundene Idee des höchsten Gutes (nicht allein
von seiten der dazugehörigen Glückseligkeit, sondern auch der
notwendigen Vereinigung der Menschen zu dem ganzen Zweck)[2]
nicht selbst realisieren[3] kann, gleichwohl aber darauf hinzuwirken
in sich Pflicht antrifft, so findet er sich zum Glauben an die
Mitwirkung oder Veranstaltung eines moralischen Weltherrschers hingezogen, wodurch dieser Zweck allein möglich ist, und
nun eröffnet sich vor ihm der Abgrund eines Geheimnisses von
dem, was Gott hierbei tue, ob ihm überhaupt etwas und was ihm
(Gott) besonders zuzuschreiben sei, indessen daß der Mensch an
jeder Pflicht nichts anderes erkennt, als was er selbst zu tun habe,

---

[1] die Aufgabe der Verwirklichung.
[2] zu einem zweckvollen Ganzen.
[3] verwirklichen.

um jener ihm unbekannten, wenigstens unbegreiflichen Ergänzung würdig zu sein.

Diese Idee eines moralischen Weltherrschers ist eine Aufgabe für unsere praktische Vernunft. Es liegt uns nicht sowohl daran, zu wissen, was Gott an sich selbst (seine Natur) sei, sondern was er für uns als moralisches Wesen sei; wiewohl wir zum Behuf dieser Beziehung die göttliche Naturbeschaffenheit so denken und annehmen müssen, als es zu diesem Verhältnisse in der ganzen zur Ausführung seines Willens erforderlichen Vollkommenheit nötig ist (z. B. als eines unveränderlichen, allwissenden, allmächtigen usw. Wesens), und ohne diese Beziehung nichts an ihm erkennen können.

Von der natürlichen Religion

Religion ist (subjektiv betrachtet) das Erkenntnis aller unserer Pflichten als göttlicher Gebote. Diejenige, in welcher ich vorher wissen muß, daß etwas ein göttliches Gebot sei, um es als meine Pflicht anzuerkennen, ist die geoffenbarte (oder mit einer Offenbarung benötigte)[1] Religion; dagegen diejenige, in der ich zuvor wissen muß, daß etwas Pflicht sei, ehe ich es als ein göttliches Gebot anerkennen kann, ist die natürliche Religion. — Der, welcher bloß die natürliche Religion für moralisch-notwendig, d. i. für Pflicht, erklärt, kann auch der Rationalist (in Glaubenssachen) genannt werden. Wenn dieser die Wirklichkeit aller übernatürlichen göttlichen Offenbarung verneint, so heißt er Naturalist; läßt er nun diese zwar zu, behauptet aber, daß sie zu kennen und für wirklich anzunehmen zur Religion nicht notwendig erfordert wird, so würde er ein reiner Rationalist genannt werden können; hält er aber den Glauben an dieselbe zur allgemeinen Religion für notwendig, so würde er der reine Supernaturalist in Glaubenssachen heißen können.

---

[1] eine Offenbarung benötigende.

Der Rationalist muß sich vermöge dieses seines Titels von selbst
schon innerhalb der Schranken der menschlichen Einsicht halten.
Daher wird er nie als Naturalist absprechen[1] und weder die innere
Möglichkeit der Offenbarung überhaupt, noch die Notwendigkeit
der Offenbarung als eines göttlichen Mittels zur Introduktion[2] der
wahren Religion bestreiten; denn hierüber kann kein Mensch
durch Vernunft etwas ausmachen. Also kann die Streitfrage nur
die wechselseitigen Ansprüche des reinen Rationalisten und des
Supernaturalisten in Glaubenssachen oder dasjenige betreffen,
was der eine oder der andere als zur alleinigen wahren Religion
notwendig und hinlänglich oder nur als zufällig an ihr annimmt.

Wenn man die Religion nicht nach ihrem ersten Ursprunge und
ihrer inneren Möglichkeit (da sie in natürliche und geoffenbarte
eingeteilt wird), sondern bloß nach der Beschaffenheit derselben[3],
die sie der äußeren Mitteilung fähig macht, einteilt, so kann sie
von zweierlei Art sein: entweder die natürliche, von der (wenn sie
einmal da ist) jedermann durch seine Vernunft überzeugt werden
kann, oder eine gelehrte Religion, von der man andere nur vermittels der Gelehrsamkeit (in und durch welche sie geleitet werden
müssen) überzeugen kann. — Diese Unterscheidung ist sehr
wichtig, denn man kann aus dem Ursprunge einer Religion allein
auf ihre Tauglichkeit oder Untauglichkeit, eine allgemeine Men-
schenreligion zu sein, nichts folgern, wohl aber aus ihrer Beschaffenheit, allgemein mitteilbar zu sein oder nicht; die erstere Eigenschaft aber macht den wesentlichen Charakter derjenigen Religion
aus, die jeden Menschen verbinden soll.

Es kann demnach eine Religion die natürliche, gleichwohl aber
auch geoffenbart sein, wenn sie so beschaffen ist, daß die Menschen durch den bloßen Gebrauch ihrer Vernunft auf sie von selbst

---

[1] bestreiten.
[2] Einführung.
[3] nach ihrer Beschaffenheit.

hätten kommen können und sollen, ob sie zwar nicht so früh oder in so weiter Ausbreitung, als verlangt wird, auf dieselbe gekommen sein würden, mithin eine Offenbarung derselben zu einer gewissen Zeit und an einem gewissen Ort weise und für das menschliche Geschlecht sehr ersprießlich sein konnte, so doch, daß, wenn die dadurch eingeführte Religion einmal da ist und öffentlich bekanntgemacht worden, forthin jedermann sich von dieser ihrer Wahrheit durch sich selbst und seine eigene Vernunft überzeugen kann. An diesem Falle ist die Religion objektiv eine natürliche, obwohl subjektiv eine geoffenbarte, weshalb ihr auch der erstere Name eigentlich gebührt. Denn es könnte in der Folge allenfalls gänzlich in Vergessenheit kommen, daß eine solche übernatürliche Offenbarung je vorgegangen sei, ohne daß dabei jene Religion doch weder das mindeste an ihrer Faßlichkeit, noch an Gewißheit, noch an ihrer Kraft über die Gemüter verlöre. Mit der Religion aber, die ihrer innern Beschaffenheit wegen nur als geoffenbart angesehen werden kann, ist es anders bewandt. Wenn sie nicht in einer ganz sicheren Tradition oder in heiligen Büchern als Urkunden aufbehalten würde, so würde sie aus der Welt verschwinden, und es müßte entweder eine von Zeit zu Zeit öffentlich wiederholte oder in jedem Menschen innerlich eine kontinuierlich fortdauernde übernatürliche Offenbarung vorgehen, ohne welche die Ausbreitung und Fortpflanzung eines solchen Glaubens nicht möglich sein würde.

Recht und Sitte

Die Periode der kritischen Grundlegungen war mit der „Kritik der Urteilskraft" zu Ende. Die entscheidenden Stellungnahmen der Vernunft zum Gegebenen, das Erkennen, das Handeln und das Beurteilen, waren „in ihrem Inbegriff" dargestellt und auf ihre Tragweite hin (für die unvermeidlichen Aufgaben der Vernunft: Gott, Freiheit und Unsterblichkeit) mit einem Wahrheitsfanatismus untersucht und gesichtet worden, der vor keinem Dogma halt macht. Nun handelt es sich darum, die an sich leeren Fächer des Systems mit positivem Inhalt zu füllen.

Kant selbst ist am Ende dieser „grundlegenden" Vorarbeit entschlossen, für den Rest seines Lebens an der Ausfüllung dieser Fächer mitzuarbeiten, soweit es seine abnehmenden Kräfte gestatten. Er ist sich jedoch dessen bewußt, daß er sich an der Lösung einer unendlichen Aufgabe beteiligt, handelt es sich doch um nicht mehr und nicht weniger als um die systematische Darstellung alles dessen, was nunmehr mit wissenschaftlicher Sicherheit über das Innen und das Außen, über den Menschen, den Kosmos und Gott, über Gewesenes, Seiendes und Seinsollendes ausgesagt werden kann.

Unter diesen Umständen ist es selbstverständlich, daß wir von Kant nicht mehr ein fertiges und ausgefülltes System, sondern nur noch Bausteine zu einem solchen, Fragmente und eventuell den Entwurf zu einem Gesamtplan, den Aufriß des Systems erwarten dürfen, nachdem die „Kritiken" die Fundamente ausgehoben und den Grundriß gezeichnet haben.

Das wichtigste positive Ergebnis der kritischen Periode war neben der Einschränkung des Verstandes auf seine Grenzen (die Welt der Erfahrung) die Einsicht, daß die drei entscheidenden Stellungnahmen der Vernunft zum Gegebenen letzten Endes praktischer (sittlicher) Natur sind. Der Mensch ist trotz aller sinnlichen Gebundenheit seiner Tendenz nach reines Vernunftwesen und als solches auf Selbstverwirklichung, d. h. auf die praktische Verwirklichung des in ihm als Idee vorgebildeten Reiches der Zwecke eingestellt. Wissenschaft, Sittlichkeit und Kunst sind praktische Aufgaben für den Menschen, sofern er reines Vernunftwesen ist. Erkennen, Handeln und Beurteilen stehen im Dienste dieser unendlichen Kulturaufgaben. Ihre strenge systematische Durchführung ist der unendliche Weg des Menschen zu sich selbst als reines Vernunftwesen.

Bei dieser starken Betonung des Praktischen (Primat des Praktischen) ist es natürlich, daß Kant es zunächst als seine vornehmste Aufgabe ansieht, eine positive Ethik im Aufriß, oder wie er es ausdrückt, eine „Metaphysik der Sitten" zu schaffen, für welche selbstverständlich die „Grundlegung zur Metaphysik der Sitten" und die „Kritik der praktischen Vernunft" als Voraussetzungen zu gelten haben. Wurde dort untersucht, was denn konsequente Sittlichkeit überhaupt sei und welches die Bedingungen ihres Zustandekommens seien, wurde dort das Musterbild einer Sittlichkeit für reine Vernunftwesen „im Inbegriff" gezeichnet, so mußte hier mit aller Deutlichkeit gezeigt werden, wie nun eine positive Ethik für Menschen aussieht, die sich zu reinen Vernunftwesen entwickeln wollen. — Diese Aufgabe aber hat zwei Seiten: eine objektive, juridische insofern, als die Handlungsweise des Individuums an bestimmte juristisch formulierbare äußere Gesetze gebunden ist, und eine subjektive, moralische insofern, als diese Handlungen aus einer erlebbaren inneren Anlage des Individuums entspringen. Die „Metaphysik der Sitten" (1797) zerfällt demzufolge in eine Rechtslehre und in eine Tugendlehre, gewissermaßen also in eine Außenseite und eine Innenseite der Ethik.

Man hat dieser Schrift zum Vorwurf gemacht, daß sie einen schulmäßig dogmatischen Aufbau zeige und den tiefschürfenden kritischen Elan vermissen lasse, der etwa der „Kritik der praktischen Vernunft" eigentümlich sei, und man hat diese Züge mit Kants hohem Alter und mit einer abnehmenden kritischen Schärfe entschuldigt — aber sie bedarf dieser Entschuldigung nicht; denn die kritische Problematik liegt ja abgeschlossen hinter Kant. Er stützt sich auf deren Resultat und zeigt mit voller Absicht „dogmatisch", was für ein positives Recht (Sachenrecht, Eherecht, Elternrecht, Hausherrenrecht, Staatsrecht, Völkerrecht, Weltbürgerrecht usw.) sich aus den Prinzipien ergibt, die nun für den Kritiker der praktischen Vernunft Geltung haben. In der Disposition zu diesem Unternehmen ist Kant allerdings ganz von der Rechtswissenschaft seiner Zeit abhängig. Nicht so jedoch in der Führung des Grundgedankens, welcher das Recht grundsätzlich auf Vernunft, auf die Freiheit des reinen Vernunftwesens (die freie selbstverantwortliche sittliche Persönlichkeit) und auf deren Möglichkeit gründet, ihrer Willkür durch das Gesetz Grenzen zu setzen, damit allgemeine Sittlichkeit entstehe. „Das Recht ist der Inbegriff der Bedingungen, unter denen die Willkür des einen mit der Willkür des anderen nach einem allgemeinen Gesetz der Freiheit zusammen vereinigt werden kann."

Auch der Vorwurf, Kant wiederhole nur in der „Metaphysik der Sitten", was er in den entsprechenden kritischen Schriften bereits ausgeführt habe, und die „Metaphysik der Sitten" sei also, abgesehen von den juristischen Details, nur ein schwacher Nachklang der „Kritiken", wird sehr zu Unrecht erhoben. Die „Metaphysik der Sitten" unterscheidet sich in der Anlage und im Vorgehen wie der Aufriß eines Gebäudes sich vom Grundriß unterscheidet, aber es handelt sich um ein und dasselbe Gebäude.

Die Methode der „Kritiken" ist analytisch (zergliedernd), die Methode der „Metaphysik der Sitten" synthetisch (aufbauend); während die „Kritik" auf die Ermittlung der Bedingungen und Prinzipien ihres Gegenstandes gerichtet war, setzt das „System" diese Prinzipien voraus und baut auf ihnen auf mit der Blickrichtung auf das Ganze, auf den letzten und höchsten Sinn allen Rechtes, ausgehend vom Recht des Einzelnen, fortschreitend über das Recht der Gruppen zum Ideal des Weltbürgerrechtes und des ewigen Friedens. In diesem Idealzustand einer vernünftigen befriedeten Rechtsordnung am Ende einer praktischen Kulturentwicklung ist sehr deutlich das Ideal eines Vernunftreiches der Zwecke wiederzuerkennen, das die „Kritik der praktischen Vernunft" als Leitmotiv für ihr Musterbild einer Sittlichkeit überhaupt forderte.

So ist die „Metaphysik der Sitten" a n g e w a n d t e k r i t i s c h e E t h i k, ein juristischer und moralischer Wegweiser zur Erreichung des idealen Zieles einer vernünftig geordneten Kultur. Kants Rechtsphilosophie speziell bedarf in ihren Einzelheiten des gründlichen Studiums an der Quelle. Ihre vollständige Darstellung läßt sich im Rahmen unserer mehr summarischen Behandlung nicht leisten.

Die Rechtslehre

Was ist Recht?

Diese Frage möchte wohl den R e c h t s g e l e h r t e n, wenn er nicht in Tautologie[1] verfallen oder statt einer allgemeinen Auflösung auf das, was in irgendeinem Lande die Gesetze zu irgendeiner Zeit wollen, verweisen will, ebenso in Verlegenheit setzen als die berufene Aufforderung: Was ist Wahrheit? den Logiker. Was Rechtens sei (quid sit iuris), d. i. was die Gesetze an einem gewissen Ort und zu einer gewissen Zeit sagen oder gesagt haben, kann er noch wohl angeben: aber ob das, was sie wollten, auch recht sei, und das allgemeine Kriterium, woran man überhaupt Recht sowohl als Unrecht erkennen könne, bleibt ihm wohl ver-

---

[1] überflüssige Verdoppelung einer Aussage.

borgen, wenn er nicht eine Zeitlang jene empirischen Prinzipien verläßt, die Quellen jener Urteile in der bloßen Vernunft sucht (wiewohl ihm dazu jene Gesetze vortrefflich zum Leitfaden dienen können), um zu einer möglichen positiven Gesetzgebung die Grundlage zu errichten. Eine bloß empirische Rechtslehre ist ein Kopf, der schön sein mag, nur schade — daß er kein Gehirn hat.

Der Begriff des Rechts, sofern er sich auf eine ihm korrespondierende[1] Verbindlichkeit bezieht (d. i. der moralische Begriff desselben), betrifft erstlich nur das äußere, und zwar praktische Verhältnis einer Person gegen eine andere, sofern ihre Handlungen als facta[2] aufeinander (unmittelbar oder mittelbar) Einfluß haben können. Aber zweitens bedeutet er nicht das Verhältnis der Willkür auf den Wunsch (folglich auch auf das bloße Bedürfnis) des anderen, wie etwa in den Handlungen der Wohltätigkeit oder Hartherzigkeit, sondern lediglich auf die Willkür des anderen. Drittens, in diesem wechselseitigen Verhältnis der Willkür kommt auch gar nicht die Materie dieser Willkür, d. i. der Zweck, den ein jeder mit dem Objekt, was er will, zur Absicht hat, in Betracht, z. B. es wird nicht gefragt, ob jemand bei der Ware, die er zu seinem eigenen Handel von mir kauft, auch seinen Vorteil finden möge oder nicht, sondern nur nach der Form im Verhältnis der beiderseitigen Willkür, sofern sie bloß als frei betrachtet wird, und ob durch die Handlung eines von beiden sich mit der Freiheit des andern nach einem allgemeinen Gesetze zusammen vereinigen lasse.

Das Recht ist also der Inbegriff der Bedingungen, unter denen die Willkür des einen mit der Willkür des andern nach einem allgemeinen Gesetze der Freiheit zusammen vereinigt werden kann. Eine jede Handlung ist recht, die oder nach deren Maxime die Freiheit der Willkür eines jeden mit jedermanns Freiheit nach einem allgemeinen Gesetze zusammen bestehen kann.

---

[1] ihm entsprechende.

[2] Tatsachen.

Wenn also meine Handlung oder überhaupt mein Zustand mit der Freiheit von jedermann nach einem allgemeinen Gesetze zusammen bestehen kann, so tut der mir Unrecht, der mich daran hindert; denn dieses Hindernis (dieser Widerstand) kann mit der Freiheit nach allgemeinen Gesetzen nicht bestehen.

Es folgt hieraus auch: daß nicht verlangt werden kann, daß dieses Prinzip aller Maximen selbst wiederum meine Maxime sei, d. i. daß ich es mir zur Maxime meiner Handlungen mache; denn ein jeder kann frei sein, obgleich seine Freiheit mir gänzlich indifferent[1] wäre oder ich im Herzen derselben gerne Abbruch tun möchte, wenn ich nur durch meine äußere Handlung ihr nicht Eintrag tue. Das Rechthandeln mir zur Maxime zu machen, ist eine Forderung, die die Ethik an mich tut.

Also ist das allgemeine Rechtsgesetz: handle äußerlich so, daß der freie Gebrauch deiner Willkür mit der Freiheit von jedermann nach einem allgemeinen Gesetze zusammen bestehen könne, zwar ein Gesetz, welches mir eine Verbindlichkeit auferlegt, aber ganz und gar nicht erwartet, noch weniger fordert, daß ich ganz um dieser Verbindlichkeit willen meine Freiheit auf jene Bedingungen selbst einschränken solle, sondern die Vernunft sagt nur, daß sie in ihrer Idee darauf eingeschränkt sei und von andern auch tätlich eingeschränkt werden dürfe; und dieses sagt sie als ein Postulat[2], welches gar keines Beweises weiter fähig ist. — Wenn die Absicht nicht ist, Tugend zu lehren, sondern nur, was recht sei, vorzutragen, so darf und soll man selbst nicht jenes Rechtsgesetz als Triebfeder der Handlung vorstellig machen.

Vom angeborenen Recht auf Freiheit und Gleichheit

Freiheit (Unabhängigkeit von eines anderen nötigender Willkür), sofern sie mit jedes anderen Freiheit nach einem allgemeinen

---

[1] gleichgültig.
[2] eine notwendige Annahme.

Gesetz zusammen bestehen kann, ist dieses einzige, ursprüngliche, jedem Menschen kraft seiner Menschheit[1] zustehende Recht. — Die angeborene Gleichheit, d. i. die Unabhängigkeit, nicht zu mehrerem von anderen verbunden[2] zu werden, als wozu man sie wechselseitig auch verbinden kann; mithin die Qualität des Menschen, sein eigener Herr zu sein, imgleichen die eines unbescholtenen Menschen, weil er vor allem rechtlichen Akt keinem Unrecht getan hat; endlich auch die Befugnis, das gegen andere zu tun, was an sich ihnen das Ihre nicht schmälert; dergleichen ist: ihnen bloß seine Gedanken mitzuteilen, ihnen etwas zu erzählen oder zu versprechen, es sei wahr und aufrichtig oder unwahr und unaufrichtig, weil es bloß auf ihnen beruht, ob sie ihm glauben wollen oder nicht: — alle diese Befugnisse liegen schon im Prinzip der angeborenen Freiheit und sind wirklich von ihr nicht unterschieden.

Vom Mein und Dein

Das rechtlich Meine ist dasjenige, womit ich so verbunden bin, daß der Gebrauch, den ein anderer ohne meine Einwilligung von ihm machen möchte, mich lädieren[3] würde. Die subjektive Bedingung der Möglichkeit des Gebrauchs überhaupt ist der Besitz.

Etwas Äußeres aber würde nur dann das Meine sein, wenn ich annehmen darf, es sei möglich, daß ich durch den Gebrauch, den ein anderer von einer Sache macht, in deren Besitz ich doch nicht bin, gleichwohl doch lädiert werden könne. Also widerspricht es sich selbst, etwas Äußeres als das Seine zu haben, wenn der Begriff des Besitzes nicht einer verschiedenen Bedeutung, nämlich des sinnlichen und des intelligiblen Besitzes[4], fähig wäre und unter

---

[1] seiner Zugehörigkeit zur Menschheit.
[2] nicht zu mehr anderen gegenüber verpflichtet zu sein.
[3] schädigen.
[4] des Besitzes an sich.

dem einen der physische, unter dem anderen ein bloß rechtlicher
Besitz eben desselben Gegenstandes verstanden werden könnte.

Es ist möglich, einen jeden äußeren Gegenstand meiner Willkür
als das Meine zu haben; d. i. eine Maxime, nach welcher, wenn sie
Gesetz würde, ein Gegenstand der Willkür an sich (objektiv)
herrenlos werden müßte, ist rechtswidrig.
Denn ein Gegenstand meiner Willkür ist etwas, was zu gebrauchen ich physisch in meiner Macht habe. Sollte es nun doch
rechtlich schlechterdings nicht in meiner Macht stehen, d. i. mit
der Freiheit von jedermann nach einem allgemeinen Gesetz nicht
zusammen bestehen können (unrecht sein), Gebrauch von demselben zu machen: so würde die Freiheit sich selbst des Gebrauchs
ihrer Willkür in Ansehung eines Gegenstandes derselben berauben, dadurch, daß sie brauchbare Gegenstände außer aller Möglichkeit des Gebrauchs setzte, d. i. diese in praktischer Rücksicht
vernichtete; obgleich die Willkür formaliter im Gebrauche der
Sachen mit jedermanns äußerer Freiheit nach allgemeinen Gesetzen zusammenstimmte.
Im Besitze eines Gegenstandes muß derjenige sein, der eine Sache
als das Seine zu haben behaupten will; denn wäre er nicht in
demselben, so könnte er nicht durch den Gebrauch, den der andere
ohne seine Einwilligung davon macht, lädiert werden; weil, wenn
diesen Gegenstand etwas außer ihm, was mit ihm gar nicht
rechtlich verbunden ist, affiziert[1], es ihn selbst (das Subjekt) nicht
affizieren und ihm Unrecht tun könnte.

Wenn auch gleich ein Boden als frei, d. i. zu jedermanns Gebrauch
offen, angesehen oder dafür erklärt würde, so kann man doch nicht
sagen, daß er von Natur und ursprünglich, vor allem rechtlichen
Akt, frei sei; denn auch das wäre ein Verhältnis zu Sachen,
nämlich dem Boden, der jedermann seinen Besitz verweigerte;

---

[1] eine Zustandsänderung herbeiführt.

sondern, weil diese Freiheit des Bodens ein Verbot für jedermann sein würde, sich desselben zu bedienen, wozu ein gemeinsamer Besitz desselben erfordert wird, der ohne Vertrag nicht stattfinden kann. Ein Boden aber, der nur durch diesen frei sein kann, muß wirklich im Besitze aller derer (zusammen Verbundenen) sein, die sich wechselseitig den Gebrauch desselben untersagen.

Der bloße physische Besitz (die Inhabung) des Bodens ist schon ein Recht in einer Sache, obzwar freilich noch nicht hinreichend, ihn als das Meine anzusehen. Beziehungsweise auf andere ist er, als erster Besitz, mit dem Gesetze der äußeren Freiheit einstimmig und zugleich in dem ursprünglichen Gesamtbesitz enthalten, der a priori den Grund der Möglichkeit eines Privatbesitzes enthält; mithin den ersten Inhaber eines Bodens in seinem Gebrauch desselben zu stören, eine Läsion[1]. Die erste Besitznehmung hat also einen Rechtsgrund für sich, welcher der ursprünglich gemeinsame Besitz ist, und der Satz: Wohl dem, der im Besitz ist! weil niemand verbunden ist, seinen Besitz zu beurkunden, ist ein Grundsatz des natürlichen Rechts, der die erste Besitznehmung als einen rechtlichen Grund zur Erwerbung aufstellt, auf den jeder erste Besitzer fußen kann.

Vom Sachenrecht

Das Recht in einer Sache ist ein Recht des Privatgebrauchs einer Sache, in deren (ursprünglichem oder gestiftetem) Gesamtbesitze ich mit allen anderen bin. Denn das letztere ist die einzige Bedingung, unter der es allein möglich ist, daß ich jeden anderen Besitzer vom Privatgebrauch der Sache ausschließe, weil, ohne einen solchen Gesamtbesitz vorauszusetzen, sich gar nicht denken läßt, wie ich, der ich doch nicht im Besitz der Sache bin, von anderen, die es sind und sie brauchen, lädiert werden könne. —

---

[1] Verletzung.

Durch einseitige Willkür kann ich keinen anderen verbinden, sich des Gebrauchs einer Sache zu enthalten, wozu er sonst keine Verbindlichkeit haben würde: also nur durch vereinigte Willkür aller in einem Gesamtbesitze. Sonst müßte ich mir ein Recht in einer Sache so denken, als ob die Sache gegen mich eine Verbindlichkeit hätte und davon allererst das Recht gegen jeden Besitzer derselben ableiten; welches eine ungereimte Vorstellungsart ist. Unter dem Wort: Sachenrecht wird übrigens nicht bloß das Recht in einer Sache, sondern auch der Inbegriff aller Gesetze, die das dingliche Mein und Dein betreffen, verstanden. — Es ist aber klar, daß ein Mensch, der auf Erden ganz allein wäre, eigentlich kein äußeres Ding als das Seine haben oder erwerben könnte; weil zwischen ihm als Person und allen anderen äußeren Dingen als Sachen es gar kein Verhältnis der Verbindlichkeit gibt. Es gibt also, eigentlich nur buchstäblich verstanden, auch kein (direktes) Recht, in einer Sache, sondern nur dasjenige wird so genannt, was jemandem gegen eine Person zukommt, die mit allen anderen (im bürgerlichen Zustande) im gemeinsamen Besitz ist.

Vom Vertrag

In jedem Vertrage sind zwei vorbereitende und zwei konstitu- ierende rechtliche Akte der Willkür; die beiden ersten sind das Angebot und die Billigung desselben; die beiden anderen sind das Versprechen und die Annehmung. — Denn ein Anerbieten kann nicht eher ein Versprechen heißen, als wenn ich vorher urteile, das Angebotene sei etwas, was dem Promissar[1] angenehm sein könne; welches durch die zwei ersteren Deklarationen[2] angezeigt, durch diese allein aber noch nichts erworben wird.

Aber weder durch den besonderen Willen des Promittenten[3] noch

---

[1] dem, an den das Angebot gerichtet ist.
[2] Erklärungen.
[3] des Anbietenden.

den des Promissars (als Akzeptanten)[1] geht das Seine des ersteren zu dem letzteren über, sondern nur durch den vereinigten Willen beider, mithin sofern beider Wille zugleich deklariert wird. Nun ist dies aber durch empirische Akte der Deklaration, die einander notwendig in der Zeit folgen müssen und niemals zugleich sind, unmöglich. Denn wenn ich versprochen habe und der andere nun akzeptieren will, so kann ich während der Zwischenzeit (so kurz sie auch sein mag) es mich gereuen lassen, weil ich vor der Akzeptation noch frei bin; sowie andrerseits der Akzeptant eben darum an seine auf das Versprechen folgende Gegenerklärung auch sich nicht für gebunden halten darf. — Die äußeren Förmlichkeiten bei Schließung des Vertrags (der Handschlag oder die Zerbrechung eines von beiden Personen angefaßten Strohhalms) und alle hin und her geschehenen Bestätigungen seiner vorherigen Erklärung beweisen vielmehr die Verlegenheit der Paziszenten[2], wie und auf welche Art sie die immer nur aufeinanderfolgenden Erklärungen als in einem Augenblicke zugleich existierend vorstellig machen wollen; was ihnen doch nicht gelingt, weil es immer nur in der Zeit einander folgende Akte sind, wo, wenn der eine Akt ist, der andere entweder noch nicht oder nicht mehr ist.

Der Vertrag, auf den unmittelbar die Übergabe folgt, schließt die Zwischenzeit zwischen der Schließung und Vollziehung aus und bedarf keines besonderen noch zu erwartenden Akts, wodurch das Seine des einen auf den anderen übertragen wird. Aber wenn zwischen beiden noch eine (bestimmte oder unbestimmte) Zeit zur Übergabe bewilligt ist, fragt sich: ob die Sache schon vor dieser durch den Vertrag das Seine des Akzeptanten geworden und das Recht des letzteren ein Recht in der Sache sei, oder ob noch ein besonderer Vertrag, der allein die Übergabe betrifft,

---

[1] des Annehmenden.
[2] der Vertragschließenden.

dazukommen müsse, mithin das Recht durch die bloße Akzeptation nur ein persönliches sei und allererst durch die Übergabe ein
Recht in der Sache werde? — Daß es sich hiermit wirklich so, wie
das letztere besagt, verhalte, erhellt aus nachfolgendem:
Wenn ich einen Vertrag über eine Sache, z. B. über ein Pferd, das
ich erwerben will, schließe und nehme es zugleich mit in meinen
Stall oder sonst in meinen physischen Besitz, so ist es mein, und
mein Recht ist ein Recht in der Sache; lasse ich es aber in den
Händen des Verkäufers, ohne mit ihm darüber besonders auszumachen, in wessen physischem Besitz (Inhabung) diese Sache vor
meiner Besitznehmung, mithin vor dem Wechsel des Besitzes
sein solle: so ist dieses Pferd noch nicht mein, und mein Recht,
was ich erwerbe, ist nur ein Recht gegen eine bestimmte Person,
nämlich den Verkäufer, von ihm in den Besitz gesetzt zu werden,
als subjektive Bedingung der Möglichkeit alles beliebigen Gebrauchs desselben, d. i. mein Recht ist nur ein persönliches
Recht, von jenem die Leistung des Versprechens, mich in den
Besitz der Sache zu setzen, zu fordern. Nun kann ich, wenn der
Vertrag nicht zugleich die Übergabe enthält, mithin eine Zeit
zwischen dem Abschluß desselben und der Besitznehmung des
Erworbenen verläuft, in diese Zeit nicht anders zum Besitz gelangen als dadurch, daß ich einen besonderen rechtlichen, nämlich
einen Besitzakt ausübe, der einen besonderen Vertrag ausmacht,
und dieser ist, daß ich sage: ich werde diese Sache (das Pferd)
abholen lassen, wozu der Verkäufer einwilligt. Denn daß dieser
eine Sache zum Gebrauche eines anderen auf eigene Gefahr in
seine Gewahrsame nehmen werde, versteht sich nicht von selbst,
sondern dazu gehört ein besonderer Vertrag, nach welchem der
Veräußerer seiner Sache innerhalb der bestimmten Zeit noch
immer Eigentümer bleibt (und alle Gefahr, die die Sache treffen
möchte, tragen muß), der Erwerbende aber nur dann, wenn er
über diese Zeit hinaus zögert, von dem Verkäufer dafür angesehen werden kann, als sei sie ihm überliefert. Vor diesem Besitzakt ist also alles durch den Vertrag Erworbene nur ein persön-

liches Recht, und der Promissar kann eine äußere Sache nur durch Tradition[1] erwerben.

Das Eherecht

Geschlechtergemeinschaft ist der wechselseitige Gebrauch, den ein Mensch von eines anderen Geschlechtsorganen und Vermögen macht und entweder ein natürlicher (wodurch seinesgleichen erzeugt werden kann) oder unnatürlicher Gebrauch, und dieser entweder an einer Person eben desselben Geschlechts oder einem Tiere von einer anderen als der Menschengattung; welche Übertretungen der Gesetze, unnatürliche Laster, die auch unnennbar heißen, als Läsion der Menschheit in unserer eigenen Person durch gar keine Einschränkungen und Ausnahmen wider die gänzliche Verwerfung gerettet werden können.

Die natürliche Geschlechtsgemeinschaft ist nun entweder die nach der bloßen tierischen Natur oder nach dem Gesetz. — Die letztere ist die Ehe, d. i. die Verbindung zweier Personen verschiedenen Geschlechts zum lebenswierigen[2] wechselseitigen Besitz ihrer Geschlechtseigenschaften. — Der Zweck, Kinder zu erzeugen und zu erziehen, mag immer ein Zweck der Natur sein, zu welchem sie die Neigung der Geschlechter gegeneinander einpflanzte; aber daß der Mensch, der sich verehelicht, diesen Zweck sich vorsetzen müsse, wird zur Rechtmäßigkeit dieser seiner Verbindung nicht erfordert; denn sonst würde, wenn das Kinderzeugen aufhört, die Ehe sich zugleich von selbst auflösen.

Es ist nämlich, auch unter Voraussetzung der Lust zum wechselseitigen Gebrauch ihrer Geschlechtseigenschaften, der Ehevertrag kein beliebiger, sondern durchs Gesetz der Menschheit notwendiger Vertrag; d. i. wenn Mann und Weib einander ihren Geschlechtseigenschaften nach wechselseitig genießen wollen, so

---

[1] Übergabe.
[2] lebenslänglichen.

müssen sie sich notwendig verehelichen, und dieses ist nach Rechtsgesetzen der reinen Vernunft notwendig.

Der Ehevertrag wird nur durch eheliche Beiwohnung vollzogen. Ein Vertrag zweier Personen beiderlei Geschlechts, mit dem geheimen Einverständnis, entweder sich der fleischlichen Gemeinschaft zu enthalten oder mit dem Bewußtsein eines oder beider Teile, dazu unvermögend zu sein, ist ein simulierter[1] Vertrag und stiftet keine Ehe; kann auch durch jeden von beiden nach Belieben aufgelöst werden. Tritt aber das Unvermögen nur nachher ein, so kann jenes Recht durch diesen unverschuldeten Zufall nichts einbüßen.

Die Erwerbung einer Gattin oder eines Gatten geschieht also nicht facto[2] (durch die Beiwohnung) ohne vorhergehenden Vertrag, auch nicht pacto[3] (durch den bloßen ehelichen Vertrag ohne nachfolgende Beiwohnung), sondern nur lege[4]: d. i. als rechtliche Folge aus der Verbindlichkeit, in eine Geschlechtsverbindung nicht anders als vermittels des wechselseitigen Besitzes der Personen, als welcher nur durch den gleichfalls wechselseitigen Gebrauch ihrer Geschlechtseigentümlichkeiten seine Wirklichkeit erhält, zu treten.

Das Elternrecht

Gleichwie aus der Pflicht des Menschen gegen sich selbst, d. i. gegen die Menschheit in seiner eigenen Person ein Recht beider Geschlechter entsprang, sich als Personen wechselseitig einander auf dingliche Art durch Ehe zu erwerben; so folgt aus der Zeugung in dieser Gemeinschaft eine Pflicht der Erhaltung und Versorgung

---

[1] vorgespiegelter.
[2] der Tatsache nach.
[3] dem Vertrage nach.
[4] dem Gesetze nach.

in Absicht auf ihr Erzeugnis; die Kinder als Personen haben hiermit zugleich ein ursprünglich-angeborenes (nicht angeerbtes) Recht auf ihre Versorgung durch die Eltern, bis sie vermögend sind, sich selbst zu erhalten, und zwar durchs Gesetz unmittelbar, d. i. ohne daß ein besonderer rechtlicher Akt dazu erforderlich ist.

Denn da das Erzeugnis eine Person ist, und es unmöglich ist, sich von der Erzeugung eines mit Freiheit begabten Wesens durch eine physische Operation[1] einen Begriff zu machen: so ist es eine in praktischer Hinsicht ganz richtige und auch notwendige Idee, den Akt der Zeugung als einen solchen anzusehen, wodurch wir eine Person ohne ihre Einwilligung in die Welt gesetzt und eigenmächtig in sie herübergebracht haben; für welche Tat auf den Eltern nun auch eine Verbindlichkeit haftet, sie, soviel in ihren Kräften ist, mit diesem ihrem Zustande zufrieden zu machen. — Sie können ihr Kind nicht gleichsam als ihr Gemächsel[2] (denn ein solches kann kein mit Freiheit begabtes Wesen sein) und als ihr Eigentum zerstören oder es auch nur dem Zufall überlassen, weil sie an ihm nicht bloß ein Weltwesen, sondern auch einen Weltbürger in einen Zustand herübergezogen, der ihnen nun auch nach Rechtsbegriffen nicht gleichgültig sein kann.

Aus dieser Pflicht entspringt auch notwendig das Recht der Eltern zur Handhabung[3] und Bildung des Kindes, solange es des eigenen Gebrauchs seiner Gliedmaßen, imgleichen des Verstandesgebrauchs noch nicht mächtig ist, außer der Ernährung und Pflege es zu erziehen, und sowohl pragmatisch[4], damit es künftig sich selbst erhalten und fortbringen könne, als auch moralisch, weil sonst die Schuld ihrer Verwahrlosung auf die Eltern fallen würde, es zu bilden; alles bis zur Zeit der Entlassung, da diese sowohl ihrem

---

[1] auf physischem Wege.
[2] ihr Erzeugnis.
[3] Pflege.
[4] praktisch technisch.

väterlichen Recht zu befehlen als auch allem Anspruch auf Kosten-
erstattung für ihre bisherige Verpflegung und Mühe entsagen,
wofür und nach vollendeter Erziehung sie der Kinder ihre Verbindlichkeit (gegen die Eltern) nur als bloße Tugendpflicht, nämlich als Dankbarkeit in Anschlag bringen können.

Aus dieser Persönlichkeit der ersteren[1] folgt nun auch, daß, da die
Kinder nie als Eigentum der Eltern angesehen werden können,
aber doch zum Mein und Dein derselben gehören (weil sie gleich
den Sachen im Besitz der Eltern sind und aus jedes anderen Besitz
wider ihren Willen in diesen zurückgebracht werden können), das
Recht der ersteren kein bloßes Sachenrecht, mithin nicht veräu-
ßerlich, aber auch nicht ein bloß persönliches, sondern ein auf
dingliche Art persönliches Recht ist.

Hierbei fällt also in die Augen, daß der Titel eines auf dingliche Art
persönlichen Rechts in der Rechtslehre noch über dem des Sachen-
und persönlichen Rechts notwendig hinzukommen müsse, weil,
wenn von dem Recht der Eltern an den Kindern als einem Stück
ihres Hauses die Rede ist, jene sich nicht bloß auf die Pflicht der
Kinder berufen dürfen zurückzukehren, wenn sie entlaufen sind,
sondern sich ihrer als Sachen (verlaufener Haustiere) zu bemächti-
gen und sie einzufangen berechtigt sind.

Eine Theorie des Geldes

Geld ist eine Sache, deren Gebrauch nur dadurch möglich ist, daß
man sie veräußert. Dies ist eine gute Namenerklärung desselben,
nämlich hinreichend zur Unterscheidung dieser Art Gegenstände
der Willkür von allen andern; aber sie gibt uns keinen Aufschluß
über die Möglichkeit einer solchen Sache. Doch sieht man so viel
daraus: daß erstlich diese Veräußerung im Verkehr nicht als
Verschenkung, sondern als zur wechselseitigen Erwerbung beabsichtigt ist; zweitens, daß es als ein (in einem Volke) allgemein

---

[1] der Kinder.

beliebtes bloßes Mittel des Handelns, was an sich keinen Wert hat, im Gegensatz einer Sache als Ware (d. i. desjenigen, was einen solchen hat und sich auf das besondere Bedürfnis eines oder des anderen im Volk bezieht) gedacht wird, es alle Ware repräsentiert.

Ein Scheffel Getreide hat den größten direkten Wert als Mittel zu menschlichen Bedürfnissen. Man kann damit Tiere füttern, die uns zur Nahrung, zur Bewegung und zur Arbeit an unserer Statt dienen, und dann auch vermittels desselben also Menschen vermehren und erhalten, welche nicht allein jene Naturprodukte immer wieder erzeugen, sondern auch durch Kunstprodukte allen unseren Bedürfnissen zu Hilfe kommen können: zur Verfertigung unserer Wohnung, Kleidung, ausgesuchtem Genusse und aller Gemächlichkeit überhaupt, welche die Güter der Industrie ausmachen. Der Wert des Geldes ist dagegen nur indirekt. Man kann es selbst nicht genießen oder als ein solches irgendwozu unmittelbar gebrauchen; aber doch ist es ein Mittel, was unter allen Sachen von der höchsten Brauchbarkeit ist.

Hierauf läßt sich vorläufig eine Realdefinition des Geldes gründen: es ist das allgemeine Mittel, den Fleiß der Menschen gegeneinander zu verkehren[1]; so: daß der Nationalreichtum, insofern er vermittels des Geldes erworben worden, eigentlich nur die Summe des Fleißes ist, mit dem Menschen sich untereinander lohnen, und welcher durch das in dem Volke umlaufende Geld repräsentiert wird.

Die Sache nun, welche Geld heißen soll, muß also selbst so viel Fleiß gekostet haben, um sie hervorzubringen oder auch anderen Menschen in die Hände zu schaffen, daß dieser demjenigen Fleiß, durch welchen die Ware (in Natur- oder Kunstprodukten) hat erworben werden müssen und gegen welchen jener ausgetauscht wird, gleichkomme. Denn wäre es leichter, den Stoff, der Geld heißt, als die Ware anzuschaffen, so käme mehr Geld zu Markte,

---

[1] die Erzeugnisse des Fleißes gegeneinander auszutauschen.

als Ware feil steht, und weil der Verkäufer mehr Fleiß auf seine
Ware verwenden müßte als der Käufer, dem das Geld schneller
zuströmt: so würde der Fleiß in Verfertigung der Ware und so das
Gewerbe überhaupt mit dem Erwerbsfleiß, der den öffentlichen
Reichtum zur Folge hat, zugleich schwinden und verkürzt werden.
— Daher können Banknoten und Assignaten nicht für Geld
angesehen werden, ob sie gleich eine Zeit hindurch die Stelle
desselben vertreten und ihr Wert sich bloß auf die Meinung der
ferneren Fortdauer der bisher gelungenen Umsetzung derselben in
Barschaft gründet, welche bei einer etwaigen Entdeckung, daß die
letztere nicht in einer zum leichten und sicheren Verkehr hinreichenden Menge da sei, plötzlich verschwindet und den Ausfall der
Zahlung unvermeidlich macht. — So ist der Erwerbsinn derer,
welche die Gold- und Silberbergwerke in Peru oder Neumexiko
anbauen, vornehmlich bei den so vielfältig mißlingenden Versuchen eines vergeblich angewandten Fleißes im Aufsuchen der
Erzgänge, wahrscheinlich noch größer als der auf Verfertigung der
Waren in Europa verwendete und würde als unvergolten, mithin
von selbst nachlassend, jene Länder bald in Armut sinken lassen,
wenn nicht der Fleiß Europas dagegen, eben durch diese Materialien gereizt, sich proportionierlich zugleich erweiterte, um bei
jenen die Lust zum Bergbau durch ihnen angebotene Sachen des
Luxus beständig rege zu erhalten: so daß immer Fleiß gegen Fleiß
in Konkurrenz kommen.

Wie ist es aber möglich, daß das, was anfänglich Ware war, endlich
Geld ward? Wenn[1] ein großer und machthabender Vertuer einer
Materie, die er anfangs bloß zum Schmuck und Glanz seiner
Diener (des Hofes) brauchte (z. B. Gold, Silber, Kupfer oder eine
Art schöner Muschelschalen, Kauris, oder auch wie in Kongo eine
Art Matten, Makuten genannt, oder wie am Senegal Eisenstangen
und auf der Guineaküste selbst Negersklaven), d. i. wenn ein
Landesherr die Abgaben von seinen Untertanen in dieser Materie

---

[1] Es ist möglich dadurch, daß.

(als Ware) einfordert und die, deren Fleiß in Anschaffung derselben dadurch bewegt werden soll, mit eben denselben nach Verordnungen des Verkehrs unter und mit ihnen überhaupt (auf einem Markt oder einer Börse) wieder lohnt. — Dadurch allein hat (meinem Bedünken nach) eine Ware ein gesetzliches Mittel des Verkehrs, des Fleißes der Untertanen untereinander und hiermit auch des Staatsreichtums, d. i. Geld, werden können.

Der intellektuelle Begriff, dem der empirische vom Geld untergelegt ist, ist also der von einer Sache, die, im Umlauf des Besitzes begriffen, den Preis aller anderen Dinge (Waren) bestimmt, unter welche letztere sogar Wissenschaften, sofern sie anderen nicht umsonst gelehrt werden, gehören: dessen Menge also in einem Volk die Begüterung desselben ausmacht. Denn Preis ist das öffentliche Urteil über den Wert einer Sache im Verhältnis auf die proportionierte Menge desjenigen, was das allgemeine stellvertretende Mittel der gegenseitigen Vertauschung des Fleißes (des Umlaufs) ist. — Daher werden, wo der Verkehr groß ist, weder Gold noch Kupfer für eigentliches Geld, sondern nur für Ware gehalten: weil von dem ersteren zuwenig, anderen zuviel da ist, um es leicht in Umlauf zu bringen und dennoch in so kleinen Teilen zu haben ist, als zum Umsatz gegen Ware oder eine Menge derselben im kleinsten Erwerb nötig ist. Silber (weniger oder mehr mit Kupfer versetzt) wird daher im großen Verkehr der Welt für das eigentliche Material des Geldes und den Maßstab der Berechnung aller Preise genommen; die übrigen Metalle (noch viel mehr also die unmetallischen Materien) können nur in einem Volk von kleinem Verkehr stattfinden[1]. — Die ersteren beiden, wenn sie nicht bloß gewogen, sondern auch gestempelt, d. i. mit einem Zeichen, für wieviel sie gelten sollen, versehen worden, sind gesetzliches Geld, d. i. Münze.

Geld ist also derjenige Körper, dessen Veräußerung das Mittel

---

[1] als Geld dienen.

und zugleich der Maßstab des Fleißes ist, mit welchem Menschen und Völker untereinander Verkehr treiben.

Der gute Name

Daß der Verstorbene nach seinem Tode (wenn er also nicht mehr ist) noch etwas besitzen könne, wäre eine Ungereimtheit zu denken, wenn der Nachlaß eine Sache wäre. Nun ist aber der gute Name ein angeborenes äußeres, obzwar ideales Mein oder Dein, was dem Subjekt als einer Person anhängt, von deren Natur, ob sie mit dem Tode gänzlich aufhöre zu sein oder immer noch als solche übrigbleibe, ich abstrahieren kann und muß, weil ich im rechtlichen Verhältnis auf andere jede Person bloß nach ihrer Menschheit, mithin als homo noumenon[1] wirklich betrachte, und so ist jeder Versuch, ihn nach dem Tode in üble falsche Nachrede zu bringen, immer bedenklich, obgleich eine gegründete Anklage desselben gar wohl stattfindet: weil gegen den Abwesenden, welcher sich nicht verteidigen kann, Vorwürfe auszustreuen ohne die größte Gewißheit derselben wenigstens ungroßmütig ist.

Daß durch ein tadelloses Leben und einen dasselbe beschließenden Tod der Mensch einen guten Namen als das Seine, welches ihm übrigbleibt, erwerbe, wenn er als homo phaenomenon[2] nicht mehr existiert, und daß die Überlebenden (angehörige oder fremde) ihn auch vor Recht[3] zu verteidigen befugt sind (weil unerwiesene Anklage sie insgesamt wegen ähnlicher Begegnung auf ihren Sterbefall in Gefahr bringt), daß er, sage ich, ein solches Recht erwerben könne, ist eine sonderbare, nichtsdestoweniger unleugbare Erscheinung der a priori gesetzgebenden Vernunft, die ihr Gebot und Verbot auch über die Grenze des Lebens hinaus erstreckt. — Wenn jemand von einem Verstorbenen ein Verbrechen

---

[1] als Mensch an sich.
[2] Mensch als Erscheinung.
[3] vor Gericht.

verbreitet, das diesen im Leben ehrlos oder nur verächtlich gemacht haben würde: so kann ein jeder, welcher einen Beweis führen kann, daß diese Beschuldigung vorsätzlich unwahr und gelogen sei, den, welcher jenen in böse Nachrede bringt, für einen Kalumnianten[1] öffentlich erklären, mithin ihn selbst ehrlos machen; welches er nicht tun dürfte, wenn er nicht mit Recht voraussetzte, daß der Verstorbene dadurch beleidigt wäre, ob er gleich tot ist, und daß diesem durch jene Apologie[2] Genugtuung widerfahre, ob er gleich nicht mehr existiert. Die Befugnis, die Rolle des Apologeten[3] für den Verstorbenen zu spielen, darf[4] dieser auch nicht beweisen; denn jeder Mensch maßt sie sich unvermeidlich an, als nicht bloß zur Tugendpflicht (ethisch betrachtet), sondern sogar zum Recht der Menschheit überhaupt gehörig; und es bedarf hierzu keiner besonderen persönlichen Nachteile, die etwa Freunden und Anverwandten aus einem solchen Schandfleck am Verstorbenen erwachsen dürften, um jenen zu einer solchen Rüge zu berechtigen. — Daß also eine solche ideale Erwerbung und ein Recht des Menschen nach seinem Tode gegen die Überlebenden gegründet sei, ist nicht zu streiten, obschon die Möglichkeit desselben keiner Deduktion[5] fähig ist.

Der Staat

Ein Staat ist die Vereinigung einer Menge von Menschen unter Rechtsgesetzen. Sofern diese als Gesetze a priori notwendig, d. i. aus Begriffen des äußeren Rechts überhaupt von selbst folgend sind, ist seine Form die Form eines Staats überhaupt, d. i. der Staat in der Idee, wie er nach reinen Rechtsprinzipien sein soll, welche

---

[1] Verleumder.
[2] Verteidigung.
[3] Verteidiger.
[4] braucht.
[5] rechtfertigenden Ableitung.

jeder wirklichen Vereinigung zu einem gemeinen Wesen (also im
Inneren) zur Richtschnur dient.

Ein jeder Staat enthält drei Gewalten in sich, d. i. den allgemein
vereinigten Willen in dreifacher Person: die Herrschergewalt
(Souveränität) in der des Gesetzgebers, die vollziehende Gewalt in
der des Regierers (zufolge dem Gesetz) und die rechtsprechende
Gewalt (als Zuerkennung des Seinen eines jeden nach dem Gesetz)
in der Person des Richters gleich den drei Sätzen in einem praktischen Vernunftschluß: dem Obersatz, der das Gesetz jenes Willens, dem Untersatze, der das Gebot des Verfahrens nach dem
Gesetz, und dem Schlußsatze, der den Rechtsspruch enthält, was
im vorkommenden Falle Rechtens ist.

Der Staatsbürger

Die gesetzgebende Gewalt kann nur dem vereinigten Willen des
Volkes zukommen. Denn da von ihr alles Recht ausgehen soll, so
muß sie durch ihr Gesetz schlechterdings niemand Unrecht tun
können. Nun ist es, wenn jemand etwas gegen einen anderen
verfügt, immer möglich, daß er ihm dadurch Unrecht tue, nie aber
in dem, was er über sich selbst beschließt. Also kann nur der
übereinstimmende und vereinigte Wille aller, sofern ein jeder
über alle und alle über einen jeden dasselbe beschließen, mithin
nur der allgemein vereinigte Volkswille gesetzgebend sein.

Die zur Gesetzgebung vereinigten Glieder einer solchen Gesellschaft, d. i. eines Staats, heißen Staatsbürger, und die rechtlichen,
von ihrem Wesen (als solchem) unabtrennlichen Attribute derselben sind: gesetzliche Freiheit, keinem anderen Gesetz zu gehorchen, als zu welchem er seine Beistimmung gegeben hat; bürgerliche Gleichheit, keinen Oberen im Volk in Ansehung seiner zu
erkennen als nur einen solchen, den er ebenso rechtlich zu verbinden das moralische Vermögen hat, als dieser ihn verbinden kann;
drittens das Attribut der bürgerlichen Selbständigkeit, seine Existenz und Erhaltung nicht der Willkür eines anderen im Volke,

sondern seinen eigenen Rechten und Kräften als Glied des gemeinen Wesens verdanken zu können, folglich die bürgerliche Persönlichkeit, in Rechtsangelegenheiten durch keinen anderen vorgestellt[1] werden zu dürfen.

Vom Stimmrecht

Nur die Fähigkeit der Stimmgebung macht die Qualifikation[2] zum
Staatsbürger aus; jene aber setzt die Selbständigkeit dessen im
Volke voraus, der nicht bloß Teil des gemeinen Wesens, sondern
auch Glied desselben, d. i. aus eigener Willkür in Gemeinschaft
mit anderen handelnder Teil desselben sein will. Die letztere
Qualität[3] macht aber die Unterscheidung des aktiven vom passiven
Staatsbürger notwendig; obgleich der Begriff des letzteren mit der
Erklärung des Begriffs von einem Staatsbürger überhaupt im
Widerspruch zu stehen scheint. — Folgende Beispiele können
dazu dienen, diese Schwierigkeit zu heben: der Geselle bei einem
Kaufmann oder bei einem Handwerker; der Dienstbote (nicht der
im Dienste des Staates steht); der Unmündige; alles Frauenzimmer, und überhaupt jedermann, der nicht nach eigenem Betriebe,
sondern nach der Verfügung anderer (außer der des Staates)
genötigt ist, seine Existenz (Nahrung und Schutz) zu erhalten,
entbehrt der bürgerlichen Persönlichkeit. — Der Holzhacker, den
ich auf meinem Hofe anstelle, der Schmied in Indien, der mit
seinem Hammer, Amboß und Blasebalg in die Häuser geht, um da
in Eisen zu arbeiten, in Vergleichung mit dem europäischen
Tischler oder Schmied, der die Produkte aus dieser Arbeit als Ware
öffentlich feilstellen kann; der Hauslehrer in Vergleichung mit
dem Schulmanne, der Zinsbauer in Vergleichung mit dem Pächter
u. dgl. sind bloß Handlanger des gemeinen Wesens, weil sie von

---

[1] vertreten.
[2] Eignung.
[3] Eigenschaft.

anderen Individuen befehligt oder beschützt werden müssen, mithin keine bürgerliche Selbständigkeit besitzen.

Diese Abhängigkeit von dem Willen anderer und Ungleichheit ist gleichwohl keineswegs der Freiheit und Gleichheit derselben als Menschen, die zusammen ein Volk ausmachen, entgegen; vielmehr kann bloß den Bedingungen derselben gemäß dieses Volk ein Staat werden und in eine bürgerliche Verfassung eintreten. In dieser Verfassung aber das Recht der Stimmgebung zu haben, d. i. Staatsbürger, nicht bloß Staatsgenosse zu sein, dazu qualifizieren[1] sich nicht alle mit gleichem Recht. Denn daraus, daß sie fordern können, von allen anderen nach Gesetzen der natürlichen Freiheit und Gleichheit als passive Teile des Staates behandelt zu werden, folgt nicht das Recht, auch als aktive Glieder den Staat selbst zu behandeln, zu organisieren oder zur Einführung gewisser Gesetze mitzuwirken; sondern nur, daß, welcherlei Art die positiven Gesetze, wozu sie stimmen, auch sein möchten, sie doch den natürlichen der Freiheit und der dieser angemessenen Gleichheit aller im Volk, sich nämlich aus diesem passiven Zustande zu dem aktiven emporarbeiten zu können, nicht zuwider sein müssen.

Die Regierungsgewalt

Der Regent des Staates ist diejenige (moralische oder physische) Person, welcher die ausübende Gewalt zukommt: der Agent des Staates, der die Magistrate einsetzt, dem Volke die Regeln vorschreibt, nach denen ein jeder in demselben dem Gesetze gemäß etwas erwerben oder das Seine erhalten kann. Als moralische Person betrachtet, heißt er das Direktorium, die Regierung. Seine Befehle an das Volk und die Magistrate und ihre Obere (Minister), welchen die Staatsverwaltung obliegt, sind Verordnungen, Dekrete (nicht Gesetze); denn sie gehen auf Entscheidung in einem besonderen Falle und werden als abänderlich gegeben. Eine Regie-

---

[1] eignen.

rung, die zugleich gesetzgebend wäre, würde despotisch zu nennen
sein im Gegensatz mit der patriotischen, unter welcher aber nicht
eine väterliche, als die am meisten despotische unter allen (Bürger
als Kinder zu behandeln), sondern vaterländische verstanden wird,
wo der Staat selbst seine Untertanen zwar gleichsam als Glieder
einer Familie, doch zugleich als Staatsbürger, d. i. nach Gesetzen
ihrer eigenen Selbständigkeit behandelt, jeder sich selbst besitzt
und nicht vom absoluten Willen eines anderen neben oder über
ihm abhängt.

Der Beherrscher des Volkes (der Gesetzgeber) kann also nicht
zugleich der Regent sein; denn dieser steht unter dem Gesetz und
wird durch dasselbe, folglich von einem anderen, dem Souverän,
verpflichtet. Jener kann diesem auch seine Gewalt nehmen, ihn
absetzen oder seine Verwaltung reformieren, aber ihn nicht strafen (und das bedeutet allein der in England gebräuchliche Ausdruck: der König, d. i. die oberste ausübende Gewalt, kann nicht
Unrecht tun); denn das wäre wiederum ein Akt der ausübenden
Gewalt, der zuoberst das Vermögen, dem Gesetze gemäß zu
zwingen, zusteht, die aber doch selbst einem Zwange unterworfen
wäre; welches sich widerspricht.

Endlich kann weder der Staatsherrscher noch der Regierer richten,
sondern nur Richter als Magistrate einsetzen. Das Volk richtet
sich selbst durch diejenigen ihrer Mitbürger, welche durch freie
Wahl als Repräsentanten desselben[1], und zwar für jeden Akt
besonders, dazu ernannt werden. Denn der Rechtsspruch ist ein
einzelner Akt der öffentlichen Gerechtigkeit durch einen Staats-
verwalter (Richter oder Gerichtshof) auf den Untertan, d. i. einen,
der zum Volke gehört, mithin mit keiner Gewalt bekleidet ist, ihm
das Seine zuzuerkennen (zu erteilen). Da nun ein jeder im Volke
diesem Verhältnisse nach (zur Obrigkeit) bloß passiv ist, so würde
eine jede jener beiden Gewalten in dem, was sie über den Untertan,
im streitigen Falle des Seinen eines jeden, beschließen, ihm Un-

---

[1] des Volkes.

recht tun können; weil es nicht das Volk selbst täte und, ob
schuldig oder nicht schuldig, über seine Mitbürger ausspräche; auf
welche Ausmittelung der Tat in der Klagsache nun der Gerichtshof
das Gesetz anzuwenden und vermittels der ausführenden Gewalt
einem jeden das Seine zuteil werden zu lassen, die richterliche
Gewalt hat. Also kann nur das Volk durch seine von ihm selbst
abgeordneten Stellvertreter (die Jury) über jeden, obwohl nur
mittelbar, richten. — Es wäre auch unter der Würde des Staats-
oberhauptes, den Richter zu spielen, d. i. sich in die Möglichkeit zu
versetzen, Unrecht zu tun, und so in den Fall der Appellation[1] zu
geraten.

Revolutionen

Wider das gesetzgebende Oberhaupt des Staates gibt es also keinen
rechtmäßigen Widerstand des Volkes; denn nur durch Unterwerfung unter seinen allgemein-gesetzgebenden Willen ist ein rechtlicher Zustand möglich; also kein Recht des Aufstandes, noch
weniger des Aufruhrs, am allerwenigsten gegen ihn als einzelne
Person (Monarch), unter dem Vorwande des Mißbrauchs seiner
Gewalt, Vergreifung an seiner Person, ja an seinem Leben. Der
geringste Versuch hierzu ist Hochverrat, und der Verräter dieser
Art kann als einer, der sein Vaterland umzubringen versucht,
nicht minder als mit dem Tode bestraft werden. — Der Grund der
Pflicht des Volkes, einen, selbst den für unerträglich ausgegebenen
Mißbrauch der obersten Gewalt dennoch zu ertragen, liegt darin:
daß sein Widerstand wider die höchste Gesetzgebung selbst niemals anders als gesetzwidrig, ja als die ganze gesetzliche Verfassung vernichtend gedacht werden muß. Denn um zu demselben
befugt zu sein, müßte ein öffentliches Gesetz vorhanden sein,
welches diesen Widerstand des Volkes erlaubte, d. i. die oberste
Gesetzgebung enthielte eine Bestimmung in sich, nicht die oberste

---

[1] Berufung gegen ein Fehlurteil.

zu sein, und das Volk als Untertan in einem und demselben Urteile zum Souverän über den zu machen, dem es untertänig ist; welches sich widerspricht, und wovon der Widerspruch durch die Frage alsbald in die Augen fällt: wer denn in diesem Streit zwischen Volk und Souverän Richter sein sollte? (denn es sind, rechtlich betrachtet, doch immer zwei verschiedene moralische Personen); wo sich dann zeigt, daß das erstere es in seiner eigenen Sache sein will.

Eine Veränderung der (fehlerhaften) Staatsverfassung, die wohl bisweilen nötig sein mag, kann also nur vom Souverän selbst durch Reform, aber nicht vom Volke, mithin durch Revolution verrichtet werden, und wenn sie geschieht, so kann jene nur die ausübende Gewalt, nicht die gesetzgebende treffen. — In einer Staatsverfassung, die so beschaffen ist, daß das Volk durch seine Repräsentanten (im Parlament) jener und dem Repräsentanten derselben (dem Minister) gesetzlich widerstehen kann — welche dann eine eingeschränkte Verfassung heißt —, ist gleichwohl kein aktiver Widerstand (der willkürlichen Verbindung des Volkes, die Regierung zu einem gewissen tätigen Verfahren zu zwingen, mithin selbst einen Akt der ausübenden Gewalt zu begehen), sondern nur ein negativer Widerstand, d. i. Weigerung des Volkes (im Parlament), erlaubt, jener in den Forderungen, die sie zur Staatsverwaltung nötig zu haben vorgibt, nicht immer zu willfahren; vielmehr, wenn das letztere geschähe, so wäre es ein sicheres Zeichen, daß das Volk verderbt, seine Repräsentanten erkäuflich und das Oberhaupt in der Regierung durch seinen Minister despotisch, dieser selbst aber ein Verräter des Volkes sei.

Übrigens, wenn eine Revolution einmal gelungen und eine neue Verfassung gegründet ist, so kann die Unrechtmäßigkeit des Beginnens und der Vollführung derselben die Untertanen von der Verbindlichkeit, der neuen Ordnung der Dinge sich als gute Staatsbürger zu fügen, nicht befreien, und sie können sich nicht weigern, derjenigen Obrigkeit ehrlich zu gehorchen, die jetzt die Gewalt hat. Der entthronte Monarch (der jene Umwälzung überlebt) kann wegen seiner vorigen Geschäftsführung nicht in Anspruch genommen werden, noch weniger aber gestraft werden, wenn er, in den Stand eines Staatsbürgers zurückgetreten, seine und des Staates Ruhe dem Wagstück vorzieht, sich von diesem zu entfernen, um als Prätendent das Abenteuer der Wiedererlangung desselben, es sei durch insgeheim angestiftete Gegenrevolution oder durch Beistand anderer Mächte, zu bestehen. Wenn er aber das letztere vorzieht, so bleibt ihm, weil der Aufruhr, der ihn aus seinem Besitz vertrieb, ungerecht war, sein Recht an demselben unbenommen. Ob aber andere Mächte das Recht haben, sich diesem verunglückten Oberhaupt zum Besten in ein Staatenbündnis zu vereinigen, bloß um jenes vom Volk begangene Verbrechen nicht ungeahndet noch als Skandal für alle Staaten bestehen zu lassen, mithin eine in jedem anderen Staat durch Revolution zustande gekommene Verfassung in ihre alte mit Gewalt zurückzubringen berechtigt und berufen seien, das gehört zum Völkerrecht.

Vom Völkerrecht

Die Menschen, welche ein Volk ausmachen, können als Landeseingeborene nach der Analogie der Erzeugung von einem gemeinschaftlichen Elternstamm vorgestellt werden, ob sie es gleich nicht sind: dennoch aber in intellektueller und rechtlicher Bedeutung, als von einer gemeinschaftlichen Mutter (der Republik) geboren, gleichsam eine Familie ausmachen, deren Glieder (Staatsbürger) alle ebenbürtig sind, und mit denen, die neben ihnen im Naturzustande leben möchten, als unedlen keine Vermischung eingehen, obgleich diese (die Wilden) ihrerseits sich wiederum wegen der gesetzlosen Freiheit, die sie gewählt haben, vornehmer dünken, die gleichfalls Völkerschaften, aber nicht Staaten ausmachen. Das Recht der Staaten im Verhältnis zueinander (welches nicht ganz richtig im Deutschen das Völkerrecht genannt wird, sondern vielmehr das Staatenrecht heißen sollte), ist nun dasjenige, was wir unter dem Namen des Völkerrechts zu betrachten haben; wo

ein Staat als eine moralische Person gegen einen anderen im
Zustande der natürlichen Freiheit, folglich auch dem des beständi-
gen Krieges betrachtet, teils das Recht zum Kriege, teils das im
Kriege, teils das, einander zu nötigen, aus diesem Kriegszustande
herauszugehen, mithin eine den beharrlichen Frieden gründende
Verfassung, d. i. das Recht nach dem Kriege zur Aufgabe macht.

Das Recht des Krieges

Im natürlichen Zustande der Staaten ist das Recht zum Kriege (zu
Hostilitäten)[1] die erlaubte Art, wodurch ein Staat sein Recht gegen
einen anderen Staat verfolgt, nämlich wenn er sich von diesem
lädiert[2] glaubt, durch eigene Gewalt; weil es durch einen Prozeß
(als durch den allein die Zwistigkeiten im rechtlichen Zustande
ausgeglichen werden) in jenem Zustande nicht geschehen kann. —
Außer der tätigen Verletzung ist es die Bedrohung. Hierzu gehört
entweder eine zuerst vorgenommene Zurüstung, worauf sich das
Recht des Zuvorkommens gründet, oder auch bloß die fürchterlich
(durch Ländererwerbung) anwachsende Macht eines anderen
Staates. Diese ist eine Läsion des Mindermächtigen bloß durch den
Zustand, vor aller Tat des Übermächtigen, und im Naturzustande
ist dieser Angriff allerdings rechtmäßig. Hierauf gründet sich also
das Recht des Gleichgewichts aller einander tätig berührenden
Staaten. — —

Das Recht im Kriege ist gerade das im Völkerrecht, wobei die
meiste Schwierigkeit ist, um sich auch nur einen Begriff davon zu
machen und ein Gesetz in diesem gesetzlosen Zustande zu denken,
ohne sich selbst zu widersprechen; es müßte denn dasjenige sein:
den Krieg nach solchen Grundsätzen zu führen, nach welchen es
immer noch möglich bleibt, aus jenem Naturzustande der Staaten

---

[1] Feindseligkeiten.
[2] verletzt.

(im äußeren Verhältnisse gegeneinander) herauszugehen und in einen rechtlichen zu treten.

Kein Krieg unabhängiger Staaten gegeneinander kann ein Strafkrieg sein. Denn Strafe findet nur im Verhältnisse eines Oberen gegen den Unterworfenen statt, welches Verhältnis nicht das der Staaten gegeneinander ist. — Aber auch weder ein Ausrottungs- noch Unterjochungskrieg, der eine moralische Vertilgung eines Staates (dessen Volk nun mit dem des Überwinders entweder in eine Masse verschmilzt oder in Knechtschaft verfällt) sein würde. Nicht als ob dieses Notmittel des Staates, zum Friedenszustande zu gelangen, an sich dem Recht eines Staates widerspräche, sondern weil die Idee des Völkerrechts bloß den Begriff eines Antagonismus[1] nach Prinzipien der äußeren Freiheit bei sich führt, um sich bei dem Seinen zu erhalten, aber nicht eine Art zu erwerben, als welche durch Vergrößerung der Macht des einen Staates für den anderen bedrohend sein kann.

Verteidigungsmittel aller Art sind dem bekriegten Staat erlaubt, nur nicht solche, deren Gebrauch die Untertanen desselben, Staatsbürger zu sein, unfähig machen würde; denn alsdann machte er sich selbst zugleich unfähig, im Staatsverhältnis nach dem Völkerrechte für eine Person zu gelten (die gleicher Rechte mit anderen teilhaftig wäre). Darunter gehört: seine eigenen Untertanen zu Spionen, diese, ja auch Auswärtige zu Meuchelmördern, Giftmischern (in welche Klasse auch wohl die sogenannten Scharfschützen, welche einzelnen im Hinterhalte auflauern, gehören möchten) oder auch nur zur Verbreitung falscher Nachrichten zu gebrauchen; mit einem Worte, sich solcher heimtückischen Mittel zu bedienen, die das Vertrauen, welches zur künftigen Gründung eines dauerhaften Friedens erforderlich ist, vernichten würden.

Im Kriege ist es erlaubt, dem überwältigten Feinde Lieferungen und Kontributionen aufzuerlegen, aber nicht das Volk zu plün-

---

[1] Widerstreit.

dern, d. i. einzelnen Personen das Ihrige abzuzwingen (denn das wäre Raub: weil nicht das überwundene Volk, sondern der Staat, unter dessen Herrschaft es war, durch dasselbe Krieg führte); sondern durch Ausschreibungen gegen ausgestellte Scheine, um bei nachfolgendem Frieden die dem Lande oder der Provinz aufgelegte Last proportionierlich zu verteilen.

Völkerbund und ewiger Friede

Da der Naturzustand der Völker ebensowohl als einzelner Menschen ein Zustand ist, aus dem man herausgehen soll, um in einen gesetzlichen zu treten: so ist vor diesem Ereignis alles Recht der Völker und alles durch den Krieg erwerbliche oder erhaltbare äußere Mein und Dein der Staaten bloß provisorisch[1] und kann nur in einem allgemeinen Staatenverein (analogisch mit dem, wodurch ein Volk Staat wird) peremtorisch[2] geltend und ein wahrer Friedenszustand werden. Weil aber bei gar zu großer Ausdehnung eines solchen Völkerstaates über weite Landstriche die Regierung desselben, mithin auch die Beschützung eines jeden Gliedes endlich unmöglich werden muß, eine Menge solcher Korporationen[3] aber wiederum einen Kriegszustand herbeiführt: so ist der ewige Friede (das letzte Ziel des ganzen Völkerrechts) freilich eine unausführbare Idee. Die politischen Grundsätze aber, die darauf abzwecken, nämlich solche Verbindungen der Staaten einzugehen, als zur kontinuierlichen Annäherung zu demselben dienen, sind es nicht, sondern, sowie diese eine auf der Pflicht, mithin auch auf dem Rechte der Menschen und Staaten gegründete Aufgabe ist, allerdings ausführbar.

Man kann einen solchen Verein einiger Staaten, um den Frieden zu erhalten, den permanenten Staatenkongreß nennen, zu wel-

---

[1] vorläufig.
[2] dauernd.
[3] Staatenvereine.

chem sich zu gesellen jedem benachbarten unbenommen bleibt; dergleichen (wenigstens was die Förmlichkeiten des Völkerrechts in Absicht auf Erhaltung des Friedens betrifft) in der ersten Hälfte dieses Jahrhunderts in der Versammlung der Generalstaaten im Haag noch stattfand; wo die Minister der meisten europäischen Höfe und selbst die kleinsten Republiken ihre Beschwerden über die Befehdungen, die einem von dem andern widerfahren waren, anbrachten und so sich ganz Europa als einen einzigen föderierten Staat dachten, den sie in jenen ihren öffentlichen Streitigkeiten gleichsam als Schiedsrichter annahmen, statt dessen späterhin das Völkerrecht bloß in Büchern übriggeblieben, aus Kabinetten aber verschwunden oder nach schon verübter Gewalt der Dunkelheit der Archive anvertraut worden ist.

Unter einem Kongreß wird hier aber nur eine willkürliche, zu aller Zeit auflösliche Zusammentretung verschiedener Staaten, nicht eine solche Verbindung, welche (so wie die der amerikanischen Staaten) auf einer Staatsverfassung gegründet und daher unauflöslich ist, verstanden; — durch welche allein die Idee eines zu errichtenden öffentlichen Rechts der Völker, ihre Streitigkeiten auf zivile Art, gleichsam durch einen Prozeß, nicht auf barbarische (nach Art der Wilden), nämlich durch Kriege zu entscheiden, realisiert werden kann.

Von der Gemeinschaft der Völker

Diese Vernunftidee einer friedlichen, wenngleich noch nicht freundschaftlichen, durchgängigen Gemeinschaft aller Völker auf Erden, die untereinander in wirksame Verhältnisse kommen können, ist nicht etwa philanthropisch (ethisch), sondern ein rechtliches Prinzip. Die Natur hat sie alle zusammen (vermöge der Kugelgestalt ihres Aufenthalts) in bestimmte Grenzen eingeschlossen; und da der Besitz des Bodens, worauf der Erdbewohner leben kann, immer nur als Besitz von einem Teil eines bestimmten Ganzen, folglich als ein solcher, auf den jeder derselben ursprüng-

lich ein Recht hat, gedacht werden kann: so stehen alle Völker
ursprünglich in einer Gemeinschaft des Bodens, nicht aber der
rechtlichen Gemeinschaft des Besitzes und hiermit des Gebrauchs
oder des Eigentums an demselben, sondern der physischen möglichen Wechselwirkung, d. i. in einem durchgängigen Verhältnisse
eines zu allen anderen, sich zum Verkehr untereinander anzubieten, und haben ein Recht, den Versuch mit demselben zu machen,
ohne daß der Auswärtige ihm darum als einem Feind zu begegnen
berechtigt wäre. — Dieses Recht, sofern es auf die mögliche
Vereinigung aller Völker in Absicht auf gewisse allgemeine Gesetze ihres möglichen Verkehrs geht, kann das weltbürgerliche
genannt werden.

Es soll kein Krieg sein!

Es soll kein Krieg sein; weder der, welcher zwischen mir und dir im
Naturzustande, noch zwischen uns als Staaten, die, obzwar innerlich im gesetzlichen, doch äußerlich (im Verhältnis gegeneinander) im gesetzlosen Zustande sind; — denn das ist nicht die Art,
wie jedermann sein Recht suchen soll. Also ist nicht mehr die
Frage: ob der ewige Friede ein Ding oder ein Unding sei, und ob wir
uns nicht in unserem theoretischen Urteile betrügen, wenn wir das
erstere annehmen; sondern wir müssen so handeln, als ob das
Ding sei, was vielleicht nicht ist, auf Begründung desselben und
diejenige Konstitution[1], die uns dazu die tauglichste scheint (vielleicht den Republikanism aller Staaten samt und sonder) hinwir-
ken, um ihn herbeizuführen und dem heillosen Kriegführen,
worauf als den Hauptzweck bisher alle Staaten ohne Ausnahme
ihre innere Anstalten gerichtet haben, ein Ende zu machen. Und
wenn das letztere, was die Vollendung dieser Absicht betrifft, auch
immer ein frommer Wunsch bliebe, so betrügen wir uns doch
gewiß nicht mit der Annahme der Maxime, dahin unablässig zu

---

[1] Verfassung.

wirken; denn diese ist Pflicht: das moralische Gesetz aber in uns
selbst für betrüglich anzunehmen, würde den abscheuerregenden
Wunsch hervorbringen, lieber aller Vernunft zu entbehren und
sich seinen Grundsätzen nach mit den übrigen Tierklassen in einen
gleichen Mechanism der Natur geworfen anzusehen.

Man kann sagen, daß diese allgemeine und fortdauernde Friedensstiftung nicht bloß einen Teil, sondern den ganzen Endzweck der
Rechtslehre innerhalb der Grenzen der bloßen Vernunft ausmache; denn der Friedenszustand ist allein der unter Gesetzen gesi-
cherte Zustand des Mein und Dein in einer Menge einander
benachbarter Menschen, mithin die in einer Verfassung zusammen sind, deren Regel aber nicht von der Erfahrung derjenigen,
die sich bisher am besten dabei befunden haben, als einer Norm für
andere, sondern die durch die Vernunft a priori von dem Ideal
einer rechtlichen Verbindung der Menschen unter öffentlichen
Gesetzen überhaupt hergenommen werden muß, weil alle Beispiele trüglich sind, und so allerdings einer Metaphysik bedürfen,
deren Notwendigkeit diejenigen, die dieser spotten, doch unvor-
sichtigerweise selbst zugestehen, wenn sie z. B., wie sie es oft tun,
sagen: „Die beste Verfassung ist die, wo nicht die Menschen,
sondern die Gesetze machthabend sind." Denn was kann mehr
metaphysisch sublimiert[1] sein als eben diese Idee, welche gleichwohl nach jener ihrer eigenen Behauptung die bewährteste objektive Realität hat, die sich auch in vorkommenden Fällen leicht
darstellen läßt, und welche allein, wenn sie nicht revolutionsmä-
ßig, durch einen Sprung, d. i. durch gewaltsame Umstürzung
einer bisher bestandenen fehlerhaften, sondern durch allmähliche
Reform nach festen Grundsätzen versucht und durchgeführt wird,
in kontinuierlicher Annäherung zum höchsten politischen Gut,
zum ewigen Frieden, hinleiten kann.

---

[1] verfeinert.

Die Tugendlehre

Kants systematische Ethik ist natürlich auf den Errungenschaften der „Kritik der praktischen Vernunft" aufgebaut. Die Möglichkeit einer vernünftigen Ethik überhaupt steht also nicht mehr zur Debatte, sondern wird als gesichert vorausgesetzt.

Das oberste Ziel der Vernunftethik ist die Erreichung der eigenen Vollkommenheit im Einklang mit der fremden Glückseligkeit.

Aus solchem Ziel ergeben sich zwangsläufig bestimmte Verhaltungsweisen oder Tugendpflichten, und zwar gegen sich selbst und gegen andere. Sie werden subjektiv erlebbar in der Form des moralischen Gefühls, des Gewissens, der Menschen- und Nächstenliebe und der Selbstachtung. Objektiv stellen sie sich dar als Pflichten der Selbsterhaltung (physisch und moralisch) und Pflichten der Selbstvervollkommnung (Vervollkommnung seiner leiblichen, seelischen und moralischen Anlagen) sowie als Liebes- und Achtungspflichten.

Alle diese Pflichten sind Aufgaben für den Menschen, der seine Bestimmung zum reinen Vernunftwesen erkannt hat und entschlossen ist, vernünftige Sittlichkeit zu verwirklichen. Der aktuelle Mensch ist nicht der Tatsache nach, sondern nur der Möglichkeit nach tugendhaft. Tugend ist also nicht angeboren, sondern nur angelegt und muß gelehrt und geübt werden.

Die Stimmung des Gemüts in der Ausübung der Tugend soll tapfer und „fröhlich" sein. Kant bekennt sich ausdrücklich gegen die finstere, schwärmerische Mönchsaskese zur epikuräischen Lehre vom „fröhlichen Herzen".

Was Kant mit dieser systematischen Tugendlehre geben will, ist also offenbar eine Ergänzung zur „Kritik der praktischen Vernunft", die ja nur ein leeres Schema einer Sittlichkeit für Vernunftwesen ist, in der Form eines systematisch aufgebauten moralischen Katechismus.

Gerade die Lehre vom fröhlichen Herzen, von der sittlichen Tapferkeit zeigt deutlich, was wir an früherer Stelle schon anmerkten, daß Kants Ethik durchaus den Vorwurf der rigorosen Strenge, der ihr gemacht wird, nicht verdient, und daß dieser Vorwurf nur entstehen konnte, weil man das Schema einer konsequenten Sittlichkeit überhaupt, das die „Kritik der praktischen Vernunft" entwickelt, für Kants aktuelle Ethik nahm. Die Tugendlehre ist Kants aktuelle Ethik, sie

ist ein Führer für Menschen, die zwar noch nicht reine
Vernunftwesen sind, aber den ernsten Entschluß gefaßt
haben, sich moralisch zu vervollkommnen, um sich zu
dem zu entwickeln, was sie sein könnten.

Von der fremden Glückseligkeit

Glückseligkeit, d. i. Zufriedenheit in seinem Zustande, sofern man
der Fortdauer derselben gewiß ist, sich zu wünschen und zu
suchen, ist der menschlichen Natur unvermeidlich; eben darum
aber auch nicht ein Zweck, der zugleich Pflicht ist. — Da einige
noch einen Unterschied zwischen einer moralischen und physischen Glückseligkeit machen (deren erstere in der Zufriedenheit
mit seiner Person und ihrem eigenen sittlichen Verhalten, also mit
dem, was man tut, die andere mit dem, was die Natur beschert,
mithin was man als fremde Gabe genießt, bestehe): so muß man
bemerken, daß, ohne den Mißbrauch des Wortes hier zu rügen
(das schon einen Widerspruch in sich enthält), die erstere Art zu
empfinden allein zur Vollkommenheit gehöre. — Denn der,
welcher sich im bloßen Bewußtsein seiner Rechtschaffenheit
glücklich fühlen soll, besitzt schon diejenige Vollkommenheit, die
für denjenigen Zweck erklärt war, der zugleich Pflicht ist.
Wenn es also auf Glückseligkeit ankommt, worauf als meinen
Zweck hinzuwirken es Pflicht sein soll, so muß es die Glückseligkeit anderer Menschen sein, deren (erlaubten) Zweck ich hiermit
auch zu dem meinigen mache. Was diese zu ihrer Glückseligkeit
zählen mögen, bleibt ihnen selbst zu beurteilen überlassen; nur
daß mir auch zusteht, manches zu weigern, was sie dazurechnen,
was ich aber nicht dafür halte, wenn sie sonst kein Recht haben, es
als das Ihrige von mir zu fordern. Jenem Zweck aber eine vorgebli-
che Verbindlichkeit entgegenzusetzen, meine eigene (physische)
Glückseligkeit auch besorgen zu müssen, und so diesen meinen
natürlichen und bloß subjektiven Zweck zur Pflicht (objektiven

Zweck) machen, ist ein scheinbarer Einwurf und bedarf einer Zurechtweisung.

Widerwärtigkeiten, Schmerz und Mangel sind große Versuchungen zu Übertretung seiner Pflicht. Wohlhabenheit, Stärke, Gesundheit und Wohlfahrt überhaupt, die jenem Einflusse entgegenstehen, können also auch, wie es scheint, als Zwecke angesehen werden, die zugleich Pflicht sind: nämlich seine eigene Glückseligkeit zu befördern und sie nicht bloß auf fremde zu richten. — Aber alsdann ist diese nicht der Zweck, sondern die Sittlichkeit des Subjekts ist es, von welchem die Hindernisse wegzuräumen es bloß das erlaubte Mittel ist; da niemand anders ein Recht hat, von mir Aufopferung meiner nicht unmoralischen Zwecke zu fordern. Wohlhabenheit für sich selbst zu suchen ist direkt nicht Pflicht; aber indirekt kann es eine solche wohl sein: nämlich Armut, als eine große Versuchung zu Lastern, abzuwehren. Alsdann aber ist es nicht meine Glückseligkeit, sondern meine Sittlichkeit, deren Integrität[1] zu erhalten mein Zweck und zugleich meine Pflicht ist.

Von der Tugendpflicht

Tugend ist die Stärke der Maxime des Menschen in Befolgung seiner Pflicht. — Alle Stärke wird nur durch Hindernisse erkannt, die sie überwältigen kann; bei der Tugend aber sind diese die Naturneigungen, welche mit dem sittlichen Vorsatz in Streit kommen können, und da der Mensch es selbst ist, der seinen Maximen diese Hindernisse in den Weg legt, so ist die Tugend nicht bloß ein Selbstzwang (denn da könnte eine Naturneigung die andere zu bezwingen trachten), sondern auch ein Zwang nach einem Prinzip der inneren Freiheit, mithin durch die bloße Vorstellung seiner Pflicht nach dem formalen Gesetz derselben.

Alle Pflichten enthalten einen Begriff der Nötigung durch das Gesetz; die ethische eine solche, wozu nur eine innere, die Rechts-

---

[1] Unverletzlichkeit.

pflichten dagegen eine solche Nötigung, wozu auch eine äußere Gesetzgebung möglich ist; beide also enthalten den Begriff eines Zwanges, er mag nun Selbstzwang oder Zwang durch einen andern sein: da dann das moralische Vermögen des ersteren Tugend und die aus einer solchen Gesinnung (der Achtung fürs Gesetz) entspringende Handlung Tugendhandlung (ethisch) genannt werden kann, obgleich das Gesetz eine Rechtspflicht aussagt. Denn es ist die Tugendlehre, welche gebietet, das Recht des Menschen heilig zu halten.

Aber was zu tun Tugend ist, das ist darum noch nicht sofort eigentlich Tugendpflicht. Jenes kann bloß das Formale der Maximen betreffen, diese aber geht auf die Materie derselben, nämlich auf einen Zweck, der zugleich als Pflicht gedacht wird. — Da aber die ethische Verbindlichkeit zu Zwecken, deren es mehrere geben kann, nur eine weite[1] ist, weil sie bloß ein Gesetz für die Maxime der Handlungen enthält und der Zweck die Materie (Objekt) der Willkür ist, so gibt es viele nach Verschiedenheit des gesetzlichen Zwecks verschiedene Pflichten, welche Tugendpflichten genannt werden; eben darum, weil sie bloß dem freien Selbstzwange, nicht dem anderer Menschen unterworfen sind, und die den Zweck bestimmen, der zugleich Pflicht ist.

Die Tugend, als die in der festen Gesinnung gegründete Übereinstimmung des Willens mit jeder Pflicht, ist wie alles Formale bloß eine und dieselbe. Aber in Ansehung des Zwecks der Handlungen, der zugleich Pflicht ist, d. i. desjenigen (des Materials), was man sich zum Zwecke machen soll, kann es mehr Tugenden geben, und die Verbindlichkeit zu der Maxime desselben heißt Tugendpflicht, deren es also viele gibt.

Das oberste Prinzip der Tugendlehre ist: handle nach einer Maxime der Zwecke, die zu haben für jedermann ein allgemeines Gesetz sein kann. — Nach diesem Prinzip ist der Mensch sowohl sich selbst als andern Zweck, und es ist nicht genug, daß er weder

---

[1] also keine „enge", „bestimmte".

sich selbst noch andere bloß als Mittel zu brauchen befugt ist (dabei er doch gegen sie auch indifferent[1] sein kann), sondern den Menschen überhaupt sich zum Zwecke zu machen, ist an sich selbst des Menschen Pflicht.

Dieser Grundsatz der Tugendlehre verstattet, als ein kategorischer Imperativ, keinen Beweis, aber wohl eine Deduktion[2] aus der reinen praktischen Vernunft. — Was im Verhältnis der Menschen zu sich selbst und anderen Zweck sein kann, das ist Zweck vor der reinen praktischen Vernunft; denn sie ist ein Vermögen der Zwecke überhaupt, in Ansehung derselben indifferent sein, d. i. kein Interesse daran zu nehmen, ist also ein Widerspruch: weil sie alsdann auch nicht die Maxime zu Handlungen (als welche letztere jederzeit einen Zweck enthalten) bestimmen, mithin keine praktische Vernunft sein würde. Die reine Vernunft aber kann a priori keine Zwecke gebieten, als nur sofern sie solche zugleich als Pflicht ankündigt: welche Pflicht alsdann Tugendpflicht heißt.

Das moralische Gefühl

Dieses ist die Empfänglichkeit für Lust oder Unlust bloß aus dem Bewußtsein der Übereinstimmung oder des Widerstreits unserer Handlung mit dem Pflichtgesetze. Alle Bestimmung der Willkür aber geht von der Vorstellung der möglichen Handlung durch das Gefühl der Lust oder Unlust (an ihr oder ihrer Wirkung ein Interesse zu nehmen) zur Tat: wo der ästhetische Zustand[3] (der Affizierung[4] des inneren Sinnes) nun entweder ein pathologisches oder moralisches Gefühl ist. — Das erstere ist dasjenige

---

[1] gleichgültig.
[2] Rechtfertigung.
[3] der Gefühlszustand.
[4] Erregung.

Gefühl, welches vor der Vorstellung des Gesetzes vorhergeht, das letztere das, was nur auf diese folgen kann.

Nun kann es keine Pflicht geben, ein moralisches Gefühl zu haben oder sich ein solches zu erwerben; denn alles Bewußtsein der Verbindlichkeit legt dieses Gefühl zugrunde, um sich der Nötigung, die im Pflichtbegriffe liegt, bewußt zu werden: sondern ein jeder Mensch (als ein moralisches Wesen) hat es ursprünglich in sich; die Verbindlichkeit aber kann nur darauf gehen, es zu kultivieren und selbst durch die Bewunderung seines unerforschlichen Ursprungs zu verstärken: welches dadurch geschieht, daß gezeigt wird, wie es abgesondert von allem pathologischen Reize und in seiner Reinigkeit, durch bloße Vernunftvorstellung, eben am stärksten erregt wird.

Dieses Gefühl einen moralischen Sinn zu nennen, ist nicht schicklich: denn unter dem Wort Sinn wird gemeiniglich ein theoretisches, auf einen Gegenstand bezogenes Wahrnehmungsvermögen verstanden: dahingegen ist das moralische Gefühl (wie Lust und Unlust überhaupt) etwas bloß Subjektives, was kein Erkenntnis abgibt. — Ohne alles moralische Gefühl ist kein Mensch; denn bei völliger Unempfänglichkeit für diese Empfindung wäre er sittlich tot, und wenn (um in der Sprache der Ärzte zu reden) die sittliche Lebenskraft keinen Reiz mehr auf dieses Gefühl bewirken könnte, so würde sich die Menschheit (gleichsam nach chemischen Gesetzen) in die bloße Tierheit auflösen und mit der Masse anderer Naturwesen unwiderbringlich vermischt werden. — Wir haben aber für das (Sittlich-) Gute und Böse ebensowenig einen besonderen Sinn, als wir einen solchen für die Wahrheit haben, ob man sich gleich oft so ausdrückt, sondern Empfänglichkeit der freien Willkür für die Bewegung derselben[1] durch praktische reine Vernunft (und ihr Gesetz), und das ist es, was wir das moralische Gefühl nennen.

---

[1] Das heißt: wir lassen uns bewegen, unseren freien Willen in die Richtung auf das Gute oder Böse zu lenken.

Vom Gewissen

Ebenso ist das Gewissen nicht etwas Erwerbliches, und es gibt keine Pflicht, sich eines anzuschaffen; sondern jeder Mensch, als sittliches Wesen, hat ein solches ursprünglich in sich. Zum Gewissen verbunden zu sein, würde soviel sagen als: die Pflicht auf sich haben, Pflichten anzuerkennen. Denn Gewissen ist die dem Menschen in jedem Fall eines Gesetzes seine Pflicht zum Lossprechen oder Verurteilen vorhaltende praktische Vernunft. Seine Beziehung also ist nicht die auf ein Objekt, sondern bloß aufs Subjekt (das moralische Gefühl durch ihren Akt zu affizieren); also eine unausbleibliche Tatsache, nicht eine Obliegenheit und Pflicht. Wenn man daher sagt: dieser Mensch hat kein Gewissen, so meint man damit: er kehrt sich nicht an den Ausspruch desselben. Denn hätte er wirklich keines, so würde er sich auch nichts als pflichtmäßig zurechnen oder als pflichtwidrig verwerfen, mithin auch selbst die Pflicht, ein Gewissen zu haben, sich gar nicht denken können.

Die mancherlei Einteilungen des Gewissens gehe ich noch hier vorbei[1] und bemerke nur, was aus dem eben Angeführten folgt: daß nämlich ein irrendes Gewissen ein Unding sei. Denn in dem objektiven Urteile, ob etwas Pflicht sei oder nicht, kann man wohl bisweilen irren: aber im subjektiven, ob ich es mit einer praktischen (hier richtenden) Vernunft zum Behuf jenes Urteils verglichen habe, kann ich nicht irren, weil ich alsdann praktisch gar nicht geurteilt haben würde; in welchem Falle weder Irrtum noch Wahrheit statthat. Gewissenlosigkeit ist nicht Mangel des Gewissens, sondern Hang, sich an dessen Urteil nicht zu kehren. Wenn aber jemand sich bewußt ist, nach Gewissen gehandelt zu haben, so kann von ihm, was Schuld oder Unschuld betrifft, nichts mehr verlangt werden. Es liegt ihm nur ob, seinen Verstand über das, was Pflicht ist oder nicht, aufzuklären: wenn es aber zur Tat

---

[1] übergehe ich hier.

kommt oder gekommen ist, so spricht das Gewissen unwillkürlich und unvermeidlich. Nach Gewissen zu handeln kann also selbst nicht Pflicht sein, weil es sonst noch ein zweites Gewissen geben müßte, um sich des Aktes des ersteren bewußt zu werden.

Die Pflicht ist hier nur, sein Gewissen zu kultivieren[1], die Aufmerksamkeit auf die Stimme des inneren Richters zu schärfen und alle Mittel anzuwenden, um ihm Gehör zu verschaffen.

Von der Menschenliebe

Liebe ist eine Sache der Empfindung, nicht des Wollens, und ich kann nicht lieben, weil ich will, noch weniger aber, weil ich soll (zur Liebe genötigt werden); mithin ist eine Pflicht zu lieben ein Unding. Wohlwollen aber kann als ein Tun einem Pflichtgesetz unterworfen sein. Man nennt aber oftmals ein uneigennütziges Wohlwollen gegen Menschen auch (obzwar sehr uneigentlich) Liebe; ja, wo es nicht um des andern Glückseligkeit, sondern die gänzliche und freie Ergebung aller seiner Zwecke in die Zwecke eines anderen (selbst eines übermenschlichen) Wesens zu tun ist, spricht man von Liebe, die zugleich für uns Pflicht sei. Aber alle Pflicht ist Nötigung, ein Zwang, wenn er auch Selbstzwang nach einem Gesetz sein sollte. Was man aber aus Zwang tut, das geschieht nicht aus Liebe.

Anderen Menschen nach unserem Vermögen wohlzutun ist Pflicht, man mag sie lieben oder nicht, und diese Pflicht verliert nichts an ihrem Gewicht, wenn man gleich die traurige Bemerkung machen müßte, daß unsere Gattung, leider! dazu nicht geeignet ist, daß, wenn man sie näher kennt, sie nicht sonderlich liebenswürdig befunden werden dürfte. — Menschenhaß aber ist jederzeit häßlich, wenn er auch ohne tätige Anfeindung bloß in der gänzlichen Abkehrung von Menschen bestände. Denn das Wohlwollen bleibt immer Pflicht, selbst gegen den Menschenhasser,

---

[1] pflegen.

den man freilich nicht lieben, aber ihm doch Gutes erweisen kann.

Das Laster aber am Menschen zu hassen ist weder Pflicht noch pflichtwidrig, sondern ein bloßes Gefühl des Abscheus vor demselben, ohne daß der Wille darauf oder umgekehrt dieses Gefühl auf den Willen einigen Einfluß hätte. Wohltun ist Pflicht. Wer diese oft ausübt, und es gelingt ihm mit seiner wohltätigen Absicht, kommt endlich wohl gar dahin, den, welchem er wohlgetan hat, wirklich zu lieben. Wenn es also heißt: du sollst deinen Nächsten lieben als dich selbst, so heißt das nicht: du sollst unmittelbar (zuerst) lieben und vermittels dieser Liebe (nachher) wohltun, sondern: tue deinem Nebenmenschen wohl, und dieses Wohltun wird Menschenliebe (als Fertigkeit der Neigung zum Wohltun überhaupt) in dir bewirken!

Die Liebe des Wohlgefallens würde also allein direkt sein. Zu dieser aber (als einer unmittelbar mit der Vorstellung der Existenz eines Gegenstandes verbundenen Lust) eine Pflicht zu haben, d. i. zur Lust woran genötigt werden zu müssen, ist ein Widerspruch.

Von der Tugend und dem Laster

Tugend bedeutet eine moralische Stärke des Willens. Aber dies erschöpft noch nicht den Begriff; denn eine solche Stärke könnte auch einem heiligen (übermenschlichen) Wesen zukommen, in welchem kein hindernder Antrieb dem Gesetze seines Willens entgegenwirkt; das also alles dem Gesetz gemäß gerne tut. Tugend ist also die moralische Stärke des Willens eines Menschen in Befolgung seiner Pflicht: welche eine moralische Nötigung durch seine eigene gesetzgebende Vernunft ist, insofern diese sich zu einer das Gesetz ausführenden Gewalt selbst konstituiert[1]. — Sie ist nicht selbst, oder sie zu besitzen ist nicht Pflicht (denn sonst

---

[1] macht.

würde es eine Verpflichtung zur Pflicht geben müssen), sondern
sie gebietet und begleitet ihr Gebot durch einen sittlichen (nach
Gesetzen der inneren Freiheit möglichen) Zwang; wozu aber, weil
er unwiderstehlich sein soll, Stärke erforderlich ist, deren Grad wir
nur durch die Größe der Hindernisse, die der Mensch durch seine
Neigungen sich selber schafft, schätzen können. Die Laster als die
Brut gesetzwidriger Gesinnungen sind die Ungeheuer, die er[1] nun
zu bekämpfen hat: weshalb diese sittliche Stärke auch, als Tapferkeit, die größte und einzige wahre Kriegsehre des Menschen
ausmacht; auch wird sie die eigentliche, nämlich praktische, Weisheit genannt: weil sie den Endzweck des Daseins der Menschen auf
Erden zu dem ihrigen macht. — In ihrem Besitz ist der Mensch
allein frei, gesund, reich, ein König usw., und kann weder durch
Zufall noch Schicksal einbüßen: weil er sich selbst besitzt und der
Tugendhafte seine Tugend nicht verlieren kann.

Alle Hochpreisungen, die das Ideal der Menschheit in ihrer moralischen Vollkommenheit betreffen, können durch die Beispiele des
Widerspiels dessen, was die Menschen jetzt sind, gewesen sind
oder vermutlich künftig sein werden, an ihrer praktischen Realität
nichts verlieren, und wiewohl Tugend (in Beziehung auf Menschen, nicht aufs Gesetz) auch hin und wieder verdienstlich heißen
und einer Belohnung würdig sein kann, so muß sie doch für sich
selbst, sowie sie ihr eigener Zweck ist, auch als ihr eigener Lohn
betrachtet werden.

Die Tugend, in ihrer ganzen Vollkommenheit betrachtet, wird also
vorgestellt, nicht wie der Mensch die Tugend, sondern als ob die
Tugend den Menschen besitze: weil es im ersteren Falle so ausse-
hen würde, als ob er noch die Wahl gehabt hätte (wozu er alsdann
noch einer andern Tugend bedürfen würde, um die Tugend vor
jeder anderen angebotenen Ware zu erlesen). — Eine Mehrheit
der Tugenden sich zu denken (wie es denn unvermeidlich ist) ist
nichts anderes, als sich verschiedene moralische Gegenstände

---

[1] der Mensch.

denken, auf die der Wille aus dem einigen[1] Prinzip der Tugend geleitet wird; ebenso ist es mit den entgegenstehenden Lastern bewandt. Der Ausdruck, der beide verpersönlicht, ist eine ästhetische Maschinerie[2], die aber doch auf einen moralischen Sinn hinweist.

Vom Selbstmord

Die willkürliche Entleibung seiner selbst kann nur dann allererst Selbstmord genannt werden, wenn bewiesen werden kann, daß sie überhaupt ein Verbrechen ist, welches entweder an unserer eigenen Person oder auch durch diese ihre Selbstentleibung am anderen begangen wird (z. B. wenn eine schwangere Person sich selbst umbringt).

Die Selbstentleibung ist ein Verbrechen (Mord). Dieses kann nun zwar auch als Übertretung seiner Pflicht gegen andere Menschen (Eheleute, Eltern gegen Kinder, des Untertans gegen seine Obrigkeit oder seine Mitbürger, endlich auch gegen Gott, dessen uns anvertrauten Posten in der Welt der Mensch verläßt, ohne davon abgerufen zu sein) betrachtet werden; — aber hier ist nur die Rede von Verletzung einer Pflicht gegen sich selbst, ob nämlich, wenn ich auch alle jene Rücksichten beiseite setzte, der Mensch doch zur Erhaltung seines Lebens bloß durch seine Qualität als Person verbunden sei und hierin eine (und zwar strenge) Pflicht gegen sich selbst anerkennen müsse.

Daß der Mensch sich selbst beleidigen könne, scheint ungereimt zu sein. Daher sah es der Stoiker für einen Vorzug seiner (des Weisen) Persönlichkeit an, beliebig aus dem Leben (als aus einem Zimmer, das raucht), ungedrängt durch gegenwärtige oder besorgliche Übel, mit ruhiger Seele hinauszugehen: weil er in demselben zu nichts mehr nutzen könne. — Aber eben dieser

---

[1] einzigen.
[2] ein ästhetisches Erzeugnis.

Mut, diese Seelenstärke, den Tod nicht zu fürchten und etwas zu kennen, was der Mensch noch höher schätzen kann als sein Leben, hätte ihm ein um noch soviel größerer Beweggrund sein müssen, sich, ein Wesen von so großer, über die stärkste sinnliche Triebfeder gewalthabenden Ohnmacht, nicht zu zerstören, mithin sich des Lebens nicht zu berauben.

Der Persönlichkeit kann der Mensch sich nicht entäußern, solange von Pflichten die Rede ist, folglich solange er lebt, und es ist ein Widerspruch, die Befugnis zu haben, sich aller Verbindlichkeit zu entziehen, d. i. frei so zu handeln, als ob es zu dieser Handlung gar keiner Befugnis bedürfte. Das Subjekt der Sittlichkeit in seiner eigenen Person zu vernichten, ist ebensoviel, als die Sittlichkeit selbst ihrer Existenz nach, soviel an ihm ist[1], aus der Welt vertilgen, welche doch Zweck an sich selbst ist: mithin über sich als bloßes Mittel zu ihm beliebigen Zweck zu disponieren, heißt die Menschheit in seiner Person (homo noumenon)[2] abwürdigen, der doch der Mensch (homo phaenomenon)[3] zur Erhaltung anvertraut war.

Sich eines integrierenden Teils als Organs[4] berauben (verstümmeln), z. B. einen Zahn zu verschenken oder zu verkaufen, um ihn in die Kinnlade eines anderen zu pflanzen, oder die Kastration[5] mit sich vornehmen zu lassen, um als Sänger bequemer leben zu können, u. dgl. gehört zum partialen[6] Selbstmorde; aber nicht ein abgestorbenes oder die Absterbung drohendes und hiermit dem Leben nachteiliges Organ durch Amputation oder, was zwar ein Teil, aber kein Organ des Körpers ist, z. E. die Haare sich abnehmen zu lassen, kann zum Verbrechen an seiner eigenen Person

---

[1] soweit es auf ihn (den Selbstmörder) ankommt.
[2] als Mensch an sich.
[3] Mensch als Erscheinung.
[4] also eines Organs.
[5] Entmannung.
[6] teilweisen.

nicht gerechnet werden; wiewohl der letztere Fall nicht ganz
schuldfrei ist, wenn er zum äußeren Erwerb beabsichtigt wird.

Von der Lüge

Die größte Verletzung der Pflicht des Menschen gegen sich selbst,
bloß als moralisches Wesen betrachtet (die Menschheit in seiner
Person), ist das Widerspiel der Wahrhaftigkeit: die Lüge. Daß eine
jede vorsätzliche Unwahrheit in Äußerung seiner Gedanken diesen harten Namen (den sie in der Rechtslehre nur dann führt,
wenn sie anderer Recht verletzt) in der Ethik, die aus der Unschäd-
lichkeit kein Befugnis hernimmt, nicht ablehnen könne, ist für
sich selbst klar. Denn Ehrlosigkeit (ein Gegenstand der moralischen Verachtung zu sein), welche sie begleitet, die begleitet auch
den Lügner wie sein Schatten. Die Lüge kann eine äußere oder
auch eine innere sein. — Durch jene macht er[1] sich in anderer,
durch diese aber, was noch mehr ist, in seinen eigenen Augen zum
Gegenstande der Verachtung und verletzt die Würde der Menschheit in seiner eigenen Person; wobei der Schade, der anderen
Menschen daraus entspringen kann, nicht das Eigentümliche des
Lasters betrifft (denn da bestände es bloß in der Verletzung der
Pflicht gegen andere) und also hier nicht in Anschlag kommt, ja
auch nicht der Schade, den er sich selbst zuzieht; denn alsdann
würde es sich bloß als Klugheitsfehler der pragmatischen[2], nicht
der moralischen Maxime widerstreiten und gar nicht als Pflicht-
verletzung angesehen werden können. — Die Lüge ist Wegwer-
fung und gleichsam Vernichtung seiner Menschenwürde. Ein
Mensch, der selbst nicht glaubt, was er einem anderen sagt, hat
einen noch geringeren Wert, als wenn er bloß Sache wäre; denn
von dieser ihrer Eigenschaft etwas zu nutzen, kann ein anderer
doch irgendeinen Gebrauch machen, weil sie etwas Wirkliches und

---

[1] der Lügner.
[2] auf den Nutzen gerichteten.

Gegebenes ist; aber die Mitteilung seiner Gedanken an jemanden durch Worte, die doch das Gegenteil von dem (absichtlich) enthalten, was der Sprechende dabei denkt, ist ein der natürlichen Zweckmäßigkeit seines Vermögens der Mitteilung seiner Gedanken gerade entgegengesetzter Zweck, mithin Verzichttuung auf seine Persönlichkeit und eine bloß täuschende Erscheinung vom Menschen, nicht der Mensch selbst. — Die Wahrhaftigkeit in Erklärungen wird auch Ehrlichkeit und, wenn diese zugleich Versprechen sind, Redlichkeit, überhaupt aber Aufrichtigkeit genannt.

Die Lüge (in der ethischen Bedeutung des Wortes), als vorsätzliche Unwahrheit überhaupt, bedarf es auch nicht andern schädlich zu sein, um für verwerflich erklärt zu werden; denn da wäre sie Verletzung der Rechte anderer. Es kann auch bloß Leichtsinn oder gar Gutmütigkeit die Ursache davon sein, ja selbst ein wirklich guter Zweck dadurch beabsichtigt werden, so ist doch die Art ihm nachzugehen durch die bloße Form ein Verbrechen des Menschen an seiner eigenen Person und eine Nichtswürdigkeit, die den Menschen in seinen eigenen Augen verächtlich machen muß.

Die Wirklichkeit mancher i n n e r e n Lüge, welche die Menschen sich zuschulden kommen lassen, zu beweisen, ist leicht, aber ihre Möglichkeit zu erklären, scheint doch schwerer zu sein: weil eine zweite Person dazu erforderlich ist, die man zu hintergehen die Absicht hat, sich selbst aber vorsätzlich zu betrügen, einen Widerspruch in sich zu enthalten scheint.

Der Mensch als moralisches Wesen kann sich selbst als physisches Wesen nicht als bloßes Mittel (Sprachmaschine) brauchen, das an den inneren Zweck (der Gedankenmitteilung) nicht gebunden wäre, sondern ist an die Bedingung der Übereinstimmung mit der Erklärung des ersteren gebunden und gegen sich selbst zur Wahrhaftigkeit verpflichtet. — Wenn er z. B. den Glauben an einen künftigen Weltrichter lügt, indem er wirklich keinen solchen in sich findet, aber indem er sich überredet, es könne doch nichts schaden, wohl aber nutzen, einen solchen in Gedanken einem

Herzenkündiger zu bekennen, um auf alle Fälle seine Gunst zu erheucheln. Oder wenn er zwar desfalls nicht im Zweifel ist, aber sich doch mit innerer Verehrung eines Gesetzes schmeichelt, da er doch keine andere Triebfeder als die der Furcht vor Strafe bei sich fühlt.

Unredlichkeit ist bloß Ermangelung an Gewissenhaftigkeit, d. i. an Lauterkeit des Bekenntnisses vor seinem inneren Richter, der als eine andere Person gedacht wird, wenn diese in ihrer höchsten Strenge betrachtet wird, wo ein Wunsch (aus Selbstliebe) für die Tat genommen wird, weil er einen an sich guten Zweck vor sich hat, und die innere Lüge, ob sie zwar der Pflicht des Menschen gegen sich selbst zuwider ist, erhält hier den Namen einer Schwachheit, sowie der Wunsch eines Liebhabers, lauter gute Eigenschaften an seiner Geliebten zu finden, ihm ihre augenscheinlichen Fehler unsichtbar macht. — Indessen verdient diese Unlauterkeit in Erklärungen, die man gegen sich selbst verübt, doch die ernstlichste Rüge: weil von einer solchen faulen Stelle (der Falschheit, welche in der menschlichen Natur gewurzelt zu sein scheint) aus das Übel der Unwahrhaftigkeit sich auch in Beziehung auf andere Menschen verbreitet, nachdem einmal der oberste Grundsatz der Wahrhaftigkeit verletzt worden.

Von dem ersten Gebot aller Pflichten gegen sich selbst

Dieses ist: Erkenne (erforsche, ergründe) dich selbst nicht an deiner physischen Vollkommenheit (der Tauglichkeit oder Untauglichkeit zu allerlei dir beliebigen oder auch gebotenen Zwecken), sondern nach der moralischen in Beziehung auf deine Pflicht — dein Herz —, ob es gut oder böse sei, ob die Quelle deiner Handlungen lauter oder unlauter und was entweder als ursprünglich zur Substanz des Menschen gehörend oder als abgeleitet (erworben oder zugezogen) ihm selbst zugerechnet werden kann und zum moralischen Zustande gehören mag.

Das moralische Selbsterkenntnis, das in die schwerer zu ergründenden Tiefen (Abgrund) des Herzens zu dringen verlangt, ist aller menschlichen Weisheit Anfang. Denn die letztere, welche in der Zusammenstimmung des Willens eines Wesens zum Endzweck besteht, bedarf beim Menschen zuallererst die Wegräumung der inneren Hindernisse (eines bösen, in ihm genistelten[1] Willens) und dann die Entwickelung der nie verlierbaren ursprünglichen Anlage eines guten Willens in ihm zu entwickeln (nur die Höllenfahrt des Selbsterkenntnisses bahnt den Weg zur Vergötterung).

Von der Wohltätigkeit

Sich selber gütlich tun, soweit als nötig ist, um nur am Leben ein Vergnügen zu finden (seinen Leib, doch nicht bis zur Weichlichkeit zu pflegen), gehört zu den Pflichten gegen sich selbst; — deren Gegenteil ist: sich aus Geiz (sklavisch) des zum frohen Genuß des Lebens Notwendigen oder aus übertriebener Disziplin[2] seiner natürlichen Neigungen (schwärmerisch) sich des Genusses der Lebensfreuden zu berauben, welches beides der Pflicht des Menschen gegen sich selbst widerstreitet.

Wie kann man aber außer dem Wohlwollen des Wunsches in Ansehung anderer Menschen (welches uns nichts kostet) noch, daß dieses praktisch sei, d. i. das Wohltun in Ansehung der Bedürftigen, jedermann, der das Vermögen dazu hat, als Pflicht ansinnen? — Wohlwollen ist das Vergnügen an der Glückseligkeit (dem Wohlsein) anderer; Wohltun aber die Maxime, sich dasselbe zum Zweck zu machen, und Pflicht dazu ist die Nötigung des Subjekts durch die Vernunft, diese Maxime als allgemeines Gesetz anzunehmen.

Es fällt nicht von selbst in die Augen: daß ein solches Gesetz überhaupt in der Vernunft liege; vielmehr scheint die Maxime:

---

[1] eingenisteten.
[2] Selbstzucht.

„Ein jeder für sich, Gott (das Schicksal) für uns alle", die natürlichste zu sein.

Wohltätig, d. i. anderen Menschen in Nöten zu ihrer Glückseligkeit, ohne dafür etwas zu hoffen, nach seinem Vermögen beförderlich zu sein, ist jedes Menschen Pflicht.
Denn jeder Mensch, der sich in Not befindet, wünscht, daß ihm von anderen Menschen geholfen werde. Wenn er aber seine Maxime, anderen wiederum in ihrer Not nicht Beistand leisten zu wollen, laut werden ließe, d. i. sie zum allgemeinen Erlaubnisgesetz machte: so würde ihm, wenn er selbst in Not ist, jedermann gleichfalls seinen Beistand versagen oder wenigstens zu versagen befugt sein. Also widerstreitet sich die eigennützige Maxime selbst, wenn sie zum allgemeinen Gesetz gemacht würde, d. h. sie ist pflichtwidrig, folglich die gemeinnützige des Wohltuns gegen Bedürftige allgemeine Pflicht der Menschen, und zwar darum: weil sie als Mitmenschen, d. i. bedürftige, auf einem Wohnplatz durch die Natur zur wechselseitigen Beihilfe vereinigte vernünftige Wesen, anzusehen sind.

Wohltun ist für den, der reich (mit Mitteln zur Glückseligkeit anderer überflüssig, d. i. über sein eigenes Bedürfnis, versehen) ist, von dem Wohltäter fast nicht einmal für seine verdienstliche Pflicht zu halten: ob er zwar dadurch zugleich den anderen verbindet. Das Vergnügen, was er sich hiermit selbst macht, welches ihm keine Aufopferung kostet, ist eine Art, in moralischen Gefühlen zu schwelgen. Auch muß er allen Schein, als dächte er den andern hiermit zu verbinden, sorgfältig vermeiden: weil es sonst nicht wahre Wohltat wäre, die er diesem erzeigte, indem er ihm eine Verbindlichkeit (die den letzteren in seinen eigenen Augen immer erniedrigt) auflegen zu wollen äußerte. Er muß sich vielmehr, als durch die Annahme des andern selbst verbindlich gemacht oder beehrt, mithin die Pflicht bloß als seine Schuldigkeit äußern, wenn er nicht (welches besser ist) seinen

Wohltätigkeitsakt ganz im Verborgenen ausübt. — Größer ist diese Tugend, wenn das Vermögen zum Wohltun beschränkt und der Wohltäter stark genug ist, die Übel, welche er anderen erspart, stillschweigend über sich zu nehmen, wo er alsdann wirklich für moralisch-reich anzusehen ist.

Von der Dankbarkeit

Dankbarkeit ist die Verehrung einer Person wegen einer uns erwiesenen Wohltat. Das Gefühl, was mit dieser Beurteilung verbunden ist, ist das der Achtung gegen den (ihn verpflichtenden) Wohltäter, dahingegen dieser gegen den Empfänger nur als im Verhältnis der Liebe betrachtet wird. — Selbst ein bloßes herzliches Wohlwollen des anderen ohne physische Folgen verdient den Namen einer Tugendpflicht; welches dann den Unterschied zwischen der tätigen und bloß affektionellen Dankbarkeit[1] begründet.

Dankbarkeit ist Pflicht, d. i. nicht bloß eine Klugheitsmaxime, durch Bezeugung meiner Verbindlichkeit wegen der mir widerfahrenen Wohltätigkeit den andern zu mehrerem Wohltun zu bewegen; denn dabei bediene ich mich dieser bloß als Mittel zu meinen anderweitigen Absichten; sondern sie ist unmittelbare Nötigung durchs moralische Gesetz, d. i. Pflicht.
Dankbarkeit aber muß auch noch besonders als heilige Pflicht, d. i. als eine solche, deren Verletzung die moralische Triebfeder zum Wohltun in dem Grundsatze selbst vernichten kann (als skandalöses Beispiel), angesehen werden. Denn heilig ist derjenige moralische Gegenstand, in Ansehung dessen die Verbindlichkeit durch keinen ihr gemäßen Akt völlig getilgt werden kann (wobei der Verpflichtete immer noch verpflichtet bleibt). Alles andere ist gemeine Pflicht. — Man kann aber durch keine Vergeltung einer empfangenen Wohltat über dieselbe quittieren: weil der Empfän-

---

[1] Dankbarkeitsgefühl.

ger den Vorzug des Verdienstes, den der Geber hat, nämlich der
erste im Wohlwollen gewesen zu sein, diesem nie abgewinnen
kann. — Aber auch ohne einen solchen Akt (des Wohltuns) ist
selbst das bloße herzliche Wohlwollen schon Grund der Verpflichtung zur Dankbarkeit. — Eine dankbare Gesinnung dieser Art
wird Erkenntlichkeit genannt.

Von der Achtung

Ein jeder Mensch hat rechtmäßigen Anspruch auf Achtung von
seinen Mitmenschen, und wechselseitig ist er dazu auch gegen
jeden anderen verbunden.

Die Menschheit selbst ist eine Würde; denn der Mensch kann von
keinem Menschen (weder von anderen noch sogar von sich selbst)
bloß als Mittel, sondern muß jederzeit zugleich als Zweck gebraucht werden, und darin besteht eben seine Würde (die Persönlichkeit), dadurch er sich über alle anderen Weltwesen, die nicht
Menschen sind und doch gebraucht werden können, mithin über
alle Sachen erhebt. Gleichwie er also sich selbst für keinen Preis
weggeben kann (welches der Pflicht der Selbstschätzung widerstreiten würde), so kann er auch nicht der ebenso notwendigen
Selbstschätzung anderer als Menschen entgegenhandeln, d. i. er
ist verbunden, die Würde der Menschheit an jedem anderen
Menschen praktisch anzuerkennen, mithin ruht auf ihm eine
Pflicht, die sich auf die jedem anderen Menschen notwendig zu
erzeigende Achtung bezieht.

Andere verachten, d. i. ihnen die dem Menschen überhaupt schul-
dige Achtung weigern, ist auf alle Fälle pflichtwidrig; denn es sind
Menschen. Sie vergleichungsweise mit anderen innerlich gering-
schätzen, ist zwar bisweilen unvermeidlich, aber die äußere Bezeigung der Geringschätzung ist doch Beleidigung. — Was gefährlich
ist, ist kein Gegenstand der Verachtung, und so ist es auch nicht
der Lasterhafte; und wenn die Überlegenheit über die Angriffe

desselben mich berechtigt zu sagen: ich verachte jenen, so bedeutet das nur so viel als: es ist keine Gefahr dabei, wenn ich gleich gar keine Verteidigung gegen ihn veranstaltete, weil er sich in seiner Verworfenheit selbst darstellt. Nichtsdestoweniger kann ich selbst dem Lasterhaften als Menschen nicht alle Achtung versagen, die ihm wenigstens in der Qualität eines Menschen nicht entzogen werden kann; ob er zwar durch seine Tat sich derselben unwürdig macht. So kann es schimpfliche, die Menschheit selbst entehrende Strafen geben (wie das Vierteilen, von Hunden zerreißen lassen, Nasen und Ohren abschneiden), die nicht bloß dem Ehrliebenden (der auf Achtung anderer Anspruch macht, was ein jeder tun muß) schmerzhafter sind als der Verlust der Güter und des Lebens, sondern auch dem Zuschauer Schamröte abjagen, zu einer Gattung zu gehören, mit der man so verfahren darf.

Von der Freundschaft

Freundschaft (in ihrer Vollkommenheit betrachtet) ist die Vereinigung zweier Personen durch gleiche wechselseitige Liebe und Achtung. — Man sieht leicht, daß sie ein Ideal der Teilnehmung und Mitteilung an dem Wohl eines jeden dieser durch den moralisch guten Willen Vereinigten sei und, wenn es auch nicht das ganze Glück des Lebens bewirkt, die Aufnahme desselben[1] in ihre beiderseitige Gesinnung die Würdigkeit enthalte, glücklich zu sein, mithin daß Freundschaft unter Menschen Pflicht derselben ist. — Daß aber Freundschaft eine bloße (aber doch praktisch-notwendige) Idee, in der Ausübung zwar unerreichbar, aber doch danach (als einem Maximum der guten Gesinnung gegeneinander) zu streben von der Vernunft aufgegebene, nicht etwa gemeine, sondern ehrenvolle Pflicht sei, ist leicht zu ersehen. Denn wie ist es für den Menschen im Verhältnis zu seinem Nächsten möglich, die Gleichheit eines der dazu erforderlichen Stücke eben

---

[1] das Wohl des andern.

derselben Pflicht (z. B. des wechselseitigen Wohlwollens) in dem
einen mit eben derselben Gesinnung im anderen auszumitteln,
noch mehr aber, welches Verhältnis das Gefühl aus der einen
Pflicht zu dem aus der andern (z. B. das aus dem Wohlwollen zu
dem aus der Achtung) in derselben Person habe, und ob, wenn die
eine in der Liebe inbrünstiger ist, sie nicht eben dadurch in der
Achtung des anderen etwas einbüße, so daß beiderseitig Liebe und
Hochschätzung subjektiv schwerlich in das Ebenmaß des Gleichgewichts gebracht werden wird; welches doch zur Freundschaft
erforderlich ist? — Denn man kann jene als Anziehung, diese als
Abstoßung betrachten, und wenn das Prinzip der ersteren Annäherung gebietet, das der zweiten sich einander in geziemendem
Abstande zu halten fordert, welche Einschränkung der Vertrau-
lichkeit, durch die Regel: daß auch die besten Freunde sich untereinander nicht gemein machen sollen, ausgedrückt, eine Maxime
enthält, die nicht bloß dem Höheren gegen den Niedrigen, sondern
auch umgekehrt gilt. Denn der Höhere fühlt, ehe man es sich
versieht, seinen Stolz gekränkt und will die Achtung des Niedrigen
etwa für einen Augenblick aufgeschoben, nicht aber aufgehoben
wissen, welche aber, einmal verletzt, innerlich unwiederbringlich
verloren ist; wenngleich die äußere Bezeigung derselben (das
Zeremoniell) wieder in den alten Gang gebracht wird.

Freundschaft in ihrer Reinigkeit oder Vollständigkeit, als erreich-
bar gedacht, ist das Steckenpferd der Romanenschreiber; wogegen
Aristoteles sagt: meine lieben Freunde, es gibt keinen Freund!
Folgende Anmerkungen können auf die Schwierigkeiten derselben
aufmerksam machen.

Moralisch erwogen, ist es freilich Pflicht, daß ein Freund dem
anderen seine Fehler bemerklich mache; denn das geschieht ja zu
seinem Besten, und es ist also Liebespflicht. Seine andere Hälfte
aber sieht hierin einen Mangel der Achtung, die er von jenem
erwartete, und zwar daß er entweder darin schon gefallen sei oder,
da er von dem anderen beobachtet und insgeheim kritisiert wird,
beständig Gefahr läuft, in den Verlust seiner Achtung zu fallen;

wie dann selbst, daß er beobachtet und gemeistert werden solle, ihm schon für sich selbst beleidigend zu sein dünken wird.

Ein Freund in der Not, wie erwünscht ist er nicht (wohl zu verstehen, wenn er ein tätiger, mit eigenem Aufwande hilfreicher Freund ist)! Aber es ist doch auch eine große Last, sich an anderer ihrem Schicksal angekettet und mit fremdem Bedürfnis beladen zu fühlen. — Die Freundschaft kann also nicht eine auf wechselseitigen Vorteil abgezweckte Verbindung, sondern diese muß rein moralisch sein, und der Beistand, auf den jeder von beiden von dem anderen im Falle der Not rechnen darf, muß nicht als Zweck und Bestimmungsgrund zu derselben — dadurch würde er die Achtung des andern Teils verlieren —, sondern kann nur als äußere Bezeichnung des inneren herzlich gemeinten Wohlwollens, ohne es doch auf die Probe, als die immer gefährlich ist, ankommen zu lassen, gemeint sein, indem ein jeder großmütig den anderen dieser Last zu überheben, sie für sich allein zu tragen, ja ihm sie gänzlich zu verhehlen bedacht ist, sich aber immer doch damit schmeicheln kann, daß im Falle der Not er auf den Beistand des andern sicher würde rechnen können. Wenn aber einer von dem andern eine Wohltat annimmt, so kann er wohl vielleicht auf Gleichheit in der Liebe, aber nicht in der Achtung rechnen, denn er sieht sich offenbar eine Stufe niedriger, verbindlich zu sein und nicht gegenseitig verbinden zu können. — Freundschaft ist bei der Süßigkeit der Empfindung des bis zum Zusammenschmelzen in eine Person sich annähernden wechselseitigen Besitzes doch zugleich etwas so Zartes, daß, wenn man sie auf Gefühle beruhen läßt und dieser wechselseitigen Mitteilung und Ergebung nicht Grundsätze oder das Gemeinmachende verhütende und die Wechselliebe durch Forderungen der Achtung einschränkende Regeln unterlegt, sie keinen Augenblick vor Unterbrechungen sicher ist; dergleichen unter unkultivierten Personen gewöhnlich sind, ob sie zwar darum eben nicht immer Trennung bewirken (denn Pöbel schlägt sich, und Pöbel verträgt sich); sie können voneinander nicht lassen, aber sich auch nicht untereinander einigen, weil das

Zanken selbst ihnen Bedürfnis ist, um die Süßigkeit der Eintracht in der Versöhnung zu schmecken. — Auf alle Fälle aber kann die Liebe in der Freundschaft nicht Affekt sein: weil dieser in der Wahl blind und in der Fortsetzung verrauchend ist.

Das fröhliche Herz

Die Regeln der Übung in der Tugend gehen auf zwei Gemütsstimmungen hinaus, wackeren und fröhlichen Gemüts in Befolgung ihrer Pflichten zu sein. Denn sie hat mit Hindernissen zu kämpfen, zu deren Überwältigung sie ihre Kräfte zusammennehmen muß, und zugleich manche Lebensfreuden zu opfern, deren Verlust das Gemüt wohl bisweilen finster und mürrisch machen kann; was man aber nicht mit Lust, sondern bloß als Frondienst tut, das hat für den, der hierin seiner Pflicht gehorcht, keinen inneren Wert und wird nicht geliebt, sondern die Gelegenheit ihrer Ausübung soviel als möglich geflohen.

Die Kultur der Tugend, d.i. die moralische Asketik[1], hat in Ansehung des Prinzips der rüstigen, mutigen und wackeren Tugendübung den Wahlspruch der Stoiker: Gewöhne dich, die zufälligen Lebensübel zu ertragen und die ebenso überflüssigen Ergötzlichkeiten zu entbehren. Es ist eine Art von Diätetik[2] für den Menschen, sich moralisch gesund zu erhalten. Gesundheit ist aber nur ein negatives Wohlbefinden, sie selber kann nicht gefühlt werden. Es muß etwas dazukommen, was einen angenehmen Lebensgenuß gewährt und doch bloß moralisch ist. Das ist das jederzeit fröhliche Herz in der Idee des tugendhaften Epikur. Denn wer sollte wohl mehr Ursache haben, frohen Muts zu sein und nicht darin selbst eine Pflicht finden, sich in eine fröhliche Gemütsstimmung zu versetzen und sie sich habituell[3] zu machen als

---

[1] tugendhafte Enthaltung.
[2] Lebenskunst.
[3] zur Gewohnheit.

der, welcher sich keiner vorsätzlichen Übertretung bewußt und
wegen des Verfalls in eine solche gesichert ist. Die Mönchsasketik
hingegen, welche aus abergläubischer Furcht oder geheucheltem
Abscheu an sich selbst mit Selbstpeinigung und Fleischeskreuzi-
gung zu Werke geht, zweckt auch nicht auf Tugend, sondern auf
schwärmerische Entsündigung ab, sich selbst Strafe aufzuerlegen
und, anstatt sie moralisch (d. i. in Absicht auf die Besserung) zu
bereuen, sie büßen zu wollen; welches bei einer selbstgewählten
und an sich vollstreckten Strafe (denn die muß immer ein anderer
auflegen) ein Widerspruch ist, und kann auch den Frohsinn, der
die Tugend begleitet, nicht bewirken, vielmehr nicht ohne geheimen Haß gegen das Tugendgebot stattfinden. — Die ethische
Gymnastik[1] besteht also nur in der Bekämpfung der Naturtriebe,
die das Maß erreicht, über sie bei vorkommenden, der Moralität
Gefahr drohenden Fällen Meister werden zu können; mithin die
wacker und im Bewußtsein seiner wiedererworbenen Freiheit
fröhlich macht. Etwas bereuen (welches bei der Rückerinnerung
ehemaliger Übertretungen unvermeidlich, ja wobei diese Erinnerung nicht schwinden zu lassen, es sogar Pflicht ist) und sich eine
Pönitenz[2] auferlegen (z. B. das Fasten), nicht in diätetischer, sondern frommer Rücksicht, sind zwei sehr verschiedene moralisch
gemeinte Vorkehrungen, von denen die letztere, welche freuden-
los, finster und mürrisch ist, die Tugend selbst verhaßt macht und
ihre Anhänger verjagt. Die Zucht (Disziplin), die der Mensch an
sich selbst verübt, kann daher nur durch den Frohsinn, der sie
begleitet, verdienstlich und exemplarisch[3] werden.

---

[1] Übung.
[2] Strafe.
[3] beispielhaft.

PHILOSOPHIE DER ERZIEHUNG

Vorbemerkung

Ein Philosoph, dessen Denken in so ausgesprochenem Maße im Ethischen wurzelt, dem ein auf höchste Vernunftideen gerichtetes Handeln über alles Vernünfteln geht, dessen Lehrgebäude nichts anderes sein will als eine Anleitung zur Verwirklichung des idealen Reiches der Zwecke, zur Verwirklichung der Idee vom reinen Vernunftwesen im Menschen und in dessen Kultur, ein solcher Philosoph wird auch eine ganz bestimmte Einstellung zum Erziehungsproblem und zum Erziehungswerk haben.

Diese Einstellung wird sich auszeichnen durch Betonung der Erziehbarkeit des Menschen und der Notwendigkeit seiner Erziehung (denn der Mensch ist ja nur der Anlage, d. h. der reinen Möglichkeit nach gut). Sie wird sich weiter auszeichnen durch die Betonung der Gesinnungs- und Willensbildung vor der intellektuellen Bildung (dem Primat des Praktischen); sie wird gerichtet sein auf Bemeisterung der Leidenschaften und Affekte, also auf „ethische Gymnastik", durch die allein moralische Gesundheit und echtes Selbstgefühl, die Genugtuung der Pflichterfüllung und das Bewußtsein menschlicher Würde erzielt werden kann.

Diesen Charakter hat denn auch Kants Erziehungslehre. Der Philosoph stellt sich damit auf den Boden der Erziehungstheorien Rousseaus und in eine Front mit den damals aufkommenden praktischen Erziehungsversuchen Johann Bernhard Basedows (1723 bis 1790), für dessen Dessauer Erziehungsinstitut „Philanthropinum" er sich mehrfach warm eingesetzt hat.

Zwar hat Kant seine Erziehungslehre niemals geschlossen systematisch dargestellt, doch lassen seine gelegentlichen Äußerungen zum Erziehungsproblem den Aufbau seiner Pädagogik unschwer erkennen.

Seine „Vorlesungen über Pädagogik", wie er sie etwa im Wintersemester 1776/77 gehalten haben mag, hat Dr. Ring nach dem Tode des Philosophen herausgegeben.

Vom Sinn und den Aufgaben der Erziehung

Der Mensch ist das einzige Geschöpf, das erzogen werden muß. Unter der Erziehung nämlich verstehen wir die Wartung (Verpflegung, Unterhaltung), Disziplin (Zucht) und Unterweisung nebst der Bildung. Demzufolge ist der Mensch Säugling — Zögling — und Lehrling.

Die Tiere gebrauchen ihre Kräfte, sobald sie deren nur welche haben, regelmäßig, d. h. in der Art, daß sie ihnen selbst nicht schädlich werden. Es ist in der Tat bewundernswürdig, wenn man z. B. die jungen Schwalben wahrnimmt, die kaum aus den Eiern gekrochen und noch blind sind, wie die es nichtsdestoweniger zu machen wissen, daß sie ihre Exkremente aus dem Neste fallen lassen. Tiere brauchen daher keine Wartung, höchstens Futter, Erwärmung und Anführung oder einen gewissen Schutz. Ernährung brauchen wohl die meisten Tiere, aber keine Wartung. Unter Wartung nämlich versteht man die Vorsorge der Eltern, daß die Kinder keinen schädlichen Gebrauch von ihren Kräften machen. Sollte ein Tier z. E. gleich, wenn es auf die Welt kommt, schreien, wie die Kinder es tun: so würde es unfehlbar der Raub der Wölfe und anderer wilden Tiere werden, die es durch sein Geschrei herbeilockt.

Disziplin oder Zucht ändert die Tierheit in die Menschheit um. Ein Tier ist schon alles durch seinen Instinkt; eine fremde Vernunft hat bereits alles für dasselbe besorgt. Der Mensch aber braucht eigene Vernunft. Er hat keinen Instinkt und muß sich selbst den Plan seines Verhaltens machen. Weil er aber nicht sogleich imstande ist, dieses zu tun, sondern roh auf die Welt kommt: so müssen es andere für ihn tun.

Die Menschengattung soll die ganze Naturanlage der Menschheit durch ihre eigene Bemühung nach und nach von selbst herausbringen. Eine Generation erzieht die andere. Den ersten Anfang kann man dabei in einem rohen oder auch in einem vollkommenen, ausgebildeten Zustande suchen. Wenn dieser letztere als vorher und zuerst gewesen angenommen wird: so muß der Mensch doch nachmals wieder verwildert und in Rohigkeit verfallen sein.

Disziplin verhütet, daß der Mensch nicht durch seine tierischen Antriebe von seiner Bestimmung, der Menschheit, abweiche. Sie muß ihn z. E. einschränken, daß er sich nicht wild und unbesonnen in Gefahren begebe. Zucht ist also bloß negativ, nämlich die Handlung, wodurch man dem Menschen die Wildheit benimmt, Unterweisung hingegen ist der positive Teil der Erziehung.

Wildheit ist die Unabhängigkeit von Gesetzen. Disziplin unterwirft den Menschen den Gesetzen der Menschheit und fängt an, ihn den Zwang der Gesetze fühlen zu lassen. Dieses muß aber frühe geschehen. So schickt man z. E. Kinder anfangs in die Schule, nicht schon in der Absicht, damit sie dort etwas lernen sollen, sondern damit sie sich daran gewöhnen mögen, stillzusitzen und pünktlich das zu beobachten, was ihnen vorgeschrieben wird, damit sie nicht in Zukunft jeden ihrer Einfälle wirklich auch und augenblicklich in Ausübung bringen mögen.

Der Mensch hat aber von Natur einen so großen Hang zur Freiheit, daß, wenn er erst eine Zeitlang an sie gewöhnt ist, er ihr alles aufopfert. Eben daher muß denn die Disziplin auch, wie gesagt, sehr frühe in Anwendung gebracht werden, denn wenn das nicht geschieht, so ist es schwer, den Menschen nachher zu ändern. Er folgt dann jeder Laune. Man sieht es auch an den wilden Nationen, daß, wenn sie gleich den Europäern längere Zeit hindurch Dienste tun, sie sich doch nie an ihre Lebensart gewöhnen. Bei ihnen ist dieses aber nicht ein edler Hang zur Freiheit, wie Rousseau und andere meinen, sondern eine gewisse Rohigkeit, indem das Tier hier gewissermaßen die Menschheit nicht in sich entwickelt hat. Daher muß der Mensch frühe gewöhnt werden, sich den Vorschriften der Vernunft zu unterwerfen. Wenn man ihm in der Jugend seinen Willen gelassen und ihm da nicht widerstanden hat: so behält er eine gewisse Wildheit durch sein ganzes Leben. Und es hilft denen auch nicht, die durch allzu große mütterliche Zärtlichkeit in der Jugend geschont werden, denn es wird ihnen weiterhin nur desto mehr von allen Seiten her widerstanden, und überall bekommen sie Stöße, sobald sie sich in die Geschäfte der Welt einlassen.

Dieses ist ein gewöhnlicher Fehler bei der Erziehung der Großen, daß man ihnen, weil sie zum Herrschen bestimmt sind, auch in der Jugend nie eigentlich widersteht. Bei dem Menschen ist wegen seines Hanges zur Freiheit eine Abschleifung seiner Rohigkeit nötig; bei dem Tiere hingegen wegen seines Instinktes nicht.

Der Mensch braucht Wartung und Bildung. Bildung begreift unter sich Zucht und Unterweisung. Diese braucht, soviel man weiß, kein Tier. Denn keines derselben lernt etwas von den Alten, außer die Vögel ihren Gesang. Hierin werden sie von den Alten unterrichtet, und es ist rührend anzusehen, wenn wie in einer Schule die Alte ihren Jungen aus allen Kräften vorsingt und diese sich bemühen, aus ihren kleinen Kehlen dieselben Töne herauszubringen. Um sich zu überzeugen, daß die Vögel nicht aus Instinkt singen, sondern es wirklich lernen, lohnt es der Mühe, die Probe zu machen und etwa die Hälfte von ihren Eiern den Kanarienvögeln wegzunehmen und ihnen Sperlingseier unterzulegen oder auch wohl die ganz jungen Sperlinge mit ihren Jungen zu vertauschen. Bringt man diese nun in eine Stube, wo sie die Sperlinge nicht draußen hören können: so lernen sie den Gesang der Kanarienvögel, und man bekommt singende Sperlinge. Es ist auch in der Tat sehr zu bewundern, daß jede Vogelgattung durch alle Generationen einen gewissen Hauptgesang behält, und die Tradition des Gesanges ist wohl die treueste in der Welt.

Der Mensch kann nur Mensch werden durch Erziehung. Er ist nichts, als was die Erziehung aus ihm macht. Es ist zu bemerken, daß der Mensch nur durch Menschen erzogen wird, durch Menschen, die ebenfalls erzogen sind. Daher macht auch Mangel an Disziplin und Unterweisung bei einigen Menschen sie wieder zu schlechten Erziehern ihrer Zöglinge. Wenn einmal ein Wesen höherer Art sich unserer Erziehung annähme, so würde man doch sehen, was aus den Menschen werden könne. Da die Erziehung aber teils den Menschen einiges lehrt, teils einiges auch nur bei ihm entwickelt: so kann man nicht wissen, wie weit bei ihm die Naturanlagen gehen. Würde hier wenigstens ein Experiment durch Unterstützung der Großen und durch die vereinigten Kräfte vieler gemacht: so würde auch das schon uns Aufschlüsse darüber geben, wie weit es der Mensch etwa zu bringen vermöge. Aber es ist für den spekulativen Kopf eine ebenso wichtige als für den Menschenfreund eine traurige Bemerkung, zu sehen, wie die Großen meistens nur immer für sich sorgen und nicht an dem wichtigen Experiment der Erziehung in der Art teilnehmen, daß die Natur einen Schritt näher zur Vollkommenheit tue.

Es ist niemand, der nicht in seiner Jugend verwahrlost wäre und es im reiferen Alter nicht selbst einsehen sollte, worin, es sei in der Disziplin oder in der Kultur (so kann man die Unterweisung nennen), er vernachlässigt worden. Derjenige, der nicht kultiviert ist, ist roh, wer nicht diszipliniert ist, ist wild. Verabsäumung der Disziplin ist ein größeres Übel als Verabsäumung der Kultur, denn diese kann noch weiterhin nachgeholt werden; Wildheit aber läßt sich nicht wegbringen, und ein Versehen in der Disziplin kann nie ersetzt werden. Vielleicht daß die Erziehung immer besser werden und daß jede folgende Generation einen Schritt näher tun wird zur Vervollkommnung der Menschheit; denn hinter der Edukation[1] steckt das große Geheimnis der Vollkommenheit der menschlichen Natur. Von jetzt an kann dieses geschehen. Denn nun erst fängt man an, richtig zu urteilen und deutlich einzusehen, was eigentlich zu einer guten Erziehung gehöre. Es ist entzückend sich vorzustellen, daß die menschliche Natur immer besser durch

---

[1] Erziehung.

Erziehung werde entwickelt werden, und daß man diese in eine Form bringen kann, die der Menschheit angemessen ist. Dies eröffnet uns den Prospekt[1] zu einem künftigen glücklicheren Menschengeschlechte. —

Ein Entwurf zu einer Theorie der Erziehung ist ein herrliches Ideal, und es schadet nichts, wenn wir auch nicht gleich imstande sind, es zu realisieren. Man muß nur nicht gleich die Idee für schimärisch halten und sie als einen schönen Traum verrufen, wenn auch Hindernisse bei ihrer Ausführung eintreten.

Eine Idee ist nichts anderes als der Begriff von einer Vollkommenheit, die sich in der Erfahrung noch nicht vorfindet. Z. E. die Idee einer vollkommenen, nach Regeln der Gerechtigkeit regierten Republik! Ist sie deswegen unmöglich? Erst muß unsere Idee nur richtig sein, und dann ist sie bei allen Hindernissen, die ihrer Ausführung noch im Wege stehen, gar nicht unmöglich. Wenn z. E. ein jeder löge, wäre deshalb das Wahrreden eine bloße Grille? Und die Idee einer Erziehung, die alle Naturanlagen im Menschen entwickelt, ist allerdings wahrhaft.

Bei der jetzigen Erziehung erreicht der Mensch nicht ganz den Zweck seines Daseins. Denn wie verschieden leben die Menschen! Eine Gleichförmigkeit unter ihnen kann nur stattfinden, wenn sie nach einerlei Grundsätzen handeln, und diese Grundsätze müßten ihnen zur andern Natur werden. Wir können an dem Plane einer zweckmäßigeren Erziehung arbeiten und eine Anweisung zu ihr der Nachkommenschaft überliefern, die sie nach und nach realisieren kann. Man sieht z. B. an den Aurikeln, daß, wenn man sie aus der Wurzel zieht, man sie alle nur von einer und derselben Farbe bekommt; wenn man dagegen aber ihren Samen aussät: so bekommt man sie von ganz andern und den verschiedensten Farben. Die Natur hat also doch die Keime in sie gelegt, und es kommt nur auf das gehörige Säen und Verpflanzen an, um diese in ihnen zu entwickeln. So auch bei dem Menschen!

---

[1] Ausblick auf.

Es liegen viele Keime in der Menschheit, und nun ist es unsere Sache, die Naturanlagen proportionierlich[1] zu entwickeln und die Menschheit aus ihren Keimen zu entfalten und zu machen, daß der Mensch seine Bestimmung erreiche. Die Tiere erfüllen diese von selbst, und ohne daß sie sie kennen. Der Mensch muß erst suchen, sie zu erreichen, dies kann aber nicht geschehen, wenn er nicht einmal einen Begriff von seiner Bestimmung hat. Bei dem Individuum ist die Erreichung der Bestimmung auch gänzlich unmöglich. Wenn wir ein wirklich ausgebildetes erstes Menschenpaar annehmen, so wollen wir doch sehen, wie es seine Zöglinge erzieht. Die ersten Eltern geben den Kindern schon ein Beispiel, die Kinder ahmen es nach, und so entwickeln sich einige Naturanlagen. Alle können nicht auf diese Art ausgebildet werden, denn es sind meistens alles nur Gelegenheitsumstände, bei denen die Kinder Beispiele sehen. Vormals hatten die Menschen keinen Begriff einmal[2] von der Vollkommenheit, die die menschliche Natur erreichen kann. Wir selbst sind noch nicht einmal mit diesem Begriffe auf dem reinen. Soviel ist aber gewiß, daß nicht einzelne Menschen bei aller Bildung ihrer Zöglinge es dahin bringen können, daß dieselben ihre Bestimmung erreichen. Nicht einzelne Menschen, sondern die Menschengattung soll dahin gelangen.

Die Erziehung ist eine Kunst, deren Ausübung durch viele Generationen vervollkommnet werden muß. Jede Generation, versehen mit den Kenntnissen der vorhergehenden, kann immer mehr eine Erziehung zustande bringen, die alle Naturanlagen des Menschen proportionierlich und zweckmäßig entwickelt und so die ganze Menschengattung zu ihrer Bestimmung führt. — Die Vorsehung hat gewollt, daß der Mensch das Gute aus sich selbst herausbringen soll, und spricht sozusagen zum Menschen: „Gehe in die Welt — so etwa könnte der Schöpfer den Menschen

---

[1] harmonisch.
[2] nicht einmal einen Begriff.

anreden! —; ich habe dich ausgerüstet mit allen Anlagen zum
Guten. Dir kommt es zu, sie zu entwickeln, und so hängt dein
eigenes Glück und Unglück von dir selbst ab." —

Der Mensch soll seine Anlagen zum Guten selbst entwickeln; die
Vorsehung hat sie nicht schon fertig in ihn gelegt; es sind bloße
Anlagen und ohne den Unterschied der Moralität. Sich selbst
besser machen, sich selbst kultivieren und, wenn er böse ist,
Moralität bei sich hervorbringen, das soll der Mensch. Wenn man
das aber reiflich überdenkt, so findet man, daß dieses sehr schwer
sei. Daher ist die Erziehung das größte Problem und das schwerste,
was dem Menschen kann aufgegeben werden. Denn Einsicht
hängt von der Erziehung und Erziehung hängt wieder von der
Einsicht ab. Daher kann die Erziehung auch nur nach und nach
einen Schritt vorwärts tun, und nur dadurch, daß eine Generation
ihre Erfahrungen und Kenntnisse der folgenden überliefert, diese
wieder etwas hinzutut und es so der folgenden übergibt, kann ein
richtiger Begriff von der Erziehungsart entspringen. Welche
große Kultur und Erfahrung setzt also nicht dieser Begriff voraus?
Er konnte demnach auch nur spät entstehen, und wir selbst haben
ihn noch nicht ins reine gebracht. Ob die Erziehung im einzelnen
wohl die Ausbildung der Menschheit im allgemeinen durch ihre
verschiedenen Generationen nachahmen soll?

Zwei Erfindungen der Menschen kann man wohl als die schwer-
sten ansehen: die der Regierungs- und die der Erziehungskunst
nämlich, und doch ist man selbst in ihrer Idee noch streitig.

Von wo fangen wir nun an, die menschlichen Anlagen zu entwik-
keln? Sollen wir von dem rohen oder von einem schon ausgebildeten Zustande anfangen? Es ist schwer, sich eine Entwickelung aus
der Roheit zu denken (daher ist auch der Begriff des ersten
Menschen so schwer), und wir sehen, daß bei einer Entwickelung
aus einem solchen Zustande man doch immer wieder in Rohigkeit
zurückgefallen ist und dann erst sich wieder aufs neue aus demselben emporgehoben hat. Auch bei sehr gesitteten Völkern finden
wir in den frühesten Nachrichten, die sie uns aufgezeichnet

hinterlassen haben — und wie viele Kultur gehört nicht schon zum Schreiben?, so daß man in Rücksicht auf gesittete Menschen den Anfang der Schreibekunst den Anfang der Welt nennen könnte —, ein starkes Angrenzen an Rohigkeit.

Weil die Entwickelung der Naturanlagen bei dem Menschen nicht von selbst geschieht, so ist alle Erziehung — eine Kunst. — Die Natur hat dazu keinen Instinkt in ihn gelegt. — Der Ursprung sowohl als der Fortgang dieser Kunst ist entweder mechanisch, ohne Plan nach gegebenen Umständen geordnet, oder judiziös[1]. Mechanisch entspringt die Erziehungskunst bloß bei vorkommenden Gelegenheiten, wo wir erfahren, ob etwas dem Menschen schädlich oder nützlich sei. Alle Erziehungskunst, die bloß mechanisch entspringt, muß sehr viele Fehler und Mängel an sich tragen, weil sie keinen Plan zum Grunde hat. Die Erziehungskunst oder Pädagogik muß also judiziös werden, wenn sie die menschliche Natur so entwickeln soll, daß sie ihre Bestimmung erreiche. Schon erzogene Eltern sind Beispiele, nach denen sich die Kinder bilden, zur Nachahmung. Aber wenn diese besser werden sollen: so muß die Pädagogik ein Studium werden, sonst ist nichts von ihr zu hoffen, und ein in der Erziehung Verdorbener erzieht sonst den andern. Der Mechanismus in der Erziehungskunst muß in Wissenschaft verwandelt werden, sonst wird sie nie ein zusammenhängendes Bestreben werden, und eine Generation möchte niederreißen, was die andere schon aufgebaut hätte.

Ein Prinzip der Erziehungskunst, das besonders solche Männer, die Pläne zur Erziehung machen, vor Augen haben sollten, ist: Kinder sollen nicht nur dem gegenwärtigen, sondern dem zukünftig möglichen besseren Zustande des menschlichen Geschlechts, das ist: der Idee der Menschheit und deren ganzen Bestimmung angemessen erzogen werden. Dieses Prinzip ist von großer Wichtigkeit. Eltern erziehen gemeiniglich ihre Kinder nur so, daß sie in

---

[1] das heißt: sie erfolgt auf Grund eines Judiziums, einer planvollen Entscheidung.

die gegenwärtige Welt, sei sie auch verderbt, passen. Sie sollten sie aber besser erziehen, damit ein zukünftiger besserer Zustand dadurch hervorgebracht werde. Es finden sich hier aber zwei Hindernisse:

1. Die Eltern nämlich sorgen gemeiniglich nur dafür, daß ihre Kinder gut in der Welt fortkommen, und 2. die Fürsten betrachten ihre Untertanen nur wie ihre Instrumente zu ihren Absichten.

Eltern sorgen für das Haus, Fürsten für den Staat. Beide haben nicht das Weltbeste und die Vollkommenheit, dazu die Menschheit bestimmt ist, und wozu sie auch die Anlage hat, zum Endzwecke. Die Anlage zu einem Erziehungsplane muß aber kosmopolitisch[1] gemacht werden. Und ist dann das Weltbeste eine Idee, die uns in unserem Privatbesten kann schädlich sein? Niemals! denn wenn es gleich scheint, daß man bei ihr etwas aufopfern müsse: so befördert man doch nichtsdestoweniger durch sie immer auch das Beste seines gegenwärtigen Zustandes. Und dann, welche herrliche Folgen begleiten sie! Gute Erziehung gerade ist das, woraus alles Gute in der Welt entspringt. Die Keime, die im Menschen liegen, müssen nur immer mehr entwickelt werden. Denn die Gründe zum Bösen findet man nicht in den Naturanlagen des Menschen. Das nur ist die Ursache des Bösen, daß die Natur nicht unter Regeln gebracht wird. Im Menschen liegen nur Keime zum Guten.

Wo soll der bessere Zustand der Welt nun aber herkommen? Von den Fürsten oder von den Untertanen? Daß diese nämlich sich erst selbst bessern und einer guten Regierung auf dem halben Wege entgegenkommen? Soll er von den Fürsten begründet werden: so muß erst die Erziehung der Prinzen besser werden, die geraume Zeit hindurch noch immer den großen Fehler hatte, daß man ihnen in der Jugend nicht widerstand. Ein Baum aber, der auf dem Felde allein steht, wächst krumm und breitet seine Äste weit aus; ein Baum hingegen, der mitten im Walde steht, wächst, weil die

---

[1] weltbürgerlich.

Bäume neben ihm widerstehen, geradeauf und sucht Luft und Sonne über sich. So ist es auch mit den Fürsten. Doch ist es noch immer besser, daß sie von jemand aus der Zahl der Untertanen erzogen werden, als wenn sie von ihresgleichen erzogen würden: Das Gute dürfen wir also von oben her nur in dem Falle erwarten, daß die Erziehung dort die vorzüglichere ist! Daher kommt es hier denn hauptsächlich auf Privatbemühungen an und nicht sowohl auf das Zutun der Fürsten, wie Basedow und andere meinten; denn die Erfahrung lehrt es, daß sie zunächst nicht sowohl das Weltbeste, als vielmehr nur das Wohl ihres Staates zur Absicht haben, damit sie ihre Zwecke erreichen. Geben sie aber das Geld dazu her: so muß es ja ihnen auch anheimgestellt bleiben, dazu den Plan vorzuzeichnen. So ist es in allem, was die Ausbildung des menschlichen Geistes, die Erweiterung menschlicher Erkenntnisse betrifft. Macht und Geld schaffen es nicht, erleichtern es höchstens. Aber sie könnten es schaffen, wenn die Staatsökonomie nicht für die Reichskasse nur im voraus die Zinsen berechnete. Auch Akademien taten es bisher nicht, und daß sie es noch tun werden, dazu war der Anschein nie geringer als jetzt.

Demnach sollte auch die Einrichtung der Schulen bloß von dem Urteile der aufgeklärtesten Kenner abhängen. Alle Kultur fängt von dem Privatmanne an und breitet von daher sich aus. Bloß durch die Bemühung der Personen von extendierteren[1] Neigungen, die Anteil an dem Weltbesten nehmen und der Idee eines zukünftigen besseren Zustandes fähig sind, ist die allmähliche Annäherung der menschlichen Natur zu ihrem Zwecke möglich. Sieht hin und wieder doch noch mancher Große sein Volk gleichsam nur für einen Teil des Naturreiches an und richtet also nur darauf sein Augenmerk, daß es fortgepflanzt werde. Höchstens verlangt man dann auch noch Geschicklichkeit, aber bloß um die Untertanen desto besser als Werkzeug zu seinen Absichten gebrauchen zu können. Privatmänner müssen freilich auch zuerst

---

[1] ausgebreiteteren.

den Naturzweck vor Augen haben, aber dann auch besonders auf
die Entwickelung der Menschheit und dahin sehen, daß sie nicht
nur geschickt, sondern auch gesittet werde, und, welches das
Schwerste ist, daß sie suchen, die Nachkommenschaft weiterzu-
bringen, als sie selbst gekommen sind.

Bei der Erziehung muß der Mensch also 1. diszipliniert werden.
Disziplinieren heißt suchen zu verhüten, daß die Tierheit nicht der
Menschheit in dem einzelnen sowohl als gesellschaftlichen Menschen zum Schaden gereiche. Disziplin ist also bloß Bezähmung
der Wildheit.

2. Muß der Mensch kultiviert werden. Kultur begreift unter sich
die Belehrung und die Unterweisung. Sie ist die Verschaffung der
Geschicklichkeit. Diese ist der Besitz eines Vermögens, welches zu
allen beliebigen Zwecken zureichend ist. Sie bestimmt also gar
keine Zwecke, sondern überläßt das nachher den Umständen.

Einige Geschicklichkeiten sind in allen Fällen gut, z. E. das Lesen
und Schreiben; andere nur zu einigen Zwecken, z. E. die Musik,
um uns beliebt zu machen. Wegen der Menge der Zwecke wird die
Geschicklichkeit gewissermaßen unendlich.

3. Muß man darauf sehen, daß der Mensch auch klug werde, in
die menschliche Gesellschaft passe, daß er beliebt sei und Einfluß
habe. Hierzu gehört eine gewisse Art von Kultur, die man Zivilisierung nennt. Zu derselben sind Manieren, Artigkeit und eine
gewisse Klugheit erforderlich, der zufolge man alle Menschen zu
seinen Endzwecken gebrauchen kann. Sie richtet sich nach dem
wandelbaren Geschmacke jedes Zeitalters.

4. Muß man auf die Moralisierung sehen. Der Mensch soll
nicht bloß zu allerlei Zwecken geschickt sein, sondern auch die
Gesinnung bekommen, daß er nur lauter gute Zwecke erwähle.
Gute Zwecke sind diejenigen, die notwendigerweise von jeder-
mann gebilligt werden, und die auch zu gleicher Zeit jedermanns
Zwecke sein können.

Der Mensch kann entweder bloß dressiert, abgerichtet, mechanisch unterwiesen oder wirklich aufgeklärt werden. Man dressiert

Hunde, Pferde, und man kann auch Menschen dressieren. (Dieses Wort kommt aus dem Englischen her, von to dress, kleiden.) Mit dem Dressieren ist es noch nicht ausgerichtet, sondern es kommt vorzüglich darauf an, daß Kinder denken lernen. Das geht auf Prinzipien hinaus, aus denen alle Handlungen entspringen. Man sieht also, daß bei einer echten Erziehung sehr vieles zu tun ist. Gewöhnlich wird aber bei der Privaterziehung das vierte, wichtigste Stück noch wenig in Ausübung gebracht, denn man erzieht die Kinder im wesentlichen so, daß man die Moralisierung dem Prediger überläßt. Wie unendlich wichtig ist es aber nicht, die Kinder von Jugend auf das Laster verabscheuen zu lehren, nicht gerade allein aus dem Grunde, weil Gott es verboten hat, sondern weil es in sich selbst verabscheuungswürdig ist! Sonst nämlich kommen sie leicht auf die Gedanken, daß sie es wohl immer würden ausüben können, und daß es übrigens wohl würde erlaubt sein, wenn Gott es nur nicht verboten hätte, und daß Gott daher wohl einmal eine Ausnahme machen könne. Gott ist das heiligste Wesen und will nur das, was gut ist, und verlangt, daß wir die Tugend ihres inneren Wertes wegen ausüben sollen und nicht deswegen, weil er es verlangt.

Wir leben im Zeitpunkte der Disziplinierung, Kultur und Zivilisierung, aber noch lange nicht im Zeitpunkte der Moralisierung. Bei dem jetzigen Zustande der Menschen kann man sagen, daß das Glück der Staaten zugleich mit dem Elende der Menschen wachse. Und es ist noch die Frage, ob wir im rohen Zustande, da alle diese Kultur bei uns nicht stattfände, nicht glücklicher als in unserem jetzigen Zustande sein würden. Denn wie kann man Menschen glücklich machen, wenn man sie nicht sittlich und weise macht?

DIE GESCHICHTSPHILOSOPHIE

Vorbemerkung

Für Kant ist der Mensch ein Wesen zwischen Kausalität und Freiheit, der Tatsache nach mehr oder weniger verstrickt in die Gesetzlichkeit der Natur, der Anlage und der Tendenz nach gerichtet auf Befreiung von dieser Bindung. Mit der Aufgabe geboren, die in ihm schlummernden moralischen Anlagen zu vervollkommnen, in der Richtung auf das ideale Endziel der Verwirklichung des Reiches der vernünftigen Zwecke, der Gemeinschaft freier Vernunftwesen, ist der Mensch und seine Kultur in einen Entwicklungsprozeß eingebettet, der bei völliger Naturgebundenheit beginnt und zur völligen Überwindung dieses Zustandes in unendlichem Progressus fortschreitet.

Daß also Weltgeschichte der Fortschritt der Menschen im Bewußtsein und in der Verwirklichung der Freiheit sei, ist der Grundgedanke der Kantischen Geschichtsphilosophie, die, gleichfalls nur fragmentarisch, sich vornehmlich in seiner „Idee zu einer allgemeinen Geschichte in weltbürgerlicher Absicht" (1784) niedergeschlagen hat.

Objektives Ziel dieser allmählichen Entwicklung ist die Überwindung der Spannung zwischen der Welt, wie sie ist, und der Welt, wie sie sein sollte, ist Erreichung des Freiheitszustandes der Menschen im großen, ist die im Staate und zwischen den Staaten verwirklichte Gerechtigkeit. So wird Kant zum Verkünder des Gedankens einer gerechten republikanischen Staatsverfassung (des Republikanismus aller Staaten), des Gedankens eines Völkerbundes und des Gedankens vom ewigen Frieden zwischen Völkern, Rassen, Bekenntnissen und Fakultäten.

Wir befinden uns ganz offenbar in einem Stadium dieser unendlichen Evolution, wo wir uns dessen bewußt werden, daß sich durch uns ein solches Programm vollzieht. Die Naturgeschichte des Menschen ist beendet, und die Freiheitsgeschichte beginnt, d. h. eine Epoche, in welcher der Mensch nicht nur dumpf und blind seinen natürlichen Neigungen folgt, sondern wo er die Idee einer vernünftigen Entwicklung zum Programm erhebt, wo er also den Weg, der aus ihm das reine Vernunftwesen macht, das er sein sollte, und der die Natur in Kultur verwandelt, bewußt beschreitet. Diesen kritischen Augenblick in der Entwicklung des Menschen vom Naturwesen zum bewußten Kulturwesen nennt Kant das Zeitalter der Aufklärung.

Auf dem Wege zum idealen Endziel der bewußten menschlichen Kulturentwicklung erweist sich nun der „Philosoph" als der geeignete Führer. In ihm vollzieht sich zuerst der Prozeß der Bewußtwerdung des Menschen zur Freiheit, sofern er Philosoph im eigentlichsten und würdigsten Sinne, sofern er „Weltweiser" ist. Als solcher klärt er kritisch die Anlagen und entdeckt er die Bestimmung des Menschen, und als solcher schaut er das ideale Ziel und die Möglichkeiten seiner konkreten Verwirklichung.

Kants Forderung für eine aktive bewußte Kulturpolitik gipfelt darum in dem Satz: „Philosophen sollten zu Rate gezogen werden."

Geschichte und Weltbürgertum

Was man sich auch in metaphysischer Absicht für einen Begriff von der Freiheit des Willens machen mag: so sind doch die Erscheinungen desselben, die menschlichen Handlungen, ebensowohl als[1] jede andere Naturbegebenheit nach allgemeinen Naturgesetzen bestimmt. Die Geschichte, welche sich mit der Erzählung dieser Erscheinungen beschäftigt, so tief auch deren Ursachen verborgen sein mögen, läßt dennoch von sich hoffen: daß, wenn sie das Spiel der Freiheit des menschlichen Willens im großen betrachtet, sie einen regelmäßigen Gang derselben entdecken könne; und daß auf die Art, was an einzelnen Subjekten verwickelt und regellos in die Augen fällt, an der ganzen Gattung doch als eine stetig fortgehende, obgleich langsame Entwickelung der ursprünglichen Anlagen derselben werde erkannt werden können. So scheinen die Ehen, die daher kommenden Geburten und das

---

[1] ebenso wie.

Sterben, da der freie Wille der Menschen auf sie so großen Einfluß hat, keiner Regel unterworfen zu sein, nach welcher man die Zahl derselben zum voraus durch Rechnung bestimmen könne; und doch beweisen die jährlichen Tafeln derselben in großen Ländern, daß sie ebensowohl nach beständigen Naturgesetzen bestehen, als die so unbeständigen Witterungen, deren Ereignis man einzeln nicht vorherbestimmen kann, die aber im ganzen nicht ermangeln, das Wachstum der Pflanzen, den Lauf der Ströme und andere Naturanstalten in einem gleichförmigen, ununterbrochenen Gange zu erhalten. Einzelne Menschen und selbst ganze Völker denken wenig daran, daß, indem sie, ein jedes nach seinem Sinne und einer oft wider den andern, ihre eigene Absicht verfolgen, sie unbemerkt an der Naturabsicht, die ihnen selbst unbekannt ist, als an einem Leitfaden fortgehen und an derselben Beförderung arbeiten, an welcher, selbst wenn sie ihnen bekannt würde, ihnen doch wenig gelegen sein würde.

Da die Menschen in ihren Bestrebungen nicht bloß instinktmäßig wie Tiere und doch auch nicht wie vernünftige Weltbürger nach einem verabredeten Plane im ganzen verfahren: so scheint auch keine planmäßige Geschichte (wie etwa von den Bienen oder den Bibern) von ihnen möglich zu sein. Man kann sich eines gewissen Unwillens nicht erwehren, wenn man ihr Tun und Lassen auf der großen Weltbühne aufgestellt sieht und bei hin und wieder anscheinender Weisheit im einzelnen doch endlich alles im großen aus Torheit, kindischer Eitelkeit, oft auch aus kindischer Bosheit und Zerstörungssucht zusammengewebt findet: wobei man am Ende nicht weiß, was man sich von unserer auf ihre Vorzüge so eingebildeten Gattung für einen Begriff machen soll. Es ist hier keine Auskunft für den Philosophen, als daß, da er bei Menschen und ihrem Spiele im großen gar keine vernünftige eigene Absicht voraussetzen kann, er versuche, ob er nicht eine Naturabsicht in diesem widersinnigen Gange menschlicher Dinge entdecken könne; aus welcher von Geschöpfen, die ohne eigenen Plan verfahren, dennoch eine Geschichte nach einem bestimmten Plane der Natur möglich sei. – Wir wollen sehen, ob es uns gelingen werde, einen Leitfaden zu einer solchen Geschichte zu finden, und wollen es dann der Natur überlassen, den Mann hervorzubringen, der imstande ist, sie danach abzufassen. So brachte sie einen Kepler hervor, der die exzentrischen Bahnen der Planeten auf eine unerwartete Weise bestimmten Gesetzen unterwarf, und einen Newton, der diese Gesetze aus einer allgemeinen Naturursache erklärte.

Erster Satz

Alle Naturanlagen eines Geschöpfes sind bestimmt, sich einmal vollständig und zweckmäßig auszuwickeln. Bei allen Tieren bestätigt dieses die äußere sowohl als innere oder zergliedernde Beobachtung. Ein Organ, das nicht gebraucht werden soll, eine Anordnung, die ihren Zweck nicht erreicht, ist ein Widerspruch in der teleologischen Naturlehre. Denn wenn wir von jenem Grundsatz abgehen, so haben wir nicht mehr eine gesetzmäßige, sondern eine zwecklos spielende Natur; und das trostlose Ungefähr tritt an die Stelle des Leitfadens der Vernunft.

Zweiter Satz

Am Menschen (als dem einzigen vernünftigen Geschöpf auf Erden) sollten sich diejenigen Naturanlagen, die auf den Gebrauch seiner Vernunft abgezielt sind, nur in der Gattung, nicht aber im Individuum vollständig entwickeln. Die Vernunft in einem Geschöpfe ist ein Vermögen, die Regeln und Absichten des Gebrauchs aller seiner Kräfte weit über den Naturinstinkt zu erweitern, und kennt keine Grenzen ihrer Entwürfe. Sie wirkt aber selbst nicht instinktmäßig, sondern bedarf Versuche, Übung und Unterricht, um von einer Stufe der Einsicht zur andern allmählich fortzuschreiten. Daher würde ein jeder Mensch unmäßig lange leben müssen, um zu lernen, wie er von allen seinen Naturanlagen

einen vollständigen Gebrauch machen solle; oder wenn die Natur
seine Lebensfrist nur kurz angesetzt hat (wie es wirklich geschehen ist), so bedarf sie einer vielleicht unabsehlichen Reihe von
Zeugungen, deren eine der andern ihre Aufklärung überliefert,
um endlich ihre Keime in unserer Gattung zu derjenigen Stufe der
Entwicklung zu treiben, welche ihrer Absicht vollständig angemessen ist. Und dieser Zeitpunkt muß wenigstens in der Idee des
Menschen das Ziel seiner Bestrebungen sein, weil sonst die Naturanlagen größtenteils als vergeblich und zwecklos angesehen werden müßten; welches alle praktischen Prinzipien aufheben und
dadurch die Natur, deren Weisheit in Beurteilung aller übrigen
Anstalten sonst zum Grundsatze dienen muß, am Menschen allein
eines kindischen Spiels verdächtig machen würde.

Dritter Satz

Die Natur hat gewollt: daß der Mensch alles, was über die
mechanische Anordnung seines tierischen Daseins geht, gänzlich
aus sich herausbringe und keiner anderen Glückseligkeit oder
Vollkommenheit teilhaftig werde, als die er sich selbst frei von
Instinkt, durch eigene Vernunft, verschafft hat. Die Natur tut
nämlich nichts überflüssig und ist im Gebrauch der Mittel zu ihren
Zwecken nicht verschwenderisch. Da sie dem Menschen Vernunft
und darauf sich gründende Freiheit des Willens gab, so war das
schon eine klare Anzeige ihrer Absicht in Ansehung seiner Ausstattung. Er sollte nun nämlich nicht durch Instinkt geleitet oder
durch anerschaffene Kenntnis versorgt und unterrichtet sein; er
sollte vielmehr alles aus sich selbst herausbringen. Die Erfindung
seiner Nahrungsmittel, seiner Bedeckung, seiner äußeren Sicherheit und Verteidigung (wozu sie ihm weder die Hörner des Stiers,
noch die Klauen des Löwen, noch das Gebiß des Hundes, sondern
bloß Hände gab), alle Ergötzlichkeit, die das Leben angenehm
machen kann, selbst seine Einsicht und Klugheit und sogar die
Gutartigkeit seines Willens sollten gänzlich sein eigen Werk sein.

Sie scheint sich hier in ihrer größten Sparsamkeit selbst gefallen zu haben und ihre tierische Ausstattung so knapp, so genau auf das höchste Bedürfnis einer anfänglichen Existenz abgemessen zu haben, als wollte sie: der Mensch sollte, wenn er sich aus der größten Rohigkeit dereinst zur größten Geschicklichkeit, innerer Vollkommenheit der Denkungsart und (soviel es auf Erden möglich ist) dadurch zur Glückseligkeit emporgearbeitet haben würde, hiervon das Verdienst ganz allein haben und es sich selbst nur verdanken dürfen; gleich als habe sie es mehr auf seine vernünftige Selbstschätzung als auf ein Wohlbefinden angelegt. Denn in diesem Gange der menschlichen Angelegenheit ist ein ganzes Heer von Mühseligkeiten, die den Menschen erwarten. Es scheint aber der Natur gar nicht zu tun gewesen sein, daß er wohllebe; sondern daß er sich so weit hervorarbeite, um sich durch sein Verhalten des Lebens und des Wohlbefindens würdig zu machen. Befremdend bleibt es immer hierbei: daß die älteren Generationen nur scheinen, um der späteren willen ihr mühseliges Geschäft zu treiben, um nämlich diesen eine Stufe zu bereiten, von der diese das Bauwerk, welches die Natur zur Absicht hat, höherbringen könnten; und daß doch nur die spätestens das Glück haben sollen, in dem Gebäude zu wohnen, woran eine lange Reihe ihrer Vorfahren (zwar freilich ohne ihre Absicht) gearbeitet hatten, ohne doch selbst an dem Glück, das sie vorbereiteten, Anteil nehmen zu können. Allein so rätselhaft dieses auch ist, so notwendig ist es doch zugleich, wenn man einmal annimmt: eine Tiergattung soll Vernunft haben und als Klasse vernünftiger Wesen, die insgesamt sterben, deren Gattung aber unsterblich ist, dennoch zu einer Vollständigkeit der Entwickelung ihrer Anlagen gelangen.

Vierter Satz

Das Mittel, dessen sich die Natur bedient, die Entwickelung aller ihrer Anlagen zustande zu bringen, ist der Antagonismus[1] derselben in der Gesellschaft, sofern dieser doch am Ende einer gesetzmäßigen Ordnung derselben überwunden wird. Ich verstehe hier unter dem Antagonism die ungesellige Geselligkeit der Menschen, d. i. den Hang derselben in Gesellschaft zu treten, der doch mit einem durchgängigen Widerstande, welcher diese Gesellschaft beständig zu trennen droht, verbunden ist. Hierzu liegt die Anlage offenbar in der menschlichen Natur. Der Mensch hat eine Neigung, sich zu vergesellschaften: weil er in einem solchen Zustande sich mehr als Mensch, d. i. die Entwickelung seiner Naturanlagen, fühlt. Er hat aber auch einen großen Hang, sich zu vereinzeln (isolieren): weil er in sich zugleich die ungesellige Eigenschaft antrifft, alles bloß nach seinem Sinne richten zu wollen, und daher allerwärts Widerstand erwartet, sowie er von sich selbst weiß, daß er seinerseits zum Widerstande gegen andere geneigt ist. Dieser Widerstand ist es nun, welcher alle Kräfte des Menschen erweckt, ihn dahin bringt, seinen Hang zur Faulheit zu überwinden und, getrieben durch Ehrsucht, Herrschsucht oder Habsucht, sich einen Rang unter seinen Mitgenossen zu verschaffen, die er nicht wohl leiden, von denen er aber auch nicht lassen kann. Da geschehen nun die ersten wahren Schritte aus der Rohigkeit zur Kultur, die eigentlich in dem gesellschaftlichen Wert des Menschen besteht; da werden alle Talente nach und nach entwickelt, der Geschmack gebildet und selbst durch fortgesetzte Aufklärung der Anfang zur Gründung einer Denkungsart gemacht, welche die grobe Naturanlage zur sittlichen Unterscheidung mit der Zeit in bestimmte praktische Prinzipien und so eine pathologisch-abgedrungene[2] Zusammenstimmung zu einer Ge-

---

[1] Widerstreit.
[2] eine der Triebnatur des Menschen abgedrungene.

sellschaft endlich in ein moralisches Ganze verwandeln kann. Ohne jene an sich zwar eben nicht liebenswürdigen Eigenschaften der Ungeselligkeit, woraus der Widerstand entspringt, den jeder bei seinen selbstsüchtigen Anmaßungen notwendig antreffen muß, würden in einem arkadischen[1] Schäferleben bei vollkommener Eintracht, Genügsamkeit und Wechselliebe alle Talente auf ewig in ihren Keimen verborgen bleiben: die Menschen, gutartig wie die Schafe, die sie weiden, würden ihrem Dasein kaum einen größeren Wert verschaffen, als dieses ihr Hausvieh hat; sie würden das Leere der Schöpfung in Ansehung ihres Zwecks, als vernünftige Natur, nicht ausfüllen. Dank sei also der Natur für die Unvertragsamkeit, für die mißgünstig wetteifernde Eitelkeit, für die nicht zu befriedigende Begierde zum Haben oder auch zum Herrschen! Ohne sie würden alle vortrefflichen Naturanlagen in der Menschheit ewig unentwickelt schlummern. Der Mensch will Eintracht; aber die Natur weiß besser, was für seine Gattung gut ist: sie will Zwietracht. Er will gemächlich und vergnügt leben; die Natur will aber, er soll aus der Lässigkeit und untätigen Genügsamkeit hinaus sich in Arbeit und Mühseligkeiten stürzen, um dagegen auch Mittel auszufinden, sich klüglich wiederum aus den letzteren herauszuziehen: Die natürlichen Triebfedern dazu, die Quellen der Ungeselligkeit und des durchgängigen Widerstandes, woraus so viele Übel entspringen, die aber doch auch wieder zur neuen Anspannung der Kräfte, mithin zu mehrerer Entwickelung der Naturanlagen antreiben, verraten also wohl die Anordnung eines weisen Schöpfers; und nicht etwa die Hand eines bösartigen Geistes, der in seine herrliche Anstalt gepfuscht oder sie neidischerweise verderbt habe.

---

[1] friedlichen.

Fünfter Satz

Das größte Problem für die Menschengattung, zu dessen Auflösung die Natur ihn zwingt, ist die Erreichung einer allgemein das Recht verwaltenden bürgerlichen Gesellschaft. Da nur in einer Gesellschaft, und zwar derjenigen, die die größte Freiheit, mithin einen durchgängigen Antagonismus[1] ihrer Glieder und doch die genaueste Bestimmung und Sicherung der Grenzen dieser Freiheit hat, damit sie mit der Freiheit anderer bestehen könne, — da nur in ihr die höchste Absicht der Natur, nämlich die Entwickelung aller ihrer Anlagen, in der Menschheit erreicht werden kann, die Natur auch will, daß sie diesen sowie alle Zwecke ihrer Bestimmung sich selbst verschaffen solle: so muß eine Gesellschaft, in welcher Freiheit unter äußeren Gesetzen im größtmöglichen Grade mit unwiderstehlicher Gewalt verbunden angetroffen wird, d. i. eine vollkommen gerechte bürgerliche Verfassung, die höchste Aufgabe der Natur für die Menschengattung sein, weil die Natur nur vermittels der Auflösung und Vollziehung derselben ihre übrigen Absichten mit unserer Gattung erreichen kann. In diesen Zustand des Zwanges zu treten, zwingt den sonst für ungebundene Freiheit so sehr eingenommenen Menschen die Not, und zwar die größte unter allen, nämlich die, welche sich Menschen untereinander selbst zufügen, deren Neigungen es machen, daß sie in wilder Freiheit nicht lange nebeneinander bestehen können. Allein in einem solchen Gehege, als bürgerliche Vereinigung ist, tun eben dieselben Neigungen hernach die beste Wirkung: so wie Bäume in einem Walde eben dadurch, daß ein jeder dem andern Luft und Sonne zu benehmen sucht, einander nötigen, beides über sich zu suchen und dadurch einen schönen geraden Wuchs bekommen; statt daß die, welche in Freiheit und voneinander abgesondert ihre Äste nach Wohlgefallen treiben, krüppelig, schief und krumm wachsen. Alle Kultur

---

[1] Widerstreit.

und Kunst, welche die Menschheit ziert, die schönste gesellschaftliche Ordnung sind Früchte der Ungeselligkeit, die durch sich selbst genötigt wird, sich zu disziplinieren und so durch abgedrungene Kunst die Keime der Natur vollständig zu entwickeln.

Sechster Satz

Dieses Problem ist zugleich das schwerste und das, welches von der Menschengattung am spätesten aufgelöst wird. Die Schwierigkeit, welche auch die bloße Idee dieser Aufgabe schon vor Augen legt, ist diese: der Mensch ist ein Tier, das, wenn es unter andern seiner Gattung lebt, einen Herrn nötig hat. Denn er mißbraucht gewiß seine Freiheit in Ansehung anderer seinesgleichen; und ob er gleich als vernünftiges Geschöpf ein Gesetz wünscht, welches der Freiheit aller Schranken setze: so verleitet ihn doch seine selbstsüchtige tierische Neigung, wo er darf, sich selbst auszunehmen. Er bedarf also eines Herrn, der ihm den eigenen Willen breche und ihn nötige, einem allgemeingültigen Willen, dabei jeder frei sein kann, zu gehorchen. Wo nimmt er aber diesen Herrn her? Nirgends anders als aus der Menschengattung. Aber dieser ist ebensowohl ein Tier, das einen Herrn nötig hat. Er mag es also anfangen wie er will; so ist nicht abzusehen, wie er sich ein Oberhaupt der öffentlichen Gerechtigkeit verschaffen könne, das selbst gerecht sei; er mag dieses nun in einer einzelnen Person oder in einer Gesellschaft vieler dazu auserlesenen Personen suchen. Denn jeder derselben wird immer seine Freiheit mißbrauchen, wenn er keinen über sich hat, der nach den Gesetzen über ihn Gewalt ausübt. Das höchste Oberhaupt soll aber gerecht für sich selbst und doch ein Mensch sein. Diese Aufgabe ist daher die schwerste unter allen; ja ihre vollkommene Auflösung ist unmöglich: aus so krummem Holze, als woraus der Mensch gemacht ist, kann nichts ganz Gerades gezimmert werden. Nur die Annäherung zu dieser Idee ist uns von der Natur auferlegt. Daß sie auch diejenige sei, welche am spätesten ins Werk gerichtet wird, folgt überdem auch

daraus: daß hierzu richtige Begriffe von der Natur einer möglichen Verfassung, große, durch viele Weltläufe geübte Erfahren-
heit und über das alles ein zur Annehmung derselben vorbereiteter
guter Wille erfordert wird; drei solche Stücke aber sich sehr
schwer und, wenn es geschieht, nur sehr spät, nach viel vergebli-
chen Versuchen, einmal zusammenfinden können.

Siebenter Satz

Das Problem der Errichtung einer vollkommenen bürgerlichen
Verfassung ist von dem Problem eines gesetzmäßigen ä u ß e r e n
S t a a t e n v e r h ä l t n i s s e s abhängig und kann ohne das letztere
nicht aufgelöst werden. Was hilft's, an einer gesetzmäßigen bürgerlichen Verfassung unter einzelnen Menschen, d. i. an der
Anordnung eines gemeinen Wesens[1], zu arbeiten? Dieselbe Ungeselligkeit, welche die Menschen hierzu nötigte, ist wieder die
Ursache, daß ein jedes gemeine Wesen in äußerem Verhältnisse,
d. i. als ein Staat in Beziehung auf Staaten, in ungebundener
Freiheit steht, und folglich einer von dem andern eben die Übel
erwarten muß, die die einzelnen Menschen drückten und sie
zwangen, in einen gesetzmäßigen bürgerlichen Zustand zu treten.
Die Natur hat also die Unvertragsamkeit der Menschen, selbst der
großen Gesellschaften und Staatskörper dieser Art Geschöpfe
wieder zu einem Mittel gebraucht, um in den unvermeidlichen
Antagonism derselben einen Zustand der Ruhe und Sicherheit
auszufinden; d. i. sie treibt durch die Kriege, durch die überspannte und niemals nachlassende Zurüstung zu denselben, durch
die Not, die dadurch endlich ein jeder Staat selbst mitten im
Frieden innerlich fühlen muß, zu anfänglich unvollkommenen
Versuchen, endlich aber nach vielen Verwüstungen, Umkippun-
gen und selbst durchgängiger innerer Erschöpfung ihrer Kräfte zu
dem, was ihnen die Vernunft auch ohne soviel traurige Erfahrung

---

[1] Gemeinwesens.

hätte sagen können, nämlich: aus dem gesetzlosen Zustande der
Wilden hinauszugehen und in einen Völkerbund zu treten; wo
jeder, auch der kleinste Staat seine Sicherheit und Rechte nicht vor
eigener Macht oder eigener rechtlichen Beurteilung, sondern
allein von diesem großen Völkerbunde, von einer vereinigten
Macht und von der Entscheidung nach Gesetzen des vereinigten
Willens erwarten könne. So schwärmerisch auch diese Idee zu sein
scheint und als eine solche an einem Abbé von St. Pierre oder
Rousseau verlacht worden (vielleicht, weil sie solche in der Ausführung zu nahe glaubten): so ist es doch der unvermeidliche
Ausgang der Not, worein sich Menschen einander versetzen, die
die Staaten zu eben der Entschließung (so schwer es ihnen auch
eingeht) zwingen muß, wozu der wilde Mensch ebenso ungern
gezwungen ward, nämlich: seine brutale Freiheit aufzugeben und
in einer gesetzmäßigen Verfassung Ruhe und Sicherheit zu suchen. — Alle Kriege sind demnach so viel Versuche (zwar nicht in
der Absicht der Menschen, aber doch in der Absicht der Natur),
neue Verhältnisse der Staaten zustande zu bringen und durch
Zerstörung, wenigstens Zerstückelung aller neue Körper zu bilden, die sich aber wieder entweder in sich selbst oder nebeneinander nicht erhalten können und daher neue, ähnliche Revolutionen
erleiden müssen; bis endlich einmal teils durch die bestmögliche
Anordnung der bürgerlichen Verfassung innerlich, teils durch
eine gemeinschaftliche Verabredung und Gesetzgebung äußerlich
ein Zustand errichtet wird, der, einem bürgerlichen gemeinen
Wesen ähnlich, so wie ein Automat sich selbst erhalten kann.
Ob man es nun von einem Epikurischen[1] Zusammenlauf wirkender Ursachen erwarten solle, daß die Staaten, so wie die kleinen
Stäubchen der Materie durch ihren ungefähren Zusammenstoß
allerlei Bildungen versuchen, die durch neuen Anstoß wieder
zerstört werden, bis endlich einmal von ungefähr eine solche

---

[1] Epikur läßt die Welt durch eine zufällige Zusammenballung der
Atome entstehen.

Bildung gelingt, die sich in ihrer Form erhalten kann (ein Glücks-
zufall, der sich wohl schwerlich jemals zutragen wird!); oder ob
man vielmehr annehmen solle, die Natur verfolge hier einen
regelmäßigen Gang, unsere Gattung von der unteren Stufe der
Tierheit an allmählich bis zur höchsten Stufe der Menschheit, und
zwar durch eigene, obzwar dem Menschen abgedrungene Kunst zu
führen, und entwickele in dieser scheinbarlich wilden Anordnung
ganz regelmäßig jene ursprünglichen Anlagen; oder ob man lieber
will, daß aus allen diesen Wirkungen und Gegenwirkungen der
Menschen im großen überall nichts, wenigstens nichts Kluges
herauskomme, daß es bleiben werde, wie es von jeher gewesen ist,
und man daher nicht voraussagen könne, ob nicht die Zwietracht,
die unserer Gattung so natürlich ist, am Ende für uns eine Hölle
von Übeln in einem noch so gesitteten Zustande vorbereite, indem
sie vielleicht diesen Zustand selbst und alle bisherigen Fortschritte
in der Kultur durch barbarische Verwüstung wieder vernichten
werde (ein Schicksal, wofür man unter der Regierung des blinden
Ungefährs nicht stehen kann, mit welcher gesetzlose Freiheit in
der Tat einerlei ist, wenn man ihr nicht einen insgeheim an
Weisheit geknüpften Leitfaden der Natur unterlegt!), das läuft
ungefähr auf die Frage hinaus: ob es wohl vernünftig sei, Zweckmäßigkeit der Naturanstalt in Teilen und doch Zwecklosigkeit im
ganzen anzunehmen. Was also der zwecklose Zustand der Wilden
tat, daß er nämlich alle Naturanlagen in unserer Gattung zurück-
hielt, aber endlich durch die Übel, worin er diese versetzte, sie
nötigte, aus diesem Zustande hinaus und in eine bürgerliche
Verfassung zu treten, in welcher alle jene Keime entwickelt
werden können, das tut auch die barbarische Freiheit der schon
gestifteten Staaten, nämlich: daß durch die Verwendung aller
Kräfte der gemeinen Wesen auf Rüstungen gegeneinander, durch
die Verwüstungen, die der Krieg anrichtet, noch mehr aber durch
die Notwendigkeit, sich beständig in Bereitschaft dazu zu erhalten,
zwar die völlige Entwickelung der Naturanlagen in ihrem Fortgange gehemmt wird, dagegen aber auch die Übel, die daraus

entspringen, unsere Gattung nötigen, zu dem an sich heilsamen Widerstande vieler Staaten nebeneinander, der aus ihrer Freiheit entspringt, ein Gesetz des Gleichgewichts auszufinden und eine vereinigte Gewalt, die demselben Nachdruck gibt, mithin einen weltbürgerlichen Zustand der öffentlichen Staatssicherheit einzuführen, der nicht ohne alle Gefahr sei, damit die Kräfte der Menschheit nicht einschlafen, aber doch auch nicht ohne ein Prinzip der Gleichheit ihrer wechselseitigen Wirkung und Gegenwirkung, damit sie einander nicht zerstören. Ehe dieser letzte Schritt (nämlich die Staatenverbindung) geschehen, also fast nur auf der Hälfte ihrer Ausbildung, erduldet die menschliche Natur die härtesten Übel unter dem betrüglichen Anschein äußerer Wohlfahrt; und Rousseau hatte so unrecht nicht, wenn er den Zustand der Wilden vorzog, sobald man nämlich diese letzte Stufe, die unsere Gattung noch zu ersteigen hat, wegläßt. Wir sind im hohen Grade durch Kunst und Wissenschaft kultiviert. Wir sind zivilisiert bis zum Überlästigen zu allerlei gesellschaftlicher Artigkeit und Anständigkeit, aber uns für schon moralisiert zu halten, daran fehlt noch sehr viel. Denn die Idee der Moralität gehört noch zur Kultur; der Gebrauch dieser Idee aber, welcher nur auf das Sittenähnliche in der Ehrliebe und der äußeren Anständigkeit hinausläuft, macht bloß die Zivilisierung aus. Solange aber Staaten alle ihre Kräfte auf ihre eiteln und gewaltsamen Erweiterungsabsichten verwenden und so die langsame Bemühung der inneren Bildung der Denkungsart ihrer Bürger unaufhörlich hemmen, ihnen selbst auch alle Unterstützung in dieser Absicht entziehen, ist nichts von dieser Art zu erwarten: weil dazu eine lange innere Bearbeitung jedes gemeinen Wesens zur Bildung seiner Bürger erfordert wird. Alles Gute aber, das nicht auf moralisch-gute Gesinnung gepfropft ist, ist nichts als lauter Schein und schimmerndes Elend. In diesem Zustande wird wohl das menschliche Geschlecht verbleiben, bis es sich auf die Art, wie ich gesagt habe, aus dem chaotischen Zustande seiner Staatsverhältnisse herausgearbeitet haben wird.

Achter Satz

Man kann die Geschichte der Menschengattung im großen als die Vollziehung eines verborgenen Plans der Natur ansehen, um eine innerlich- und zu diesem Zwecke auch äußerlich-vollkommene Staatsverfassung zustande zu bringen als den einzigen Zustand, in welchem sie alle ihre Anlagen in der Menschheit völlig entwickeln kann. Der Satz ist eine Folgerung aus dem vorigen. Man sieht: die Philosophie könne auch ihren Chiliasmus[1] haben; aber einen solchen, zu dessen Herbeiführung ihre Idee, obgleich nur sehr von weitem, selbst beförderlich werden kann, der also nichts weniger als schwärmerisch ist. Es kommt nur darauf an, ob die Erfahrung etwas von einem solchen Gange der Naturabsicht entdecke. Ich sage: etwas Weniges; denn dieser Kreislauf scheint so lange Zeit zu erfordern, bis er sich schließt, daß man aus dem kleinen Teil, den die Menschheit in dieser Absicht zurückgelegt hat, nur ebenso unsicher die Gestalt ihrer Bahn und das Verhältnis der Teile zum Ganzen bestimmen kann, als aus allen bisherigen Himmelsbeobachtungen den Lauf, den unsere Sonne samt dem ganzen Heer ihrer Trabanten im großen Fixsternensystem nimmt; obgleich man doch aus dem allgemeinen Grunde der systematischen Verfassung des Weltbaus und aus dem Wenigen, was man beobachtet hat, zuverlässig genug auf die Wirklichkeit eines solchen Kreislaufes schließen kann. Indessen bringt es die menschliche Natur so mit sich: selbst in Ansehung der allerentferntesten Epoche, die unsere Gattung treffen soll, nicht gleichgültig zu sein, wenn sie nur mit Sicherheit erwartet werden kann. Vornehmlich kann es in unserem Falle um desto weniger geschehen, da es scheint, wir könnten durch unsere eigene vernünftige Veranstaltung diesen für unsere Nachkommen so erfreulichen Zeitpunkt schneller herbeiführen. Um deswillen werden uns selbst die schwachen Spuren der Annäherung desselben sehr

---

[1] eigentlich: der Glaube an das 1000jährige Reich.

wichtig. Jetzt sind die Staaten schon in einem so künstlichen Verhältnisse gegeneinander, daß keiner in der inneren Kultur nachlassen kann, ohne gegen die andern an Macht und Einfluß zu verlieren; also ist, wo nicht der Fortschritt, dennoch die Erhaltung dieses Zwecks der Natur selbst durch die ehrsüchtigen Absichten derselben ziemlich gesichert. Ferner: bürgerliche Freiheit kann jetzt auch nicht sehr wohl angetastet werden, ohne den Nachteil davon in allen Gewerben, vornehmlich dem Handel, dadurch aber auch die Abnahme der Kräfte des Staates im äußeren Verhältnisse zu fühlen. Diese Freiheit geht aber allmählich weiter. Wenn man den Bürger hindert, seine Wohlfahrt auf alle ihm selbst beliebige Art, die nur mit der Freiheit anderer zusammen bestehen kann, zu suchen: so hemmt man die Lebhaftigkeit des durchgängigen Betriebes und hiermit wiederum die Kräfte des Ganzen. Daher wird die persönliche Einschränkung in seinem Tun und Lassen immer mehr aufgehoben, die allgemeine Freiheit der Religion nachgegeben; und so entspringt allmählich mit unterlaufendem Wahne und Grillen Aufklärung als ein großes Gut, welches das menschliche Geschlecht sogar von der selbstsüchtigen Vergrößerungsabsicht seiner Beherrscher ziehen[1] muß, wenn sie nur ihren eigenen Vorteil verstehen. Diese Aufklärung aber und mit ihr auch ein gewisser Herzensanteil, den der aufgeklärte Mensch am Guten, das er vollkommen begreift, zu nehmen nicht vermeiden kann, muß nach und nach bis zu den Thronen hinaufgehen und selbst auf ihre Regierungsgrundsätze Einfluß haben. Obgleich z. B. unsere Weltregierer zu öffentlichen Erziehungsanstalten und überhaupt zu allem, was das Weltbeste betrifft, für jetzt kein Geld übrighaben, weil alles auf den künftigen Krieg schon zum voraus verrechnet ist: so werden sie doch ihren eigenen Vorteil darin finden, die obzwar schwachen und langsamen eigenen Bemühungen ihres Volkes in diesem Stücke wenigstens nicht zu hindern. Endlich wird selbst der Krieg allmählich nicht allein ein so künstli-

---

[1] ablenken.

ches, im Ausgange von beiden Seiten so unsicheres, sondern auch
durch die Nachwehen, die der Staat in einer immer anwachsenden
Schuldenlast (einer neuen Erfindung) fühlt, deren Tilgung unabsehlich wird, ein so bedenkliches Unternehmen, dabei der Einfluß,
den jede Staatserschütterung in unserem durch seine Gewerbe so
sehr verketteten Weltteil auf alle anderen Staaten tut, so merklich:
daß sich diese, durch ihre eigene Gefahr gedrungen, obgleich ohne
gesetzliches Ansehen, zu Schiedsrichtern anbieten und so alles von
weitem zu einem künftigen großen Staatskörper anschicken, wovon die Vorwelt kein Beispiel aufzuzeigen hat. Obgleich dieser
Staatskörper für jetzt nur noch sehr im rohen Entwurfe dasteht, so
fängt sich dennoch gleichsam schon ein Gefühl in allen Gliedern,
deren jedem an der Erhaltung des Ganzen gelegen ist, an zu regen;
und dieses gibt Hoffnung, daß nach manchen Revolutionen der
Umbildung endlich das, was die Natur zur höchsten Absicht hat,
ein allgemeiner weltbürgerlicher Zustand als der Schoß, worin alle
ursprünglichen Anlagen der Menschengattung entwickelt werden, dereinst einmal zustande kommen werde.

Neunter Satz

Ein philosophischer Versuch, die allgemeine Weltgeschichte nach
einem Plane der Natur, der auf die vollkommene bürgerliche
Vereinigung in der Menschengattung abziele, zu bearbeiten, muß
als möglich und selbst für diese Naturabsicht beförderlich angesehen werden. Es ist zwar ein befremdlicher und dem Anscheine
nach ungereimter Anschlag, nach einer Idee, wie der Weltlauf
gehen müßte, wenn er gewissen vernünftigen Zwecken angemessen sein sollte, eine Geschichte abfassen zu wollen; es scheint, in
einer solchen Absicht könne nur ein Roman zustande kommen.
Wenn man indessen annehmen darf: daß die Natur selbst im
Spiele der menschlichen Freiheit nicht ohne Plan und Endabsicht
verfahre, so könnte diese Idee doch wohl brauchbar werden; und
ob wir gleich zu kurzsichtig sind, den geheimen Mechanismus

ihrer Veranstaltung zu durchschauen, so dürfte diese Idee uns doch zum Leitfaden dienen, ein sonst planloses Aggregat[1] menschlicher Handlungen wenigstens im großen als ein System darzustellen. Denn wenn man von der griechischen Geschichte — als derjenigen, wodurch uns jede andere ältere oder gleichzeitige aufbehalten worden, wenigstens beglaubigt werden muß — anhebt; wenn man derselben Einfluß auf die Bildung und Mißbildung des Staatskörpers des römischen Volkes, das den griechischen Staat verschlang, und des letzteren Einfluß auf die Barbaren, die jenen wiederum zerstörten, bis auf unsere Zeit verfolgt, dabei aber die Staatengeschichte anderer Völker, so wie deren Kenntnis durch eben diese aufgeklärten Nationen allmählich zu uns gelangt ist, episodisch[2] hinzutut: so wird man einen regelmäßigen Gang der Verbesserung der Staatsverfassung in unserem Weltteile (der wahrscheinlicherweise allen anderen dereinst Gesetze geben wird) entdecken. Indem man ferner allenthalben nur auf die bürgerliche Verfassung und deren Gesetze und auf das Staatsverhältnis acht hat, insofern beide durch das Gute, welches sie enthielten, eine Zeitlang dazu dienten, Völker (mit ihnen auch Künste und Wissenschaften) emporzuheben und zu verherrlichen, durch das Fehlerhafte aber, das ihnen anhing, sie wiederum zu stürzen, so doch, daß immer ein Keim der Aufklärung übrigblieb, der, durch jede Revolution mehr entwickelt, eine folgende noch höhere Stufe der Verbesserung vorbereitete: so wird sich, wie ich glaube, ein Leitfaden entdecken, der nicht bloß zur Erklärung des so verworrenen Spiels menschlicher Dinge oder zur politischen Wahrsagerkunst künftiger Staatsveränderungen dienen kann (ein Nutzen, den man schon sonst aus der Geschichte der Menschen, wenn man sie gleich als unzusammenhängende Wirkung einer regellosen Freiheit ansah, gezogen hat!); sondern es wird (was man, ohne einen Naturplan vorauszusetzen, nicht mit Grunde hoffen kann)

---

[1] Häufung.
[2] als Einschiebsel.

eine tröstende Aussicht in die Zukunft eröffnet werden, in welcher die Menschengattung in weiter Ferne vorgestellt wird, wie sie sich endlich doch zu dem Zustande emporarbeitet, in welchem alle Keime, die die Natur in sie legte, völlig können entwickelt und ihre Bestimmung hier auf Erden kann erfüllt werden. Eine solche Rechtfertigung der Natur — oder besser der Vorsehung — ist kein unwichtiger Bewegungsgrund, einen besonderen Gesichtspunkt der Weltbetrachtung zu wählen. Denn was hilft's, die Herrlichkeit und Weisheit der Schöpfung im vernunftlosen Naturreiche zu preisen und der Betrachtung zu empfehlen, wenn der Teil des großen Schauplatzes der obersten Weisheit, der vor allem den Zweck enthält — die Geschichte des menschlichen Geschlechts —, ein unaufhörlicher Einwurf dagegen bleiben soll, dessen Anblick uns nötigt, unsere Augen von ihm mit Unwillen wegzuwenden und, indem wir verzweifeln, jemals darin eine vollendete vernünftige Absicht anzutreffen, uns dahin bringt, sie nur in einer anderen Welt zu hoffen.

Daß ich mit dieser Idee einer Weltgeschichte, die gewissermaßen einen Leitfaden a priori hat, die Bearbeitung der eigentlichen bloß empirisch abgefaßten Historie verdrängen wollte: wäre Mißdeutung meiner Absicht; es ist nur ein Gedanke von dem, was ein philosophischer Kopf (der übrigens sehr geschichtskundig sein müßte) noch aus einem andern Standpunkte versuchen könnte. Überdem muß die sonst rühmliche Umständlichkeit, mit der man jetzt die Geschichte seiner Zeit abfaßt, doch einen jeden natürlicherweise auf die Bedenklichkeit bringen: wie es unsere späten Nachkommen anfangen werden, die Last von Geschichte, die wir ihnen nach einigen Jahrhunderten hinterlassen möchten, zu fassen. Ohne Zweifel werden sie die der ältesten Zeit, von der ihnen die Urkunden längst erloschen sein dürften, nur aus dem Gesichtspunkte dessen, was sie interessiert, nämlich desjenigen, was Völker und Regierungen in weltbürgerlicher Absicht geleistet oder geschadet haben, schätzen. Hierauf aber Rücksicht zu nehmen, imgleichen auf die Ehrbegierde der Staatsoberhäupter sowohl als ihrer Diener, um sie auf das einzige Mittel zu richten, das ihr rühmliches Andenken auf die späteste Zeit bringen kann: das kann noch überdem einen kleinen Beweggrund zum Versuche einer solchen philosophischen Geschichte abgeben.

Von der republikanischen Verfassung

Die bürgerliche Verfassung in jedem Staate soll republikanisch sein

Die erstlich nach Prinzipien der Freiheit der Glieder einer Gesellschaft (als Menschen), zweitens nach Grundsätzen der Abhängigkeit aller von einer einzigen gemeinsamen Gesetzgebung (als Untertanen), und drittens die nach dem Gesetz der Gleichheit derselben (als Staatsbürger) gestiftete Verfassung — die einzige, welche aus der Idee des ursprünglichen Vertrages hervorgeht, auf der alle rechtliche Gesetzgebung eines Volkes gegründet sein muß — ist die republikanische. Diese ist also, was das Recht betrifft, an sich selbst diejenige, welche allen Arten der bürgerlichen Konstitution ursprünglich zugrunde liegt; und nun ist nur die Frage: ob sie auch die einzige ist, die zum ewigen Frieden hinführen kann.

Nun hat aber die republikanische Verfassung außer der Lauterkeit ihres Ursprungs, aus dem reinen Quell des Rechtsbegriffs entsprungen zu sein, noch die Aussicht in die gewünschte Folge, nämlich den ewigen Frieden; wovon der Grund dieser ist. — Wenn (wie es in dieser Verfassung nicht anders sein kann) die Beistimmung der Staatsbürger dazu erfordert wird, um zu beschließen, ob Krieg sein solle oder nicht, so ist nichts natürlicher, als daß, da sie alle Drangsale des Krieges über sich selbst beschließen müßten (als da sind: selbst zu fechten, die Kosten des Krieges aus ihrer eigenen Habe herzugeben; die Verwüstung, die er hinter sich läßt, kümmerlich zu verbessern, zum Übermaße des Übels endlich noch eine den Frieden selbst verbitternde, nie zu tilgende Schuldenlast selbst zu übernehmen), sie sich sehr bedenken werden, ein so schlimmes Spiel anzufangen: da hingegen in einer Verfassung, wo der Untertan nicht Staatsbürger, die also nicht republikanisch ist, es die unbedenklichste[1] Sache von der Welt ist, weil das Oberhaupt nicht Staatsgenosse, sondern Staatseigentümer ist, an seinen Tafeln, Jagden, Lustschlössern, Hoffesten u. dgl. durch den Krieg nicht das mindeste einbüßt, diesen also wie eine Art von Lustpartie aus unbedeutenden Ursachen beschließen und der Anständigkeit wegen dem dazu allezeit fertigen diplomatischen Korps die Rechtfertigung desselben gleichgültig überlassen kann.

Vom Völkerrecht

Das Völkerrecht soll auf einen Föderalismus freier Staaten gegründet sein

Völker als Staaten können wie einzelne Menschen beurteilt werden, die sich in ihrem Naturzustande (d. i. in der Unabhängigkeit von äußeren Gesetzen) schon durch ihr Nebeneinandersein lädieren[2], und deren jeder um seiner Sicherheit willen von dem andern fordern kann und soll, mit ihm in eine der bürgerlichen ähnliche Verfassung zu treten, wo jedem sein Recht gesichert werden kann. Dies wäre ein Völkerbund, der aber gleichwohl kein Völkerstaat sein müßte. Darin aber wäre ein Widerspruch: weil ein jeder Staat das Verhältnis eines Oberen (Gesetzgebenden) zu einem Unteren (Gehorchenden, nämlich das Volk) enthält, viele Völker aber in einem Staate nur ein Volk ausmachen würden, welches (da wir hier das Recht der Völker gegeneinander zu erwägen haben, sofern sie soviel verschiedene Staaten ausmachen und nicht in einem Staat zusammenschmelzen sollen) der Voraussetzung widerspricht.

---

[1] das heißt: das Oberhaupt des nichtrepublikanischen Staates wird solche Bedenken nicht kennen.
[2] schädigen.

Gleichwie wir nun die Anhänglichkeit der Wilden an ihre gesetzlose Freiheit, sich lieber unaufhörlich zu balgen als sich einem
gesetzlichen, von ihnen selbst zu konstituierenden[1] Zwange zu
unterwerfen, mithin die tolle Freiheit der vernünftigen vorzuzie-
hen, mit tiefer Verachtung ansehen und als Rohigkeit, Ungeschlif-
fenheit und viehische Abwürdigung der Menschheit betrachten,
so, sollte man denken, müßten gesittete Völker (jedes für sich zu
einem Staat vereinigt) eilen, aus einem so verworfenen Zustande
je eher desto lieber herauszukommen: statt dessen aber setzt
vielmehr jeder Staat seine Majestät (denn Volksmajestät ist ein
ungereimter Ausdruck) gerade darin, gar keinem äußeren gesetzlichen Zwange unterworfen zu sein, und der Glanz seines Oberhauptes besteht darin, daß ihm, ohne daß er sich eben selbst in
Gefahr setzen darf, viele Tausende zu Gebote stehen, sich für eine
Sache, die sie nichts angeht, aufopfern zu lassen, und der Unterschied der europäischen Wilden von den amerikanischen besteht
hauptsächlich darin, daß, da manche Stämme der letzteren von
ihren Feinden gänzlich sind gegessen worden, die ersteren ihre
Überwundenen besser zu benutzen wissen, als sie zu verspeisen,
und lieber die Zahl ihrer Untertanen, mithin auch die Menge der
Werkzeuge zu noch ausgebreiteteren Kriegen durch sie zu vermehren wissen.
Bei der Bösartigkeit der menschlichen Natur, die sich im freien
Verhältnis der Völker unverhohlen blicken läßt (indessen daß sie
im bürgerlich-gesetzlichen Zustande durch den Zwang der Regierung sich sehr verschleiert), ist es doch zu verwundern, daß das
Wort Recht aus der Kriegspolitik noch nicht als pedantisch ganz
hat verwiesen werden können, und sich noch kein Staat erkühnt
hat, sich für die letztere Meinung öffentlich zu erklären; denn
noch werden Hugo Grotius, Pufendorf u. a. m. (lauter leidige
Tröster), obgleich ihr Kodex, philosophisch oder diplomatisch
abgefaßt, nicht die mindeste gesetzliche Kraft hat oder auch nur

---

[1] schaffenden.

haben kann (weil Staaten als solche nicht unter einem gemeinschaftlichen äußeren Zwange stehen), immer treuherzig zur Rechtfertigung eines Kriegsangriffs angeführt, ohne daß es ein Beispiel gibt, daß jemals ein Staat durch mit Zeugnissen so wichtiger Männer bewaffnete Argumente wäre bewogen worden, von seinem Vorhaben abzustehen. — Diese Huldigung, die jeder Staat dem Rechtsbegriffe (wenigstens den Worten nach) leistet, beweist doch, daß eine noch größere, obzwar zur Zeit schlummernde, moralische Anlage im Menschen anzutreffen sei, über das böse Prinzip in sich (was er nicht ableugnen kann) doch einmal Meister zu werden und dies auch von andern zu hoffen; denn sonst würde das Wort Recht den Staaten, die sich einander befehden wollen, nie in den Mund kommen, es sei denn, bloß um seinen Spott damit zu treiben, wie jener gallische Fürst es erklärte: „Es ist der Vorzug, den die Natur dem Stärkeren über den Schwächeren gegeben hat, daß dieser ihm gehorchen soll."

Da die Art, wie Staaten ihr Recht verfolgen, nie wie bei einem äußeren Gerichtshofe der Prozeß, sondern nur der Krieg sein kann, durch diesen aber und seinen günstigen Ausschlag, den Sieg, das Recht nicht entschieden wird, und durch den Friedensvertrag zwar wohl dem diesmaligen Kriege, aber nicht dem Kriegszustande ein Ende gemacht wird, gleichwohl aber von Staaten nach dem Völkerrecht nicht eben das gelten kann, was von Menschen im gesetzlosen Zustande nach dem Naturrecht gilt, „aus diesem Zustande herausgehen zu sollen", indessen daß doch die Vernunft vom Throne der höchsten moralisch gesetzgebenden Gewalt den Krieg als Rechtsgang schlechterdings verdammt, den Friedenszustand dagegen zur unmittelbaren Pflicht macht, welcher doch ohne einen Vertrag der Völker unter sich nicht gestiftet oder gesichert werden kann: — so muß es einen Bund von besonderer Art geben, den man den Friedensbund nennen kann, der vom Friedensvertrag darin unterschieden sein würde, daß dieser bloß einen Krieg, jener aber alle Kriege auf immer zu endigen suchte. Dieser Bund geht auf keinen Erwerb irgendeiner Macht des Staates, sondern ledig-

lich auf Erhaltung und Sicherung der Freiheit eines Staates für sich
selbst und zugleich anderer verbündeten Staaten, ohne daß diese
doch sich deshalb (wie Menschen im Naturzustande) öffentlichen
Gesetzen und einem Zwange unter denselben unterwerfen dürfen.
— Die Ausführbarkeit dieser Idee der Föderalität, die sich allmählich über alle Staaten erstrecken soll und so zum ewigen Frieden
hinführt, läßt sich darstellen. Denn wenn das Glück es so fügt: daß
ein mächtiges und aufgeklärtes Volk sich zu einer Republik (die
ihrer Natur nach zum ewigen Frieden geneigt sein muß) bilden
kann, so gibt diese einen Mittelpunkt der föderativen Vereinigung
für andere Staaten ab, um sich an sie anzuschließen und so den
Freiheitszustand der Staaten gemäß der Idee des Völkerrechts zu
sichern und sich durch mehrere Verbindungen dieser Art nach und
nach immer weiter auszubreiten.
Daß ein Volk sagt: „Es soll unter uns kein Krieg sein; denn wir
wollen uns in einen Staat formieren, d. i. uns selbst eine oberste
gesetzgebende, regierende und richtende Gewalt setzen, die unsere Streitigkeiten friedlich ausgleicht" — das läßt sich verstehen.
— Wenn aber dieser Staat sagt: „Es soll kein Krieg zwischen mir
und andern Staaten sein, obgleich ich keine oberste gesetzgebende
Gewalt erkenne, die mir mein und der ich ihr Recht sichere", so ist
gar nicht zu verstehen, worauf ich dann das Vertrauen zu meinem
Rechte gründen wolle, wenn es nicht das Surrogat[1] des bürgerlichen Gesellschaftsbundes, nämlich der freie Föderalismus ist, den
die Vernunft mit dem Begriffe des Völkerrechts notwendig verbinden muß, wenn überall etwas dazu zu denken übrigbleiben
soll.
Bei dem Begriffe des Völkerrechts, als eines Rechts zum Kriege,
läßt sich eigentlich gar nichts denken (weil es ein Recht sein soll,
nicht nach allgemeingültigen äußeren, die Freiheit jedes einzelnen
einschränkenden Gesetzen, sondern nach einseitigen Maximen
durch Gewalt, was Recht sei, zu bestimmen), es müßte denn

---

[1] Ersatz.

darunter verstanden werden: daß Menschen, die so gesinnt sind, ganz recht geschieht, wenn sie sich untereinander aufreiben und also den ewigen Frieden in dem weiten Grabe finden, das alle Greuel der Gewalttätigkeit samt ihren Urhebern bedeckt. — Für Staaten im Verhältnis untereinander kann es nach der Vernunft keine andere Art geben, aus dem gesetzlosen Zustande, der lauter Krieg enthält, herauszukommen, als daß sie ebenso wie einzelne Menschen ihre wilde (gesetzlose) Freiheit aufgeben, sich zu öffentlichen Zwangsgesetzen bequemen und so einen (freilich immer wachsenden) Völkerstaat, der zuletzt alle Völker der Erde befassen würde, bilden. Da sie dieses aber nach ihrer Idee vom Völkerrecht durchaus nicht wollen, so kann an die Stelle der positiven Idee einer Weltrepublik (wenn nicht alles verloren werden soll) nur das negative Surrogat eines den Krieg abwehrenden, bestehenden und sich immer ausbreitenden Bundes den Strom der rechtscheuenden, feindseligen Neigung aufhalten, doch mit beständiger Gefahr ihres Ausbruchs.

Vom Gastrecht unter den Völkern

„Das Weltbürgerrecht soll auf Bedingungen der allgemeinen Hospitalität[1] eingeschränkt sein."

Es ist hier nicht von Philanthropie[2], sondern von Recht die Rede, und da bedeutet Hospitalität (Wirtbarkeit) das Recht eines Fremdlings, seiner Ankunft auf dem Boden eines andern wegen von diesem nicht feindselig behandelt zu werden. Dieser kann ihn abweisen, wenn es ohne seinen Untergang geschehen kann, solange er aber auf seinem Platz sich friedlich verhält, ihm nicht feindlich begegnen. Es ist kein Gastrecht, worauf dieser Anspruch machen kann (wozu ein besonderer wohltätiger Vertrag erfordert werden würde, ihn auf eine gewisse Zeit zum Hausgenossen zu

[1] Wirtbarkeit.
[2] Menschenfreundlichkeit.

machen), sondern ein Besuchsrecht, welches allen Menschen zusteht, sich zur Gesellschaft anzubieten vermöge des Rechts des
gemeinschaftlichen Besitzes der Oberfläche der Erde, auf der als
Kugelfläche sie sich nicht ins Unendliche zerstreuen können,
sondern endlich sich doch nebeneinander dulden müssen, ursprünglich aber niemand an einem Orte der Erde zu sein mehr
Recht hat als der andere. — Unbewohnbare Teile dieser Oberfläche, das Meer und die Sandwüsten, trennen diese Gemeinschaft,
doch so, daß das Schiff oder das Kamel (das Schiff der Wüste) es
möglich machen, über diese herrenlosen Gegenden sich einander
zu nähern und das Recht der Oberfläche, welches der Menschengattung gemeinschaftlich zukommt, zu einem möglichen Verkehr
zu benutzen. Die Unwirtbarkeit der Seeküsten (z. B. der Barbares-
ken), Schiffe in nahen Meeren zu rauben oder gestrandete Schiffs-
leute zu Sklaven zu machen, oder die der Sandwüsten (der arabi-
schen Beduinen), die Annäherung zu den nomadischen Stämmen
als ein Recht anzusehen, sie zu plündern, ist also dem Naturrecht
zuwider, welches Hospitalitätsrecht aber, d. i. die Befugnis der
fremden Ankömmlinge, sich nicht weiter erstreckt als auf die
Bedingungen der Möglichkeit, einen Verkehr mit den alten Ein-
wohnern zu versuchen. — Auf diese Art können entfernte Weltteile miteinander friedlich in Verhältnisse kommen, die zuletzt
öffentlich gesetzlich werden und so das menschliche Geschlecht
endlich einer weltbürgerlichen Verfassung immer näherbringen
können.

Vergleicht man hiermit das inhospitale[1] Betragen der gesitteten,
vornehmlich handeltreibenden Staaten unseres Weltteils, so geht
die Ungerechtigkeit, die sie in dem Besuche fremder Länder und
Völker beweisen, bis zum Erschrecken weit. Amerika, die Neger-
länder, die Gewürzinseln, das Kap[2] usw. waren bei ihrer Entdek-
kung für sie Länder, die keinem angehörten; denn die Einwohner

---

[1] ungastliche.
[2] Kap der Guten Hoffnung.

rechneten sie für nichts. In Ostindien (Hindustan) brachten sie unter dem Vorwande als beabsichtigter Handelsniederlagen fremde Kriegsvölker hinein, mit ihnen aber Unterdrückung der Eingeborenen, Aufwiegelung der verschiedenen Staaten desselben zu weit ausgebreiteten Kriegen, Hungersnot, Aufruhr, Treulosigkeit und wie die Litanei aller Übel, die das menschliche Geschlecht drücken, weiter lauten mag.

Da es nun mit den unter den Völkern der Erde einmal durchgängig überhandgenommenen (engeren oder weiteren) Gemeinschaften so weit gekommen ist, daß die Rechtsverletzung an einem Platz der Erde an allen gefühlt wird: so ist die Idee eines Weltbürgerrechts keine phantastische und überspannte Vorstellungsart des Rechts, sondern eine notwendige Ergänzung des ungeschriebenen Kodex sowohl des Staats- als Völkerrechts zum öffentlichen Menschenrechte überhaupt und so zum ewigen Frieden, zu dem man sich in der kontinuierlichen Annäherung zu befinden nur unter dieser Bedingung schmeicheln darf.

Philosophen sollten zu Rate gezogen werden

Ein geheimer Artikel in Verhandlungen des öffentlichen Rechts ist objektiv, d. i. seinem Inhalte nach betrachtet, ein Widerspruch; subjektiv aber, nach der Qualität der Person beurteilt, die ihn diktiert, kann gar wohl darin ein Geheimnis statthaben, daß sie es nämlich für ihre Würde bedenklich findet, sich öffentlich als Urheberin desselben anzukündigen.

Der einzige Artikel dieser Art ist in dem Satze enthalten: Die Maximen der Philosophen über die Bedingungen der Möglichkeit des öffentlichen Friedens sollen von den zum Kriege gerüsteten Staaten zu Rate gezogen werden.

Es scheint aber für die gesetzgebende Autorität eines Staates, dem man natürlicherweise die größte Weisheit beilegen muß, verkleinerlich zu sein, über die Grundsätze seines Verhaltens gegen andere Staaten bei Untertanen (den Philosophen) Belehrung zu suchen; gleichwohl aber sehr ratsam, es zu tun. Also wird der Staat die letzteren stillschweigend (also indem er ein Geheimnis daraus macht) dazu auffordern, welches soviel heißt als: er wird sie frei und öffentlich über die allgemeinen Maximen der Kriegführung und Friedensstiftung reden lassen (denn das werden sie schon von selbst tun, wenn man es ihnen nur nicht verbietet), und die Übereinkunft der Staaten untereinander über diesen Punkt bedarf auch keiner besonderen Verabredung der Staaten unter sich in dieser Absicht, sondern liegt schon in der Verpflichtung durch allgemeine (moralisch-gesetzgebende) Menschenvernunft. — Es ist aber hiermit nicht gemeint: daß der Staat den Grundsätzen des Philosophen vor den Ansprüchen des Juristen (des Stellvertreters der Staatsmacht) den Vorzug einräumen müsse, sondern nur, daß man ihn höre. — Der letztere, der die Waage des Rechts und nebenbei auch das Schwert der Gerechtigkeit sich zum Symbol gemacht hat, bedient sich gemeiniglich des letzteren, nicht um etwa bloß alle fremden Einflüsse von dem ersteren abzuhalten, sondern wenn die eine Schale nicht sinken will, das Schwert mit hineinzulegen, wozu der Jurist, der nicht zugleich (auch der Moralität nach) Philosoph ist, die größte Versuchung hat, weil es seines Amtes nur ist, vorhandene Gesetze anzuwenden, nicht aber, ob diese selbst nicht einer Verbesserung bedürfen, zu untersuchen, und rechnet diesen in der Tat niedrigeren Rang seiner Fakultät, darum, weil er mit Macht bekleidet ist (wie es auch mit den beiden anderen der Fall ist), zu den höheren. — Die philosophische steht unter dieser verbündeten Gewalt auf einer sehr niedrigen Stufe. So heißt es z. B. von der Philosophie, sie sei die Magd der Theologie (und ebenso lautet es von den zwei anderen). — Man sieht aber nicht recht, „ob sie ihrer gnädigen Frau die Fackel vorträgt oder die Schleppe nachträgt".

Daß Könige philosophieren oder Philosophen Könige würden, ist nicht zu erwarten, aber auch nicht zu wünschen: weil der Besitz der Gewalt das freie Urteil der Vernunft unvermeidlich verdirbt. Daß aber Könige oder königliche (sich selbst nach Gleichheitsge-

setzen beherrschende) Völker die Klasse der Philosophen nicht
schwinden oder verstummen, sondern öffentlich sprechen lassen,
ist beiden zur Beleuchtung ihres Geschäfts unentbehrlich.

DAS ENDE

In den letzten Lebensjahren war Kants Arbeitskraft stark beeinträchtigt durch zunehmende Altersbeschwerden. Er magerte vollkommen ab, und auch die Verbindung seines klaren Verstandes mit dem immer hinfälliger werdenden Körper wurde mehr und mehr gestört. Ermüdungserscheinungen, Gedächtnisschwächen, mangelnde Konzentrationsfähigkeit, Sprachstörungen stellten sich ein und machten ihm das Leben zur Qual.

„Es ist schlimm mit dem Altwerden", schreibt er schon 1779 an Reinhold, „man wird nach und nach genötigt, mechanisch zu Werke zu gehen, um seine Gemüts- und Leibeskräfte zu erhalten." 1798 aber schildert er in einem Briefe an Garve „das Los ... für Geistesarbeiten, bei sonst ziemlichem körperlichem Wohlsein, wie gelähmt zu sein: den völligen Abschluß meiner Rechnung in Sachen, welche das Ganze der Philosophie betreffen, vor sich liegen und es doch immer nicht vollendet zu sehen: ein tantalischer Schmerz, der indessen doch nicht hoffnungslos ist". — Bis zuletzt aber hat Kant gehofft, das Gebäude seiner Philosophie zu vollenden. — Es gelang ihm nicht, trotz vieler Mühen. Sein nachgelassenes Werk, das Opus postumum, aus dem wir zum Schluß einige charakteristische Proben geben, um zu zeigen, was Kant unter der Vollendung seines Werkes wohl verstanden haben mag, bildet einen Haufen von Papieren mit immer neuen Entwürfen und Ansätzen, in den die Wissenschaft erst heute angefangen hat, Ordnung zu bringen.

Am 12. Februar 1804 (im Alter von 80 Jahren) entschlief der große Denker, wie eine Lampe verlischt, wenn der Vorrat an Öl aufgezehrt ist. Sein letztes Wort aber war: „Es ist gut."

Fragmente aus dem Opus postumum

Transzendentalphilosophie ist der Inbegriff der Vernunftprinzipien, welche sich a priori in einem System vollendet (in einem

Schema als Formale[1] der Erkenntnis) aufstellen [lassen][2]! — Der transzendentalen [Philosophie] ist die empirische entgegengesetzt, welche sich nur mit dem einzelnen der Anschauung beschäftigt.

Es ist ein Gott, nämlich in der Idee der moralisch-praktischen Vernunft. — Die Transzendentalphilosophie gibt keine Leitung auf die Hypothese von dem Dasein Gottes, denn dieser Begriff ist überschwenglich. Man macht sich denselben, aber wenn dieser Begriff nicht postuliert würde als Geist des Universums, so würde auch keine Transzendentalphilosophie sein.

Die Transzendentalphilosophie [ist] die Lehre von Gott und der Welt.

Transzendentalphilosophie ist die Idee der Befassung[3] des Ganzen, welches die Vernunft sich selbst entwirft.

Philosophie [ist] ein Erkenntnisakt, dessen Produkte nicht bloß auf Wissenschaft (als Mittel), sondern auch (als Zweck an sich selbst) auf Weisheit abzielen.

Ohne Transzendentalphilosophie kann man sich keinen Begriff machen, auf welche Art und nach welchem Prinzip man einen Plan als System entwerfen könne, nach welchem für die Vernunft ein zusammenhängendes Ganze zu einer Vernunfterkenntnis errichtet werden könne, welches doch notwendig geschehen muß, wenn man den vernünftigen Menschen nicht zu einem sich selbst nicht kennenden Wesen machen will.

---

[1] als bloß formales Schema der Erkenntnis.
[2] Eckige Klammern enthalten Zusätze des Herausgebers.
[3] Erfassung.

Darstellung des absoluten Ganzen des Systems der reinen Philosophie. Ein System, welches alles und eines ohne Vermehrung und Verbesserung ist.

Gibt es neben oder über der Transzendentalphilosophie noch eine transzendente [Philosophie]? Ja: eine bloß problematische für die Möglichkeit der Erfahrung überhaupt.

Das All der Wesen, Gott und die Welt in einem synthetischen System der Ideen der Transzendentalphilosophie in Verhältnis zueinander aufgestellt von ***.

In der Ordnung des Systems der synthetischen Erkenntnis aus Begriffen a priori, d. h. in der Transzendentalphilosophie, ist das Prinzip, was den Übergang zur Vollendung desselben macht, das der transzendentalen Theologie in den zwei Fragen:

I. Was ist Gott?

II. Ist ein Gott?

Der Begriff von Gott ist der von einer Person, mithin eines Wesens, das Rechte hat, gegen die kein anderer Recht besitzt, deren es entweder bloß eines oder auch eine Spezies geben mag (Gott oder Götter), die doch Persönlichkeit der Willkür[1] besitzen müssen, ohne welche Qualität sie nicht Götter, sondern Götzen sein würden.

Von einer solchen Person kann es nicht welche in mehrer Zahl geben, d. i. wenn es einen Gott gibt, so ist er zugleich einzig in seiner Person, und es sind nicht viele Götter, weil der Begriff der mehreren ganz identisch wäre.

Gott und die Welt werden als Glieder der Einteilung existierender Wesen gedacht, deren jedes numerische Einheit (Einzelnheit) in sich enthält: d. i. man kann ebensowenig von Göttern und Welten, als von Räumen und Zeiten sprechen; denn alle diese sind nur Teile eines Raumes und einer Zeit. —

---

[1] willensfreie Persönlichkeiten sein müssen.

In dem Begriffe von Gott denkt man sich eine Person, d. i. ein vernünftiges Wesen, was erstlich Rechte besitzt, aber zweitens, ohne auf Pflichten eingeschränkt zu sein, dagegen alle andern vernünftigen Wesen durch Pflichtgebote einzuschränken [vermag].

Ein solches Wesen ist in jeder rein gedachten Qualität das Vollkommenste.

Beide [Gott und die Welt] sind ein Maximum, das eine dem Grade nach (qualitativ), das andere dem Umfange nach (quantitativ) bestimmt, das eine als Gegenstand der reinen Vernunft, das andere als Sinnengegenstand. Beide [sind] unendlich; der erste [die Welt] als Größe der Erscheinung im Raum und in der Zeit, der zweite [Gott] dem Grade nach als grenzenloser Fähigkeit in Ansehung der Kräfte.

— Ein Gott und eine Welt: beide Ideen hängen notwendig voneinander ab. — Technisch-praktische und moralisch-praktische Vernunft sind das Prinzip, was beide in einer Idee[1] verbündet. —

In der technisch-praktischen Vernunft sind Geschicklichkeit und Künste.

In der moralisch-praktischen Vernunft liegt der kategorische Imperativ, alle Menschenpflichten als göttliche Gebote anzusehen.

Ein Wesen, das ursprünglich für Natur und Freiheit allgemein gesetzgebend ist, ist Gott. — [Gott ist] nicht allein das höchste Wesen, sondern auch der höchste Verstand, [das höchste] Gut. — Die bloße Idee von ihm ist zugleich Beweis seiner Existenz.

---

[1] „Gott und die Welt" als eine Idee gefaßt.

Gott und die Welt

Ein System der Transzendentalphilosophie von technisch-theoretischer und moralisch-praktischer Vernunft

Es ist ein Gott nicht als Weltseele in der Natur, sondern als persönliches Prinzip der menschlichen Vernunft, welches als Idee eines heiligen Wesens völlige Freiheit mit dem Pflichtgesetz in dem kategorischen Pflichtimperativ verbindet. Nicht bloß technisch-, sondern auch moralisch-praktische Vernunft treffen in der Idee „Gott und die Welt" als synthetische Einheit der Transzendentalphilosophie zusammen.

Der erste Gegenstand [Gott] erhebt sich über Dinge als Sachen durch Persönlichkeit, mithin durch die erhabene Qualität der Freiheit selbst, ursprünglich Ursache zu sein, eine Eigenschaft und Vermögen, deren Möglichkeit direkt gar nicht bewiesen oder erklärt werden kann, aber indirekt durch unwidersprechliche Diktate der Vernunft im kategorischen Imperativ seine Realität vollgültig macht.

Das Prinzip der Erkenntnis aller Menschenpflichten als (tanquam)[1] allgültige Gebote, d. i. in der Qualität eines höchsten, heiligen und machthabenden Gesetzgebers erhebt das gedachte Subjekt zu dem Range eines einigen machthabenden Wesens: d. i. aus der Idee, die wir uns von Gott selbst denken, kann zwar nicht die Existenz eines solchen Wesens, aber doch gleich als eines solchen Wesens gefolgert, aber doch mit gleichem Nachdruck, als ob ein solches in Substanz mit unserem Wesen verbunden wäre. — Der Satz „es ist ein Gott" muß im moralisch-praktischen Verhältnis ebenso verehrt und befolgt werden, als ob er von dem höchsten Wesen ausgesprochen wäre, obzwar in technisch-praktischer Rücksicht kein Beweis davon stattfindet, und die Erschei-

---

[1] als ob.

nung eines solchen Wesens zu glauben oder auch nur zu wünschen ein schwärmerischer Wahn sein würde, Ideen für Wahrnehmungen anzunehmen.

Es ist ein Faktum der moralisch-praktischen Vernunft: der kategorische Imperativ, welches Freiheit unter Gesetzen für die Natur gebietet, und durch welches Freiheit selbst das Prinzip ihrer eigenen Möglichkeit darlegt, und das gebietende Subjekt ist Gott.

Dieses gebietende Wesen ist nicht außer dem Menschen als vom Menschen unterschiedene Substanz — — —

Ein Wesen, was das Ganze aller möglichen Sinnengegenstände in sich faßt, ist die Welt. Ein Wesen, in Beziehung auf welches alle Menschenpflichten zugleich seine Gebote sind, ist Gott.

Gott und die Welt sind Ideen der moralisch-praktischen und technisch-praktischen auf Sinnenvorstellung gegründeten Vernunft. — Beide aber zusammen aufeinander in einem Prinzip bezogen, in einem System sind nicht Substanzen außer meinen Gedanken, sondern das Denken, wodurch wir uns die Gegenstände durch synthetische Erkenntnisse a priori aus Begriffen selbst machen und der gedachten Gegenstände subjektive Selbstschöpfer sind.

Gott, die Welt, und ich, der beide Objekte in einem Subjekt verbindet. — Gott, die Welt (beide außer mir) und das Vernunftsubjekt, was durch Freiheit beide verknüpft.

Es ist ein Wesen in mir, was von mir unterschieden im Kausalverhältnis der Wirksamkeit auf mich steht, welches frei, d. i. ohne vom Naturgesetz in Raum und Zeit abhängig zu sein, mich innerlich richtet (rechtfertigt oder verdammt), und ich der Mensch bin selbst dieses Wesen, und dieses [ist] nicht etwa eine Substanz außer mir, und was das Befremdlichste ist: die Kausalität ist doch eine Bestimmung zur Tat in Freiheit (nicht als Naturnotwendigkeit).

Diese unerklärliche innere Beschaffenheit entdeckt sich durch ein Faktum, den kategorischen Pflichtimperativ.

System der Transzendentalphilosophie
in drei Abschnitten

Gott, die Welt, und ich selbst der Mensch als moralisches Wesen.

Der Begriff von einem solchen Wesen [Gott] ist nicht der von einer Substanz, d. i. von einem Dinge, das unabhängig von meinem Denken existiere, sondern die Idee (Selbstgeschöpf) einer sich selbst zu einem Gedankending konstituierenden[1] Vernunft — und ein Ideal, von dem, ob ein solcher Gegenstand existiere, nicht die Frage ist noch sein kann, weil der Begriff transzendent[2] ist.

Es ist aber in der moralisch-praktischen Vernunft ein Prinzip der Pflicht, d. i. der kategorische Imperativ, nach welchem die Vernunft über alle Triebfedern der Sinnlichkeit und selbst im Widerstreit gegen dieselbe schlechthin (unbedingt) gebietend ist, eine Wirkung in der Welt, wie es scheint ohne Ursache. Nämlich es sind Handlungen aus Freiheit, zu denen wir doch gezwungen (bestimmt) werden; welche Art der Kausalität einen Widerspruch mit sich selbst zu enthalten scheint, wie denn auch die Möglichkeit derselben schlechterdings nicht begreiflich ist; und in dieser Freiheit und Unabhängigkeit von allem Natureinflusse und Lenkung kann mit Recht eine Göttlichkeit vorgestellt werden, — denn Göttlichkeit ist das höchste Denkbare und zugleich oberst Mächtige.

Diesem Prinzip zufolge können alle Menschenpflichten zugleich als göttliche Gebote ausgesagt werden, und zwar dem Formalen desselben nach, wenn auch keine solche die Vernunft bestimmende Ursache als Substanz angenommen würde, und in praktischer Rücksicht ist es völlig einerlei, ob man die Göttlichkeit in der menschlichen Vernunft oder auch einer solchen Person zugrunde

---

[1] machenden.
[2] Raum und Zeit, also die Grenzen der Vernunft übersteigend.

legt, weil der Unterschied mehr eine Phraseologie[1] als eine das
Erkenntnis erweiternde Lehre ist.

Das, was gedacht, aber nicht in der Wahrnehmung gegeben
werden kann, ist eine bloße Idee, und betrifft es ein Maximum, so
ist es ein Ideal. Das höchste Ideal als Person [gedacht] (deren nur
eine einzige sein kann) ist Gott. Die Welt (welche auch Natur
heißt) heißt das Ganze der Sinnengegenstände. Diese Gegenstände sind Sachen im Gegensatz zu Personen.

Es kann also nur eine Welt sein, in jenem Sinne genommen, weil
das All nur eines ist; die Mehrheit der Welten bedeutet nur die
Vielheit mehrerer Systeme, deren es unnennbar viele geben mag,
samt ihren verschiedenen Formen und realen Verhältnissen (ihren
Wirkungen in Raum und Zeit) — — Gott ist nicht ein Weltbe-
wohner, sondern Inhaber. Als das erstere (als Sinnenwesen)
wäre er die Weltseele [und] zur Natur gehörend.

Es muß aber in diesem Verhältnis ein Verbindungsmittel beider zu
einem absoluten Ganzen geben, und das ist der Mensch, der als
Naturwesen doch zugleich Persönlichkeit hat, um das Sinnenprin-
zip mit dem übersinnlichen [Prinzip] zu verknüpfen[2].

Der Transzendentalphilosophie höchster Standpunkt

Gott, die Welt und (der Mensch) das denkende Wesen in der
Welt.

Wenn auch Gott bloß als Gedankending in der Philosophie angesehen werden soll, so ist es doch notwendig, dieses und alle ihm
beigelegten Prädikate der reinen Vernunft aufzustellen, die analy-

---

[1] ein Unterschied der Benennung.
[2] die Welt und Gott zu verknüpfen.

tisch[1] aus dieser Idee hervorgehen: es muß auch eine solche Substanz, die in ihrem Begriffe (die Idee von einer Person) die höchste sowohl technisch-praktische als auch moralisch-praktische Vollkommenheit und ihr gemäße Kausalität vereinigt, doch notwendig aufgestellt und kann nicht übersehen werden, man mag nun annehmen, sie existiere oder nicht. Wenn es gleich „Toren sind, die in ihrem Herzen sagen, es ist kein Gott", so mögen sie immer unweise sein, es liegt ihnen doch ob, über diesen Begriff und das, was er in sich enthält, nicht vorsätzlich unwissend sein zu wollen.

Woher kommt uns die Notwendigkeit dieser Idee? — Nicht um ihm Dienste zu leisten, sondern ihm zu gehorchen. Sein Begriff ist bloß eine Idee zum Behuf gewisser Grundsätze.
Der Mensch mit seinem Freiheitsprinzip ist selbst eine bloße Idee der reinen Vernunft.

Der höchste Standpunkt der Transzendentalphilosophie im System der Ideen.

Gott

die Welt

und der seiner Pflicht angemessene

Mensch

in der Welt.

---

[1] durch Zergliederung.

(Titelblatt)

Der Transzendentalphilosophie

höchster Standpunkt

im

System der Idee: Gott, die Welt und der durch Pflichtgesetz sich
selbst beschränkende Mensch in der Welt

vorgestellt

von***.

Transzendentalphilosophie ist ein System der Erkenntnis, welche
von allen Objekten abstrahierend bloß das Formale der synthetischen Erkenntnis a priori aus Begriffen zum Prinzip sich konstruiert.

Das, was ohne allen Einfluß des Empirischen bloß durch reine
Vernunft denkbar ist, gehört zur Transzendentalphilosophie.
1. Die absolute Totalität. 2. Die Freiheit. 3. Die Allheit.
(Gott und die Welt außer mir und das moralisch-religiöse Gefühl
in mir.)

Transzendentalphilosophie ist die Selbstschöpfung der Ideen zu
einem vollständigen System der Gegenstände der reinen Vernunft.

Die Idee von einem Wesen, das alles weiß, alles vermag, alles
moralisch Gute will und allen Weltwesen innigst gegenwärtig ist,
ist die Idee von Gott.
Daß diese Idee objektive Realität habe, d. i. [in] der Vernunft jedes
nicht ganz tierisch verkrüppelten Menschen [eine] den moralischen Gesetzen gemäße Kraft habe und [daß] der Mensch zu sich

selbst unausweichlich gestehen müsse: es ist ein, und zwar nur ein Gott, bedarf keines Beweises seiner Existenz gleich als eines Naturwesens, sondern liegt schon im entwickelten Begriff dieser Idee nach dem Prinzip der Identität: Die bloße Form macht hier das Sein des Dinges aus. Der aufgeklärte Mensch kann nicht anders als sich selbst verdammen oder entschuldigen, und der in ihm das Urteil spricht — — [ist] die moralisch-praktische Vernunft.

Transzendentalphilosophie ist das System des reinen Idealismus der Selbstbestimmung des denkenden Subjektes durch synthetische Grundsätze a priori aus Begriffen, vermittels deren dieses sich selbst zu einem Objekt konstituiert, und die Form macht hier den ganzen Gegenstand selbst aus.

Transzendentalphilosophie ist das Bewußtsein des Vermögens, vom System seiner Ideen in theoretischer sowohl als praktischer Hinsicht Urheber zu sein. Ideen sind nicht bloße Begriffe, sondern Gesetze des Denkens, die das Subjekt sich selbst vorschreibt.

Es müssen Wesen gedacht werden, die, ob sie gleich nur in den Gedanken des Philosophen existieren, doch in diesen moralisch-praktische Realität haben. Diese sind Gott, das Weltall und der dem Pflichtbegriff nach dem kategorischen Imperativ unterworfene Mensch.

Was macht der Mensch aus sich selbst?

Der höchste Standpunkt der Transzendentalphilosophie ist die Weisheitslehre, welche ganz auf das Praktische des Subjekts abzweckt.

Ähnlich dem zoroastrischen Prinzip, alle Dinge in Gott anzuschauen und zu diktieren, wie sie sein sollen und das Denkungsvermögen als innere Anschauung aus sich zu entwickeln.

Man kann über keinen Gegenstand als ein schon gegebenes Wesen philosophieren, sondern zuerst über denselben als ein bloßes Gedankending, welches von dem Subjekt selbst ausgeht; die Philosophie, welche diese Ideen aus sich selbst nach Prinzipien a priori dazu schafft, ist die Transzendentalphilosophie.

Transzendentalphilosophie ist subjektiv und logisch betrachtet das synthetische Erkenntnis a priori aus Begriffen; objektiv aber betrachtet das System der Ideen (Dichtungen) der reinen Vernunft — — und das Ganze der Objekte derselben.

Philosophie ist nicht die Kunst von dem, was aus dem Menschen zu machen ist, sondern [von dem], was er aus sich selbst machen soll.

Philosophie ist die Lehre des vernünftigen Wesens zu den höchsten Zwecken der menschlichen Vernunft. — Da aber weise zu sein [das] menschliche Vermögen übersteigt und nur Gott, d. i. das Wesen, welches alle Zwecke erfüllt, weise ist, so ist Weltweisheit eine solche, welche dem Menschen angemessen, ein Analogon der Weisheit ist und nichts anderes als wahre echte Liebe zur Weisheit. — Der höchste Standpunkt der menschlich-praktischen Vernunft ist ein Bestreben des Wissens zur Weisheit. Das Nosce te ipsum (erkenne dich selbst). — Das System des Wissens, insofern es zur Weisheit die Leitung enthält, ist die Transzendentalphilosophie.

Weisheit ist die Eigenschaft der vollkommensten Vernunft, sei es der theoretischen oder auch moralisch-praktischen Verhältnisse. Ob es ein Wesen von solchem Range gäbe: Ob, wenn es ist, es hiervon eine Spezies[1] gedacht werden könne oder der Weise einzig sei, liegt über die Sphäre unserer Kenntnisse hinaus.

---

[1] eine mehrfache Anzahl.

Transzendental philosophie ist diejenige, welche in einem Akt zugleich die Möglichkeit der Mathematik in sich vereinigt und auch das höchste physische Wohl der vernünftigen Wesen (durch Weisheit), das größte Heil der Weltwesen mit den Prinzipien der Vollständigkeit der Wissenschaft darstellt.

Der Endzweck alles Wissens ist, sich selbst in der höchsten praktischen Vernunft zu erkennen.

Die Idee von Gott als lebendiger Gott ist nur das Schicksal, was dem Menschen unausbleiblich bevorsteht.

Schlußwort

Die vorstehend abgedruckten Fragmente sind nur ein verschwindend kleiner, wenn auch charakteristischer Teil aus jenen ungeordneten Entwürfen und Aufzeichnungen, die sich im Nachlaß Kants gefunden haben und die noch heute der ordnenden Hand und der Veröffentlichung harren.

Kants hohes Alter (die Abfassungszeit liegt zwischen seinem 70. und 80. Lebensjahr) kommt deutlich in der fragmentarischen Form und in der Häufigkeit von Wiederholungen zum Ausdruck. Es ist, als ob der alternde Philosoph immer von neuem zur Formulierung eines Gedankens ansetzt, der zwar als solcher klar vor seinem geistigen Auge steht, zu dessen Entwicklung im einzelnen die Kräfte aber nicht mehr ausreichen. Man geht jedoch völlig fehl, wenn man — wie es geschehen ist — aus dieser Beschaffenheit des Manuskriptes einen Einwand gegen den Inhalt und die denkerische Konsequenz dieser Notizen ableiten wollte; denn dieser Inhalt liegt genau in der Richtung derjenigen Ziele, um derentwillen Kant in seinen besten Mannesjahren das „kritische Geschäft" unternahm. Es wird durch diese Fragmente von den Ergebnissen der „Kritiken" nichts abgeschwächt oder gar widerrufen. Das kritische Geschäft selbst erfährt vielmehr durch den Plan einer alles umfassenden Transzendentalphilosophie erst seine eigentliche Krönung.

Dieser Plan eines Systems der Transzendentalphilosophie, d. h. einer systematischen Darstellung von allem, was a priori, ohne Zuhilfenahme der Erfahrung, über Gott, die Welt und das Ich in syntheti-

schen Urteilen ausgesagt werden kann, deckt sich im wesentlichen mit
dem, was bereits in der „Kritik der reinen Vernunft" über die Möglichkeit der drei Idealwissenschaften (transzendentale Kosmologie, Theologie und Psychologie) angedeutet worden ist[1]. Er macht die Disposition der „Kritiken", ihr Gerichtetsein auf die „unvermeidlichen Aufgaben der Vernunft" (Gott, Freiheit und Unsterblichkeit) überhaupt
erst verständlich.

Der groß angelegte Plan, zu dem die „Kritiken" also nur Vorarbeiten
sind, zielt nicht ab auf die Beschreibung des Universums, wie es
faktisch ist, sondern auf die Schilderung einer Vernunftwelt, wie sie
von der Vernunftanlage des Menschen aus gesehen (die im wesentlichen eine praktische ist) sein sollte. Es ist der Plan einer Idealwelt,
entwickelt aus den Ansätzen zum reinen Vernunftwesen, die der
aktuelle Mensch ohne jede Außenerfahrung in sich selbst mehr oder
weniger deutlich vorgebildet vorfinden kann. Dieser Gott, diese Welt,
dieses Ich sind nicht wirklich im Sinne der Gegenstände der raumzeitlichen Erfahrung, aber sie wirken sich aus in jeder vernunftgemäßen
kulturellen (technischen und moralischen) Praxis, ganz gleichgültig,
ob sie geglaubt oder nicht geglaubt werden. Deshalb haben sie als
Richtschnur und Leitfaden zu dienen für alle Menschen, die in der
Selbstverwirklichung (als reine Vernunftwesen) ihren Lebensinhalt
sehen.

Gott (als Inbegriff der alles umfassenden Weisheit), die Welt (als
Inbegriff höchster systematischer Ordnung) und das Ich (als Inbegriff
des reinen Vernunftwesens) sind eine Dreieinheit von Ideen, von
bloßen Gedankendingen, deren Realität nicht in Raum und Zeit
gesucht werden darf (sie sind nur ansatzweise wirklich in unseren
Bemühungen um systematische Erkenntniseinheit und sittliche Konsequenz), deren Verwirklichung man aber in Raum und Zeit anstreben
soll, sofern man sich zum reinen Vernunftwesen bestimmt fühlt. Es
sind A u f g a b e n für den Menschen, und zwar Aufgaben, in denen sich
die fernste Zukunft der Menschenkultur spiegelt und das Schicksal des
Menschengeschlechtes als Schöpfer einer vernünftigen Welt andeu-
tet.

Es zeigt sich also, daß Kant doch der Weisheitslehrer mit der Mensch-
heitsproblematik ist, den man erwarten darf, wenn man einen Autor
mit dem Ehrennamen eines Philosophen ausgezeichnet sieht, daß aber

---

[1] Vgl. S. 157.

der Blick auf die ganze Breite und Tiefe seiner Problemstellung verdeckt und verstellt wird durch diejenigen unter seinen Auslegern, die in ihm nur den Urheber der erkenntniskritischen Fragestellung sehen, die nicht die philosophische Gesamtpersönlichkeit ins Auge fassen, sondern bestenfalls die Verdienste bemerken, die Kant um die Bekämpfung der wilden metaphysischen Spekulation und um die Grundlegung der mathematischen Naturwissenschaften hat. Diese Dinge nehmen im Gesamtwerk zwar einen breiten Raum ein, bedeuten aber für das Ganze nur eine relativ unwesentliche Episode. Natürlich mußte Kant die falschen Ansprüche einer irregeleiteten Metaphysik widerlegen, um die metaphysischen Bedürfnisse des Menschen in die richtigen Kanäle einer durch Transzendentalphilosophie gesicherten Weisheitslehre zu leiten; natürlich lag es ihm nahe, bei der Herausstellung des reinen Schemas einer systematischen Vernunfterkenntnis überhaupt diejenige Erkenntnisart zu analysieren, die ganz offenbar fest gegründet ist und mit einem Minimum von Erfahrung auskommt. Das aber war nur Vorbereitung und nicht Ziel. Kants Absicht war vielmehr, der Menschheit einen Spiegel vorzuhalten, auf daß sie sich selbst und ihre Bestimmung erkenne, und ihr die Wege zu weisen zur Verwirklichung dieser Bestimmung. Zuverlässige Orientierung in der Welt, wie sie ist, und Richtung auf die Welt, wie sie sein sollte, das ist der Sinn der philosophischen Gesamtbemühungen Kants. Wir sahen diese Einstellung wirksam in den Schriften der vorkritischen Periode, wir begegneten ihr wieder in der Disposition der kritischen Spezialfragestellungen und erlebten sie in voller Auswirkung in den Altersschriften und Altersplänen des Philosophen, der im besten und kritisch geläuterten Sinne des Wortes ein Weltweiser, d. h. ein Weltbeobachter und Gottsucher gewesen ist.

KANTS WIRKUNG AUF DIE NACHWELT

Wenn man das schier uferlose Meer von Schriften für und wider Kant, die sogenannte „Kantliteratur", überschaut, so kann man sich des Eindruckes nicht erwehren, als sei hier ein ungeheurer Brocken von gigantischer Hand in ein wimmelndes Heer von Ameisen geworfen worden. – Emsig hat man daran gearbeitet, diesen Brocken sich zu unterwerfen, an ihm vorbei oder über ihn hinwegzugelangen. Baumeister des Gedankens sind gekommen und haben versucht, ihn, entsprechend zurechtgestutzt, als Bauelement im eigenen, oft kantischem Geist geradezu widersprechenden System zu verwenden. Pedanten mit verengtem Blickfeld haben sich eifersüchtig vor die Worte des Meisters gestellt und eine lebensvolle Auswirkung in bester Absicht verhindert. Das Spezialistentum hat wahre Orgien gefeiert, indem es von der speziellen erkenntnistheoretischen, logischen, theologischen, ethischen, metaphysischen, ästhetischen usw. Fragestellung aus den Ariadnefaden zu finden hoffte, der durch das gesamte Lehrgebäude führt. Rechte und linke, gemäßigte, konservative und radikale Kantianer sind aufgetreten und haben sich um den Sinn und den Wert der philosophischen Bemühungen Kants aufs heftigste befehdet. Ja, nicht einmal die Schwätzer haben gefehlt, die ohne inneres Verhältnis zu den bewegenden Kräften in diesem geistigen Organismus sich den Jargon zu eigen machten und damit Anklang fanden. So entstand eine babylonische Verwirrung, die kaum zu übertreffen ist, und von Kant blieb nicht viel anderes übrig als ein paar leblose Schlagworte, Daten und Formulierungen in den Lehrbüchern der Geschichte der Philosophie. — Nur ganz wenige haben sich die Mühe gemacht, den Blick auf das Ganze zu richten, das Werk als Fragment eines gegliederten und sich entwickelnden Organismus zu begreifen, in dem jeder Teil seinen Platz und seine Funktion hat und nur verstanden werden kann als Glied des sich aus der Persönlichkeit Kants entwickelnden Ganzen.

Deshalb sei hier eine Warnung ausgesprochen: Man hüte sich vor der

Übernahme von Meinungen über Kant aus zweiter Hand. Die uferlose und sehr ungleichwertige Kantliteratur ist, von Ausnahmen abgesehen, das größte Hindernis für ein Verständnis des Philosophen. Man lese ihn selbst, treu und hingebungsvoll, bis man vorgedrungen ist zu der philosophischen Persönlichkeit „Kant", bis man den „Weltdeuter" und „Gottsucher" zwischen den Zeilen hervortreten sieht, für den die Raum- und Zeitlehre, die Kategorienlehre, die Lehre von den Antinomien, vom kategorischen Imperativ, vom Reiche der Zwecke, ja — die rigorose Zertrümmerung aller Gottesbeweise usw. usw. — nichts waren als Wege zu dem einen Ziel: aus den Anlagen des Menschen zum „vernünftigen" Denken und Handeln die Bestimmung des Menschen abzulesen und dabei den Gott zu ahnen, der höher ist als alle Vernunft.

Es kann keinen Zweifel darüber geben, daß Kants wichtigstes Ziel die Moralisierung seiner Mitmenschen gewesen ist. Ein Kulturaufbau, der den sittlichen Anlagen entspricht, die der Mensch ansatzweise in sich trägt, und die sich auswirken bis in seine abstraktesten Erkenntnisse hinein; Selbstvervollkommnung im Sinne des reinen Vernunftwesens, das in uns vorgebildet schlummert: Verwirklichung eines harmonischen Reiches der Zwecke, auf daß die Welt werde, wie sie unserm besten Wissen und Gewissen nach sein sollte, auf daß die Gottesidee sich verwirkliche, die ja nur ein Symbol für unser geheimnisvolles Angelegtsein auf eine solche Welt ist — — — das ist der große und im höchsten Grade aktivistische Entwurf, um dessentwillen Kant gelebt, gedacht und seine Gedanken aufgezeichnet hat.

Sehen wir zu, was die Nachfahren aus diesem Entwurf gemacht haben:

Die Altkantianer

Die Gruppe der Altkantianer, der mit Kant sympathisierenden Vertreter des philosophischen Faches an den deutschen Universitäten (Reinhold, Beck, Krug, Tieftrunk, Bouterweck, Jäsche u. a. m.) hat sich nur mehr oder weniger schulmäßig mit der Diskussion der Lehrsätze der Kantischen Hauptschriften befaßt, sie ist weit davon entfernt, in den Geist des Gesamtwerkes eingedrungen zu sein, und hat sich nicht ohne Berechtigung den Spott des oft zitierten Schillerschen Epigrammes zugezogen:

„Wie doch ein einziger Reicher so viele Bettler in Nahrung
Setzt! Wenn die Könige bauen, haben die Kärrner zu tun!"

Ihre Schriften werden kaum noch gelesen. Sie verdienen den Staub des
Jahrhunderts, der sie deckt.

Schiller

Ganz anders Schiller selbst. Er ist wohl der einzige unter den unmittelbaren Nachfahren, der nicht nur nicht in der Vorhalle der „Kritik"
stehenblieb und im Fachgeschwätz versandete, sondern der den großen Erziehungsplan ahnte, der hinter den Kritiken steht. Von ihm hat
er wie eine Art Apostel zu den Zeitgenossen gesprochen, ihn hat er in
seinen Dichtungen propagiert. Allerdings trug er durch die Verlegung
des Schwerpunktes auf das ästhetische Gebiet zu dem Vorurteil bei,
daß Kants Ethik eine rigorose Pedanterie sei, die man um ihrer
lebensfremden Strenge willen ablehnen müsse bzw. übergehen
könne. Dieses Vorurteil hat dahin geführt, daß in der ganzen späteren
Entwicklung über diesem wichtigsten Teil der kantischen Philosophie,
dem Quell- und Angelpunkt des Ganzen, ein Schatten lag, der zwar
nicht die fachliche Auseinandersetzung mit Kants Ethik, aber doch die
praktische Auswirkung im Leben, in der Erziehung, in der Politik usw.
usw. verhinderte.

Die Systembildner

Ohne Kant undenkbar ist die Gruppe der großen idealistischen Systembildner des neunzehnten Jahrhunderts: Fichte, Schelling, Hegel,
Herbart, Fries und Schopenhauer. Aber wie schmal ist ihre Basis in
Kant, und wie weit entfernen sie sich von dieser Basis und damit von
der Möglichkeit, die Menschheit im Sinne des von Kant klar geschau-
ten und beschriebenen Zieles in Bewegung zu setzen. Ihnen allen ist
gemeinsam, daß sie von der „Kritik der reinen Vernunft" bzw. von der
in dieser Schrift enthaltenen „Elementarlehre" (der Lehre vom Verhältnis des erkennenden Subjektes zum Objekt der Erkenntnis) ausgehen, und daß sie ohne Rücksicht auf die Funktion dieser Erkenntnislehre im Gesamtzusammenhang und ohne der Warnungen zu achten,
die Kant vor einem Mißbrauch des spekulativen Denkens ausgespro-

chen hat, verfahren. Man unterscheidet je nach der Korrektur, die sie ihrer kantischen Basis angedeihen lassen, vier Hauptrichtungen: die idealistische (vertreten durch Fichte, Schelling und Hegel), die realistische (vertreten durch Herbart), die empirische (vertreten durch Fries) und die transzendente (vertreten durch Schopenhauer).

Fichte

Aus der ganzen unzweideutigen Lehre Kants von der Spontaneität des Ich, d. h. von dem produktiven Anteil des erkennenden Subjektes an der bloßen Form der Erkenntnis (Bearbeitung des „Gegebenen" durch die Anschauungsformen, Urteilsformen und regulativen Prinzipien) wird von Fichte die Tatsache des Gegebenseins einer Welt von veränderlichen Eindrücken des inneren und äußeren Sinnes überhaupt unterschlagen, und es entsteht so eine Weltansicht, in der es schlechthin überhaupt nichts anderes gibt als das erkennende Ich (das einzige und absolute Ich), das alle seine Erkenntnisgegenstände, ja, das sogar sich selbst in jedem Augenblicke von neuem erzeugt („setzt").

Dieser „Idealismus" ist leicht als eine, wenn auch unfreiwillige, Karikatur auf Kants Lehre von der „Idealität" der Anschauungsformen und von der Unerkennbarkeit der „Welt an sich" zu durchschauen. Sie spricht sich denn auch in Grundsätzen aus, die sich schon durch ihre Form selbst richten: „Das Ich setzt das Ich, oder Ich-Ich." „Das Ich setzt sich schlechthin ein Nicht-Ich entgegen." „Ich setze im Ich dem teilbaren Ich ein teilbares Nicht-Ich entgegen" usw.

Schelling

Schelling tritt in die Fußtapfen Fichtes. Er macht sich dessen Lehre vom Ich als Erzeugerin des Kosmos zu eigen und weitet sie poetisch aus. Das Ich Schellings erzeugt nicht nur alles Seiende, gewissermaßen den „Traum" dieser Welt, sondern ist auch mit diesem seinem Erzeugnis identisch. Das Ich ist ein „Welt-Ich", die Welt ist das Ich. Denken und Sein sind ein und dasselbe. Es gibt also für das Erkennen keinerlei Beschränkungen. Mit diesem Jongleurkunststück werden alle Warnungstafeln über den Haufen gerannt, die Kant vor den Versuch, die Grenzen der Erfahrung erkennend in der Richtung des Absoluten zu überschreiten, errichtet hat. Schelling geht sogar so

weit, zu behaupten, ohne freilich dafür den Beweis zu erbringen, daß
es bevorzugten Geistern möglich sei, kraft der von ihnen innewohnen-
den „intellektuellen Anschauung" das Absolute unmittelbar zu erkennen.

Daß auf diese Weise vollständig an Kants Lehre vom „Gegebenen"
vorbeiphilosophiert wird, ist ohne weiteres einleuchtend (so fruchtbar
auch Schellings romantische Natureinfühlung und -schau in anderer
Beziehung gewesen sein mag). Das „Gegebene" ist für Kant ein
Ausdruck für die unbestreitbare Tatsache, daß uns ohne unser Zutun
und ohne die Möglichkeit einer bloß theoretischen Beeinflussung eine
Welt von Geschehnissen gegenübersteht, die sich um die Frage, ob wir
sie denkend erkennen oder nicht, ganz und gar nicht kümmert.

Wer diesen Charakter der Welt des „Gegebenen" ignoriert, philoso-
phiert in den blauen Dunst hinein.

Hegel

Noch weiter entfernt sich Hegel vom Boden der „gegebenen" Tatsachen und damit von den Einsichten Kants in das Wesen der Erkenntnis. Für ihn bleibt vom Ich, von seinen Erkenntnisfunktionen und von
der gegebenen Welt überhaupt nur noch das absolute Denken übrig.
— Nur das Denken allein ist wirklich. Anschauung, Empfindung,
Gefühl sind vom abstrakten Denken überwundene oder zu überwin-
dende „Standpunkte" des sich entwickelnden Denkens. Durch Thesis,
Antithesis, Synthesis schreitet dieses Denken fort bis zur völligen
Überwindung jener „Vorstufen", bis das All nichts ist als ein „diaman-
tenes Netz abstrakter Begriffe", bis sich der denkende „absolute Geist"
durch Auflösung der Welt in Begriffe voll verwirklicht hat.

Herbart

Hegels idealistische, durch nichts mehr zu überbietende Verkennung
und Übersteigerung der Lehre Kants vom produktiven Anteil des
denkenden Subjekts an der Erkenntnis mußte natürlich in ihr Gegenteil umschlagen, in eine Vergröberung der Ansätze Kants zu einem
Realismus.

Diese Vergröberung hat uns Herbart mit seiner Lehre von den „Realen" geliefert. Kant hatte bewiesen, daß man auf dem Wege der

Abstraktion, d. h. wenn man einer „Vorstellung" alles nacheinander nimmt, was Zutat des erkennenden Bewußtseins ist (den Raum, die Zeit, die qualitative, quantitative usw. Formung), nichts übrigbleibe als das bloße nichtssagende Schema eines „Dinges überhaupt", daß man also auf diese Weise nur die Vorstellung auflöst, ohne doch damit etwas über das „Gegebene" zu gewinnen, welches die Veranlassung zur Bildung jener Vorstellung war.

Wir kommen durch Zergliederung unserer Vorstellungen nicht hinter die Eigenschaften des Gegebenen, sondern bleiben immer im Subjekt, und alle Aussagen, die wir über das Ergebnis der Zergliederung machen können, sind bei Lichte besehen immer nur Aussagen, die das erkennende Subjekt als solches charakterisieren. Das durch Abstraktion erzeugte Schema eines „Dinges überhaupt" liegt in einer ganz anderen (in der begrifflichen) Ebene wie das „Gegebene", welches „unsere Sinnlichkeit" affiziert. Damit hatte Kant ein für allemal der Metaphysik im Sinne des Philosophierens über „das Sein hinter dem Gegebenen" den Weg verlegt. Herbart nun beruhigt sich bei diesem Ergebnis nicht. Er verwechselt das durch Abstraktion gewonnene Schema eines unräumlichen, unzeitlichen und kategorial nicht bestimmten „Dinges an sich" mit dem „Gegebenen" (das unsere Sinne affiziert), ohne zu bemerken, welcher Abgrund zwischen diesen Seinsarten liegt, und meint nun, daß man doch genügend Aussagen über die Welt an sich machen könne, um darauf eine Metaphysik zu gründen — nämlich: daß sie aus „Realen" bestehe (unräumliche und unzeitliche Substanzen), die Veränderungen erleiden und so von sich aus Raum und Zeit erzeugen. Auch könne man diese Realen und ihre Veränderungen durch abstrakte (also unräumliche und unzeitliche) mathematische Formulierungen charakterisieren.

Wir wollen Herbart nicht in den Aufbau seines Realismus hineinfolgen. Kant hätte ihm die Mathematisierbarkeit des Gegebenen gewiß nicht bestritten, ebensowenig wie dessen Realität und die Beobachtung, daß es ohne unser Zutun Veränderungen erleidet; er hätte aber doch wohl darauf bestanden, daß diese vermeintliche „Metaphysik" im Grunde nichts weiter sei als eine verkappte und dazu noch recht unbeholfene Physik, denn die geheimnisvollen unräumlichen und unzeitlichen (Raum und Zeit erst erzeugenden) „Realen" als Träger aller Erscheinungen tragen zum Verständnis der Welt des Gegebenen nicht das Geringste bei und sind für ihre Mathematisierung völlig entbehrlich. Eine Metaphysik, die nichts weiter auszusagen weiß als:

daß „die Verhältnisse der Realen untereinander", also „die abstrakten
Beziehungen bedeutungsleerer Abstraktionen" das wahrhaft Seiende
seien, sagt im Grunde auch nichts anderes als: daß wir mit unserer
Anschauung, mit dem räumlich-zeitlich-kategorialen Denken eben
nicht hinter das Gegebene schauen können.

Fries

In eigenartiger Weise verschiebt sich das kantische Erkenntnisproblem
bei Fries. — Wir hatten bereits (vgl. S. 128) darauf hingewiesen, daß
Kants Erkenntnislehre Bestandteile enthält, die „psychologisch" an-
muten, ohne jedoch eine andere als eine nur „illustrative" Bedeutung
für sein ganz anders geartetes Unternehmen zu haben. Wenn Kant ein
beliebiges synthetisches Urteil analysiert, um das reine Schema der
Synthesis überhaupt zu gewinnen, das allen synthetischen Urteilen
zugrunde liegt, so kommt es ihm gerade darauf an, das Empirische,
Erfahrungsmäßige, völlig auszuschalten. Was er auf diese Weise
erzielt, ist nicht ein Einblick in die empirischen Vermögen der menschlichen Seele, nicht eine Psychologie als Inbegriff von Beobachtungen
über den Verlauf des seelischen Geschehens, sondern eine von der
Frage, ob es sich um eine erkennende Menschenseele handelt, völlig
unabhängige Einsicht in das Wesen von Erkenntnis „überhaupt".
Kant ist also sehr weit davon entfernt, in diesem Zusammenhang
empirischer Psychologe sein zu wollen (so sehr er diese Wissenschaft
in anderem Zusammenhang billigt und selbst übt). Es ist weder Logik
noch Psychologie, was er betreibt, sondern ein selbständiges Verfahren (die transzendentale Methode), das ganz unbekümmert um die
Ziele jener beiden Wissenschaften von der Tatsache ausgeht, daß es
gültige Erkenntnis gibt, und durch das nicht mehr und nicht weniger
(vor allem nichts anderes) ausgerichtet werden kann als eine Rechtfertigung eben jener Gültigkeit für einen ganz bestimmten und begrenz-
ten Anwendungsbereich.
Um so verwunderlicher muß es erscheinen, daß Fries von der „psychologisch" anmutenden Terminologie gewisser Teile der Kritik sich
verführen ließ, Kant im großen Stil zu korrigieren und nach der
psychologisch-empiristischen Seite hin umzudeuten. Ihm kommt es
darauf an, „das Vorurteil des Transzendentalen" zu zerstören und zu
ersetzen durch das induktive Verfahren einer „philosophischen An-

thropologie" (einer empirischen Psychologie). — Eine gründlichere
Verkennung der Absichten Kants ist nicht gut denkbar. Es erübrigt
sich darum auch für unsern Zusammenhang ein weiteres Eingehen auf
die „Neue Kritik der reinen Vernunft" dieses Denkers, die weder
„reine" Vernunft zum Gegenstand hat noch eine „Kritik" im Sinne
Kants ist, sondern Grundlegung einer „Physiologie des menschlichen
Verstandes", die sich ihre Aufgabe dadurch nur erschwert, daß sie sich
mit der Diskussion einer ganz anders gearteten Problematik belastet.

Schopenhauer

Unter den Systembildnern der deutschen Philosophie, die sich bewußt
auf Kant stützen, ist wohl Schopenhauer dem Wortlaut nach seinem
großen Wegbereiter am weitesten gefolgt. Aber auch er steht nur auf
relativ schmaler Basis in Kant, und seine Willensmetaphysik geht aus
von einer so grundsätzlichen Verkennung und einer auf dieser Verkennung beruhenden Korrektur der kantischen Elementarlehre, daß
man Schopenhauer trotz seines wiederholten Bekenntnisses zu Kant
kaum als Kantianer ansprechen kann. Aus der Art seiner Korrektur
geht hervor, daß er Kant da mißversteht, wo er ihn billigt, und daß er
ihn da mißbilligt, wo er offenbar mit ihm konform geht.
Kant hatte bestritten, daß der durch Abstraktion erzeugte schematische Begriff eines „Dinges an sich" (eines „Dinges überhaupt") etwas
anderes sei als eben ein gedachter Gegenstand, der nichts enthalte und
besage, was über die Sphäre des Subjekts hinausreiche und zu Aussagen berechtige über die Beschaffenheit des Objektes an sich, des Seins,
das hinter dem „Gegebenen" (der Welt der Erscheinungen) steht. Der
einzige zulässige Gebrauch, den man von diesem Begriffe machen
könne, sei der transzendentale, d. h. man könne aus der Struktur
dieses Begriffes auf die Beschaffenheit des erkennenden Subjektes, das
ihn erzeugt, zurückschließen. Schopenhauer erklärt dazu, daß sich
Kant das Ding an sich durch den unerlaubten transzendenten Gebrauch der Kategorie der Kausalität „erschlichen" habe, lehnt nun aber
nicht (worin er mit Kant übereinstimmen würde) transzendente Fol-
gerungen aus diesem Begriffe überhaupt ab, sondern „erschleicht" sie
sich selbst auf dem Umwege über den transzendentalen Gebrauch (den
allein Kant ihnen zubilligen würde). So kommt es bei Schopenhauer
zur „Übertragung" der Einsicht, daß das Subjekt seinem innersten

Wesen nach „Wille" sei, auf die ganze Welt des „Gegebenen" — zu der sehr problematischen Behauptung also, daß das Wesen der Welt an sich hinter den Erscheinungen immer und in jedem Falle die Urtatsache „Wille" sei. Schopenhauers Metaphysik ist nichts als eine Übertragung per analogiam dessen, was die innere Anschauung über den menschlichen Willen weiß, auf die Welt hinter dem „Gegebenen".

So wird ihm die Welt der Erscheinungen zu einer Objektivation des Weltwillens, der mit sich selbst im Widerstreit liegt und schließlich an sich selbst zugrunde geht.

Kant hat den Willenscharakter des Subjektes nicht übersehen. Er weiß, daß wir im Innersten unseres Wesens „Wille" sind, ihm aber kommt es darauf an, durch die legitime transzendentale Methode zu ermitteln, welche Aufgaben dieser Wille in der Welt hat, auf welche ideellen Ziele er als moralischer Wille gerichtet ist, welche Schulung er erfahren muß, um das vollkommen zu sein, was er unvollkommen der Anlage nach ist, und nicht durch einen kühnen aber unzulässigen Analogieschluß ein metaphysisches Weltgebäude aufzurichten, das zwar dem Dichter Ehre macht, aber nicht dem Wahrheitssucher, dem Philosophen.

Zurück zu Kant

Es zeigt sich also, daß die Systemdenker des neunzehnten Jahrhunderts Kant im wichtigsten Punkte seines Lehrgebäudes, in seiner Ablehnung jeder Form der transzendentalen Metaphysik, vollständig mißverstanden haben, ja, man gewinnt den Eindruck, als habe Kant durch seinen Kampf gegen diese Art des Philosophierens jene spekulativen Systeme eigentlich erst heraufbeschworen. — Trotzdem lief sich gegen Ende der fünfziger und Anfang der sechziger Jahre die spekulative Welle tot. Aus den Reihen der Anhänger jener Metaphysiken selbst (der Hegelianer Zeller, der Herbartianer Drobisch, der Friesianer Jürgen Bona Meyer usw.) ertönte der Ruf nach Revision. Eine Wiederbelebung des Kantianismus bahnte sich an. Sie wurde wesentlich unterstützt durch die ausführliche Darstellung des kantischen Lehrgebäudes durch Kuno Fischer (in seiner „Geschichte der neueren Philosophie"), durch Otto Liebmanns „Kant und die Epigonen", in dem jedes Kapitel mit dem Rufe schließt: „Also muß auf

Kant zurückgegangen werden", und durch Friedrich Albert Langes „Geschichte des Materialismus" (in der eine Widerlegung des „Materialismus" nach Kantischen Grundsätzen und eine Ethik vom „Standpunkte des Ideals" aus versucht wird).

Der Neukantianismus

Der Begründer des Neukantianismus ist Hermann Cohen, der Nachfolger Friedrich Albert Langes auf seinem Marburger Lehrstuhl. Cohen hat sich die Architektur des Kantischen Lehrgebäudes zu eigen gemacht und in Anlehnung an die kritische Methode ein eigenes System geschaffen, das bei aller architektonischen Ähnlichkeit letzten Endes doch nicht kantisch ist, weil es die Schwerpunkte des kantischen Denkens entscheidend verschiebt. So wird das, was für Kant Hilfsmittel war (die logische Zerfällung der Vernunft und Schematisierung ihrer Verhaltungsweisen), zum Hauptzweck, nämlich zum Anlaß für die rationalistische Begründung dreier neuer, bis dahin noch nicht bekannter sogenannter „reiner Wissenschaften": 1. einer Logik der reinen Erkenntnis, 2. einer Ethik des reinen Willens und 3. einer Ästhetik des reinen Gefühls.

Während bei Kant Mittelpunkt und Quellpunkt seines Systems das moralische Bewußtsein ist, das freigelegt wird durch kritische Zurückweisungen der Anmaßungen des Intellekts in Sachen der Moral, des Geschmackes und des Glaubens, bildet bei Cohen der reine Intellekt, die „Logik des reinen Denkens", das A und O des Gesamtsystems. —

So erklärt es sich denn auch, daß Cohen die Religion (das Gottsuchertum Kants), um die ja letzten Endes alle Kräfte der „Kritiken" kreisen, nicht recht in sein System eines methodischen Rationalismus einzugliedern vermag. (Durch reines Denken kann man bestenfalls das Schema einer wissenschaftlichen Systematik, aber nicht Frömmigkeit erzeugen.) Religion ist ihm „Religion der Vernunft" (nicht wie bei Kant ein alle Grenzen der Vernunft Übersteigendes, das man „glauben" muß, ohne zu vernünfteln, und das „innerhalb der Grenzen der Vernunft" nichts als Ethik sein würde). Er findet sie am stärksten verankert in dem Glauben seiner Väter, im Messianismus der Propheten des Alten Testaments.

In Cohens umfassendem und sehr beachtlichem Bemühen, ein treuer Jünger und Weiterbildner Kants zu sein, zeigt sich deutlich, wie die einseitige Überwertung des Verstandes doch die eigentlichen Motive überschattet, aus denen heraus Kant seine Kritiken geschaffen hat.

Die Marburger Schule

Wie wir bereits an geeigneter Stelle bemerkt haben, hat Kant mit seiner Elementarlehre nicht eigentlich eine Grundlegung der Mathematik und der Physik beabsichtigt. Die Tatsache der Mathematik und der Physik ist vielmehr feststehende Voraussetzung gewesen für seinen Versuch, hinter das Geheimnis der Gültigkeit dieser Wissenschaften zu kommen und das entschleierte Geheimnis der erfahrungsfreien Synthesis für die Fragen der Weltanschauung (Was können wir unabhängig von der Erfahrung wissen? Wie sollen wir infolgedessen handeln?) nutzbar zu machen. Das Resultat dieser Bemühungen war trotzdem eine zwar unvollkommene, aber für den beabsichtigten Zweck völlig ausreichende Durchleuchtung der Grundstruktur der exakten Wissenschaften. Der Neukantianismus mit seiner Vorliebe für die intellektuelle Seite der Probleme sieht nun in dieser Durchleuchtung der Grundlagen das Hauptverdienst Kants und arbeitet systematisch an der Vervollkommnung des Verfahrens und an seiner Anwendung auf alle denkbaren Wissenschaftsgebiete. Es ist speziell die Gruppe der „Marburger", der von Cohen beeinflußten Denker, die Kants Erbe auf diese Weise antritt. Von ihr ist eine ungeheuere und für keinen Sterblichen mehr zu bewältigende Literatur ausgegangen, ein Meer von Büchern, Dissertationen, Zeitschriftenartikeln usw., das sich zwischen uns und Kant ausdehnt. An der Spitze marschiert neben Cohen der Marburger Paul Natorp, der sich um die kritische Grundlegung der Naturwissenschaften, der allgemeinen Psychologie, der Pädagogik und Sozialpädagogik bemüht hat, großes Aufsehen im Lager der philosophischen Fachgenossen erregte und doch nur wenig Anklang fand bei den Vertretern der von ihm nach kritischer Methode neubegründeten Wissenschaften. Da ist der geistvolle Rudolf Stammler, dem es um die formalkritische Begründung der Rechtswissenschaft zu tun war, da sind Männer wie Franz Staudinger und Karl Vorländer, die selbst nicht vor einer kritischen Grundlegung des Marxismus zurückschreckten, und viele andere mehr. Den Kernpunkt aller dieser Wissenschaftsbegründungen nach kantischem Muster bildet meist die stereotype Frage: „Wie ist dieses oder jenes Fachgebiet überhaupt möglich?", und es gibt keinen Bereich des Wissens und Irrens, auf das sie nicht angewendet worden ist. Den Vogel hat dabei unzweifelhaft abgeschossen der Neukantianer Arthur Liebert, der diese Frage an die kritische Philosophie selbst richtet (Wie ist die kritische Philosophie überhaupt möglich?), was einen Rezensenten zu der Bemerkung veranlaßte: Richtiger sei, zu fragen: „Wie ist die Frage: wie ist kritische Philosophie überhaupt möglich? überhaupt möglich??"

Weitere Einflüsse Kants

Wir beabsichtigen hier nicht eine Geschichte der neueren Philosophie zu geben, die wir eigentlich schreiben müßten, wollten wir den Nachwirkungen Kants im Guten und im Bösen im vollen Umfang gerecht werden, denn es ist wohl keiner unter den modernen Denkern, der nicht in irgendeiner Form für oder gegen Kant Stellung genommen hätte. Uns kommt es nur auf einen Querschnitt an, der skizzenhaft die Beziehungen der Hauptströmungen zu Kant erkennen läßt, ohne die Verdienste zu berühren, die sie im übrigen um das moderne Geistesleben haben mögen.

So steht dem Neukantianismus der Marburger sehr nahe Alois Riehl („Der philosophische Kritizismus"), der jede über die Erfahrungsgrenze hinausgehende Metaphysik als unwissenschaftlich verwirft und in der Philosophie nicht Weltanschauungslehre sieht, sondern ihre Aufgabe auf die methodische Ableitung und Begründung der Wissenschaften beschränkt wissen will.

In einem gewissen Gegensatz dazu steht Wilhelm Windelband, der die Philosophie definiert als die „kritische Wissenschaft von den allgemeingültigen Werten": der Wahrheit im Denken, der Gutheit im Wollen und Handeln, der Schönheit im Fühlen, — und der zugleich den Satz geprägt hat: „Kant verstehen, heißt über ihn hinausgehen."

Da ist Heinrich Rickert zu nennen, der mit seiner Grenzbestimmung der naturwissenschaftlichen Begriffsbildung einen erkenntnistheoretisch-logischen Unterbau für die historischen Wissenschaften zu liefern unternimmt, und der so weit geht, für die erkenntnistheoretische Grundlegung seiner von Windelband beeinflußten Wertphilosophie ein „transzendentales Bewußtsein" zu konstruieren.

Da ist schließlich auf Hans Vaihinger hinzuweisen, welcher die Lehre Kants von dem fiktiven Charakter gewisser Begriffe für den Ausbau eines systematischen Fiktionalismus verwendet, der die Brücke zwischen Idealismus und Positivismus, zwischen dem Ideal und den Tatsachen des Lebens zu schlagen versucht, und vieles andere mehr.

Schluß

Zeigen soll dieser lückenhafte und mehr als summarische Überblick, in welcher trostlosen Lage sich heute derjenige befindet, der darauf besteht, daß man Kant doch erst einmal gründlich und vollständig lesen sollte, und daß man versuchen sollte, sein Werk als Ganzes aus seiner Persönlichkeit zu begreifen, ehe man zur Weiterbildung oder Überwindung schreitet. — Wie hypnotisiert kreist die Gruppe der spekulativen Systembildner um das Problem des „Dinges an sich", wie hypnotisiert kreisen die Neukantianer und verwandte Geister um das Problem der wissenschaftlichen „Grundlegungen". Wo aber ist die philosophische Persönlichkeit, die aus einer Gesamtschau des Phänomens „Kant" die Menschheit (nicht nur einen Kreis philosophischer Spezialisten) in Bewegung setzt im Sinne derjenigen „Bestimmung", die Kant auf seiner Gottessuche geschaut hat; der die Menschen zur inneren Freiheit erzieht durch Erziehung zur Einsicht in das Wesen der Pflicht; der den Menschen den Glauben wiedergibt an eine politische und gesellschaftliche Zukunft „wie sie sein sollte"; kurzum, der den eigentlichen Kant fruchtbar macht, welcher für uns heute unter einer ungeheuren Papierflut begraben liegt und welcher doch auf eine geheimnisvolle Weise hindurchwirkt bis auf unsere Tage.

In der Tat ist die Wirkungsgeschichte Kants und seiner Philosophie mit dem Neukantianismus nicht abgeschlossen: Die diesen im ersten Drittel unseres Jahrhunderts ablösende Phänomenologie hat Kant den Neukantianern aus den Händen genommen und zu neuartigen Interpretationen geführt. Grundlegend ist Heidegger, Kant und das Problem der Metaphysik (1929), ein Buch, das durch (die Vorlesungen von 1935/6) „Die Frage nach dem Ding" (1962) ergänzt wurde. Wichtig ist auch G. Krüger, Philosophie und Moral in der Kantischen Kritik (1931). Exakte Analysen aus sachnaher phänomenologischer Grundhaltung lassen einen anderen und tieferen als den nur erkenntnistheoretischen Kant der Neukantianer erblicken.

Kant ist unerschöpflich. Auch der neue, wesentlich wissenschaftstheoretisch gerichtete Positivismus arbeitet an seiner Erschließung weiter. Ein Beispiel ist das Buch von H. Delius, Untersuchungen zur Problematik der sogenannten synthetischen Sätze a priori. 1963. Hier ist der bedeutsame und behutsame Versuch einer Verknüpfung phänomenologischer und neopositivistischer Gesichtspunkte bemerkenswert.

Die immer wieder zu erneuernde Bemühung um ein produktives Verständnis Kants wird dauern, so lange Philosophie sich selber ernst nimmt.

NACHWEISE

Im folgenden verzeichnen wir die Band- und Seitenzahlen der „Akademie-Ausgabe": Kants Gesammelte Schriften. Hrsg. von der Königl. Preuß. Akademie der Wissenschaften. 28 Bände, Berlin 1910ff. Die Schriften Kants, aus denen die betreffenden Stücke entnommen sind, teilen wir in Klammern nach folgendem Schema mit:

Schätzg. d. leb. Kräfte: Gedanken von der wahren Schätzung der lebendigen Kräfte und Beurteilung der Beweise, deren sich Herr von Leibniz und andere Mechaniker in dieser Streitsache bedienet haben, nebst einigen vorhergehenden Betrachtungen, welche die Kraft der Körper überhaupt betreffen. 1747.

Erde i. Umdr. u. A.: Untersuchung der Frage, ob die Erde in ihrer Umdrehung um die Achse einige Veränderung seit den ersten Zeiten ihres Ursprungs erlitten habe. 1754.

Fr. o. d. E.: Die Frage, ob die Erde veralte, physikalisch erwogen. 1754.

Th. d. Himmels: Allgemeine Naturgeschichte und Theorie des Himmels. 1755.

Urs. d. Erdersch.: Über die Ursachen der Erderschütterungen bei Gelegenheit des Unglücks von 1755. 1756.

Gesch. u. Naturbeschr.: Geschichte und Naturbeschreibung der merkwürdigsten Vorfälle des Erdbebens von 1755. 1756.

Optim.:	Versuch einiger Betrachtungen über den Optimismus. 1759.
Funk:	Gedanken bei dem frühzeitigen Ableben des J. F. von Funk in einem Sendschreiben an dessen Mutter. 1760.
Beweisgr. Gottes:	Der einzig mögliche Beweisgrund zu einer Demonstration des Daseins Gottes. 1763.
Neg. Größ.:	Versuch, den Begriff der negativen Größen in die Weltweisheit einzuführen. 1763.
Schön. u. Erh.:	Beobachtungen über das Gefühl des Schönen und Erhabenen. 1764.
Nat. Theol.:	Untersuchung über die Deutlichkeit der Grundsätze der natürlichen Theologie und der Moral. 1764.
Träume:	Träume eines Geistersehers, erläutert durch Träume der Metaphysik. 1766.
KrV[1]:	Kritik der reinen Vernunft. 1. Aufl. 1781.
Prol.:	Prolegomena zu einer jeden künftigen Metaphysik, die als Wissenschaft wird auftreten können. 1783.
G. i. weltbürg. Abs.:	Idee zu einer allgemeinen Geschichte in weltbürgerlicher Absicht. 1784.
GMS:	Grundlegung zur Metaphysik der Sitten. 1785.
KrV[2]:	Kritik der reinen Vernunft. 2. Aufl. 1787.
KpV:	Kritik der prakt. Vernunft. 1788.
KU:	Kritik der Urteilskraft. 1790.
Rel.:	Die Religion innerhalb der Grenzen der bloßen Vernunft. 1793.

Z. ew. Fried.:	Zum ewigen Frieden. Ein philosophischer Entwurf. 1795.
MSR:	Die Metaphysik der Sitten. Erster Teil: Metaphysische Anfangsgründe der Rechtslehre. 1797.
MST:	Die Metaphysik der Sitten. Zweiter Teil: Metaphysische Anfangsgründe der Tugendlehre. 1797.
Päd.:	Über Pädagogik. 1803.

Die Überschriften der einzelnen Stücke stammen vom Herausgeber. In einigen Fällen konnten Kants eigene Überschriften benutzt werden.

Seite 19: Erste Bewegungsursache = I, 62 (Schätzg. d. leb. Krfte.); S. 20: Naturwissenschaft und Religion = I, 221 (Th. d. Himmels); S. 21: Zufällige oder göttliche Schöpfung = I, 225 (Th. d. Himmels), Vom Chaos zum Kosmos = I, 225 (Th. d. Himmels); S. 22: Es ist ein Gott = I, 228 (Th. d. Himmels); S. 23: An den Grenzen der mechanischen Kosmogonie = I, 229 (Th. d. Himmels); S. 25: Räumliche und zeitliche Unendlichkeit: Das Weltgebäude = I, 306 (Th. d. Himmels); S. 26: Aber welches wird = I, 309 (Th. d. Himmels); S. 27: Ewige Schöpfung = I, 313 (Th. d. Himmels); S. 29: Vergänglichkeit des Endlichen = I, 317 (Th. d. Himmels), Weltuntergang = I, 318 (Th. d. Himmels); S. 30: Wiedergeburt = I, 321 (Th. d. Himmels); S. 31: Die unsterbliche Seele = I, 366 (Th. d. Himmels); S. 32: Der bestirnte Himmel = I, 367 (Th. d. Himmels), Ob die Erde veralte = I, 186 (Erde i. Umdr. u. A.); S. 35: Relatives und absolutes Alter = I, 195 (Fr. o. d. E.); S. 36: Vom biologischen Sinn des Alterns = I, 198 (Fr. o. d. E.); S. 37: Alternde Kulturen = I, 212 (Fr. o. d. E.), Furcht = I, 419 (Urs. d. Erdersch.); S. 38: Kritik des anthropozentrischen Standpunktes = I, 460 (Gesch. u. Naturbeschr.); S. 39: Optimismus = II, 34 (Optim.), Substanz der Seele = II, 327 (Träume); S. 41: Sitz der

Seele = II, 324 (Träume); S. 42: Der Melancholiker = II, 220 (Schön. u. Erh.); S. 43: Der Sanguiniker = II, 222 (Schön. u. Erh.); S. 44: Der Choleriker = II, 222 (Schön. u. Erh.); S. 45: Zur Psychologie der Frau: Das Frauenzimmer = II, 229 (Schön. u. Erh.), Der Inhalt = II, 230 (Schön. u. Erh.); S. 46: Zur Psychologie des Alters = II, 240 (Schön. u. Erh.), Von der Vorsehung = II, 41 (Funk); S. 48: Ich bin ein Mensch = II, 40 (Funk); S. 49: Lust und Unlust: Weil ein Mensch = II, 207 (Schön. u. Erh.), Die verschiedenen Empfindungen = II, 207 (Schön. u. Erh.); S. 50: Schön und erhaben = II, 208 (Schön. u. Erh.); S. 52: Die Natur ist gut: Die Dinge der Natur = II, 109 (Beweisgr. Gottes), Wenn ohne größere Beschwerde = II, 109 (Beweisgr. Gottes); S. 53: Das Unmoralische ist das Unnatürliche = II, 105 (Beweisgr. Gottes), Vom Mitleiden = II, 215 (Schön. u. Erh.); S. 55: Von der Schamhaftigkeit = II, 234 (Schön. u. Erh.), Von der rechten Ehe = II, 242 (Schön. u. Erh.); S. 56: Schönheit und Würde = II, 217 (Schön. u. Erh.); S. 57: Moralität = II, 336 (Träume); S. 58: Der zweckvolle Zusammenhang des Naturgeschehens = II, 96 (Beweisgr. Gottes); S. 61: Notwendig — zufällig = II, 106 (Beweisgr. Gottes); S. 62: Die notwendige Einheit: In dem Verfahren = II, 113 (Beweisgr. Gottes), Selbst da, wo = II, 113 (Beweisgr. Gottes); S. 63: Schwierigkeit der Demonstration = II, 65 (Beweisgr. Gottes); S. 64: Gott — Geist = II, 87 (Beweisgr. Gottes); S. 66: Gottes Eigenschaften = II, 89 (Beweisgr. Gottes), Gottes Weisheit und die Harmonie in der Welt = II, 103 (Beweisgr. Gottes), Wunder und übernatürliche Begebenheiten = II, 108 (Beweisgr. Gottes); S. 67: Gottes Allgenugsamkeit: Gott ist allgenugsam = II, 151 (Beweisgr. Gottes), Es ist dieser = II, 154 (Beweisgr. Gottes); S. 68: Die Gottesbeweise: Alle Arten, das Dasein Gottes = II, 116 (Beweisgr. Gottes), Alle Beweisgründe = II, 155 (Beweisgr. Gottes); S. 69: Aus allen diesen Beurteilungen = II, 159 (Beweisgr. Gottes); S. 70: Bei aller dieser Vortrefflichkeit = II, 160 (Beweisgr. Gottes); S. 71: Es ist gezeigt worden = II, 162 (Beweisgr. Gottes); S. 72: Wahrheit und Eigenliebe = II, 29 (Optim.), Von der Meta-

physik und der Mathematik: Ein finsterer Ozean = II, 66
(Beweisgr. Gottes), Was die Metaphysik anlangt = II, 167 (Neg.
Größ.); S. 73: Ich weiß, daß es viele gibt = II, 282 (Nat. Theol.),
Philosophieren lernen = II, 306 (Nat. Theol.); S. 83: Die koperni-
kanische Wendung in der Metaphysik = III, 11 (KrV²); S. 86: Das
Vorbild der Mathematik: Die Mathematik ist = III, 8 (KrV²);
S. 88: In jenem Versuche = III, 14 (KrV²); S. 90: Die alte und die
neue Metaphysik = IV, 255 (Prol.); S. 92: Vom negativen und
positiven Nutzen der Kritik: Aber was ist denn das = III, 16
(KrV²); S. 93: Eben diese Erörterung = III, 18 (KrV²), Metaphysik
als Naturanlage und der „gesunde Menschenverstand" = IV, 365
(Prol.); S. 106: Was ist reine Erkenntnis? = III, 27 (KrV²); S. 107:
Reine Erkenntnisse sind allgemeinverbindlich und denknotwendig
= III, 28 (KrV²); S. 110: Von den synthetischen Urteilen = III, 33
(KrV²); S. 112: Auch die Metaphysik sollte nur synthetische
Urteile a priori enthalten = III, 38 (KrV²); S. 113: Wie ist Meta-
physik als Wissenschaft möglich? = III, 39 (KrV²); S. 117: Meta-
physische Erörterung des Begriffes vom Raume = III, 51 (KrV²);
S. 120: Transzendentale Erörterung des Begriffs vom Raume =
III, 53 (KrV²); S. 121: Schlüsse aus obigen Begriffen = III, 55
(KrV²); S. 124: Metaphysische Erörterung des Begriffs der Zeit =
III, 57 (KrV²); S. 125: Transzendentale Erörterung des Begriffs der
Zeit = III, 59 (KrV²); S. 126: Schlüsse aus diesen Begriffen =
III, 60 (KrV²); S. 131: Von der reinen Synthesis und den reinen
Verstandesbegriffen oder Kategorien: Raum und Zeit = III, 90
(KrV²); S. 133: Daher haben auch = IV, 312 (Prol.); S. 134: Was
ist Idealismus? = IV, 288 (Prol.); S. 135: Widerlegung des Idea-
lismus = III, 190 (KrV²); S. 139: Verstand und Vernunft = III, 237
(KrV²); S. 142: Von den Ideen überhaupt = III, 245 (KrV²);
S. 146: Von den transzendentalen Ideen = III, 253 (KrV²); S. 149:
Von den Grenzen der Vernunft = IV, 350 (Prol.); S. 155: System
der transzendentalen Ideen bzw. der durch sie möglichen Wissenschaften = IV, 211 (KrV¹); S. 159: Von den Paralogismen der
reinen Vernunft = IV, 215 (KrV¹); S. 163: Die erste Antinomie =

III, 294 (KrV²); S. 170: Von der Idee der Freiheit = III, 362 (KrV²); S. 174: Von der Gottesidee = III, 392 (KrV²); S. 180: Das Ideal des höchsten Wesens ein bloßes heuristisches Prinzip = III, 410 (KrV²); S. 184: Theologie, die Wissenschaft von Gott? = III, 420 (KrV²); S. 192: Ich — Welt — Gott = IV, 448 (GMS); S. 203: Was wissen wir von Gott? = IV, 457 (GMS); S. 207: Nutzen der regulativen Ideen = IV, 457 (GMS); S. 209: Wissen und Glauben = III, 531 (KrV²); S. 222: Metaphysik der Natur und Metaphysik der Sitten = IV, 388 (GMS); S. 225: Vom Guten und vom Bösen = V, 58 (KpV); S. 227: Vom guten Willen = IV, 393 (GMS); S. 229: Vom Streben nach Glückseligkeit = V, 61 (KpV); S. 231: Von der Selbstsucht = V, 72 (KpV); S. 232: Was ist Achtung? = V, 76 (KpV); S. 233: Triebfeder, Interesse, Maxime = V, 78 (KpV); S. 235: Von der Pflicht: Pflicht ist die Notwendigkeit = IV, 400 (GMS); S. 236: Der Begriff der Pflicht = V, 81 (KpV); S. 237: Es ist von größter Wichtigkeit = IV, 397 (GMS); S. 242: Apotheose der Pflicht: Das moralische Gesetz = V, 82 (KpV), Pflicht! = V, 86 (KpV); S. 243: Zwei Dinge erfüllen das Gemüt = V, 161 (KpV); S. 245: Der kategorische Imperativ der Pflicht: Ein jegliches Ding der Natur = IV, 412 (GMS); S. 247: Der kategorische Imperativ = IV, 421 (GMS); S. 251: Gesetzt aber, es gäbe etwas = IV, 428 (GMS); S. 252: Vom Gewissen als Bewußtsein der Pflicht = IV, 185 (KrV¹); S. 254: Von der sittlichen Würde = IV, 434 (GMS); S. 255: Von der sittlichen Persönlichkeit = V, 87 (KpV); S. 257: Das höchste Gut = IV, 462 (GMS); S. 259: Die Freiheit subjektiv notwendig = V, 4 (KpV); S. 260: Freiheit und Notwendigkeit: Der Wille ist eine Art = IV, 446 (GMS); S. 261: Der Begriff der Kausalität = IV, 95 (KrV¹); S. 271: Vernunft und Freiheit = IV, 447 (GMS); S. 274: Unsterblichkeit ein sittliches Postulat = V, 122 (KpV), Vom Dasein Gottes = V, 124 (KpV); S. 277: Die theoretische und die praktische Gotteserkenntnis = V, 137 (KpV); S. 285: Das Wohlgefallen am Angenehmen ist mit Interesse verbunden = V, 205 (KU); S. 287: Das Wohlgefallen am Guten ist mit Interesse verbunden = V, 207 (KU); S. 289: Das

Schöne ist das, was ohne Begriffe als Objekt eines allgemeinen
Wohlgefallens vorgestellt wird = V, 211 (KU); S. 290: Das reine
Geschmacksurteil ist von Reiz und Rührung unabhängig = V, 223
(KU); S. 292: Vom Schönen und vom Erhabenen: Das Schöne
kommt darin = V, 244 (KU); S. 294: Erhaben ist das = V, 250
(KU); S. 295: Gleichwie die ästhetische Urteilskraft = V, 256
(KU); S. 296: Also ist die Erhabenheit = V, 264 (KU), Man kann
das Erhabene = V, 268 (KU); S. 298: Vom Ideale der Schönheit =
V, 231 (KU); S. 300: Von der Kunst: Kunst wird von der Natur =
V, 303 (KU); S. 301: Es gibt weder eine Wissenschaft = V, 304
(KU); S. 302: Kunst und Natur = V, 306 (KU); S. 304: Vom Genie
= V, 307 (KU); S. 305: Von dem Vermögen des Genies = V, 312
(KU); S. 311: Vom symbolischen Erkennen und von Gott als
Symbol = V, 351 (KU); S. 312: Das Schöne Symbol des Guten =
V, 353 (KU); S. 314: Geschmack und Sittlichkeit = V, 355 (KU);
S. 319: Von der objektiven Zweckmäßigkeit der Natur = V, 359
(KU); S. 321: Von der materialen inneren Zweckmäßigkeit =
V, 366 (KU); S. 325: Dinge als Naturzwecke = V, 368 (KU);
S. 329: Teleologie als System = V, 376 (KU); S. 331: Von der
organischen Natur: Ein Ding seiner innern Form halber = V, 377
(KU); S. 333: Auch Schönheit der Natur = V, 379 (KU); S. 334:
Vom Prinzip der Teleologie als innerem Prinzip der Naturwissen-
schaft: Eine jede Wissenschaft = V, 381 (KU); S. 336: Damit nun
Physik = V, 382 (KU); S. 337: Die Teleologie, ein subjektives aber
notwendiges Erklärungsprinzip = V, 398 (KU); S. 341: Ein intui-
tiver, ursprünglicher Verstand als oberste Weltursache = V, 407
(KU); S. 346: Vom Menschen als Endzweck der Schöpfung: Wir
haben gezeigt = V, 429 (KU); S. 352: Von dem Menschen nun =
V, 435 (KU); S. 353: Gott, der einzig mögliche Erklärungsgrund =
V, 448 (KU); S. 367: Moral führt zur Religion = VI, 3 (Rel.);
S. 370: Angeborene Moral? = VI, 19 (Rel.); S. 373: Tierheit,
Menschheit, Persönlichkeit = VI, 26 (Rel.); S. 375: Revolution
der Gesinnung = VI, 44 (Rel.); S. 381: Vom Kirchenglauben =
VI, 107 (Rel.); S. 382: Vom Vernunftglauben = VI, 37 (Rel.);

S. 384: Von der natürlichen Religion = VI, 153 (Rel.); S. 389:
Was ist Recht? = VI, 229 (MSR); S. 392: Vom angeborenen Recht
auf Freiheit und Gleichheit = VI, 237 (MSR), Vom Mein und
Dein: Das rechtlich Meine = VI, 245 (MSR); S. 393: Es ist
möglich = VI, 246 (MSR), Im Besitze eines Gegenstandes =
VI, 247 (MSR); S. 394: Wenn auch gleich = VI, 250 (MSR), Der
bloße physische Besitz = VI, 251 (MSR); S. 395: Vom Sachen-
recht = VI, 260 (MSR), Vom Vertrag: In jedem Vertrage =
VI, 272 (MSR); S. 396: Der Vertrag = VI, 275 (MSR); S. 398: Das
Eherecht: Geschlechtergemeinschaft = VI, 277 (MSR); S. 399:
Der Ehevertrag = VI, 279 (MSR); S. 400: Das Elternrecht =
VI, 280 (MSR); S. 401: Eine Theorie des Geldes = VI, 286 (MSR);
S. 405: Der gute Name = VI, 295 (MSR); S. 406: Der Staat =
VI, 313 (MSR); S. 407: Der Staatsbürger = VI, 313 (MSR);
S. 408: Vom Stimmrecht = VI, 314 (MSR); S. 409: Die Regie-
rungsgewalt = VI, 316 (MSR); S. 411: Revolutionen = VI, 320
(MSR); S. 413: Vom Völkerrecht = VI, 343 (MSR); S. 414: Das
Recht des Krieges: Im natürlichen Zustande = VI, 346 (MSR);
S. 415: Das Recht im Kriege = VI, 347 (MSR); S. 416: Völker-
bund und ewiger Friede = VI, 350 (MSR); S. 418: Von der
Gemeinschaft der Völker = VI, 352 (MSR), Es soll kein Krieg sein!
= VI, 354 (MSR); S. 421: Von der fremden Glückseligkeit =
VI, 387 (MST); S. 422: Von der Tugendpflicht = VI, 394 (MST);
S. 425: Das moralische Gefühl = VI, 399 (MST); S. 426: Vom
Gewissen = VI, 400 (MST); S. 427: Von der Menschenliebe =
VI, 401 (MST); S. 429: Von der Tugend und dem Laster = VI, 405
(MST); S. 430: Vom Selbstmord = VI, 422 (MST); S. 432: Von
der Lüge = VI, 429 (MST); S. 435: Von dem ersten Gebot aller
Pflichten gegen sich selbst = VI, 441 (MST), Von der Wohltätig-
keit = VI, 452 (MST); S. 437: Von der Dankbarkeit = VI, 454
(MST); S. 438: Von der Achtung = VI, 462 (MST); S. 440: Von
der Freundschaft = VI, 469 (MST); S. 443: Das fröhliche Herz =
VI, 484 (MST); S. 445: Vom Sinn und den Aufgaben der Erzie-
hung = IX, 441 (Päd.); S. 460: Geschichte und Weltbürgertum =

VIII, 17 (G. i. weltbürg. Abs.); S. 478: Die bürgerliche Verfassung
in jedem Staate soll republikanisch sein = VIII, 349 (Z. ew.
Fried.); S. 480: Das Völkerrecht soll auf einen Föderalismus freier
Staaten gegründet sein = VIII, 354 (Z. ew. Fried.); S. 484: Vom
Gastrecht unter den Völkern = VIII, 357 (Z. ew. Fried.); S. 486:
Philosophen sollten zu Rate gezogen werden = VIII, 368 (Z. ew.
Fried.).

REGISTER